WIENER GEOGRAPHISCHE STUDIENBEHELFE

herausgegeben von Ernest Troger
Geographisches Institut der Universität Wien

Band 1

Verlag A. SCHENDL · Wien
1975

Schulgeographie im Wandel

Beiträge zur Neugestaltung des Geographieunterrichts
an den Allgemeinbildenden Höheren Schulen
in Österreich

herausgegeben von
Wolfgang Sitte und Helmut Wohlschlägl

Verlag A. SCHENDL · Wien
1975

ISBN 3-85268-059-X

Alle Rechte, auch das der auszugsweisen und photomechanischen Wiedergabe, vorbehalten.
© Copyright 1975 by Verlag A. Schendl, Wien.
Druck: G. Gistel & Cie. Ges.m.b.H., Wien.

VORWORT

Mit dem vorliegenden Band „Schulgeographie im Wandel. Beiträge zur Neugestaltung des Geographieunterrichts in Österreich" werden die **„Wiener Geographischen Studienbehelfe"** (WGST) vorgestellt. Diese Reihe verfolgt mit ihren Beiträgen zur Fachwissenschaft und Fachdidaktik sowie den geplanten Dokumentations- und Materialzusammenstellungen drei Ziele:

- Die Bände sollen den Studierenden bei ihrem Studium sowie bei der Prüfungsvorbereitung helfen.

- Sie sollen auch den bereits im Beruf stehenden Geographen, besonders den Lehrern aller Schularten, ein notwendiger Informations- und Nachschlagebehelf sein, der sie über wichtige Bereiche ihres Faches sowie über vor sich gehende Entwicklungen in Kenntnis setzt und ihnen Handreichungen für ihre Arbeit, vor allem im Unterricht, anbietet.

- In dieser Reihe sollen aber auch studentische Arbeiten, die aufgrund ihrer Qualität Anspruch haben, einem größeren Kreis bekannt zu werden, aufgenommen werden.

Vorwiegend aus finanziellen Gründen werden die Bände dieser Reihe aber drucktechnisch relativ einfach gehalten, denn nur so ist es möglich, die geplanten Bände in absehbarer Zeit veröffentlichen zu können.

Der vorliegende Band ist aus Referaten, Projektarbeiten und Diskussionen — ergänzt durch weitere Beiträge — in zwei Seminaren entstanden, die in den Jahren 1973 und 1974 an der Lehrkanzel unter dem Titel „Wissenschaftliche und didaktische Probleme der Schulgeographie" und „Gegenwartsfragen der Schulgeographie" durchgeführt wurden und die zum Ziel hatten, neue Strömungen in der Schulgeographie zu analysieren, denn nur durch deren Kenntnis können auch in Österreich notwendige Umstrukturierungen in diesem Schulfach in Angriff genommen werden. Es besteht dabei kein Zweifel, daß nicht alle „Modernisierungen" positiv zu beurteilen sind und eine kritiklose Übernahme abzulehnen ist. Immer werden aber fach- und erziehungswissenschaftliche Impulse und ausländische Erfahrungen Denkanstöße in dem laufenden Bestreben geben, die Schulgeographie Österreichs unter neuen Vorstellungen zu reformieren.

Ernest Troger

Inhaltsverzeichnis:

Seite

Zur Entstehung und zum Inhalt des Buches 5

1. Abschnitt: Probleme des Geographie-Unterrichts in Österreich

Wolfgang SITTE: Das Unterrichtsfach "Geographie und Wirtschaftskunde" im Spannungsfeld
    neuer Entwicklungen 11

    1. Das Konzept der wirtschaftskundlichen Staaten- und Ländergeographie 11
    2. Die neuere Entwicklung der wissenschaftlichen Geographie 14
    3. Die erziehungswissenschaftliche Innovation 15
        3.1. Die Curriculumbewegung 15
        3.2. Lernziele 17
        3.3. Neue Unterrichtsstrategien und -mittel 19
    4. Erneuerungsbestrebungen der Schulgeographie in anderen Ländern 22
    5. Schulversuche aus "Geographie und Wirtschaftskunde" in Österreich 31
        5.1. Der Schulversuch auf der Oberstufe der allgemeinbildenden höheren Schule . 31
        5.2. Der Schulversuch in den Schulen der 10 - 14-Jährigen 34
    6. Ausblick 42

Helmut WOHLSCHLÄGL und Wolfgang SITTE: Fachdidaktische Ausbildung in Österreich - Probleme
    und Versuche. Ein Beitrag zur Diskussion der Ausbildung künftiger AHS-Lehrer für
    das Unterrichtsfach "Geographie und Wirtschaftskunde" 45

    1. Einleitung 46
    2. Was ist Fachdidaktik ? - zur Begriffsklärung 47
    3. Einige Bemerkungen zum Verhältnis von Fachwissenschaft, Erziehungswissenschaft,
       Fachdidaktik und Schulfach "Geographie" im Ausbildungsfeld künftiger Lehrer . . 49
    4. Zur Situation der fachdidaktischen Ausbildung in "Geographie und Wirtschafts=
       kunde" in Österreich 53
        4.1. Der allgemein-pädagogische Teil des pädagogischen Begleitstudiums 55
        4.2. Zur Situation der fachdidaktischen Ausbildung in Geographie 56
    5. Fachdidaktische Ausbildung im Rahmen des Bundesgesetzes für geistes- und natur=
       wissenschaftliche Studienrichtungen 1971 58
        5.1. Zur Problematik des einzurichtenden Schulpraktikums 58
        5.2. Fachdidaktische Ausbildung in Geographie in der neuen Studienordnung und
           im neuen Studienplan 61
    6. Ein hochschuldidaktischer Versuch: Die fachwissenschaftlich - fachdidaktischen
       Seminare am Geographischen Institut der Universität Wien 63
    7. Exkurs: Fachdidaktische Lehrversuche in anderen Fächern - Beispiel "Geschichte" 69
    8. Exkurs: Fachdidaktik in der Lehrerausbildung für das Fach "Geographie und Wirt=
       schaftskunde" an den Pädagogischen Akademien 72
    9. Diskussionsgrundlage: Konzept einer verbesserten fachdidaktischen Ausbildung in
       Geographie an den österreichischen Universitäten 73
        9.1. Prämissen und Operabilität 73
        9.2. Zum Aufbau des Konzepts 74
        9.3. Zu den einzelnen Lehrveranstaltungen - Lernzielangaben 76
        9.4. Ergänzende Bemerkungen zur Gestaltung des Schulpraktikums im vorgeschla=
           genen Konzept einer erneuerten fachdidaktischen Ausbildung 79
    Literaturhinweise 83

Seite

Maria SCHNELLER: Der Anteil und die Stellung der Geographie in neuen Lernbereichen.
    Gemeinschaftskunde, Gegenwartskunde, Politische Bildung und Gesellschaftskunde . . . 87

    1. Vorwort 87
    2. Politische Bildung - primäres Unterrichtsziel der Schule 87
    3. Die Position der Geographie im Rahmen eines politischen Unterrichts 88
    4. Die "Social Studies" als Vorbild des Faches "Politik" 89
    5. Die Geographie in Integrationsfächern 89
        5.1. Die "Gemeinschaftskunde" in der Bundesrepublik Deutschland 89
        5.2. Die Geographie im System der Gesamtschule 94
    6. Die Arbeitsgemeinschaft für "Geschichte - Sozialkunde und Geographie - Wirt=
       schaftskunde" in Österreich 95
    7. "Politische Bildung" als eigenes Schulfach 96
    8. Aus- und Fortbildung der Lehrer 97
    9. Schlußbemerkung 98

Helmut J. WEIS: Ein kritischer Vergleich österreichischer und bundesdeutscher Geographie=
    lehrbücher 101

    1. "Welt und Umwelt", "Geographie" und "Seydlitz": Moderne und traditionelle
       Konzeptionen in drei bedeutenden Unterrichtswerken 101
    2. Zum Aufbau: Entspricht das im "Seydlitz" geübte Prinzip "Vom Nahen zum Fernen"
       den gegenwärtigen Vorstellungen 102
    3. Polarisierung in der Schulgeographie: Allgemeine Geographie - Länderkunde 103
    4. Kategoriengruppen - kategoriale Grunddaseinsfunktionen - länderkundliche Durch=
       gänge: Die stoffliche Konzeption der einzelnen Unterrichtswerke 105
    5. Lernzielorientierung und Operationalisierung - Fallbeispiele 108
    6. Arbeitsunterricht - Arbeitsmaterial: Das Arbeitsbuch 109
    7. Medienverbund als Voraussetzung eines modernen lernzielorientierten Unterrichts 109
    8. Lehrerband - didaktische und fachliche Unterstützung für den Lehrer 110
    9. Abschließender Vergleich der drei Lehrbücher anhand eines ausgewählten Themen=
       beispiels 110
    Anhang: Übersichten 113

2. Abschnitt: Blick über die Grenzen

Helga LEITNER: Eine Pionierleistung zur Reform des Geographieunterrichts in den USA: Das
    "High School Geography Project" (HSGP) 121

    1. Vorbemerkungen 121
    2. Gründe für die Entstehung des HSGP 122
    3. Die Entwicklungsphasen des HSGP 123
    4. Der Gedanke einer "conceptual geography" als Grundlage für das HSGP 125
    5. Die Bildungsziele des HSGP 126
    6. Gliederung und inhaltliche Thematik des HSGP 128
    7. Die Unterrichtsstrategien des HSGP 133
        7.1. Das programmartige Gefüge des Unterrichts 133
        7.2. Der Multimedia-Verbund 135
        7.3. Das "Discovery Learning" = Entdeckendes Lernen, Lernen durch Forschen . . 136
    8. Aktivitätsanalyse 138
    9. Zur Bewährung des HSGP im praktischen Schulgebrauch der USA 139
    10. Wert des HSGP für europäische Curriculumforschungsprojekte bzw. für österrei=
        chische Schulversuche 140
    11. Zusammenfassung und Ausblick 142

Astrid TÜRK: Situation und Entwicklungstendenzen der Schulgeographie in Großbritannien . . 145

    1. Einleitung 145
    2. Der Aufbau des englischen Schulsystems 145
    3. Der Geographieunterricht von 11 bis 15 Jahren 146
    4. Allgemeine und spezielle Zielsetzungen der derzeitigen englischen Schulgeogra=
       phie 148
    5. Umstrukturierungen und neue Ziele 148
    6. Neue Methoden der englischen Schulgeographie 151
    7. Die Bedeutung der Feldarbeit für die Schulgeographie 153
    8. Die Geographie im integrierten Lehrplan 155
    9. Prüfungen im englischen Schulsystem 156
    10. Ausblick 160

Seite

Franz GILLINGER: Zum Problem der Länderkunde in der Schulgeographie 163

   1. Vorbemerkungen 163
   2. Die Stellung der Länderkunde im Selbstverständnis geographischer Theoriebildung 164
   3. Die Länderkunde in der Schule 169
      3.1. Kritik an der bisherigen Schul-Länderkunde 170
      3.2. Ansatz zur Neugestaltung des Geographieunterrichts: Das Curriculum . . . 170
      3.3. Mögliche Kategorien in der Auseinandersetzung 170
         3.3.1. Allgemein-geographische Sachkategorien zunehmender Schwierigkeit und Komplexität 171
         3.3.2. Das Konzept einer problemorientierten aktualisierten Länderkunde 174
         3.3.3. Das Konzept des Aufbaus des Unterrichts nach 'Grunddaseinsfunktionen' . 174
         3.3.4. Das Kulturerdteilkonzept 176
      3.4. Probleme der Lehrplanerstellung 177
      3.5. Sinn und Aufgabe der Länderkunde in der Schule 179
   4. Zusammenfassung - Ausblick 181

3. Abschnitt: Neue Unterrichtsinhalte – Lernzielorientierter Unterricht. Zwei Beispiele

Helmut WOHLSCHLÄGL und Helga LEITNER: Der Kulturerdteil 'Orient' als Lebensraum. Ein lernzielorientiertes thematisches Unterrichtsmodell für die 5. Klasse der AHS . . 187

   I. EINFÜHRUNG 187
     1. Vorbemerkungen 187
     2. Unterrichtsziel - Problemorientierte Kulturerdteilbetrachtung 188
     3. Warum Behandlung von Kulturerdteilen im Unterricht? Zum Stellenwert einer großraumspezifischen problemorientierten Regionalen Geographie in einem thematischen Unterrichtskonzept 189
     4. Zur Wahl des Themas "Der Kulturerdteil Orient als Lebensraum" 197
     5. Aufbau und Gliederung des Unterrichtsmodells 201
        5.1. Lernzielformulierung - Lernzielkatalog und Problematik 201
        5.2. Organisationsschema des Unterrichtsmodells 207
        5.3. Angaben zu jeder Unterrichtseinheit 207
        5.4. Ein Maximalprogramm?! 211
   II. ÜBERSICHT. Unterrichtsabschnitte, Unterrichtseinheiten, Haupt-, Teillernziele 212
   III. DAS UNTERRICHTSMODELL: Lernziele, Unterrichtshinweise, topographischer und Sachkatalog 214
     1. Unterrichtsabschnitt: Der Orient und sein Erdöl im Brennpunkt der Weltpolitik 214
     2. Unterrichtsabschnitt: Von der traditionellen Gesellschaft zur Agrarreform . . 219
     3. Unterrichtsabschnitt: Der Mensch antwortet auf die Herausforderung der Natur in den Trockenräumen 222
     4. Unterrichtsabschnitt: Urbanisierung und Industrialisierung - Fluch oder Segen 228
     5. Unterrichtsabschnitt: Der Konflikt Israel - Arabische Staaten 233
   Literaturhinweise 236

Helmut J. WEIS, Maria SCHNELLER, Peter LADINGER und Franz GILLINGER: Die Behandlung Österreichs im Unterricht. Eine Diskussionsgrundlage zur inhaltlichen Neuordnung und Lernzielorientierung des Geographieunterrichts in der 7. Klasse der AHS . . . 243

   I. Einführung 243
   II. Übersicht: Fachbestimmte Haupt- und Groblernziele 248
   III. Unterrichtseinheiten, Grob- und Teillernziele 251

4. Abschnitt: Anhang

Derzeit gültiger Lehrplan für das Unterrichtsfach "Geographie und Wirtschaftskunde" in Österreich 269

Beispiele zur Erneuerung der Schulgeographie in Österreich 275

   1. Das Fach Geographie und Wirtschaftskunde und seine Unterrichtsinhalte in den neuen österreichischen Schulversuchslehrplänen bzw. -lehrstoffverteilungen . . 275
     1.1. Schulversuch in der Schule der 10 - 14-Jährigen 275
     1.2. Schulversuch in der Oberstufe der AHS 282
   2. Grundkonzept für einen neuen Oberstufenlehrplan 294

SACHREGISTER 299

Zur Entstehung und zum Inhalt des Buches

In den letzten Jahren ist der Geographieunterricht stark in Bewegung geraten. Jahrzehntelang bestand die Hauptaufgabe des Schulfaches *"Geographie"* darin, dem Heranwachsenden ein Orientierungswissen von der Erde in Form einer mehr oder weniger topographie-reichen Staaten- und Länderkunde zu vermitteln. Nun wird Altvertrautes plötzlich in Zweifel gezogen, Neues zur Diskussion gestellt und ausprobiert. Auch Österreich ist von dieser Entwicklung erfaßt. Damit ergibt sich sowohl für den unterrichtenden Lehrer als auch für den noch in der Ausbildung stehenden Lehramtskandidaten die Notwendigkeit, sich über die neueren Strömungen im Bereich von Inhalten und Methoden des Unterrichts in *"Geographie"* zu informieren. Allerdings wuchsen im Zusammenhang mit dieser Neuorientierung unseres Schulfaches die Probleme der Information und der Kommunikation. Leider besitzen wir in Österreich derzeit noch kein modernes fachdidaktisches Werk, das darüber Auskunft erteilt. Auch fehlt diesbezüglich ein breiteres, leicht zugängliches Periodika-Schrifttum.

Um diesem Mangel wenigstens teilweise etwas abzuhelfen, wurde dieses Buch zusammengestellt. Es enthält größtenteils Aufsätze, die das Ergebnis zweier fachwissenschaftlich - fachdidaktischer Seminare sind, die die beiden Herausgeber initiiert und am Geographischen Institut der Universität Wien als Lehrveranstaltung an der Lehrkanzel Prof. Troger unter der Leitung des Lehrstuhlinhabers in den Jahren 1973 und 1974 durchgeführt haben, um neue Formen der Ausbildung künftiger Lehrer zu testen.[1] Herrn Prof. Ernest TROGER soll an dieser Stelle für sein Entgegenkommen und sein Interesse an diesem Vorhaben herzlich gedankt werden, ebenso

den Teilnehmern, die nach den bestimmt sehr arbeitsaufwendigen Seminaren Zeit fanden, während ihres Lehramtsprüfungsstadiums - die meisten stehen heute bereits im Schuldienst - ihre Seminarbeiträge noch einmal grundlegend zu überarbeiten. Sie haben damit gezeigt, daß sie jene beiden Voraussetzungen mitbringen, die neben den kognitiven und pädagogischen Fähigkeiten die wichtigsten für ihre spätere Tätigkeit im Dienste der Jugend sein werden, nämlich Idealismus und Begeisterungsfähigkeit. Gleichzeitig haben sie aber auch bewiesen, daß praxisbezogene Projekt-Lehrveranstaltungen im Rahmen der Lehramtsausbildung nicht nur möglich, sondern sogar sehr effizient sein können.

Das Buch ist thematisch in vier Abschnitte gegliedert. Die Beiträge des *ersten Abschnitts* beschäftigen sich mit P r o b l e m e n d e s G e o g r a p h i e u n t e r r i c h t s i n Ö s t e r r e i c h . Nach dem einleitenden Aufsatz von W. SITTE, der in einem groß angelegten Überblick unter Anführung eines breiten fachdidaktischen Schrifttums die Erneuerungsnotwendigkeit der Schulgeographie in Österreich herausarbeitet und eine Übersicht über den Stand der Erneuerungsversuche gibt, wird im zweiten Beitrag gleich, wie es den Herausgebern scheint, eine Grundsatzfrage diskutiert, nämlich das Problem der fachdidaktischen Ausbildung der Lehramtskandidaten an den Universitäten. Diese Ausbildung muß endlich aufgewertet werden, wenn der Geographieunterricht an

---

[1] vgl. dazu den Aufsatz von W. SITTE und H. WOHLSCHLÄGL: Fachdidaktische Ausbildung in Österreich. Probleme und Versuche. In diesem Buch, S. 45 - 86, insbes. S. 63f.

den Schulen eine Zukunft haben soll. Der von
W. SITTE und H. WOHLSCHLÄGL gemeinsam verfaßte
Beitrag beschränkt sich jedoch nicht nur auf
eine kritische Situationsanalyse, sondern
bringt dazu auch einen konstruktiven Vorschlag,
ein auf theoretischen Überlegungen sowie prak=
tischen Erfahrungen fußendes *lernzielorien=
tiertes Konzept für eine effizientere fachdi=
daktische Ausbildung*, die mit dem schulprakti=
schen Ausbildungsteil sinnvoll verknüpft und
stärker in die fachwissenschaftliche Ausbil=
dung integriert wird.

Mit einer in der nächsten Zukunft wohl noch
stärker in Erscheinung tretenden Frage beschäf=
tigt sich die Arbeit von M. SCHNELLER. Sie in=
formiert über sogenannte *'Integrationsfächer'*,
wie "social studies", "Gemeinschaftskunde",
"Gesellschaftskunde", "Arbeitsgemeinschaft Geo=
graphie und Wirtschaftskunde - Geschichte und
Sozialkunde", "Politische Bildung", ihre Ziele
und Inhalte, zeigt die unterschiedlichen An=
teile auf, mit denen *"Geographie"* in ihnen ver=
treten ist und diskutiert den Beitrag, den un=
ser Fach in diesen Fächern zu leisten imstande
ist. H.J. WEIS vergleicht in einer kritsichen
Analyse bundesdeutsche Geographie-Schulbücher
mit dem am weitesten verbreiteten österreichi=
schen geographischen Schulbuchwerk. Diesem Bei=
trag kommt insofern Bedeutung zu, weil hierzu=
lande Lehrbuchkritiken äußerst selten sind,
andererseits Stil und Inhalt des Unterrichts
jedoch stark vom Lehrbuch geprägt werden und
kritische Reflexionen demnach wichtige Funktio=
nen haben.

Der B l i c k ü b e r d i e G r e n =
z e n, dem der *zweite Abschnitt* des Buches ge=
widmet ist, beginnt mit einer umfassenden Dar=
stellung und Bewertung des amerikanischen *"High
School Geography Project"* durch H. LEITNER; -
ein richtungsweisendes Projekt, eine Pionier=
leistung zur Reform des Geographieunterrichts
aus den USA, die nicht so sehr durch ihren In=
halt als vielmehr in ihrer Projektorganisation
und durch die Unterrichtsstrategien und -medien,
die gezielt zur Erreichung der Lernziele einge=
setzt werden, Bedeutung hat und weltweite Wir=
kung erzielte. Im folgenden Beitrag analysiert
A. TÜRK Situation und Entwicklungstendenzen
der Schulgeographie in Großbritannien, einem
Land, dem nicht nur die wissenschaftliche Geo=

graphie, sondern auch die Schulgeographie in
den letzten Jahren viele Innovationen verdankt,
die endlich auch einmal bei uns Aufmerksamkeit
finden sollten. F. GILLINGER schließt diesen
Abschnitt mit einer Betrachtung des Problems
der Länderkunde in der Schule, bei besonderer
Berücksichtigung der bundesdeutschen Situation,
wobei er, unter Herausarbeitung verschiedener
Auffassungen und Konzepte der Frage nachgeht,
wie weit heutzutage Idiographisches im Geogra=
phieunterricht unterzubringen ist.

Im *dritten Abschnitt* des Buches: N e u e
U n t e r r i c h t s i n h a l t e - l e r n =
z i e l o r i e n t i e r t e r U n t e r =
r i c h t . Z w e i B e i s p i e l e wer=
den an zwei ausführlichen, auf die österreichi=
sche Schulsituation abgestimmten *Unterrichts=
beispielen* die Möglichkeiten eines lernziel=
orientierten und nicht mehr länderkundlich,
sondern thematisch konzipierten Unterrichts in
"Geographie" demonstriert. H. LEITNER und H.
WOHLSCHLÄGL erarbeiteten für die 5. Klasse der
allgemeinbildenden höheren Schule das *Unter=
richtsmodell "Der Kulturerdteil Orient als
Lebensraum"*, F. GILLINGER, P. LADINGER, M.
SCHNELLER und H.J. WEIS ein neues Konzept für
die Behandlung Österreichs in der 7. Klasse.
Beide Beispiele zeigen in den Themen eine sinn=
volle Verbindung räumlicher, wirtschaftlicher,
sozialer und politischer Aspekte und sind so=
wohl zur Gänze als auch in Teilen ohne Schwie=
rigkeiten im geltenden Lehrplanrahmen zu ver=
wenden. Die Herausgeber hoffen, damit den im
Unterricht stehenden Lehrern eine echte Hand=
reichung für die Gestaltung eigener Unterrichts=
einheiten zu geben. Der Aufsatz von H. LEITNER
und H. WOHLSCHLÄGL schließt außerdem eine inter=
essante grundsätzliche Diskussion über die sich
aus der Arbeit am Projekt ergebenden fachdidak=
tischen Fragestellungen, über den Stellenwert
einer großraumspezifischen Kulturerdteilbetrach=
tung in einem thematisch ausgerichteten Unter=
richt und über Möglichkeiten der Lernzielfor=
mulierung ein.

Der *vierte* und letzte *Abschnitt* schließlich
enthält eine Zusammenstellung österreichischer
G e o g r a p h i e u n d W i r t =
s c h a f t s k u n d e - L e h r p l ä n e
b z w . L e h r p l a n k o n z e p t e . Bei
der Verstreutheit und teilweise schwierigen

Beschaffung dieser Unterlagen, die sowohl für den Unterricht als auch für jede theoretische Auseinandersetzung fachdidaktischer Art unumgänglich notwendig sind, hielten es die Herausgeber für wichtig, eine solche *'Dokumentation'* als Anhang zu bringen. Man findet darin den derzeit gültigen Geographie und Wirtschaftskunde - Lehrplan, die beiden vom *'Zentrum für Schulversuche und Schulentwicklung'* erarbeiteten Lehrpläne - den für die *'Schule der 10 - 14-Jährigen'* und den für die *'Oberstufe der allgemeinbildenden höheren Schule'* - und schließlich auch ein *'Basiskonzept für einen neuen Oberstufenlehrplan in Geographie'*, das im Rahmen der mehrmals erwähnten fachwissenschaftlich - fachdidaktischen Seminare am Geographischen Institut der Universität Wien erarbeitet wurde.

S c h u l g e o g r a p h i e   i m   W a n d e l lautet der Titel unseres Buches. Wir hoffen, daß sich dieser Wandel im Sinne einer Verbesserung der Inhalte und Methoden des Geographie und Wirtschaftskunde - Unterrichts bemerkbar machen wird. Verbessern kann man allerdings nur, wenn man sich über die derzeitige Situation und die zukünftigen Möglichkeiten im klaren ist. Dazu einige Beiträge zu liefern, die informieren, zum Nachdenken anregen, konkrete Diskussionsgrundlagen zu einer Erneuerung anbieten und so eventuell auch neue Vorstellungen initiieren, ist die Hauptaufgabe des vorliegenden Buches.

Wolfgang Sitte   *Helmut Wohlschlägl*

Wien, im Oktober 1975

1. Abschnitt:
Probleme des Geographie-Unterrichts in Österreich

Das Unterrichtsfach ‹Geographie und Wirtschaftskunde› im Spannungsfeld neuer Entwicklungen

Wolfgang SITTE

Inhalt:

1. Das Konzept der wirtschaftskundlichen Staaten- und Ländergeographie . 11
2. Die neuere Entwicklung der wissenschaftlichen Geographie 14
3. Die erziehungswissenschaftliche Innovation 15
   3.1. Die Curriculumbewegung 15
   3.2. Lernziele 17
   3.3. Neue Unterrichtsstrategien und -mittel 19
4. Erneuerungsbestrebungen der Schulgeographie in anderen Ländern . . . 22
5. Schulversuche aus "Geographie und Wirtschaftskunde" in Österreich . . 31
   5.1. Der Schulversuch auf der Oberstufe der allgemeinbildenden
        höheren Schule (AHS) 31
   5.2. Der Schulversuch in den Schulen der 10 - 14-Jährigen 34
6. Ausblick 42

*1. Das Konzept der wirtschaftskundlichen Staa=
ten- und Ländergeographie*

Jahrzehntelang bestand die Hauptaufgabe des Schulfaches "Geographie/Erdkunde" darin, dem Heranwachsenden ein Orientierungswissen von der Erde in Form einer mehr oder weniger topographiereichen Staaten- und Länderkunde zu vermitteln. Natur- und Kulturlandschaft erhielten dabei gleichwertige Betrachtungsanteile. Soweit wirtschaftliche Aspekte berücksichtigt wurden, geschah dies nach *"geographischen"* Gesichtspunkten.[2]

Das Schulgesetzwerk des Jahres 1962 brachte hier eine bedeutsame Änderung. Mit der Umbenennung in "G e o g r a p h i e u n d W i r t s c h a f t s k u n d e" erhielt unser Fach nicht nur einen neuen Namen, sondern auch einen neuen Bildungs- und Unterrichtsauftrag, - nämlich den Heranwachsenden das Wesen und die Struktur des vielfältigen wirtschaftlichen Bereiches aufzuhellen und sie für ökonomische Fragen zu sensibilisieren. Diesem neuen Auftrag liegt die Überlegung zugrunde, daß unser politisches Leben heute ohne Kenntnis des Wirtschaftlichen kaum zu verstehen ist.[3]

---

1) Wesentliche Teile dieses Aufsatzes entstammen einem Vortrag, den der Verfasser am 27. April 1974 im Rahmen der 6. Österreichischen Geographentagung des Instituts für Österreichkunde in St. Pölten gehalten hat.

2) vgl. dazu: Provisorische Lehrpläne für die Mittelschulen. Sonderabdruck aus dem Verordnungsblatt, Österreichischer Bundesverlag, Wien 1946.

Seither sind mehr als ein Dutzend Jahre ver=
strichen. Lehrer und Wirtschaftsfachleute,
sowie zahlreiche außerschulische Interessen=
gruppen und Institutionen haben in dieser Zeit
versucht, wirtschaftskundliche Zielsetzungen
und Lehrziele zu finden, sie zu konkretisieren,
und sich auch teilweise bemüht, sie mit den
alten geographischen Lehrzielen und -inhalten
zu koordinieren bzw. zu integrieren.[4]

Das Ergebnis dieser Entwicklungsphase unseres
Faches finden wir in den derzeit gültigen Lehr=
plänen[5] bzw. in den gebräuchlichen Lehrstoff=
verteilungen.[6] Es ist das Konzept einer wirt=
schaftskundlichen Staaten- und Länderkunde.
Seine wesentlichen Merkmale können etwa folgen=
dermaßen zusammengefaßt werden:

- Der Lehrstoff wird nach Staaten bzw. Län=
dergruppen angeordnet, wobei nach dem Prin=
zip der konzentrischen Kreise, das heißt,
von der Nähe zur Ferne, vorgegangen wird.

- Da es in der Praxis unmöglich ist, alle
Staaten der Erde durchzunehmen, wird meist
exemplarisch ausgewählt, vielfach aber
doch eine möglichst große "Vollständigkeit"
angestrebt.

- Die Behandlung der ausgewählten Räume er=
folgt in der Weise, daß durchwegs zuerst
die Naturgrundlagen besprochen werden, an
die dann die Darstellung der Bevölkerung
und die Darstellung der Wirtschaft - hier
handelt es sich fast immer um eine Inven=
taraufnahme bzw. eine Verbreitungslehre -
anschließt.

- Krönung (Höhepunkt) ist schließlich der
mehr oder weniger geschickt aus dem Voran=
gegangenen entwickelte wirtschaftskundli=
che Sachverhalt (Begriff, Einsicht).

Ein B e i s p i e l a u s e i n e r
L e h r s t o f f v e r t e i l u n g soll

---

3) vgl. dazu: BGBl.1962/61.Stück vom 8.August
1962.
E. KUTSCHERA: Wirtschaftskunde - das Werden
eines neuen Unterrichtsgebietes. In: Die
österreichische Schule 1945 - 1975 (hrsg.v.
O. SPACHINGER u.a.). Österr. Bundesverlag,
Wien 1975, S. 301 - 307.

4) Es ist nicht Aufgabe dieses Aufsatzes, die=
se sehr aufschlußreichen Versuche nachzu=
zeichnen, doch sollen für Interessenten we=
nigstens einige Beteiligte daran und cha=
rakteristische Veröffentlichungen dazu er=
wähnt werden:
TIMP, O.: Der Einbau der Wirtschaftskunde
in den Geographieunterricht. In: Österreich
in Geschichte und Literatur 9, 1965, S. 42
- 51.
KLIMPT - SADLEDER: Einführung in die Grund=
lagen des Wirtschaftskundeunterrichtes. In:
Schriftenreihe des Pädagogischen Institutes
für Niederösterreich, Heft 1, 1966.
PRILLINGER, F.: Bildungsziele des Geogra=
phie- und Wirtschaftskunde-Unterrichts. In:
Österreich in Geschichte und Literatur 10,
1966, S. 133 - 146.
KÄFER, H.: Leitfaden zur Wirtschaftskunde
II. Österreichischer Bundesverlag, Wien
1967.
GEOGRAPHIE UND WIRTSCHAFTSKUNDE. Hrsg. v.
L. SCHEIDL, Verlag Hirt, Wien 1967.
STRZYGOWSKY, W.: Vom Eisenerz zum Automobil.
Versuch einer synoptischen Erd- und Wirt=
schaftskunde. In: Mitteilungen der Österr.
Geographischen Gesellschaft 107, 1965, S.
222 - 236.
GOLDBERGER, J.: Entwurf einer Lehrstoffver=
teilung aus Geographie und Wirtschaftskunde
für die 6. Klasse der Allgemeinbildenden

Höheren Schulen. In: Mitteilungen der Österr.
Geographischen Gesellschaft 111, 1969, S.
80 - 85.
UNTERRICHTSNAHE WIRTSCHAFTSKUNDE. Hrsg. v.
E. POHL, Sozial- und wirtschaftskundliche
Schriftenreihe des Sparkassenverlages, Heft
6, Wien 1970.
MEIER - HASENMEYER - SCHEIDL: Methodik für
Geographie und Wirtschaftskunde. Verlag
Hirt, Wien 1971.
Weitere interessante Beiträge fondet man in
den Heften der seit 1963 erscheinenden Zeit=
schrift *"Wissenschaftliche Nachrichten"* (u.a.
von LANDKAMMER, WANKA und SITTE), einem in
Wien herauskommenden, der Lehrerfortbildung
dienenden Periodikum und in der Zeitschrift
"Erziehung und Unterricht" (Österreichischer
Bundesverlag, Wien), sowie in dem von der
"Ersten Österreichischen Sparkassa" heraus=
gegebenen *"Wirtschaftstelegramm"*.

5) LEHRPLAN DER HAUPTSCHULE: 1. Sondernummer
zum Verordnungsblatt für den Dienstbereich
des Bundesministeriums für Unterricht, Jahr=
gang 1963, Stück 7a.
LEHRPLAN AHS-UNTERSTUFE: 1. Sondernummer
zum Verordnungsblatt für den Dienstbereich
des Bundesministeriums für Unterricht, Jahr=
gang 1964, Stück 7a.
LEHRPLAN AHS-OBERSTUFE: Bundesgesetzblatt
für die Republik Österreich, Jahrgang 1970,
66. Stück, Nr. 275.

6) Lehrstoffverteilungen werden im allgemeinen
von freiwilligen Arbeitsgemeinschaften aus=
gearbeitet. Sie sind unverbindlich und le=
gen den Unterrichtsstoff stundenweise fest.
Viele - vor allem jüngere - Kollegen greifen
gerne zu ihnen, da der Lehrplan mit seinen
sehr großzügigen Angaben keine Hilfe bei der
Stoffauswahl bietet.

dies illustrieren. Dort werden für die Behandlung *Nordeuropas* auf der Oberstufe der Allgemeinbildenden Höheren Schule (AHS) insgesamt sechs Unterrichtsstunden vorgeschlagen. In der ersten werden die Landschaften durchgenommen, in der zweiten Klima, Pflanzenkleid und Vegetation besprochen, die dritte Stunde beschäftigt sich mit der Wirtschaft Islands und Norwegens und die vierte mit derjenigen Dänemarks und Finnlands. Die beiden letzten Stunden hält sich der Verfasser dieser Lehrstoffverteilung für die Behandlung Schwedens vor, wobei er folgende Stoffe für durchnahmewichtig erachtet:[7]

5. STUNDE:

Die Großlandschaften, Ausstattung und Bedeutung.
Die Wirtschaft: Hochentwickelter Industriestaat (mit 160 Millionen Einwohnern wäre Schweden die größte Industriemacht der Erde).
Industrielle Revolution - Soziale Evolution.
Landwirtschaft: Ziele: Selbstversorgung (Neutralität), rentable, vollmechanisierte Familienbetriebe, hohes Einkommensniveau (Preise, Subventionen).
Bergbau: Erzabbaubezirke Kiruna, Skellefte-Feld, Bergslagen. Rationalisierung. LKAB mit 7000 Beschäftigten - 20 Millionen Tonnen Fe (Erzberg: 3400 Beschäftigte - 3,3 Millionen Tonnen Fe). Wasserkraftpotential 85 Mrd. kWh (1967: 48 Mrd. kWh).
Industrie: Grundlagen: Rohstoffe, Wasserkräfte, Fachkräfte, anspruchsvoller Binnenmarkt, Brennstoffimporte (3 Mill. t Kohle, 20 Mill. t Erdöl). Qualitätswaren, Rationalisierung, Konzentration (vertikal und horizontal), internationale Verflechtung. 1965 gab es 7 Unternehmen mit einem Umsatz von mehr als 7 Mrd. ö.S. (=VÖEST). 1962 bereits über 1000 Tochtergesellschaften im Ausland (Konzern SKF, Umsatz 1965: 17 Mrd. ö.S., 68 000 Beschäftigte, davon 14 000 in Schweden, Produktion: Kugellager).
Außenhandel: Große Außenhandelsintensität, Wohlstand.
Ausfuhrwert 1966: 110 Mrd. ö.S. (EFTA 42 %, EWG 30 %).
Einfuhrwert 1966: 118 Mrd. ö.S. (EFTA 34 %, EWG 36 %).

6. STUNDE:

Der Wohlfahrtsstaat Schweden.
Wohlstand: BNP je Einwohner 1965: 57 000 ö.S.
Organisation der Wirtschaft: Großer Privatsektor - kleiner Staatssektor.
Staatsbetriebe: Bahn, Post u.a. 157 000 Beschäftigte.
Aktiengesellschaften in Staatsbesitz: 40 000 Beschäftigte.
Größerer Staatseinfluß auf den Geld- und Kapitalmarkt. 10 % der Geldmarktkredite, 27 % der Kapitalmarktkredite.
Staatliche Wirtschaftspolitik in Kooperation mit Gewerkschaften, Genossenschaften, Unternehmerverbänden.
Ziele der Wirtschaftspolitik: Magisches Dreieck (Vollbeschäftigung, Wirtschaftswachstum, stabiler Geldwert). Langfristige Planung und Vorhersagen als Richtlinien für Finanzpolitik und Privatwirtschaft.[7]

J. KLIMPT,[8] der maßgebend an der Einführung der wirtschaftskundlichen Staaten- und Ländergeographie beteiligt war und der, wie kein zweiter Lehrer, es auch verstand, sie durch seine faszinierende Persönlichkeit und humordurchsetzte Rhetorik glänzend in der Unterrichtspraxis vorzuführen, sah in ihr nicht nur die Chance, den etwas antiquierten Geographieunterricht aufzuwerten, sondern glaubte mit diesem Konzept auch das geeignetste Mittel gefunden zu haben, um ökonomische Bildung lebendig und schuladäquat zu verwirklichen.

---

7) Entnommen (die 5. und 6. Stunde wortwörtlich) einer vervielfältigten Lehrstoffverteilung, die im Auftrag des Stadtschulrates für Wien von der Arbeitsgemeinschaft der Geographen an den Allgemeinbildenden Höheren Schulen Wiens im Jahre 1969 herausgegeben wurde. Den Abschnitt "Nordeuropa" bearbeitete R. WANKA.

8) Um denjenigen Lesern, die J. KLIMPTS didaktisches Konzept nicht kennen, wenigstens einen groben Eindruck - allerdings bar jedes rhetorischen Glanzes - von seinen Vorstellungen zu ermöglichen, sei hier auf zwei Unterrichtswerke aufmerksam gemacht:
KLIMPT, J.: Wirtschaftskunde für den Polytechnischen Lehrgang. Jugend und Volk, Wien 1972. Das Buch wird auch einer anspruchsvolleren Zielgruppe als der im Titel genannten gerecht.
ALTRICHTER, A., KLIMPT, J., SCHAUSBERGER, N. und W. SITTE: Materialien zur politischen Weltkunde. Österreichischer Bundesverlag, Wien 1972. Hier die Abschnitte über Wirtschaftspolitik, die Supermächte der Weltpolitik und die großen Wirtschaftsmächte, sowie den Abschnitt über die großen Wirtschaftsorganisationen.

Ist dieser Weg aber wirklich der bestmögliche, um **räumliche und wirtschaftliche Aktivitäten sozialer Gruppen sowie die sich daraus ergebenden Strukturen, Interdependenzen, Kontradiktionen und Konflikte verständlich zu machen**? Ich bezweifle es! Und ich glaube, wir sollten darüber sprechen und nach neuen Wegen Ausschau halten und diese neuen Wege auch versuchen. Auch wenn mancher meint, daß die Umstellung auf die Wirtschaftskunde für eine Lehrergeneration genug sei.[9] Es gibt triftige Gründe für eine Neubesinnung. Auf einige soll in den folgenden Abschnitten die Aufmerksamkeit gelenkt werden.

2. Die neuere Entwicklung der wissenschaftlichen Geographie[10]

Obwohl sich das Schulfach "Geographie und Wirtschaftskunde" auf eine ganze Reihe von Bezugswissenschaften stützt, ist die wichtigste davon (vorläufig ?) noch immer die wissenschaftliche Geographie.[11] Wenn man sich mit didaktischen Fragen unseres Faches beschäftigt, muß man dieser Wissenschaft, vor allem ihrer neueren Entwicklung, besondere Aufmerksamkeit schenken. Sie ist in den letzten Jahren vor dem Hintergrund einer neuen Wissenschaftslogik und unter dem Druck der Forderung nach Gesellschaftsrelevanz ziemlich stürmisch verlaufen, wobei die Innovationen zur Hauptsache aus dem angelsächsischen und nordeuropäischen Raum kamen.

Kennzeichnend für diese neuere Entwicklung unserer ersten Bezugswissenschaft sind vor allem

- die Infragestellung der "klassischen" Länder- und Landschaftskunde, die traditionsgemäß von der Mehrzahl der Geographen bisher immer als Kern der Disziplin betrachtet wurde
- und das starke Vordringen instrumentell-theoretischen Denkens, das zu einer Quantifizierung, Mathematisierung sowie Formalisierung geographischer Forschungsansätze führte.

Die idiographisch arbeitende Länderkunde sah ihre Aufgabe in der *ganzheitlichen Beschreibung von Räumen*, wobei sie unter diesem Begriff eine Summe von Phänomenen - wie Relief, Klima, Vegetation, Siedlung und Wirtschaft - zusammenfaßte. Die für die Herausstellung des *"Besonderen" eines Raumes* notwendige Synthese blieb weitgehend dem intuitiven Geschick des jewei-

---

9) Es soll nicht unerwähnt bleiben, daß die Umstellung auf Wirtschaftskunde von einer Lehrerschaft, die für den Unterricht der ökonomischen Inhalte nicht vorbereitet war, große geistige Mobilität, aber auch Opferbereitschaft verlangte, mußte doch fast die "Hälfte des Faches" nachgelernt werden. Daß sie einigermaßen gelang, ist nicht zuletzt das Verdienst zahlreicher außerschulischer Stellen. Man vergleiche diesbezüglich den Aufsatz von E. FESSEL in der Zeitschrift *"Wissenschaftliche Nachrichten"*, *Nr. 37, Jänner 1975*. Die fachliche und didaktische Ausbildung der zukünftigen Gymnasiallehrer an den Universitäten auf wirtschaftskundlichem Gebiet läßt leider auch heute noch zahlreiche Wünsche offen (E. KUTSCHERA a.a.O., vgl. dazu auch den folgenden Beitrag von W. SITTE und H. WOHLSCHLÄGL).

10) Meine Ausführungen zu diesem Thema haben nur das Ziel, aufmerksam zu machen und nicht, diese Entwicklung zu beschreiben. Wer sie im Überblick kennenlernen will, sollte sich wenigstens mit einigen der nachfolgend genannten, exemplarisch ausgewählten Arbeiten näher beschäftigen:

BARTELS, D.(Hrsg.): Wirtschafts- und Sozialgeographie. Neue Wissenschaftliche Bibliothek, Köln 1970.

BOBEK, H.: Die Entwicklung der Geographie - Kontinuität oder Umbruch? In: Mitteilungen der Österreichischen Geographischen Gesellschaft 114, 1972, S. 3 - 18.

HARD, G.: Die Geographie; eine wissenschaftstheoretische Einführung. Sammlung Göschen, Band 9001, Berlin 1973.

CHORLEY, R.J.(Hrsg.): Directions in Geography. London 1973.

WEICHHART, P.: Geographie im Umbruch. Deuticke, Wien 1975.

Diese Arbeiten sind nicht immer leicht geschrieben, weil sie oft ziemlich tief in die Wissenschaftstheorie einsteigen. Wer sich daher leicht und an konkreten Beispielen mit der *"neuen"* Geographie auseinandersetzen will, sollte zuerst greifen zu:

HAGGETT, P.: Geography: A Modern Synthesis. London 1972.
Dieses für Erstsemestrige konzipierte, in leichtem Englisch verfaßte und originell illustrierte Buch führt auf charmante Weise in neues geographisches Denken und in neue geographische Arbeitsweisen ein. Es wäre nicht uninteressant, dieses Werk einmal in einem Fortbildungsseminar mit Lehrern durchzuarbeiten.

ligen Forschers überlassen. Hauptziel dieser Länderkunde war es, über Land und Leute zu informieren.

In der Gegenwart haben andere Medien die Aufgabe der Gesamtinformation übernommen. Fast über jedes Gebiet der Erde gibt es ausreichendes Spezialschrifttum. In unzähligen Karten, terrestrischen Photos, Luftbildern und Satellitenaufnahmen liegen Milliarden von Informationsdaten vor. Die bloße Beschreibung kann daher heute genauso wenig Aufgabe des forschenden Geographen sein wie linear-kausale Erklärungsversuche subjektiv ausgewählter und wahrgenommener Erscheinungen.

Der Schwerpunkt moderner geographischer Forschung liegt heute in einem Bereich, wo unter Einsatz quantitativer Methoden und Kontrollen auf Grund spezifischer Theorien und vorhandener Erfahrungen über regelhafte Züge nach allgemeingültigen Gesetzmäßigkeiten gesucht wird. Dabei lassen sich die verschiedenartigen Forschungsansätze, die aus der Tradition der Disziplin erklärbar sind, zwei großen Systembereichen zuordnen. Einerseits dem Geoökosystem, das den Masse- und Energiehaushalt der Geosphäre umfaßt unter Einschluß der stattgefundenen und beabsichtigten menschlichen Eingriffe. Hier kommt der sogenannten "Landschaftsökologie", die sich mit dem Studium des Zusammenhanges von Boden, Klima und Vegetation befaßt, große Bedeutung zu.

Andererseits können geographische Forschungsansätze bzw. -richtungen dem sozialen Systembereich zugeordnet werden mit seinen Bedürfnissen, Normen, Aktivitäten und Steuerungsbeziehungen einschließlich der Kenntnis von Technologien und der Perzeption materieller Randbedingungen. In diesem Fall hat der "wirtschafts- und sozialgeographische Forschungsansatz", dem der Gedanke zugrunde liegt, daß die Gesellschaften nicht nur ökonomisch, sozial und politisch, sondern auch räumlich organisiert sind, große Fruchtbarkeit entwickelt und vor allem in der Raumforschung und Raumplanung praktische Anwendungsrelevanz erhalten.

Es ist schwierig zu prognostizieren, wohin die Entwicklung der Geographie führen wird. Fast nirgendwo trifft man Forscher, die noch in beiden Systembereichen "an der Front" stehen, immer seltener wagt sich einer an Gesamtüberblicke heran. So ist es nicht überraschend, daß heute immer wieder die Frage nach der Einheit der Geographie gestellt wird. Die Antworten darauf sind unterschiedlich (D. BARTELS : H. BOBEK, G. HARD : P. WEICHHART).

3. Die erziehungswissenschaftliche Innovation

3.1. Die Curriculumbewegung

Der zweite Anstoß zu einer Neubesinnung bezüglich unseres Faches kommt von den Erziehungswissenschaften. Durch Intensivierung und Erweiterung ihrer Forschungsansätze nach dem Krieg haben sie nicht nur wertvolle Beiträge zur Erhellung alter pädagogischer Probleme geliefert, sondern auch ganz neue Fragestellungen aufgeworfen. Es ist notwendig, daß Geographen, Lehrer wie auch Lehrerbildner, sich etwas darum kümmern. Bei allem Respekt vor der beruflichen Erfahrung muß festgestellt werden, daß sie allein heute nicht ausreicht, um die immer schwieriger werdende Arbeit in der Schule zu bewältigen. Wenn wir den akademischen Anspruch des Lehrerberufs ernst nehmen, wird man von den ihn Ausübenden Aufgeschlossenheit für Theorie und Bereitschaft, sich mit neuen erziehungswissenschaftlichen Erkenntnissen auseinanderzusetzen, erwarten müssen.

Eine der großen neuen pädagogischen Strömungen der letzten Jahre, die wir hier zuerst anführen wollen, ist die *C u r r i c u l u m - B e w e g u n g*. Der Begriff "Curriculum" wurde 1967 von S.B. ROBINSOHN in Anlehnung an angelsächsische und schwedische Vorbilder in die deutschsprachige erziehungswissenschaftliche Diskussion eingeführt. Seither nimmt er dort eine zentrale Stellung ein und das sich mit ihm befassende Schrifttum ist fast schon unübersehbar geworden.[12]

Was versteht man darunter? Nach einer sehr umfassenden Definition der ROBINSOHN - Schülerin

---
11) vgl. zu diesem Fragenkreis ausführlicher Kapitel 3. des folgenden Aufsatzes von W. SITTE und H. WOHLSCHLÄGL, S. 49f.

Doris KNAB handelt es sich beim Curriculum um *"eine Beschreibung der Aufgaben der Schule in Form einer organisierten Sequenz von Lernerfahrungen, die auf beabsichtigte Verhaltensdispositionen gerichtet sind. Voraussetzung einer solchen Beschreibung ist die Entwicklung und Sicherung eines begründeten Zusammenhanges zwischen den Entscheidungen darüber,*

was Kinder lernen sollen,

warum sie es lernen sollen

und wann

und wie sie es am besten lernen."[13]

Ein umfassendes Curriculum hat daher mindestens folgendes zu enthalten:

- Generelle Ausbildungsziele, die von den gesellschaftlichen Erwartungen und Anforderungen her begründet sind,

- detaillierte Handlungsziele, die von den generellen Ausbildungszielen abgeleitet wurden und zu Lernsequenzen zusammengestellt sind,

- Angaben über konkrete Unterrichtsinhalte, die den Zielen zugeordnet sind,

- Angaben über Lehr- und Lernmethoden bzw. die zu ihrer Durchführung erforderlichen Medien

- und schließlich Instrumente bzw. Verfahren, die eine objektive Prüfung des Lernerfolges ermöglichen.

Während die bisherigen Lehrpläne, die neben vagen Zielvorstellungen nur Stoffangaben von unterschiedlichem Ausmaß enthalten, den Lehrer sowohl didaktisch, das heißt, was den Inhalt der Unterrichtseinheiten betrifft, als auch methodisch völlig im Stich lassen, strebt das Curriculum an, allen Beteiligten, also Lehrern, Schülern und Eltern, Ziele und Wege des Unterrichts übersichtlich in Form begründeter Handlungsanweisungen vorzulegen.

Es gibt heute bereits zahlreiche Konstruktionskonzepte für Curricula. Die Schwierigkeiten bei den meisten liegen in der wissenschaftlich begründeten Lernzielableitung. Den vielleicht am breitesten und klarsten, aber auch am aufwendigsten angelegten Ansatz finden wir bei ROBINSOHN.[14] Umfassende Gesellschaftsanalysen, die unter Verwendung empirischer Methoden durchgeführt werden, sollen die Grundlage bei der Ermittlung von Qualifikationen sein. Diese werden als Verhaltensdispositionen aufgefaßt, die der einzelne zur Bewältigung von Lebenssituationen braucht. Die Qualifikationen werden durch die Aneignung von Kenntnissen, Fähigkeiten, Fertigkeiten und Haltungen erworben. Da Verhaltensdispositionen beobachtbar und damit auch kontrollierbar sind, können die Lernziele operationalisiert und auf diese Weise präzise formuliert werden (vgl. dazu auch *Abb. 1*).

Andere Curriculum-Entwicklungskonzepte stammen von Hartmut von HENTIG[15] und H. BLANKERTZ samt Schülern.[16] Insbesondere die zuletzt genannte Gruppe hat ein beachtenswertes Modell erarbeitet. Durch die Einführung einer zweidimensionalen didaktischen Matrix, *didaktisches Strukturgitter* genannt, soll bei der Analyse von Inhalten die Entwicklung von Fragen und kritisches Rückfragen an die einschlägigen Wissenschaften ermöglicht werden. Dieses Modell ist ein *fachspezifisches Curriculum-Konzept*. Es unterscheidet sich darin von den Intentionen ROBINSOHNS, der mit seinem Konzept eine umfassende Bildungsreform anstrebte. Die fachspezifische Begrenzung der Curriculumsarbeit erleichtert die Realisierung von Curricula, weil sie die vorhandene Struktur der Schulfächer nicht in Frage stellt. Damit ist das BLANKERTZ-Konzept besonders für kurzfristige Curriculumsarbeit geeignet. Im Gegensatz zu ROBINSOHN beginnt es

---

12) ROBINSOHN, S.B.: Bildungsreform als Revision des Curriculum. Neuwied 1967, 2.Aufl. 1969.

Die folgenden drei Zitate mögen demjenigen, der sich einlesen will, als Ansatz dienen:
ACHTENHAGEN, F. - MEYER, H.L.(Hrsg.): Curriculumrevision - Möglichkeiten und Grenzen. München 1971.
HESSE, H.A. - MANZ, W.: Einführung in die Curriculumforschung. Stuttgart 1972.
BECKER, H., HALLER, D., STUBENRAUCH, H. und G. WILKENDING: Das Curriculum; Praxis, Wissenschaft und Politik. München 1974.

13) KNAB, D.: Konsequenzen der Curriculum-Problematik im Hinblick auf Curriculumforschung und Lehrplanentscheidungen in der BRD. In: SPECK, J.(Hrsg.): Probleme der Curriculumforschung. Bericht über den 5.Kongreß des Deutschen Instituts für Pädagogikwissenschaft, Münster 1969.

14) ROBINSOHN, a.a.O.

15) HENTIG, H.v.: Systemzwang und Selbstbestimmung. Über die Bedingungen der Gesamtschule in der Industriegesellschaft. Stuttgart 1969.

16) BLANKERTZ, H.(Hrsg.): Curriculumforschung - Strategien, Strukturierung, Konstruktion. Essen 1971.

Abb. 1: Schema fortlaufender Curriculumreform (nach Doris KNAB; in: ACHTENHAGEN, F. und H. MEYER (Hrsg.): Curriculumrevision - Möglichkeiten und Grenzen. München 1971).

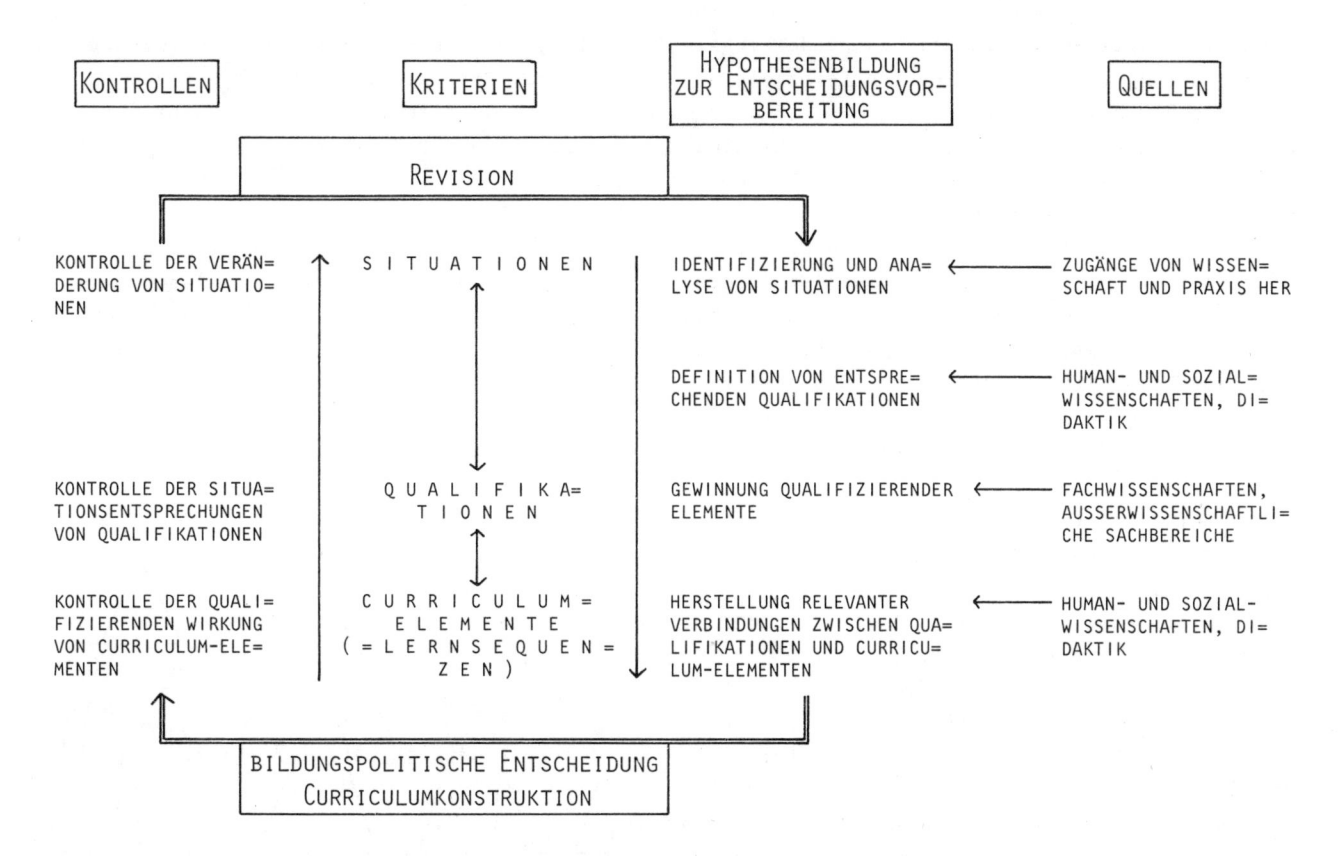

KONTROLLEN	KRITERIEN	HYPOTHESENBILDUNG ZUR ENTSCHEIDUNGSVORBEREITUNG	QUELLEN
		REVISION	
KONTROLLE DER VERÄNDERUNG VON SITUATIONEN	SITUATIONEN	IDENTIFIZIERUNG UND ANALYSE VON SITUATIONEN	ZUGÄNGE VON WISSENSCHAFT UND PRAXIS HER
		DEFINITION VON ENTSPRECHENDEN QUALIFIKATIONEN	HUMAN- UND SOZIALWISSENSCHAFTEN, DIDAKTIK
KONTROLLE DER SITUATIONSENTSPRECHUNGEN VON QUALIFIKATIONEN	QUALIFIKATIONEN	GEWINNUNG QUALIFIZIERENDER ELEMENTE	FACHWISSENSCHAFTEN, AUSSERWISSENSCHAFTLICHE SACHBEREICHE
KONTROLLE DER QUALIFIZIERENDEN WIRKUNG VON CURRICULUM-ELEMENTEN	CURRICULUM-ELEMENTE (= LERNSEQUENZEN)	HERSTELLUNG RELEVANTER VERBINDUNGEN ZWISCHEN QUALIFIKATIONEN UND CURRICULUM-ELEMENTEN	HUMAN- UND SOZIALWISSENSCHAFTEN, DIDAKTIK
	BILDUNGSPOLITISCHE ENTSCHEIDUNG CURRICULUMKONSTRUKTION		

ferner nicht mit einer umfassenden Erforschung der Lebenssituationen, sondern geht von als Hypothesen gesetzten Bedingungsfeldern aus, um die Qualifikationen zu gewinnen. Wissenschaftliche Begleituntersuchungen prüfen und revidieren laufend die aus den Qualifikationen zusammengestellten Lernziele und daraus ermittelten Lernsequenzen. Didaktische Strukturgitter liegen u.a. für die Fächer "Arbeitslehre" [17] und "Politische Bildung"[18] vor.

Der in der Praxis stehende (Geographie-)Lehrer wird aber auch die Aufforderung beachten müssen, sich etwas mit der curriculumtheoretischen Argumentation auseinanderzusetzen, will er nicht Gefahr laufen, von oben in Pflicht genommen zu werden. Die Beteiligung der Betroffenen, soweit sie die dazu erforderliche Qualifikation erbringen, an der Konkretisierung und am Ausbau des Curriculums ist nicht nur eine pädagogische, sondern auch eine demokratische Notwendigkeit!

3.2. Lernziele

Ein zentrales Problem innerhalb der Curriculum=

---

17) BLANKERTZ, H.: Ein Beispiel: Strategie zur Entwicklung des Lehrplans für das Fach Arbeitslehre. In: BLANKERTZ, H.: Theorien und Modelle der Didaktik. München 1969.

18) THOMA, G.: Zur Entwicklung und Funktion eines didaktischen Strukturgitters für den Politischen Unterricht. In: BLANKERTZ, H.(Hrsg.): Curriculumforschung - Strategien, Strukturierung, Konstruktion. Essen 1971.
Siehe dazu auch S. 24 (BIRKENHAUER).

bewegung ist das der L e r n z i e l e.[19] In Anlehnung an die heute sehr gebräuchliche Theorie, die Lernen als eine aufgrund von Erfahrungen sich vollziehende relativ dauernde Verhaltensänderung auffaßt,[20] bedeuten Lernziele B e s c h r e i b u n g e n   d e s   V e r h a l t e n s, das der Lernende nach Abschluß des Lernprozesses erfolgreich zeigen können soll. Die Formulierung von Lernzielen durch Benennen beobachtbarer Verhaltensäußerungen schließt mit ein, daß Verben verwendet werden, die ein beobachtbares Endverhalten bezeichnen. *"Wissen", "verstehen", "begreifen"* bezeichnen kein beobachtbares Endverhalten. Geeigneter sind hier Worte wie *"aufzählen", "einzeichnen", "schreiben", "auf der Karte zeigen"* etc.

Wenn Lernziele so formuliert sind, daß die Endverhaltensbeschreibung einen höchsten Grad an Eindeutigkeit und Präzision aufweist, der alle Alternativen ausschließt, spricht man von o p e r a t i o n a l i s i e r t e n   L e r n z i e l e n. Sie erlauben die unmittelbare Überprüfung des Lernprozesses, nicht aber etwa nur im Sinne einer Leistungsbeurteilung, sondern vor allem in Hinblick auf eine bessere Lernsteuerung. Die von R. MAGER[21] geforderten beiden anderen Lernziel-Beschreibungs-Komponenten - genaue Angaben über die Bedingungen, unter denen sich das Endverhalten zeigen soll sowie Erwähnung des Beurteilungsmaßstabes - werden nicht immer verwendet.

Um die didaktische Aufbereitung von Lernzielen zu erleichtern und methodisch abzusichern, hat man versucht, Lernziele nach verschiedenen Systemen bzw. Gesichtspunkten zu ordnen. Eine von Christine MÖLLER[22] durchgeführte Kategorisierung spricht von R i c h t z i e l e n, G r o b z i e l e n   und   F e i n z i e l e n, wobei die zunehmende Konkretisierung das Unterscheidungskriterium ist. Während das Richtziel eine Beschreibung mit umfassenden Begriffen darstellt und einen geringen Grad an Eindeutigkeit besitzt, erfolgt mit dem Grobziel bereits eine vage Endverhaltensbeschreibung mit mittlerer Präzision, die bereits viele Alternativen ausschließt. Den höchsten Grad an Eindeutigkeit und Präzision weisen dann die Feinziele auf, die voll operationalisiert sind. J. BIRKENHAUER[23] hat auf dieser Basis folgende Lernzielhierarchie, die im geographischen Bereich Anwendung findet, vorgeschlagen:

Abb. 2:

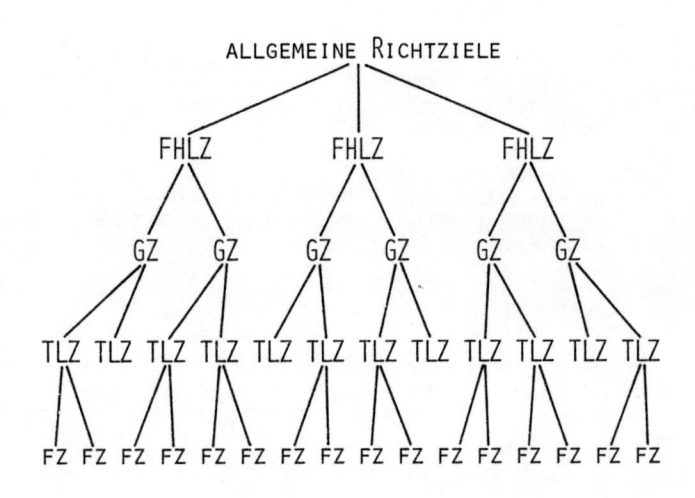

```
                    ALLGEMEINE RICHTZIELE
                    /        |        \
                FHLZ       FHLZ       FHLZ
                / \         / \         / \
              GZ   GZ     GZ   GZ     GZ   GZ
             /|\  /|\    /|\  /|\    /|\  /|\
           TLZ TLZ TLZ TLZ TLZ TLZ TLZ TLZ TLZ TLZ TLZ TLZ
           /\  /\  /\  /\  /\  /\  /\  /\  /\  /\  /\  /\
          FZ FZ FZ FZ FZ FZ FZ FZ FZ FZ FZ FZ FZ FZ FZ
```

FHLZ ... *fachbestimmte Hauptlernziele*
GZ ..... *Grobziele*
TLZ .... *Teillernziele*
FZ ..... *Feinlernziele*

Bekannt sind auch die nach der Psycho-Struktur des Lernenden aufgebauten Klassifikationen, die

---

19) In diesem Abschnitt werden - entgegen meinem St. Pöltner Referat - keine Lernzielbeispiele gebracht, da solche an anderen Stellen dieses Buches aufscheinen (Beitrag von H. WOHLSCHLÄGL und H. LEITNER, S.203. Auch setze ich mich hier nicht mit den verschiedenen Komposita, die in der didaktischen Literatur mit dem Wort 'Ziel' aufscheinen, auseinander. Im Hinblick auf Verhaltensäußerungen des *Lernenden* ziehe ich jedoch den Begriff *'Lernziel'* vor.

Bezüglich einführender Literatur sei auf W.H. PETERSSEN: Grundlagen und Praxis des lernzielorientierten Unterrichts. Ravensburg 1974; auf W. WELLENHOFER: Konstruktionsaspekte geographischer Lernziele. In: Pädagogische Welt 28, Heft 8, 1974; sowie auf E. KROSS - H. RADEMAKER: Curriculumentwicklung und Operationalisierung von Lernzielen in der Schulgeographie. In: Effektiver Unterricht, hrsg. v. L.ROTH, München 1972, verwiesen.

20) SKOWRONEK, H.: Lernen und Lernfähigkeit. München 1972.

21) MAGER, R.F.: Lernziele und Programmierter Unterricht. Weinheim 1969.

Lernziele des k o g n i t i v e n, des p s y c h o m o t o r i s c h e n und des a f f e k t i v e n Bereichs unterscheiden.[24] Kognitive Lernziele tendieren auf die Erweiterung der Kenntnisse, des Wissens, der Einsichten in Kausalgefüge und schließlich auf die Fähigkeit zur intellektuellen Operation. Sie nehmen eine zentrale Stellung innerhalb der Lernzielbereiche ein. Der psychomotorische Bereich wird in unserem Fach meist mit instrumentalen Lernzielen abgedeckt. Sie zielen auf den richtigen Umgang mit Arbeitsmitteln. Es handelt sich also um den Erwerb von Fertigkeiten und Techniken. Affektive Lernziele beziehen sich auf den Aufbau von Werthaltungen. Sie werden in der didaktischen Diskussion nur randlich angesprochen, da es sehr schwierig its , sie an einen Stoff zu binden. Gewöhnlich werden sie fach- und stufenübergreifend und daher auf einem relativ hohen Abstraktionsniveau erstellt.

Lernzielorientierten Unterricht zu betreiben, ist heute didaktischer Imperativ geworden, dem sich in zunehmendem Maße auch der in der Praxis stehende Lehrer nicht mehr entziehen kann!

3.3. Neue Unterrichtsstrategien und -mittel

Unter diesem sehr summarisch formulierten Titel soll auf einige methodische Innovationen aufmerksam gemacht werden, ohne jedoch dabei tiefer in lerntheoretische Erörterungen vorzustoßen. Wer sich diesbezüglich näher informieren will, dem wird geraten, das ausgezeichnete Paperback von H. SKOWRONEK[25] zur Hand zu nehmen.

Unser Unterricht, das kann man ruhig allgemein sagen, leidet unter zwei schweren Nachteilen. Erstens dominiert noch immer die Vermittlung von Wissen vor der Aneignung von Verfahren, wie man zu diesem Wissen kommt. Gerade in einer Zeit aber, in der dieses Wissen ständig zunimmt und der Unterricht nur einen Teil davon bringen kann, muß dieser stärker als bisher bestrebt sein, den Schüler fähig zu machen, selbständig zu Erkenntnissen zu gelangen. Zweitens ist unser Unterricht viel zu sehr auf den Lehrer zentriert. Schülern ist nur ein rezeptives, reaktives Lernverhalten möglich. Sie bekommen nur selten Gelegenheit zu origineller, individueller Problemlösung. Die häufig verwendete Frage-Antwort-Methode oder der Frontalunterricht lassen selbständiges Denken fast nicht zu.

Es gilt daher nach Unterrichtsverfahren Ausschau zu halten, die die aktive Rolle des Lernenden fördern. Solche sind zunächst einmal alle Arten des bekannten A r b e i t s u n t e r r i c h t s (Einzel-, Partner- und Gruppenarbeit).[26] Auch der P r o j e k t u n t e r r i c h t[27] bietet sich hier erfolgversprechend an. Bei ihm arbeiten die Schüler einer Klasse an einem gemeinsamen Vorhaben mit verschiedenen Aufgaben, unterschiedlichem Arbeitsmaterial, oft auch unterschiedlichen Arbeitstechniken und -methoden und stellen am Ende ihre textlichen und graphischen Beiträge zu einem gemeinsamen Werk zusammen. Neuerdings gewinnt das sogenannte "E n t d e c k e n d e L e r n e n" in der pädagogischen Diskussion stark an Raum.[28] Hierbei vollziehen die Ler-

---

22) MÖLLER, Ch.: Technik der Lernplanung. Weinheim 1973.
Siehe dazu auch S.204f. (Beitrag H.WOHL=SCHLÄGL und H. LEITNER).

23) BIRKENHAUER, J.: Einführung. Lernziele und Operationalisierung. In: Lernzielorientierter Unterricht an geographischen Beispielen. Beiheft 2 zur Geographischen Rundschau, 1972.

24) BLOOM, B.S. u.a.: Taxonomie von Lernzielen im kognitiven Bereich. Weinheim 1972.
DAVE, R.H.: Eine Taxonomie pädagogischer Ziele und ihre Beziehung zur Leistungsmessung. In: INGENKAMP, K. und Th. MARSOLEK (Hrsg.): Möglichkeiten und Grenzen der

Testanwendung in der Schule. Weinheim 1973.

25) SKOWRONEK, H., a.a.O.

26) WOCKE, M.F.: Heimatkunde und Erdkunde. Hannover 1969.
BIRKENHAUER, J.: Erdkunde. Eine Didaktik für die Sekundarstufe. Düsseldorf 1971.
MEYER - FORSBERG: Einführung in die Praxis schulischer Gruppenarbeit. Quelle & Meyer, Heidelberg 1973.

27) BIRKENHAUER, J., a.a.O.
Verschiedenen BEIHEFTE der GEOGRAPHISCHEN RUNDSCHAU (2/1974, 1/1974, 3/1973).

28) BRUNER, J.S.: Der Prozeß der Erziehung. Berlin 1970.
BRUNER, J.S.: The Act of Discovery. In: Harvard Educational Journal 31, 1961.
SCHWARTZ, E.(Hrsg.): Entdeckendes Lernen im Lernbereich Biologie. Frankfurt 1973.
BÖNSCH, M.: Produktives Lernen in dynamischen und variabel organisierten Unterrichtsprozessen. Essen 1970.

nenden den Forschungsprozeß gewissermaßen selbst noch einmal nach. Sie lernen, ein Problem zunächst überhaupt einmal aufzuspüren, es zu fixieren; stellen dann Erklärungshypothesen auf, bemühen sich, Strategien zu deren Verifizierung zu finden und versuchen schließlich, zu einer generellen Aussage, etwa in Form einer Regel, eines Ordnungsprinzips oder eines Modells zu kommen. Entdeckendes Lernen motiviert die Lernenden intrinsisch, trainiert das Finden und Lösen von Problemen und fördert damit die Kreativität. Die auf diese Weise gewonnenen Fertigkeiten, Fähigkeiten und Inhalte werden d a u e r h a f t e r erworben als mit anderen Unterrichtsverfahren.

Gute Erfahrungen wurden im Ausland auch mit dem Einsatz von "S p i e l e n" im Unterricht gemacht.[29] Man unterscheidet L e r n s p i e l e, bei denen der Erwerb von Wissen im Vordergrund steht, R o l l e n s p i e l e, deren Hauptzweck im Sichtbarmachen sozialer Interaktionen liegt, S i m u l a t i o n s s p i e l e, die einen stattgefundenen Prozeß nachvollziehen, E n t s c h e i d u n g s s p i e l e, die Entscheidungsverhalten trainieren sollen und schließlich P l a n s p i e l e, die Elemente aller vier genannten "Spielarten" enthalten.

In einem Planspiel suchen die Beteiligten, die verschiedene Interessengruppen vertreten, nach einer gemeinsamen Lösung eines bestimmten Problems. Am Beginn steht immer eine gründliche Informationsphase. Auf sie folgt die Diskussion innerhalb der Interessengruppen und nach Einigung in ihnen die Vertretung der jeweiligen Lösungen vor dem Plenum, wo schließlich die Entscheidung für eine gemeinsame Lösung, die die Interessen möglichst vieler Gruppen berücksichtigt, fällt. Äußerst fruchtbar ist nach Abschluß des eigentlichen Spieles die Phase, in der die Schüler aus ihren Rollen schlüpfen, ihr Rollenverhalten analysieren und die Lösung, auf die sie sich gemeinsam geeinigt haben, mit der "tatsächlichen", "wirklichen" vergleichen.

"Spielendes Lernen" bringt Freude, motiviert und schafft dadurch echte Lernsituationen. Planspiele vermitteln neben tiefen Einblicken in Sach- auch solche in Kommunikationsstrukturen bzw. in soziale Interaktionen. Der Schüler erkennt, daß jedes Individuum auch ein Glied einer Gruppe ist mit endogenen Rolleninteressen und exogenen Rollenerwartungen, daß jede Position mit einem bestimmten Maß an Macht und Einfluß verbunden ist, daß die Rolleninteressen des Einzelnen und die Rollenzumutung der Gesellschaft in einem Spannungsverhältnis stehen. Er erkennt aber auch durch sein Tun, daß der Entscheidende vor Handlungsalternativen steht, daß es günstig ist, möglichst viele von diesen zu besitzen und daß jede Entscheidung vielfältige Konsequenzen hat, die zum Teil vorhersehbar sind, zum Teil aber ungewiß. In diesem Sinne leisten Planspiele auch einen wichtigen Beitrag zur Politischen Bildung und stellen - richtig eingesetzt - ein äußerst wichtiges Unterrichtsverfahren dar.

Daß jeder stark auf den Schüler hin zentrierte, ihn aktivierende Unterricht nicht nur bessere, sondern auch neue M e d i e n verwenden muß, steht wohl außer Frage. Dazu gehören zunächst einmal D i a r e i h e n und F i l m e. Erstere dürfen nicht nur Landschafts- und Städtebilder nach dem Prinzip der "schönen Ansichtskarte" anbieten, sondern müßten nach didaktischen Gesichtspunkten gestaltet werden.[30] Hinsichtlich der Filme ist zu sagen, daß wir vor allem I m p u l s - bzw. K u r z f i l m e, die höchstens zwölf Minuten dauern, brauchen. Nur solche können wir nämlich in den meisten Fällen in einer Stunde durch die Schüler auswerten lassen. Bilder - ob stehende oder bewegte - sollen Impulse und Informationen für den Arbeitsunterricht geben, n i c h t aber zur Illustration des Lehrervortrages dienen.

Ein Gerät, das allmählich in unseren Schulen auftaucht, dessen methodische Möglichkeiten im Geographieunterricht jedoch nur selten voll ausgenützt werden, ist der T a g e s l i c h t p r o j e k t o r. Seine Vorteile liegen nicht

---

29) WALFORD, R.: Games in Geography. London 1969.
HAUBRICH, H.: Zur Theorie und zum Einsatz geographischer Planspiele. Westermann-Planspiele. Braunschweig 1975.
Nach ihm auch die verwendete Terminologie bzw. die Grundgedanken.

30) Nachahmenswerte Beispiele zeigten uns die Münchner Sozialgeographen:
Stadtgeographie in einem neuen Curriculum, dargestellt am Beispiel München. Münchner Geographische Hefte 37, 1973.

nur darin, daß man keine lästige Verdunkelung braucht, daß man beim Arbeiten auf ihm in die Klasse blickt, daß nach Vorlagen auch untalentierte Zeichner Brauchbares hervorbringen, sondern vor allem darin, daß er uns Geographen durch den sogenannten Transparenteffekt die Möglichkeit schafft, Zusammenhänge optisch sichtbar zu machen.[31] Höchst wünschenswert wäre es, wenn die "Bundesstaatliche Hauptstelle für Lichtbild und Bildungsfilm" (S.H.B.) bzw. die Landesbildstellen uns farbige Senkrechtluftbilder österreichischer Räume als Grundfolien zur Verfügung stellen könnten. Die Luftaufnahmen dazu sind vorhanden. Deckfolien könnten die Schüler im Zuge der Interpretation selbst herstellen, was gleichzeitig im Sinn des "entdeckenden Lernens" wäre.

Auch die Verwendung von A r b e i t s b l ä t t e r n erhöht die Effizienz des Unterrichts ganz wesentlich. Es handelt sich bei diesem Medium um DIN A4-Blätter, die Informationen in textlicher, kartographischer bzw. schaubildartiger Form sowie Arbeitsaufträge enthalten und die gleichzeitig dem Schüler auch die Möglichkeit bzw. den Raum zur Ausführung bieten. Arbeitsblätter können vom Lehrer selbst entworfen und mit einfachen Geräten vervielfältigt werden, sehr häufig jedoch liefern sie auch andere Erzeuger. Allerdings sollte man nicht jedes Blatt mit Fragen und Raum für Antworten als Arbeitsblatt bezeichnen oder nur solche mit topographischen Inhalten anbieten. Gute Arbeitsblätter konkretisieren und intensivieren den Unterricht. Sie steigern die Aktivität der Schüler, weil jeder einzelne an und mit etwas arbeiten kann und selbst das Lerntempo bestimmt. Arbeitsblätter bieten die Möglichkeit einer Unterrichtsdifferenzierung, der Lernzielkontrolle, und nicht zuletzt halten sie auch das in einer Unterrichtseinheit Erreichte (bei guter Gestaltung) optisch einprägsam fest, so daß sie der Schüler zum Rekapitulieren etc. immer wieder heranziehen kann.[32]

Besonders aufmerksam möchte ich auf das Lernen mit U n t e r r i c h t s p r o g r a m m e n, auf den sogenannten Programmierten Unterricht,[33] machen. Er nahm seit dem Ende der 50-er Jahre vor allem unter dem Einfluß von B.F. SKINNER einen starken Aufschwung und stellt eine Anwendung verhaltenspsychologischer Erkenntnisse auf den Bereich des Lernens dar.[34] Nebenbei bemerkt, bietet die Analyse von guten Programmen ein sehr gutes Stundenvorbereitungs-Training, das wertvolle methodische und fachliche Anregungen bringt.

Im Sinne der verhaltenspsychologischen Grundlegung wird beim Programmierten Unterricht ein komplexer Lernverlauf in elementare Lernschritte (*frames*) zerlegt. Sie sind so angeordnet, daß der Schüler allmählich zum Ziel geführt wird. Sobald er einen Schritt bewältigt hat, wird ihm der Erfolg sofort bestätigt. Dadurch wird die geäußerte Verhaltensweise verstärkt und erreicht, daß das entsprechende Verhalten mit höherer Wahrscheinlichkeit wieder erfolgen wird.

Da ein schrittweiser Aufbau eines Lernprozesses nur möglich ist, wenn das Endziel bzw. die von ihm abgeleiteten Teilziele genau definiert sind, weisen Lernprogramme operationalisierte Lernzielformulierungen auf bzw. sind nach solchen

---

31) Beispielsweise beim Aufbau eines landschaftsökologischen Profils mit einer Grundfolie, die Relief und Gestein zeigt, und mehreren Deckfolien zum Darüberlegen, auf denen Böden, Pflanzenkleid, Wasserhaushalt und Nutzung dargestellt sind. Oder wir legen auf eine Grundfolie, die für einen bestimmten Raum die Zu- und Abwanderung der Bevölkerung zeigt, eine Karte, aus der die Prokopfquote des Gemeindesteueraufkommens ersichtlich ist, sowie eine Karte der österreichischen Wirtschaftsstruktur, etwa nach der Art derjenigen von H.BOBEK im "Atlas der Republik Österreich".

32) Eine sehr breite theoretische und praktische Auseinandersetzung über die Gestaltung und den Einsatz von Arbeitsblättern fand in der DDR statt, wie zahlreiche Aufsätze in der "Zeitschrift für den Erdkundeunterricht" beweisen. Auch in Großbritannien arbeitet man stark mit Arbeitsblättern (vgl. GRAVES, N.(Hrsg.): Geography in Secondary Education. Sheffield 1971). In Österreich verwendet der Schulversuch "GW 5 - 8" (siehe Kap.5 und Anhang, S.275f.) Arbeitsblätter. Vgl. auch: SEEL, W.: Unterrichtslehre. Österr. Bundesverlag, Wien 1975.

33) Es ist müßig, darüber zu streiten, ob der Programmierte Unterricht ein Medium oder ein Unterrichtsverfahren ist. Da seine Durchführung ein programmiertes Lernmittel, ein Unterrichtsprogramm, benötigt, ordne ich den Programmierten Unterricht den Medien zu.

34) SKINNER, B.F.: Science of Learning and the Art of Teaching. Harvard University 1954. ROLLETT, B. und K. WELTNER (Hrsg.): Perspektiven des Programmierten Unterrichts. Wien 1970.

konzipiert. Jeder Schritt besteht aus Informationen (Lernhilfen), die in textlicher oder graphischer (bildlicher) Form gebracht werden, aus Denkanstößen, die meist als Aufgaben oder Fragen aufscheinen und die der Schüler beantworten bzw. lösen muß und schließlich aus Bestätigungen (Lösungen, Antworten), welche die sofortige Erfolgsbestätigung erlauben.

Es gibt verschiedene Programmierungstechniken (l i n e a r e und v e r z w e i g t e P r o g r a m m e) und Vermittlungsformen (Bücher, Geräte, Maschinen), die das Programm visuell, auditiv oder audio-visuell vermitteln. Heute werden vielfach kurze, in Buchform gebrachte Programme eingesetzt. Ihre Funktion besteht nicht darin, den Lehrer zu verdrängen, sondern darin, ihn zu entlasten und zu ergänzen. Meist treten sie als Lückenschließer auf. Sie haben dann die Aufgabe, relativ kleine Unterrichtsthemen, die von einigen Schülern nicht verstanden oder versäumt wurden, gewissermaßen in einem Nachholverfahren wieder an diese heranzubringen. Andere werden in häuslicher Arbeit durchgenommen, wodurch in der Schule mehr Zeit zur Diskussion der Problematik des Themas bzw. zur Vertiefung bleibt. Hauptvorteil von Unterrichtsprogrammen ist, daß sie dem Schüler ein Selbststudium nach individuellem Lerntempo erlauben. Ausgezeichnete Kurzprogramme mit geographischen Inhalten sind in der Bundesrepublik Deutschland erschienen.[35] Es wäre sehr nützlich, einige davon auf österreichische Verhältnisse umzugestalten - was relativ leicht möglich ist - oder in ihrer Form eigenständige für unseren Lehrplan (Wirtschaftskunde !) zu entwickeln.

Hinsichtlich der beiden traditionellen Medien des Geographieunterrichts - Atlas und Buch - möchte ich nur kurz auf die neuen deutschen Schulatlanten verweisen (insbesondere auf den bei Westermann erscheinenden DIERCKE[36]) sowie auf den in diesem Band abgedruckten Aufsatz von H.J. WEIS.[37]

Geographieunterricht ohne Medien ist eigentlich unvorstellbar. Es ist jedoch klar, daß nicht immer der Lehrer für die in diesem Zusammenhang auftretenden Mängel bzw. Unterlassungen die volle Verantwortung trägt. So lange gewisse Stellen nicht einsehen, daß für einen effektiven Unterricht der geographische Fachraum eine Notwendigkeit ist, wird der didaktisch und methodisch abgestimmte wechselseitige und kombinierte Einsatz moderner Medien wohl noch einige Zeit an vielen unserer Schulen nur Zukunftsforderung bleiben.

4. *Erneuerungsbestrebungen der Schulgeographie in anderen Ländern*

Die neuere Entwicklung der wissenschaftlichen Geographie und die erziehungswissenschaftliche Innovation, die wir in den beiden vorangegangenen Abschnitten kurz belichteten, lösten zuerst im angelsächsischen Raum Erneuerungsbestrebungen aus, die auf eine Änderung des bis dahin ausgeübten Geographieunterrichts im Bereich des "mittleren" Schulwesens angelegt waren. Dabei muß zuerst auf das in den 60er Jahren in den USA entstandene *"High School Geography Project" (HSGP)* aufmerksam gemacht werden.[38] Als Folge einer im wesentlichen deterministisch geprägten, länderkundlich orientierten *"World Patterns Geography"* basiert es auf den Überlegungen einer

---

[35] KURZPROGRAMME ZUR SOZIALGEOGRAPHIE (für 11 - 14-Jährige): *Sich bilden, Wohnen, Sich versorgen, Arbeiten, Verkehrsteilnahme, Sich erholen, In der Gemeinschaft leben.* Westermann, Braunschweig 1971 ff.

Man vergleiche auch die Kurzprogramme in dem Lehrbuchwerk "WELT UND UMWELT", Westermann, Braunschweig 1972 und 1974.

Methodische Beiträge zum programmierten Geographieunterricht findet man u.a. in: DER ERDKUNDEUNTERRICHT, Heft 9, Klett, Stuttgart 1969, und in: BAHRENBERG,G., THOMÄ,H. und W.H.WINDHORST: Der programmierte Erdkundeunterricht. Verlag Schöningh, 1973.
Auch der kurze Aufsatz von H.SCHRETTENBRUNNER: Die Daseinsfunktion "Wohnen" als Thema des Geographieunterrichts. In: Geographische Rundschau 22, 1970, S. 229 - 235, muß hier erwähnt werden.

[36] DIERCKE-WELTATLAS, Braunschweig 1974. Dieser derzeit wohl beste Schulatlas geht nicht nur ganz neue kartographische Wege (voll quantifizierte Wirtschaftskarten), sondern zeigt durch die reiche Ausstattung mit thematischen Karten auch inhaltlich ein völlig neues Gesicht.

[37] WEIS, H.J.: Ein kritischer Vergleich österreichischer und bundesdeutscher Geographielehrbücher. Siehe S.101 - 118.

[38] Meine in St. Pölten gemachten Ausführungen über das HSGP entfallen hier. Der Leser möge sich diesbezüglich an die eingehendere Darstellung und Bewertung des HSGP halten, die H. LEITNER in diesem Band bringt (S.121ff.)

neuen *"conceptual geography"*, bei der aktuelle
Problemstellungen in raumgebundener Wissen=
schaftslogik unter Berücksichtigung neuer lern=
psychologischer Techniken mit Hilfe moderner
geographischer Arbeitsmethoden erhellt werden.[39]
Die Wirkung des HSGP ging weit über die Verei=
nigten Staaten hinaus, wobei weniger die zwar
interessanten, aber doch auf amerikanische Ver=
hältnisse abgestimmten Inhalte beispielgebend
waren als die ganze Projektorganisation - hier
ist besonders bemerkenswert die durch keine
hierarchischen Barrieren gehemmte Zusammenar=
beit von Universitäts- und Schulgeographen -
und die neuartigen Unterrichtsstrategien und
Medien.

In der Bundesrepublik Deutschland, wo das Un=
behagen gegen die traditionelle, auf die Län=
der- und Landschaftskunde zentrierte Schulgeo=
graphie sich bereits im Laufe der 60er Jahre
in vereinzelten Veröffentlichungen[40] zu arti=
kulieren begann, erfolgte am Beginn der nächsten
Dekade mit den grundsätzlichen Arbeiten von H.
HENDINGER, A. SCHULTZE und E. ERNST[41] der
Durchbruch zu einer Erneuerung. Wesentliche
Unterstützung leistete dabei der gegenwärtig
von W.W. PULS geführte *"Verband Deutscher Schul=
geographen"*. Eine Vereinigung ähnlicher Art ha=
ben wir in Österreich leider nicht, so daß den
Schulgeographen bei uns sowohl die ständige
Diskussionsplattform fehlt als auch die Insti=
tution, die schulgeographische Angelegenheiten
anderen Interessengruppen bzw. der Öffentlich=
keit gegenüber vertritt.

Obwohl die Entwicklung in unserem Nachbarland
noch in vollem Gang ist, kann man doch schon
jetzt gewisse Konturen der Erneuerung ganz
deutlich erkennen. Demnach sieht die Schulgeo=
graphie dort ihre Hauptaufgabe nicht mehr in
der Darstellung von Landschaften und Ländern
- was nicht heißt, daß politische Großräume
wie China, Sowjetunion oder USA beispielsweise
nicht behandelt werden - sondern will vor al=
lem räumliche Lebenssituationen kritisch durch=
leuchten bzw. als Prozesse erfassen. Dabei
empfing die deutsche Schulgeographie sehr star=
ke Innovationen von der Sozialgeographie der
Münchner Schule, deren geistige Väter HARTKE
und BOBEK sind.[42] Sozialgeographische Inhalte,
Fragestellungen und Arbeitsweisen nehmen heute
in fast allen modernen Schulbüchern der Bundes=
republik einen ganz hervorragenden Platz ein.[43]
Demgegenüber tritt der ökologische Forschungs=
ansatz der modernen wissenschaftlichen Geogra=
phie gegenwärtig noch etwas zurück.

Gleichzeitig mit dieser inhaltlichen Veränderung
vollzog sich auch eine didaktische. Ihre Haupt=
merkmale sind einerseits der Durchbruch des
lernzielorientierten Unterrichts, andererseits
das Vordringen neuer Unterrichtsstrategien und
Medien. Alle in den letzten Jahren erschienenen
Lehrplanentwürfe sind lernzielorientiert. Aller=
dings weisen sie bei der Vielfalt des bundes=
deutschen Schulwesens oft erhebliche Unterschie=
de auf.[44] Empfehlungen des Verbandes Deutscher
Schulgeographen versuchen dabei regulativ einzu=
greifen.[45] Ihre Richt- und Hauptlernziele be=

---

39) ENGEL, J.: Grundzüge des amerikanischen
"High School Geography Project" (HSGP). In:
Der Erdkundeunterricht, Sonderheft 1, 1971,
S. 118 - 137.

40) Siehe u.a.:
GEIPEL, R.: Die Geographie im Fächerkanon
der Schule. In: Geographische Rundschau 20,
1968, S. 41 - 45.
HOFFMANN, G.: Die Physiogeographie in der
Oberstufe. In: Geographische Rundschau 20,
1968, S. 451 - 457.
SCHWEGLER, E.: Eine neue Konzeption für den
Erdkundeunterricht. In: Geographische Rund=
schau 20, 1968, S. 1 - 9.

41) HENDINGER, H.: Ansätze zur Neuorientierung
der Geographie im Curriculum aller Schul=
arten. In: Geographische Rundschau 22, 1970,
S. 10 - 18.
SCHULTZE, A.: Allgemeine Geographie statt
Länderkunde! Zugleich eine Fortsetzung der
Diskussion um den exemplarischen Erdkunde=
unterricht. In: Geographische Rundschau 22,
1970, S. 1 - 10.

ERNST, E.: Lernziele in der Erdkunde. In:
Geographische Rundschau 22, 1970, S. 186
- 194 bzw. 202 - 204.

42) Man vergleiche diesbezüglich:
FRIESE, H.W.(Hrsg.): Grund- und Leistungs=
kurse der gymnasialen Oberstufe. Beiheft
zur Geographischen Rundschau 4 - 1973.
SCHRETTENBRUNNER, H.(Hrsg.): Sozialgeogra=
phie für die Schule. Beiheft zur Geogra=
phischen Rundschau 2 - 1974.
KISTLER, H.(Hrsg.): Der Erdkundeunterricht
in der Kollegstufe. Bayrischer Schulbuch=
verlag, München 1974.

43) Beispielsweise in dem Werk "GEOGRAPHIE"
des Verlags Klett, dem Werk "WELT UND UM=
WELT" des Westermann Verlags oder dem Werk
"GEOGRAPHIE" des Bayrischen Schulbuchver=
lags.

44) Eine Zusammenstellung der bis Ende 1974 er=
schienenen Lehrplanentwürfe, nebst Adressen,
über die man sie beziehen kann, findet man
in der Geographischen Rundschau 27, 1975,
Heft 2, S. 84 - 86.

schreiben kein exakt beobachtbares Endverhal=
ten, sondern haben bloß die Aufgabe, eine Art
Rahmen für didaktisches Handeln zu bilden.
Sie gelten für den Bereich der Sekundarstufe I
und sollen für den Unterricht durch die Zuord=
nung von Zielen niedrigeren Niveaus und die
Zuordnung von Themen konkretisiert werden. To=
pographische Vollständigkeit wird bei dem the=
matisch geordneten Geographieunterricht, der
sich heute in der BRD immer stärker ausbrei=
tet,[46]) nicht angestrebt.

Über die Ableitung der Lernziele und über die
Strukturierung der Themen gibt es noch kein
allgemein anerkanntes Prinzip. Wie weit das
von J. BIRKENHAUER[47]) vorgelegte Konzept, das
mit Hilfe der von BLANKERTZ entworfenen *di=
daktischen Matrix* einen *Kategorieraster* zu
entwickeln versucht, eines sein könnte, muß
der Zukunft überlassen werden.

In den auf der gymnasialen Oberstufe (Sekundar=
stufe II) in der Bundesrepublik eingeführten
Grund- und Leistungskursen wird der Geographie=
unterricht, länderweise verschieden, teilweise
integriert, teilweise kooperierend, teilweise
eigenständig durchgeführt. Neben allgemein-geo=
graphischen Themen werden solche einer politi=
schen Weltkunde behandelt. Großer Wert wird,
vor allem in den Leistungskursen, auf die
Kenntnis und Anwendung einiger wissenschaftli=
cher Arbeitsweisen gelegt. Dabei eröffnet die
teilweise recht hohe Stundenzahl der Arbeit im
Gelände reiche Möglichkeiten. Beispiele sol=
cher von Schülern durchgeführter Projekte fin=
det man in dem bereits zitierten Beiheft der
Geographischen Rundschau bzw. in dem von H.
KISTLER herausgegebenen Buch über die Kolleg=
stufe.

Große Bedeutung kommt dem von R. GEIPEL und
J. ENGEL initiierten R a u m w i s s e n =
s c h a f t l i c h e n C u r r i c u l u m -
F o r s c h u n g s p r o j e k t (RCFP) zu.[48])
Angeregt durch ausländische Curriculum-Projek=
te - vor allem das amerikanische High School
Geography Project muß in diesem Zusammenhang
genannt werden - beschloß der Zentralverband
der Deutschen Geographen auf dem Geographentag
1971 in Erlangen - Nürnberg dieses auf eine
Belebung und Erneuerung des Geographieunter=
richts zielende Vorhaben.

Es will in Zusammenarbeit von Vertretern der
Schule und Wissenschaftlern Unterrichtseinhei=
ten für verschiedene Altersstufen entwickeln,
in denen die Schüler selbst als Entscheidende
und Handelnde auftreten. Sie sollen sich dabei
als von räumlicher Gestaltung unmittelbar Be=
troffene erkennen, problemlösendes Verhalten
einüben sowie Einsichten in fremdartige Struk=
turzusammenhänge, aus denen Konflikte erwach=
sen können, gewinnen. Im Mittelpunkt steht da=
bei nicht die Aneignung eines toten Faktenwis=
sens über Länder und Völker, sondern der Er=
werb eines methodenbewußten Leistungswissens.
Eine ganz wesentliche Aufgabe im RCFP ist die
Entwicklung neuer Unterrichtsstrategien, da es
nur mit diesen möglich sein wird, die hochge=
steckten Ziele des Projekts zu verwirklichen.

Das RCFP hat nicht die Absicht, den gesamten
Geographieunterricht abzudecken. Es will nur
Beispiele liefern, durch die in jeder Alters=
stufe ein- bis zweimal im Jahr optimale Unter=
richtssituationen an optimalen Inhalten ent=
stehen.[49])Im folgenden sollen einige der schon
fertiggestellten bzw. sich im Endstadium der
Arbeit befindlichen Projekte zur Illustration
kurz vorgestellt werden.

---

45) In: Geographische Rundschau 27, 1975, Heft
8, S. 350 - 356. Diese Empfehlungen sind
es wert, daß auch österreichische Geogra=
phen sie lesen! Sie betreffen nur die Se=
kundarstufe I (5. - 10. Schuljahr).

46) Im Bundesland Nordrhein-Westfalen beispiels=
weise wurde 1974 nur mehr in 9 - 10 Prozent
der Schulen nach der alten länderweisen
Gliederung des Stoffes unterrichtet. 8 - 9
Prozent sind bereits v ö l l i g zum the=
matischen Unterricht übergegangen. Alle an=
deren Schulen sind in der Umstellung von
der Länderkunde zum thematischen Unterricht
begriffen (Geographische Rundschau 27, 1975,
S. 274).

47) BIRKENHAUER, J.: Die Möglichkeit einer
"Plattform" für ein geographisches Schulcur=
riculum. In: Beiheft zur Geographischen
Rundschau 1 - 1975, S. 50 - 60.

48) GEIPEL, R.(Hrsg.): Wege zu veränderten Bil=
dungszielen im Schulfach Erdkunde. In: Der
Erdkundeunterricht, Sonderheft 1, Stuttgart
1971, 168 S.

HOFFMANN, G.: Das Raumwissenschaftliche
Curriculum-Forschungsprojekt (RCFP). In:
Geographische Rundschau 26, 1974, S. 153f.

ERNST, E., GEIPEL, R. u.a.(Hrsg.): Materia=
lien zu einer neuen Didaktik der Geogra=
phie. Band 1: München 1974, 51 S.

RCFP-Informationsbrief 1/75.

49) vgl. Gesamtübersicht, *Abb. 3*.

"Geographie und Wirtschaftskunde" im Spannungsfeld neuer Entwicklungen

Im Rahmen einer Sequenz, die sich mit Problemen der Verkehrsinfrastruktur befaßt, entwickelte eine Münchner Gruppe ein U n t e r r i c h t s m o d e l l mit dem Thema " *Im Flughafenstreit dreht sich der Wind* ". Es ist für die Abschlußklassen der Sekundarstufe I gedacht; der Umfang beträgt acht Stunden. Die Schüler sollen darin mit allgemeinen Problemen der Luftfahrt, Standortfragen von Großflughäfen, Raumordnungsproblemen und Beteiligungsmöglichkeiten der davon Betroffenen bekannt gemacht werden. Als Einstieg dient die aktuelle Flughafenplanung (München). In Gruppenarbeit erwerben hierauf die Schüler Informationen über Trends im Luftverkehr. Durch eine Simulation lernen sie anschließend den Entscheidungsprozeß bei der Standortfindung kennen, wobei jede Gruppe nach dem besten Standort sucht und am Ende die eigene Lösung mit den anderen vergleicht. Ein Kurzprogramm erläutert dann die Begriffe und Verfahren der Raumplanung, die man für die weitere Behandlung des Themas benötigt. Darauf werden die Reaktionsmöglichkeiten der Bevölkerung einer Gemeinde, die in der Einflugschneise des geplanten Flughafens liegt, in einem sogenannten Konferenzspiel durchgespielt, wobei Interessensgruppierungen und Gegensätze zum Vorschein kommen. Zum Abschluß wird nach einem Vergleich von Flugnetzen in anderen Staaten die Frage nach einem europäischen Gesamtverkehrskonzept gestellt.

Im Zusammenhang mit der Thematik "Dritte Welt" konzipierte eine Projektgruppe aus Norddeutschland für die achte bis neunte Schulstufe eine U n t e r r i c h t s e i n h e i t mit dem Thema " *Entwicklung - Sozialer Wandel* ". Sie läuft über zehn Stunden und will die Erkenntnis vermitteln, daß sich die soziale Spaltung der Bevölkerung, die man in vielen Entwicklungsländern beobachten kann, einer Entwicklung immer hemmend entgegenstellt bzw. will zeigen, welche Möglichkeiten existieren, diese Spaltung zu überwinden. Beispielgebiet ist Peru, angestrebt wird aber der Transfer der dort gewonnenen Grundeinsichten auf andere Länder. Als Ausgangspunkt und Motivation dient der Protestsong von F.J. DEGENHARDT *"Fiesta Peruana"*, der sehr einseitig zu den aufgeworfenen Fragen Stellung bezieht. Er soll vorläufige Überlegungen zu möglichen Entwicklungsstrategien provozieren. Wie sich das die Projektgruppe im einzelnen vorstellt, erkennt man an der von ihr entworfenen L e r n w e g = ü b e r s i c h t, die im folgenden gekürzt wiedergegeben ist[50]:

LEITAUFGABEN	METHODEN
1. a) Ich habe eine Aufnahme eines Liedes von F.J. Degenhardt mitgebracht, das er *"Fiesta Peruana"* - peruanisches Fest - nennt. Hört Euch bitte das Lied an !	Tafelnotiz: F.J. Degenhardt: *"Fiesta Peruana"* Vorspielen des Liedes auf Platte, StB[51]
b) Ihr erhaltet nun den Text der vier Strophen. Lest ihn beim zweiten Anhören mit und unterstreicht die Wörter, die Euch unklar sind.	Text austeilen. 2. Vorspielen des Liedes StB, Einzelarbeit
c) Laßt uns unklare Wörter erläutern!	SLG / LSG
2. Wie könnten wir das Lied besprechen ? Laßt uns einen Weg festlegen !	SLG / SSG. Beteiligung der Schüler an der Verlaufsplanung
3. Sucht gemeinsam mit Eurem Nachbarn wichtige Aussagen aus dem Lied ! Schreibt sie auf und nennt sie anschließend.	p.A., dann SLG Tafelnotiz durch Lehrer - Tafel links
4. Was drücken die Beschreibungen, Bilder in dem Lied aus ?	LSG. Tafelnotizen des Lehrers - Tafel Mitte rechts

---

50) als Xerokopie auf dem 40. Deutschen Geographentag in Innsbruck (Pfingsten 1975) verteilt.
51) Die Abkürzungen bedeuten:

p.A. - partnerschaftliche Arbeit;
LSG - Lehrer-Schüler-Gespräch;
SLG - Schüler-Lehrer-Gespräch;
SSG - Schüler-Schüler-Gespräch;
StB - Stillbeschäftigung.

LEITAUFGABEN	METHODEN
5. Was könnte man tun, um diesen Menschen zu helfen ?	LSG. Tafelnotizen des Lehrers - Tafel rechts
6. Lest, was Degenhardt vorschlägt. Vergleicht es mit Euren Vorschlägen !	Verteilen des Textes der 5. Strophe; StB, Einzelarbeit, dann LSG. Tafelnotizen des Lehrers - Tafel rechts
7. a) Wie können wir feststellen, welche die sinnvollste Lösung ist ?	LSG
b) Wie soll die Überprüfung geschehen ?	LSG / SLG
8. Hausaufgabe: Versucht solches Material zu finden und bringt es mit !	

Nicht nur die starke Motivation ist auffallend, sondern auch das kritische Herangehen an Aussagen und ihre Überprüfung mit den Mitteln der Vernunft. Im weiteren Verlauf der Unterrichtseinheit haben dann die Schüler unter Einsatz zahlreicher Arbeitsmittel ihren Informationsstand zum Thema so zu erweitern und zu strukturieren, daß sie in die Lage versetzt werden, Entwicklungsstrategien selbst kritisch zu beurteilen.

Das Thema *" Entwicklung - Sozialer Wandel "* stellt nur eine der sieben Unterrichtseinheiten dar, die im Rahmen des RCFP die "Dritte Welt" behandeln. Diese Einheiten sind auf die 5. bis 10. Schulstufe verteilt. Sie können jeweils einzeln eingesetzt werden, bilden zusammen aber doch ein Ganzes, das im Sinne einer *Curriculumspirale* mit zunehmendem Lernfortschritt vertiefte Einsichten anstrebt.

Ziel der Projektgruppe ist nicht die Schilderung einzelner Länder, sondern die Herausstellung bestimmter Aspekte der Entwicklungsproblematik, wie z.B. ethnisch-soziale Strukturen, Vorurteilsdenken, historisches Erbe, Innovationsschwierigkeiten etc. Dort, wo diese Aspekte am deutlichsten sichtbar sind, werden sie erarbeitet.

Das RCFP bietet, wie die folgende Übersicht (*Abb. 3*) zeigt, einen sowohl starken als auch breiten Innovationsansatz, der sich über viele Bereiche der Schulgeographie erstreckt. Wenn auch in Österreich - nicht zuletzt durch die Einbeziehung der *"Wirtschaftskunde"* - die Situation des Geographieunterrichts etwas anders ist als in der Bundesrepublik Deutschland, so könnten doch nicht nur gewisse Ideen und Formen des RCFP, sondern auch manche Inhalte und Ziele mit mehr oder weniger leichten Veränderungen übernommen werden oder als Vorbilder dienen.

Die Versuche, die alte Schulgeographie nach neuen Zielen und Ideen auszurichten, beschränken sich nicht nur auf die USA oder die BRD. Auch in der S c h w e i z gibt es Erneuerungsbestrebungen.[52] Der Geographieunterricht auf der Sekundarstufe I (5. bis 9. Schulstufe) verfügt dort im Durchschnitt über zwei Wochenstunden. Die Lehrpläne der einzelnen Kantone weichen zwar stark voreinander ab, zeigen aber doch die Tendenz, die traditionelle Schul-Länderkunde und das Prinzip der konzentrischen Kreise allmählich durch Gliederungsprinzipien zu verdrängen, die thematisch orientiert sind. Ein gutes Beispiel für diesen Wandel ist auch das neue Unterrichtswerk *"Das Leben"*,[53] das sein Schwergewicht auf die Herausarbeitung von allgemein-gültigen Gesetzlichkeiten der geographischen Umwelt legt und dabei vergleichend vorgeht. Der für die 6. Schulstufe bestimmte

---

[52] vgl. diesbezüglich in der Zeitschrift "GEOGRAPHICA HELVETICA" Heft 4, 1974, S. 167 - 176; Heft 2, 1975, S. 87 - 92 und Heft 3, 1975, S. 139 - 142.
Weitere Informationen erhielt der Verfasser von K. AERNI, Bern, der auf dem 40. Deutschen Geographentag in Innsbruck (Pfingsten 1975) ein Referat *"Die neuere Entwicklung des Geographieunterrichts in der Schweiz"* hielt, das in Band 40 der Abhandlungen des Deutschen Geographentages 1975 abgedruckt werden wird.

[53] WERNLI, O. und H. WITZIG: Das Leben. Geografie für die oberen Klassen der Volksschule, Heft 1 - 4. Kantonaler Lehrmittelverlag Aarau (bis 1974 nur Heft 2 erschienen).

"Geographie und Wirtschaftskunde" im Spannungsfeld neuer Entwicklungen

Abb. 3: *Gesamtübersicht über das "Raumwissenschaftliche Curriculum-Forschungs-Projekt" (RCFP). Die Teilcurricula im Raster der Themenbereiche*
(zusammengestellt nach den oben zitierten Unterlagen, siehe Anm. 48) und 50), sowie dem auf dem Workshop "RCFP" im Rahmen des 40. Deutschen Geographentages 1975 ausgestellten Material)

Nr.	Projektgruppe	Thema	Ökologisches Gleichgewicht	Probleme der Entwicklungsländer	Probleme von Verdichtungsräumen	Probleme ländlicher Räume in Industriestaaten	Räuml. Struktur- und Wachstumsprobleme der Industrie	Infrastrukturprobleme	Probleme des Wohnumfeldes	Räumliche Dimensionen des Freizeitverhaltens	Bevölkerungsverteilung, Mobilität	Staaten, Blöcke, Grenzen
1	BOCHUM	Integration in der WEU										■
2	BONN	Innerstädtische Mobilität			□				■		□	
3	BREMEN	Adou will Minister werden (*Kamerun*)		■								
		Kolonialismus (*Nigeria*)		■		□						□
		Nomadismus (*Tunesien*)		■								
		Dürrekatastrophe (*Sahel*)	□	■								
		Sozialer Wandel (*Peru*)		■		□			□			
		Selbsthilfe (*Indien*)		■								
		Tinajones (*Peru*)		■			□	□	□			
4	FRANKFURT	Umweltsicherung: Boden, Sektion I	■	□		□					□	
		Umweltsicherung: Boden, Sektion II	■	□		□					□	
5	FREIBURG	Umweltsicherung: Wasser, original.	■									
		Umweltsicherung: Wasser, Ver- und Entsorgung	■									
		Umweltsicherung: Wasser, Abhängigkeit	■									
		Umweltsicherung: Wasser, Rhein	■					□				
		Umweltsicherung: Wasser, Volta-Stausee	■									
6	HAMBURG	Geltinger Bucht					■			■		
		Neuwerk						□	■			
		Mezzogiorno					■	□				
7	KARLSRUHE	Standort			□				■			
8	KIEL	Lw. Haferkamp										
9	MANNHEIM	Gastarbeiterfamilien							■		□	
10	MÜNCHEN	Verkehrsinfrastruktur	□		□		□	■				
11	MÜNCHEN	Schulpflichtige Gastarbeiterkinder						□	□	■		
12	MÜNSTER	Stadtnahe Erholung						□	□	■		
13	REGENSBURG	Donau / RGW						□				□
14	SAARBRÜCK.	Ökosysteme	■									
15	STUTTGART	Umweltsicherung: Luft	■				□	□				
16	WÜRZBURG	Historische Landesplanung				□	□					■

■ hauptsächliche Zuordnung
□ zusätzlich mögliche Zuordnung

Band soll in diese "vergleichende Geographie" einführen, indem er von Aspekten der Schweiz ausgehend bestimmte Orientierungshilfen anbietet. Der auf der 7. Schulstufe zu verwendende Band stellt in den Mittelpunkt seiner Betrachtung vier primäre Lebensbedürfnisse (das Bedürfnis nach Abwechslung; das Bedürfnis nach Gesundheit; das Bedürfnis nach Geborgenheit und das Nahrungsbedürfnis), denen vier geographische Themenbereiche (Tages- und Jahreslauf; Gesundheit und Krankheit; Wohnstätten, Dörfer und Städte; wie man sich ernährt) zugeordnet werden. Der für die 8. Schulstufe geplante Band betrachtet den Stoff im Lichte der wirtschaftlichen Bedürfnisse (Bedürfnis nach lebensnotwendigen Mitteln - Landwirtschaft, Industrie und Versorgung; Bedürfnis nach Entfaltung - Planungsaufgaben; Bedürfnis nach Rohstoffen - das Rohstoffproblem; Bedürfnis nach Energie - das Energieproblem) und derjenige der 9.Schulstufe unter dem Aspekt der seelisch-geistigen Bedürfnisse (Ästhetisches Bedürfnis - das Schöne in natürlichen Umwelten; Gestaltungsbedürfnis - Umweltgestaltung; Bedürfnis nach geistiger Entfaltung - Bildungs- und Unterhaltungsmöglichkeiten; Bedürfnis nach geistiger Geborgenheit - verschiedenartige Kulturräume). Durch Präzisierung der Bedürfnisse werden aus den Hauptthemen der einzelnen Schulstufen Sekundärthemen abgeleitet. Die zum Thema "Wohnstätten, Dörfer, Städte" gehörenden sind z.B.: a) bewohnte und unbewohnte Gebiete, b) in kalten Gebieten wohnen, c) in gemäßigten Gebieten wohnen, d) in warmen und heißen Gebieten wohnen.

Auf der Sekundarstufe II ist die Vielfalt vielleicht noch größer. Die eidgenössisch anerkannten Gymnasien sind in der Gestaltung von Stundentafeln und Lehrplänen autonom. Die Stundenzahlen schwanken zwischen drei und acht Stunden für Geographie innerhalb der fünf Jahre. In den letzten Jahren werden auch immer stärker Kernfach- und Wahlfachkurse angeboten, in denen die Schüler einzeln oder in Gruppen Themen selbständig bearbeiten, wobei als Themen meist solche der Raumplanung bevorzugt werden.

Im Gegensatz zu Österreich gibt es in der Schweiz einen Verein der Geographielehrer, der sehr rührig um die Weiterbildung seiner etwa 300 Mitglieder bemüht ist und solchermaßen als wichtiger Innovator auftritt. Unter den von ihm veranstalteten Weiterbildungskursen befanden sich solche über *"Luftbilder im Geographieunterricht"*, *"Raumplanung und Unterricht an der Oberstufe der Volksschule"*, *"Quantitative und theoretische Geographie"* etc. Nicht zuletzt diese Kursthemen müßten die österreichischen Schulgeographen erinnern, welchen Nachholebedarf auf dem Gebiet der neueren wissenschaftlichen Geographie sie haben. Wirtschaftskundliche Veranstaltungen, gemischt mit mehr oder weniger aktuellen informativen Vorträgen über Länder dürfen nicht - so begrüßenswert sie auch sind - die e i n z i g e n Fort- und Weiterbildungsveranstaltungen für unsere Lehrer bleiben ! Auch Theorie- und Modelldenken muß ihnen an verschiedenen Beispielen nahegebracht werden sowie der Transfer in den Unterricht.

Welche Wege die Schulgeographie in G r o ß b r i t a n n i e n geht, zeigt der Aufsatz von A. TÜRK[54] in diesem Buch. Wie sie richtig betont, dürfen wir an den Erneuerungsbestrebungen dort auf keinen Fall vorbeisehen. Neben den methodischen Ansätzen - hier möchte ich insbesondere auf die elegante und leicht verständliche Art hinweisen, mit der die Briten die quantitative Richtung der Geographie in die Schule, und zwar nicht nur in die Sixth-Form, transferierten[55] - sollte uns vor allem das *" O x f o r d G e o g r a p h y P r o j e c t "* interessieren, das einen nach modernen Gesichtspunkten aufgebauten dreijährigen Lehrgang für die *Secondary Schools* darstellt. Es wird jedem Lehrer reichen Gewinn bringen, sich mit den dazugehörigen *Schülerbüchern*[56] zu beschäftigen. Schon das Gliederungsprinzip ist originell und zeigt die Grundauffassung der Autoren, denen es nicht darum geht, pseudoenzyklopädisches Faktenwissen zu vermitteln.

---

54) TÜRK, A.: Situation und Entwicklungstendenzen der Schulgeographie in Großbritannien. Siehe S. 145 - 161.

55) DAVIS, P.: Statistical Techniques. In: N. GRAVES (Ed.): New Movements in the Study and Teaching of Geography. London 1972, S. 230 - 248.

DALTON, R. u.a.: Correlation Techniques in Geography. London 1972.
DAVIS, P.: Data Description and Presentation. London 1974.
CULLAGH, P.MC:Data Use and Interpretation. London 1974.

56) KENT, Ashley: *The Local Framework*. 1974.
ROWE, Clive: *European Patterns*. 1974.
GRENYER, Neville: *Contrasts in Development*. 1975. Alle drei Bände: Oxford University Press.

Spannungsfeld neuer Entwicklungen

...rarbeitung erfolgt im ersten Jahr an einfa=
...en britischen Beispielen, im zweiten an komp=
...xeren des europäischen Raumes, um im dritten
...hr dann nach Kontrastierung mit solchen aus
...twicklungsländern wieder mit britischen -
...allerdings auf bedeutend höherem Niveau - abzu=
schließen. Sicher wird ein mitteleuropäischer
Lehrer hier manches vermissen, die britischen
Autoren zogen jedoch die vertiefende, gründli=
che Erfassung einiger weniger Probleme der
flüchtigen Überblicksbetrachtung vieler Fragen
vor.

... drei Jah=
... Bevölkerungsprobleme, vor
allem Verteilung und Wachstum; Landnutzungs=
strukturen und -probleme im städtischen Le=
bensraum; Industrieprobleme und Industriali=
sierung; Verkehrssysteme und -probleme; Nutzung
und Probleme des ländlichen Lebensraumes. Die

Um eine etwas konkretere Vorstellung vom Inhalt des *Oxford Geography Pro=
ject* zu geben, sei im folgenden noch das gekürzte Inhaltsverzeichnis der drei Schülerbände
angeführt:

Untergliederung (beispielhaft)

Band 1: THE LOCAL FRAMEWORK

- Home and School
- Small Settlements
- Farming
- Industry ——————————————
- Industrial Towns
- Port Towns
- Coastal Towns
- City Regions
- New Towns

- Profit and Costs
- A Paper-Making Factory
- Types of Factory Location
- Iron and Steel Location Game
- Industry: The Changing Pattern

Band 2: EUROPEAN PATTERNS

- The Settlement of Europe
- Rural Land-Use
- Growth of Settlements
- Inside Two Conurbations
- Urban Land-Use
- Ports
- The Distribution of Industry ——————
- Industry and Employment
- Communications

- Types of Industry
- Concentrations of Industry
- Jobs Attract Workers in Italy
- Jobs Attract Workers in Europe
- Core and Periphery
- Problems in Industrial Areas
- The Government and Industry

Band 3: CONTRASTS IN DEVELOPMENT

- Measuring Development
- The Population Problem
- Agriculture in Developing Lands
- Patterns of Diet and Disease
- Developing Transport Networks
- Urbanization and Industrialization ——
- Developing Plans

- The Structure of Cities
- Solving the Squatter Problem
- Ciudad Guayana: Planning for Urbanization
- Industrialization in Developing Countries
- Settling up an Industry in Developing Countries

- More Population Problems
- Living Room
- Transport: Traffic and Trains
- Problems of Urban Growth
- Patterns in the City
- Planning Ahead

Neben der Gliederung muß vor allem die arbeits=
unterrichtliche Konzeption des Kurses hervorge=
hoben werden, durch die der Schüler in selbst=
tätiger Weise zu den Grundeinsichten gelangt.
Neben Zuordnungsaufgaben, verschiedenen Spie=
len (*Einführung einer neuen Landbautechnik in
einem Entwicklungsland; Planung einer Stadt;
Ausbreitung des Ackerbaus in Europa etc.*) fin=
det man in den drei Bänden reichliches Bild-,
Diagramm- und Kartenmaterial, das mit gezielten

Fragen den Schüler zu effektiver Auswertung zwingt.

Wie es bei einem modernen englischen Schulbuch fast selbstverständlich ist, treffen wir auf durchwegs sehr gut transferierte Erkenntnisse der sogenannten *"neuen"* Geographie (siehe Kap. 2), wie z.B. bei der Darstellung des Diffusionsprozesses, bei der Analyse von Stadtmodellen, bei Modellen von Landnutzungssukzessionen etc.

Mit den etwas ausführlicher gebrachten ausländischen Beispielen ist der Kreis jener Länder, die um eine Erneuerung ihrer bisherigen Schulgeographie bemüht sind, keineswegs geschlossen. Auch in den N i e d e r l a n d e n,[57] der D e u t s c h e n D e m o k r a t i s c h e n R e p u b l i k,[58] in P o l e n[59] oder der S o w j e t u n i o n,[60] um nur einige weitere, dem Verfasser bekannte, zu nennen, laufen Bestrebungen, das alte Informationsfach, das meist nur Kunde brachte über die Länder und Völker der Erde, zu reformieren. Wenn sie auch, entsprechend der verschiedenen Schul-, bzw. Gesellschaftssysteme unterschiedliche Schwerpunkte und Akzente aufweisen und in unterschiedlichen Verwirklichungsstadien stehen, so haben sie doch im allgemeinen eines gemeinsam:

Sie suchen nach Möglichkeiten, die Informationsflut zu bewältigen; sie suchen nach Verarbeitungsmethoden, Strukturierungshilfen und Einordnungssystemen, sie möchten Schüler aller Altersgruppen an Themen heranführen, die für sie lebensrelevant sind und die den Ergebnissen h e u t i g e r wissenschaftlicher Forschung entsprechen und sie suchen schließlich auch nach besseren Mitteln und Strategien, diese angestrebten Ziele zu erreichen.

Haben wir unsere Übersicht mit dem stark innovativ wirkenden amerikanischen *"High School Geography Project"* begonnen, so möchten wir mit den Worten des sowjetischen Geographen A. V. DARINSKIY schließen, die er 1970 auf dem 5. Kongreß der Geographischen Gesellschaft der UdSSR in Leningrad über die Schulgeographie seines Landes sagte:

"If the aim of geographic education is to familiarize pupils with the diversity of the environment of the continents, especially the environment of all parts of the Soviet Union, the population and economy of all the union republics and all economic regions of the USSR, all the socialist countries and the main capitalist countries, what possible depth of study can be expected under this conditions ?

There is only one way out: to reduce the number of study regions, and to deal with each one in greater depth. This would require that we abandon the continuous coverage of areas, and deal only with a number of typical key regions, using them to illustrate p r i n c i p l e s a n d m e t h o d s. This kind of selective, but thorough study of key areas would conform to the aims of modern education, which are not to impart to pupils all the knowledge they will require

---

57) Man vgl. u.a.:
BRANDEN, J. van den: Vernieuwde schoolgeografie in dienst van de gemeenschap. In: De Aardrijkskunde 1973, S. 45 - 59.
SAEY, P.: Nieuwe orientatie en schoolgeografie. In: De Aardrijkskunde 1973, S. 297 - 315.
DIJKINK, G.J.W.: Begrippen en problemen in de "onderwijsgeografie". In: K.N.A.G. Geografisch Tijdschrift VIII, 1974, S. 174 - 178.
SPRUIT, P.T.: Enkele gedachten over een nieuwe inhoud van het aardrijkskundeonderwijs. In: K.N.A.G. Geografisch Tijdschrift VIII, 1974, S. 108 - 116.

58) In dieser Hinsicht ist insbesondere der Aufsatz von SASS, A.: Zu Ergebnissen, Aufgaben und Problemen des Geographieunterrichts. In: Zeitschrift für den Erdkundeunterricht 27, 1975, S. 241 - 255, interessant.
SASS tritt darin u.a. für eine problemhafte Gestaltung des Unterrichts ein, fordert neben Wissen ein solides Können sowie eine Erhöhung der Anwendungsbereitschaft des Wissens und verlangt das Erkennen von Gesetzmäßigkeiten und mehr Wissenschaftlichkeit des Unterrichts. Eine Durchsicht anderer Hefte der oben genannten Zeitschrift sowie die Betrachtung der Geographielehrbücher zeigt, daß das Niveau des Geographieunterrichts in der DDR beachtlich ist. Wir Österreicher könnten vor allem aus der unterrichtlichen Behandlung der Landschaftsökologie manches lernen!

59) Diesbezüglich möchte ich auf ein Gespräch hinweisen, das ich im Sommer 1974 anläßlich einer Exkursion des Geographischen Instituts der Universität Wien unter Leitung von Univ. Prof. FINK mit Kollegen in Poznan führte. Demnach sind die derzeitigen Lehrpläne an den allgemeinbildenden Schulen noch stark der traditionellen Länderkunde verhaftet. Viele jüngere Lehrer und Wissenschaftler sind damit

later on in life, but to provide them with a basic body of knowledge, to stimulate an interest in knowledge, to develop their capacity to gain knowledge and to teach them to acquire knowledge independently."[61]

5. Schulversuche aus "Geographie und Wirtschaftskunde" in Österreich

5.1. Der Schulversuch auf der Oberstufe der allgemeinbildenden höheren Schule (AHS)

Auf Grund der 4. Schulorganisationsgesetz-Novelle[62] werden seit dem Schuljahr 1971/72 Schulversuche zur Neugestaltung der Oberstufe durchgeführt. Dabei werden n e u e   O r g a n i s a t i o n s f o r m e n erprobt, in denen das Jahrgangsklassen-System ganz oder teilweise durch im Lehrplan zu umschreibende *Stufen* in den einzelnen Unterrichtsgegenständen ersetzt wird, wodurch man eine größere Flexibilität zu erreichen erhofft. Neben den allgemein verbindlichen Pflichtgegenständen sind Wahlfächer vorgesehen, für die sich der Schüler in einem bestimmten Ausmaß entscheiden muß und die dadurch für ihn verbindlich werden (*Wahlpflichtfächer*). Davon erhofft man sich eine stärkere Individualisierung des Unterrichts und eine bessere Motivierung der Schüler. Und man probiert schließlich n e u e   L e h r p l ä n e aus, weil man erkannt hat, daß die alten nur ungenügend den Erfordernissen der heutigen Zeit entsprechen.[63]

Die dem Bundesministerium für Unterricht und Kunst unterstehende Zentrale Arbeitsgruppe III wählte für die Versuche drei Modelle aus. *Modell I* wurde von Beamten des Ministeriums entwickelt, *Modell II* von der 'Österreichischen Volkspartei' (ÖVP) nahestehenden Fachleuten, *Modell III* von solchen der 'Sozialistischen Partei Österreichs' (SPÖ). Alle drei Modelle rechnen mit einer vierjährigen Dauer der Oberstufe und halten an der derzeitigen Fächerbezeichnung fest.

Im   M o d e l l   I , das vom derzeitigen Schulsystem am weitesten abweicht, werden in allen Gegenständen die Jahrgangsklassen durch ein *Stufensystem* ersetzt, wobei einzelne Pflichtgegenstände, wie zum Beispiel *'Deutsch'*, in vier Stufen geführt werden, andere, darunter *'Geographie und Wirtschaftskunde'*, in drei und einige nur in zwei. Bei den mit drei (Ausnahme *'Physik'*) und mit zwei Stufen angesetzten Pflichtgegenständen kann der Schüler nach Maßgabe der Stundentafel wählen, in welchen Studienjahren er diese Stufen absolvieren möchte. Der Pflichtgegenstand *'Geographie und Wirtschaftskunde'* umfaßt insgesamt a c h t Wochenstunden (aufgeteilt auf die drei Stufen im Verhältnis 3 : 3 : 2 Wochenstunden). An Wahlpflichtgegenständen hat der Schüler ab der zweiten Stufe im Laufe der Oberstufe insgesamt 16 Wochenstunden zu wählen. Das Wahlpflichtfach *'Geographie'* umfaßt so wie das selbständige Wahlpflichtfach *'Wirtschaftskunde'* (seine ursprüngliche Bezeichnung lautete *'Economics'*) auf der Oberstufe v i e r Stunden (2 : 2).

Obwohl M o d e l l   I I auch als reine Oberstufenform geführt werden kann, zielt es doch auf eine Langform der AHS. Es besteht aus drei Typen (*Gymnasium*, *Realgymnasium*, *Mädchengymnasium*). In bestimmten - pro Typ jedoch nicht mehr als vier - Gegenständen werden *Leistungsgruppen* gebildet: Erste bzw. zweite lebende Fremdsprache, *'Latein'*, *'Griechisch'*, *'Mathematik'*, *'Physik'*, *'Chemie'*, *'Naturgeschichte'*.

---

   jedoch unzufrieden, bemühen sich, den Einfluß der Länderkunde in der Schule zurückzudrängen und stärker zur Behandlung allgemeingeographischer Fragen überzugehen.

60) DARINSKIY, A.V.: Problems of Geographical Education in the USSR. In: Soviet Geography, New York 1971, S. 475 - 485.
   Über die noch stark länderkundlich aufgebauten Lehrpläne, an denen DARINSKIY heftig Kritik übt, berichtet ein Aufsatz in deutscher Sprache in der in der DDR erscheinenden *"Zeitschrift für den Erdkundeunterricht"*, Jg. 1974, Heft 5.

61) DARINSKIY 1971, a.a.O., S. 480.

62) Artikel II, § 6 (Bundesgesetzblatt Nr.234/1971). Man vergleiche diesbezüglich: SCHULVERSUCHE AN DER ALLGEMEINBILDENDEN HÖHEREN SCHULE. Beschreibung der Versuchsmodelle. In: Arbeitsbericht des Zentrums für Schulversuche und Schulentwicklung

---

   Heft III/3, hrsg. vom Bundesministerium für Unterricht und Kunst, Klagenfurt 1974.
   PETAK, A.: Zwischenbilanz der Schulversuche an der AHS. In: Erziehung und Unterricht 1974, Heft 6.

63) bezüglich einer Neugestaltung der Reifeprüfung siehe die oben zitierten Arbeiten.

Der Pflichtgegenstand *'Geographie und Wirt=
schaftskunde'* wird n i c h t leistungsdif=
ferenziert unterrichtet. Er umfaßt auf der
Oberstufe insgesamt s i e b e n Wochenstun=
den, die sich auf die Klassen 5, 6 und 7 mit
je drei, zwei und nochmals zwei Wochenstunden
aufteilen. In der 7. und 8. Klasse (11. und
12. Schulstufe) gibt es außerdem ein Angebot
von zusammen acht Wochenstunden in Wahlpflicht=
fächern. Unter ihnen kann der Schüler das Fach
'Geographie' und das Fach *'Wirtschaftskunde'*
(jeweils zwei Jahre je zwei Stunden) wählen.

Im M o d e l l I I I wird in den beiden
ersten Jahren - also in der 5. und 6. Klasse -
eine Gruppe von Pflichtgegenständen dargebo=
ten, die keine Wahl erlauben und in denen es
keine Leistungsgruppen gibt. In der 7. und 8.
Klasse wird dann die Pflichtstundenzahl redu=
ziert und es treten Wahlpflichtgegenstände da=
zu. Dadurch, daß ihre Wochenstundenzahl mit
insgesamt 19 (gegenüber 8 des Modells II) fest=
gelegt wurde, hat der Schüler die Möglichkeit
Schwerpunkte zu bilden, die seiner Neigung
oder späteren Studienrichtung entsprechen.
Dem Pflichtfach *'Geographie und Wirtschafts=
kunde'* wurden in der 5. Klasse vier, in der
6. Klasse zwei und in der 7. und 8. Klasse
jeweils eine Wochenstunde zur Verfügung ge=
stellt. Auch hier gibt es ein Wahlpflichtfach
'Geographie' (zwei Jahre je zwei Stunden) und
ein Wahlpflichtfach *'Wirtschaftskunde'* (zwei
Jahre je zwei Stunden).

Zusammenfassend kann man feststellen, daß *'Geo=
graphie und Wirtschaftskunde'* als Pflichtfach
gegenüber dem derzeitigen Stundenausmaß auf
der Oberstufe im Modell II eine Wochenstunde
verloren hat, im Modell I und III stundenmäßig
gleich vertreten ist. Stark verändert hat sich
die Verteilung der Pflichtstunden; das Schwer=
gewicht liegt eindeutig in den beiden ersten
Oberstufenjahren. Modell I und II schließen
den Unterricht im Pflichtgegenstand *'Geogra=
phie und Wirtschaftskunde'* sogar in der 7.
Klasse (3. Stufe) ab. Nur im Modell III ist
dieser Gegenstand mit einer Stunde noch in
der 8. Klasse vertreten. Neu hinzugekommen
sind die beiden Wahlpflichtfächer, die jeweils
vier Stunden zur Verfügung haben und in den
höheren Jahrgängen unterrichtet werden können.
Die Situation ist nicht so schlecht, wie Pes=
simisten meinen. Es wird allerdings darauf

ankommen, was wir in den uns vorgegebenen Rah=
men hineinstellen.

Betrachten wir deshalb den V e r s u c h s =
l e h r p l a n, der von einer Projektgruppe[64]
erarbeitet wurde, etwas näher (siehe *Abb. 4*
und Anhang S.282 - 294). Schon ein erster Blick
auf den Abschnitt über das Pflichtfach *"Geo=
graphie und Wirtschaftskunde"* zeigt, daß dieser
noch sehr stark traditionsgebunden ist !

Nach wie vor dominiert das Konzept der wirt=
schaftskundlichen Staatengeographie, nur hat
die Wirtschaftskunde gegenüber dem alten Lehr=
plan noch mehr an Raum gewonnen, was sich nicht
nur in dem ihr zugewiesenen Zeilenausmaß, son=
dern auch durch die ihr in großer Zahl beige=
gebenen Detailangaben ausdrückt.

Nach wie vor vermissen wir die wirkliche Inte=
gration wirtschaftskundlicher und räumlicher
Inhalte. Besonders typisch, aber keineswegs
vereinzelt, ist dafür die Behandlung Öster=
reichs: ein bißchen Physiogeographie im Rahmen
der Großlandschaften, ein bißchen Demographie,
etwas städtischer und ländlicher Lebensraum
und dann - daran anschließend - der betriebli=
che Kreislauf, die volkswirtschaftliche Gesamt=
rechnung, die Wirtschaftssektoren etc.

Nach wie vor kommt in dem stofflich struktu=
rierten Versuchslehrplan als sein Hauptanliegen
die *Vermittlung von abfragbarem Faktenwissen*
zum Ausdruck. Probleme, Prinzipien, Grundstruk=
turen und Einsichten werden nicht konkreti=
siert. Offenbar überläßt man dies den einzel=
nen Lehrern. Wozu das führen kann, beweist ein
durchaus gutgemeinter Vorschlag für eine Lehr=
stoffverteilung, in dem u.a. im Zusammenhang
mit der Durchnahme des städtischen Lebensraumes
in Österreich für die Behandlung der Entwick=
lung, Gliederung, der Funktionen und Probleme
d e r österreichischen Stadt sage und schreibe
z w e i Stunden (zweimal 50 Minuten) vorge=

---

[64] In der Projektgruppe saßen als Vertreter
der Universitäten L.SCHEIDL und E.TROGER,
ersterer von H.LECHLEITNER vertreten, als
Vertreter der Schule bzw. Schulaufsicht
L.MATZENAUER, J.AUER, B.PARTL, H.HASENMAYER,
J.KLIMPT, G.KRAMER, W.SITTE, R.WANKA und J.
WEIS, sowie zwei Vertreter der Industrie1=
lenvereinigung bzw. der Bundeswirtschafts=
kammer (JEDINA, PISKATY). Bei Meinungsver=
schiedenheiten wurde meist abgestimmt.

"Geographie und Wirtschaftskunde" im Spannungsfeld neuer Entwicklungen

Abb. 4: Übersicht über den Lehrplan für das Unterrichtsfach "Geographie und Wirtschaftskunde" des Schulversuchs auf der Oberstufe der AHS[65]
(siehe dazu ausführlich: Anhang S. 282 - 294)

Klasse (Stufe)	MODELL I	MODELL II Gymnasium, Realgymnasium	MODELL II Mädchenrealgymnasium	MODELL III
5 (1)	3 STUNDEN *Physiogeographische Grundlagen der Kulturerdteile* *Merkmale und Probleme der Entwicklungsländer* *Industrielle Neuländer*	3 STUNDEN *Physiogeographische Grundlagen der Kulturerdteile* *Merkmale und Probleme der Entwicklungsländer* *Industrielle Neuländer* *UdSSR*	3 STUNDEN *Physiogeographische Grundlagen der Tropen und Subtropen* *Merkmale und Probleme der Entwicklungsländer* *Industrielle Neuländer* *UdSSR*	4 STUNDEN *Physiogeographische Grundlagen der Kulturerdteile* *Merkmale und Probleme der Entwicklungsländer* *Industrielle Neuländer* *UdSSR* *Angloamerika*
6 (2)	3 STUNDEN *Angloamerika* *UdSSR* *Kulturerdteil Europa (ohne Österreich)*	2 STUNDEN *Angloamerika* *Kulturerdteil Europa (ohne Österreich)*	2 STUNDEN *Angloamerika* *Kulturerdteil Europa (ohne Österreich)*	2 STUNDEN *Kulturerdteil Europa (ohne Österreich)* *Österreich (Großlandschaften, städtischer und ländlicher Lebensraum)*
7 (3)	2 STUNDEN	2 STUNDEN	2 STUNDEN	1 STUNDE *Österreich nach 1945* *Betrieblicher Kreislauf* *Grundlagen, Struktur und Probleme der öst. Wirtschaft* *Österreichische Wirtschaftspolitik*
7 (3) cont.	_	*Österreich (Großlandschaften, städtischer und ländlicher Lebensraum)* *Grundlagen, Struktur und Probleme der österreichischen Wirtschaft* *Österreichische Wirtschaftspolitik*		
8 (4)	✕	✕	✕	1 STUNDE *Die moderne Welt* *UdSSR - USA* *EWG, EFTA, COMECON* *Probleme der Entwicklungsländer*
Gesamtwochenstunden	8	7	7	8

schlagen werden; - selbst bei einem in stärkster Konzentration gebrachten Frontalunterricht ein wohl kaum ernsthaft durchzuführendes Unternehmen. Wie Frontalunterricht aber ankommt, schilderten wir bereits weiter oben.[66] Obwohl man sich natürlich im klaren ist, daß man nicht alle Staaten der Erde behandeln kann, versucht man doch möglichst viele durchzunehmen. Das führt dann dazu, daß man beispielsweise für

---

[65] vgl. dazu das in diesem Band zur Diskussion gestellte *Grundkonzept für einen neuen Oberstufenlehrplan* im Beitrag von H. WOHLSCHLÄGL und H. LEITNER, S. 195f.

[66] siehe S.19.

Südostasien drei Stunden übrig hat, China in fünf Stunden bewältigt (beides aus Lehrstoff= verteilungen für die 5. Klasse im Modell III), oder den geologisch-morphologischen Aufbau Eu= ropas in einer Stunde bahandelt (nach einer Lehrstoffverteilung für die 6. Klasse im Modell II). Wir fragen uns, was dabei im Sinne des Zielabsatzes des Lehrplanes (... *den jungen Menschen auf die Bewältigung künftiger Lebens= situationen vorzubereiten !*) herausschaut ? Welche Relevanz hat das ?

Kritisiert muß ferner am Schulversuchslehrplan werden, daß kein stufenmäßiger Aufbau vorhanden ist. Ob man zuerst China und dann Japan behan= delt, zuerst Peru und dann Argentinien oder um= gekehrt, ist völlig egal. Wie aber kann man dann geographische und wirtschaftskundliche Grundeinsichten systematisch entwickeln ?

Wir suchen auch vergeblich neuere Forschungs= ergebnisse der wissenschaftlichen Geographie in ihm. Ist es Zufall oder ist es typisch, daß in einem Lehrplan für die Oberstufe w e d e r die Bezeichnung L a n d s c h a f t s ö k o = l o g i e noch das Wort S o z i a l = g e o g r a p h i e vorkommt ? Dafür wird der Begriff '*Kulturerdteil*' mehrmals und zum Teil irreführend verwendet.[67] Wie ich bereits 1972 skizzierte[68] und wie WOHLSCHLÄGL - LEITNER[69] an anderer Stelle dieses Buches ausführlich darstellen, kann man durchaus eine großraum= spezifische problemorientierte Regionalgeogra= phie in einen thematisch konzipierten Lehrplan einbauen. Keineswegs aber geht es an, unter dem Vorwand, Kulturerdteilbetrachtung zu betreiben, wieder die alte Länderkunde einzuführen, wie es im Versuchslehrplan getan wird.

Wir meinen daher, daß dieser Lehrplan sehr re= visionsbedürftig ist. Diese Revision wird aber nicht so leicht zu erreichen sein, denn alte eingeschliffene Verhaltensweisen gibt man nicht so schnell auf. Zudem würde man neue Medien brauchen.

Aus dem zuletzt genannten Grund wird es auch nicht überall glücken, viele der im unverbind= lichen Lehrstoffverteilungs-Vorschlag für das Wahlpflichtfach "*Geographie*" angebotenen The= men, die teilweise moderneren Auffassungen nahekommen, ohne schon ideal zu sein, von den Schülern erarbeiten zu lassen. Hier müßte eine vom Ministerium initiierte und durch die geo= graphischen Universitätsinstitute unterstützte planmäßige L e h r e r f o r t b i l d u n g, die fachwissenschaftliche und fachdidaktische Aspekte gleichermaßen berücksichtigt und auch Arbeitsmittel anbietet, wirksam werden. Wie weit die heute von unseren Universitäten mit der Lehramtsprüfung für "*Geographie und Wirt= schaftskunde*" Abgehenden den Anforderungen des Wahlpflichtfaches "*Wirtschaftskunde*" - man ver= gleiche dazu den unverbindlichen Vorschlag ei= ner Lehrstoffverteilung für das Fach "Wirt= schaftskunde" im Anhang (S. 292f.), der stellen= weise ziemlich hohes Niveau erreicht - entspre= chen, mögen diejenigen, die von der Lehramts= ausbildung betroffen sind bzw. die dafür Ver= antwortlichen einmal ohne falsche Rücksicht= nahme und Vogel-Strauß-Politik selbst feststel= len.

Im Schuljahr 1975/76 wird der Oberstufen-Schul= versuch in ganz Österreich in 17 Schulen mit insgesamt 108 Klassen durchgeführt. Über die Differenzierung nach Modellen bzw. die Durch= führung von Wahlpflichtkursen gibt *Abb. 5* Aus= kunft.[70]

5.2. *Der Schulversuch in den Schulen der 10 - 14-Jährigen*

Der Artikel II der 4. Schulorganisationsgesetz- Novelle des Jahres 1971 bildet auch die gesetz=

---

67) Sind etwa *Angloamerika* bzw. die *Sowjetunion* oder *Ostasien* keine Kulturerdteile ? Ist es zielführend, von *physiogeographischen Grund= lagen der Kulturerdteile* zu sprechen, wenn man einen globalen Blick auf die Klima- und Vegetationszonen der Erde wirft ?

68) SITTE, W.: Die Betrachtung von Kulturerd= teilen als eine Aufgabe der Schulgeographie. In: Wissenschaftliche Nachrichten 29, 1972, S. 45 - 46.

69) WOHLSCHLÄGL, H. und H. LEITNER: Der Kultur= erdteil Orient als Lebensraum. Ein lern=

zielorientiertes thematisches Unterrichts= modell für die 5. Klasse der AHS. Siehe v. a. Kap.3.4.,S.194ff.

70) Laut Mitteilung des Koordinators für "*Geo= graphie und Wirtschaftskunde*", A. HOLY, Oktober 1975.
Interessant ist die regionale Streuung der

"Geographie und Wirtschaftskunde" im Spannungsfeld neuer Entwicklungen

Abb. 5: *Der Oberstufen-Schulversuch im Schuljahr 1975/76.*

MODELL	Zahl der Schulen	5.Klasse (1.Stufe)	6.Klasse (2.Stufe)	7.Klasse (3.Stufe)	8.Klasse -	KLASSEN (zusammen)	Klassen im Wahlpflicht= fach: GEOGRAPHIE	WIRTSCHAFTS= KUNDE
I	4	9	7	5	-	21	5	-
II	8	20	18	17	-	55	9	8
III	5	10	9	8	5	32	5	8
GESAMT	17	39	34	30	5	108	19	16

liche Grundlage für die Schulversuche im Rahmen der Schulen der Zehn- bis Vierzehnjährigen (§ 4), in deren Mittelpunkt die Erprobung der *"Integrierten Gesamtschule"* steht,[71] in der versucht wird, die beiden in ihren praktischen Konsequenzen widerstrebenden Prinzipien der Bildungschancen-Gleichheit und der bestmöglichen Förderung der individuellen Begabung zu harmonisieren. "Geographie und Wirtschaftskunde" wird im Versuch "Integrierte Gesamtschule" von der 5. bis zur 8. Schulstufe als Zwei-Wochenstunden-Fach durchgehend für alle Schüler im Klassenverband (Stammklassen), nicht nach Leistungsgruppen differenziert unterrichtet. Das Fach gehört zu den sogenannten *'R e a l i e n'*, deren Aufgabe im Mittelbau des Schulwesens, an dessen Ende nach den formulierten Zielvorstellungen die Schüler die Schule als mündige Glieder der Gesellschaft verlassen sollen, im Aufschließen jener Problembereiche und Aufgabenfelder besteht, in denen Stellungnahme, Diskussion, Meinungsbildung und Entscheidung von allen Bürgern in der Demokratie erwartet wird.

Daraus ergeben sich für das Fach *"Geographie und Wirtschaftskunde"* nicht nur Chancen und Schwierigkeiten, sondern vor allem auch die Notwendigkeit nach einem Überdenken der bisherigen Lerninhalte. Deshalb begann 1972 eine P r o j e k t g r u p p e,[72] die der Abteilung I des dem Bundesministerium für Unterricht und Kunst unterstehenden *"Zentrums für Schulversuche und Schulentwicklung"* in Klagenfurt angehört, eine neue L e h r s t o f f v e r t e i l u n g für "Geographie und Wirtschaftskunde" für die 5. bis 8. Schulstufe zu erarbeiten.[73]

Die Projektgruppenmitglieder kamen, angeleitet von neueren Erkenntnissen der Fachdidaktik und Fachwissenschaft, bestärkt durch das oft gehörte Mißfallen vieler Kollegen über den traditionellen Geographie- und Wirtschaftskunde-Unterricht und nicht zuletzt auf Grund ihrer eigenen Erfahrungen sowie des oben zitierten Auftrages an die *'Realien'* sehr schnell zur einhelligen Ansicht, daß es bei diesem Vorhaben

---

Modelle: Im Burgenland wird nur Modell I erprobt, in Niederösterreich nur Modell II, in Kärnten nur Modell I, in Oberösterreich nur Modell III, in Salzburg, Steiermark und Tirol nur Modell II. Alle drei Modelle werden nur in Wien versucht; kein einziges Modell wird in Vorarlberg erprobt.

71) Hinsichtlich der Modellbeschreibung und der dabei verwendeten, dem Außenstehenden nicht immer sofort klaren Terminologie gibt es heute bereits ein sehr umfangreiches und leicht erreichbares Schrifttum, auf das verwiesen wird:
SCHNELL, H.: Die österreichische Schule im Umbruch. Wien 1974; hier bes. S. 155 - 162.
SEEL, H.: Die Schulversuche im Bereich der Schulen der 10 - 14-Jährigen. In: Arbeits-

---

berichte des Zentrums für Schulversuche und Schulentwicklung Nr. 1/2, hrsg. v. Bundesministerium für Unterricht und Kunst, Klagenfurt 1972, 37 S.
SEEL, H.: Zu den österreichischen Schulversuchen mit der Gesamtschule. In: Erziehung und Unterricht 1974, S. 434 - 443. Die in diesem Aufsatz besprochenen Fragen wurden im Rahmen einer Lehrveranstaltung *"Gesamtschule - Idee oder Ideologie"* an der Universität Graz im Sommersemester 1974 diskutiert.

72) Die Gruppe setzt sich aus Lehrern zusammen, die in verschiedenen Schulbereichen - Hauptschule, Gesamtschule, AHS, Pädagogische Akademie, Universität - theoretisch und praktisch, sehr oft beides gleichzeitig - mit Geographieunterricht zu tun haben. Ihr
siehe nächste Seite

nicht darum geht, da etwas Neues in den traditionellen Lehrplan einzubauen, dort etwas Altes wegzulassen, oder darüber zu diskutieren, ob Italien in der 6. bzw. 7. Schulstufe zu behandeln sei, sondern daß man versuchen müßte, unter kritischer Sichtung ausländischer Erfahrungen und unter Berücksichtigung der österreichischen Verhältnisse ein grundlegend neues Lehrplankonzept zu entwickeln.

Ansatzpunkt für die Erstellung des neuen Konzepts war die Einsicht, daß die bloße Vermittlung von Fakten über die Länder und Völker der Erde nicht die Hauptaufgabe eines modernen Geographie- und Wirtschaftskundeunterrichts sein könne. Diese bestehe vielmehr darin, Regelhaftigkeiten sowie Anomalien des menschlichen Verhaltens in den miteinander stark verflochtenen Aktionsbereichen Raum und Wirtschaft sichtbar zu machen. Dabei geht es in erster Linie darum, die Schüler selbst erfahren zu lassen, daß Raum und Wirtschaft Prozeßfelder von Aktivitäten menschlicher Gruppen sind, die teils von gleichartigen, teils von sehr unterschiedlichen Interessen gesteuert werden und die von bestimmten, nicht immer unveränderlichen Natur- und Humanbedingungen abhängig sind. Wenn Lernende das erkennen, werden sie auch die daraus resultierenden Probleme und Konflikte besser begreifen und später eher bereit und fähig sein, an realen Möglichkeiten zu deren Lösung mitzuwirken. Solchermaßen erbringt "Geographie und Wirtschaftskunde" einen sehr wichtigen Beitrag zur politischen Bildung und die Begründung ihres Stellenwertes im Rahmen des modernen Curriculums.

Ein Unterricht, der die Regelhaftigkeiten des Verhaltens von Gruppen in Raum und Wirtschaft sichtbar zu machen versucht, kann nicht Länder und Landschaften in den Mittelpunkt seiner Tätigkeit stellen, denn diese lassen nur Singuläres erkennen, sondern wählt Themen zu seinen didaktischen Einheiten. T h e m e n erfassen die auf Lebenssituationen abgestimmten bzw. zu ihnen hinführenden Unterrichtsinhalte besser als Länder, artikulieren schon von außen die Fragestellung bzw. das Problem und motivieren somit stark, lassen sich nach Schwierigkeitsstufen anordnen, ermöglichen zwanglos die Integration ökonomischer, sozialer, politischer und räumlicher Aspekte, die der moderne Geographie- und Wirtschaftskundeunterricht erfordert, können gut auf übertragbare Einsichten ausgerichtet werden und sind gleichzeitig auch ein Ausweg aus der sogenannten *"Erwähnungsgeographie"*, die über den Weg der Länder- und Landschaftsbeschreibung eine umfassende Darstellung der Erde anstrebte, aber höchstens einen Überblick ohne Tiefgang erreichte.

An dieser Stelle wird mancher einwenden, daß er *"Themengeographie"* ja ohnehin schon seit langem in der Form der *"Länderkunde nach dominanten Faktoren"* betrieben hat. Die Behandlung der einzelnen Staaten erfolgte dabei so, daß man jede regionale Unterrichtseinheit unter ein Leitthema stellte. Die 5 Unterrichtseinheiten, die man für die Behandlung der Bundesrepublik Deutschland zur Verfügung hat, könnten beispielsweise folgende Themen aufweisen: *'Auf einer Hallig in der Nordsee'. 'Land der Zechen und Gruben'.'Die Hauptwasserstraße Europas'. 'Wintersport in den Alpen'.'Im geteilten Berlin'.* Werden die ausgewählten Themen aber immer dem Land gerecht ? Ließ man nichts aus ? A.SCHULTZE schreibt in seinem Aufsatz "Allgemeine Geographie statt Länderkunde" zu Recht, *"daß die Bestimmung der Dominanten ein sehr heikles Geschäft ist, das umso schwieriger wird, je besser man ein Land kennt".*[74] Man probiere dies einmal aus und stelle sich vor, als australischer Unterstufenlehrer eine Unterrichtsstunde für die Schweiz und eine für Österreich zur Verfügung zu haben. Daran erkennt man vielleicht am besten, daß Themen nicht nach Ländern, sondern nach anderen Prinzipien geordnet werden müssen.

Die neue Lehrstoffverteilung des Zentrums für Schulversuche verwendet als formales G l i e d e r u n g s p r i n z i p drei verschiedene Themenkategorien:

1) Themen, die die Inhalte der einzelnen Unterrichtseinheiten, die sich meist über mehrere Stunden erstrecken, determinieren,
2) sogenannte *Leitthemen*, die mehrere Unterrichtseinheiten unter einem bestimmten Motiv zu einer höheren Einheit zusammenfassen,

---

gehören an: W. ANTONI, E. MAUTNER, N. SEITZ, W. SITTE und W. STRANACHER; O. WINGERT schied 1974 wegen Arbeitsüberlastung aus.

73) siehe ANHANG, S. 275 - 282.

74) SCHULTZE, A.: Allgemeine Geographie statt Länderkunde. In: Geographische Rundschau 1970, S. 1 - 10.

3) *Jahresthemen*, die die Hauptintention für die jeweilige Schulstufe ausdrücken.

Das Jahresthema der 5. Schulstufe heißt *"W i r
e n t d e c k e n   d i e   W e l t"*. An Hand
ausgewählter und über den ganzen Erdball ge=
streuter Einzelbilder soll dem Elfjährigen die
Vielfalt der Lebens- und Wirtschaftsformen be=
wußt werden. Seine durch Fernsehen und Lesen
erworbenen Vorstellungen über die Erde werden
ergänzt, vertieft und in erste Ordnungssysteme
eingefügt. Solche Ordnungssysteme sind auf die=
ser Stufe
- *der topographische Orientierungsraster der
  Kontinente und Meere* (Leitthema 5.1),
- *die großen Wirtschaftsbereiche Landwirt=
  schaft, Bergbau, Industrie und Verkehr*
  (Leitthemen 5.3, 5.4, 5.5 und 5.6) sowie
- *stark kontrastierende sozio-kulturelle Ent=
  wicklungsstufen und die dadurch bedingten
  Lebens- und Wirtschaftsweisen* (Leitthemen
  5.2 und 5.7).

Für die 6. Schulstufe - Jahresthema *"W i r
e r f o r s c h e n   d i e   E r d e"* - sind
Themen angesetzt, in denen die physischen Um=
weltfaktoren (Naturbedingungen), die auf den
Menschen einwirken und seine Lebens- und Wirt=
schaftsweise beeinflussen, untersucht, erklärt
und beurteilt werden. *Naturgeographische Bezugs=
systeme*, wie die großen Gebirgsgürtel, die Kli=
ma-, Pflanzen- und Bodenzonen bieten sich jetzt
als Ordnungsstrukturen an. Deshalb sind auch
auf dieser Stufe wieder die Themen global ge=
streut und bringen Beispiele aus Nah- wie aus
Fernregionen. Im Gegensatz zu den nur locker
assoziierten Einzelbildern der 5. Schulstufe
bilden die Themen der 6. Stufe jedoch eine
Folge, bei der sich ein Thema aus dem anderen
entwickelt. So "wachsen" aus dem *Meer* (Leit=
thema 6.1) die *Gebirge* (Leitthemen 6.2 und
6.3), an denen veranschaulicht wird, daß auch
die Erdkruste nicht unveränderlich ist, aus
dem *Wetter* (Leitthema 6.4) *Klima und Pflanzen=
welt* (Leitthema 6.5).

Nach diesen vorbereitenden Beschäftigungen mit
den einzelnen Naturfaktoren können dann ver=
schiedene *Umweltgefahren*, die den Menschen be=
drohen, vertieft behandelt werden (Leitthema
6.6). Den Höhepunkt der Unterrichtsarbeit aber
bildet gegen Jahresende ein von den Schülern
selbst durchgeführtes Projekt, bei dem sie ein
Umweltproblem (Wasser- oder Luftverschmutzung,
Lärmbedrohung, Müll) im Nahbereich ihrer Schu=
le untersuchen, nach seinen Ursachen forschen
und eventuelle Lösungsmöglichkeiten vorschla=
gen (Leitthema 6.7).

Das Jahresthema für die 7. Schulstufe lautet
*"D e r   M e n s c h   p l a n t   u n d   g e =
s t a l t e t   s e i n e n   L e b e n s -
u n d   W i r t s c h a f t s r a u m"*. Den
Schülern soll die Einsicht vermittelt werden,
daß menschliche Aktivitäten in Raum und Wirt=
schaft nur zielführend sind, wenn sie auf Kon=
zepten beruhen. Fragen der ökonomischen Planung
und der Raumordnung stehen deshalb im Vorder=
grund der Betrachtung. Es wird versucht, Mög=
lichkeiten und Grenzen dieser beiden Bereiche
aufzuzeigen. Wurden schon in den beiden voran=
gegangenen Schulstufen neben den räumlichen
und ökonomischen Aspekten auch soziale und po=
litische behandelt, so tritt jetzt im Unter=
richt dieser Stufe ihre gegenseitige Durchdrin=
gung stark hervor. In diesem Zusammenhang kommt
der *Konfliktaufzeigung* und der *Konfliktbewälti=
gung* große Bedeutung zu. Beispielgebiet für
alle Themen der 7. Schulstufe ist Österreich.
Ausschlaggebend dafür war die Überlegung, daß
die Schüler dadurch nicht nur einen tieferen
Einblick in die Probleme des Raumes und der
Wirtschaft unseres Staates bekommen, sondern
daß z.B. Bürger- und Verbraucherverhalten an
ausländischen Beispielen wohl weniger gut ge=
übt werden kann als an heimischen.

Suchinstrumente für die Unterrichtsthemen sind
die sogenannten D a s e i n s f u n k t i o =
n e n: *Wohnen* (Leitthema 7.1), *Versorgen* (Leit=
thema 7.2), *Arbeiten* (Leitthema 7.3), *Am Ver=
kehr teilnehmen* (Leitthema 7.4), *Sich erholen*
(Leitthema 7.5) und *In der Gemeinschaft leben*
(Leitthema 7.6). Dadurch stehen nun L e b e n s =
s i t u a t i o n e n im didaktischen Mittel=
punkt, von denen sich jede aus räumlichen, öko=
nomischen, gesellschaftlichen und politischen
Komponenten zusammensetzt. Indem wir ihre ge=
genseitige Interdependenz den Schülern klar
machen, fügen wir *"Geographie"* und *"Wirtschafts=
kunde"* zu einer w i r k l i c h e n Einheit
und leisten gleichzeitig einen wichtigen Bei=
trag zur *politischen Bildung*.

Die 8. Schulstufe mit dem Jahresthema *"D i e
E r d e   a l s   L e b e n s -   u n d   W i r t =

s c h a f t s r a u m   a l l e r   M e n =
s c h e n" behandelt Raum und Wirtschaft als Prozeßbereiche von Aktivitäten menschlicher Gruppen in globaler Sicht. In der Konfrontation mit einigen der großen Gegenwarts- und Zukunftsfragen der gesamten Menschheit soll der Heranwachsende erkennen, daß es heute nicht mehr möglich ist, sich von seiner politischen und ökonomischen Umwelt abzukapseln und er soll gleichzeitig den Maßstab erhalten, um *Fragen des Bevölkerungswachstums, Probleme der beiden Großmächte USA und UdSSR, der Dritten Welt, der Rohstoff- und Energieversorgung, der Inflation, Fragen des wirtschaftlichen Wachstums, der Zukunft bestimmter Regionen* usw. erfassen und beurteilen zu können. In diesem Sinn bietet die 8. Schulstufe auch W e l t k u n d e, allerdings nicht eine, die auf *Inventarisierung von Fakten* angelegt ist, sondern eine, der es in erster Linie um E i n s i c h t i n
u n d A u f s c h l i e ß u n g f ü r
P r o b l e m e geht.

Die neue Lehrstoffverteilung des Zentrums für Schulversuche beginnt mit einem Blick auf die Welt (5. Schulstufe) und schließt auch mit einem solchen (8. Schulstufe). Während der erste die Vielfalt zeigen und damit auch motivieren will, besteht das Ziel des zweiten darin, bewußt zu machen, daß wir trotz dieser Vielfalt alle auf einer einzigen Welt leben und daß die Menschheit nur g e m e i n s a m mit den sie bedrohenden Schwierigkeiten fertig werden kann.

Außer den beschriebenen Anordnungs- und Auswahlprinzipien wurden beim Aufbau der neuen Lehrstoffverteilung noch weitere, im folgenden bloß kurz erläuterte Grundsätze beachtet:

a) Das Prinzip "Vom Leichten zum Schwierigen".

Dieses Prinzip kommt nicht nur in den Zielsetzungen und den Inhalten der Themen zum Ausdruck (5.6.2: "Eine Reise mit der transsibirischen Eisenbahn", 6.5.5: "Vegetationszonen im nördlichen Eurasien", 8.2.2:"Kommunistische Zentralverwaltungswirtschaft"), sondern ist an ihrer Über- und Durchschaubarkeit (Dimension und Komplexität) und an der Art und Weise, wie sie in den zugehörigen Arbeitsblättern behandelt werden, zu ersehen.

b) Die Zukunftsperspektive.

Zum besseren Verstehen räumlicher und ökonomischer Erscheinungen ist es oft erforderlich, sich mit deren Entstehung zu befassen. Entsprechend dem Auftrag an die Schule, die Heranwachsenden auf das spätere Leben vorzubereiten, wird es jedoch notwendig, sich mehr als bisher mit dem zu beschäftigen, das in der nächsten Zeit zu erwarten ist. *Wohn-, Verkehrs- und Energieprobleme der Zukunft, die Arbeits- und Freizeitwelt von morgen, Leitlinien der Raum- und Wirtschaftsplanung*, - das sind einige der unter diesem Aspekt in der Lehrstoffverteilung betrachteten Themen. Die verschiedenen Zweige der wissenschaftlichen Zukunftsforschung bieten uns heute dafür schon durchaus seriöse Unterlagen an. Der Blick in eine mögliche Zukunft wirkt außerdem - insbesondere auf junge Menschen - stark motivierend.

c) Das Prinzip des systematischen Lernzuwachses.

Wissen und Fertigkeiten müssen, wenn sie dauerhafter Besitz sein sollen, Schritt für Schritt entwickelt und immer wieder geübt werden. Der bisherige Geographieunterricht beachtete das viel zu wenig und ist deshalb auch kein aufbauender Unterrichtsgegenstand. In der Lehrstoffverteilung wird versucht, Vorstellungen, Begriffe, Einsichten und gewisse Techniken von niedrigen Schulstufen her und allmählich erweiternd aufzubauen, was oft schon allein durch die Anordnung der Themen zum Ausdruck kommt, viel deutlicher jedoch bei einer detaillierten Analyse der einzelnen Unterrichtseinheiten sichtbar wird. Man überprüfe das beispielsweise an der Thematik des *'Freizeitverhaltens'* (in der 5. Schulstufe angeschnitten in den Unterrichtseinheiten 5.7.4 und 5.8, in der 6. Schulstufe in 6.5.6, in der 7. Schulstufe in 7.5.1, 7.5.2 und 7.5.3, in der 8. Schulstufe in 8.3.6 und 8.4.4, siehe Anhang S. 276f.) oder an den Themen, die sich mit Außenhandelsfragen beschäftigen !

Ein wichtiges Merkmal der neuen Lehrstoffverteilung des Zentrums für Schulversuche ist auch die L e r n z i e l o r i e n t i e r u n g. Im Gegensatz zu den ganz allgemein gehaltenen (Bildungs-)Zielangaben und den sehr kursorischen Stoffaufzählungen des derzeit geltenden

Lehrplans[75] bietet sie sowohl eine thematische Festlegung jeder einzelnen Unterrichtseinheit als auch ihre Konkretisierung durch L e r n z i e l e. Dabei handelt es sich meist um Lernziele feiner bis mittlerer Präzision, die t e i l o p e r a t i o n a l i s i e r t sind. Ihre für den Stundenablauf wichtige weitere Deduktion muß von den Unterrichtenden selbst durchgeführt werden. Durch diese Determinierung ist dem unterrichtenden Lehrer sicher eine gewisse Freiheit genommen worden. Wenn man die Rolle des Schulbuchs bzw. der alten Lehrstoffverteilungen[76] kennt, weiß man jedoch, daß diese vielzitierte Freiheit bei der Stoffauswahl und bei der Wahl des Unterrichtsziels und der Unterrichtsmethode von vielen Lehrern - und nicht nur von Anfängern - eher als Belastung empfunden wurde und meist bloß in der Theorie bestand. Die Vorgabe von Themen und Lernzielen bringt dem Lehrer hingegen, und das wird häufig übersehen, mehr Zeit für die Organisation des eigentlichen Unterrichtsablaufs.

Einer t h e m a t i s c h konzipierten Lehrstoffverteilung, die das länderweise Anordnungsprinzip des Stoffes aufgibt, wird immer wieder vorgeworfen, daß die Schüler bei dieser Art von Unterricht keine ausreichenden t o p o g r a p h i s c h e n Kenntnisse erwerben. Diese Behauptung ist genauso falsch wie die Annahme, daß die Vermittlung topographischer Kenntnisse die Hauptaufgabe des Geographieunterrichts sein soll. Obwohl im Schulversuch der Topographie eine eher untergeordnete Rolle zugewiesen wird, kommt sie jedoch keineswegs zu kurz.[77] Wie bereits weiter oben erwähnt, werden von Anfang an mehrere Orientierungsraster planmäßig aufgebaut. In der 5. Schulstufe bildet beispielsweise das System der Meere und Kontinente den Grundraster, in der 6. sind es die wichtigen physiogeographischen Zonen der Erde, in der 7. ist es Österreich und in der 8. dann die politische Weltkarte. Diese Grundraster, mit denen die Schüler auf den jeweiligen Schulstufen immer wieder aktiv und passiv in Kontakt kommen, dienen als Orientierungshilfen und werden im Laufe der vier Schuljahre bei der Behandlung der einzelnen Unterrichtsthemen immer stärker mit topographischen Begriffen gefüllt.

Viel wichtiger als dieses topographische Wissen erscheint den Mitgliedern der Projektgruppe jedoch die Entwicklung von Fertigkeiten zum Gebrauch topographischer und thematischer Karten. Deshalb bringen die für die Schüler bestimmten Arbeitsblätter auch eine große Anzahl solcher Karten - allein in den Arbeitsblättern für die 5. Schulstufe sind es mehr als fünfzig. Ein Zeichen übrigens, daß unsere beiden in Verwendung stehenden Schulatlanten höchst erneuerungsbedürftig sind.

Damit berühre ich ein Problem, das sich bei der Übertragung der Lehrstoffverteilung in die (Versuchs-)Schulwirklichkeit einstellte. Nicht nur die Atlanten, auch die in Verwendung stehenden Lehrbücher und der größte Teil des übrigen Unterrichtsmaterials erwiesen sich zur Unterstützung des Versuchs als ungeeignet ! Da man von den an den Versuchsschulen tätigen Kollegen nicht erwarten konnte, daß sie das gesamte Unterrichtsmaterial für den Schulversuch selbst herstellen, wurde von dem dem Bundesministerium für Unterricht und Kunst zugeordneten Zentrum für Schulversuche der ehrenamtlich tätigen Projektgruppe der Auftrag gegeben, für jede Unterrichtseinheit S c h ü l e r a r b e i t s b l ä t t e r zu entwickeln. Diese werden für den Vorversuch ohne farbiges Bild und Kartenmaterial geliefert. Im Hauptversuch erhalten die Schüler dann neben den auf einer einfachen Vervielfältigungsanlage im Zentrum für Schulversuche hergestellten Blättern auch eine separate, farbige Bildbeilage, die Photos, Karten und Diagramme enthält. Sie wird nach Entwürfen und Vorschlägen der Projektgruppenmitglieder vom Verlag Ed. Hölzel in Wien gedruckt. Die Schüler müssen die darin enthaltenen Abbildungen herausschneiden und selbst auf die Arbeitsblätter kleben.

Die Grundkonzeption der Arbeitsblätter beruht auf dem Prinzip, daß der Lernende durch e i g e n e A k t i v i t ä t e n zu E i n s i c h t e n kommen soll. Die Arbeitsblätter bringen deshalb nicht fertige Ergebnisse, gewissermaßen "Lerntexte", die der Schüler aufnehmen, speichern und reproduzieren muß, sondern

---

75) siehe S. 269 - 272.
76) vgl. als Beispiel S. 12 und 13.
77) zur Stellung und zum Umfang der Topographie vgl. auch den Beitrag von H.WOHLSCHLÄGL und H. LEITNER, v.a. S. 210 - 211.

bieten, wie das abgebildete Schema (*Abb. 6*) verdeutlicht, Informationen, aus denen der Lernende durch Handlungen, sogenannte O p e r a t i o n e n, Erkenntnisse gewinnt, die er auch anzuwenden versucht. Die Information, die motivierende Elemente enthält bzw. von solchen begleitet wird, kann auf verschiedene Art (geschlossen oder aufgeteilt, vollständig oder lückenhaft etc.) und in abwechslungsreicher Form (Bild, Karte, Diagramm, Text, Tabelle etc.) erfolgen. Der Schüler führt ihre Verarbeitung mit Hilfe von Arbeitsaufträgen oder Impulsen gleich auf dem Arbeitsblatt durch. Solchermaßen *lernt* er nicht nur "Geographie", sondern m a c h t sie auch, wie A.SCHULTZE, der auf dem 38. Deutschen Geographentag in Erlangen-Nürnberg 1971 vehement für die *Operationalisierung des Geographieunterrichts* eintrat, es formuliert hat.[78]

Abb. 6: Arbeitsblätter als Grundlage für Schüleroperationen zur Gewinnung von Einsichten (verändert nach WELT UND UMWELT, Braunschweig 1971).

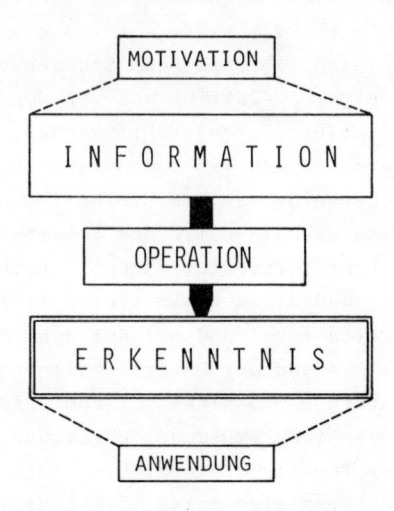

MOTIVATION
INFORMATION
OPERATION
ERKENNTNIS
ANWENDUNG

Einige Beispiele sollen das Gesagte illustrieren: In der Unterrichtseinheit 5.3.3 (*"Ein Schafzüchter in Australien"*) soll der Schüler Zusammenhänge zwischen Pflanzenkleid, Niederschlag und Bodennutzung erkennen. Er benutzt dazu drei thematische Karten. Während die Legende der Niederschlagskarte eine Rangfolge der Signaturen von "sehr feucht" bis "sehr trocken" zeigt, ist die Legende der Vegetationskarte in "Unordnung" geraten. Der Schüler hat nun die Aufgabe, auch die Symbole der Vegetationszonen in der Zeichenerklärung in die Reihenfolge "sehr feucht" bis "sehr trocken" zu bringen und muß außerdem feststellen, in welcher die meisten Schafe weiden, wozu er sich der Niederschlags- und der Bodennutzungskarte bedient.

Im zweiten Teil der Unterrichtseinheit 5.6.4 (*"Flugkreuz Frankfurt"*) wird die Aufgabe gestellt, in einen schematischen Querschnitt des Frankfurter Flughafens die Wege der an- und abfliegenden Passagiere einzutragen. Durch diese Tätigkeit werden die Schüler mit dem Betrieb im Empfangsgebäude vertraut, lernen das Problem der Bewältigung großer Menschenströme kennen und üben gleichzeitig das Erkennen von Bildzeichen.

Bei der Unterrichtseinheit 6.4.3 bestehen die Operationen der Schüler darin, auf einer vorgegebenen Europa-Karte die dort eingetragenen Punkte gleichen Luftdrucks miteinander zu verbinden und mit Hilfe von dazupassenden Satellitenphotos die Hoch- und Tiefdruckgebiete sowie die vorhandenen Fronten einzutragen; später sollen sie Wetterkarten, Wetterberichte und Satellitenphotos verschiedener Wetterlagen einander zuordnen.

Auf der 7. Schulstufe werden in der Unterrichtseinheit 7.1.2 (*"Eine Stadtrandsiedlung wird geplant"*) von den Schülern Standortentscheidungen verlangt. Zu diesem Zweck erhalten sie zunächst Karten, auf denen einzelne Faktoren isoliert eingetragen sind, beispielsweise "Industriezone", "vorherrschende Windrichtung", und sollen hier ihre Wahl des günstigsten Standortes treffen und begründen. In einem darauf folgenden Schritt haben sie auf einer funktional gegliederten Karte einer österreichischen Stadt den günstigsten Platz für eine neue, noch nicht eingetragene Stadtrandsiedlung zu finden und die Standortwahl zu begründen. In der Abschlußphase vergleichen die Schüler dann ihre Ergebnisse mit der Wirklichkeit und diskutieren darüber.

---

[78] SCHULTZE, A.: Neue Inhalte, neue Methoden! Operationalisierung des geographischen Unterrichts. In: Deutscher Geographentag Erlangen-Nürnberg 1971, Tagungsbericht und wissenschaftliche Abhandlungen, S.192-205.

Da die Schülerarbeitsblätter neue Methoden und Inhalte enthalten und damit die Zielvorstellungen der neuen Lehrstoffverteilung konkretisieren, kommt ihnen im Rahmen des Schulversuchs eine wichtige innovative Funktion zu. Es muß aber davor gewarnt werden, ihre Benutzung zu überschätzen. Schülerarbeitsblätter dürfen nicht das einzige Medium bleiben, das im Geographie- und Wirtschaftskunde-Unterricht verwendet wird. Nicht nur deshalb, weil gerade die Monopolstellung jedes Unterrichtsmittels methodisch sehr eintönig ist, sondern weil bestimmte Themen nach anderen, adäquateren Medien und Unterrichtsverfahren verlangen.

Es wird daher in Zukunft notwendig sein, solche für *"Geographie und Wirtschaftskunde"* neu zu entwickeln. Ansätze dazu sind im Schulversuch bereits eingebaut, wie zum Beispiel das schon erwähnte Schülerprojekt zur Untersuchung von Umweltproblemen in der 6. Schulstufe oder Planspiele und ein Kurzprogramm in der 7. und 8. Stufe. Sie müßten nur noch weiter ausgebaut werden, genauso wie es wichtig wäre, vor allem Folien für Tageslicht-Projektoren (Overhead-Projektoren) und Kurzfilmmaterial zu den einzelnen Themen zur Verfügung zu stellen. Einzelne Versuchsschullehrer entfalten dabei bereits sehr viel Eigeninitiative, denn sie sind ja nur an die Themen und Lernziele gebunden und besitzen sonst völlige Freiheit bei der Gestaltung der einzelnen Unterrichtseinheiten. Sinnvoller und wahrscheinlich auch ökonomischer wäre es freilich, wenn sich hier auch andere Stellen, Pädagogische Akademien, Universitätsinstitute und nicht zuletzt die 'Bundesstaatliche Hauptstelle für Lichtbild und Bildungsfilm' (S.H.B.) kooperativ einschalten würden.

Die V o r b e r e i t u n g s a r b e i t e n zu dem Schulversuch in *"Geographie und Wirtschaftskunde"* nahmen im Schuljahr 1972/73 ihren Anfang und erstreckten sich zunächst auf die Erarbeitung einer Grundkonzeption, sowie auf die Themenauswahl, Lernzielfindung und Entwicklung von provisorischen Schülerarbeitsblättern für die 5. Schulstufe (GW 5). Im Schuljahr 1973/74 begann dann in einem sogenannten V o r v e r s u c h , an dem circa 600 Schüler teilnahmen, die erste Erprobung von GW 5 in der Praxis. 1974/75 folgte nach R e v i s i o n der Arbeitsblätter auf Grund der eingegangenen Rückmeldungen der e r s t e H a u p t v e r s u c h von GW 5, und zwar mit über 6200 Schülern aus ganz Österreich. Im gleichen Schuljahr lief der Vorversuch für GW 6 an. 1975/76 stehen GW 5 zum zweiten Mal, GW 6 zum ersten Mal im Hauptversuchsstadium, während sich GW 7 im Stadium des Vorversuchs befindet. Über den geplanten Gesamtablauf gibt *Abb. 7* (siehe nächste Seite) Auskunft.

Aus den bisher eingegangenen schriftlichen R ü c k m e l d u n g e n (über GW 5 und GW 6, letzteres im Vorversuchsstadium) sowie aus zahlreichen Unterredungen und Diskussionen zwischen Projektgruppenmitgliedern und Versuchsschullehrern geht einhellig hervor, daß die *Hinwendung zu einem thematisch konzipierten Geographie und Wirtschaftskunde-Unterricht* begrüßt wird. Auch die Aufgabe des veralteten Prinzips der konzentrischen Kreise wird von den meisten Praktikern gutgeheißen. Lobende Stimmen hört man ferner immer wieder über die Lebensnähe fast aller Themen. Insbesondere der sinnvolle Einbau der Wirtschaftskunde wird hervorgehoben. Kritische Äußerungen zum Schulversuch beziehen sich fast nur auf die Schülerarbeitsblätter, die manchen Kollegen als zu schwierig, einigen als zu umfangreich erscheinen. Am stärksten wurde die Lose-Blatt-Form der Blätter beanstandet. Viele Lehrer forderten L e h r e r b e g l e i t h e f t e mit methodischen Hinweisen, sachlichen Ergänzungen und vor allem Lösungsangaben.

Völlige Ablehnung fand die thematisch konzipierte Lehrstoffverteilung für "Geographie und Wirtschaftskunde" bisher nur bei Personen, die bloß oberflächlich mit ihr in Berührung gekommen sind und sich nicht weiter über sie informiert haben[79] sowie bei verschiedenen Autoren derzeit in Österreich verwendeter Geographie und Wirtschaftskunde-Lehrbücher.

Die Mitglieder der Projektgruppe wissen, daß die von ihnen vorgelegte neue Lehrstoffverteilung[80] keineswegs schon ideal ist. Nicht nur

---

79) Ein bezeichnendes Beispiel dafür liefert E. MEIER in ihrem Bericht über den "6. Geographentag des Instituts für Österreichkunde vom 27.4. bis 1.5.1974 in St.Pölten" (Zeitschrift des Österreichischen Lehrerverbandes 24, 1974, S. 5 - 6).

80) siehe ANHANG S. 275 - 282.

Abb. 7: *Geplanter Gesamtablauf des Schulversuchs "Geographie und Wirtschaftskunde" in der "Schule le der 10 - 14-Jährigen"* (Stand: September 1975)

Schuljahr	GW 5	GW 6	GW 7	GW 8
1972/73	VORBEREITUNG Lernziele, Themen			
1973/74	VORVERSUCH Arbeitsblätter 1.Fas= sung, Rückmeldungen	VORBEREITUNG Lernziele, Themen		
1974/75	HAUPTVERSUCH I Arbeitsblätter 2.Fas= sung, Rückmeldungen	VORVERSUCH Arbeitsblätter 1.Fas= sung, Rückmeldungen	VORBEREITUNG Lernziele, Themen	
1975/76	HAUPTVERSUCH II Arbeitsblätter 3.Fas= sung, Rückmeldungen	HAUPTVERSUCH I Arbeitsblätter 2.Fas= sung, Rückmeldungen	VORVERSUCH Arbeitsblätter 1.Fas= sung, Rückmeldungen	VORBEREITUNG Lernziele, Themen
1976/77	HAUPTVERSUCH III Arbeitsblätter 4.Fas= sung, Rückmeldungen	HAUPTVERSUCH II Arbeitsblätter 3.Fas= sung, Rückmeldungen	HAUPTVERSUCH I Arbeitsblätter 2.Fas= sung, Rückmeldungen	VORVERSUCH Arbeitsblätter 1.Fas= sung, Rückmeldungen
1977/78		HAUPTVERSUCH III Arbeitsblätter 4.Fas= sung, Rückmeldungen	HAUPTVERSUCH II Arbeitsblätter 3.Fas= sung, Rückmeldungen	HAUPTVERSUCH I Arbeitsblätter 2.Fas= sung, Rückmeldungen
1978/79			HAUPTVERSUCH III Arbeitsblätter 4.Fas= sung, Rückmeldungen	HAUPTVERSUCH II Arbeitsblätter 3.Fas= sung, Rückmeldungen
1979/80				HAUPTVERSUCH III Arbeitsblätter 4.Fas= sung, Rückmeldungen

über die Themen einzelner Unterrichtseinheiten bzw. über verschiedene Lernziele, auch über ei= nige Fragen der Grundkonzeption muß noch dis= kutiert werden. In diesem Zusammenhang scheint die 6. Schulstufe etwas revisionsbedürftig zu sein, wo ökologische Themen vielleicht noch etwas stärker zu betonen wären.

Andererseits aber glauben die Mitglieder der Projektgruppe, daß es ihnen mit der neuen Lehr= stoffverteilung für *"Geographie und Wirtschafts= kunde"* gelungen sein könnte, das Fach aus der Sackgasse der länderkundlich konzipierten *Er=* *wähnungsgeographie* herauszuführen und wichtige fachdidaktische Innovationen in Österreich aus= zulösen.

6. *Ausblick*

Die *wirtschaftskundliche Staaten- und Länder= kunde*, die nach 1962 in Österreich entwickelt wurde und die heute allgemein unterrichtet wird, war seinerzeit der einzig richtige Weg

"Geographie und Wirtschaftskunde" im Spannungsfeld neuer Entwicklungen

"Wirtschaftskunde" an "Geographie" zu koppeln. Heute ist diese Verbindung erreicht. Damit hat die wirtschaftskundliche Länder- und Staatenkunde ihre Aufgabe erfüllt. Heute verlangen die fachwissenschaftliche und die fachdidaktische Entwicklung ein neues Konzept für unser Fach. Wie die vorangegangenen Ausführungen zu zeigen versuchten, kann es nur das **Konzept eines thematisch aufgebauten und lernzielbestimmten Unterrichts** sein, der räumliche und ökonomische Fragestellungen der Gegenwart und Zukunft integriert und unter Einbeziehung des politischen Aspekts betrachtet. Der gegenwärtig geltende Rahmenlehrplan mit seinem Stoffkatalog ist deshalb so bald wie möglich durch einen **curricularen Lehrplan** abzulösen ! Für die "Schule der 10 - 14-Jährigen" könnte die neue Lehrstoffverteilung des Zentrums für Schulversuche hierzu eine Basis sein. Für die Oberstufe hingegen muß ein neues Konzept erarbeitet werden,[81] da das im Schulversuch für die Oberstufe ausprobierte weder den fachwissenschaftlichen noch den fachdidaktischen Anforderungen der heutigen Zeit entspricht.

Genauso wichtig wie die Erneuerung des Lehrplans ist aber auch eine **Erneuerung der Unterrichtsorganisation**. Wir müssen endlich wegkommen vom derzeit vorwiegend gehandhabten Frontalunterricht, der fast immer nur fertiges Wissen anbietet, Schüler selten motiviert und ihre Selbsttätigkeit hemmt. **Neue Unterrichtsverfahren und -mittel** sind deshalb zu entwickeln und auszuprobieren.

Nicht zuletzt wird man endlich daran gehen müssen, die **fachdidaktische Ausbildung** zu verbessern. An den Pädagogischen Akademien ist hier schon ein erster Schritt getan. Hoffentlich werden die Universitäten bald nachfolgen ! Vorarbeiten dazu liegen, wie die nachfolgenden Aufsätze dieses Buches beweisen, bereits vor.

---

81) Ansätze dazu siehe S. 195-197 bzw. S. 294.

Fachdidaktische Ausbildung in Österreich – Probleme und Versuche

Ein Beitrag zur Diskussion der Ausbildung künftiger AHS[1]-Lehrer für das Unterrichtsfach ‹Geographie und Wirtschaftskunde›

Helmut WOHLSCHLÄGL und Wolfgang SITTE

Inhalt:

```
1. Einleitung . . . . . . . . . . . . . . . . . . . . . . . . . 46
2. Was ist Fachdidaktik ? - zur Begriffsklärung . . . . . . . . 47
3. Einige Bemerkungen zum Verhältnis von Fachwissenschaft, Erziehungs=
   wissenschaft, Fachdidaktik und Schulfach "Geographie" im Ausbildungs=
   feld künftiger Lehrer . . . . . . . . . . . . . . . . . . . 49
4. Zur Situation der fachdidaktischen Ausbildung in "Geographie und
   Wirtschaftskunde" in Österreich . . . . . . . . . . . . . . 53
   4.1. Der allgemein-pädagogische Teil des pädagogischen Begleit=
        studiums . . . . . . . . . . . . . . . . . . . . . . . 55
   4.2. Zur Situation der fachdidaktischen Ausbildung in Geographie . . . 56
5. Fachdidaktische Ausbildung im Rahmen des Bundesgesetzes für geistes-
   und naturwissenschaftliche Studienrichtungen 1971 . . . . . 58
   5.1. Zur Problematik des einzurichtenden Schulpraktikums . . . . . . 58
   5.2. Fachdidaktische Ausbildung in Geographie in der neuen Studien=
        ordnung und im neuen Studienplan . . . . . . . . . . . 61
6. Ein hochschuldidaktischer Versuch: Die fachwissenschaftlich - fach=
   didaktischen Seminare am Geographischen Institut der Universität
   Wien . . . . . . . . . . . . . . . . . . . . . . . . . . . . 63
7. Exkurs: Fachdidaktische Lehrversuche in anderen Fächern - das
   Beispiel "Geschichte" . . . . . . . . . . . . . . . . . . . 69
8. Exkurs: Fachdidaktik in der Lehrerausbildung für das Fach "Geographie
   und Wirtschaftskunde" an den Pädagogischen Akademien . . . . 72
9. Diskussionsgrundlage: Konzept einer verbesserten fachdidaktischen
   Ausbildung in Geographie an den österreichischen Universitäten . . . 73
   9.1. Prämissen und Operabilität . . . . . . . . . . . . . . 73
   9.2. Zum Aufbau des Konzepts . . . . . . . . . . . . . . . 74
   9.3. Zu den einzelnen Lehrveranstaltungen - Lernzielangaben . . . . . 76
   9.4. Ergänzende Bemerkungen zur Gestaltung des Schulpraktikums im
        vorgeschlagenen Konzept einer erneuerten fachdidaktischen Aus=
        bildung für das Unterrichtsfach "Geographie und Wirtschaftskunde" 79
Literaturhinweise . . . . . . . . . . . . . . . . . . . . . . . 83
```

---

1) AHS ... Allgemeinbildende Höhere Schule, für Schüler von 10 bis 18 Jahren.

1. Einleitung

"Reduktion der fachwissenschaftlichen Ausbildung der künftigen Lehrer an den Universitäten zugunsten einer verstärkten pädagogischen" .. *"nicht Wissenschaftler, sondern Pädagogen werden an Österreichs Schulen gebraucht!"* .. *"Abschaffung der Lehrerausbildung an den auf deren spezielle Erfordernisse nach wie vor - und wahrscheinlich auch in Zukunft - viel zu wenig eingehenden Universitäten"* .. *"verstärkter Ausbau der Pädagogischen Akademien[2] als Zentren der Ausbildung der Lehramtskandidaten!"* .. *"Hebung der Pädagogischen Akademien, ähnlich dem bundesdeutschen Beispiel, in den Hochschulrang!"* .....

Solche und ähnliche Slogans und Konzepte geistern in den letzten Jahren in schöner Regelmäßigkeit durch Fachzeitschriften, Fach- und Boulevardpresse, durch Büros von Ministerien und von mit der Lehramtsausbildung befaßten Behörden.

Sie repräsentieren damit ein weit verbreitetes latentes Unbehagen über die derzeit völlig unbefriedigende pädagogische und fachdidaktische Ausbildung an Österreichs Universitäten; - was umso schmerzlicher ist, als durch die sich rasch entfaltenden Erziehungswissenschaften und eine bereits stark ausgebaute, sowohl deduktiv als auch empirisch arbeitende Unterrichts- bzw. Curriculumforschung[3] laufend neue Erkenntnisse, Inhalte, Methoden und Techniken erarbeitet werden, die dadurch kaum Eingang in das Bewußtsein der Lehramtskandidaten und in die Schulpraxis finden.

Dieses Phänomen ist allerdings kein spezifisch österreichisches oder geographisches. In ganz Mitteleuropa ist das Problem der fachdidaktischen (und allgemein pädagogischen) Ausbildung an den Universitäten bis heute im wesentlichen unbewältigt und es sind noch keine anerkannten Modelle einer den Anforderungen der modernen Erziehungswissenschaft und moderner fachdidaktischer Strömungen angepaßten fachdidaktischen Ausbildung entwickelt. Wenngleich es in der Bundesrepublik Deutschland da und dort bereits sehr interessante Konzepte gibt.[4]

Dieser Beitrag befaßt sich, indem die allgemeine pädagogische Ausbildung nur randlich mitbehandelt werden soll, in erster Linie mit der **f a c h d i d a k t i s c h e n   A u s b i l d u n g** für das Unterrichtsfach **"G e o g r a p h i e   u n d   W i r t s c h a f t s k u n d e"**, wobei nach einer Situationsanalyse über erste Verbesserungsversuche in Form von "Pilot Studies", die am Geographischen Institut der Universität Wien durchgeführt wurden, berichtet und abschließend

---

2) *PÄDAGOGISCHE AKADEMIEN* wurden in Österreich aufgrund des Schulgesetzes von 1962 eingerichtet mit dem Ziel einer besseren theoretischen und praktischen Ausbildung der Pflichtschullehrer. Aufbauend auf dem Bildungsgut einer Allgemeinbildenden Höheren Schule (AHS) erfolgt die *Volksschullehrerausbildung* in zwei Jahren, die *Hauptschullehrerausbildung* in drei Jahren.

3) vgl. dazu in diesem Buch den Beitrag von W. SITTE, Kap.3, S. 15 - 22.
sowie die umfangreiche erziehungswissenschaftliche Literatur; als grundlegende Werke z.B.:

BLANKERTZ, H.(Hrsg.): Curriculumforschung - Strategien, Strukturierung, Konstruktion. In: Neue Pädagogische Bemühungen 46, Essen, 3.Aufl. 1973, 170 S.

KLAFKI, W. u.a.: Erziehungswissenschaft. Eine Einführung. Band 1,2,3, Fischer Bücherei, Funk Kolleg, Frankfurt/Main 1970.

GAGNE, R.M.: Die Bedingungen des menschlichen Lernens. Deutsch bei Schroedel, Hannover 1969 (übers. v. H. SKOWRONEK).

GAGE, N.L.: Handbook of Research on Teaching. Deutsch bei Beltz, Weinheim 1970 (hrsg. v. K. INGENKAMP).

BLANKERTZ, H.: Theorien und Modelle der Didaktik. 8.Aufl., München 1974.

BRUNER, J.S.: Der Prozeß der Erziehung. Dte.Übers., Berlin 1970.

ROTH, H.: Pädagogische Psychologie des Lehrens und Lernens. 13.Aufl., Hannover 1971.

HEIMANN, P., OTTO, G. und W. SCHULZ: Unterricht, Analyse und Planung. 5.Aufl., Berlin, Darmstadt, Dortmund 1970.

ROBINSOHN, S.B.: Bildungsreform als Revision des Curriculum. 4.Aufl., Berlin 1972.

SKOWRONEK, H.: Lernen und Lernfähigkeit. München 1972.

MÖLLER, Ch.: Technik der Lernplanung. 4.neu gest.Aufl., Weinheim 1973.

MAGER, R.F.: Lernziele und programmierter Unterricht. Dte. Übers., 4.Aufl., Weinheim 1970.

FREY, K.(Hrsg.): Kriterien in der Curriculumdiskussion. 2.Aufl., Weinheim 1971.

ACHTENHAGEN, F. und H.L. MEYER: Curriculum-Revision. Möglichkeiten und Grenzen. München 1971.

HESSE, H.A. und W. MANZ: Einführung in die Curriculumforschung. Stuttgart 1972.

versucht wird, ein im Rahmen der österreichi=
schen Ausbildungssituation operables Konzept
einer verbesserten fachdidaktischen Ausbil=
dung zu Diskussion zu stellen.

Zuvor erscheint es aber nötig, in Kürze eini=
ge Bemerkungen zur Begriffsklärung und zur
Stellung der Fachdidaktik zwischen Fachwis=
senschaft und Erziehungswissenschaft anzubrin=
gen.

2. Was ist Fachdidaktik ? - zur Begriffsklärung

Leider herrschen in Österreich vielfach noch
wenig explizite Vorstellungen vor, welche In=
tentionen Fachdidaktik eigentlich verfolgt,
was ihre Inhalte, Zielsetzungen und Arbeits=
weisen sind. Unter *"Didaktik der Geographie"*
bzw. *"Fachdidaktik"* wird vielerlei und oft
Gegensätzliches verstanden. Wahrscheinlich
ist auch d i e Auffassung von Fachdidaktik,
die hinter der bisher geübten fachdidaktischen
Praxis steht, ein wichtiger Grund für deren
schlechtes Image an den Universitäten, da sie
sich bisher meist auf rezeptologische Tips
unterschiedlicher Qualität und auf triviale
methodische Hinweise in Form von gutgemeinten
Unterrichtsvorschlägen nebst Ratschlägen auf
Grund persönlicher Erfahrungen beschränkt hat,
so daß der "Gewinn" durch solche Lehrveran=
staltungen oft mit Recht von Studierenden und
Fachwissenschaftlern angezweifelt und dem Vor=
urteil Vorschub geleistet wurde, *"wozu braucht
man das überhaupt, das ergibt sich ja dann eh
alles von selbst"*.

Eine sinnvolle Fachdidaktik der Geographie hat
nun sicher n i c h t als Aufgabe, den Lehr=
amtskandidaten eine *"didaktisch aufbereitete
Geographie"* vorzusetzen (*"eine trivialisierte
Geographie für Lehrer"*), *"wie man sie an den
Schüler weitergeben kann. - Didaktik sozusagen
als Mittel, die Geographie"*, oder allgemeiner,
die Wissenschaft, *"auf Schulniveau zu bringen"*[6]
(Das wäre bloß "P s e u d o - D i d a k t i k").[7]
Sie sollte vielmehr, und wir halten uns bei
den folgenden Ausführungen im wesentlichen an
eine sehr einprägsame und unseres Erachtens
gut gelungene Zusammenstellung von Gerhard HARD
(1974, S. 204 - 217)[5] folgende drei Aufgaben=
felder umfassen und pflegen:

*2.1. DIDAKTIK 1: Empirisch - analytische Fach=
didaktik*

Die Didaktik der Geographie hat zunächst ein=
mal eine empirische (erfahrungswissenschaftli=
che) Aufgabe: "Die wissenschaftliche Durchdrin=
gung der kommunikativen Vorgänge, in denen -
im weitesten Sinne - *'Geographie'* vermittelt
wird; oder, enger gefaßt: Die wissenschaftli=
che Durchdringung der Schulwirklichkeit an ei=
ner bestimmten Stelle - da, wo *'Geographie'*
gelernt bzw. unterrichtet wird. Ein Fachdidak=
tiker ist also n i c h t jemand, der Fach=
wissenschaft (wie es so schön heißt) *'didak=
tisch umsetzt'*. Der Didaktiker ist ein Wissen=
schaftler, der (z.B.) die Kommunikationspro=
zesse zwischen den Wissenschaftlern und ihren
verschiedenen Adressatengruppen (hin u n d
her !) empirisch untersucht, Vorschläge zu
ihrer Verbesserung macht (und testet) und die
Studenten in diese Untersuchungen und Konstruk=
tionen einführt."[8] HARD meint dazu, daß jeder
Studierende an diesem Ideal den Wert der Di=
daktik, die ihm vorgesetzt wird, messen soll=
te.

Als Beispiel einer solchen Untersuchung realer
Kommunikationsprozesse der genannten Art wäre
die Untersuchung, das heißt, die P l a n u n g s=
u n d P r o z e ß a n a l y s e des wirkli=
chen Geographieunterrichts zu nennen. Gerhard

---

4) siehe dazu die Zusammenstellung: "Versuche
   zur Entwicklung von Studienordnungen neuer
   Art", bei
   KREUZER, G.: Modell einer Studienordnung
   für die Ausbildung von Lehrern für die Se=
   kundarstufe I. In: KREUZER,G., BAUER,L. und
   W.HAUSMANN (Hrsg.): Didaktik der Geographie
   an der Universität. Fachdidaktische Studien
   6, München 1974, S. 166.
5) in: BARTELS, D. und G. HARD: Lotsenbuch
   für das Studium der Geographie als Lehr=
   fach. Selbstverlag, Bonn - Kiel 1974, 274 S.
6) Zitate von G. HARD aus: BARTELS - HARD 1974,
   a.a.O., S. 205 - 206.
7) Begriff nach G. HARD 1974, a.a.O.; zur Her=
   ausarbeitung der Unterschiede zwischen
   sinnvoller Fachdidaktik und Pseudo-Didaktik
   vgl. a.a.O., S. 212f.

---

8) ebenda, S. 206.

HARD beschreibt ihre Aufgaben folgendermaßen: "Die empirische Unterrichtsforschung im Rahmen der Geographie sollte also das reale Unterrichtsgeschehen auf Voraussehungen, Intentionen, Themen, Lehrer- und Schülerverhalten, Organisationsformen und Medien untersuchen. Einige Fragen könnten ferner sein:

- Welches sind die psychologischen, sozialen, ökonomischen, politischen, institutionellen Rahmenbedingungen und Voraussetzungen des jeweiligen Geographieunterrichts?
- Welche Effektivität und welche Folgen hat dieser Unterricht?
- Welche Pläne werden auf welche Weise zu realisieren versucht?
- In welchem Verfahren wurden von wem mit welcher Qualifikation und Legitimation nach welcher Methode (nach welchen Kriterien) welche Ziele und Unterrichtsinhalte formuliert und politisch durchgesetzt?

Hierher gehört natürlich nicht nur die Analyse der vorliegenden, sondern auch der verschwiegenen Ziele des Unterrichts, nicht nur die Analyse der ausformulierten, sondern auch der *'heimlichen Lehrpläne'* (derer, was wirklich gelehrt und gelernt wird). - Diese A n a l y s e von Lernzielen ist strikt zu trennen von der A u f s t e l l u n g von Lernzielen."[9]

2.2. DIDAKTIK 2: Normative, "konstruierende" Didaktik

Die Aufgabe der Fachdidaktik ist aber nicht nur Unterrichtsforschung, *"research of teaching"*, sondern auch *"innovation of teaching"*,[10] - die Konstruktion i d e a l e r Vermittlungsprozesse (Kommunikations- und Lernvorgänge) auf Grund der empirischen Analysen und die Testung (Evaluierung) derselben.

Es gilt also für den Didaktiker, nicht nur festzustellen "was vor sich geht und warum, sondern auch Vorschläge zu machen, w i e g e lernt werden sollte und w a s (und w a r u m gerade dies und nicht etwas anderes). Man erwartet auch *'know how'* und *'know what'* von ihm."[11]

Dieser normativen Fachdidaktik werden meist folgende Aufgaben zugeteilt: "Entwicklung, Darstellung und Revision des Curriculum" - in altertümlicher ('bildungsdidaktischer') Sprache: 'Theorie der Bildungsaufgaben und Bildungsinhalte'. Nun ist *'Curriculum'* nichts anderes als eine *'strukturierte Reihe von Lernzielen'* samt zugehörigen bzw. mitgemeinten Entscheidungen über Inhalte, Methoden und Organisationsformen, einschließlich auch der zugehörigen Auswahlkriterien und Begründungen. Diese Art von Didaktik hätte also die Aufgabe, Lernziele (N o r m e n) aufzustellen, zu begründen, zu operationalisieren, taxonomisch zu ordnen und zu hierarchisieren".[11]

Auf diesem Gebiet hat seit etwa 1969 - nicht in Österreich, sondern in der Bundesrepublik Deutschland - die *"neue"* geographische Fachdidaktik ihre bedeutendsten Leistungen vollbracht, die sich in einer Flut von Publikationen, angeführt vom Organ des Verbandes Deutscher Schulgeographen *"Geographische Rundschau"*, in der Gründung des *"Raumwissenschaftlichen Curriculum-Forschungsprojektes"* (RCFP),[12] in der Propagierung neuer Lernziele und in der Durchsetzung neuer Unterrichtsinhalte der Geographie in der Schule in praktisch allen deutschen Bundesländern[13] sowie - auf der Basis dieser neuen Inhalte - in einer offensiven Verteidigung der Bedeutung des Faches zur Bewältigung neuer Lebenssituationen in Integrationsfächern manifestieren.

2.3. DIDAKTIK 3: Methodik

Darunter versteht man die "Konstruktion von Verfahren, um (vorgegebene) Lernziele zu erreichen, basierend auf einer *'Theorie des optimalen Lehrens und Lernens'*, einer *'Theorie*

---

9) ebenda, S. 206 - 207.
10) ebenda, S. 208.
11) ebenda, S. 208.
12) beschlossen am 38. Deutschen Geographentag in Erlangen-Nürnberg.
Siehe dazu: S. 24f. (Beitrag W. SITTE).

von der Ökonomie der Lernprozesse' (Th. WIL=
HELM). Eine solche Didaktik, die also unter=
sucht, 'wie die Lernprozesse eines Lernsystems
(z.B. des Schülers) zu initiieren und zu steu=
ern sind, um vorgegebene Lernziele in optima=
ler Weise zu erreichen' (F. v. CUBE), pflegt
man auch *'Methodik'* zu nennen."[14]

Die Verbreitung neuer Ideen und Konzepte in
der Methodik ist in der Geographie stärker
noch als die "Didaktik 2" von angelsächsischen
Vorbildern beeinflußt,[15] außerdem vom Einflie=
ßen außergeographischer erziehungswissen=
schaftlicher Literatur. In der BRD scheint
sich derzeit der Schwerpunkt der Fachdidaktik
der Geographie immer mehr auch in diese Rich=
tung zu verlagern.

Am wenigsten vertreten ist die empirisch -
analytische Didaktik ("Didaktik 1") der Geo=
graphie, so daß in diesem Forschungsbereich
noch ein weites offenes Feld existiert und
wenige konkrete Ergebnisse vorliegen. J. BIR=
KENHAUER zeigte vor kurzem in einem grundsätz=
lichen Aufsatz[16] auf, welche wichtigen Frage=
stellungen in der fachdidaktischen Unter=
richtsforschung, einem bisher nur sporadisch
und punktuell erforschten Bereich, zur Unter=
suchung und Lösung anstehen.

3. Einige Bemerkungen zum Verhältnis von Fach= wissenschaft, Erziehungswissenschaft, Fach= didaktik und Schulfach "Geographie" im Aus= bildungsfeld künftiger Lehrer[17]

Das Verhältnis der Fachwissenschaft zur Fach=
didaktik ist ein sehr zwiespältiges. Einer=
seits setzt die Fachwissenschaft - zumindest
in Österreich - keine bedeutenden, über wenige
Einzelaktionen engagierter Vertreter hinaus=
gehenden Initiativen zur Kooperation mit der
Fachdidaktik und zu ihrer Integration in den
Ausbildungsgang, andererseits fordert sie aber
vehement, diese bei der Geographie zu institu=
tionalisieren und verfolgt argwöhnisch alle
Aktivitäten der Pädagogen, die darauf hinaus=
laufen, die Fachdidaktik stärker in den rein
erziehungswissenschaftlichen Ausbildungsgang
zu integrieren.

Dazu sind einige Klarstellungen nötig!

Viele Fachwissenschaftler sehen im Fachdidak=
tiker niemand anderen als einen, der sich be=
müht, die wissenschaftlichen Inhalte des Faches
auf Schulniveau zu transferieren, so eine Art
"Ü b e r s e t z e r" (G. HARD) also, der nur
"reproduziert", und das möglichst so, daß es
der Lehramtskandidat dann direkt in der Schule

---

13) vgl. dazu etwa die in der "Geographischen
Rundschau" seit 1970 laufend erscheinen=
den Berichte über neue Lehrpläne bzw.
Lehrplankonzepte und vergleichenden Über=
sichten;
z.B.: BAUER, L.: Zum Stand des Geographie=
unterrichts in der Kollegstufe. In: Geo=
graphische Rundschau 26, 1974, S. 106-109.

14) BARTELS - HARD 1974, a.a.O., S. 209.

15) vgl. dazu die Beiträge von H. LEITNER und
A. TÜRK in diesem Band; mit Literaturan=
gaben.

16) BIRKENHAUER, J.: Aufgaben und Stand fach=
didaktischer Forschung. In: Fachdidakti=
sche Studien 6, München 1974, S. 96 - 119;
ähnlich auch:
BIRKENHAUER, J.: Die Schulpraxis in der
Lehrerbildung - curriculare Kernaufgaben
des Geographen in didaktischer Forschung
und Lehre. In: Hessisches Institut für
Lehrerfortbildung, Protokoll des Lehrgangs
Nr. 1869a/72. Fuldatal/Kassel 1972.

17) Auf die sehr u m f a n g r e i c h e und
teilweise kontroverse allgemeine Diskussi=
on kann hier kaum eingegangen werden, son=
dern es sollen bloß einige für die fachdi=
daktische Ausbildung in "Geographie" wich=
tig erscheinende Bemerkungen zu dieser
Problematik angebracht werden. Die Autoren
vertreten dabei eine in erster Linie

p r a g m a t i s c h e P o s i t i o n!
Einen Einblick in die divergierenden Auf=
fassungen und in den Stand der Diskussion
vermitteln vor allem der Sammelband
KOCHAN, D.C.(Hrsg.): Allgemeine Didaktik -
Fachdidaktik - Fachwissenschaft. Ausge=
wählte Beiträge aus den Jahren 1953 - 1969.
Wege der Forschung 69, Wissenschaftliche
Buchgesellschaft, Darmstadt 1972;

und der ausgezeichnete, allerdings erzie=
hungswissenschaftliche Positionen forcie=
rende Überblick von

HAGENER, C.: Fachdidaktik - Entscheidungs=
feld der Lehrerausbildung. Zu Problemen
im Ausbildungsbereich zwischen "Praxis",
Erziehungswissenschaft und Fachwissen=
schaft. In: Westermanns Pädagogische Bei=
träge 27, 1975, Heft 5, S. 244 - 260.

Vgl. dazu u.a. auch:
BAUER, L.: Curriculum und Fachdidaktik. In:
Fachdidaktische Studien 6, München 1974,
S. 9 - 27.
SPERLING, W.: Fachwissenschaft und Fachdi=
daktik. Ebenda, S. 69 - 88.
OBLINGER, H.: Über die Funktion der Fach=
didaktik zwischen Erziehungswissenschaft
und Fachwissenschaft. Ebenda S. 89 - 95.

SPERLING, W.: Stellung und Aufgaben der Di=
daktik der Geographie im System der geogr.
Wissenschaft. In: Geogr.Rundschau 21, 1969.

verwenden kann, - der also, gute oder schlechte, P s e u d o - Didaktik 1 und 3 betreibt.[18] Dazu müsse er in erster Linie etwas "vom Fach verstehen".

Der Fachdidaktiker ist aber - und das wird leider in Österreich und auch in der österreichischen Geographie noch viel zu wenig wahrgenommen - kein "Übersetzer". Seine Nachbardisziplinen und seine Forschungstechniken sind nicht notwendigerweise dieselben wie die der Fachwissenschaft, sondern in erster Linie die der allgemeinen Erziehungswissenschaft! Konkret gesagt: Die Nachbardisziplinen der w i s s e n s c h a f t l i c h e n Geographie sind zum Beispiel *Soziologie, Ökonomie, Wirtschafts- und Sozialgeschichte, Demographie, Raumplanung, ...*, die der F a c h d i d a k t i k der Geographie aber z.B. *Entwicklungspsychologie, Kommunikationswissenschaft, Sozialpsychologie, Lernforschung, Medienforschung, Allgemeine Pädagogik, usw.*, aber auch *Didaktik der Politischen Bildung, Fachdidaktik der Geschichte, der Physik etc.*

HARD[19] formuliert dazu einen vielleicht etwas überspitzten, aber treffenden Vergleich: "Keine einzige der Forschungstechniken (und Methoden), die zum Beispiel der Didaktiker der Physik verwendet, ist eine Forschungstechnik der Physik!" Seine Methoden sind die seiner erziehungswissenschaftlichen Nachbarfächer: *Verhaltensbeobachtung, Test, Experiment, Interview, Inhaltsanalyse, Lernzielformulierung, Medienanalyse, etc.* Ähnliches gilt auch im Prinzip für die Geographie, wenngleich natürlich unumstritten ist, daß einige der angeführten Methoden vor allem in einer sozialwissenschaftlich orientierten Geographie ebenfalls ihre Verwendung finden.

Nach dem Versuch, einige Aspekte des Verhältnisses von Fachwissenschaft und Fachdidaktik auf diese Weise kurz zu skizzieren, stellt sich nun die Frage nach dem Verhältnis der Fachdidaktik zur anderen Seite eines möglichen Zugangs, zur Allgemeinen Didaktik hin. Diese charakterisiert HARD[20] folgendermaßen: *"Allgemeine Didaktik ... ist keine Nachbardisziplin der Fachdidaktik; man sollte das Verhältnis eher so sehen: Sobald ein Didaktiker seine Hypothesen im Bereich der Schule prüft, muß er dies fast immer im Rahmen von Fächern, auf der Ebene des Fachunterrichts tun (weil eben Unterricht meist gefächert ist), - genau wie der Fachdidaktiker. Der Fachdidaktiker ist insofern einfach ein Didaktiker, der hinsichtlich seines Untersuchungsgeländes spezialisiert ist. Eine sinnvolle Arbeitsteilung könnte höchstens auf der Dimension (mehr) Theorie - (mehr) Empirie erfolgen, so daß die Fachdidaktik vor allem die Theorien und Hypothesen der 'Allgemeinen Didaktik' prüfen würde."* Die Allgemeine Didaktik kann demnach Aussagen zu den Rahmenbedingungen der Fachdidaktik machen, nicht aber zu ihren methodischen und inhaltlichen Dimensionen.

Unter Berücksichtigung des bisher Gesagten können wir die Fachdidaktik (der Geographie) daher auch als eine m i t   e r z i e h u n g s w i s s e n s c h a f t l i c h e n (allgemein-didaktischen) M e t h o d e n   a r b e i t e n d e   w i s s e n s c h a f t l i c h e   D i s z i p l i n definieren, deren spezialisiertes U n t e r s u c h u n g s g e l ä n d e   e i n e   F a c h w i s s e n s c h a f t (z.B. die Geographie) ist, - oder allgemeiner, e i n   s c h u l i s c h e r   L e r n b e r e i c h (z.B. das Lernfeld des Schulfaches "Geographie"[21] oder des Lernbereiches "Politische Bildung") m i t   s e i n e n   f a c h w i s s e n s c h a f t l i c h e n   B e z ü g e n.

Damit wird auch klar, warum viele deutsche Vertreter der Allgemeinen Didaktik die heute bundesweit geübte Ausbildungspraxis, den fachdidaktischen Ausbildungsteil bei den entsprechenden Fachwissenschaften zu institutionalisieren, in Frage stellen. *"Das sei"*, so z.B. HAGENER 1975,[22] *"besonders fragwürdig, solange diese Disziplinen noch nicht einmal begonnen hätten, ihre Wissenschaftsdidaktik zu entwickeln. Doch selbst eine die gesellschaftliche Relevanz ihrer Studiengänge reflektierende Fachwissenschaft werde kaum die Aufgaben einer auf Praxis*

---

18) siehe Anm. 7)

19) in: BARTELS - HARD 1974, a.a.O., S. 207.

20) ebenda

21) dieses Lernfeld ist nicht identisch mit der Fachwissenschaft und kann n i c h t einfach aus dieser deduziert werden. Vgl. dazu die folgenden Ausführungen, S.51f.

22) Zitat siehe Anm. 17)

*zielenden und schulpraxisverändernden Fach=
didaktik lösen können. Denn dazu gehöre, daß
man auch die Bedingungen des Lernfeldes in
der Schule, das Verhalten der Lernenden, ihre
Lernvoraussetzungen ins Zentrum der betreffen=
den Fachdisziplin rückte - eine Forderung,
die die Möglichkeiten jeder Fachwissenschaft
überstiege."*

Trotz der bisher angeführten Feststellungen
vertreten die Autoren die Ansicht, daß es bei
der derzeitigen Situation in Österreich gün=
stiger erscheint, die Fachdidaktik an den
fachwissenschaftlichen Instituten zu institu=
tionalisieren,[23] um sie so auch während der
Lehramtsausbildung laufend präsent zu machen[24]
und bei konkreter, fachbezogener Unterrichts=
forschung, Curriculumforschung, bei Erstellung
von Unterrichtsmodellen, Lernzielformulierung,
Lehrbuchanalyse, unterrichtsmethodischen und
mediendidaktischen Fragen, - also nun bei der
konkreten Anwendung der Didaktik 1, 2, 3 im
Feld der Geographie - zielbewußter und besser
auf fachspezifische Probleme abgestimmt arbei=
ten zu können. Für all das muß der Fachdidak=
tiker auch einen Überblick über die wissen=
schaftliche Geographie, ihre wissenschafts=
theoretischen Grundlagen, Forschungsperspek=
tiven, Erkenntnishorizonte, Betrachtungswei=
sen, Methoden und Techniken haben, da er ja
auf diese als sein Untersuchungsgelände spe=
zialisiert ist, d. h. er wird de facto (aber
nicht unbedingt notwendigerweise) Geograph
sein. So haben Fachwissenschaft und Fachdi=
daktik der Geographie natürlich auch viel mit=
einander gemeinsam, was sich gerade bei einer
instituts-institutionalisierten Form der Fach=
didaktik, die aber trotzdem sehr offen für
Impulse aus der Allgemeinen Didaktik ist, sehr
fruchtbringend auswirken könnte: Wir finden

nur, daß man den S t e l l e n w e r t der
F a c h d i d a k t i k im Ausbildungsfeld
zwischen Erziehungswissenschaft und Fachwis=
senschaft richtig einschätzen und sich immer
bewußt sein sollte, daß fachwissenschaftliche
Geographie und Fachdidaktik der Geographie im
Prinzip verschiedene Beobachtungsfelder, Un=
tersuchungsbereiche, Methoden und Nachbarwis=
senschaften haben.

Schließlich soll noch ein Problem kurz ange=
rissen werden, das für die fachdidaktische
Ausbildung wichtig erscheint: Die Frage, o b
S c h u l g e o g r a p h i e (und damit
Fachdidaktik) und Fachwissenschaft b z w.
H o c h s c h u l d i s z i p l i n d e r
G e o g r a p h i e e i n a n d e r g e =
n a u e n t s p r e c h e n, ob sie als
"kongruent" anzusehen sind. Es erscheint uns
wichtig, darauf hinzuweisen, daß das n i c h t
d e r F a l l ist !

Die Schulgeographie hatte auch in Österreich
schon immer Aufgabenbereiche, die nicht auch
solche der Hochschuldisziplin waren, während
andere fehlten. Solche zusätzlichen Themen
sind z.B. *"Verkehrserziehung", "Reisevorberei=
tung"*, oder die Dastellung verschiedener Pro=
duktionsprozesse (etwa *"wie funktioniert ein
Hochofen ?"*). Offensichtlicher wurde diese
Ungleichschaltung aber erst mit der Koppelung
des Themenfeldes "W i r t s c h a f t s k u n =
d e" an die Geographie,[25] das außerhalb der
Fachwissenschaft steht und deshalb auch von
der Hochschuldisziplin nicht abgedeckt wurde.
Eine L e h r e r ausbildung hat sich aber
selbstverständlich in erster Linie a m
S c h u l f a c h, am Lernfeld in der Schule,
zu orientieren und hätte daher die Wirtschafts=
kunde verstärkt zu berücksichtigen gehabt.

Mit dem Vordringen neuer Zentrierungsfächer
auch in Österreich (z.B. *"Politische Bildung"*,
"Sozial- und Wirtschaftskunde"), die nicht

---

23) Eine ähnliche Auffassung vertritt auch der
Verband Deutscher Schulgeographen: *"... so
solle doch nach Meinung der Arbeitsgruppe
die enge Verbindung zwischen Fachwissen=
schaft und Fachdidaktik der Regelfall sein!"*
(Geogr. Rundschau 22, 1970, S. 336)

24) siehe dazu das in Kap. 9 vorgeschlagene
Konzept einer erneuerten fachdidaktischen
Ausbildung, S. 73 - 82.

Die Koppelung der Fachdidaktik mit der
Fachwissenschaft darf allerdings nicht so
aussehen, daß fachwissenschaftliche Insti=
tute sich Fachdidaktiker zulegen, die den
"sog. fachdidaktischen Bedarf" abzudecken
haben und mit einem solchen Arrangement

der Fachwissenschaft ein Alibi verschaffen,
für die Lehrerausbildung "genug" getan zu
haben, im übrigen aber sozusagen als fünf=
tes Rad am Wagen mitlaufen; denn dann sind
psychologisch und organisatorisch die Wei=
chen dafür gestellt, daß sich im Grunde
nichts ändert.

25) seit 1962; vgl. dazu im Beitrag W.SITTE,
Kap. 1, S. 11 - 14.

nur Beziehungen zu mehreren Wissenschaften, sondern auch zu mehreren Fächern der Lehrerausbildung haben und zu denen die Geographie nur mehr einen Beitrag unter anderen liefert,[26] entfernen sich fachdidaktische Domänen und solche der Hochschuldisziplin noch weiter voneinander.

Aber selbst im Rahmen des Kern-Schulfaches "Geographie" wird allgemein von Didaktikern festgestellt, daß es nicht einfach aus der Fachwissenschaft deduziert werden kann,[27] daß *"Erdkunde an der Schule weder eine Propädeutik dessen, was später an der Universität unter Geographie verstanden wird, ist, noch ein verkürzter und gedrängter Abschnitt dessen, was Allgemeine und Regionale Geographie (Länderkunde) aus ihrem stofflichen und methodischen Vorschlagsarsenal anbieten könnten"* (GEIPEL).[28] Das wird einem klar, wenn man zum Beispiel das derzeitige innovative Leitprojekt für eine erneuerte Schulgeographie in der BRD, das "Raumwissenschaftliche Curriculum-Forschungsprojekt" des Zentralverbandes der Deutschen Geographen, auf das im vorhergehenden Beitrag schon hingewiesen worden ist,[29] betrachtet. Dieses hat, obwohl von Geographie-Didaktikern initiiert und durchgeführt, noch eine Reihe anderer Bezugsfächer *"an der Forschungsfront und in der Lehrerausbildung als bloß die wissenschaftliche Geographie"*.[30] *"Im extrem wird eine neue Schulgeographie als das unabhängig allein auf dieses Schulcurriculum orientierte 'Zentrierungsfach' aller sozialwissenschaftlichen und sonstigen Hochschuldisziplinen verstanden, das mit der klassischen Universitätsgeographie nicht zwangsläufig gekoppelt ist, sondern andere Disziplinen viel stärker als 'Bezugsfächer' seiner Lerninhalte betrachtet."*[31] Darauf weist auch der Leiter dieses Projektes, Robert GEIPEL, hin, wenn er, wohl stellvertretend für einen Gutteil der sich damit befassenden Didaktiker schreibt: *"Die Erdkunde an der Schule ist vielmehr ein Zentrierungsfach, das aus einer ganzen Reihe akademischer Bezugswissenschaften jene Probleme und Methoden auswählen muß, deren Kenntnis und Beherrschung den heranwachsenden jungen Menschen und künftigen Staatsbürger instand setzen, künftige 'räumliche Lebenssituationen' kritisch vorauszudenken. Mit der Frage nach den räumlichen Dimensionen unseres eigenen täglichen Handelns und der Aufklärung über Ursachen und Folgen unseres eigenen Verhaltens versucht die Erdkunde den Schritt von einem relativ harmlosen Gedächtnis- und Lernfach zu einem staatsbürgerliche Verantwortung und kritisches Mit-Planen initiierenden Leistungsfach zu vollziehen."*[32]

Der Name "Geographie" (in der Schule) steht dann letztlich stellvertretend für einen umfassenden Bereich sozialwissenschaftlicher Ausbildung plus ökologisch - naturräumlichem Überblick einschließlich Umweltfragen plus traditioneller Länderkunde plus Wirtschaftskunde (in Österreich). Derartige Entwicklungen könnte man durchaus, neben dem RCFP, aus diversen Konzepten des Verbandes Deutscher Schulgeographen sowie aus bereits reformierten Lehrplänen für Geographie oder diese inkludierende Zentrierungsfächer in der Sekundarstufe I und II sowie in der Kollegstufe[33] herausinterpretieren.

Schon auf der Tutzinger Tagung 1971[34] zeigte R. GEIPEL auf, daß in den Geographieunterricht der Schulen nicht nur die Inhalte und Methoden der wissenschaftlichen Geographie, sondern auch die der anderen mit *"räumlicher Planung befaßten Disziplinen"*, wie Städtebau und Stadtplanung, überhaupt Regionalforschung und Planungswissenschaften einzubringen sind.

---

26) vgl. dazu auch den Beitrag von M.SCHNELLER in diesem Buch.

27) die Frage, welche "geographischen" Qualifikationen der Heranwachsende erwerben soll, kann zwar niemals ohne die (Bezugs)Fachwissenschaft(en), aber auch auf keinen Fall allein durch sie beantwortet werden.

28) GEIPEL, R.: Didaktisch relevante Aspekte der Geographie aus der Sicht der Sozialgeographie. In: Fachdidaktische Studien 6, München 1974, S. 44.

29) siehe S. 24 - 27.

30) zit. aus: BARTELS - HARD 1974, a.a.O.,S.211.

31) ebenda, S. 6.

32) GEIPEL, R. 1974, a.a.O., S.44.

33) Sekundarsufe I in der BRD: 5. - 9. oder 10. Schuljahr; entspricht ungefähr unserer Unterstufe.
Sekundarstuffe II: 9.(10.) - 12.(13.) Schuljahr; entspricht etwa der Kollegstufe (nach Bundesländern verschieden); beide etwa unserer Oberstufe gleichzusetzen.

34) Vorbereitungstagung zur Initiierung des RCFP und damit wichtigstes Innovationszentrum der Bestrebungen zu einer Reform der Schulgeographie im deutschsprachigen Raum.

Möglicherweise werden wir uns auch in Öster=
reich in Zukunft mit einer Fachwissenschaft
"Geographie" und mit einem zwar vielleicht
nominell gleichlautenden, inhaltlich aber um=
fassenderen und viele außerfachwissenschaftli=
chen Aspekte integrierenden Schulfach konfron=
tiert sehen.

Über die hier angedeuteten Auffassungen kann
man sicher diskutieren; - sicher ist aber,
daß die Fachdidaktiker in Österreich in Hin=
kunft auch zu derartigen Entwicklungstendenzen
Stellung beziehen und sie daher im Auge behal=
ten müssen und daß d i e f a c h d i d a k=
t i s c h e A u s b i l d u n g f ü r
d i e s e A n f o r d e r u n g e n g e =
r ü s t e t s e i n m u ß, auch wenn jene
nicht mehr konform mit der zugehörigen Fach=
wissenschaft gehen, die neben dem Dilemma
zwischen den Aufträgen zur Forschung, die nur
möglich ist bei einer *"gewissen Abschirmung
gegen Interessendruck"*, also auch gegen Schul=
interessen, und zur Lehre, die sich auf *"Re=
levanzempfinden in der angesprochenen Gesell=
schaft"* gründet, nun noch zusätzlich in eine
arge *"Zerreißprobe"* kommen könnte, wenn *"...
ein anderes Curriculum gefordert wird, als es
eine Fachdisziplin (die Geographie) inhaltlich
nähren w i l l und als sie es didaktisch
aufbauen helfen k a n n ..."* (BARTELS).[35)]

4. *Zur Situation der fachdidaktischen Ausbil=
dung in "Geographie und Wirtschaftskunde"
in Österreich*

An Österreichs Universitäten liegt der Schwer=
punkt der Ausbildung der Lehramtskandidaten
seit Jahrzehnten im fachwissenschaftlichen
Bereich. Die Insuffizienz des gegenwärtig noch
immer gehandhabten pädagogischen Begleitstudi=
ums ist evident und wurde auch schon mehrmals

aufgezeigt.[36)] Durch die extrem ungleiche Ge=
wichtsverteilung im Ausbildungsgang wird auch
bei den Studenten die völlig falsche Vorstel=
lung, daß pädagogische Fragen nebensächlich
und "halbwissenschaftlich" sind, gefördert.
Es entwickelte sich eine für die Österreichi=
sche Schule typische Geisteshaltung, die von
den Fachwissenschaften noch unterstützt wurde,
und die man etwa mit dem Satz umschreiben
kann: *"Ein guter Wissenschaftler ist auch auto=
matisch ein guter Lehrer"*.

Teilweise geht dieser von der wissenschaftli=
chen Lehre auf die Lehrerausbildung übertrage=
ne Slogan wohl auch auf das Bedürfnis nach
Selbstsicherung eigener ideologischer Positio=
nen zurück, die bis heute die Einheit von
Forschung und Lehre und die nicht direkt be=
rufsvorbildende Wissenschaft als optimales
Modell funktionierender Universitäten ansehen
und fürchten, vor lauter berufsorientierter
Ausbildung eine Reduktion der fachwissenschaft=
lichen Ausbildung zu erleiden und den Freiraum
für spezialisierte Forschung zu verlieren. So
stellte z.B. LEHMANN 1951 fest: *"Die deutsche
Universität ist ihrer bewährten Tradition
nach nicht eine Art von gehobener Berufsschule,
sondern in erster Linie eine Stätte wissen=
schaftlicher Forschung und Lehre ohne einsei=
tige zweckgebundene Ausrichtung auf einen be=
stimmten Beruf, also auch nicht auf den Leh=
rerberuf allein. ... Billigerweise wird nie=
mand vom Hochschullehrer erwarten, daß er sei=
ne Vorlesungen und Übungen auf die Lehrpläne
der Schulen abstimmt."*[37)] Noch 19 Jahre später
lehnt E. OTREMBA (1970) es *"mit Fug und
Recht"* ab, *"ein Unterrichtsprogramm besonders

BARTELS befaßte sich mit dieser Problema=
tik und möglichen Strategien zur Lösung
des Dilemmas auch bei einem Vortrag am 13.
Deutschen Schulgeographentag in Ludwigs=
hafen. Siehe dazu den Bericht von CEISIG
und KNÖBEL in der Geographischen Rundschau
24, 1972, S. 371.

Vgl. dazu auch: GEIPEL 1974,a.a.O.,S.50-51.

36) z.B.: THONHAUSER, J.: Über die Ausbildung
der österreichischen Gymnasiallehrer. In:
Pädagogische Mitteilungen, Wien, Jg. 1970,
Stück 3.

37) LEHMANN, H.: Die Ausbildung der Geographie=
lehrer während des akademischen Studiums.
In: Geographische Rundschau 3, 1951, S.
260 - 261.
Zum Problem der Berufsbezogenheit der Leh=
rerausbildung vgl. u.a. auch:
KREUZER, G. 1974, a.a.O., S. 157 - 182.

---

34 Forts.) Die Vorträge und Ergebnisse dieser
Tagung sind publiziert in:
GEIPEL, R.(Hrsg.): Wege zu veränderten Bil=
dungszielen im Schulfach Erdkunde. Der Erd=
kundeunterricht, Sonderheft 1, Klett,
Stuttgart 1971.

35) BARTELS, D.: Zur Aufgabe der Hochschulgeo=
graphie. In: 38. Deutscher Geographentag
Erlangen, Tagungsbericht und wissenschaft=
liche Abhandlungen, Wiesbaden 1972,S.206f.

für Schulen durchzuführen."[38] Und er verweist dafür auf die zweijährige Referendarausbildung, die gemäß dem zweiteiligen Ausbildungsmodell der BRD[39] die didaktische Seite zu behandeln habe.

Diesen teilweise in Zeiten des Frontalunterrichts und des rezeptiven Faktenlernens und einer noch nicht entwickelten fachdidaktischen Reflexion entstandenen Anschauungen steht nun, neben dem immensen Anwachsen einschlägiger erziehungswissenschaftlicher Forschungsergebnisse, ein **verändertes Spektrum gesellschaftlich-politischer Vorstellungen über Bildungsziele und Ausbildungsinhalte in der Schule** gegenüber,[40] das in den letzten zehn Jahren auch im deutschsprachigen Raum zu einer umfangreichen Tätigkeitsreflexion, an die sich Modeworte wie "Curriculum-Forschung", "Lernplanung", "mediengerechtes Unterrichten", "gesellschaftsrelevante Unterrichtsinhalte" und viele andere knüpfen, geführt hat.[41] Dadurch wurde klar, daß von jemandem, der *"das Lehren lernen will"* (HARD),[42] der wissenschaftlichen Betrachtung des Lehrens und Lernens in sehr viel höherem Maß Zeit und Aufmerksamkeit gewidmet werden muß, als man es bisher für notwendig hielt.

Der dadurch entstandene Interessenkonflikt von spezialisierter Fachforschung und berufsorientierter Lehrerausbildung drängt - besonders bei gleichzeitigem Rückblick auf Kapitel 3 - die Frage auf, ob die **Einheit der Geographie in Wissenschaft und Unterricht** in Zukunft noch eine - bis jetzt zumindest theoretisch postulierte - Selbstverständlichkeit und Verpflichtung sein wird oder ob ihre Tage nicht gezählt sind.[43] Leicht lösbar ist dieses Dilemma einer künftigen Verbindung von Wissenschaft und Unterricht sicher nicht!

Klar ist nur eines: Im Interesse der Ausbildung der künftigen Lehrer hat sich die bundesdeutsche Didaktik (eingeschlossen die Geographie-Didaktik) bereits vor längerer Zeit formiert

---

38) OTREMBA, E.: Gegenwartsprobleme der Geographie im Hochschulstudium. In: Geographie und Atlas heute. Berlin 1970, S.14 (zit. nach KREUZER 1974, a.a.O.)

39) Die Lehrerausbildung an den Universitäten geht in der BRD noch großteils vom traditionellen "**zweiphasigen Modell**" aus. Auf eine rein wissenschaftliche Fachausbildung ohne didaktische Bezüge des gesamten Hochschulstudiums bis zum 1. Staatsexamen (entspricht unserer Lehramtsprüfung) folgt eine schulpraktische Ausbildung (der "Vorbereitungsdienst") an speziell dafür eingerichteten "Referendarschulen" (2 Jahre), die mit dem 2. Staatsexamen abgeschlossen wird.

Dieses Modell bot bis jetzt keine ausreichende geographiedidaktische Ausbildung. Als Folge der scharfen Trennung kümmerten sich die Fachwissenschaften überhaupt nicht um didaktische Bezüge - sie waren praktisch von den Ausbildungsvorschriften her dazu legitimiert, die so als ein wichtiger Bedingungsfaktor für das Entstehen oben genannter Auffassungen anzusehen sind. Nach einer Umfrage von G. HARD wurde selbst 1973 an der Hälfte aller Universitätsinstitute der Geographie in der BRD Fachdidaktik noch nicht angeboten.

Siehe dazu:

FISCHER, G.H.: Lehrerausbildung. 4 Artikelfolgen in: Die Deutsche Schule 10/1974 bis 1/1975.

HAGENER. C.· Referendariat im Widerspruch. In: Westermanns Pädagogische Beiträge 1971, Heft 2, S. 57ff.

HAGENER 1975, a.a.O., S. 245 f.

40) Vgl. dazu in diesem Buch die Beiträge von W. SITTE (Das Unterrichtsfach Geographie und Wirtschaftskunde im Spannungsfeld neuer Entwicklungen), M. SCHNELLER (Der Anteil und die Stellung der Geographie in neuen Lernbereichen), H. WOHLSCHLÄGL und H. LEITNER (1. Abschnitt - Einführung).

Für Österreich demonstrieren diese geänderten gesellschaftlichen Vorstellungen auch die umfangreichen Diskussionen um die Einrichtung neuer Lernbereiche, z.B. *"Wirtschaftskunde"*, *"Sozialkunde"*, *"Politische Bildung"*, *"Gesellschaftskunde"*, *"Sexualerziehung"*, *"Verkehrserziehung"* etc.
Vgl. dazu u.a.:

SCHNELL, H.: Die österreichische Schule im Umbruch. Pädagogik der Gegenwart 113, Jugend und Volk, Wien 1974, 306 S.

SCHAUSBERGER, N.: Politische Bildung als Erziehung zur Demokratie. Pädagogik der Gegenwart 103, Jugend und Volk, Wien 1970.

KÖHLER, G.(Hrsg.): Wem soll die Schule nützen. Rahmenrichtlinien und neue Lehrpläne. Soziales Lernen im Konflikt. Fischer, Frankfurt 1974, 322 S.

RÖHRS, H.: Die Schule und ihre Reform in der gegenwärtigen Gesellschaft. Quelle & Meyer, Heidelberg 1962.

VOGEL, B.: Schule in der Reform ihrer Ziele und Inhalte. In: 38. Deutscher Geographentag Erlangen 1971, Tagungsbericht und wissenschaftliche Abhandlungen, Wiesbaden 1972.

41) für die Geographie gibt darüber die umfangreiche Diskussion in der "Geographischen Rundschau" seit 1968 gut Zeugnis.

und reformierte Ausbildungspläne erarbeitet,[44] die sich zum Teil bereits in Erprobung oder Anwendung befinden. Führend sind dabei in der BRD die Pädagogischen Hochschulen bzw. neu gegründete Universitäten. Auch in Österreich bietet sich hier für die neugegründete "Bildungshochschule Klagenfurt" die größte Chance, im ganzen Land durch eine völlige Neuorganisierung der Ausbildung richtungsweisende Impulse in der Lehrerbildung (eingeschlossen der fachdidaktischen Ausbildung) zu vermitteln.[45] BIRKENHAUER stellte z.B. in aller Nachdrücklichkeit klar, *"daß die sogenannte Freiheit der Lehre ihre Grenze findet an den berufsorientierten Bedürfnissen der zukünftigen Lehrer. D. h., jede Hochschule, die Lehrer ausbildet, ist verpflichtet, Studiengänge zu entwickeln, die auf das allgemeine Lernziel, die Lehrbefähigung hin gerichtet sind"*.[46] Wenn 90 bis 95 Prozent aller Geographiestudenten den Lehrberuf ergreifen, dann muß *"das Spektrum des Lehrangebotes ... in ausreichendem Maße Veranstaltungen einbeziehen, die dem Auftrag der Hochschule zur Lehrerbildung - es ist ein gesellschaftsbezogener Auftrag - entsprechen"*.[47]

Die universitäre Fachwissenschaft wird sich, wenn sie die Lehrerausbildung bei ihr halten will, den neuen Trends auf die Dauer wohl kaum entziehen können. Die Zukunft wird zeigen, wie weit eine reformierte Ausbildung der Lehrer an Universitäten *"nicht nur das bisherige Berufsfeld des Lehrers verändern wird, sondern wie weit das Berufsbild der Lehrer auch die wissenschaftliche Hochschule verändern wird"*.[48]

Die österreichischen Universitäten erweisen sich dabei als echte Beharrungselemente. Ihre bisherigen und derzeitigen Ausbildungs- und Prüfungsvorschriften für Lehramtskandidaten haben die Erfordernisse dieser Innovationswelle überhaupt noch nicht oder kaum zur Kenntnis genommen. In Österreich hatte bis jetzt jeder zukünftige AHS-Lehrer zwei Hauptfächer im Rahmen eines achtsemestrigen Studiums[49] zu absolvieren, dazu kam das - in die fachwissenschaftliche Ausbildung in keiner Weise integrierte - pädagogische Begleitstudium, das sich aus folgenden Elementen zusammensetzt:

4.1. Der allgemein-pädagogische Teil des pädagogischen Begleitstudiums

4.1.1. Eine dreistündige Vorlesung "A l l g e m e i n e   U n t e r r i c h t s l e h r e". Es handelt sich dabei um eine Massenvorlesung (pro Semester mindestens 1000 inskribierte Hörer) für alle Fächer mit einer Massen-Abschlußprüfung, die von niemandem ernst genommen wird. In drei Wochenstunden durch ein Semester kann beim besten Willen nicht viel mehr als ein grober Überblick ohne wesentlichen Tiefgang über gewisse erziehungswissenschaftliche Fragen im Frontalverfahren geboten werden. Diskussionen sind bei der großen Hörerzahl und der beschränkten Zeit nicht möglich, praktische Arbeiten, literarische Vertiefung und schulpraktische Versuche sind nicht vor-

---

41 Forts.) vgl. auch:
STROPPE, W.: Auswahlbibliographie für das Studium der Geographiedidaktik. In: Fachdidaktische Studien 6, München 1974, S. 277 - 306.

GEIPEL, R.(Hrsg.): Wege zu veränderten Bildungszielen im Schulfach Erdkunde. In: Der Erdkundeunterricht, Sonderheft 1, Stuttgart 1971, 164 S.

42) BARTELS - HARD 1974, a.a.O., S. 203.

43) KREUZER (1974, S. 159) ist der Meinung, daß der überwiegende Teil der heutigen Fachvertreter (Fachwissenschaftler) einer solchen Konzeption - mit den heutzutage notwendigen Folgen ! - letztlich ablehnend gegenüberstehen dürfte !

44) siehe v.a.:
KREUZER, G., BAUER, L. und W. HAUSMANN: Didaktik der Geographie an der Universität. Fachdidaktische Studien 6, Strumberger, München 1974, 308 S. (mit einer Reihe von Ausbildungsplänen und Konzepten bzw. Beiträgen zu Teilaspekten der Gestaltung solcher Pläne).

45) leider ist darüber noch sehr wenig publiziert; vgl. dazu
SCHÖLER, W.: Das Konzept des Lehramtsstudiums an der Hochschule für Bildungswissenschaften in Klagenfurt. In: Spectrum Pädagogikum, Salzburg 1974.

46) BIRKENHAUER, J. 1972, a.a.O., S. 30. (zit. nach KREUZER 1974, S. 160).

47) VOGEL, B. 1972, a.a.O., S. 180 - 182 (hessischer Kultusminister).

48) MAIER, H.: Kommentar zum Grundkonzept der Lehrerbildung. In: Die Prüfungsinhalte der neuen Lehrerbildung ("Dillinger Papiere") in Bayern, 1972/73, S. 11 (zit. nach KREUZER 1974, S. 161).

49) nach dem Bundesgesetz über geisteswissenschaftliche und naturwissenschaftliche Studienrichtungen 1971 für Geographie 9 Semester (siehe Kap. 5).

gesehen. Dazu schreibt THONHAUSER (1974, S.2)[50] treffend: *"Hingegen traut man Lehramtskandidaten in Vorlesungen didaktischen Inhalts noch immer zu, von allgemeinen Ausführungen über Probleme des Unterrichtens auf die spezifischen Erfordernisse ihres Faches zu schließen. Sie leben weiterhin in dem Aberglauben, eine Vorlesung über Gruppenunterricht, das Abprüfen der Kategorien zuverlässiger Prüfungsverfahren, Bekenntnisse zur Partnerschaft im Unterricht, ein Katalog von Merkmalen des sozial-integrativen Führungsstils genüge, an den tradierten Formen der Praxis etwas wesentliches zu verändern."*

4.1.2. Dazu kommen nach freier Wahl des Studierenden *acht weitere Wochenstunden*, die durch sonstige pädagogische bzw. entwicklungspsychologische Lehrveranstaltungen abzudecken sind, unter denen sich auch eine dreistündige Vorlesung über *"Geschichte des österreichischen Bildungswesens"* befinden muß. Von diesen wird aber nur der Nachweis der Inskription verlangt, was in der Praxis bedeutet, daß die große Masse aller Lehramtskandidaten mit ihren Inhalten niemals konfrontiert wird.

4.1.3. Der allgemein-pädagogische Teil wird dann am Studienende mit der **p ä d a g o g i s c h e n L e h r a m t s p r ü f u n g** abgeschlossen, die aber - wen wundert es - von den Lehramtskandidaten nur als lästiges Übel und Anhängsel an die zwei - wesentlichen - fachwissenschaftlichen Lehramtsprüfungen bewertet und zum überwiegenden Teil ohne inneres Engagement und mit völligem Desinteresse "absolviert" wird.

Der schriftliche Teil dieses Examens besteht aus einer zweistündigen Prüfung über Entwicklungspsychologie, die mündliche Prüfung behandelt Fragen der folgenden vier Problemkreise:[51]

1. Systematische Pädagogik (Grundprobleme der Erziehung und des Unterrichts).
2. Aktuelle pädagogische Fragestellungen (z.B. Curriculumtheorie, Gesamtschulproblematik, Begabung, Programmierter Unterricht, ...).
3. Problemgeschichte: Kenntnis eines Werkes eines bedeutenden Pädagogen nach freier Wahl oder genaue Kenntnis einer pädagogischen Epoche oder Grundrichtung sowie Einordnung des ausgewählten Autors in die Geschichte der Pädagogik.
4. Innere und äußere Struktur des österreichischen Schul- und Bildungswesens. Kenntnis der Lehrpläne der eigenen Unterrichtsfächer.

Der Prüfungsstoff wird kurz vor der Lehramtsprüfung von den Kandidaten schnell angelernt, gerade so, um mit einem Minimum an Aufwand positiv abzuschließen. Andererseits - Hand aufs Herz - welcher pädagogische Prüfer möchte bei derart anachronistischen Ausbildungsvorschriften zukünftige Lehrer, die das Studium absolviert und die fachwissenschaftlichen Lehramtsprüfungen bereits hinter sich haben, jetzt am Schluß mit einem Wissensstoff, der während des Studiums überhaupt nicht in Erscheinung getreten ist, lange blockieren?

So läuft sich zur Zeit das pädagogische Begleitstudium als allseits ungeliebtes Anhängsel selbst tot. Forderungen nach seiner Verstärkung und Effizienter-Machung sind durchaus bereits erhoben worden. Sie scheiterten aber - unter anderem - am Widerstand der universitären Fachwissenschaften, auf deren Kosten ein solcher Ausbau gehen würde, was die Stundenanteile betrifft.[52] Erkennen diese aber die Zeichen der Zeit?

4.2. *Zur Situation der fachdidaktischen Ausbildung in Geographie*

Fast noch schlechter ist zur Zeit die Situation im Bereich der fachdidaktischen Ausbildung. Als einziges wird hier pro Hauptfach der Nachweis

---

50) THONHAUSER, J.: Geschichte und ihre Vermittlung. Analyse eines fachdidaktischen Lehrversuchs. In: Spectrum Pädagogikum, Salzburg 1974, 35 S.

51) Quelle: Anforderungen für die pädagogische Lehramtsprüfung an der Lehrkanzel Pädagogik I (Prof. HEITGER), Universität Wien.

52) In einigen bundesdeutschen Ausbildungskonzepten ist das Pflichtstundenverhältnis von fachwissenschaftlichem Ausbildungsteil und fachdidaktischem Teil bereits mit 2 : 1 (!!) angegeben, dazu kommen noch die allgemein-didaktischen Stunden. (z.B.: Verband Deutscher Schulgeographen,

der positiven Absolvierung einer zweistündigen Vorlesung mit dem Titel *"Besondere Unterrichtslehre"* verlangt. Betrachtet man den alten, jetzt auslaufenden Studienplan für "Geographie und Wirtschafts= kunde - Lehramt" z.B. an der Universität Wien, nach dem in den letzten 20 Jahren die Lehr= amtskandidaten ausgebildet worden sind, so hatten die zukünftigen Lehrer im Laufe der acht Semester insgesamt 13 Pflichtprüfungen[53] über zusammen 39 Wochenstunden zu absolvieren, - davon entfiel n u r   e i n e   m i t z w e i Wochenstunden (= 5,1 Prozent oder ein Zwanzigstel der gesamten Pflichtausbil= dung !) auf die Fachdidaktik. Dazu kommt noch, daß im Rahmen der freiwillig zu besuchenden Lehrveranstaltungen sehr viele im Bereich der Fachwissenschaft, fast keine - in Wien über= haupt keine ! - im Bereich der Fachdidaktik angeboten wurden.

Was kann selbst der beste Fachdidaktiker in einer zweistündigen Vorlesung schon erreichen? Er hat nicht einmal die Möglichkeit, die Lehr= amtskandidaten, die ja in diesem Bereich keine Vorbildung haben, über die nötigsten didakti= schen Probleme zu informieren. Er kann - außer= dem bei großen Hörermengen - gerade eine Inter= pretation des Lehrplans durchführen und einige methodische Hinweise zur Unterrichtsgestaltung geben, - die leider nur allzu oft, und das muß auch gesagt werden, schlechte Didaktik 3 oder Pseudo-Didaktik darstellen. Wenn er aufgeschlos= sen und mit neuen Erkenntnissen vertraut ist, wird er außerdem noch versuchen, die künftigen Lehrer zu sensibilisieren, ihnen die Augen zu öffnen für neue fachdidaktische Strömungen und Unterrichtsmethoden; - dann ist aber die knapp bemessene Zeit auf jeden Fall aus; sie ist viel zu kurz, als daß die Studenten sich selbst kri= tisch mit fachdidaktischen Problemen auseinan= dersetzen könnten. Von schulpraktischer Ausbil= dung natürlich keine Rede.

Dazu kommt, daß die Lehramtskandidaten erst viel zu spät, in ihrer letzten Ausbildungs= phase,[54] zu einer Zeit, wo sie den Kopf be= reits mit dem Schreiben der Diplomarbeiten und dem Vorbereiten auf die Abschlußprüfungen voll haben, mit didaktischen Fragen konfron= tiert werden.

Einziger bescheidener Ansatz einer schulprak= tischen Ausbildung sind die im Umfang von 24 Stunden (12 Stunden pro Fach) vorgeschriebenen *Hospitationen* an Allgemeinbilden= den Höheren Schulen, in denen die künftigen Lehrer durch passive Teilnahme an Unterrichts= stunden einen Einblick in Schulwirklichkeit und Unterrichtsmethoden aktiver Lehrer erhal= ten sollen. Sie konfrontieren nur passiv mit Unterricht, ohne zielbewußt neue Ideen zu ver= mitteln, ohne daß nach der Stunde irgendeine Möglichkeit besteht, Inhalte, Methoden oder Verhaltensweisen zu analysieren und gemachte Beobachtungen oder beim Zuhören aufgetauchte Fragen auszudiskutieren. NICKLIS spricht tref= fend von einer *"Schultouristik"*,[55] die von seiten der Lehrer wie von seiten der Lehramts= kandidaten nur als lästige Verpflichtung be= trachtet wird.

Vom Gesetzgeber ist das erste Jahr an der AHS nach Absolvierung der Lehramtsprüfung als so= genanntes *"Probejahr"* vorgesehen. Nach dem ursprünglichen Konzept sollte jeder Anfänger einem einführenden älteren Lehrer zu= geteilt werden und von diesem in erster Linie eine unterrichtspraktische methodische Ausbil= dung erfahren. Er sollte in dessen Unterrichts= stunden mitgehen, zuhören, Stundenbilder zu= sammenstellen, selbst Lehrauftritte üben, um schließlich vor einer Kommission eine "Probe= stunde" abhalten zu können. Wegen des in den letzten Jahren starken Lehrermangels stand selbst dieses - keineswegs optimale - Konzept[56] zum Teil nur auf dem Papier, zudem wurde es durch zu wenig straffe Durchführungsbestimmun= gen und durch das Desinteresse vieler Einfüh=

---

52 Forts.) Arbeitsausschuß: Ausbildung der Geo=
graphielehrer: Entwurf eines Studiengangs
zur Ausbildung von Geographielehrern für
die Sekundarstufe I).

53) Pflichtprüfungen über Pflichtvorlesungen,
Proseminare, Seminaraufnahmsprüfungen und
Seminarbeurteilungen.

54) nach der derzeit noch gültigen Lehramts-
Studienordnung wird die Absolvierung der
Lehrveranstaltung "Besondere Unterrichts=
lehre" für das 8. Semester vorgeschrieben.

---

55) NICKLIS, W.S.: Die Schulpraktika im päda=
gogischen Grundstudium. Bad Heilbronn 1972.

56) vgl. dazu das traditionelle bundesdeutsche
Ausbildungssystem (siehe Anm. 39), in dem
im Vergleich dazu die schulpraktische Aus=
bildung nach der Abschlußprüfung wesentlich
stärker vertreten ist (2-jährige Referen=
darausbildung in eigens dafür eingerichte=
ten Schulen).

render, sich wirklich zu engagieren, stark verwässert.

Der solchermaßen in die AHS entlassene Junglehrer war und ist weder theoretisch noch praktisch vorgebildet, die vielfältigen schulischen Probleme gerade der heutigen Zeit zu lösen. Er kommt ohne Kenntnisse über erzieherische Probleme, ohne Erfahrung mit Schülern und vor allem, ohne je etwas über alternative Möglichkeiten zum bestehenden Unterrichtsbetrieb gehört zu haben, an die Schulen. Was die jungen Lehrer, die noch dazu völlig vereinzelt in die Schulpraxis geworfen wurden, kannten, woran sie sich orientieren konnten, das waren ihre früheren Lehrer und ihre älteren Kollegen im Lehrkörper, die sie bestenfalls zu kopieren versuchen und Lehrplan und Lehrbuch, an die sie sich inhaltlich klammern konnten, - und das darf in einer Zeit, wo endlich eine starke inhaltliche und methodische Neuorientierung unseres Faches nötig ist, ganz einfach nicht mehr genügen !

5. Fachdidaktische Ausbildung im Rahmen des Bundesgesetzes für geistes- und naturwissenschaftliche Studienrichtungen 1971

Auch im "Bundesgesetz für geistes- und naturwissenschaftliche Studienrichtungen" vom 30. Juni 1971,[57)] durch das die Studien an den Philosophischen Fakultäten neu geregelt wurden, und in den seit 1973 vom Bundesministerium für Wissenschaft und Forschung erlassenen neuen Studienordnungen für Lehramtskandidaten ist wie bisher eine pädagogische Ausbildung für Lehramtskandidaten vorgesehen. Sie hat *"die allgemeine pädagogische Ausbildung und die fachdidaktische Ausbildung einschließlich der schulpraktischen Ausbildung zu umfassen. In der gesamten schulpraktischen Ausbildung sind die Erfordernisse der Fachdidaktik zu berücksichtigen"*.[58)]

---

57) Bundesgesetz vom 30. Juni 1971 über geisteswissenschaftliche und naturwissenschaftliche Studienrichtungen. In: Bundesgesetzblatt für die Republik Österreich, Jg. 1971, 91. Stück, 326. Bundesgesetz, S. 1695 - 1726 (Der gesetzliche Rahmen für das pädagogische Begleitstudium findet sich in § 10).

Während Umfang und Art der fachdidaktischen Ausbildung nicht grundlegend geändert wurden und deshalb hier von keinen wesentlichen Fortschritten gegenüber der früheren Situation gesprochen werden kann, wurden für die allgemeine pädagogische Ausbildung bis heute keine neuen Durchführungsbestimmungen erlassen, so daß diese vorderhand noch nach dem alten Schema abgeführt wird.

Die entscheidende Neuerung - allerdings mit beachtlichen Auswirkungen auf Schule und Hochschule und vorderhand ebenfalls noch nicht realisiert - ist die **Einführung eines schulpraktischen Semesters**. *"Ein Schulpraktikum in der Dauer von z w ö l f W o c h e n ist zu absolvieren. Im Studienplan ist vorzusorgen, daß das Schulpraktikum im ersten Semester des 2. Studienabschnittes begonnen und spätestens im 2. einrechenbaren Semester des 2. Studienabschnittes abgeschlossen werden kann. Zu den Prüfungsfächern der 2. Diplomprüfung ... tritt das Fach 'Pädagogik'. Die ordentlichen Hörer haben schulpraktische Lehrveranstaltungen in Verbindung mit S e m i n a r e n a u s F a c h d i d a k t i k in den gewählten Studienrichtungen zu absolvieren. In den Studienordnungen ist für schulpraktische Lehrveranstaltungen in ausreichendem Maß vorzusorgen. In den Seminaren aus Fachdidaktik ist auch auf die Ergebnisse des abgeleisteten Schulpraktikums Bezug zu nehmen."*[59)]

5.1. Zur Problematik des einzurichtenden Schulpraktikums

Die gesetzliche Forderung nach der Betreuung der Lehramtskandidaten im schulpraktischen Semester findet Schulen und Universitäten, aber auch das zuständige Ministerium gleichermaßen unvorbereitet. Obwohl das Gesetz nun vier Jahre in Kraft und eine Neuordnung der pädagogischen Ausbildung künftiger Lehrer längst überfällig ist, sind daher erst im letzten Jahr Initiativen zur tatsächlichen Einführung dieses Praktikums gesetzt worden. Derzeit scheinen jedoch

---

58) ebenda, § 10, Abs. 3.
59) ebenda, § 10, Abs. 4 und 5.

die organisatorischen Schwierigkeiten und die Auffassungsunterschiede über die Gestaltung des Schulpraktikums unüberwindlich, sodaß THONHAUSER (1974, S. 1) meint, *"die Befürch= tung liegt nahe, daß die sich hier bietende Chance, die Lehramtsausbildung auch in päda= gogischer Hinsicht als 'wissenschaftliche Be= rufsvorbildung' zu organisieren*[60] *und stärker als bisher an die Erfordernisse der Unter= richtspraxis zu binden, genauso vertan wird wie das Probejahr für Lehrer an Höheren Schu= len !"*[61]

Der erste Entwurf des Bundesministeriums für Wissenschaft und Forschung wurde unter dem Ti= tel "Studienordnungsentwurf: Pädagogische Aus= bildung für Lehramtskandidaten" erst im Feb= ruar 1974 ausgesandt und stieß bei allen Be= teiligten auf Ablehnung. Die Gründe dafür sind:[62]

1. Nach einer unbedeutenden oder überhaupt keiner pädagogischen Ausbildung[63] vor dem Schulpraktikum sollen die Lehramtskan= didaten für drei Monate an eine AHS zuge= teilt werden (keine freie Wahl des Schul= ortes und der Schule!) und dort zwei Stun= den pro Tag am Unterrichtsgeschehen teil= nehmen.

2. Es erfolgt eine völlige T r e n n u n g von Schulpraxis und pädagogischem Begleit= studium an den Universitäten; das Prakti= kum ist völlig isoliert.

3. Das Fachstudium wird für ein Semester völ= lig unterbrochen.

4. Das Schulpraktikum soll unter direkter Kontrolle der Schulbehörde (nicht der Universitäten) stehen, die aufgrund des Praktikums nach nicht näher definierten Kriterien die Eignung und Zulassung zum Lehrberuf beurteilen soll !

5. Dazu kommt ein weiterer und uns sehr we= sentlich erscheinender Punkt:

   Nach dem vom Ministerium vorgeschlagenen Organisationsschema werden die Lehramts= kandidaten im Praktikum den derzeit an den Schulen unterrichtenden Lehrern unter= stellt und von diesen betreut. Diese sind aber dafür nicht s p e z i f i s c h a u s g e b i l d e t und besitzen im all= gemeinen keine Kenntnisse der schon ange= deuteten, in den letzten Jahren sprunghaft entwickelten fachdidaktischen und erzie= hungswissenschaftlichen Innovationen. Sie sind bisher auch nicht mit den fachwissen= schaftlichen Erkenntnissen und Fortschrit= ten der wissenschaftlichen Geographie kon= frontiert worden.

Wie sollen da jemals neue Ideen in die Schulen diffundieren, wenn sich die, die als Vermitt= ler dieser Ideen vorgesehen sind, selbst nie= mals damit auseinandergesetzt haben (bzw. ihnen im Rahmen der Lehrerfortbildung auch nicht die Möglichkeit dazu geboten wurde) und daher

1. nur die von ihnen ausgeübten traditionel= len Ausbildungskonzepte weitervermitteln und sich an diesen orientieren werden,

2. neuen Konzepten - weil unbekannt - von An= fang an abwartend oder ablehnend gegenüber= stehen werden.

Es besteht daher die Gefahr, daß gerade im Schulpraktikum, das für Experimente und das Studieren, Kennenlernen und Erproben alterna= tiver Unterrichtskonzepte etc. besonders ge= eignet erscheint, den künftigen Lehrern über= wiegend nur traditioneller Unterricht in In= halt und Methode präsentiert wird, - schlimmer noch, daß nur solcher von ihnen selbst zu er= proben verlangt wird. Womit also der "Status quo" in der Schule schon im Praktikum einze= mentiert wird und die Ausbildung des Lehrers

---

60) ebenda § 1; vgl. Allg. Hochschul-Studien= gesetz, Bundesgesetzblatt für die Republik Österreich Nr. 177/1966, § 1.

61) vgl.: TIMP, O.: De Magistris Austriacis. Wien 1966, S. 18.
PRISEMANN, G.: Die höhere Schule - von in= nen gesehen. Göttingen 1964, S. 25.

62) zusätzlich zu den hier angeführten - über= wiegend fachlich-pädagogischen - Gründen wird vor allem von studentischer Seite noch eine Serie weiterer, meist finanzieller oder beurteilungstechnischer Art, in die Diskussion gebracht. Vgl. dazu:
Stellungnahme der Fakultätsvertretungen "Philosophie" zur Pädagogikum-Studienord= nung.
ÖH-INFO. Informationsdienst der österrei= chischen Hochschülerschaft, diverse Hefte aus 1974 und 1975.
PHIL-AKTUELL. Informationsblatt der Fakul= tätsvertretung "Philosophie" der ÖH an der Uni Wien, diverse Hefte aus 1974 und 1975.

63) Diese ist ja laut Gesetz erst für den 2. Studienabschnitt, der mit dem Schulprak= tikum beginnt, vorgesehen.

für morgen mit Methoden von gestern erfolgt.

Wir fordern daher für die - unseres Erachtens wünschenswerte - Ausbildung zur k r e a t i =
v e n, mit neuen Inhalten und Methoden ver=
trauten und diese kritisch reflektierenden Lehrerpersönlichkeit:

1. Eine spezielle Ausbildung der Praktikums=
lehrer, am besten in Form einer P o s t =
g r a d u a t e - A u s b i l d u n g an den Universitäten sowie die Einplanung ih=
rer l a u f e n d e n pädagogischen, fachdidaktischen und fachwissenschaftlichen Weiterbildung.

2. Die Nominierung der Praktikumsbetreuer soll - im Interesse einer möglichst starken Zu=
sammenarbeit zwischen fachdidaktischer Theo=
rie und Schulpraxis - in Kooperation von Universität und Schulbehörde erfolgen.[64]

3. Eine sehr starke Koppelung des Unterrichts=
praktikums an eine zu erneuernde universi=
täre F a c h d i d a k t i k, um im lau=
fenden Zusammenspiel von Theorie und prak=
tischer Erfahrung sofort fachspezifische Fragestellungen analysieren zu können.

4. Die Abstützung des Schulpraktikums durch eine begleitende Lehrveranstaltung[65] (B e g l e i t s e m i n a r), in der
   a) eine oder mehrere Praktikumsgruppen ge=
      meinsam mit Praktikumslehrern, Fachdi=
      daktikern und Schülervertretern ihre Er=
      fahrungen diskutieren,
   b) der Bezug zur wissenschaftlichen Pädago=
      gik hergestellt wird,
   c) der Bezug zu Fachwissenschaft und Fach=
      didaktik hergestellt wird
   d) und dadurch der theoretische und prakti=
      sche Teil der pädagogischen und fachdi=
      daktischen Ausbildung sowie die fachwis=
      senschaftlichen Belange stärker inte=
      griert werden.

5. Praktikum und begleitende Lehrveranstaltung sollen von der Aktivität und Kreativität der Studierenden selbst getragen und nach den Grundsätzen des f o r s c h e n d e n und
e n t d e c k e n d e n L e r n e n s[67] ausgerichtet sein, wobei (möglichst kleine) Gruppen von Studenten gemeinsame Erfahrungen über den Schulbetrieb erarbeiten und alter=
native Unterrichtsmethoden erproben können. In dem von uns in Kapitel 9 angebotenen Kon=
zept einer reformierten fachdidaktischen Ausbildung ist dieser Grundsatz berücksich=
tigt.

Dadurch könnte die bisherige Form einer laufen=
den Anpassung des Lehrernachwuchses an die Tra=
ditionen der bestehenden Schulpraxis verhindert und die Verbreitung neuer Ideen und Konzepte im Bereich der Schule wesentlich gefördert wer=
den.

Wie schon erwähnt, stieß der vom Bundesministe=
rium für Wissenschaft und Forschung vorgelegte Studienordnungsentwurf einer "pädagogischen Ausbildung für Lehramtskandidaten" auf einhel=
lige Ablehnung aller betroffenen Gruppen. Das Ministerium machte aber keine Anstalten, ihn zurückzuziehen oder zu überarbeiten, so daß es am 22. Jänner 1975 zum *"größten Streik der Stu=
denten seit Bestehen der ÖH in ganz Österreich"*[66] kam.

Als Folge davon - und das ist der augenblickli=
che Stand der Entwicklung - präsentierte das Ministerium Anfang Februar 1975 einen neuen Entwurf, dessen wesentlichste Neuerungen sind:

1. Das Schulpraktikum soll in Hinkunft eine Lehrveranstaltung der Hochschule sein, über die nun statt der Schulbehörden die Univer=
sitäten das Aufsichtsrecht haben.[68]

2. Eine Teilung des zwölfwöchigen Schulprakti=
kums in
   A) eine 4-wöchige O R I E N T I E R U N G S=
      P H A S E vor Beginn des 5. Semesters (Mitte September bis Mitte Oktober), die theoretisch ausgerichtet sein soll und in
   B) eine 8-wöchige Ü B U N G S P H A S E nach Ende des 5. Semesters (Jänner, Feb=
      ruar), in der die praktische Ausbildung durchgeführt werden soll.

Diese Zweiteilung scheint allerdings einzig und

---

[64] siehe dazu Anm. 68).
[65] diese wird auch von Pädagogen und studen=
tischen Vertretern vehement gefordert.
[66] nach: PHIL-AKTUELL, 2.Jg., Nr.4, März 1975, S. 4.

allein ein Zugeständnis an den Kritikansatz, daß das 5. Semester für fachwissenschaftliche Studien völlig verloren gehe - und damit an die Lobby der Fachwissenschaften - zu sein. Für die schulpraktische Ausbildung ist diese Trennung von *"Orientierungs-"* und *"Übungsphase"*, die beide nach wie vor völlig isoliert aufscheinen, ohne Ausbildungs-Generalkonzept und begleitende Lehrveranstaltung ein ausgesprochenes Unding !

Die Diskussion über diesen Entwurf zur Durchführung des Schulpraktikums ist noch völlig in Fluß; da er nach wie vor vom überwiegenden Teil abgelehnt wird, dürfte er so kaum zur Realisierung kommen. Vor allem die Stellungnahmen der studentischen Vertreter zeigen - bei grundsätzlicher Anerkennung der Wichtigkeit einer reformierten schulpraktischen Ausbildung - deutlich die derzeitige "Sackgassensituation". Sie sprechen sich ebenfalls gegen die Trennung von Orientierungsphase (Theorie) und Übungsphase (Praxis) aus und gipfeln in der Forderung nach Zurücknahme aller bereits bestehenden und Aussetzung der noch ausständigen Lehramtsstudienordnungen bis zur endgültigen Klärung der pädagogischen Ausbildung.[69]

Die Unsicherheit über Form und Aufbau des künftigen pädagogischen Begleitstudiums - insbesondere über die Frage, welche Stellung und welche Bedeutung der Schulpraxis in der Lehrerausbildung an den Universitäten zugemessen werden soll - erweist sich so als schwere H y p o t h e k für alle Konzepte eines reformierten f a c h d i d a k t i s c h e n Ausbildungsteils. Wir versuchen aber in Kapitel 9 dieses Beitrages trotz der angeschnittenen Problematik als Diskussionsgrundlage ein Konzept für eine erneuerte fachdidaktische Ausbildung in Geographie vorzulegen. In diesem ist das Schulpraktikum - entsprechend unseren schon früher aufgestellten Forderungen - sehr eng an die Fachdidaktik gekoppelt und mit dieser integriert; das ist die unseres Erachtens - unbedarft aller späteren technisch-organisatorischen Lösungen - b e s t e i n h a l t l i c h e Lösung.

5.2. Fachdidaktische Ausbildung in Geographie in der neuen Studienordnung und im neuen Studienplan

Auch in der neuen Studienordnung[70] (*siehe Abb. 1*), nach der für Studierende, die ab dem Wintersemester 1974/75 mit dem Geographiestudium beginnen, die Ausbildung erfolgt, ist die Fachdidaktik noch in ungenügender Weise vertreten. Immerhin sind statt bisher zwei nun s e c h s W o c h e n s t u n d e n Fachdidaktik vorgeschrieben, die im 2. Studienabschnitt - also n a c h dem Schulpraktikum - zu absolvieren sind. Die Stundenerweiterung geht in erster Linie auf die Berücksichtigung des gesetzlich vorgeschriebenen, am Geographischen Institut der Universität Wien bis jetzt aber noch nicht eingerichteten, Seminars aus Fachdidaktik zurück.

---

67) siehe dazu: Beitrag W. SITTE, S.19f. und Beitrag H. LEITNER, S.136f.

68) vgl. dazu die gegensätzliche Auffassung des Präsidenten des Wiener Stadtschulrates, H. SCHNELL, die auch stark meinungsbildend für den ersten Entwurf (vgl. S.59, Punkt 4) gewesen sein dürfte:

"In vielen Ländern besteht in zunehmendem Maße die Tendenz, die Schulbehörde wesentlich stärker als bisher in die schulpraktische Ausbildung ... der Lehrer einzuschalten. Es sollte daher die Schulbehörde, das heißt die Landesschulräte und die zuständigen Schulaufsichtsbeamten, bei der Durchführung des Schulpraktikums an den höheren Schulen *verantwortlich* und daher auch *entscheidend und bestimmend* beteiligt werden." (SCHNELL 1974, a.a.O., S. 268).

"Die Betrauung mit der Leitung eines fachdidaktischen Seminars oder ähnlichen Studienveranstaltungen dürfte nur im Einvernehmen mit der örtlich zuständigen Landesschulbehörde erfolgen"(S. 267).

"Professoren, Dozenten und Assistenten der Universitäten sind mit der Unterrichtspraxis und dem Unterrichtsgeschehen an den höheren Schulen in der Regel nicht oder in zu geringem Maße vertraut, ..." (S. 267).

Dieser Einwand ist für die derzeitige Situation sicher richtig; gemeinsam mit einer reformierten didaktischen Ausbildung muß aber die k ü n f t i g e E t a b l i e r u n g einer leistungsfähigen, wissen-schaftlich arbeitenden Fachdidaktik an den Universitätsinstituten gesehen werden, die dann sehr wohl fähig wäre, Schulpraktika (in Zusammenarbeit mit Schulbehörde und Praktikumslehrern) und fachdidaktische Seminare zu betreuen.

69) siehe dazu: ÖH-INFO 3/1975, S. 22, Pkt. 1, 2, 3, 5 und 6 der Stellungnahme.

70) Studienordnung für die Studienrichtung Geographie. In: BGBl. für die Rep. Österr., Jg. 1974, 151.Stück, 562.Verordnung, S. 2346 - 2356.

Die fachdidaktische Ausbildung gliedert sich daher nach dem von der Studienkommission beschlossenen *Studienplan* folgendermaßen auf:

```
1.-4.Semester:    ---
5.    Semester:   (12-wöchiges Unterrichts=
                  praktikum)
7.od.8.Semester:  3-stündige Vorlesung (oder
                  Vorlesung + Übung)
8.od.9.Semester:  3-stündiges Seminar
```

Jene sechs fachdidaktischen Wochenstunden machen aber von der Gesamtzahl der im Laufe des Studiums zu inskribierenden Wochenstunden[71] in den Pflicht- und Wahlfächern nach wie vor n u r 8,3 Prozent oder etwa ein Zwölftel aus (unter Berücksichtigung der Freifächer, die allerdings auch fachdidaktischer Art sein können: 7,1 Prozent); von den Pflichtlehrveranstaltungen des 2. Studienabschnitts aber immerhin ein Fünftel (20,6 Prozent).

Wir finden es allerdings sehr bedauerlich, daß als Prüfungsfach der 2. Diplomprüfung, die der bisherigen Lehramtsprüfung äquivalent ist, neben den Prüfungsfächern

"Vergleichende Physiogeographie",
"Vergleichende Humangeographie",
"Regionale Geographie Europas und Außereuropas",
"Wirtschaftskunde"

kein eigenes Prüfungsfach *"F a c h d i d a k t i k"* eingerichtet worden ist. Dieses wäre unseres Erachtens unbedingt notwendig, um

1) das Engagement der Universitätsgeographie für Fragen der Schule deutlich zu demonstrieren,
2) die Fachdidaktik aus dem Odem des lästigen Anhängsels heraus in das Image eines gleichwertigen und wichtigen Ausbildungsteils zu bringen,
3) durch augenfällige Kooperation von Fachwissenschaft und Fachdidaktik letztere in das Fachinstitut voll zu integrieren und sie nicht im diffusen Zwischenfeld desinteressierter Fachwissenschaft und überlasteter, sich auf die speziell geographischen und geographiedidaktischen Probleme kaum einstellender allgemeiner Didaktik und Pädagogik "verhungern" zu lassen.

Abb. 1: *Studienordnung für die Studienrichtung Geographie, Studienzweig "Geographie und Wirtschaftskunde (Lehramt an höheren Schulen)"*

§ 5, Abs. 3:

Während des ersten Studienabschnitts sind aus den folgenden Pflicht- und Wahlfächern mindestens zu inskribieren:

Name des Faches	Zahl der Wochen= stunden
a) Allgemeine Physiogeographie (einschließlich Landschaftsökologie) ...	15
b) Allgemeine Humangeographie (einschließlich Wirtschaftsgeographie) .	13
c) Kartenkunde und Schulkartographie ..	7
d) Regionale Geographie Österreichs und Mitteleuropas	4
e) Einführung in die Wirtschaftskunde .	4

Bei Lehrveranstaltungen gemäß lit. a, b und d sind die wirtschaftskundlichen Aspekte mit zu berücksichtigen.

§ 12, Abs. 5:

Wurde der Studienzweig "Geographie und Wirtschaftskunde (Lehramt an höheren Schulen)" als erste Studienrichtung gewählt, so sind aus den folgenden Pflicht- und Wahlfächern mindestens zu inskribieren:

Name des Faches	Zahl der Wochen= stunden
a) Vergleichende Physiogeographie	4 - 7
b) Vergleichende Humangeographie (einschließlich Vergleichender Wirtschaftsgeographie)	11 - 14
c) Regionale Geographie Europas und Außereuropas	4 - 7
d) Wirtschaftskunde	4
e) Vorprüfungsfach: Theorie und Methoden der Geographie	1
f) Fachdidaktik	6

Bei Lehrveranstaltungen gemäß lit. a bis c sind die wirtschaftskundlichen Aspekte mit zu berücksichtigen.

Quelle: Studienordnung für die Studienrichtung Geographie (siehe Anm. 70), S. 2348 und 2354.

---

[71] = 72 Wochenstunden (inklusive der Freifächer 84 Wochenstunden).
Zu den Prozentwerten vgl. jene für den alten, jetzt auslaufenden Ausbildungsplan (Kap. 4.2.).

Möglicherweise blüht dieses Schicksal auch dem geplanten fachdidaktischen Seminar, dessen Einrichtung im Rahmen des Faches "Geographie" an den Instituten bisher mit dem Argument abgelehnt wurde, es falle in die Kompetenz der "Pädagogen". Bei der totalen Überforderung der Pädagogen - sollte sich jedes Lehrerausbildungsfach der philosophischen Fakultät dieser Meinung anschließen - und der derzeit unerfreulichen Situation, in der sich das allgemein-pädagogische Begleitstudium befindet (siehe nur Schulpraktikum) ist aber, zumindest zur Zeit - von dieser Seite leider wenig zu erwarten.

6. Ein hochschuldidaktischer Versuch: Die fachwissenschaftlich - fachdidaktischen Seminare am Geographischen Institut der Universität Wien

In dieser unbefriedigenden Ausbildungssituation, in der in Österreich noch keine verbesserte institutionalisierte didaktische Ausbildung zu erwarten ist, wurde im Sommersemester 1973 am Geographischen Institut der Universität Wien auf Initiative der beiden Autoren dieses Beitrags ein e r s t e r   V e r s u c h im Rahmen der bestehenden Möglichkeiten gestartet, die Studenten mit den neuen Entwicklungen der Fachdidaktik zu konfrontieren und diese für die praktische Arbeit in den Schulen fruchtbar zu machen. Ziel war, *nach operablen Wegen zur fachdidaktischen Vorbereitung zukünftiger AHS-Lehrer zu suchen* und dafür einen Beitrag zur Entwicklung eines *leistungsfähigen Ausbildungsmodelles, das in den gesamten Ausbildungsgang ohne größere Schwierigkeiten integrierbar ist,* zu liefern. Das Seminar sollte folgendes anstreben:

1) Gewinnung erziehungswissenschaftlicher und fachdidaktischer Kategorien, um Unterricht planen und gestalten zu können.

2) Didaktische Grundlegung und methodischer Aufbau von Unterrichtseinheiten.

3) Planen und Entwickeln von Unterrichtsstrategien und Unterrichtsmitteln.

Die Autoren schulden dabei dem Inhaber des Lehrstuhls für "Länderkunde und Allgemeine Geographie", o. Prof. Dr. E. TROGER, besonderen Dank, da er für dieses Experiment sein Hauptseminar zur Verfügung stellte und so erst die Durchführung ermöglichte.

So wurde erstmals ein fachwissenschaftlich - fachdidaktisches Seminar für interessierte Studenten ab dem 6. Semester auf freiwilliger Basis mit dem Rahmentitel "W i s s e n s c h a f t l i c h e   u n d   d i d a k t i s c h e   P r o b l e m e   d e r   S c h u l g e o g r a p h i e" ausgeschrieben. Dabei betrat man auch hochschuldidaktisches Neuland, denn bisher waren die Seminare am Geographischen Institut überwiegend reine Vortragsseminare im Frontalverfahren gewesen, während dieses als Blockseminar mit Team-Arbeitsgruppen und Schwerpunkt auf eigener kreativer Tätigkeit, forschendem Lernen und Diskussionen geführt wurde (*t e i l n e h m e r z e n t r i e r t*).

Damit wurde versucht, das Seminar nach den Erkenntnissen der modernen Didaktik zu organisieren und außerdem Lernstrategien zu verwenden, deren Gebrauch auch für die Schule immer mehr postuliert wird: Die *Projektarbeit* wäre als äquivalent zu *Schülerprojekten* einzustufen, *Entscheidungslernen* (das Lernen, für die Bewältigung zukünftiger Lebens- bzw. Konfliktsituationen richtige Entscheidungen auf der Basis sachlicher Rationalität zu fällen) und *forschendes Lernen* sollen in Hinkunft auch in der Schule bisherige Unterrichtsformen ersetzen.[72]

Die besonders schwierige Ausgangslage des Seminars lag in der Forderung, daß die Teilnehmer für fachdidaktische Unternehmungen eigentlich in z w e i Disziplinen gleichermaßen fundiert sein müssen, sollen solche nicht in Halbheiten und Einseitigkeiten stecken bleiben. Nun konnte man aber annehmen, daß die Studenten nach mindestens fünf Semestern Geographiestudium ein gewisses fachwissenschaftliches Basiswissen mitbringen würden; vom fachdidaktisch - erziehungswissenschaftlichen Bereich hatten sie aber überhaupt keine Kenntnisse und Fertigkeiten aufzuweisen. Es war deshalb in das Seminar eine   I n f o r m a t i o n s p h a s e   einzubauen, so daß die

---

[72] vgl. dazu die Beiträge von W. SITTE (Kap. 3.3.) und H. LEITNER (Kap. 7.3.).

Abb. 2: Konzept für den Aufbau des fachwissenschaftlich - fachdidaktischen Seminarversuchs im Sommersemester 1973 am Geographischen Institut der Universität Wien (Erstellung: W. SITTE und H. WOHLSCHLÄGL), gleichzeitig Zeitplan.

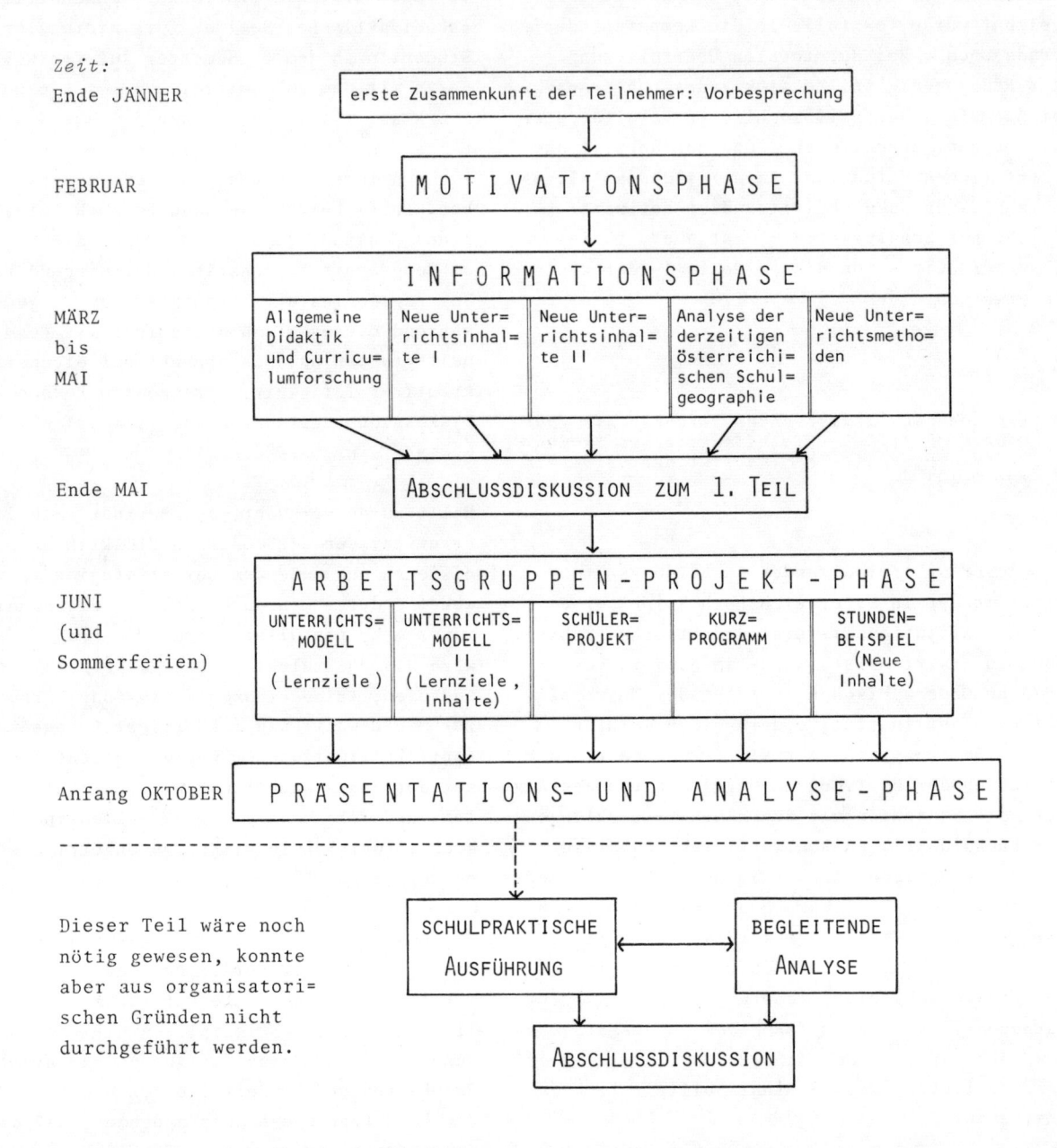

```
Zeit:
Ende JÄNNER      ┌─────────────────────────────────────────────────┐
                 │ erste Zusammenkunft der Teilnehmer: Vorbesprechung │
                 └─────────────────────────────────────────────────┘
                                        ↓
FEBRUAR          ┌─────────────────────────────────────────────────┐
                 │              M O T I V A T I O N S P H A S E     │
                 └─────────────────────────────────────────────────┘
                                        ↓
                 ┌─────────────────────────────────────────────────┐
                 │              I N F O R M A T I O N S P H A S E   │
MÄRZ             ├──────────┬──────────┬──────────┬──────────┬──────┤
bis              │Allgemeine│Neue Unter│Neue Unter│Analyse der│Neue Unter│
MAI              │Didaktik  │richtsinhal│richtsinhal│derzeitigen│richtsmetho│
                 │und Curri-│te I      │te II     │österreichi│den       │
                 │culumfor- │          │          │schen Schul│          │
                 │schung    │          │          │geographie │          │
                 └──────────┴──────────┴──────────┴──────────┴──────┘
                                        ↓
Ende MAI         ┌─────────────────────────────────────────────────┐
                 │      ABSCHLUSSDISKUSSION ZUM 1. TEIL             │
                 └─────────────────────────────────────────────────┘
                                        ↓
                 ┌─────────────────────────────────────────────────┐
                 │      A R B E I T S G R U P P E N - P R O J E K T - P H A S E │
JUNI             ├──────────┬──────────┬──────────┬──────────┬──────┤
(und             │UNTERRICHTS│UNTERRICHTS│SCHÜLER-  │KURZ-     │STUNDEN-  │
Sommerferien)    │MODELL    │MODELL    │PROJEKT   │PROGRAMM  │BEISPIEL  │
                 │I         │II        │          │          │(Neue     │
                 │(Lernziele)│(Lernziele,│          │          │Inhalte)  │
                 │          │Inhalte)  │          │          │          │
                 └──────────┴──────────┴──────────┴──────────┴──────┘
                                        ↓
Anfang OKTOBER   ┌─────────────────────────────────────────────────┐
                 │   PRÄSENTATIONS- UND ANALYSE-PHASE              │
                 └─────────────────────────────────────────────────┘
- - - - - - - - - - - - - - - - - - - - - - - - - - - - - - - - - - -
                              ┌──────────────┐    ┌──────────────┐
Dieser Teil wäre noch         │SCHULPRAKTISCHE│←→│ BEGLEITENDE  │
nötig gewesen, konnte         │ AUSFÜHRUNG   │    │  ANALYSE     │
aber aus organisatori-        └──────────────┘    └──────────────┘
schen Gründen nicht                      ↓              ↓
durchgeführt werden.              ┌──────────────────┐
                                  │ ABSCHLUSSDISKUSSION│
                                  └──────────────────┘
```

Autoren schließlich folgendes Konzept für den Aufbau dieses Seminarversuchs entwickelten (*Abb. 2*):

1.) M o t i v a t i o n s p h a s e :

Um die Teilnehmer ganz allgemein in die Problematik einzuführen und sie zu motivieren, wurden ihnen zu Beginn des Seminars einige kurze, anregende oder provokante Aufsätze zu Fragen der Schulgeographie gegeben und sie sollten darin gemachte Aussagen mit den ihnen ebenfalls zur Verfügung gestellten österreichischen Geographielehrplänen, dem approbierten Schullehrbuch "Seydlitz" und ihrer eigenen erlebten Schulpraxis vergleichen.

Fachdidaktische Ausbildung in Österreich - Probleme und Versuche

2.) I n f o r m a t i o n s p h a s e :

Es wurden fünf Informationsblöcke mit je drei bis vier Themenbereichen (*siehe Abb. 3*) gebil= det, zu denen jeweils eine Gruppe von Studen= ten I n f o r m a t i o n s p a p e r s in thesenhafter Form, die die wichtigsten Grund= legen beinhalten sollten, zusammenzustellen hatte. Diese wurden dann vervielfältigt, an alle Teilnehmer verteilt und von diesen stu= diert.

Die immer eine Woche nach der Verteilung der Papers folgende P l e n u m s d i s k u s = s i o n im Seminar war der eigentliche Kern der Informationsphase. In teilweise sehr aus= gedehnten Diskussionen wurden zuerst von den Mitgliedern der jeweiligen Arbeitsgruppe Dis= kussionsansätze zu Problematiken ihrer eigenen Thesen und Informationen gebracht, diese also - unter Mithilfe der Seminarleiter - kritisch reflektiert und dann darüber diskutiert, wobei sich als vorteilhaft erwies, daß jeder Seminar= teilnehmer die angeschnittenen Fragen vom Schwerpunkt seines eigenen Themenbereiches her untersuchen und vom Blickwinkel seiner eigenen Fragestellungen und Einblicke her beleuchten konnte. Dadurch waren Korrekturen in einseiti= gen Auffassungen oder in zu großer Methoden- oder Inhaltseuphorie sofort möglich. Neue An= sätze wurden nicht indoktriniert, sondern prob= lematisiert, ihre Vielschichtigkeit bewußt ge= macht.

Dadurch erreichte die Informationsphase - so glauben wir zumindest - trotz der kurzen zur Verfügung stehenden Zeit und der fehlenden Aus= gangsbasis vollständig ihr Ziel, nämlich die Studenten für neue Ansätze im Bereich der Fach= didaktik, für neue Unterrichtsinhalte und -me= thoden zu sensibilisieren und aufzuschließen, ihnen gewisse Grundeinsichten und das nötige Transferwissen für die folgende Projektarbeit zu vermitteln.

Abb. 3: Informationsblöcke und Themenbereiche der Informationsphase des Seminarver= suchs.

A) ALLGEMEINE DIDAKTIK UND CURRICULUMFORSCHUNG
  1) Begriff und Aufgaben der Didaktik
  2) Die Vorstellungen J.S. BRUNERS über den Pro= zeß der Erziehung
  3) Curriculumforschung

B) NEUE UNTERRICHTSINHALTE I
  4) Lernziele und ihre Operationalisierung
  5) Analyse bestehender Lernziele der Schulgeo= graphie
  6) Strukturprinzipien geographischer Lehrpläne in der Bundesrepublik Deutschland
  7) Das amerikanische "High School Geography Project"

C) NEUE UNTERRICHTSINHALTE II
  8) Der Anteil und die Stellung der Geographie in neuen Lernbereichen (Gemeinschaftskunde, Ge= genwartskunde, Gesellschaftskunde, Politi= sche Bildung)
  9) Zum Problem der Länderkunde in der Schulgeo= graphie
  10) Die Rolle der Physiogeographie im Schulunter= richt

D) ANALYSE DER DERZEITIGEN ÖSTERREICHISCHEN SCHUL= GEOGRAPHIE
  11) Struktur und Problematik der österreichischen Lehrpläne bzw. Lehrstoffverteilungen für Geo= graphie und Wirtschaftskunde
  12) Die Wirtschaftskunde in der österreichischen Schulgeographie
  13) Ein kritischer Vergleich österreichischer und bundesdeutscher Geographielehrbücher unter dem Aspekt der bisher gewonnenen Erkenntnisse

E) NEUE UNTERRICHTSMETHODEN
  14) Spiele als neue geographische Unterrichtsme= thoden
  15) Die Anwendung quantitativer (mathematischer) Techniken in der Schulgeographie
  16) Programmierter Unterricht in Geographie und Wirtschaftskunde

3.) A r b e i t s g r u p p e n - P r o = j e k t - P h a s e :

In diesem Abschnitt, der den e i g e n t l i = c h e n K e r n des Seminars darstellte, sollten die Teilnehmer die bis jetzt nur theo= retisch gewonnenen Einsichten, Kenntnisse und Fertigkeiten im Rahmen kleiner Projekte selbst praktisch umsetzen und dabei testen. Dazu wur= den von der Seminarleitung f ü n f P r o = j e k t e mit einigen Durchführungsbestimmun= gen vorgegeben und von Arbeitsgruppen bearbeitet.

Abb. 4: Übersicht über die fünf im Seminarversuch bearbeiteten Projekte.

PROJEKT I:

DIE BEHANDLUNG DES KULTURERDTEILS "ORIENT" IM UNTERRICHT[73]

Altersstufe: 15-jährige.
Festlegung der Themen der einzelnen Unterrichtseinheiten, Aufstellung von Teil- und Feinlernzielen sowie Zuordnungen dieser zu den Unterrichtseinheiten; mit Erläuterungen!
Umfang: Etwa 15 Unterrichtseinheiten zu je 1 Stunde (ungefährer Umfang der Behandlung des Kulturerdteiles Orient in der reformierten 5. Klasse der AHS-Schulversuche.[74]
Pro Unterrichtseinheit: 5 - 10 Lernziele.

PROJEKT II:

DIE BEHANDLUNG ÖSTERREICHS IM UNTERRICHT[75]

Altersstufe: 17-jährige.
Festlegung der Themen der einzelnen Unterrichtseinheiten, Aufstellung von Teil- und Feinlernzielen sowie Zuordnung dieser zu den Unterrichtseinheiten; mit Erläuterungen!
Umfang: Etwa 50 Unterrichtseinheiten zu je 1 Stunde (entsprechend dem derzeitigen AHS-Lehrplan für die 7. Klasse).
Pro Unterrichtseinheit: 4 - 5 Lernziele.
Berücksichtigung wirtschaftskundlicher Lernziele und Stoffinhalte.

PROJEKT III:

ERSTELLUNG EINES KURZPROGRAMMS

Altersstufe: 14-jährige.
Thema: nach freier Wahl über den österreichischen Fremdenverkehr. Vermittlung von allgemeinem Sachwissen, von Regionalwissen und Problemwissen, jeweils im für richtig erachteten Ausmaß.
Vorbild: Westermann-Kurzprogramme zur Sozialgeographie.

PROJEKT IV:

VORSCHLAG FÜR EIN SCHÜLERPROJEKT

Altersstufe: 17 - 18-jährige.
Umfang: Insgesamt 20 - 25 Stunden; abgestimmt auf den Rahmen des Wahlpflichtfaches "Geographie" (Schulversuch zur Neuordnung der Oberstufe der AHS)[74]
Thema: Das Projekt soll ein Thema aus dem städtischen Lebensraum behandeln, wobei auch der politische Aspekt nicht zu kurz kommen darf.
Angabe des Themas und der Untergliederung, Festlegung der Lernziele, genaue Angaben über die Durchführung mit den Schülern (Organisationsplan).

PROJEKT V:

QUANTITATIVE METHODEN IM UNTERRICHT (ZWEI BEISPIELE)

Altersstufe: 16 - 18-jährige.
Thema: Sozialgeographie, davon eines mit Fallbeispiel aus Österreich.
Erläuterung der Methode, Lernzielangaben.

Mit dieser Projektbearbeitung sollten folgende Z i e l e erreicht werden:

1) Die Teilnehmer sollen einen fachdidaktischen Problemkreis vom Anfang bis zum Ende logisch durchdenken, die in Phase 2 erworbenen Informationen (Unterrichtsinhalte und Unterrichtsmethoden) zielgerichtet anwenden, die fachlichen Inhalte didaktisch umsetzen und strukturieren können.

2) Die Teilnehmer sollen erkennen, daß zum inhaltlichen Aufbau guter Unterrichtsprojekte auch beachtliche fachwissenschaftliche Kenntnisse nötig sind, daß fachliche Inhalte zu ordnen, zu gewichten und unterrichtsadäquat zu systematisieren sind und daß gerade diese Dualität von fachwissenschaftlichem und fachdidaktisch - erziehungswissenschaftlichem Bereich sowie deren sinnvoll logische Verknüpfung zu den besonderen Schwierigkeiten guten Unterrichts bzw. guter Unterrichtsprojekte gehören.[76]

3) Den Teilnehmern sollte bewußt werden, daß sie zur konkret didaktischen Arbeit trotz erster Ansätze nach wie vor noch zu wenig wissen und daß es daher - besonders beim raschen Fortschritt der Fachdidaktik in jüngster Zeit - notwendig ist, sich laufend zu informieren und fortzubilden und zu trachten, die eigenen Kenntnisse und Fertigkeiten auf diesem Gebiet zu verbessern.

4.) **P r ä s e n t a t i o n s - und A n a l y s e p h a s e :**

Nach Abschluß der Gruppenarbeiten wurden K u r z b e r i c h t e[77] über jedes der fünf Projekte von den Bearbeitern an die Teilnehmer

---

73) eine überarbeitete Fassung dieses Projekts finden Sie als Beitrag in diesem Buch: H. WOHLSCHLÄGL und H. LEITNER: Der Kulturerdteil Orient als Lebensraum. Ein lernzielorientiertes thematisches Unterrichtsmodell für die 5. Klasse der AHS. S.187-242.

74) zum Aufbau der Schulversuchsmodelle in Österreich: Vgl. den Beitrag von W. SITTE, Kap.5.1, S.31 und ANHANG, S.282-294.

75) eine gekürzte Fassung dieses Projekts finden sie als Beitrag in diesem Buch: H.J.WEIS u.a.: Die Behandlung Österreichs im Unterricht. Eine Diskussionsgrundlage zur inhaltlichen Neuordnung und Lernzielorientierung des Geographieunterrichts in der 7. Klasse der AHS.

Fachdidaktische Ausbildung in Österreich - Probleme und Versuche

verteilt und die fertigen Arbeiten an die Seminarleitung übergeben. In z w e i abschließenden P l e n u m s d i s k u s s i o n e n erfolgte nun, nach kurzer einleitender Vorstellung der Projekte, eine sehr offenherzige kritische Analyse der Arbeit, wobei die Seminarleitung die Rolle der Hauptkritiker übernahm, - nicht mit dem Ziel, die Bearbeiter öffentlich zu loben oder zu tadeln, sondern um besonders günstige oder wenig brauchbare Ansätze hervorzustellen und zu diskutieren, Alternativen anzubieten (unter Mitarbeit aller Teilnehmer), fachinhaltliche Mängel zu beseitigen und - gerade in der Fachdidaktik - auf eine gewisse Relativität der eingeschrittenen Wege hinzuweisen.

Damit endete das Seminar, das auch von den Studenten - trotz erhöhten Arbeitsaufwandes - durchaus positiv und als Gewinn beurteilt wurde. Es eröffnete eine praktikable Möglichkeit, Fachdidaktik an künftige Lehrer heranzubringen und z e i g t e W e g e f ü r s p ä t e r e v e r p f l i c h t e n d e f a c h d i d a k t i s c h e L e h r v e r a n s t a l t u n g e n a u f.

Spätestens an dieser Stelle wird aber klar, daß das hier durchgeführte Konzept eine wesentliche S c h w ä c h e aufwies, deren Beseitigung aber zur Zeit durch schulorganisatorische und legistische Probleme noch fast nicht möglich ist. Es fehlte die letzte - und vielleicht entscheidende - Phase: Die Umsetzung der gewonnenen Einsichten in die reale Schulpraxis und die Testung und Evaluation der erarbeiteten Projekte an der realen Schulwirklichkeit sowie die nachfolgende Analyse der dabei gewonnenen Erkenntnisse und Erfahrungen.

Uns schwebt vor, daß die Studierenden erst n a c h einer solchen, wie zum Beispiel der hier beschriebenen, einführenden Lehrveranstaltung an einem Unterrichtspraktikum teilnehmen sollten, an das sich schließlich ein Abschluß-

seminar oder eine nachbereitende Lehrveranstaltung *"Kritik der Praxis; Analyse der Divergenzen zwischen theoretischen Konzepten und praktischer Realisierbarkeit sowie Unterrichtsertrag"* anschließen könnte. Mit dem im neuen Bundesgesetz[78] vorgeschriebenen künftigen zwölfwöchigen Unterrichtspraktikum treten allerdings - bei entsprechender Kooperationsbereitschaft aller Beteiligten - in Zukunft durchaus Möglichkeiten der Realisierung solcher Projekte auf und wir selbst bieten im 9. Kapitel ein derartiges Konzept an.

Durch den Erfolg des ersten Seminars ermutigt und um weitere Erfahrungen zu sammeln wurde im Wintersemester 1974/75 - wieder an der Lehrkanzel Prof. Troger und betreut von den beiden Autoren - ein zweites fachwissenschaftlich - fachdidaktisches Seminar mit dem Rahmenthema "G e g e n w a r t s f r a g e n d e r S c h u l g e o g r a p h i e" durchgeführt.

Der methodische Aufbau des Seminars war gleich dem vorigen, allerdings wurden andere inhaltliche Akzente gesetzt. Schwerpunkt der Informationsphase war *(siehe Abb. 5)*:

1.) eine kritische Analyse des bestehenden staatenkundlich - wirtschaftskundlich ausgerichteten Lehrplans unter den Aspekten moderner geographischer Fachdidaktik und Unterrichtsreformbestrebungen,

2.) eine Präsentation und Diskussion der österreichischen Schulversuchsmodelle und der Stellung und Inhalte der Schulgeographie in diesen,

3.) eine Untersuchung neuer wissenschaftlicher Forschungsansätze der Geographie nach den M ö g l i c h k e i t e n d e s E i n s a t z e s i h r e r w i c h t i g e n B e t r a c h t u n g s w e i s e n u n d E r g e b n i s s e im Geographieunterricht.

---

76) Gerade dieser Punkt war von den Teilnehmern deutlich unterschätzt worden und bereitete ihnen die größten Schwierigkeiten; dies umso mehr, als sich bei solchen Projekten auch fachwissenschaftliche und fachmethodische Unsicherheiten und Mängel der Teilnehmer in aller Deutlichkeit zeigen.

77) Diese Kurzberichte beinhalteten:
1. Ein Inhaltsverzeichnis oder eine Gliederung,

2. eine Angabe der wichtigsten Lernziele (Katalog der Hauptlernziele),
3. die Titel der Unterrichtseinheiten (wenn verlangt),
4. die wichtigsten Schwerpunkte und Grundsätze, nach denen das Projekt durchgeführt wurde (in Schlagworten).

78) Bundesgesetz 1971, siehe Anm. 57); zum Unterrichtspraktikum siehe Kap. 5.1.

Abb. 5: Informationsblöcke und Themenbereiche der Informationsphase des zweiten Seminarversuchs "Gegenwartsfragen der Schulgeographie".

A) EINFÜHRUNG

1) Zum Begriff des Curriculums und zur Curriculumkonstruktion
2) Die gegenwärtige Lernzieldiskussion

B) DIE GEOGRAPHIE IM DERZEITIGEN UNTERRICHT IN ÖSTERREICH

3) Der bisherige Geographie und Wirtschaftskunde - Lehrplan für die Unterstufe: Bericht und kritische Reflexion
4) Die neue Lehrstoffverteilung für Geographie und Wirtschaftskunde des "Zentrums für Schulversuche und Schulentwicklung" (10 - 14-jährige)
5) Die drei Modelle des Schulversuchs der Oberstufe der AHS; allgemeine Grundlagen und Ziele. Der derzeitige Lehrplan und der Schulversuchslehrplan für Geographie und Wirtschaftskunde an der Oberstufe

C) NEUE ZIELE UND INHALTE DER SCHULGEOGRAPHIE IM AUSLAND

6) Die Sekundarstufe I in der Bundesrepublik Deutschland
7) Die Sekundarstufe II und das "Raumwissenschaftliche Curriculumforschungsprojekt" (RCFP) in der Bundesrepublik Deutschland
8) Die Schulgeographie im angelsächsischen Raum

D) NEUE UNTERRICHTSMITTEL UND -VERFAHREN

9) Planspiele im Geographieunterricht
10) Unterrichtsprogramme und ihre Einsatzmöglichkeiten
11) Unterrichtsprojekte und ihre Einsatzmöglichkeiten
12) Der Overheadprojektor und seine Einsatzmöglichkeiten; Arbeitsblätter

E) NEUE WISSENSCHAFTLICHE FORSCHUNGSANSÄTZE UND MÖGLICHKEITEN IHRES EINSATZES IM GEOGRAPHIEUNTERRICHT

13) Der ökologische Forschungsansatz
14) Innovationen und Diffusionsprozesse
15) Netze und andere geometrische Raummuster
16) Der Forschungsansatz "Umweltwahrnehmung"
17) Raumplanung und Raumforschung. Der standorttheoretische Forschungsansatz
18) Der Beitrag der Wirtschaftswissenschaften für den Oberstufenunterricht in Geographie

Die Arbeitsgruppen - Projekt - Phase wurde diesmal auf ein **einheitliches Projektziel** hin orientiert und im methodischen Vorgehen zweigeteilt. Als Projektziel war der *Versuch der Erstellung eines "BASISKONZEPTS FÜR EINEN NEUEN OBERSTUFENLEHRPLAN IN GEOGRAPHIE"* formuliert,[79] das im Rahmen der Schulversuchsmodelle "Oberstufe"[80] operabel sein sollte.

Im ersten Teil erhielt jede der fünf Arbeitsgruppen den Auftrag, unter Verwendung der Kenntnisse und Anregungen der Informationsphase sowie von bundesdeutschen Vergleichskonzepten und mit Hilfe eigener Ideen und Zielvorstellungen ein **inhaltliches Gliederungskonzept** nach Großbereichen für die vier obersten Schulstufen zu erstellen und es zu begründen (auf ein bis zwei Seiten). Es entstanden so fünf Alternativkonzepte, zu denen noch ein sechstes, das von den beiden Autoren vorgeschlagen wurde, kam. Diese wurden im Rahmen einer Plenumsdiskussion im Seminar besprochen, ihre Stärken und Schwächen ausdiskutiert.

Im nächsten Schritt wurde dann die Einigung auf ein Konzept herbeigeführt.[79] Dieses sieht für das Pflichtfach "Geographie" an der Oberstufe der AHS **sechs Kurse** vor,[81] von denen nun jede Arbeitsgruppe einen Kurs zur näheren inhaltlichen Ausgestaltung, vor allem zur Gliederung in Unterrichtseinheiten und zur Formulierung von Lernzielhierarchien erhielt. Die Bearbeitung erfolgte nach dem Schema von *Abb. 6*.

Die Ergebnisse dieser Gruppenarbeiten sind zur Zeit gerade in Auswertung. Es wird aber zu einem späteren Zeitpunkt ausführlich darüber berichtet werden.

Daß die beiden Seminare für die Teilnehmer eine echte Anregung darstellten, sich auch nachher näher mit fachdidaktischen Fragen zu

---

79) abgedruckt im ANHANG, S. 294f.

80) zur ausführlichen Erläuterung dieser Schulversuchsmodelle siehe: ANHANG, S.282-294. und Beitrag W. SITTE, S.31-34.

81) Im Rahmen der Schulreformbestrebungen gewinnt das **Kurssystem** immer breitere Beachtung. In diesem ist die starre

Abb. 6: *Aufbauschema der Kurse des Basiskon=
zepts für einen neuen Oberstufenlehr=
plan.*

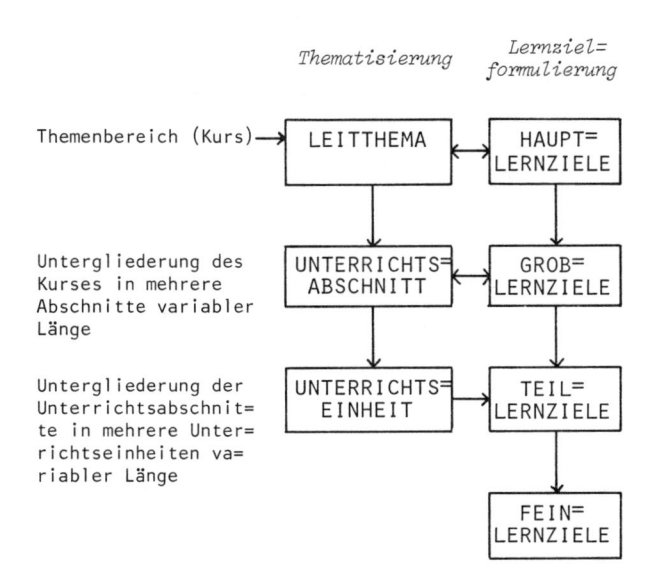

```
                              Thematisierung    Lernziel=
                                               formulierung

Themenbereich (Kurs) →      [ LEITTHEMA ] ←→ [ HAUPT=
                                              LERNZIELE ]
                                   ↕              ↕
Untergliederung des
Kurses in mehrere           [ UNTERRICHTS= ] ←→ [ GROB=
Abschnitte variabler          ABSCHNITT ]         LERNZIELE ]
Länge                              ↕              ↕
Untergliederung der
Unterrichtsabschnit=        [ UNTERRICHTS= ] ←→ [ TEIL=
te in mehrere Unter=          EINHEIT ]          LERNZIELE ]
richtseinheiten va=                               ↕
riabler Länge
                                              [ FEIN=
                                                LERNZIELE ]
```

befassen, zeigt sich auch an der erfreulichen Tatsache, daß ein großer Teil der Seminarteil= nehmer von den beiden Autoren angeregte und be= treute **fachdidaktische Di= plomarbeiten** an der Lehrkanzel zur Bearbeitung übernahm.

Die vergebenen Themen konzentrieren sich dabei vorderhand einmal auf vertiefte Ausarbeitungen und "Materialisierungen" der in den Seminaren begonnenen Konzepte, so daß diese schulverwen= dungsfähig werden.

In Anlehnung an das Projekt *"Die Behandlung Österreichs im Unterricht"* des ersten Seminars:

WEIS, Helmut: Die Differenzierung Österreichs in Aktiv- und Passivräume und die Beeinflussung ihrer Struktur durch die Regionalpolitik. Materialien zu einem geographischen Curriculum für die 7. Klasse der AHS. 1975, 190 Seiten.

SCHNELLER, Maria: Ausdrucksformen der Siedlungs= tätigkeit in Österreich. Materialien zu einem geographischen Curriculum für die 7. Klasse der AHS. 1975, 215 Seiten.

LADINGER, Peter: Die Bevölkerungsstruktur Öster= reichs. Materialien zu einem geographischen Cur= riculum für die 7. Klasse der AHS. 1975, 236 Seiten.

Weiters in Anlehnung an das Projekt *"Die Behand= lung des Kulturerdteils Orient im Unterricht":*

KODNAR, Rudolf: Unterrichtsmodell Orient - Ausar= beitung des 3. Unterrichtsabschnitts: Der Mensch arbeitet auf die Herausforderung der Natur in den Trockenräumen

sowie derzeit noch in Bearbeitung:

RAUSCH, Wilhelm: Die Pendelwanderung in Österreich - Erarbeitung eines sozialgeographischen Kurz= programms.

REITERMAYER, Roswitha: Zur Attraktivität des Schul= faches "Geographie und Wirtschaftskunde" bei Schü= lern der 9. bis 12. Schulstufe (AHS).

Im großen und ganzen scheint sich in den be= schriebenen fachdidaktischen Aktivitäten ein erfolgreicher Ansatz zu einer verbesserten fachdidaktischen Ausbildung zu bieten, der weiter ausgebaut und durch eine verbesserte allgemein-pädagogische Ausbildung abgestützt werden sollte, und von dem zu hoffen ist, daß er nicht der einzige innerhalb der österrei= chischen Hochschulgeographie bleibt.

*7. Exkurs: Fachdidaktische Lehrversuche in an=
deren Fächern - das Beispiel "Geschichte"*

Wurde bei den fachdidaktischen Ausbildungsver= suchen am Geographischen Institut der Univer= sität Wien als wichtiger Mangel das Fehlen ei= nes Praxisbezugs vermerkt, so soll nun an= schließend kurz über einen fachdidaktischen Lehrversuch in einem anderen Fach, bei dem es gelang, auch diesen einzubeziehen, berichtet werden, um dadurch Möglichkeiten für die fach= didaktische Ausbildung in Geographie aufzuzei= gen.

Der Lehrversuch stand unter der Leitung von o. Prof. Dr. H. WOLFRAM, Institut für Öster=

---

81 Forts.) Jahrgangsklassen - Einteilung aufge= löst und der Schüler der Oberstufe kann selbst, innerhalb eines verpflichtenden Rahmens, entscheiden, in welchem Semester er welche Kurse besucht.

82) Ergebnisse dieser drei fast vollendeten Diplomarbeiten wurden auch bereits im Rah= men einer von W. RERYCH, M. SCHNELLER, W. SITTE, H. WEIS und H. WOHLSCHLÄGL zusam= mengestellten Ausstellung *"D o k u m e n= t a t i o n z u r E n t w i c k l u n g d e r S c h u l g e o g r a p h i e i n Ö s t e r r e i c h s e i t 1 9 4 5"* am 40. Deutschen Geographentag in Innsbruck (Juni 1975) gezeigt.

reichische Geschichtsforschung an der Universität Wien. Dem Betreuerteam gehörten außerdem noch an: Oberstudienrat Dr. R. WANKA, Bundesrealgymnasium Wien XVII und Universitätsassistent Dr. J. THONHAUSER, Institut für Pädagogik der Universität Salzburg. Er wurde im Sommersemester 1973 vorbereitet und im Wintersemester 1973/74 als mediävistisches Seminar an der Universität Wien durchgeführt. THONHAUSER publizierte die dabei gemachten Erfahrungen 1974 in einem Aufsatz[83] auf den wir im folgenden zurückgreifen.

Bei diesem Lehrversuch wurde, etwas anders als bei den Lehrversuchen in Geographie, der Weg der direkten Kooperation zwischen Einzelfach und Erziehungswissenschaft gewählt. *"Von einer breiten gemeinsamen Erfahrungsgrundlage aus wurden in langen informellen Gesprächen konkrete Vorstellungen über gemeinsam vertretene Ziele des Geschichtsunterrichts gewonnen. Sie waren präzise genug, um der Planung des Lehrversuchs eine sichere Richtung zu geben, aber auch offen genug, so daß Erfahrungen während der Planungsarbeit noch mitverarbeitet werden konnten."*[84]

Das Seminar stellte sich die Aufgabe, Unterrichtspläne für das Thema *"Die Zeit der Völkerwanderung"* für die 9. oder 10. Schulstufe der AHS zu entwerfen und diese in der Praxis zu realisieren. *"Die Unterrichtspläne sollten vor dem Anspruch bestehen, inhaltlich dem Stand der heutigen Geschichtswissenschaft und in der Vermittlung den von wissenschaftlich abgesicherten Ergebnissen der Erziehungswissenschaft hergeleiteten Empfehlungen einer Erziehungslehre zu entsprechen."*[85]

Um diese Zielsetzung zu erreichen, wurde das Seminar im organisatorischen Aufbau in vier Phasen untergliedert:

    (A) *Planungsphase*,
    (B) *Revisionsphase*,
    (C) *Unterrichtspraxis*,
    (D) *Unterrichtsanalyse - Evaluation*.

Während der P l a n u n g s p h a s e wurden die Seminarteilnehmer in zwei Gruppen geteilt. "Die Gruppe *'Geschichtswissenschaftler'* erarbeitete in einem arbeitsteiligen Verfahren eine wissenschaftliche Darstellung der Zeit der Völkerwanderung und der wichtigsten in ihr enthaltenen Probleme. Ihre Arbeiten wurden vom Historiker betreut. Die Gruppe *'Geschichtslehrer'* - sie wurde vom Erziehungswissenschaftler beraten - erhielt die Aufgabe, den Unterricht vorzubereiten. Die Geschichtslehrer gingen inhaltlich von den approbierten Lehrbüchern und Lehrbehelfen aus und wurden dazu verhalten, vergleichsweise ausländische und ältere österreichische Lehrbücher heranzuziehen. Handbücher und Überblickswerke standen gleichfalls zur Verfügung. Für den didaktischen Aufbau eines ersten Entwurfs - er sollte dem Betreuer auch die Eingangsvoraussetzungen aufzeigen - wurden sie ermuntert, sich an selbst erlebten, besonders geglückten Stunden zu orientieren."[86]

Auch hier, genauso wie beim im Kapitel vorher beschriebenen geographischen Lehrversuch, wiesen die Teilnehmer keine verwertbaren erziehungswissenschaftlichen Vorkenntnisse auf, so daß die erforderlichen oder erwünschten Grundlagen für die Entwicklung von Unterrichtsplänen während des Lehrversuchs vermittelt werden mußten.

Die Unterrichtspläne sollten folgende Teile umfassen:[87]
  "(a) Aufbereitung des Themas,
   (b) Angabe der angestrebten Lernziele,
   (c) Angabe der voraussichtlichen Aktivitäten des Lehrers,
   (d) Angabe der erwünschten Aktivitäten der Schüler,
   (e) Kontrollen, die anzeigen, inwieweit Lehrer und Schüler die im Unterrichtsplan angestrebten Ziele erreichen konnten."

In der folgenden R e v i s i o n s p h a s e sichteten die *'Geschichtswissenschaftler'* die Unterrichtspläne kritisch hinsichtlich ihres Inhalts. Es wurde die Situation simuliert, der

---

83) THONHAUSER, J.: Geschichte und ihre Vermittlung. Analyse eines fachdidaktischen Lehrversuchs. In: Spectrum Pädagogikum, Salzburg 1974, 35 S.
84) ebenda, S. 2 - 3.
85) ebenda, S. 3.

---

86) ebenda, S. 5.
87) ebenda, S. 6.

Fachdidaktische Ausbildung in Österreich - Probleme und Versuche

sich *"(a) ein Lehrer im Bestreben, seinen Unterricht auf den Stand der Forschung zu bringen, gegenüberfindet, und (b) ein Wissenschaftler, der sich Gedanken über die Vermittlung von Forschungsergebnissen im Unterricht macht. ... Dem Geschichtelehrer der 'Versuchsklasse', einem erfahrenen Praktiker, kam in diesem 'realutopischen Modell' die Rolle dessen zu, der die Ansprüche der Realität durchsetzt, wenn eine schulfremde Wissenschaft sich allzu weit in die Utopie verrennt."* [88]

Drei Unterrichtsstunden in einer 6. Klasse eines Realgymnasiums (Oberstufenversuch nach Modell I) ermöglichten die praktische Erprobung der Unterrichtspläne. Dabei war vorgesehen, mehrere Lehramtsanwärter einzusetzen, um bei der Unterrichtsanalyse zumindest ansatzweise persönliche Vorzüge oder Mängel der Unterrichtenden von allgemeinen Problemen des Geschichtsunterrichts unterscheiden zu können.

Da allerdings keiner der am Lehrversuch teilnehmenden Studenten Unterrichtserfahrung besaß, wäre ohne spezielles V e r h a l t e n s t r a i n i n g die Gefahr einer nachhaltigen Enttäuschung bei der Lehrprobe *"nicht verantwortbar gewesen"*. Deshalb wurde dem Unterricht eine Übungsphase vorgeschaltet, die sich am Modell des M i c r o - T e a c h i n g orientierte. [89]

Dieses Vorgehen eines sehr behutsamen Übergangs von der - naturgemäß in theoretischen Vorstellungen schwelgenden - Seminaratmosphäre in die reale Schulpraxis erscheint uns als eine sehr günstige Möglichkeit, die auch in späteren fachdidaktischen Lehrversuchen im Bereich der Geographie erprobt und durchgeführt werden sollte, zum Beispiel als Vorspann zum zwölfwöchigen Unterrichtspraktikum, dessen Wert dadurch wesentlich gehoben werden könnte; - was aber wieder heißen würde, daß vor diesem fachdidaktische Lehrveranstaltungen stattzufinden hätten - eine Tatsache, die durch die Bestimmungen des Bundesgesetzes 1971 leider verhindert zu werden scheint. [90]

Im Rahmen dieser vorgeschalteten Übungsphase simulierte eine Gruppe von Teilnehmern die Schüler. *"Die vorbereiteten Stunden wurden in einzelne, höchstens zehn Minuten dauernde Abschnitte zerlegt, in denen jeweils eine bestimmte Fähigkeit (Vortrag halten, Gruppenunterricht organisieren, eine Arbeitsgruppe betreuen, eine Diskussion leiten, Anweisungen zur Lektüre von Quellentexten geben, Fragen stellen etc.) besonders geübt wurde. Nach der Darbietung eines Abschnittes wurden Vorzüge und Mängel diskutiert, einzelne Teile (z.B. unter Vermeidung der 'Lehrerfrage', Ausführung der 'und so weiter', Präzisierung der Arbeitsanweisungen, Verwendung zusätzlicher Anschauungsmittel) wiederholt, Übergänge zwischen den einzelnen Abschnitten versucht usf."* [91] Die Möglichkeit, die Aktionen auf ein Videoband aufzuzeichnen und den Akteuren nachträglich vorzuführen, war allerdings nicht gegeben.

Die Durchführung der realen Unterrichtsstunden [92] zeigte - und das *"hätte skeptische Lehrer überrascht zu sehen - wie e r g i e b i g entsprechend vorbereiteter Gruppenunterricht auch in einer Klasse sein kann, die diese Sozialform des Unterrichts nur vom Hörensagen kennt"*. [93]

Nach erfolgtem Unterricht wurden die Unterrichtspläne und ihre Ausführung jeweils einer Analyse unterzogen, die Gründe für Diskrepanzen zwischen Zielsetzung und Realisierung aufzeigen und zu einer abschließenden Diskussion überleiten sollte, deren Sinn sich in der Entwicklung vertretbarer Alternativen zum erteilten Unterricht und in Anregungen zur Erweiterung des didaktischen Bewußtseins erfüllte.

---

88) ebenda, S. 4 - 5.
89) zur Funktion des "Micro-Teaching" vgl.: OLIVERO, J.L. und R. BRUNNER: Micro-Teaching. Ein neues Verfahren zum Training des Lehrverhaltens. Reinhardt-Verlag, München 1973.
90) vgl. den § 10 des Bundesgesetzes; siehe Kap. 5.1.
91) THONHAUSER 1974, a.a.O., S. 23.
92) über die dabei aufgetretenen Erkenntnisse und die Analyse, die durch Daten aus halbstrukturierten Schülerinterviews zum vorangegangenen Unterricht vertieft wurden, berichtet THONHAUSER ausführlich (S. 23f.).
93) THONHAUSER 1974, a.a.O., S. 25.
"Einschränkend muß natürlich zu solchen Lehrversuchen gesagt werden, daß manche Bedingungen nicht denen des Schulalltags entsprechen, - die gründliche Vorbereitung des Unterrichts, die erhöhte Motivation der Schüler, die Lockerung zeitlicher Beschränkungen, die Kooperationsmöglichkeit und -bereitschaft der Teamlehrer."

Dieses fachdidaktische Experiment bringt unseres Erachtens eine Reihe von interessanten Aspekten und Versuchen und zeigt auch für die Geographie ein p r a k t i k a b l e s Modell auf, die fachdidaktische Ausbildung praxisbezogen, aber unter Berücksichtigung neuer erziehungswissenschaftlicher, fachdidaktischer und fachwissenschaftlicher Erkenntnisse durch ein *"studentenzentriertes"* Ausbildungsverfahren im Sinne des *"forschenden Lernens"* entscheidend zu verbessern.

8. Exkurs: Fachdidaktik in der Lehrerausbildung für das Fach "Geographie und Wirtschaftskunde" an den Pädagogischen Akademien

Die, wie schon erwähnt,[94] auf Grund des Schulgesetzes des Jahres 1962 errichteten P ä d a g o g i s c h e n A k a d e m i e n hatten vorerst nur die Aufgabe, aufbauend auf dem Bildungsgut einer Allgemeinbildenden Höheren Schule, Volksschullehrer in einem viersemestrigen Studiengang heranzubilden. 1971 wurde im Rahmen der 4. Novelle zum Schulorganisationsgesetz diesen Akademien dann auch der Auftrag, Mittelstufenlehrer[95] auszubilden, erteilt. Dies geschah vorerst in der Form eines Schulversuchs. Nach dessen Auslaufen wird die Ausbildung der zukünftigen Haupt- bzw. Gesamtschullehrer an den Pädagogischen Akademien ab 1. September 1976 als normaler Studiengang weitergeführt werden (5. Novelle zum Schulorganisationsgesetz).

Das Studium dieser Lehrer ist auf sechs Semester angesetzt und umfaßt drei g l e i c h b e d e u t e n d e und auch gleich große Bereiche:

- den *humanwissenschaftlichen Bereich*, der den pädagogisch-psychologisch-soziologischen Theoriehintergrund für den später ausgeübten Beruf aufbauen soll,

- den *fachwissenschaftlichen Bereich*,[96] der den Studenten auf die zwei Gegenstände, die er einmal in der Schule unterrichten wird, wissenschaftsuntermauert vorbereiten soll,

- und den *schulpraktischen Bereich*, in dem der angehende Lehrer v o m B e g i n n seines Studiums an Unterricht nicht nur beobachtet und analysiert, sondern auch s e l b s t g e s t a l t e t.

Der F a c h d i d a k t i k kommt in diesem Studium die ungemein wichtige Aufgabe zu, die in den drei Bereichen gewonnenen Erkenntnisse zusammenzuführen und sie in theoretisch abgesichertes, empirisch überprüfbares und praktisch anwendbares Lehrverhalten zu transferieren, das neben Planung und Durchführung von Unterricht auch kritisches Reflexionsbewußtsein, Kooperationsfähigkeit sowie Fähigkeit der Entwicklung von Unterrichtsstrategien etc. einschließt.

Die Gesamtwochenstundenanzahl der fachwissenschaftlichen Ausbildung beträgt pro Fach insgesamt rund 30 Stunden; im Falle der Geographie teilen sich diese wie folgt auf:[97]

Titel der Lehrveranstaltung	Wochenstunden
Karten- und Luftbildkunde	2
Einführung in die Physiogeographie	3
Humangeographie	9
Einführung in die Wirtschaftskunde	4
Landes- und Wirtschaftskunde Österr.	4
Regionalgeographie	6
Synthetisches Abschlußseminar	2

Dazu kommen 8 Pflichtexkursionstage

Das Gesamtvolumen der fachdidaktischen Pflichtveranstaltungen beträgt pro Wahlfach s e c h s W o c h e n s t u n d e n (= ein Sechstel der gesamten fachbezogenen Ausbildung; 16,7 Prozent aller 36 Stunden[98]). Es wird durch fachdidaktische Freigegenstände ergänzt.

Im schulpraktischen Teil kommen die Studenten insgesamt auf ca. 30 bis 40 Stunden selbständigen Unterricht, über den in zusätzlichen Lehrbesprechungen sowie schulpraktischen Seminaren reflektiert wird.

---

94) siehe Anm. 2)
95) Mittelstufe = 5., 6., 7. und 8. Schulstufe.
96) Hier können die Studenten aus *zwei Wahlfachgruppen* je ein Fach wählen. Die erste umfaßt "Deutsch", lebende Fremdsprachen und "Mathematik", die zweite alle übrigen im Fächerkanon der Mittelstufe vertretenen Unterrichtsgegenstände.

97) nach dem Wiener Versuchsmodell.
98) vgl. dazu die Anteile an der Wiener Universität, Kap. 4.2. und 5.2., die deutlich geringer sind !

Von den im Zusammenhang mit der Lehramtsprüfung vorgeschriebenen z w e i H a u s a r b e i t e n kann der Student eine fachdidaktisch ausrichten.

Eine große Rolle im gesamten Ausbildungsgang an den Pädagogischen Akademien, in dem, besonders wenn man den im Verhältnis zur Gesamtstundenzahl sehr hohen Anteil der schulpraktischen Ausbildung mitbetrachtet, die Fachdidaktik wesentlich stärker vertreten ist als bei der AHS-Lehrer Ausbildung an den Universitäten, spielt das Selbststudium der Studenten, wozu ihnen eine umfangreiche, auch fachdidaktisch ausgerichtete (!) Bibliothek zur Verfügung steht.

Dieser an den Pädagogischen Akademien neu konzipierte und bereits erprobte Ausbildungsgang für Lehrer des Mittelstufenbereichs könnte in manchen Bestandteilen a u c h M o d e l l f ü r e i n e V e r b e s s e r u n g d e r f a c h d i d a k t i s c h e n und pädagogischen (im weitesten Sinn verstanden) A u s b i l d u n g d e r z u k ü n f t i g e n A H S - L e h r e r sein. Bei den am Geographischen Institut der Wiener Universität durchgeführten fachwissenschaftlich-fachdidaktischen Seminaren[99] konnten manche Erfahrungen diesbezüglich bereits erfolgreich verwendet werden. In diesem Sinne zeigt sich, daß eine engere Zusammenarbeit von Pädagogischen Akademien und Universitäten nur fruchtbar sein kann - allerdings müssen dabei bestimmte Voraussetzungen gegeben sein.

9. Diskussionsgrundlage: Konzept einer verbesserten fachdidaktischen Ausbildung in Geographie an den österreichischen Universitäten

9.1. Prämissen und Operabilität

Abschließend stellt sich nun die Frage, wie könnte man an Österreichs Universitäten eine b e s s e r e f a c h d i d a k t i s c h e A u s b i l d u n g der zukünftigen Geographielehrer möglichst im Rahmen des gesetzlich vorgeschriebenen Ausbildungsganges und in K o o p e r a t i o n mit der Fachwissenschaft erreichen. Wir bieten dazu ein K o n z e p t a l s D i s k u s s i o n s g r u n d l a g e an.

Zu seiner Erstellung wurden folgende, überwiegend technisch-organisatorische Z i e l v o r s t e l l u n g e n a l s P r ä m i s s e n formuliert:

1) Oberstes Ziel des hier vorgeschlagenen Konzepts ist seine Operabilität und Praktikabilität. Es soll ohne große Schwierigkeiten in den gesamten Ausbildungsgang einzupassen und leicht und sinnvoll mit dem fachwissenschaftlichen und allgemein-pädagogischen Ausbildungsteil verknüpfbar sein.

2) Es soll im Rahmen der gesetzlichen Grundlagen, also des Bundesgesetzes 1971[100] und der bereits erlassenen Studienordnung für *"Geographie und Wirtschaftskunde - Lehramt"*[101] ohne größere Probleme durchführbar sein. Deshalb wird die fachdidaktische Ausbildung auch nicht in dem Ausmaß verankert, wie dies in vielen bundesdeutschen Ausbildungsplänen oder -entwürfen bereits der Fall ist (in denen für das Gesamtstudium das Verhältnis der Semesterwochenstunden fachwissenschaftlicher zu denen fachdidaktischer Lehrveranstaltungen in etwa mit 2 : 1 (!) angegeben wird,[102] während wir nachweisen konnten, daß es derzeit in Österreich noch viel zu tief, und zwar zwischen 20 : 1 und 12 : 1 liegt[103]).

Es wird vielmehr von den in der Studienordnung vorgeschriebenen s e c h s S e m e s t e r w o c h e n s t u n d e n a u s F a c h d i d a k t i k[104] ausgegangen, zu denen noch das S c h u l p r a k t i k u m und die b e g l e i t e n d e L e h r v e r a n s t a l t u n g kommen, so daß sich letztlich ein Verhältnis von etwa 5 : 1 ergibt.

---

99) siehe ausführlich Kap. 6.
100) siehe Kap. 5 und Anm. 57)
101) siehe Kap. 5.2 und Anm. 70)
102) vgl. dazu Anm. 52), Konzept des Verbandes Deutscher Schulgeographen.
103) siehe Kap. 4.2, S. 57 und Kap. 5.2, S.62
104) siehe Abb. 1, S.62.

3) Die Ungewißheit über die zukünftige Gestal= tung des Schulpraktikums[105] lastet als H y p o t h e k auf diesem Konzept. Wir bieten hier aber einen Vorschlag an, in dem es in die fachdidaktische Ausbildung a l s   i n t e g r i e r e n d e r   B e = s t a n d t e i l   e i n g e s c h l o s = s e n   i s t,[106] eine derartige Lösung stellt unseres Erachtens die einzige Möglichkeit dar, eine - letztlich wenig Nutzen bringen= de - Isolation der schulpraktischen Aus= bildung von Fachdidaktik und Fachwissen= schaft zu verhindern.

In diesem Sinne erscheint das Konzept auch für die allgemeine, außergeographische, be= reits in Kapitel 5.1 beschriebene Diskus= sion um die Einrichtung des Schulpraktikums interessant.

4) Es ist für Lehramtskandidaten günstig, so bald als möglich - also schon in tiefen Se= mestern - mit fachdidaktischen Fragen kon= frontiert zu werden, damit, wenn es schon nicht möglich ist, bei jeder fachwissen= schaftlichen Lehrveranstaltung den *"pädago= gischen Bezug"* herzustellen, doch die Stu= dierenden schon früh für fachdidaktische Fragen aufgeschlossen werden und ein orga= nischer Aufbau des fachdidaktischen Ausbil= dungsteils möglich ist. Andererseits kann aber die Beschäftigung mit fachdidaktischen Fragen nur dann wirklich fruchtbringend sein, wenn bereits eine g e w i s s e f a c h w i s s e n s c h a f t l i c h e G r u n d a u s b i l d u n g vorhanden ist.

Leider sind im Bundesgesetz 1971 fachdidak= tische Lehrveranstaltungen erst im 2. Stu= dienabschnitt vorgesehen, so daß sie in diesem Konzept, da es ja ein operables Kon= zept sein will, erst ab dem 5. Semester aufscheinen können.

5) Die fachdidaktische Ausbildung kann n i c h t so vorgestellt werden, daß man dem künftigen Lehrer Rezepte liefert (*Pseu= do-Didaktik*),[107] sondern daß man ihn didak= tisch mobil macht. Unterricht ist eine k r e a t i v e Tätigkeit und keine rezep= tive, der Lehramtskandidat soll durch f o r = s c h e n d e s Lernen dazu angeregt werden, g e s t a l t e n d zu arbeiten (und nicht einfach das Lehrbuch aufzuschlagen), gerade in einem Fach, das einen wichtigen Beitrag zur politischen Gegenwartskunde zu liefern imstande ist.

In diesem Sinne sind die Aussagen in den Kapiteln 2 und 3 bei der Erstellung dieses Entwurfs sinngemäß anzuwenden gewesen.

6) Mit dieser fachdidaktischen Ausbildung müß= te ein neu zu konzipierendes erziehungswis= senschaftliches Begleitstudium sinnvoll ver= knüpft werden.

7) Bisher gewonnene Erkenntnisse in fachdidak= tischen Ausbildungsplänen und -versuchen des In- und Auslands, insbesondere in den fachwissenschaftlich-fachdidaktischen Semi= naren am Geographischen Institut der Univer= sität Wien (Lehrkanzel Prof. Troger) sind zu berücksichtigen.[108]

8) Auf die künftige Schaffung von übergreifen= den Unterrichtsfeldern an den Allgemeinbil= denden Höheren Schulen, die nicht mehr der Fächergliederung der Universitäten entspre= chen, ist auch bei der Erstellung eines fach= didaktischen Ausbildungsplans Bedacht zu neh= men. Gerade das Fach "Geographie und Wirt= schaftskunde" symbolisiert ja den Beginn sol= cher Entwicklungstendenzen.[109]

9.2. Zum Aufbau des Konzepts

Einen Ü b e r b l i c k über den Aufbau des vorgeschlagenen Konzepts zu einer erneuerten fachdidaktischen Ausbildung gibt *Abb 7*.

---

105) siehe ausführlich Kap. 5.1.
106) korrekt gesagt: nur die Hälfte des Schul= praktikums, da die andere Hälfte ja im 2. Fach absolviert wird.
107) vgl. dazu Kap. 2 !

---

108) siehe Kap. 6.
109) vgl. dazu Kap. 3, S. 49 - 53.

Fachdidaktische Ausbildung in Österreich - Probleme und Versuche

Abb. 7: Konzept einer verbesserten fachdidaktischen Ausbildung im Rahmen des Studienzweiges "Geographie und Wirtschaftskunde - Lehramt" an den österreichischen Universitäten (W. SITTE und H. WOHLSCHLÄGL 1975).

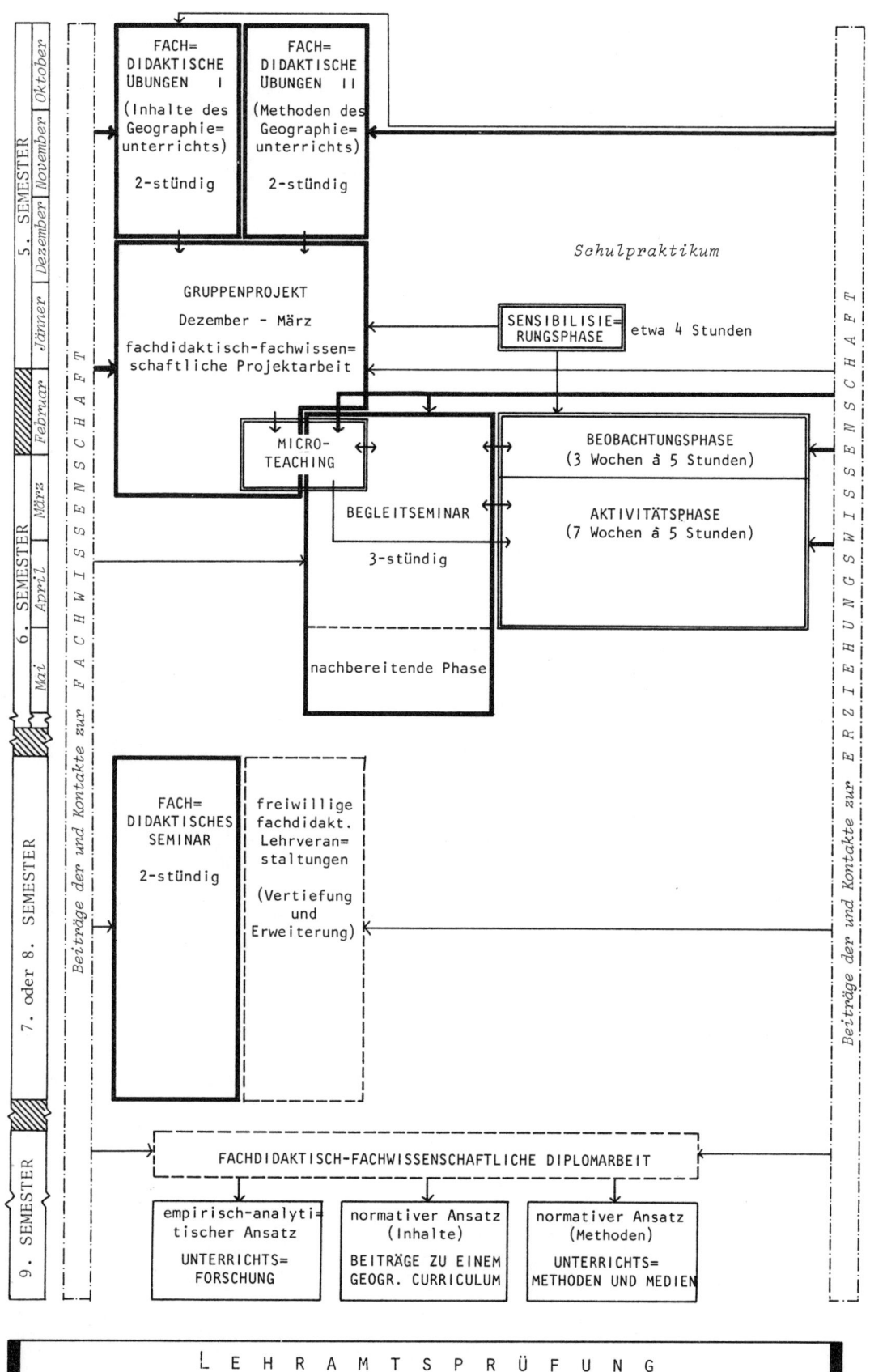

Auf zwei parallel laufende jeweils 2-stündi= ge[110] "F a c h d i d a k t i s c h e   Ü b u n = g e n" im 5. Semester folgt im letzten Drittel dieses Semesters ein "G r u p p e n p r o = j e k t", das sich auch über die Semesterferi= en erstreckt. Die von den Teilnehmern in die= sem Projekt erarbeiteten Unterrichtseinheiten, Unterrichtsmodelle und -verfahren werden Anfang des nächsten Semesters im "M i c r o - T e a c h i n g" ebenso wie diverse Unter= richtsmethoden und Verhaltensweisen getestet und dann im "S c h u l p r a k t i k u m" in der realen Unterrichtswirklichkeit praktiziert, nachdem die Lehramtskandidaten schon in einer Vorphase des Schulpraktikums (*"Beobachtungs= phase"*) Gelegenheit hatten, diese beobachtend kennenzulernen.

Parallel zum Schulpraktikum und mit diesem eng verknüpft läuft im 6. Semester das 3-stündige "B e g l e i t s e m i n a r" in Zusammenar= beit von Praktikumslehrern, universitären Fach= didaktikern, Vertretern der Fachwissenschaft und Allgemeinen Erziehungswissenschaft und Schülervertretern ab. In diesem wird der Un= terricht nach allen notwendigen Richtungen und Bereichen vorbereitet und analysiert.

Die fachdidaktische Ausbildung schließt schließlich mit einem 2-stündigen "F a c h = d i d a k t i s c h e n   S e m i n a r" im 7. oder 8. Semester ab, in dem stärker Proble= me der fachdidaktischen Theorie, der Curricu= lumforschung etc. angeschnitten werden sollen und in dem der künftige Lehrer zeigen soll, daß er zu Forschungsfragen der wissenschaftli= chen Fachdidaktik Stellung nehmen kann.

Es ist unseres Erachtens in Zukunft auch wün= schenswert, daß interessierte spätere Lehrer nicht nur fachwissenschaftliche, sondern nach freier Wahl auch f a c h d i d a k t i s c h e D i p l o m a r b e i t e n (Hausarbeiten) oder solche im Zwischenfeld und Überschneidungs= bereich von Fachwissenschaft und Fachdidaktik übernehmen können. Dasselbe gilt auch für D i s s e r t a t i o n e n.

Auf Grund der Neuregelung der Lehrerbildung für die höhere Schule wird wohl das *"Probejahr"* in seiner bisherigen Form[111] entfallen müssen. Die bloße positive Absolvierung der fachdidak= tischen Ausbildung und des Schulpraktikums kann aber alleine als noch nicht genügend für eine effiziente Einführung ins praktische Lehr= amt angesehen werden, da sie *"durch erst teil= ausgebildete Studierende"* und *"in einer psycho= logischen 'Probiersituation' und nicht Ernst= situation abgelegt wird"*. Es besteht daher, nach einer Aussage des Präsidenten des Wiener Stadtschulrates, H. SCHNELL,[112] die Absicht, im ersten Jahr nach der Lehramtsprüfung an Stelle des Probejahres ähnlich dem bundesdeut= schen Vorbild ein R e f e r e n d a r j a h r einzuführen, doch ist über dessen Konzeption und fachdidaktische Bezüge noch nichts bekannt.

9.3. Zu den einzelnen Lehrveranstaltungen - Lernzielangaben

9.3.1. FACHDIDAKTISCHE ÜBUNGEN I (Inhalte des Unterrichtsfaches "Geographie und Wirt= schaftskunde), 2-stündig, im 5. Seme= ster, unter Leitung eines Fachdidakti= kers der Geographie, siehe Abb. 7.

L e r n z i e l e :

● Kenntnis der österreichischen Lehrpläne für das Unterrichtsfach "Geographie und Wirt= schaftskunde" und Fähigkeit, deren Inhalte und Zielsetzungen zu interpretieren.

● Erkennen, daß neben den selbsterlebten und in Lehrplänen und Schulbüchern tradierten Inhalten der Schulgeographie alternative (Lehrplan)Konzepte im In- und Ausland exi= stieren und Fähigkeit, diese nach ihren Zielsetzungen zu analysieren.

● Kenntnis der in Österreich laufenden (Schul= versuchs)Projekte einer inhaltlichen und me= thodischen Reform des Geographieunterrichts

---

110) alle Angaben in Semesterwochenstunden.

111) siehe S. 57.
112) SCHNELL 1974, a.a.O., S. 267/268.
113) Wir sind uns dessen bewußt, daß die Lern= ziele verschiedene Abstraktionsgrade auf= weisen, stellen sie aber trotzdem in die= ser ersten Diskussionsgrundlage der Über= sichtlichkeit halber ohne Hierarchisierung nebeneinander, obwohl zweifellos systema= tische Lücken zu finden sind.

und Fähigkeit, diese nach ihren Inhalten und Zielsetzungen zu analysieren.

● Fähigkeit, traditionelle und neue Inhalte und Zielsetzungen des Schulfaches kritisch zu betrachten und im Vergleich zur Entwicklung der Fachwissenschaft, zu den Forderungen der Erziehungswissenschaften und zu den Anforderungen der Gesellschaft an Schule und schulische Ausbildung heute, die darauf hinauslaufen, Schüler zu befähigen, künftige Lebenssituationen einer sich verändernden Umwelt durch rationale Entscheidungen zu bewältigen, zu analysieren und zu beurteilen.

● Fähigkeit, an ausländischen Beispielen die Zielsetzungen geographischen Unterrichts im gegenwärtigen Curriculum bzw. in Curriculumforschungsprojekten (HSGP, RCFP, Oxford Geography Project u.a.) und in früheren Lehrplänen zu nennen, zu beschreiben und kritisch zu beurteilen.

● Fähigkeit, Lernziele zu formulieren, argumentativ zu vertreten, taxonomisch zu ordnen, hierarchisch zu gliedern und zu operationalisieren.

● Kenntnis der wichtigsten Aufgaben einer Didaktik der Geographie (Schulgeographie).

9.3.2. FACHDIDAKTISCHE ÜBUNGEN II (Methoden des Unterrichtsfaches "Geographie und Wirtschaftskunde"), 2-stündig, im 5. Semester, unter Leitung eines Fachdidaktikers der Geographie, *siehe Abb. 7.*

L e r n z i e l e :

● Erkennen, daß entsprechend sozio-ökonomischen und kulturellen Veränderungen sowie des erziehungswissenschaftlichen Fortschritts Erziehung und Unterricht einem ständigen Wandel unterliegen und Fähigkeit, die sich daraus ergebenden Konsequenzen kritisch zu beurteilen.

● Kenntnis der für das Fach spezifischen pädagogisch-psychologischen und pädagogisch-soziologischen Voraussetzungen und Fähigkeit, den Unterricht danach auszurichten.

● Kenntnis wichtiger, den heutigen erziehungswissenschaftlichen Erkenntnissen entsprechender Unterrichtsstrategien für das Fach "Geographie und Wirtschaftskunde" und Fähigkeit, diese jeweils in Kenntnis der Lern- und Unterrichtsziele sinnvoll und variabel einzusetzen.

● Kenntnis der wichtigsten Medien im Geographie- und Wirtschaftskunde-Unterricht und Fähigkeit, sie im Rahmen des Unterrichts sinnvoll anzuwenden und ihren Einsatz zu organisieren.

● Fähigkeit, zu bestimmten Lernzielen Medienangebote neu zu konzipieren.

● Kenntnis von Bewertungskriterien und Problemen der Leistungsbeurteilung im Geographie- und Wirtschaftskunde-Unterricht und Fähigkeit, informelle Tests selbst zu entwerfen.

● Erkennen, daß keine Unterrichtsmethode und kein Unterrichtsmittel die alleine zielführenden sind, sondern daß der "Weg zur optimalen Unterrichtsgestaltung" nur durch eine Vielfalt von Methoden und Medien und ihren variablen, aber sinnvollen Einsatz erreicht werden kann.

9.3.3. GRUPPENPROJEKT, 5. bis 6. Semester, in Zusammenarbeit von Fachdidaktikern der Geographie und Vertretern der Fachwissenschaft, *vgl. Abb. 7.*

Selbständige Erarbeitung konkreter Unterrichtseinheiten. Strukturierung fachlicher (geographischer) Sachverhalte für den Unterricht (Lern-

---

114) vgl. auch die Zusammenstellung von sieben Lernzielen, die *"das formulieren, was man als den relativen Konsens der Geographiedidaktiker bezeichnen könnte"*, in: BARTELS - HARD 1974, a.a.O., S.218.

vgl. auch die Zielangaben im "Entwurf eines Studienganges zur Ausbildung von Geographielehrern für die Sekundarstufe I" des Verbandes Deutscher Schulgeographen, sowie die Zielangaben zu Teilaspekten in verschiedenen Beiträgen des Bandes: "Didaktik der Geographie an der Universität", a.a.O. (siehe Anm. 4).

zielformulierung, Materialisierung und Ausarbeitung von Unterrichtsstrategien); wenn möglich mit Bezug zu fachwissenschaftlichen Lehrveranstaltungen.[115]

L e r n z i e l e :

- Fähigkeit, konkrete, im nachfolgenden Schulpraktikum zu realisierende Unterrichtsvorhaben zu planen und in Unterrichtseinheiten aufzugliedern.

- Fähigkeit, wissenschaftliche Erkenntnisse und Forschungsmethoden in Unterrichtsprojekte (Unterrichtseinheiten) für bestimmte Altersstufen umzusetzen; Fähigkeit, geographische Sachverhalte so zu strukturieren, daß sie lernrelevante Unterrichtsthemen sein können.

- Fähigkeit zur Konstruktion von unterrichtsmethodischen Verfahren und zur stufengerechten Auswahl von Fallbeispielen, um gesetzte Lernziele zu erreichen.

- Fähigkeit, zu einem vorgegebenen oder selbstgewählten (fachwissenschaftlichen) Thema unter Zuhilfenahme der in den *"Fachdidaktischen Übungen I und II"* erworbenen Kenntnisse und Fertigkeiten und unter Berücksichtigung der Einsichten der *"Beobachtungsphase des Schulpraktikums"*[116] und des *"Micro-Teaching"* Unterrichtseinheiten selbst kreativ zu erarbeiten, Lernziele zu formulieren, den Unterrichtsablauf lernpsychologisch durchzudenken, ihn inhaltlich zu systematisieren und ihn zu materialisieren, unter Verwendung von Medien Unterrichtsstrategien zur Erreichung der Lernziele zu entwickeln und schriftlich auszuarbeiten.

9.3.4. SCHULPRAKTIKUM (insgesamt 50 Stunden) UND BEGLEITENDE LEHRVERANSTALTUNG (BEGLEITSEMINAR, 3-stündig), im 6. Semester, in Zusammenarbeit von Praktikumslehrern, Fachdidaktikern der Geographie und Vertretern der Erziehungswissenschaft, *siehe Abb. 7.*

Das Schulpraktikum stellt mit seinem Begleitseminar das K e r n s t ü c k der fachdidaktischen Ausbildung dar; zu seiner Durchführung sind die schon in Kapitel 5.1 gemachten Aussagen sinngemäß anzuwenden; das Konzept für seine Gestaltung ist in Kapitel 9.4 beschrieben.

L e r n z i e l e :

- Fähigkeit, geographischen Unterricht systematisch zu beobachten, zu analysieren, zu planen, experimentell zu verwirklichen und zu evaluieren[117] (*Schulpraktikum und Begleitseminar*).

- Fähigkeit, das reale Unterrichtsgeschehen auf Intentionen, Themen, Lehr-Lernprozesse, fachspezifisches Lernverhalten und Motivation der Schüler, Lehrerverhalten, Organisationsformen, Wirksamkeit und Einsatz fachspezifischer Medien zu beobachten, zu analysieren und Möglichkeiten einer Verbesserung aufzuzeigen, bzw. in Hinblick auf alternative Lösungen zu untersuchen (*Beobachtungsphase des Schulpraktikums*).

- Fähigkeit, erziehungsrelevante Bedingungen für die Realisierung von Unterrichtszielen zu nennen und zu beschreiben (*Begleitseminar*).

- Fähigkeit, geographische Inhalte unter Berücksichtigung der Schülersituation in Unterricht umzusetzen (*Kombi-Lernziel: Gruppenprojekt - Micro-Teaching - Begleitseminar - Schulpraktikum*).

- Fähigkeit, an ausgewählten Dokumentationen von Unterrichtssequenzen (Unterrichtsmitschau im Begleitseminar, Micro-Teaching, reale Schulsituation) die Lernrelevanz und -effektivität von Unterrichtsprozessen zu beurteilen.

- Erkennen des Spannungsverhältnisses zwischen Planung und Realisierung von Unterricht.

- Bewußtwerden des Zusammenhangs zwischen Lernziel, stofflichem Inhalt, Lernmotivation und

---

115) mögliche Wege zur Gestaltung solcher Gruppen-Projekte und für die Palette zu bearbeitender Themen (Inhalte) und zu erarbeitender Konzeptionen (Zielsetzungen) sind bereits in den fachwissenschaftlich-fachdidaktischen Seminarversuchen (siehe Kap.6) aufgezeigt worden.

116) siehe Kap. 9.4.

-fähigkeit der Schüler und angemessener Methode sowie seiner theoretischen Bezüge und Erkennen der daraus resultierenden Probleme.

- Fähigkeit, die eigenen fachdidaktischen Untersuchungen und Experimente auf die wesentlichen Theorien und Methoden der Allgemeinen Didaktik (und Curriculumtheorie), der empirischen Unterrichtsforschung sowie der Lern-, Erziehungs-, Entwicklungs- und Sozialpsychologie zu beziehen.[117] (*Nachbereitungsphase des Begleitseminars*).

- Fähigkeit, in Zusammenarbeit mit dem Praktikumsbetreuer geplante Leistungsbeurteilungen durchzuführen und kritisch zu analysieren.

9.3.5. FACHDIDAKTISCHES SEMINAR, 2-stündig, im 7. oder 8. Semester, unter Leitung eines Fachdidaktikers der Geographie, vgl. Abb. 7.

L e r n z i e l e :

- Kenntnis der wichtigsten Diskussionsfelder der "Geographie und Wirtschaftskunde"Didaktik und Fähigkeit, sie unter Abwägung der Argumente darzustellen.[117]

- Kenntnis der wichtigsten Probleme und Ergebnisse der Wissenschaftstheorie der Bezugswissenschaften des Schulfaches (als Grundlage didaktischer Entscheidungen).

- Fähigkeit, fachdidaktische Verfahren, Argumente, Veröffentlichungen, Forschungsrichtungen und Projekte wissenschaftstheoretisch vor dem Hintergrund der Kategorien, Modelle und Argumente der heutigen Wissenschaftstheorie zu analysieren und zu beurteilen.[117][118]

- Fähigkeit des künftigen Lehrers, für sein Fach im Bewußtsein der dafür von den Erziehungswissenschaften als maßgebend angesehenen Kategorien, der Entwicklung der eigenen (Bezugs)Fachwissenschaft, der Stellung des Faches im Fächerkanon der Schule und der Anforderungen gesellschaftlicher Zielvorstellungen Z i e l e zu entwickeln und zu formulieren.

- Bewußtwerden der Fachdidaktik als wissenschaftlicher Disziplin, der berufsfeldbezogene Aufgaben gestellt sind und die mit erziehungs- und sozialwissenschaftlichen Methoden arbeitet.

- Fähigkeit, ein wissenschaftsmethodisches (oder wissenschaftstheoretisches) Thema der Fachdidaktik selbständig und in Kenntnis und Abwägung der Literaturlage zu bearbeiten.

9.3.6. FREIWILLIGE FACHDIDAKTISCHE LEHRVERANSTALTUNGEN

L e r n z i e l :

- Fähigkeit, in einem Bereich der Fachdidaktik vertiefte und erweiterte Kenntnisse zu erwerben.

9.4. Ergänzende Bemerkungen zur Gestaltung des Schulpraktikums im vorgeschlagenen Konzept einer erneuerten fachdidaktischen Ausbildung für das Unterrichtsfach "Geographie und Wirtschaftskunde"

Über die Gestaltung von Schulpraktika und über das Verhältnis von Theorie und Praxis in einer reformierten Lehrerausbildung ist in letzter Zeit - vor allem initiiert durch die wachsende Kritik am zweiteiligen Ausbildungsmodell in der Bundesrepublik Deutschland[119] einiges Grundsätzliches geschrieben worden, auf das hier nur

---

117) Lernziel nach: BARTELS - HARD 1974, a.a.O., S. 218.
118) vgl. dazu Kap. 2 - über die Bedeutung der Wissenschaftstheorie für die Fachdidaktik. Diese Forderung ist auch organisatorisch möglich, da in der Studienordnung (siehe Kap. 4.2) eine Pflicht-Lehrveranstaltung "Theorie und Methoden der Geographie" vorgesehen ist.
119) siehe Anm. 39)

verwiesen werden kann.[120] Es hat sich bereits die Auffassung durchgesetzt, daß eine strikte Ausklammerung jedes berufspraktischen Bezugs während des Studiums bzw. eine Aufspaltung der Ausbildung in eine ausschließlich fachwissen= schaftlich konzipierte erste Phase an den Uni= versitäten ganz ohne didaktische Bezüge und eine weitgehend einübende zweite Phase (Refe= rendarausbildung) unzweckmäßig und dem Studien- und Ausbildungsgang in der Lehrerbildung nicht dienlich ist.[121]

Für die deutsche Situation wurden schon ver= schiedene Modelle einer verbesserten schul= praktischen Ausbildung entwickelt und zum Teil auch erprobt (z.B. NICKLIS 1972, DIETRICH - KLINK 1972, BECKMANN 1971), und auch für die Didaktik der Geographie liegen bereits erste Vorschläge für die Organisation bzw. die Ge= staltung fachdidaktischer Schulpraktika vor (BIRKENHAUER, bzw. BIRKENHAUER - HAUBRICH 1972,[122] zuletzt auch SCHÖNBACH 1974[121]).

In den vorliegenden Modellen kommt überein= stimmend zum Ausdruck, daß *"fachdidaktische Praktika erst dann effektiv werden können, wenn ihnen ein Eingangsabschnitt vorgelagert ist"*.[123] Dieser ist im vorliegenden Konzept durch die beiden *"Fachdidaktischen Übungen"* und durch das *"Gruppenprojekt"*, zu denen sich möglicherweise noch erziehungswissenschaftliche Lehrveranstaltungen gesellen können, in ausrei= chendem Maße gegeben.

Die in diesem Aufsatz schon mehrmals geforderte und begründete enge Koppelung des Schulprakti= kums an die Fachdidaktik wird auch in der Li= teratur stark vertreten. So schreibt zum Bei= spiel WALTHER (1973, S. 16), die Notwendigkeit hierzu ergibt sich aus der Tatsache, daß *"Kri= terien für 'erfolgreiches' Lehrerverhalten in enger Anlehnung an den jeweils vermittelten Stoff entwickelt werden müssen, und das heißt doch wohl: in engem Bezug zur jeweiligen Fach= didaktik, die ihrerseits mit der allgemeinen Didaktik in einem engen Zusammenhang steht"*.

In dem hier vorgeschlagenen Konzept wird das Schulpraktikum, das nach den Durchführungsvor= stellungen des zuständigen Ministeriums insge= samt 100 Stunden umfassen soll, von denen aller= dings nur die Hälfte (50 Stunden) dem Unter= richtsfach "Geographie und Wirtschaftskunde" zu= gezählt werden kann,[124] in d r e i P h a = s e n (*siehe auch Abb. 7*) gegliedert:

1. SENSIBILISIERUNGSPHASE (EINGANGSPHASE), etwa 4 Stunden:

Das Schulpraktikum beginnt im letzten Teil des 5. Semesters, also zu einer Zeit, in der die Studierenden bereits durch die *"Fachdidaktischen Übungen I und II"* wesentliche fachdidaktische Grundeinsichten erworben haben und im *"Gruppen= projekt"* selbst an der Erstellung von Unter= richtsprojekten arbeiten.

Sie sind vorerst passive Teilnehmer am Unter= richtsgeschehen und sollen in der praktischen

---

120) OTTO, G. und U. SCHIEBEL: Das "Didakti= kum" - Modell eines unterrichtspraktischen Studienganges in hochschulgemäßer Form. In: HEIMANN, P., OTTO, G. und W. SCHULZ: Unterricht, Analyse und Planung. Hannover, 1. Aufl. 1965.
NICKLIS, W.S.: Die Schulpraktika im päda= gogischen Grundstudium. Bad Heilbronn 1972.
SAUER, K.: Das Schulpraktikum in der wis= senschaftlichen Lehrerausbildung. In: Die Deutsche Schule 1969, S. 86 - 93.
DIETRICH, Th. und J.G. KLINK: Funktion und Organisation der "Schulpraktischen Studien" in der Ausbildung der Grund-, Haupt- und Realschullehrer. In: Zeit= schrift für Pädagogik, Beiheft 11, 1972, S. 13 - 33.
BECKMANN, H.K.: Das Verhältnis von Theorie und Praxis als Kernfrage für eine Reform der Lehrerausbildung. In: Zeitschrift für Pädagogik, Beiheft 10, 1971, S. 167 - 177.
WALTHER, H.: Neue Wege zum optimalen Un= terricht. München 1973.
MEYER, E.: Schulpraktikum. Kamps Pädagogi= sche Taschenbücher, Essen 1966.
121) vgl. dazu u.a.:
SCHÖNBACH, R.: Aufgaben und Inhalte fach= didaktischer Schulpraktika. In: Fachdidak= tische Studien 6, München 1974, S. 244 - 252.

122) BIRKENHAUER, J. 1972, a.a.O.
INTERDISZIPLINÄRE ZUSAMMENARBEIT SOZIAL= KUNDLICHER FÄCHER bei der Planung und Durchführung schulpraktischer Studien (unter Mitarbeit von J. BIRKENHAUER und H. HAUBRICH). In: Zeitschrift für Pädagogik, Beiheft 11, 1972, S. 129 - 146.
123) SCHÖNBACH 1974, a.a.O., S. 246.
124) die andere Hälfte ist für das zweite Fach vorbehalten.
125) siehe hierzu: WALTHER 1973, MEYER 1966, HEIMANN - OTTO - SCHULZ 1965.

Fachdidaktische Ausbildung in Österreich - Probleme und Versuche

Realität und im Vergleich zu den theoretischen Einsichten für die Problemsituationen des Berufsfeldes sensibilisiert werden.

Diese erste Phase verläuft parallel zum *"Gruppenprojekt"* und hat dadurch auch die wichtige Funktion, die Studierenden bei der Erarbeitung ihrer Unterrichtsprojekte an die reale Unterrichtssetuation zu mahnen und so die Gefahr des Abschweifens der Projekte in allzu euphorische, nicht mehr praktikable Dimensionen zu verhindern.

2. BEOBACHTUNGSPHASE, 3 Wochen je 5 Stunden:

Gleichzeitig mit der Beobachtungsphase des Schulpraktikums setzt auch die gleichgeschaltete begleitende Lehrveranstaltung, das 3-stündige *"Begleitseminar"*, ein. Die Studenten sind noch immer am Unterricht nur passiv beteiligt, nur wird nun durch Zusammenarbeit von Praktikumslehrern, Fachdidaktikern und Erziehungswissenschaftlern ihre Fähigkeit zur k r i ‐ t i s c h e n B e o b a c h t u n g r e a ‐ l e r U n t e r r i c h t s s i t u a t i o ‐ n e n entwickelt, wobei sie grundlegende Kategorien der U n t e r r i c h t s a n a l y s e erfahren und anwenden lernen.[125]

Die fachdidaktischen Tatsachen und Erkenntnisse, die in den *"Fachdidaktischen Übungen I und II"* gewonnen und im *"Gruppenprojekt"* vorderhand nur theoretisch angewandt wurden, sollen nun in ihrem Bezug zur konkreten Unterrichtssituation gesehen und kritisch reflektiert werden. Die zu beobachtenden Gegebenheiten können dabei sowohl stufen- bzw. altersspezifisch als auch - im Vergleich - stufenübergreifend im Licht der Theorie aufgefaßt und analysiert werden.

Nach SCHÖNBACH (1974, S. 247) bieten sich als Aufgabenbereiche einer solchen sich auf theoretische Studien gründenden Beobachtungsphase, deren Ergebnisse in Protokollen festzuhalten wären, an:

1) *Beobachtung und Analyse von Lehr-Lern-Prozessen.*
2) *Beobachtung und Analyse des fachspezifischen Lernverhaltens der Schüler.*
3) *Beobachtung der Wirksamkeit fachspezifischer Medien.*

Gezielte Beobachtungsaufträge sollen dabei die Aufmerksamkeit der Studierenden auf Problemsituationen lenken, die einer weiteren Erörterung bedürfen.

In einem nächsten Schritt können neben den Problemen des Lehr- und Lern-Verhaltens ausgehend von theoretischen Ansätzen und Kategorien solche der Realisierung curricularer Intentionen erkannt, analysiert und in Hinblick auf alternative Lösungen untersucht werden.[126]

So soll mit Hilfe dieser Phase eine gesteigerte Beurteilungs- und Kritikfähigkeit gegenüber Inhalten und Anwendungsformen von Unterricht erreicht (entwickelt) werden. Die gewonnenen Einsichten fließen aber auch in einer Art Rückkoppelungsprozeß dem *"Gruppenprojekt"* zu, das sich jetzt bereits in der Endphase befindet und laufend an diesen und an der Unterrichtsrealität mitorientiert wird.

Beide, die erarbeiteten Unterrichtskonzepte des *"Gruppenprojekts"* und die Einsichten der *"Beobachtungsphase"* werden dann im *"Micro-Teaching"* miteinander verknüpft. Über dieses didaktische Verfahren, seine Durchführung, seine Zielsetzungen und seine Wertigkeit im Ausbildungsprozeß wurde bereits ausführlich berichtet.[127] Es dient als Vorbereitung auf die Phase 3 des Schulpraktikums, die *"Aktivitätsphase"*, die durch dieses Verfahren simuliert wird.

3. AKTIVITÄTSPHASE, 7 Wochen je 5 Stunden.

Beim *"Micro-Teaching"* und in der *"Aktivitätsphase"* des Schulpraktikums ist der künftige Lehrer nun selbst aktiv, wirkt selbst unterrichtsgestaltend, vorher nur im Simulationsbetrieb, dann aber in der echten schulischen Realität.

Die im *"Gruppenprojekt"* erarbeiteten Unter‐

---

126) vgl. dazu SCHÖNBACH 1974, S. 245.
127) siehe Kap. 7, S. 71.

richtseinheiten (Unterrichtsmodelle) - bzw. die unter Umständen im *"Begleitseminar"* noch zusätzlich erarbeiteten Unterrichtspläne und Stundenkonzepte - werden nun in der Praxis angewandt, wobei neben der Frage nach ihrer inhaltlich-sinnvollen Operabilität vor allem Probleme der realen Unterrichtsgestaltung diskutiert werden. Ziel ist dabei aber weder das *"planmäßige Einüben gewisser Unterrichtsverfahren und -techniken in Form von 'Lektionen'"* (SCHÖNBACH 1974, S. 244), noch, die Studenten mit unreflektierten Verhaltensschemata im Sinn einer *"Handwerkslehre"* auszustatten. Ausgehend von curricularen Aufgaben und Zielsetzungen sollen die Studierenden im Wechsel von theoretischer Grundlegung und praktischem Versuch charakteristische Arbeitsweisen des Geographieunterrichts kennenlernen und das Spannungsverhältnis zwischen Planung (von Unterricht im *"Gruppenprojekt"*) und Realisierung (bei Schülern) erfahren.

Nach SCHÖNBACH (1974, S. 248) *"werden solche Veranstaltungen"* (wie hier die Aktivitätsphase des Schulpraktikums) *"dazu zu dienen haben, den Zusammenhang zwischen Lernziel, stofflichem Inhalt, Lernfähigkeit und Motivation der Schüler und angemessener Methode deutlich zu machen und seine theoretischen Bezüge ins Bewußtsein zu rücken"*. Die in der k o n k r e t e n Unterrichtssituation auftretenden, teilweise vorher nicht einplanbaren Probleme *"gilt es zu erkennen, zu analysieren und zur Diskussion zu stellen"*.

Neben *"Micro-Teaching"* und eigenen Lehrversuchen mit Schülern ist auch der Ausbau der Einrichtungen der U n t e r r i c h t s m i t s c h a u (Film, Videorecorder), die schon in den *"Fachdidaktischen Übungen II"* gezielt angewendet werden sollten, im *"Begleitseminar"* zu fordern. Sie haben gegenüber der unmittelbaren Unterrichtsbegegnung, neben dem Nachteil des Verlustes des unmittelbaren Bezugs zum Unterricht, zwei Vorzüge:

a) Die Erfassung und Bearbeitung der jeweiligen fachdidaktischen Thematik kann durch die Auswahl geeigneter Unterrichtsausschnitte, ihre Wiederholung und Aufgliederung, intensiviert werden.

b) Mittels des Videorecorders können sich die künftigen Lehrer selbst bei ihren Unterrichtsaktivitäten studieren.

So wird der Lehramtskandidat, vom *"Gruppenprojekt"* angefangen bis zum Ende des *"Begleitseminars"*, das nach Abschluß des *"Schulpraktikums"* noch mit einer n a c h b e r e i t e n d e n P h a s e weiterläuft, in der Form des forschenden Lernens direkt an den wissenschaftlichen Aufgaben der Fachdidaktik beteiligt und erfährt diese als wissenschaftliche Disziplin, der berufsfeldbezogene Aufgaben gestellt sind. Er wird außerdem im Umgang mit Schülern und in allen Stufen der Erstellung und Methode von Unterricht geschult.

Wenn alles bisher Angeführte im *"Schulpraktikum"* und *"Begleitseminar"* erreicht wird, dann erfüllen diese unseres Erachtens vollständig ihren Zweck, nämlich k r e a t i v e, für neue Ideen offene Lehrerpersönlichkeiten zu schaffen, die b e s s e r g e r ü s t e t sind, die vielfältigen Aufgaben und Umwälzungen, die auf die Schule von morgen zukommen, zu bewältigen; - die damit aber auch beitragen werden, das "Image" des Faches *"Geographie"* an der Schule und folglich a u c h i n d e r Ö f f e n t l i c h k e i t zu verbessern.

Zum Abschluß dieses Beitrages soll noch einmal bemerkt werden, daß die vorgebrachten Überlegungen zur Verbesserung der fachdidaktischen Ausbildung an den Universitäten ein erster Versuch sind, Vorschläge, die zum Teil empirisch erprobt wurden und Gedanken, die erst durch die Praxis abgesichert werden müssen, in einem Konzept zu vereinigen, von dem sich die Verfasser erhoffen, daß es eine k o n k r e t e D i s k u s s i o n s g r u n d l a g e für die unbedingt notwendige Verbesserung des Lehramtsstudiums darstellen könnte.

LITERATUR

ALBERS, I., HARD, G., RITTER, G., SCHREIBER, Th. und ter HORST, A.: Studienordnung im Fach Geographie - ein Vorschlag. Lernzielkatalog und Veranstaltungsangebot. In: Geographische Rundschau 26, 1974, 10, S. 408ff.

ALLGEMEINES HOCHSCHUL-STUDIENGESETZ. Bundesgesetzblatt für die Republik Österreich Nr. 177/1966.

BARTELS, D.: Zur Aufgabe der Hochschulgeographie. In: 38. Deutscher Geographentag Erlangen 1971, Tagungsbericht und wissenschaftliche Abhandlungen, Wiesbaden 1972, S. 206 - 215.

BARTELS, D. und G. HARD: Lotsenbuch für das Studium der Geographie als Lehrfach. Selbstverlag, Bonn - Kiel 1974, 274 S.

BAUER, L.: Thesen zur Reform der erdkundlichen Bildungspläne. In: Geographische Rundschau 21, 1969, S. 460 - 468.

BAUER, L.: Zum Stand des Geographieunterrichts in der Kollegstufe. In: Geographische Rundschau 26, 1974, S. 106 - 109.

BAUER, L.: Curriculum und Fachdidaktik. In: Fachdidaktische Studien 6, München 1974, S. 9 - 27.

BECKMANN, H.K.: Das Verhältnis von Theorie und Praxis als Kernfrage für eine Reform der Lehrerausbildung. In: Zeitschrift für Pädagogik, Beiheft 10, 1971, S. 167 - 177.

BIRKENHAUER, J.: Die Schulpraxis in der Lehrerbildung - curriculare Kernaufgaben des Geographen in didaktischer Forschung und Lehre. In: Hessisches Institut für Lehrerfortbildung, Protokoll des Lehrgangs Nr. 1869a/72, Fuldatal/ Kassel 1972.

BIRKENHAUER, J.: Aufgaben und Stand fachdidaktischer Forschung. In: Fachdidaktische Studien 6, München 1974, S. 96 - 119.

BLANKERTZ, H.(Hrsg.): Curriculumforschung - Strategien, Strukturierung, Konstruktion. In: Neue Pädagogische Bemühungen 46, Essen, 3.Aufl. 1973, 170 S.

BLANKERTZ, H.: Fachdidaktische Curriculumforschung. Strukturansätze für Geschichte, Deutsch, Biologie. Essen 1973.

BLANKERTZ, H.: Theorien und Modelle der Didaktik. München, 8.Aufl. 1974.

BORCHERDT, Ch.: Zur didaktisch-methodischen Umorientierung in der Hochschulgeographie. In: 38. Deutscher Geographentag Erlangen 1971, Tagungsbericht und wissenschaftliche Abhandlungen, Wiesbaden 1972, S. 216 - 224.

BRUNER, J.S.: Der Prozeß der Erziehung. Dte. Übers. Berlin 1970.

BUNDESGESETZ VOM 30. JUNI 1971 ÜBER GEISTESWISSENSCHAFTLICHE UND NATURWISSENSCHAFTLICHE STUDIENRICHTUNGEN. In: Bundesgesetzblatt für die Republik Österreich, Jg. 1971, 91. Stück, 326. Bundesgesetz, S. 1695 - 1726.

CEISIG, J. und H. KNÜBEL: Der 14. Deutsche Schulgeographentag 1974 in Berlin. Ein Tagungsbericht. In: Geographische Rundschau 26, 1974, 11, S. 441f.

DEITERS, J., GAEBE, W. und D. HÖLLHUBER: Ein neuer Studiengang zur "Kultur- und Sozialgeographie". Das Beispiel Karlsruhe. In: Beiheft zur Geographischen Rundschau 4/1974, S.26-44.

DEITERS, J. und J.M. NEBE: Hochschuldidaktik und Geographiestudium. In: Hochschuldidaktische Materialien, Nr. März 1969, S. 21 - 32.

DIETRICH, Th. und J.G. KLINK: Funktion und Organisation der "Schulpraktischen Studien" in der Ausbildung der Grund-, Haupt- und Realschullehrer. In: Zeitschrift für Pädagogik, Beiheft 11, 1972, S. 13 - 33.

DOHMEN, G.(Hrsg.): Forschungstechniken für die Hochschuldidaktik. Beck'sche Elementarbücher, München 1971.

DOKUMENTATION ZUR REFORM DER LEHRAMTSAUSBILDUNG, hrsg. v. d. Fakultätsvertretung Philosophie an der Univ. Wien. Wien 1975, 32 + 129 S.

ECKSTEIN, B.: Hochschuldidaktik und gesamtgesellschaftliche Konflikte. Edition Suhrkamp 536, Frankfurt 1972.

EDER, A.: Das Berufsstudium der Lehrer der höheren Schulen in gegenwärtiger Problematik und Aufgabenstellung. In: Österreichische Hochschulzeitung, Mai 1965.

FISCHER, G.H.: Lehrerausbildung. 4 Artikelfolgen in: Die Deutsche Schule 10/1974 bis 1/1975.

FRECH, H.W.: Innovatives Verhalten und Lehrerbildung. In: Bildung und Erziehung 25, 1972, 1, S. 41 - 55.

FREY, K.(Hrsg.): Kriterien in der Curriculumdiskussion. Weinheim, 2.Aufl. 1971.

FRIEDRICH, F.: Zur methodischen Ausbildung der Lehrer an allgemeinbildenden höheren Schulen. In: Erziehung und Unterricht, Jg. 1972, S. 334f.

FRIESE, H.W.: Zur Didaktik der Geographie. In: Geographische Rundschau 21, 1969, 3, S. 93f.

GAGE, N.L.(Hrsg.): Handbook of Research on Teaching. Dtsch. bei Beltz, Weinheim 1970 (hrsg. v. K. INGENKAMP).

GAGEL, W.: Sicherung vor Anpassungsdidaktik? Curriculare Alternativen des politischen Unterrichts: Robinsohn oder Blankertz. In: Gegenwartskunde 22, 1973, 2, S. 241 - 248.

GAGNE, R.M.: Die Bedingungen des menschlichen Lernens. Dtsch. bei Schroedel, Hannover 1969 (übers. v. H. SKOWRONEK).

GEIPEL, R.(Hrsg.): Wege zu veränderten Bildungszielen im Schulfach Erdkunde. In: Der Erdkundeunterricht, Sonderheft 1, Stuttgart 1971, 164 S.

GEIPEL, R.: Didaktisch relevante Aspekte der Geographie aus der Sicht der Sozialgeographie. In: Fachdidaktische Studien 6, München 1974.

GIEL, K. und G.G. HILLER: Verfahren zur Konstruktion von Unterrichtsmodellen als Teilaspekt einer konkreten Curriculumreform. In: Zeitschrift für Pädagogik 16, 1970, 6, S. 739f.

GRIESEL, H.: Stand und Tendenzen der Fachdidaktik Mathematik in der Bundesrepublik Deutschland. In: Zeitschrift für Pädagogik 21, 1975, 1, S. 19 - 31.

GRÜNDUNGSAUSSCHUSS DER UNIVERSITÄT OLDENBURG: Zur Neuordnung der Lehrerausbildung an der Universität Oldenburg. In: Erziehung und Wissenschaft, Ausgabe Niedersachsen, 10/1972, S. 5f.

HABERL, H.: Kritische Gedanken zur gegenwärti=

gen Form der Ausbildung an den Pädagogischen Akademien. In: Erziehung und Unterricht, Jg. 1972, S. 23f.

HAGEDORN, H.: Studienpläne für das Grundstudium der Geographie - Studienplanmodell für eine Gesamthochschule. In: 39. Deutscher Geographentag Kassel 1973, Tagungsbericht und wissenschaftliche Abhandlungen, Wiesbaden 1974, S. 67 - 81.

HAGENER, C.: Referendariat im Widerspruch. In: Westermanns Pädagogische Beiträge 23, 1971, Heft 2.

HAGENER, C.: Fachdidaktik - Entscheidungsfeld der Lehrerausbildung. Zu Problemen im Ausbildungsbereich zwischen "Praxis", Erziehungswissenschaft und Fachwissenschaft. In: Westermanns Pädagogische Beiträge 27, 1975, 5, S. 244 - 260.

HAHN, R.: Die neuen Lehrpläne - eindeutige Rampenstruktur oder beginnende Verwirrung? Lernzielorientiertes Gesamtkonzept aufgrund fachspezifischer und lernpsychologischer Ordnungsprinzipien. In: Geographische Rundschau 26, 1974, 10, S. 402 - 407.

HARD, G. und C. WISSMANN: Eine Befragung der Fachleiter des Faches Geographie. Ein Beitrag zur Curriculum-Diskussion. In: Rundbrief des Instituts für Landeskunde 9/1973, S. 1 - 15.

HEIMANN, P., OTTO, G. und W. SCHULZ: Unterricht, Analyse und Planung. Hannover 1966, 5.Aufl. Berlin-Darmstadt-Dortmund 1970.

HENDINGER, H. u.a.: Zur Reform der Oberstufe des Gymnasiums. Curriculumrevision, Organisationsreform, Methodenwandel, objektive Bewertung. Stuttgart 1972.

HENDINGER, H.: Erfahrungen zu geographischen Grund- und Leistungskursen in der Kollegstufe. In: 39. Deutscher Geographentag Kassel 1973, Tagungsbericht und wissenschaftliche Abhandlungen, Wiesbaden 1974, S. 155 - 169.

HENTIG, H. v.: Das Lehren der Wissenschaft. In: Frankfurter Hefte 3, 1966, S. 162 - 170.

HENTIG, H. V.: Wissenschaftsdidaktik. In: Neue Sammlung, Göttingen 1970, S. 13 - 40.

HESSE, H.A. und W. MANZ: Einführung in die Curriculumforschung. Urban-Taschenbuch 150, Stuttgart-Berlin, 2.Aufl. 1972.

HILLIGEN, W.: Zu einer Didaktik des Konflikts. In: Gesellschaft - Staat - Erziehung 16, 1971, 2, S. 82f.

HIMMERICH, W. und Mitarbeiter: Das Gießener Didaktische Modell. I. Darstellung - Beispiele für Unterrichtsplanung, II. Unterrichtsanalyse. Stuttgart 1975.

HUBER, L.: Curriculumentwicklung und Lehrerfortbildung in der BRD. In: Neue Sammlung 11, 1971, 2, S. 109 - 145.

HÜTTEROTH, W.D.: Wiederanknüpfung an die Kieler Diskussion (Wege zu veränderten Bildungszielen der Geographie). In: 38. Deutscher Geographentag Erlangen 1971, Tagungsbericht und wissenschaftliche Abhandlungen, Wiesbaden 1972, S. 169 - 173.

INGENKAMP, K. und E. PAREY (Hrsg.): Handbuch der Unterrichtsforschung, Bd. 1 - 3. Weinheim 1970 - 1971.

INTERDISZIPLINÄRE ZUSAMMENARBEIT SOZIALKUNDLICHER FÄCHER BEI DER PLANUNG UND DURCHFÜHRUNG SCHULPRAKTISCHER STUDIEN (unter Mitarbeit v. J. BIRKENHAUER und H. HAUBRICH). In: Zeitschrift für Pädagogik, Beiheft 11, 1972, S. 129 - 146.

JANDER, L. und T. RHODE-JÜCHTERN: Bericht über die Weiterentwicklung der Hessischen Rahmenrichtlinien Gesellschaftslehre S I, Arbeitsschwerpunkt Geographie. In: Geographische Rundschau 26, 1974, 9, S. 370f.

KIRSTEN, R.E.: Lehrerverhalten. Untersuchungen und Interpretationen, mit einem Anhang für die empirische Arbeit in der Schule. Stuttgart 1973.

KLAFKI, W. u.a.: Erziehungswissenschaft. Eine Einführung. Band 1, 2, 3, Fischer Bücherei, Funk-Colleg, Frankfurt/Main 1970.

KOCHAN, D.C.(Hrsg.): Allgemeine Didaktik - Fachdidaktik - Fachwissenschaft. Ausgewählte Beiträge aus den Jahren 1953 - 1969. Wege der Forschung 69, Wissenschaftliche Buchgesellschaft, Darmstadt 1972.

KÖHLER, G.(Hrsg.): Wem soll die Schule nützen ? Rahmenrichtlinien und neue Lehrpläne. Soziales Lernen im Konflikt. Fischer, Frankfurt/Main 1974, 322 S.

KÖRNER - MEYN (Hrsg.): Geschichtswissenschaft in Studium und Schulpraxis. Gießen. 3.Aufl. 1973.

KOMMISSION FÜR LEHRERBILDUNG DES BLV: Lehrerbildungsreform. Ein Diskussionsbeitrag. In: Schulpraxis 3/4, Bern 1975, S. 50 - 84.

KOPP, O.: Das Verhältnis der Allgemeinen Didaktik zu den Fachdidaktiken. In: KOCHAN, D.C. (Hrsg.), siehe oben, Darmstadt 1972.

KREUZER, G.: Modell einer Studienordnung für die Ausbildung von Lehrern für die Sekundarstufe I. In: Fachdidaktische Studien 6, München 1974, S. 157 - 182.

KREUZER, G., BAUER, L. und W. HAUSMANN (Hrsg.): Didaktik der Geographie an der Universität. Fachdidaktische Studien 6, Strumberger, München 1974.

KRÜGER, R.: Die Rolle der Geographie unter Reformbedingungen von Schule und Hochschule - dargestellt am Beispiel der Studiengangsplanung der Universität Oldenburg. In: 39. Deutscher Geographentag Kassel 1973, Tagungsbericht und wissenschaftliche Abhandlungen, Wiesbaden 1974, S. 82 - 99.

KRÜGER, R.: Geographielehrerausbildung im Projektstudium - ein Bericht über das erste Projektsemester an der Universität Oldenburg. In: Beispiele zu hochschuldidaktischen Konzeptionen des Geographiestudiums. Beihheft zur Geographischen Rundschau 4/1974, S. 45 - 55.

LANG, L.: Auf dem Weg zur neuen Lehrerbildung in den Pädagogischen Akademien. In: LANG, L. (Hrsg.): Die neue Lehrerbildung - Das neunte Schuljahr - Schule in Stadt und Land. Österreichischer Bundesverlag, Wien 1965.

LEHMANN, H.: Die Ausbildung der Geographielehrer während des akademischen Studiums. In: Geographische Rundschau 3, 1951.

LEITNER, L.: Einige Aspekte der Weiterentwicklung des allgemeinbildenden Schulwesens. In: Gesellschaft und Politik, Jg. 1968, Heft 2.

MÄRZ, A.: Der Ausbau der neuen Lehrerbildung. In: Erziehung und Unterricht, Jg. 1972, S. 264f.

MAGER, R.F.: Lernziele und Programmierter Unterricht. Dtsche. Übers. Weinheim, 4.Aufl. 1970.

MAIER, H.: Kommentar zum Grundkonzept der Lehrerbildung. In: Die Prüfungsinhalte der neuen Lehrerbildung ("Dillinger Papiere") in Bayern, 1972/73.

MEYER, E.: Schulpraktikum. Kamps Pädagogische Taschenbücher, Essen 1966.

MEYER, H.L. und H. OESTREICH: Anmerkungen zur Curriculumrevision Geographie. In: Geographische Rundschau 25, 1973, S. 94 - 103.

MÖLLER, Ch.: Technik der Lernplanung. 4. neu gest. Aufl. Weinheim 1973.

MÜLLER, H.H. und R. SCHULMEISTER (Hrsg.): Hochschuldidaktik und hochschulpolitische Praxis. In: Blickpunkt Hochschuldidaktik, Bd. 27, 1972.

MÜLLER-WOLF, H.M. und I. CLASSEN-BAUER: Curriculumentwicklung in der Bundesrepublik Deutschland. Eine empirische Analyse der Haupttendenzen und gegenwärtigen Probleme. In: Westermanns Pädagogische Beiträge 27, 1975, 3, S. 149 - 160.

NICKLIS, W.S.: Die Schulpraktika im pädagogischen Grundstudium. Bad Heilbronn 1972.

OBLINGER, H.: Über die Funktion der Fachdidaktik zwischen Erziehungswissenschaft und Fachwissenschaft. In: Fachdidaktische Studien 6, München 1974, S. 89 - 95.

ODENBACH, K.: Studien zur Didaktik der Unterrichtslehre. Braunschweig 1961.

ÖH-INFO. Informationsdienst der Österreichischen Hochschülerschaft, 1974 und 1975, diverse Hefte.

OLIVERO, J.L. und R. BRUNNER: Micro-Teaching. Ein neues Verfahren zum Training des Lehrverhaltens. Reinhardt-Verlag, München 1973.

OTREMBA, E.: Gegenwartsprobleme der Geographie im Hochschulstudium. In: Geographie und Atlas heute. Berlin 1970.

OTTO, G.: Fach und Didaktik. In: KOCHAN, D.C. (Hrsg.), siehe oben, Darmstadt 1972.

OTTO, G. und U. SCHIEBEL: Das "Didaktikum" - Modell eines unterrichtspraktischen Studienganges in hochschulgemäßer Form. In: HEIMANN, P., OTTO, G. und W. SCHULZ (Hrsg.): Unterricht, Analyse und Planung. Hannover 1966.

PHIL-AKTUELL. Informationsblatt der Fakultätsvertretung "Philosophie" der Österr. Hochschülerschaft an der Univ. Wien, 1974 und 1975, diverse Hefte.

PRIESEMANN, G.: Die höhere Schule - von innen gesehen. Göttingen 1964.

PRILLINGER, F.: Zur Lage der Geographie in Österreich. In: Geographische Rundschau 17, 1965, S. 248f.

RETTINGER, L.: Die unverbindliche Übung "Politische Bildung" im Schuljahr 1970/71. In: Pädagogische Mitteilungen, Wien 1972, Stück 2, S. 1 - 5.

ROBINSOHN, S.B.: Bildungsreform als Revision des Curriculum. Berlin 1969, 4.Aufl. 1972.

RÖHRS, H.: Die Schule und ihre Reform in der gegenwärtigen Gesellschaft. Quelle & Meyer, Heidelberg 1962.

ROTH, H.: Pädagogische Psychologie des Lehrens und Lernens. 13. Aufl. Hannover 1971.

SAUER, K.: Das Schulpraktikum in der wissenschaftlichen Lehrerausbildung. In: Die Deutsche Schule 1969, S. 86 - 93.

SCHAUSBERGER, N.: Politische Bildung als Erziehung zur Demokratie. In: Pädagogik der Gegenwart 103, Jugend und Volk, Wien 1970.

SCHNELL, H.: Die österreichische Schule im Umbruch. In: Pädagogik der Gegenwart 113, Jugend und Volk, Wien 1974, 306 S.

SCHÖLER, W.: Das Konzept des Lehramtsstudiums an der Hochschule für Bildungswissenschaften in Klagenfurt. In: Spectrum Pädagogikum, Salzburg 1974.

SCHÖLLER, P.: Gedanken zum Geographieunterricht der Schule aus der Sicht der Universität. In: Geographische Rundschau 22, 1970, 9, S. 361f.

SCHÖNBACH, R.: Aufgaben und Inhalte fachdidaktischer Schulpraktika. In: Fachdidaktische Studien 6, München 1974, S. 244 - 252.

SCHÖNDORFER, U.: Probleme und Aufgaben der schulpädagogischen Forschung in der Gegenwart. In: Die österreichische höhere Schule 1966, Heft 1, S. 1ff.

SCHULZ, W.: Umriß einer didaktischen Theorie der Schule. In: Die Deutsche Schule 1969, S. 61 - 72.

SKOWRONEK, H.: Lernen und Lernfähigkeit. München 1972.

SPERLING, W.: Stellung und Aufgaben der Didaktik der Geographie im System der geographischen Wissenschaft und im Verhältnis zur Angewandten Geographie. In: Geographische Rundschau 21, 1969, S. 81 - 88.

SPERLING, W.: Fachwissenschaft und Fachdidaktik. In: Fachdidaktische Studien 6, München 1974, S. 69 - 88.

SPREITZER, H.: Die schulpraktische Ausbildung an den Pädagogischen Akademien. In: LANG, L. (Hrsg.): Die neue Lehrerbildung - das neunte Schuljahr - Schule in Stadt und Land. Österr. Bundesverlag, Wien 1965.

STROPPE, W.: Auswahlbibliographie für das Studium der Geographiedidaktik. In: Fachdidaktische Studien 6, München 1974, S. 277 - 306.

STUDIENORDNUNG FÜR DIE STUDIENRICHTUNG GEOGRAPHIE. In: Bundesgesetzblatt für die Republik Österreich, Jg. 1974, 151. Stück, 562. Verordnung, S. 2346 - 2356.

THONHAUSER, J.: Über die Ausbildung der österreichischen Gymnasiallehrer. In: Pädagogische Mitteilungen, Jg. 1970, Wien, Stück 3.

THONHAUSER, J.: Geschichte und ihre Vermittlung. Analyse eines fachdidaktischen Lehrversuchs. In: Spectrum Pädagogikum, Salzburg 1974, 35 S.

TIMP, O.: De Magistris Austriacis. Wien 1966.

TIMP, O.: Zur Problematik in der pädagogischen Ausbildung der Lehrer an höheren Schulen. In: Jahrbuch der Österr. Pädagogischen Gesellschaft als Festschrift für U. Schöndorfer, Wien 1969, S. 130f.

TIMP, O. und L. LEITNER: Die allgemeinbildende höhere Schule (Erläuterung ihrer Organisation). In: Pädagogische Mitteilungen, Jg. 1962, Wien, S. 70ff.

THIEL, S.: Abschied von Schulfächern. In: Westermanns Pädagogische Beiträge 23, 1971, Heft 3.

TYMISTER, H.J.: Die Konstruktion fachdidaktischer Curricula als schul- und hochschuldidaktisches Problem. Pädag. Verlag Schwann, Düsseldorf 1974, 185 S.

ULRICH, K.(Hrsg.): Aktuelle Konzeptionen der Hochschuldidaktik. München 1974.

VOGEL, B.: Die Schule in der Reform ihrer Ziele und Inhalte. In: Geographische Rundschau

24, 1972, S. 1 - 6 (auch in: 38. Deutscher Geographentag Erlangen 1971, Tagungsbericht und wissenschaftliche Abhandlungen, Wiesbaden 1972, S. 174 - 185).

WALTHER, H.: Neue Wege zum optimalen Unterricht. München 1973.

WEISS, R.: Schulversuche in Österreich. In: Österr. Hochschulzeitung vom 15. 1. 1974, S. 8.

WILHELM, Th.: Die erziehungswissenschaftliche Diskussion über die Aufgaben der Didaktik. In: KOCHAN, D.C.(Hsrg.), siehe oben, Darmstadt 1972.

WIRTH, E.: Ein Entwurf von Lernzielen für den geographischen Hochschulunterricht. In: Geographische Rundschau 26, 1974, 11, S. 435f.

WULF, Ch.(Hrsg.): Evaluation. Beschreibung und Bewertung von Unterricht, Curricula und Schulversuchen. München 1972.

WULF, Ch.: Das politisch-sozialwissenschaftliche Curriculum. Eine Analyse der Curriculumentwicklung in den USA. In: Erziehung in Wissenschaft und Praxis 22, Piper, München 1973, 310 S.

Nachtrag:

ACHTENHAGEN, F. und H.L. MEYER (Hrsg.): Curriculum-Revision. Möglichkeiten und Grenzen. München 1971.

Der Anteil und die Stellung der Geographie in neuen Lernbereichen

Gemeinschaftskunde, Gegenwartskunde, Politische Bildung und Gesellschaftskunde

Maria SCHNELLER

1. Vorwort

Verfolgt man die Entwicklung und die Probleme des Schulunterrichts und der Didaktik etwas genauer, so stellt man bald fest, daß in Westeuropa und Nordamerika allgemein Bestrebungen herrschen, die schulischen Inhalte zu verbessern und neue Lernbereiche zu etablieren.

Es läßt sich überall ein gemeinsames Ziel erkennen: Der Wunsch, dem jungen Menschen mehr als bisher bei der Bewältigung der Zukunft und seiner Probleme in der ihn umgebenden Umwelt zu helfen. Der heute gelehrte Wissensstoff, der vielfach noch dem Bildungsideal des vorigen Jahrhunderts entspricht, vermag aber, vor allem im gesellschaftlichen und wirtschaftlichen Bereich, den Schülern nicht jene Kenntnisse und Einsichten zu vermitteln, die den Ansprüchen der gesellschaftlichen und wirtschaftlichen Realität gerecht werden.

Um dem immer stärker werdenden Unbehagen über diese Ausbildungslücke abzuhelfen, soll diese Aufgaben nun vor allem die "P o l i t i s c h e   E r z i e h u n g" übernehmen, ein in letzter Zeit von verschiedenen Seiten stark forcierter Lernbereich, in dem versucht werden soll, *"den mündigen, selbständig denkenden und handelnden Menschen zu realisieren"* (SCHAUS-BERGER 1970, S. 42; siehe Lit.verz.). Die politische Bildung ist daher als wesentlichster neuer Lernbereich unter diesem Thema zu behandeln. Im weiteren wird versucht, darzulegen, in welcher Weise "Politische Bildung" in der Schule Eingang gefunden hat und welche Aufgaben der Geographie im besonderen daraus erwachsen.

2. Politische Bildung - Primäres Unterrichtsziel der Schule

Wenn wir heute angesichts der ungeheuren Veränderungen in allen Lebensbereichen die Bildungsziele und deren Verwirklichung in der Schule betrachten, steht es außer Zweifel, daß gerade diese Institution sowohl in ihrer Organisation als auch in ihrer inneren Struktur etwas zurückgeblieben ist. Aber auch die Ausbildungsmethoden und die unter Berücksichtigung des ihr zugewiesenen gesamtgesellschaftlichen Auftrags formulierten Unterrichtsziele entsprechen heute nicht mehr den Anforderungen.

Es erhebt sich die Frage, wie man Schüler zu kritisch - mündigen Staatsbürgern erziehen kann (eine der Hauptforderungen der heutigen gesellschaftspolitischen Entscheidungsträger an die Schule), ohne ihnen die Voraussetzungen in Form von politischer Bildung zu vermitteln? Es erscheint äußerst zweifelhaft, daß Menschen befähigt sind, am Prozeß politischer Meinungs- und Willensbildung nach demokratischen Spielregeln mitzuwirken, wenn ihnen die Grundkenntnisse des gesellschaftlichen und wirtschaftlichen Lebens überhaupt fehlen. Es ergibt sich somit, daß Demokratie politische Bildung erfordert, ja sogar in ihrer Existenz von ihr abhängig ist.

Das eigentliche Problem liegt nun weniger in der Erkenntnis dieses Sachverhalts als im Wesen der politischen Bildung. Leider herrscht gerade darüber Unklarheit und auch über die Wahl der Methoden und Fragestellungen, die bei der Vermittlung anzuwenden sind. Aus dieser Unsicherheit heraus ergab sich, soweit politische Bildung schon vermittelt wird, oft eine gewisse Unverbindlichkeit und ein Festhalten an bestehenden Inhalten im Rahmen des politischen Unterrichts.

Es kann natürlich nicht der Sinn einer politischen Bildung sein, allein auf Bewältigung, Interpretation und Rechtfertigung des Bestehenden ausgerichtet zu sein. Der *Konfliktcharakter* des Politischen muß auch in der Schule gewahrt bleiben, wenn diese nicht zur Verharmlosung der gesellschaftlichen Zustände beitragen will. Die Erziehung wird also *"politisch - gesellschaftliches Geschehen immer unter dem Aspekt der Auseinandersetzung zwischen Menschen betrachten müssen"* (GIESECKE 1966, S. 102).

Was soll nun politische Bildung erreichen? Zunächst geht es allgemein um die Berücksichtigung des fünffachen Aspekts des Politischen:
1.) um den Aspekt der Sache,
2.) um den Aspekt der Einsicht,
3.) um den Aspekt des Urteils,
4.) um den Aspekt der Entscheidung,
5.) um den Aspekt des Verhaltens und Handelns
(MICKEL 1967, S. 10).

Die ZIELE des politischen Unterrichts sind also:

1.) Der Erwerb von Kenntnissen über Faktoren, Funktionszusammenhänge und Probleme in Politik, Gesellschaft, Wirtschaft und Recht,
2.) die Schulung der kritischen Urteilsfähigkeit,
3.) die Erziehung zum richtigen Verhalten und zur Bereitschaft für ein selbständiges Handeln.

Endpunkt aller Bemühungen ist somit die Emanzipation des Menschen, *"die Aufklärung über seine Gegenwart und Zukunft"* (SCHAUSBERGER 1970, S. 42).

Aus dem bisher Gesagten läßt sich aber n i c h t der Schluß ziehen, daß politische Bildung und Allgemeinbildung idente Begriffe sind. Auch kann eine rein fachspezifische Bildung diese Kenntnisse nicht vermitteln; sie kann nur einen bestimmten Anteil daran haben.

Welche Folgerungen sich damit für geographische Inhalte und Arbeitsweisen ergeben, wird in den folgenden Kapiteln noch eingehender besprochen werden. Bevor wir uns aber damit befassen, müssen wir uns die Frage stellen, was die Teilnahme an politischer Bildung für die Geographie bewirkt.

3. Die Position der Geographie im Rahmen eines politischen Unterrichts

Man kann natürlich sagen, daß alle Arbeit in der Geographie letztlich einer allgemeinen politischen Bildung dient. Diese besteht aber vor allem in der Bewußtmachung des facheigenen methodischen Aspekts innerhalb einer eigenen Grundbildung, während politische Bildung viel unmittelbarer ist. Sie muß sich selbst als Teil der Politik begreifen.

Um dies zu befolgen, kommt es z.B. zu einem Konflikt über den geographischen Raum. So geht es der politischen Bildung nicht etwa um die Individualität des Raumes, seine Typenzugehörigkeit, sein Funktionsgefüge, seinen raumzeitlichen Strukturwandel etc., sondern um den Raum in seinem politischen Stellenwert.

Es ergibt sich somit, daß die Geographie im Rahmen eines politischen Unterrichts ihre Lehrgehalte a n d e n Z i e l e n d e r p o l i t i s c h e n B i l d u n g n e u o r i e n t i e r e n m ü ß t e ! Denn das fachspezifische Material ist ja politisch irrelevant, wenn die Arbeit mit ihm nicht vom politischen Problem her motiviert und inhaltlich geordnet würde.

Anteil und Stellung der Geographie in neuen Lernbereichen

Viele Geographen lehnen diese allgemeine Umorientierung der Geographie in allen Klassen der Höheren Schulen ab, weil sie den Verlust der Methodik und des geographischen Auftrages befürchten. Das in der *"GEMEINSCHAFTSKUNDE"*,[1] einem von den Schulbehörden einiger deutscher Bundesländer neueingeführten Unterrichtsfach vorherrschende Prinzip der politischen Bezogenheit auf den eigenen Raum und auf die eigene zeitgebundene Situation wird vielfach als dem Wesen des Geographischen zuwiderlaufend betrachtet [2]. Es liegt wohl am Fehlen der systematischen und methodischen Einheit unserer Disziplin, daß sich der Widerstand gegen dieses Prinzip nicht stärker manifestiert.

4. Die "Social Studies" als Vorbild des Faches "Politik"

In den USA hatte die Geographie schon seit vielen Jahrzehnten eine eher untergeordnete Stelle inne. Diese Position ist aus der historischen Entwicklung zu erklären, da schon um 1900 die Eigenständigkeit des Faches verloren ging. Im Rahmen der Verbindung mit anderen sozialkundlichen Fächern trat ein qualitativer Substanzverlust ein. Die Curriculumforschung in den naturwissenschaftlichen Fächern löste nun auch ein Überdenken sozialkundlicher Bildungsziele aus.

Die Stellung der Geographie hat heute eine Verbesserung erfahren, was sie nicht zuletzt einem radikalen Wandel der Einstellung verdankt [3]. In diesem Zusammenhang ist es vielleicht interessant, zu erwähnen, daß es eine Parallele zwischen den "Social Studies" und der "Politischen Bildung" in bezug auf die interdisziplinäre Behandlung der verschiedenen Projekte gibt.

Gerade soziale Probleme sollten nur von mehreren Wissenschaften gemeinsam in der Schule behandelt werden. Dies ergibt sich aus dem Objekt der "Social Studies", dem Menschen als sozialem Wesen. Die Komplexität des menschlichen Lebens, die dauernden Veränderungen etc. erfordern geradezu verschiedene Fragestellungen und Methoden. Jede sozialwissenschaftliche Disziplin liefert einen Beitrag gemäß ihrer speziellen Qualifikationen und bedient sich dabei auch der anderen Fächer zur Ergänzung und Erklärung. Da es aber für den Schüler unmöglich ist, jedes Fach zu studieren, sollte er die Gemeinsamkeiten aller an den "Social Studies" beteiligten Disziplinen kennen und an Hand von bestimmten Projekten ihre verschiedenen Methoden anwenden können - ein ähnlicher Vorgang wie bei der politischen Bildung.

5. Die Geographie in Integrationsfächern

5.1. DIE "GEMEINSCHAFTSKUNDE" ("POLITISCHE WELTKUNDE") IN DER BUNDESREPUBLIK DEUTSCHLAND

5.1.1. Entwicklung und Durchführung

Die Gemeinschaftskunde wurde durch die Saarbrückner *"Rahmenvereinbarung zur Ordnung des Unterrichts auf der Oberstufe"* [4] eingeführt und hat zwei wesentliche Aspekte:
a) sie hat verstärkt politische Bildungsarbeit zu leisten,
b) aus ihrem Charakter ergeben sich fächerübergreifende Aufgaben.

In ihrem Bildungsauftrag findet sich bereits die Betonung des Politischen, wenn auch noch sehr abgeschwächt.

"In der Gemeinschaftskunde soll der junge Mensch in einem angemessenen Umfang lernen, unsere gegenwärtige Welt in ihrer historischen Verwurzelung, mit ihren sozialen, wirtschaftlichen und geographischen Bedingungen, ihren politischen Ordnungen und Tendenzen zu verstehen und kritisch zu beurteilen. Er soll die Aufgaben des Bürgers unserer Demokratie nicht nur erkennen, sondern auch fähig und bereit werden, sich im praktischen Gemeinschaftsleben der Schule

---

1) vgl. Kapitel 5 und 6.
2) siehe dazu z.B.: JONAS, F.: Erdkunde und politische Weltkunde. Bochum 1970, S. 317.
3) Einen eindrucksvollen Beweis dafür bietet das "High School Geography Project", mit dem sich in diesem Buch ein eigener Aufsatz beschäftigt: H. LEITNER, S. 121 - 144.
4) am 29.9.1960 von den Kultusministern der Länder der BRD beschlossen.

und später in der gesellschaftlichen und wirtschaftlichen Welt zu entscheiden und verantwortlich zu handeln ..." (RAHMENRICHT= LINIEN, S. 426 f.).

Bedeutend wurde aber vom Beginn an die Frage des f ä c h e r ü b e r g r e i f e n d e n P r i n z i p s und seiner Verwirklichung. Dieser Begriff der "übergreifenden Gehalte" ist in der Idee der Ganzheit begründet, die als *"Selbstüberwindung der fachlichen Einsei= tigkeit durch ein Sachverständnis, das auf dem Wege der Fachbildung zum Wesen der Sache und zu den Zusammenhängen vorstößt"*, bezeich= net werden kann (NEWE 1965, S. 37 f.). Die facheigene Arbeit ist nur eine Zwischenetappe auf dem Weg zur Ganzheit.

In der Praxis können wir daher zwei Typen der Durchführung erkennen, wenn nicht noch ein völlig getrennter Fachunterricht vorherrscht:

a) INTEGRATION DER FÄCHER:

Die Gemeinschaftskunde tritt an die Stelle der Fächer Geschichte, Geographie und Sozialkunde, die mit der Klasse 11 [5] abschließen.

b) KOORDINIERUNG DER FÄCHER:

Diese bleiben im Rahmen des "Unterrichts= feldes" Gemeinschaftskunde bestehen und liefern zu übergreifenden Themen fachei= gene Beiträge.

Wichtig ist aber in beiden Fällen, daß die Gemeinschaftkunde vom politischen Bildungs= ziel her strukturiert wird. Die Synthese ist leider bis heute nicht oft vollzogen worden und kann nur *"durch die Unterstellung aller Arbeitsgänge des Gegenstandsbereiches und aller Teilaspekte unter eine zentrale Frage, die nicht in den drei Fächern selbst gründet, durch ein überfachliches Thema von existen= tieller Bedeutung erreicht werden"* (JONAS 1970, S. 147).

5.1.2. Der erdkundliche Beitrag zur Gemein= schaftskunde

Aus dem Bildungsziel der Gemeinschaftskunde er= gibt sich eindeutig der Auftrag, dem Schüler zur Einsicht in die Grundprobleme der Lebens= wirklichkeit zu verhelfen. Nun bedarf es si= cherlich auch der geographischen Betrachtungs= weise, um das zu erreichen und sie kann daher gewisse Beiträge leisten. Sie vor allem weist ja immer wieder auf die Raumbestimmtheit und Raumwirksamkeit jeglichen menschlichen Denkens und Handelns hin, ohne die das Gemeinschafts= leben nicht zu verstehen ist.

1.) DIE AUSEINANDERSETZUNG DES MENSCHEN MIT DEM RAUM:

Es ist in erster Linie die Geographie, die die Abhängigkeit des Menschen von der Erde, seine Verfügungsgewalt und Verantwortung betont. Es wird somit ein wesentlicher Aspekt des gemeinschaftskundlichen Unter= richts die Auseinandersetzung des Menschen mit dem Raum sein. Wir können einen Bei= trag der Geographie also darin sehen, *"die Kräfte des Raumes in ihrer Bedeutung für den Menschen und die Wechselwirkung zwischen Mensch und Raum sichtbar zu machen"* (NEWE, zit. in JONAS 1970, S. 141).

2.) DAS KENNENLERNEN DER VERSCHIEDENEN GESELL= SCHAFTLICHEN UND WIRTSCHAFTLICHEN ENTWICK= LUNGEN ANDERER VÖLKER:

Damit beschäftigt sich ein zweites, eng mit dem ersten verknüpftes Arbeitsgebiet. Für die Gemeinschaftskunde bedeutet das, daß der junge Mensch die Andersartigkeit zu verstehen versucht. Damit lernt er aber auch die eigene Lebenswelt besser begreifen. Es ist somit eine geographische Aufgabe, die Vermittlung der Kenntnisse über die Pluralität der Welt zu ermöglichen (VÖLKEL 1961, S. 105).

3.) DIE LAGE IM RAUM QUALITATIV RICHTIG BEUR= TEILEN LERNEN:

Der Mensch versucht nicht nur seine Umge= bung zu verstehen, sie zu verändern oder sich ihr anzupassen, er bewertet sie auch. Gerade in unserer Zeit, in der es zu dau= ernden Veränderungen in bezug auf den "Wert" von Regionen kommt, in der sich einschnei= dende Strukturveränderungen der Bevölkerung und Änderungen des Raumgefüges der Kultur=

---

[5] entspricht der 7. Klasse der Allgemeinbilden= den Höheren Schule (AHS) in Österreich.

landschaft ergeben, wird es auch eine Hauptaufgabe der Geographie sein, die Lage im Raum qualitativ richtig beurteilen zu lernen.

Eine zusammenfassende Stellungnahme gibt FISCHER (1968, S. 64 - 76), der den Anteil der Geographie an der "Politischen Weltkunde" in dem Bestreben sieht, die Bedeutung der eigenen und fremden Umwelt verständlich zu machen und den Zusammenhang zwischen sozialen und natürlichen Kräften zu erklären. Selbstverständlich ergeben sich dabei enge Berührungspunkte mit der Geschichte und der Sozialkunde. Der Autor führt weiter aus, daß die Geographie somit den "Bildschirm" liefert, auf dem die geschichtlichen, gesellschaftlichen und wirtschaftlichen Vorgänge sichtbar werden.[6]

Wir sehen also, daß es sehr verschiedene, aber kaum konkrete Auffassungen über das Arbeitsgebiet unseres Faches im Rahmen der "Politischen Weltkunde" gibt. Wenn die didaktischen Fragen nun vielleicht weniger Schwierigkeiten bereiten, so kann man dies von den methodischen und organisatorischen nicht behaupten. Es bestehen zwar in der Praxis Themenvorschläge, die den Anteil der einzelnen Disziplinen aber nur sehr unklar abgrenzen. Von den Themen für die Gemeinschaftskunde in den Klassen 12 und 13 [7] fallen ungefähr 15 zumindest teilweise in den Disziplinbereich der Geographie und können von ihr teilweise facheigen behandelt werden. Man wird aber kaum echt facheigene Themen aus den geographischen Kernbereichen darunter finden.[8] Siehe dazu den Katalog der Themen in der Gemeinschaftskunde auf der nächsten Seite ! (Themen, die u.U. facheigen behandelt werden können, sind kursiv gedruckt !).

Die Geographie wird wahrscheinlich das Schwergewicht ihrer Arbeit auf den Außenaspekt des Gemeinwesens und auf den Weltaspekt legen. Entscheidend für eine erfolgreiche Durchführung des neuen Lernbereichs wird es aber sein, ob in der Praxis das übergeordnete Ziel der politischen Bildung den Sieg über die noch bestehende Desintegration der Fächer erringen wird.

5.1.3. Der Berliner Lehrplanentwurf für das Fach "Politische Weltkunde"

Zum Abschluß dieses Kapitels soll der Berliner Lehrplanentwurf für das Fach "Politische Weltkunde" in seinen Grundzügen vorgestellt werden, da er die momentan konsequenteste Verwirklichung des Bildungsauftrages der Gemeinschaftskunde darstellt.

Der Berliner Lehrplan ist auf einem K u r s s y s t e m aufgebaut, das sich untergliedert in:

  a) GRUNDKURSE und

  b) LEISTUNGSKURSE.

Der Schüler muß nun innerhalb des Kurssystems im g e s e l l s c h a f t s w i s s e n s c h a f t l i c h e n A u f g a b e n f e l d insgesamt 16 Wochenstunden in 4 Halbjahren belegen. Er hat die Wahl
  a) nur den Grundkurs zu belegen, dann ist das Fach "Politische Weltkunde" in allen drei Kursgruppen für ihn verbindlich;
  b) die "Politische Weltkunde" als Leistungsfach zu wählen, - dann erhöht sich die Wochenstundenanzahl auf sechs;
  c) auch andere Fächer, wie

   - Geschichte,
   - Geographie,
   - Wirtschaftswissenschaften oder
   - Sozialwissenschaften / Soziologie
  als Leistungsfächer zu belegen.

---

6) Es ist aber sehr zu bezweifeln, ob sich die Geographie mit dieser Statistenrolle begnügen kann und dem Schüler nur den landschaftlichen Hintergrund geben soll. Natürlich kann unsere Disziplin die Lebenswirklichkeit nicht als Ganzes erfassen und auch nicht das alleinige Rezept zum Verständnis dieser Welt verschaffen. Einige neuere Forschungsansätze (vgl. Aufsätze von BOBEK, UHLIG, HARTKE, RUPPERT, GANSER, BARTELS etc.) beweisen eher die Eigenständigkeit unseres Faches auch in bezug auf seine Stelle innerhalb der politischen Bildung.

7) entspricht der 8. und 9. Klasse der AHS in Österreich.

8) wobei aber auf die umfangreichen Diskussionen, was eigentlich "FACHEIGEN" und was "GEOGRAPHISCH" ist, nicht eingegangen werden soll.

Maria Schneller

Abb. 1: Katalog der Themen für die Gemeinschaftskunde in den Klassen 12 und 13 der Gymnasien in der Bundespepublik Deutschland
Themen, die unter Umständen von der Geographie (teilweise) facheigen behandelt werden können, sind *kursiv* gedruckt.

---

1. Grundlegende politische, wirtschaftliche und soziale Kräfte und Bewegungen in Europa

    a) Die französische Revolution und ihre Auswirkungen
    b) Die industrielle Revolution und die Umbildung der Gesellschaft
    c) Der Liberalismus
    d) Der Sozialismus
    e) Der Imperialismus

2. Die totalitären Ideologien und ihre Herrschaftsformen

    a) Die russische Revolution 1917 (Vorgeschichte und Auswirkungen)
    b) Die bolschewistische Staats- und Gesellschaftslehre
    c) Faschistische Bewegungen
    d) Der Nationalsozialismus

3. Deutschland - seine Stellung in Europa und sein Verhältnis zur Welt

    a) Vom 1. zum 2. Weltkrieg - die Weimarer Republik
    b) Die deutsche Frage seit 1945
    c) Die politischen, gesellschaftlichen und *wirtschaftlichen Verhältnisse in der BRD und der DDR*
    d) *Die zur Zeit unter fremder Verwaltung stehenden deutschen Ostgebiete, die Oder-Neiße-Linie*
    e) *Deutschland und seine östlichen Nachbarn*
    f) Deutschland und die europäische Frage
    g) *Deutschland und die großen Weltmächte* (politisch, *wirtschaftlich*)

4) Europa und die Welt von heute

    a) *Räume und Völker des heutigen Europa*
    b) *Das Problem der Grenzen*
    c) Die europäische Bewegung, der Europa-Rat
    d) *Europäische Wirtschaftsvereinigungen*
    e) *Mächtegruppierungen in Europa und der Welt*

5) Europäisierung - Enteuropäisierung der Erde - Entwicklungsländer

    a) *Auflösung der Kolonialreiche*
    b) *Probleme der Industrialisierung*, Demokratisierung, Nationalisierung
    c) *Entwicklungsländer - Beispiele aus verschiedenartigen Erd- und Kulturräumen*
    d) Die Entwicklungsländer im Spannungsfeld der Weltpolitik

6) Der Mensch in Gesellschaft, Wirtschaft und Staat

    a) Individuum - Gesellschaft - Staat
    b) Rechtsstaat - Verfassung - Parteien
    c) Selbstverwaltung - Föderalismus - Zentralismus
    d) Staat - Wirtschaft - Mensch
    e) *Dorf - Stadt - Verstädterung - Raumplanung*
    f) Gruppen und Verbände in der Wirtschaft
    g) *Flüchtlingsprobleme in aller Welt - Zwangsaussiedlungen* - Recht auf Heimat
    h) Das politische und sittliche Problem der Macht - die Menschenrechte in Geschichte und Gegenwart

7) Die "Eine Welt" - Wege zur Sicherung des Weltfriedens

    a) Probleme des Völkerrechts (bellum iustum, bellum iniustum)
    b) Abrüstungsbemühungen seit den Haager Konferenzen
    c) Der Völkerbund
    d) Die Vereinten Nationen
    e) Das Vordringen in den Weltraum

---

nach: BAUER, L.: Die Themen der Gemeinschaftskunde in den Klassen 12 und 13 der Gymnasien. In: ERDKUNDE IM GYMNASIUM. Hrsg. v. L. BAUER, Wissenschaftliche Buchgesellschaft, Darmstadt 1968, S. 148 - 165.

Die weiteren Ausführungen werden sich aber nur auf das Fach "Politische Weltkunde" beschränken.

a) "POLITISCHE WELTKUNDE" ALS GRUNDKURS:

Wir unterscheiden hier 3 Kursgruppen:

- A) *Politische Systeme der großen Industriestaaten*
- B) *Wirtschafts- und sozialräumliche Strukturen und Prozesse in unterschiedlich entwickelten Gebieten*
- C) kein Leitthema:
  - Kurs 1: *Innergesellschaftliche Demokratie*
  - Kurs 2: *Freies Thema unter dem Gesichtspunkt des Systemvergleichs*

Für jede dieser Kursgruppen werden a l l g e m e i n e und s p e z i e l l e L e r n z i e l e angegeben. Anschließend erfolgt eine Untergliederung in Unterkurse mit Leitthemen und Stoffen zur Schwerpunktbildung. Zur Veranschaulichung wird im folgenden die Kursgruppe B) auszugsweise wiedergegeben.

Abb. 2: Kursgruppe B) : Wirtschafts- und sozialräumliche Strukturen und Prozesse in unterschiedlich entwickelten Gebieten [9].

Kurs 1:   RAUMNUTZUNG UND ENTWICKLUNGSPROBLEMATIK

Leitthema: Sozialräumliche Differenzierung der Erde

Stoffe: 1.1. Bevölkerungswachstum und Nahrungsspielraum
          1.2. Die Ballungsräume der Erde
          1.3. Urbanisation
          1.4. Sozialstrukturen in ausgewählten unterschiedlich entwickelten Regionen
          1.5. Physische Instabilitätsfaktoren
          1.6. Gegensätze von Industrie- und Entwicklungsländern
          1.7. Ausgewählte unterentwickelte Räume in Industriestaaten
          1.8. Grundzüge und Tendenzen in den Binnen- und Außenhandelsverhältnissen der Entwicklungsländer
          1.9. Träger und Empfänger, Formen und Ziele der Entwicklungshilfe

Kurs 2:   INDUSTRIESTAATEN UND WELTWIRTSCHAFT

Leitthema: Wirtschaftliche und soziale Strukturen und Prozesse in ausgewählten Industriestaaten (mindestens BRD, DDR, USA, UdSSR und Japan)

Stoffe: 2.1. Funktionen der Wirtschaft und soziale Entwicklungen
          2.2. Regionale Differenzierungen in den Industriestaaten
          2.3. Integration und Wachstumsprobleme
          2.4. Strukturpolitik (Agrarwirtschaft, Verkehrspolitik, Energiepolitik)
          2.5. Konjunkturpolitik und Investitionslenkung
          2.6. Wandlung der gegenwärtigen Arbeits- und Lebensbedingungen
          2.7. Regionalpolitik
          2.8. Raumordnung, Landesplanung, Umweltschutz in verschiedenen Staaten

(In diesem Kurs gibt es auch die Möglichkeit, ein zweites Leitthema zu wählen. Es befaßt sich mit den *Interaktionen und Integrationsprozessen unterschiedlich ausgestatteter und entwickelter Räume.*)

---

b) "POLITISCHE WELTKUNDE" ALS LEISTUNGSFACH:

Hier werden allgemeine und spezielle Lernziele nicht mehr angegeben. Die Leistungskurse unterscheiden sich von den Grundkursen vor allem im "wissenschaftspropädeutischen Anspruch" (BERLINER LEHRPLANENTWURF 1972, S. 21). Die Schüler sollen zur selbständigen Bearbeitung ausgewählter Teilbereiche befähigt werden. So wird verlangt:

1.) Die eigene Lektüre von Werken des gewählten Schwerpunktgebietes

---

9) BERLINER LEHRPLANENTWURF 1972, S. 17 ff.

2.) die Kenntnis von Fachzeitschriften,
3.) die Fähigkeit zur Zusammenstellung eines Literatur- und Medienverzeichnisses,
4.) eine sachadäquate Darstellungsweise (Zitiertechnik, Herstellung von Karten, Skizzen etc.)

Abschließend kann hier nur nochmals erwähnt werden, daß dieser Berliner Lehrplan ein sehr gut gelungener Versuch bezüglich des Aufbaus der "Politischen Weltkunde" ist. Vor allem ist die Integration der einzelnen Fächer schon vollständig durchgeführt worden.

5.2. DIE GEOGRAPHIE IM SYSTEM DER GESAMTSCHULE

Im System der Gesamtschule ist die Geographie von Anfang an als Integrationsfach einbezogen. So gibt es in H a m b u r g ein Fach "P o l i t i k" ab der 5. Klasse. Die Vertreter der Fächer Geographie, Sozialkunde und Geschichte haben Lehrplanausschüsse gebildet, die im Koordinationsausschuß "Politik" zusammengefaßt sind. Es gibt einen gemeinsamen Lernzielkatalog, auf dem eine Folge von "Lehrgängen" aufbaut. Die Hälfte dieser "Lehrgänge" ist facheigen, die andere integriert geplant.

Auch in H e s s e n besteht seit Beginn des Schuljahres 1972/73 ein Lernbereich "G e s e l l s c h a f t s l e h r e", der sich an Lernzielen orientiert. Die Bestimmung der allgemeinen Lernziele war eine politische Entscheidung, die aber das Demokratiegebot des Grundgesetzes zur Grundlage hatte. Oberstes Lernziel für eine demokratische Gesellschaft ist demnach die Befähigung zur *Selbst- und Mitbestimmung*. Für den Schüler ist aber die situationsbezogene Bestimmung dieses Lernzieles maßgebend. Es mußte also zuerst aufgezeigt werden

- welches Verhalten in einer bestimmten Situation ein Kennzeichen für Selbst- und Mitbestimmung ist,
- welche Widerstände sich in diesem Fall ihrer Verwirklichung entgegenstellen,
- unter welchen Bedingungen und für wen diese Widerstände aufhebbar sind,
- welchen Einfluß auf das Maß an Selbst- und Mitbestimmung jeweils die Zugehörigkeit zu einer bestimmten Schicht oder Interessengruppe hat (RAHMENRICHTLINIEN HESSEN 1972, S. 8).

Methodisch wurde differenziert, indem man davon ausging, daß Selbst- und Mitbestimmung eine Befähigung voraussetzen, die Grundstrukturen der gesellschaftlichen Wirklichkeit zu erkennen. Daraus ergeben sich Lernziele, die Qualifikationen gesellschaftlicher Verhältnisse vermitteln. Weiters muß man Fähigkeiten besitzen, die über die Analyse hinausgehen und die eine begründete Stellungnahme ermöglichen.

Der gesamte Lernbereich ist nun in 4 Lernfelder, nämlich

1. *Sozialisation,*
2. *Wirtschaft,*
3. *öffentliche Aufgaben und*
4. *intragesellschaftliche Konflikte*

gegliedert und ermöglicht damit dem Schüler, die Gesellschaft unter diesen 4 Aspekten zu betrachten. Neben dieser Gliederung wird auf der jeweiligen Ebene der Lernzielbestimmung noch nach historischen, sozialkundlichen und geographischen Gesichtspunkten differenziert.

Die einzelnen "Stammfächer" bekommen ihre Funktion als *"Arbeitsschwerpunkt"*. Dies geschieht aus der Notwendigkeit heraus, daß bestimmte, nur ihnen eigene Methoden und Inhalte zur Erreichung des übergeordneten Lernzieles führen.

ARBEITSSCHWERPUNKT GEOGRAPHIE:

Wichtig ist die Erkenntnis, daß sich unser Dasein in der Dimension des Raumes vollzieht, der als *Verfügungsraum für soziale Gruppen* definiert wird. Alle geographischen Prozesse vollziehen sich im Raum, unterliegen damit aber bestimmten Bedingungen und bewirken ihrerseits Veränderungen. Dieser Zusammenhang ist bei allen gesellschaftlichen Untersuchungen mit zu reflektieren und wird auch als g e o g r a p h i s c h e r   A s p e k t bezeichnet.

Das oberste Lernziel der Gesellschaftslehre wird dann erreicht, wenn z. B. folgende Kriterien des geographischen Aspekts berücksichtigt werden:

- daß die Entwicklung im agraren und industriellen Bereich von unterschiedlichen Standortbestimmungen und ihrer jeweiligen Einschätzung abhängig ist;

- daß wirtschaftliche Eingriffe sich posi=
  tiv und negativ auf das ökologische Gleich=
  gewicht auswirken können;
- daß das Schrumpfen der Entfernungen auf
  der Erde durch die gesteigerten Kommuni=
  kationszusammenhänge Chancen und Gefahren
  in sich birgt etc..

Diese Kriterien beinhalten gleichzeitig die
Fähigkeit der Schüler, bestimmte instrumen=
telle Fertigkeiten anzuwenden:

- Interpretation von Statistiken, Karten,
  Diagrammen und Luftbildern sowie die Um=
  setzung in konkret räumliche Vorstellun=
  gen,
- das Umlegen von Statistiken etc. in kar=
  tographische Darstellungen,
- Ermittlung von Klimadaten usw.

Aus dem bisher Gesagten ergeben sich auch eine
Reihe von didaktischen und methodischen Kon=
sequenzen. So darf die Erdoberfläche natürlich
nicht mehr an sich behandelt werden, - sie darf
kein Selbstzweck sein. Weiters kommt es zu ei=
ner erweiterten Einbeziehung von Untersuchungs=
methoden der angewandten Geographie und
schließlich zu einer grundsätzlichen Entschei=
dung für die Projektmethode.

6. Die Arbeitsgemeinschaft für "Geschichte / Sozialkunde und Geographie / Wirtschafts= kunde" in Österreich

In den österreichischen Allgemeinbildenden
Höheren Schulen besteht seit dem neuen Lehr=
plan für die Oberstufe in der 8. Klasse [10)]
eine Arbeitsgemeinschaft des Faches "Geogra=
phie und Wirtschaftskunde" mit "Geschichte
und Sozialkunde". Nach dem Lehrplan können
ungefähr folgende Themen von der Geographie
facheigen behandelt werden:

- *die Entwicklungsländer,*
- *Natur-, Kultur- und Wirtschaftsland=
  schaft,*
- *Ziele und Aufgaben der Wirtschaftspolitik,*
- *wirtschaftspolitische Manipulation des
  Menschen,*
- *Wirtschaftsordnungen der Gegenwart,*

---

10) entspricht der Klasse 12 in der BRD

- *internationale Wirtschaftsorganisationen,*
- *wirtschaftspolitischer Vergleich der Groß=
  mächte und Machtblöcke.*

Die facheigene Behandlung ist aber nur möglich,
weil seit 1962 der Lernbereich "Wirtschafts=
kunde" an die Geographie angehängt ist.

Es handelt sich beim ganzen Lehrplan nicht um
eine letzte Zusammenschau von wirtschafts- und
sozialkundlichen Begriffen, sondern eher um
ein"Konglomerat von Spezialthemen" (KLIMPT).
Die Freizügigkeit in der Gestaltung kann eine
große Chance, aber auch eine Gefahr bei der
Verwirklichung in der Schule bedeuten. Der
Lehrplan selbst enthält nur wenige didaktische
und methodische Hinweise. So sollen die Schü=
ler zur selbsttätigen Arbeit angehalten werden,
sowie Zeitungsberichte, Aufsätze und wissen=
schaftliche Werke eigenständig verwerten. Au=
ßerdem ist der Stoff natürlich Gegenstand der
Matura.

Als Unterrichtsmittel stehen das Lehrbuch
"Materialien zur politischen Weltkunde" [11)]
und die *Schriften der Arbeitsgemeinschaft für
Wirtschaft und Schule* zur Verfügung.

Die *Schriften der Arbeitsgemeinschaft* umfassen
8 Hefte, die sich mit nachstehenden Themen be=
schäftigen:

1. Weltwirtschaftliche Beziehungen
2. Wirtschaftsordnung und Staat
3. Die pluralistische Industriegesellschaft
4. Der Mensch und die moderne Wissenschaft
5. Information, Kommunikation und Manipula=
   tion. Der Mensch und die Massenmedien
6. Naturhaushalt und Umweltschutz
7. Was ist Wirtschaftspolitik ?
8. Der Mensch in der Wirtschaft. Der Mensch
   als Träger der Wirtschaft

Grundsätzlich haben alle Hefte einen ähnlichen
Aufbau. Die Schüler bekommen eine umfassende
Information über das konkrete Thema, wobei man
bei einzelnen Arbeiten die genaue Begriffser=
klärung in Form eines erweiterten Anmerkungs=
apparats positiv hervorheben kann.

---

11) ALTRICHTER, A., H. KLIMPT, N. SCHAUSBER=
GER und W. SITTE: Materialien zur politi=
schen Weltkunde. Ein Lehrbehelf für die
8. Klasse. Wien 1972.

Die im Anschluß an einzelne Abschnitte bzw. am Ende gestellten Fragen dienen der Überprüfung des Wissens und als Anregung für Diskussionen. Die eher traditionelle Vorgangsweise, und zwar ausführliches, konkret vorgegebenes Wissen (ähnlich dem Lehrervortrag) und anschließende Überprüfung ist zu bedauern, da der Schüler kaum eine Möglichkeit erhält, sich Kenntnisse selbst zu erarbeiten und damit zu einem eigenständigen Urteil zu kommen.

Einen ganz anderen Weg beschritten die Autoren des Lehrbuches *"Materialien zur politischen Weltkunde"*, indem sie versuchten, durch vielfältige Arbeitsmittel die Schüler zu eigener Arbeit zu aktivieren. Das so erworbene Wissen soll zu einem anschließenden kritischen Überdenken und einer Meinungsbildung führen. Das Buch umfaßt folgende Abschnitte:

- *Natur- und Kulturlandschaft*
- *Bevölkerungsentwicklung der Erde*
- *Tragfähigkeit der Erde*
- *Die Dritte Welt*
- *Wirtschaftspolitik*
- *Supermächte der Weltpolitik und die großen Wirtschaftsmächte*
- *Die großen Wirtschaftsorganisationen*
- *Einzelstaat und Staatengemeinschaft*
- *Wesen und Aufgaben des modernen Staates*
- *Soziale, nationale und rassische Vorurteile*
- *Die Menschenrechte*
- *Die politische Manipulation des Menschen*

Nach Durchsicht der einzelnen Themen erhebt sich aber in einigen Fällen die Frage, ob nicht eine etwas detailliertere Information als [12] Grundlage für Ausarbeitungen bzw. für den anschließenden Transfer von Vorteil gewesen wäre. Auf jeden Fall hängt die erfolgreiche Anwendung dieses Lehrbehelfs entscheidend davon ab, ob die Schüler schon in den vorhergegangenen Jahren zu einer mehr eigenständigen Arbeitsweise angehalten wurden, was unbedingt getan werden sollte.

Der Lehrplan bietet, wie schon erwähnt, kaum Hilfe bei der Bewältigung der anstehenden Probleme. Dies kommt besonders dann zum Ausdruck, wenn man ihn mit dem des Bundeslandes Hessen für "Gesellschaftslehre" vergleicht, wobei in diesem besonderen Fall sowohl Qualität als auch Quantität sehr unterschiedlich sind.

Nach diesem Überblick zeigt sich sofort, daß in Österreich die Gedanken der politischen Bildung, der Integration von Gegenständen im Sinne fächerübergreifender Gehalte etc. nur sehr zögernd Platz gewinnen. Man spricht zwar von einer engen Verbindung der Fächer, *"die auch zu einer Teamarbeit der beiden Lehrer führen kann (!)"* [13], von einer Synthese ist man aber in Theorie und Praxis noch weit entfernt. Es ist also kaum ein Fortschritt seit der Beseitigung des getrennten Fachunterrichts zu verzeichnen. Notwendige Konsequenzen für die Zukunft brauchen in Hinblick auf die Situation in der Bundesrepublik Deutschland, in Großbritannien und der USA nicht genauer ausgeführt werden, da sie selbstverständlich erscheinen.

7. "POLITISCHE BILDUNG" als eigenes Schulfach

Wenn wir wieder zum Ausgangspunkt unserer Überlegungen bezüglich des politischen Unterrichts zurückkehren, so zeigt sich, daß infolge der Komplexität dieses Lernbereichs die Etablierung eines eigenen Faches von größtem Vorteil sein könnte.

Es wurde wiederholt festgestellt, daß auch im Rahmen einer "Politischen Weltkunde" die einzelnen Disziplinen mit ihren speziellen Qualifikationen zum übergeordneten Ziel der politischen Bildung beitragen. Wer sagt aber, daß nur *Geschichte, Geographie* und *Sozialkunde* dazu fähig sind ? Nach SCHAUSBERGER (1970, S. 59f.) müßten sowohl diese drei Fächer als auch die *Soziologie, Politologie, Wirtschaftswissenschaften, Rechtswissenschaft, Psychologie, Philosophie* und *Anthropologie* einen Anteil an dem Fach "Politische Bildung" haben.

Hier erhebt sich aber sofort die Frage nach der Ausbildung der Lehrer, die ja unbedingt das

---

[12] vgl. z.B. den Abschnitt "Wissenschaftliche Hilfsmittel" (S. 52 f.) im Kapitel "Wirtschaftspolitik".

[13] vgl. die didaktischen Grundsätze des Lehrplans für die Oberstufe.

Anteil und Stellung der Geographie in neuen Lernbereichen

Begriffsinstrumentarium und Grundkenntnisse der erwähnten Wissenschaften beherrschen müß= ten. In Klagenfurt wird zur Zeit an der Bil= dungshochschule ein Versuch bezüglich einer Studienrichtung "Politische Bildung" unternom= men. Die Studenten beschäftigen sich im ersten Studienabschnitt mit der Einführung in die Teilwissenschaften und spezialisieren sich im zweiten auf zwei Teilbereiche. Ob diese Be= strebungen in Zukunft allgemein verwirklicht werden, kann noch nicht abgeschätzt werden. Es wird auf jeden Fall eine politische Ent= scheidung sein.

Im Rahmen der Schulversuche für die Oberstufe der Allgemeinbildenden Höheren Schule (AHS) gibt es für alle drei ausgearbeiteten und jetzt im praktischen Versuchsstadium befind= lichen Modelle [14] einen W a h l p f l i c h t = g e g e n s t a n d "Politische Bildung". Zur Bearbeitung kommen 8 - 12 Themen aus min= destens 5 Sachbereichen. Nachstehend folgt eine Aufzählung der Sachbereiche [15]:

- *Politische Ethik, Ideologie und Macht*
- *Wesen und Aufgaben des Staates*
- *Die politischen Grundordnungen*
- *Der politische Prozeß in der Demokratie*
- *Internationale Politik*
- *Probleme der Innenpolitik*
- *Grundfragen des Rechtsstaates*
- *Grundrechte und Widerstandsrecht*
- *Völkerrecht*
- *Rechtsordnung in Österreich*
- *Gerichtswesen*
- *Rechtskunde*
- *Aktuelle Probleme der Soziologie*
- *Pluralismus und Konflikte der Gesellschaft*
- *Der Mensch und die Gesellschaft*
- *Der Mensch im privaten, beruflichen und öffentlichen Bereich*
- *Grundbegriffe der Wirtschaft*
- *Wirtschaftssysteme*
- *Wirtschaftspolitik*
- *Politische Psychologie*
- *Vorurteile*
- *Information, Manipulation, Meinungsbildung*
- *Sozialpsychologie.*

Eine Überprüfung der Erfahrungen mit diesem neuen Schulfach wird sicherlich wertvolle Hin= weise bezüglich der Inhalte und der Organisa= tion des neuen Faches bringen.

Der nun völlig verwirrte und verschreckte Geo= graph stellt sich wahrscheinlich die Frage, welche Rolle er in einem solchen Fach spielen würde. Die Geographie wird davon bestimmt nicht ausgeschlossen werden, was ja auch den Intentionen des Faches widersprechen würde. Sie wird eben gleichrangig wie die anderen Wissenschaften sein und *"als moderne Lebens= raumkunde wie die Geschichte eine Fülle von Grundlagen liefern, ohne die die Struktur= kenntnisse des soziopolitischen und vor allem des wirtschaftlichen Bereichs gar nicht mög= lich wären. So wertvoll die Geographie zwei= fellos als Grundlage ist - von der räumlich- geographischen Gebundenheit des Geschehens al= lein ist die Kategorie des Politischen ebenso wenig zu erschließen wie aus der historischen Entwicklung"* (SCHAUSBERGER 1972, S. 34f.).

8. Aus- und Fortbildung der Lehrer

Nach der kurzen Charakterisierung der neuen Lernbereiche muß noch ein Punkt behandelt wer= den, der in seiner Bedeutung nicht unterschätzt werden darf; - es handelt sich um die Aus- bzw. Fortbildung der Lehrer.

Zwei Mitglieder des Seminars hatten vor kurzer Zeit Gelegenheit, einer Zusammenkunft von Hi= storikern und Geographen, die die Arbeitsge= meinschaft in der 8. Klasse der AHS gestalten sollen, beizuwohnen. Die Diskussionsbeiträge beschäftigten sich mehrheitlich mit einem The= ma, - der geistigen Überforderung der Schüler u n d (!) L e h r e r. Das allgemeine Unbe= hagen der Geographen im besonderen resultierte aber nicht nur aus der umstrittenen Position der Geographie in der Schule. Es schien viel= mehr in einer u n g e n ü g e n d e n I n = f o r m a t i o n ü b e r d i e w i c h = t i g e n g e g e n w ä r t i g e n E r = f o r d e r n i s s e u n s e r e s F a = c h e s begründet zu sein.

---

14) siehe dazu in diesem Buch, S. 31f.
15) ARBEITSBERICHTE, S. 36f. Der vollständige Themenkatalog ist abgedruckt in: POLITISCHE BILDUNG II, Bericht über das di= daktische Seminar "Politische Bildung" vom 31.8.-4.9.1970 in Krems. Wien 1972, S.122f.

Allerdings gibt es auch noch kaum konkrete Vorschläge über die Aus- und Fortbildung der Lehrer. NEWE (1965) hält folgendes für wesentlich:

1. Geographische Räume als Ganzes erfassen und analysieren lernen. Begriffe der Allgemeinen Geographie und der Länderkunde sollten an typischen Beispielen erarbeitet werden.
2. Erarbeitung des Korrelationsdenkens.
3. Einsicht in die Aufgaben und wichtigsten Probleme der Geographie sowie eine Vertrautheit mit ihren wissenschaftlichen Arbeitsmitteln und Methoden.
4. Ausweitung des Wissens durch Lehrveranstaltungen benachbarter Wissenschaften (insbesondere Wirtschafts- und Sozialwissenschaften).
5. Weiterbildung in verpflichtenden universitären Kursen.

Man kann generell sagen, daß also in Zukunft die Wahl der Fächerkombinationen, die didaktische Ausbildung und die Lehrerfortbildung entscheidende Bedeutung erlangen werden.

Was das Fach "Politische Bildung" betrifft, so müssen hier natürlich ganz andere Maßstäbe angelegt werden (siehe Kapitel 7). Da die Geographie hier nur einen geringen Anteil hätte, wäre nur eine fachliche Spezialisierung im zweiten Studienabschnitt möglich.

Wenn sich die Geographie aber so heftig dagegen wehrt, nur eine Disziplin unter vielen anderen im Rahmen eines politischen Unterrichts zu werden und sich damit auch durchsetzt, so wird sie zumindest einen Teil der Beiträge anderer Wissenschaften übernehmen müssen. Die einzig mögliche Konsequenz wäre dann der Erwerb neuer, nicht nur facheigener Kenntnisse und Einsichten. Solange aber noch grundlegende Darstellungen über Entwicklungsländer, Bevölkerungsprobleme der Erde, Wirtschaftspolitik etc. als "superwissenschaftliche Ausführungen" bezeichnet werden [16] und dies unter dem Beifall der Mehrheit der Wiener Geographie- und Geschichtelehrer geschieht, ist die Hoffnung auf rasche Verwirklichung von politischer Bildung in Österreich gering und die Zukunft der Geographie im besonderen eher düster.

9. Schlußbemerkung

Die Geographie ist bisher in den neuen Lernbereichen, wenn auch mit unterschiedlichen Anteilen, vertreten. Sie muß sich aber nun entscheiden, ob sie die Konsequenzen einer solchen Teilnahme auf sich nehmen kann oder ob sie ihre facheigenen Zielsetzungen beibehalten will. Im letzteren Fall könnte dies vielleicht auch den Verlust der Mitwirkung in der Schule bedeuten!

Will die Geographie aber in den neuen Lernbereichen weiter tätig sein, so werden folgende Punkte in Zukunft stärker beachtet werden müssen:

1.) Die Idee des alleinigen Anspruchs (mit Geschichte und Sozialkunde) auf den politischen Unterricht muß a u f g e g e b e n werden.

2.) Die Unterordnung unter den Aspekt der politischen Bildung bedingt einen W a n d e l der geographischen Didaktik und Methodik.

3.) Aus dem fächerübergreifenden Gehalt ergibt sich, daß es zu einer wesentlich stärkeren K o o p e r a t i o n mit anderen Disziplinen kommen muß.

4.) Die zukünftige Stellung der Geographie in den neuen Lernbereichen wird auch entscheidend davon abhängen, welche s p e z i e l l e n Q u a l i f i k a t i o n e n sie anbieten kann, um dem übergeordneten politischen Bildungsziel gerecht zu werden.

5.) Die Aus- und Fortbildung der Lehrer muß gründlich r e f o r m i e r t werden und auf die besonderen Bedürfnisse der neuen Situation angepaßt werden.

---

16) so geschehen am 2. April 1973 bei einer Tagung der Arbeitsgemeinschaft für Geschichte/Sozialkunde, Geographie/Wirtschaftskunde in der Radetzkyschule.

LITERATUR

ALTRICHTER, A., H. KLIMPT, N. SCHAUSBERGER und W. SITTE: Materialien zur politischen Weltkunde. Ein Lehrbehelf für die 8. Klasse. Wien 1972.

ARBEITSBERICHTE. Zentrum für Schulversuche und Schulentwicklung. Hrsg. v. Bundesministerium für Unterricht und Kunst, Klagenfurt - Graz - Wien 1973.

BAUER, L.: Die Themen der Gemeinschaftskunde in den Klassen 12 und 13 der Gymnasien. In: ERDKUNDE IM GYMNASIUM, hrsg. v. L. Bauer. Wissenschaftliche Buchgesellschaft, Darmstadt 1968, S. 148 - 165.

BERLINER LEHRPLANENTWURF FÜR DAS FACH POLITISCHE WELTKUNDE. Berlin 1972.

DÖRGE, F.W.: Problemlösendes Verhalten als Ziel politischen Lernens. In: Gegenwartskunde 20, Heft 4, 1971.

ERNST, E. und W. SCHRADER: Der Stellenwert der Geographie in der Gesellschaftslehre. Rahmenrichtlinien für die Sekundarstufe I in Hessen. In: Geographische Rundschau 24, Heft 12, 1972.

FISCHER, G.: Der Anteil der Erdkunde an der Politischen Weltkunde. In: ERDKUNDE IM GYMNASIUM, hrsg. v. L. Bauer. Wissenschaftliche Buchgesellschaft, Darmstadt 1968, S. 64 - 76.

GEIPEL, R.: Die Geographie im Fächerkanon der Schule. In: Geographische Rundschau 20, Heft 2, 1968.

GESELLSCHAFT UND WIRTSCHAFT HEUTE. Diskussionsunterlage für die Arbeitsgemeinschaft: Geographie/Wirtschaftskunde und Geschichte/Sozialkunde in der 8. Klasse AHS. Hrsg. v. d. Arbeitsgemeinschaft "Wirtschaft und Schule", Wien 1972/73.

GIESECKE, H.: Didaktik der politischen Bildung. München 1966.

JONAS, F.: Erdkunde und politische Weltkunde. Kamps pädagogische Taschenbücher 46, Bochum 1970.

KOORDINIERUNGSPLAN für die Fächer Geschichte, Sozialkunde und Erdkunde. In: Geographische Rundschau 16, Heft 2, 1964.

LORRIN-KENNAMER, J.: Emerging Social Studies Curricula: Implications for Geography. In: FOCUS ON GEOGRAPHY, 40 th Yearbook, National Council for the Social Studies, 1970.

MICKEL, W.: Methodik des politischen Unterrichts. 1967.

NAISH, M.: Geography in the Integrated Curriculum. In: NEW MOVEMENTS IN THE STUDY AND TEACHING OF GEOGRAPHY, hrsg. v. N. Graves, London 1972.

NEWE, H.: Vorschläge zur Ausbildung der zukünftigen Erdkundelehrer an Höheren Schulen. In: Geographische Rundschau 17, Heft 6, 1965.

RAHMENRICHTLINIEN FÜR DIE GEMEINSCHAFTSKUNDE IN DEN KLASSEN 12 UND 13 DER GYMNASIEN. In: Geographische Rundschau 14, 1962, S. 426 f.

RAHMENRICHTLINIEN FÜR DIE SEKUNDARSTUFE I IN HESSEN: GESELLSCHAFTSLEHRE. Wiesbaden 1972.

SCHAUSBERGER, N.: Politische Bildung als Erziehung zur Demokratie. Pädagogik der Gegenwart 103, Wien 1970.

SCHAUSBERGER, N.: Zur Didaktik der politischen Bildung. In: BEITRÄGE ZUR LEHRERFORTBILDUNG 7 (Politische Bildung II), hrsg. v. N. Schaussberger, O. Amon u. a., Wien 1972, S. 9 - 43.

SCHWEGLER, R.: Eine neue Konzeption für den Erdkundeunterricht. In: Geographische Rundschau 20, Heft 1, 1968.

SITTE, W.: Die Arbeitsgemeinschaft Geographie und Wirtschaftskunde - Geschichte und Sozialkunde in der 8. Klasse der AHS. In: Wissenschaftliche Nachrichten 32, April 1973.

STENZEL, R.: Politische Bildung in der Oberstufe der Höheren Schulen. In: Geographische Rundschau 15, Heft 12, 1963.

VÖLKEL, A.: Erdkunde heute. Frankfurt am Main, 1961.

Ein kritischer Vergleich österreichischer und bundesdeutscher Geographielehrbücher

‹Seydlitz› - ‹Welt und Umwelt›, ‹Geographie›

Helmut J. WEIS

1. *"WELT UND UMWELT", "GEOGRAPHIE" und "SEYD=
LITZ": Moderne und traditionelle Konzepti=
onen in drei bedeutenden Unterrichtswerken*

Die vorliegende Abhandlung, die keinen An=
spruch auf Vollständigkeit erhebt, hat sich
einen kritischen Vergleich zweier neuer bun=
desdeutscher und eines österreichischen Geo=
graphielehrbuches (5. bis 8. Schulstufe) [1]
hinsichtlich ihres Aufbaus, ihrer stofflichen
Konzeption, ihrer Lernziele und ihrer Arbeits=
methode zum Ziel gesetzt.

Insbesondere soll an Hand jener Fragenkomplexe,
die derzeit im Brennpunkt der fachdidaktischen
Diskussion stehen, untersucht werden, inwie=
weit die Umorientierung der Fachdidaktik be=
reits Eingang in die Konzeptionen der drei
Unterrichtswerke gefunden hat. Um einen ersten
Überblick zu gewinnen, genügt ein Vergleich
ihrer Inhaltsverzeichnisse [2]. Der Betrachter
wird dabei feststellen können, daß die Autoren
der beiden bundesdeutschen Geographielehrbü=
cher, natürlich in unterschiedlichem Maß, einer
Entwicklung Rechnung trugen, die durch die Dis=
kussionen auf dem 37. *Deutschen Geographentag
in Kiel* [3] symbolisiert wurde: I n f r a g e =
s t e l l u n g   d e r   L ä n d e r k u n d e
als *"tragende Säule geographischer Wissen=
schaft"* (siehe dazu auch: ERNST 1970, S. 188)
und Zurückdrängung zugunsten der Allgemeinen
Geographie. A. SCHULTZE zeigte die neue Rich=
tung in einem beachtenswerten Aufsatz der Geo=
graphischen Rundschau [4] auf, wo er die einzel=
nen Argumente für die Zurückdrängung der Län=
derkunde in der Schule anführt und zugleich den
Unterschied zwischen Allgemeiner Geographie und
ersterer in ihrem didaktischen Wert deutlich
macht. Diesem Ansatz fügte er einen *Stoffver=
teilungsplan* als Alternative zu herkömmlichen
Konzepten bei, den er in dem neuen Unterrichts=
werk "GEOGRAPHIE" realisierte und auf den noch
näher eingegangen werden wird [5].

Die Autoren beider deutscher Lehrbücher zogen
aus der Umorientierung der Fachdidaktik die

---

1) WELT UND UMWELT. Geographie für die Sekun=
darstufe I, 5.und 6. Schuljahr (Lehrer- und
Schülerband). Hrsg.v. W.HAUSMANN, Wester=
mann, Braunschweig 1972.
Zum Zeitpunkt der Abfassung dieser Arbeit
war der Band für das 7. und 8. Schuljahr
noch nicht erschienen.

GEOGRAPHIE. Band 1 (5. und 6. Schuljahr)
und Band 2 (7. und 8. Schuljahr). Ernst
Klett Verlag, Stuttgart 1970 bzw. 1972.
LEHRSYSTEM GEOGRAPHIE. Elemente zur Unter=
richtsplanung, Band 1, 5. und 6. Schuljahr
(Lehrerband). Ernst Klett Verlag, Stutt=
gart 1971.

SEYDLITZ. LEHRBUCH DER GEOGRAPHIE UND WIRT=
SCHAFTSKUNDE. 1. bis 4. Teil für die 1. bis
4. Klasse der AHS. Hrsg.v. L.SCHEIDL, Franz
Deuticke und Jugend und Volk, Wien 1967 und
1972.

---

2) im ANHANG zu diesem Aufsatz.

3) vgl. dazu:
37. DEUTSCHER GEOGRAPHENTAG KIEL 1969, TA=
GUNGSBERICHT UND WISSENSCHAFTLICHE ABHAND=
LUNGEN, Wiesbaden 1970, Abschnitt 6: Der
Geograph - Ausbildung und Beruf, S.175-232.

4) SCHULTZE,A.: Allgemeine Geographie statt
Länderkunde. In: Geographische Rundschau
1970, Seite 1 - 10.

5) siehe Seite 105f.

nötigen Konsequenzen, indem sie ihren Konzeptionen operationalisierte Lernziele und ihnen zugeordnete signifikante Lerngegenstände (Fallbeispiele) zugrunde legten, wogegen der Aufbau des SEYDLITZ nach länderkundlichen Durchgängen als ein Verharren in traditionellen Bahnen angesehen werden muß.

Die Darstellung dieser zum Teil stark divergierenden Auffassungen über die verschiedenen Möglichkeiten, den Schülern moderne und praxisnahe Geographie in optimaler Form zu vermitteln, sowie ihre Erläuterung an praktischen Beispielen sind bevorzugter Gegenstand dieser Untersuchung.

2. Zum Aufbau: Entspricht das im "SEYDLITZ" geübte Prinzip "VOM NAHEN ZUM FERNEN" den gegenwärtigen Vorstellungen ?

Ein Blick in den derzeit gültigen Lehrplan für die Unterstufe der Allgemeinbildenden Höheren Schulen (AHS) in Österreich vom 1. Oktober 1967 zeigt [6], daß der Lehrstoff nach wie vor nach dem alten Gliederungsprinzip "Vom Nahen zum Fernen" an die Schüler herangetragen wird:
1. Klasse der AHS (5. Schulstufe) - *nächste Umgebung, heimatliches Bundesland, Überblick über Österreich;*
2. Klasse (6. Schulstufe) - *Europa;*
3. Klasse (7. Schulstufe) - *Außereuropa.*

Dieser Schritt vom Nahen zum Fernen wiederholt sich dann auch in der Oberstufe.

Das österreichische Geographielehrbuch SEYDLITZ vollzieht in seinem Aufbau den Lehrplan genau nach. Entspricht dieses Nah-Fern-Prinzip aber überhaupt noch den gegenwärtigen didaktischen Vorstellungen ? - in einer Zeit, in der der Schüler durch die breite Information der Massenmedien, vor allem des Fernsehens, auch fernste Regionen mit ihren Problemen täglich ebenso ins Haus geliefert bekommt wie die engere Umgebung. Auf diese Frage wird man verschiedene Antworten zu hören bekommen.

---

[6] Verordnungsblatt für den Dienstbereich des Bundesministeriums für Unterricht, III.Sondernummer, Jg. 1967, Stück 10a.

Seit Beginn der 1960er Jahre wurden von Pädagogen und Geographiedidaktikern vehemente Angriffe gegen das in den Lehrplänen und Lehrbüchern fest verankerte, einst als psychologische Entdeckung gefeierte "Prinzip der konzentrischen Kreise" geführt. Man bezeichnet es vielfach als "unpsychologische Einengung" und meint damit, daß Schüler schon sehr früh für das, was ihnen geographisch fern ist, oftmals mehr Neugier und Interesse zeigen als für ihre nächste Umgebung.

Während heute schon weitgehend Übereinstimmung herrscht, daß ein kompromißloses Festhalten am Nah-Fern-Prinzip nicht den gegenwärtigen didaktischen Vorstellungen entspricht, hört man gerade in letzter Zeit wieder öfter gegenläufige Forderungen mancher Didaktiker, die die "Nähe" in der Schulgeographie stärker berücksichtigt sehen wollen. Was ist das aber für eine *"Nähe"*? Nicht mehr die "Nähe" der bisherigen Schulgeographie, bei der in typisch heimatkundlich - landschaftskundlicher Art die engste Umgebung des Schülers in Form von Faktenvermittlung erfaßt wird, sondern mit dem Einbau von Nahstoffen soll nun die " A r b e i t   v o r   O r t " ermöglicht werden. Dabei erkunden, sichten und verarbeiten die Schüler unter Anleitung des Lehrers geeignete Nahstoffe aus dem Umkreis der Schule, meist in praktischer Arbeit, um durch selbständige Bearbeitung und den daraus resultierenden Erfahrungszuwachs vertiefte, übertragbare Grundeinsichten und ein allgemeines Grundverständnis für räumliche Strukturen und die diese hervorrufenden sozialen Gruppen zu gewinnen.

Es handelt sich also bei der Behandlung der Nahstoffe nicht mehr um heimatkundliches Faktenwissen. Sie können in jeder Schulstufe behandelt werden, wobei Fragestellung und Schwierigkeitsgrad variiert werden. Das alte Gliederungsprinzip "Von der nahen Umgebung zu den fernsten Weltteilen" wird dadurch ersetzt, daß *Nah- und Fernstoffe je nach didaktischen, stofflichen oder schulpraktischen Erfordernissen in jeder Schulstufe   g e m i s c h t   werden !*

Das Unterrichtswerk "GEOGRAPHIE" bringt eine moderne Lösung im Sinne dieser Ausführungen, indem für alle Schulstufen Nah- u n d Fernstoffe angesetzt und möglichst häufig, gerade auch innerhalb einzelner Themenblöcke (z.B.: Band 1, 5.und 6.Schuljahr, 8.Abschnitt: *"Schätze der Erde"* [7]) bzw. innerhalb von Einzelthemen (z.B.: Band 2, 7. und 8.Schuljahr, 3.Abschnitt, 8. Unterrichtseinheit: *"Höhenstufen am Äquator und in den Alpen"*, S. 78f.) miteinander verknüpft werden. Durch die immer wieder vergleichenden, oft kontrastierenden Rückgriffe auf die nahen Verhältnisse wird die Nähe nicht aus dem Blick verloren. Dieses "Einhausen" ist für Vertiefung und topographische Sicherheit unbedingt notwendig. Die meisten Themenblöcke des ersten Bandes (5/6) besitzen daher - im Gegensatz zu "WELT UND UMWELT" - einen räumlichen Schwerpunkt, der teilweise großräumiger (z.B. Band 1, 6.Abschnitt mit 7 Unterrichtseinheiten: *"In den Urwäldern am Äquator"* - Westafrika, S. 104 - 121), teilweise aber auch ziemlich eng (z.B. Band 1, 2.Abschnitt mit 11 Unterrichtseinheiten: *"Am Meer"* - Norddeutschland, S. 16 - 43 und 7.Abschnitt mit 5 Unterrichtseinheiten: *"Bei Bauern in Deutschland"*, S. 122 - 133) gefaßt sein kann, wodurch eine Verknüpfung von Nah- und Fernstoffen nicht bei allen Themenblöcken möglich, aber auch nicht immer unbedingt erforderlich ist.

Die Konzeption des Lehrbuches "WELT UND UMWELT" ermöglicht weit eher die Verbindung von Nah- und Fernstoffen, die z.B. im Rahmen des Themenblocks *"Wir untersuchen die Versorgung der Menschen mit Nahrungsmitteln"* (acht Unterrichtseinheiten mit Fernstoffen und sieben mit Nahstoffen aus der Bundesrepublik Deutschland) [8] in durchaus ausgewogenem Verhältnis angeordnet sind. Im 2. Band werden durch Rollenspiele, Kurzprogramme und einfache praktische Gelände- und Feldarbeit der Schüler in der Schulumgebung im Sinne der"Arbeit vor Ort" extreme Nahstoffe betont.

3. Polarisierung in der Schulgeographie: Allgemeine Geographie - Länderkunde

Die erdkundlichen Stoffe in "GEOGRAPHIE" werden aber auch nicht nach der Größe der Objekte, etwa nach den drei Stufen *Erdkundliche Einzelbilder - Erdteile und Länder - Weltkundliche Übersichten*, wie es W.GROTELÜSCHENS Konzept "Dreimal um die Erde" [9] vorsieht, gliedert. Die selbstverständlichen Objekte solcher Erdkunde wären kleine und große Räume, Regionen, Länder, Kontinente. Somit wäre Erdkunde, wenigstens zum großen Teil, "Länderkunde. In "GEOGRAPHIE" hingegen orientiert sich die Stoffauswahl an ü b e r t r a g b a r e n S t r u k turen (Einsichten) und Prozessen. Sie frägt nicht mehr nach den Tatsachen, die für eine bestimmte Region wichtig sind, sondern: W e l = c h e a l l g e m e i n g ü l t i g e n E i n s i c h t e n sind an der geographischen Substanz dieser Region zu gewinnen ? In diesem Sinn sind etwa die Aussagen über den Zusammenhang von Energieerzeugung und Wasserhaushalt im Hochgebirge zu verstehen (z.B.: "WELT UND UMWELT 5/6": *"Wir erfahren, wie Strom aus Wasserkraft gewonnen wird"*, S.122; "GEOGRAPHIE 5/6": *"Gletscherwasser treibt Turbinen"*, S.62) und nicht als vereinfachte und sehr unzulängliche wirtschaftsgeographische Standortlehre. Länderkundliche Einheiten werden n i c h t vorgestellt. Selbst dort, wo bereits etwas komplexere Interdependenzen vorliegen, etwa bei den Unterrichtseinheiten *"Das Jahr des Almbauern"* oder *"Urlaub im Hochgebirge"* [10], geht es schwerpunktmäßig darum, allgemeine Strukturen sichtbar zu machen.

Wurden bisher häufig mehrere kategorial unterschiedliche Teilkapitel eines Landes hintereinander geordnet (z.B.: USA: Bodenschätze, Rassen, Landnutzungszonen etc.), werden nun vergleichbare Konkreta, die aus verschiedenen Regionen stammen können, zu T h e m e n k e t = t e n verbunden (SCHULTZE 1970, S.7)[11].

Auch für die Autoren von "WELT UND UMWELT" war es klar, daß ein modernes Unterrichtswerk

---

7) 3.Unterrichtseinheit, S.142: *"Braunkohle im Tagebau der Ville"* und 4.Unterrichtseinheit, S.146: *"Schwerindustrie zwischen den Appalachen und den Großen Seen"*.

8) WELT UND UMWELT 5/6, Seite 86 - 115.

9) GROTELÜSCHEN 1965; nach diesem Konzept wurde auch das bundesdeutsche Lehrbuch "DREIMAL UM DIE ERDE" verfaßt.

10) GEOGRAPHIE 5/6, S. 56 bzw. S. 65.

11) Ein Beispiel für das Hintereinander-Anordnen kategorial unterschiedlicher Teilkapitel eines Landes bietet auch der "SEYDLITZ"; - z.B. im Band "Europa",1971, Kapitel "Deutschland": *Die Landschaften, S.37 - Die Industrie im Ruhrgebiet, S.43 - Staat,Volk,Wirtschaft, S.47 - Probleme der deutschen Landwirtschaft, S.47 - Die Zentralverwaltung der DDR, S.49.*

weder auf das länderkundliche Schema noch auf länderkundlichen Durchgängen aufgebaut sein könnte, - in diesem Sinne wurde voll und ganz der Forderung nach Lernzielorientierung entsprochen.

So bedingungslos, wie man glauben sollte, verschreiben sich jedoch nicht alle Didaktiker und Pädagogen dem ausschließlichen Vorrang der Allgemeinen Geographie, wie ein Aufsatz von J. BARTH (1973) beweist. Wenngleich der Autor die Notwendigkeit einer stärkeren Repräsentanz thematisch orientierter Unterrichtseinheiten, die auf Einsichten in übertragbare Strukturen abzielen, im zukünftigen lernzielorientierten Erdkundeunterricht voll und ganz anerkennt, so erachtet er nichtsdestoweniger auch r e g i o n a l e Unterrichtseinheiten, und zwar nicht nur klein-, sondern auch großräumige, für notwendig. Indem er sich auf die Kriterien für die Auswahl von Bildungsinhalten, wie sie S.B. ROBINSOHN 1967 aufgestellt hat [12], bezieht, nennt er die USA und die Sowjetunion als die zwei in Wirtschaft und Politik wichtigsten Staaten der Welt, die in zahlreichen neuen Vorschlägen als Unterrichtseinheiten überhaupt nicht mehr bzw. in Einzelthemen viel zu selten und in unzusammenhängender Form auftreten. In diesem Zusammenhang bezweifelt er, ob die beiden bisher erschienenen Bände von "GEOGRAPHIE" den Schüler quantitativ wie qualitativ zu den Einsichten über die beiden Weltmächte, die deren Bedeutung entsprechen, gelangen und dabei ein besseres Verständnis für die unterschiedlichen Wert-, Gesellschafts- und Wirtschaftssysteme gewinnen lassen. BARTH argumentiert auf verschiedene Weise zugunsten einer zusammenhängenden Behandlung großer Räume, wie der USA und der Sowjetunion, ihrer Menschen und deren Probleme, in regionalen Unterrichtseinheiten [13]. So dürfte es insbesonders dort, wo es nicht vorwiegend um Natur- oder Natur-Mensch-Strukturen geht, für Schüler schwierig sein, die erwünschten Qualifikationen in räumlich isolierten, zeitlich weit auseinander liegenden Unterrichtseinheiten zu erwerben.

Diejenige Länderkunde jedoch, wie sie das österreichische Lehrbuch "SEYDLITZ" bietet, dient lediglich der Anhäufung l ä n d e r k u n d l i c h e n W i s s e n s und verfolgt mit ihrer Gliederung nach der Größe der Objekte die Absicht, *die Erdoberfläche unterrichtsmäßig zu "schaffen"*. Die einzelnen Staaten werden nahezu immer nach demselben Schema abgehandelt. Nach einem einleitenden Absatz, der über die natürlichen Grenzen des betreffenden Staates, über seine Großgliederung, sein Klima, seine Vegetation und die Bevölkerung "informiert", folgen die Großlandschaften im einzelnen (z.B.: Band 2: *Hoch-, Mittel- und Niederbelgien*). In steckbriefhaftem, oft simplem Stil werden F a k t e n bezugslos aneinandergereiht: Oberflächenformen, Klima, Vegetation, Gewässernetz, Verkehr, Siedlungen, Wirtschaft etc.. Daran schließt ein mit "*Staat (bzw. Bevölkerung) und Wirtschaft*" überschriebenes Kleinkapitel, dessen Inhalt sich in stereotyp wiederkehrenden Aussagen über die sprachliche Zugehörigkeit der Bevölkerung, die Rolle von Landwirtschaft und Industrie u.a.m. erschöpft. Den Abschluß bildet eine auf blauen Grund gedruckte Zusammenfassung ("*Wir fassen zusammen*"), die, auf ein unzumutbares Maß an Knappheit reduziert, einen vollkommen unzulänglichen und verzerrten Eindruck des betreffenden Staates vermittelt.

Es wäre falsch, würde man sich durch die von den übrigen Bänden etwas abweichende Gliederung des dritten Bandes (Außereuropa) irreführen lassen, denn auch diese beruht im Grunde auf keinem anderen Konzept. Anstatt die einzelnen Staaten der außereuropäischen Kontinente nacheinander abzuhandeln, werden viele - bestenfalls mit ein oder zwei Merksätzen festgehalten - zu einer Großlandschaft (z.B.: "Länder der Guineaschwelle") zusammengefaßt.

---

[12] hier zitiert aus: EBINGER 1971, S.47:
  "1. Die Bedeutung eines Gegenstandes im Gefüge der Wissenschaft, damit auch als Voraussetzung für weiteres Studium und weitere Ausbildung;
  2. die Leistung eines Gegenstandes für das Weltverstehen, d.h. für die Orientierung innerhalb einer Kultur und für die Interpretation ihrer Phänomene;
  3. die Funktion eines Gegenstandes in spezifischen Verwendungssituationen des privaten und öffentlichen Lebens.

[13] siehe dazu auch:
  1. den Beitrag über die Behandlung von Kulturerdteilen im Unterricht und
  2. ein Beispiel für die zusammenhängende Behandlung großer Räume: "*Der Kulturerdteil Orient als Lebensraum*", S. 187ff.

Geographisch relevante Faktoren (z.B. Steigungsregen, Vorkommen und Bedeutung des Löß etc.) werden **nicht** als übertragbare Einsichten an, bestimmten Lernzielen zugeordneten, signifikanten Räumen erarbeitet, sondern **mehrmals** an den verschiedensten, oft zeitlich weit auseinanderliegenden Stellen erwähnt. Infolge der **fehlenden** kausalen Zusammenhänge müssen sie daher vom Schüler jeweils als neuer Wissenszuwachs empfunden werden.

Für den an wirtschaftlichen Problemen und Sachverhalten interessierten Schüler - und das sind die meisten - vermag der "SEYDLITZ" keinerlei praxisbezogene und in die Tiefe gehende Information zu bieten. Seine Autoren waren beispielsweise der Ansicht, die Bedeutung des Fremdenverkehrs für Griechenland mit dem einsilbigen Kommentar *"sehr wichtig ist der Fremdenverkehr, der in Athen fast das ganze Jahr über anhält"* (Band 2, S. 37) bereits ausreichend hervorgehoben zu haben, - obwohl, wie der Großteil der Schüler wissen dürfte, die Einnahmen aus dem Fremdenverkehr für den Staatshaushalt der südeuropäischen Staaten einen nicht mehr wegzudenkenden Aktivposten darstellen. Sehr bezeichnend für diese Einstellung der Herausgeber ist auch die Tatsache, daß sie zwar die Erwähnung der Heldenorgel in Kufstein, die *"zu besonderen Anlässen ..... in die Weite tönt"* und *"die Menschen zu Besinnung und Frieden ruft"* (Band 4, S.63) für notwendig erachten, sich aber im Falle des weltbekannten Metallwerkes "Plansee" mit der lapidaren Feststellung begnügen, daß in diesem *"Metallpulver u.a. zu Bohr- und Schleifmitteln weiterverarbeitet wird"* (Band 4, S. 61), - wenngleich auch an einer anderen Stelle etwas mehr darüber gesagt wird (S.88).

Aber auch in anderen Punkten muß die Kritik ansetzen. Abgesehen von häufig gebrauchten **klischeehaften Ausdrücken** (z.B.: *Kanada: "Land der Zukunft"*, *Schweiz: "Gasthaus Europas"* (?!) etc.) und dem **Heimatdichter-Stil** (z.B.: *"rauschende Flüsse"*, *"reicher Erntesegen"*) ist der Text durch unpräzise [14], bzw. unvollkommene [15] oder unrichtige [16] Formulierungen gekennzeichnet.

4. Kategoriengruppen - *Kategoriale Grunddaseinsfunktionen* - Länderkundliche Durchgänge: Die stoffliche Konzeption der einzelnen Unterrichtswerke

Der Stoffverteilungsplan von A.SCHULTZE ist, wie er selber zugibt, noch nicht völlig ausgereift und manche Kapitel sind erst grob untergliedert oder recht allgemein formuliert (z.B.: GEOGRAPHIE 5/6: *"Kirunavaara, der Erzberg in Norbotten"*), währenddessen die Autoren von "WELT UND UMWELT" die einzelnen Unterrichtseinheiten als **Arbeitsaufträge** an die Schüler verstehen und dementsprechend formuliert haben (z.B.: *"Wir prüfen, warum unsere Schwerindustrie hochwertige Rohstoffe aus dem Ausland bezieht. Beispiel: Eisenerz aus Kiruna"*).

A.SCHULTZE versucht eine Gliederung nach Stufen der Schwierigkeit und der Komplexität der Gegenstände, nach Stufen des Aufbaus **geographischer Kategorien**:
- Natur-Strukturen,
- Mensch-Natur-Strukturen,
- Funktionale Strukturen,
- Gesellschaftlich-kulturell bedingte Strukturen.

Das klassische System der Allgemeinen Geographie, zweifellos konsequent und übersichtlich, kann dem Didaktiker nicht als Richtschnur für die Auswahl und Anordnung von Inhalten dienen. Da er aber schon die "Baugesetze", die Strukturen und damit die möglichen Einsichten beachtet wissen möchte, müssen besonders im humangeographischen Bereich die kategorialen Unterschiede deutlicher werden (SCHULTZE 1970, S.3).

Die **erste Stufe** ("GEOGRAPHIE 5/6") könnte durch die Formel *"Wir entdecken die Welt"* gekennzeichnet werden. Ausgewählt sind einfach-extreme Situationsfelder (*"Am Meer"*, *"Im Hochgebirge"*, *"In den Urwäldern am Äquator"*, *"Bei Bauern in Deutschland"* etc.) und entsprechend einfache Formen der Naturbewältigung, die

---

14) z.B. Band 3, S.34:"Der *Gebirgscharakter der Anden* bedingt es, daß hier im Westen mehr Staaten entstanden sind als im Osten".

15) z.B. Band 2, S.18:"Poebene: *Fleißige Hände* haben aus der ganzen Tiefebene den "Garten Italiens" gemacht".

16) z.B. Band 3, S.63:"Äthiopien: Inmitten der trockenen Steppen bildet das Hochland eine *Regen- und Waldinsel.*"

ganz verschieden sein können: Menschen nützen Naturgegebenheiten aus (z.B. GEOGRAPHIE 5/6, S.56: Unterrichtseinheit: *"Das Jahr des Alm=bauern"*), schützen sich gegen sie (ebenda, S. 34: *"Wurten und Deiche"*), vernichten sie. Ebenso reicht die Skala der Eingriffe in die Natur von bloßer Wildbeuterei (z.B.: ebenda, S. 110: *"Pygmäen und Neger im Urwald"*) bis zur radikalen Umgestaltung (z.B. ebenda, S.142: *"Braunkohle im Tagebau"*).

Die hiermit angesprochenen Mensch-Natur-Strukturen, welche die sowohl den primitiven als auch den technisch hochkomplizierten Formen der Lebens- und Umweltbewältigung zugrundeliegenden geistigen Leistungen in den Mittelpunkt ihrer Betrachtung stellen, nehmen auch auf der z w e i t e n   S t u f e ("GEOGRAPHIE 7/8") breiten Raum ein. Um die Anfänge und Prinzipien jener technischen Bewältigungsformen, die unsere heutige Zeit bestimmen, sichtbar werden zu lassen, haben sich die Autoren in manchen Fällen für den historischen Zuschnitt entschieden (z.B.: GEOGRAPHIE 5/6, S.59: Unterrichtseinheit: *"Wege über die Berge"*, S.85: *"Schiffahrt im Eismeer"*), das heißt, es wird versucht, verschiedene Probleme zu reaktualisieren.

Neben den Mensch-Natur-Strukturen stützt sich der Inhalt der zweiten Stufe (*"Große natürliche Ordnungen"*) vorwiegend auf die erste Kategoriengruppe (Natur-Strukturen), in der auch die P h y s i s c h e   G e o g r a p h i e angesprochen wird. Wenngleich auch E.ERNST (1970) Bedenken gegen diese Kategoriengruppe äußert, indem er vor einer didaktischen Verabsolutierung der Bedeutung der Naturfaktoren (Klima, Oberflächenform, Bodenbeschaffenheit etc.) warnt und diese Bedenken auf manche Themen des Themenblocks 1 in GEOGRAPHIE 7/8: *"Die Erde verändert sich"* (S. 4 - 37) eventuell zutreffen, so hält auch er einen Verzicht auf die Ergebnisse der Physischen Geographie für nicht möglich. Das fachliche Interesse müsse aber den menschlichen Gruppen und einem ihrer Bedingungsfaktoren - dem Raumgefüge - gelten. Die Bedeutung der aus den Naturtatsachen resultierenden Konsequenzen für den Menschen soll das wichtigste Kriterium für die Auswahl der Themen sein. Somit nimmt die Agrar- und Forstwirtschaft, die die natürliche Differenzierung am deutlichsten widerspiegelt, auf der zweiten Stufe einen weitaus größeren Raum ein als auf der ersten.

Einzelne Themen in beiden Bänden sind sogar den Funktionalen Strukturen und den Gesellschaftlich-kulturell bedingten Strukturen, die eigentlich der dritten Stufe ("GEOGRAPHIE 9/10") vorbehalten sind, zuzuordnen.

Die Autoren von "WELT UND UMWELT" sind bei der Konzeption ihres Lehrbuches andere Wege gegangen. Aufbauend auf dem Sachunterricht der Primarstufe (Volksschule) werden weitere Grundlagen für schwierigere Fachstrukturen der folgenden Jahre geschaffen. Eindeutiger Schwerpunkt im 5. und 6. Schuljahr sind die beiden Themenblöcke *"Wir reisen und erholen uns"* und *"Wie der Mensch wirtschaftet und sich versorgt"* (S. 39 - 64 und S. 85 - 143), die sich zwei k a t e g o r i a l e n   G r u n d d a =
s e i n s f u n k t i o n e n widmen ("sich erholen" und "sich versorgen und konsumieren"), wie sie K.RUPPERT (1969) nach D.PARTZSCH (1964) aufgestellt hat. Sie erschließen damit wesentliche Situationsfelder menschlicher Betätigung und nicht nur diejenigen, die in den Hauptabschnitten artikuliert werden, sondern auch elementar andere Grunddaseinsfunktionen, wie z.B. "am Verkehr teilnehmen, Kommunikation, Information". Grundanliegen im 7. und 8. Schuljahr ist die Erarbeitung der weiteren fünf Grunddaseinsfunktionen in Verbindung mit der Einsicht in die großen Ordnungen der Erde. Auch WELT UND UMWELT bringt im 7. Schuljahr physiogeographische Inhalte (WELT UND UMWELT 7/8, 3.Themenblock, S. 192 - 216: *"Wir erforschen das Antlitz der Erde"*).

Wenngleich auch A.SCHULTZE die Möglichkeit einer häufigen Änderung in der Reihenfolge der Themen, eines Verzichtes auf einzelne von ihnen oder eines Ersatzes durch andere offenläßt, so sind dem durch Auswahl bzw. Anordnung der Themen in "GEOGRAPHIE" gewisse Grenzen gesetzt. Hat beispielsweise die Konzeption eines Themenblocks, ausgehend von den physischen Voraussetzungen, eine zunehmende Verdichtung auf das Leben und Wirtschaften des Menschen zum Inhalt, so wird die Reihenfolge der Einzelthemen keine zufällige mehr sein können. Z.B. Themenblock 6 in "GEOGRAPHIE 5/6", S. 104 - 121: *"In den Urwäldern am Äquator"* mit einer Abfolge der Unterrichtseinheiten von *"Ein Tag im tropischen Regenwald"* über *"Pygmäen und Neger im Urwald"*, *"Kakaopflanzer in Ghana"* und *"Auf einer Kautschukplantage in Liberia"* bis zu *"Straßenbau *am Amazonas"*. Auch die Autoren von "WELT UND UMWELT" haben mit der vorgeschlagenen Reihung der Themen zuweilen eine bestimmte Absicht verbunden (z.B.: Im Themenblock: *"Wie der Mensch wirtschaftet und sich versorgt"*).

Sicher ist, daß die aus verschiedenen Gründen in manchen Fällen "zwingende" Reihenfolge der Themen innerhalb größerer Themenkomplexe keineswegs ein Nachteil ist, sondern eine Notwendigkeit. Gerade für die, dem 5. und 6. Schuljahr entsprechende Altersstufe sind gewisse Prinzipien, nach denen die Themen geordnet sind, erforderlich; - denn nichts würde die geistige Kapazität der Schüler mehr überfordern als andauernde gewaltige gedankliche Umstellungen, bedingt durch ein zusammenhangloses Angebot an Beispielen.

Der Lehrer wird oft vor die Notwendigkeit gestellt, nicht nur aus Rücksicht auf die Stundentafel, sondern auch in Hinblick auf das Leistungsniveau der Schüler eine Auswahl der Themen nach Struktur und Quantität zu treffen. Die geschlossene Form der meisten Unterrichtseinheiten als Arbeitseinheiten in "WELT UND UMWELT" und vor allem die Tatsache, daß in manchen Fällen zwei Unterrichtseinheiten, das heißt zwei verschiedene Fallbeispiele praktisch ein und demselbem Grob-(Haupt-)Lernziel untergeordnet sind [17], machen es dem Lehrer leicht, Kürzungen vorzunehmen, ohne den Begründungszusammenhang zu zerreißen.

Der österreichische Lehrplan sieht in der Unterstufe für Österreich einen zweimaligen (5. und 8. Schulstufe), für die übrige Welt einen einmaligen l ä n d e r k u n d l i c h e n   D u r c h g a n g vor. Bedauerlicherweise läßt sich jedoch zwischen Band 1 des "SEYDLITZ" (für die 5. Schulstufe) und Band 4 (für die 8. Schulstufe) kein wesentlicher Niveauunterschied feststellen. Nahezu dieselben Inhalte verbergen sich lediglich hinter anderen Kapitelüberschriften: Z.B.:
- Band 1: *"Land der Äcker"*, *"Land der Hämmer"*;
- Band 4: *"Landwirtschaft, Gewerbe und Industrie"* ... .

Praktisch ergänzen sich die beiden Bände; - denn werden manche Kapitel in Band 1 etwas ausführlicher behandelt, so begnügt sich Band 4 nur mehr mit kurzen Hinweisen und umgekehrt.

In der Auseinandersetzung Humangeographie - Physiogeographie haben sich die Autoren des SEYDLITZ eher für letztere entschieden, womit noch keine Aussage in qualitativer wie quantitativer Hinsicht gemacht wurde. Während in den ersten Klassen der Unterstufe physiogeographische Fakten sporadisch, ohne Bezug zu irgendeinem übergeordneten geographischen Thema eingestreut sind (z.B. Band 1, S.46: *"Das Krimmler Tal weist eine Talform auf, die in vielen Tälern der Hohen und der Niederen Tauern vorkommt: Es hat einen U-förmigen Querschnitt und wird deshalb U-Tal oder Trogtal genannt"*), widmet Band 4 den Naturlandschaften Österreichs ein eigenes Kapitel. Doch anstatt eine Verbindung zum Menschen, der den Größen "Raum" und "Umwelt" gegenübersteht und in denen er zugleich zu leben hat, herzustellen, liegt eine nahezu u n r e f l e k t i e r t e   E i n s t e l l u n g zur gesellschaftlichen Umwelt vor. Man erachtet beispielsweise die Tatsache, daß Kerbtälchen und Hohlwege für die Lößlandschaft charakteristisch sind, erwähnenswert, n i c h t jedoch die Bedeutung dieses äolischen Sediments für die Landwirtschaft (Band 4, S.9). Bei der Betrachtung des Menschen als dem Bewohner eines Natur- und Kulturraumes und dem gestaltenden Träger des Wirtschaftsgeschehens ergibt ein Vergleich zwischen dem SEYDLITZ und den beiden bundesdeutschen Geographielehrbüchern, daß sich ersterer weder an den heutigen didaktischen Grundsätzen orientiert, noch den Menschen als "handelnde Kraft" zu vermitteln imstande ist.

---

[17] vgl.dazu: WELT UND UMWELT 5/6:
2 Unterrichtseinheiten im Themenblock: *"Wir untersuchen die Versorgung des Menschen mit Nahrungsmitteln"* weisen ein praktisch gleichlautendes Groblernziel auf: "Dem Schüler soll bewußt werden, daß der Mensch natürliche Grenzen überschreitet und sich damit optimale agrarische Produktionsbedingungen schafft" (Lehrerband, S. L 108 bzw. L 110).
1.Unterrichtseinheit: *"Wir erfahren, wie der Mensch für die Landwirtschaft künstliche Bedingungen schafft"*. Beispiel: Wiesmoor.
2.Unterrichtseinheit: *"Wir erfahren, wie der Mensch in Wüsten fruchtbares Land gewinnt"*. Beispiel: Bewässerung im Negev.

5. Lernzielorientierung und Operationalisier= ung - Fallbeispiele

Wie dem Vorwort des Lehrerbandes von "WELT UND UMWELT" zu entnehmen ist, versteht sich das Unterrichtswerk als ein Beitrag zu der in der BRD seit einiger Zeit in Gang gekommenen Curriculumsdiskussion, indem es von L e r n = z i e l e n ausgeht, die einerseits
- auf Verhaltensdispositionen der Schüler zielen

und andererseits
- die Situationsfelder treffen, in denen sich das Leben der Menschen abspielt.

Der pädagogisch-geographische Fachanspruch trachtet den Schüler zu befähigen
- das Gefüge der raumbedingten Naturfaktoren in ihrer Wechselwirkung mit den Humanfak= toren zu durchschauen und
- den Raum als Verfügungsraum, in dem ge= plant werden muß, zu erkennen, das heißt,
- die Welt- und Umwelterschließung dem jun= gen Menschen deutlich zu machen.

Die Lernziele sind vielfältiger Art. Im Mittel= punkt stehen die kognitiven, doch sind die in= strumentalen, affirmativen und affektiven Lern= ziele - letztere allerdings unzureichend defi= niert und berücksichtigt - entsprechend den Forderungen einer modernen Didaktik stets in= tegriert. Die Unterscheidung zwischen den mehr instrumentalen und den mehr kognitiven Lern= zielen ist eigentlich nur eine formale, da im praktischen Unterricht eine enge Verzahnung und gegenseitige Abhängigkeit beider Bereiche besteht, wie im Falle der Unterrichtseinheit *"Wir wollen etwas von der weiten Welt sehen", Beispiel: Fotosafari in Ostafrika* [18]. Die Ordnung der Lernziele kommt, ähnlich wie in "GEOGRAPHIE", nur im Lehrerteil zum Ausdruck; dem Schüler ist sie nicht von vornherein be= kannt - eine Tatsache, die nicht ungeteilten Zuspruch finden mag. Es sind dies:
1. Das fachbestimmte Hauptlernziel (im Lern= zielkatalog zu Beginn des Unterrichtswer= kes,
2. das Haupt- oder Groblernziel (zu Beginn der einzelnen Unterrichtseinheiten),
3. die Teillernziele.

Alles also aufgebaut nach einer formalen Hier= archisierung, wie sie J. BIRKENHAUER (1972) vor= geschlagen hat. A. BRUCKER und W. HAUSMANN "exerzieren" eine Unterrichtseinheit aus "WELT UND UMWELT" (*"Wir fragen nach den Folgen falscher Bodennutzung", Beispiel: Die Great Plains*) [19] danach durch, indem sie zugleich den Lernziel= katalog von E. ERNST (1970) als künftig allge= mein anerkannten Katalog ihren Betrachtungen zugrunde legen. Eine weitere Untergliederung der Teillernziele, die der Schüler mit Hilfe der dazugehörigen Lernschritte im Schülerbuch er= reichen soll, in Fein- und Feinstlernziele wur= de nicht vorgenommen.

Lernziele benötigen zu ihrer Verwirklichung sig= nifikante L e r n g e g e n s t ä n d e, die bestimmte Forderungen erfüllen müssen, um einem Lernziel zugeordnet werden zu können und dem Schüler den Erwerb bestimmter Verhaltensweisen bzw. Verhaltensdispositionen zu ermöglichen. Der signifikante Lerngegenstand soll daher die Eigenschaft der e i n s e h b a r e n (intelli= giblen) S t r u k t u r, sowie psychologische, exemplarische, Fach-, Problem-, anthropologische und methodische Eigenschaften besitzen (BRUCKER/ HAUSMANN 1972, S. 37 f.). Es lassen sich natür= lich für die meisten in "WELT UND UMWELT" ange= führten Lernziele auch andere Fallbeispiele aus= wählen, wobei dem Lehrerband in dieser Hinsicht mehr beratende Funktion zukommen könnte.

Möglicherweise ist unter anderem auch das frühe= re Erscheinungsjahr dafür verantwortlich, daß sich das Unterrichtswerk "GEOGRAPHIE" weit weni= ger an operationalisierten Lernzielen orientiert als vergleichsweise "WELT UND UMWELT". Es wurde weder der Versuch einer formalen Hierarchisierung unternommen, noch eine, wenn auch manchmal prob= lematische, Unterscheidung in die vier oben ge= nannten Lernziele getroffen; affektive Lernziele werden fast keine genannt.

---

[18] WELT UND UMWELT 5/6, Seite 54.

[19] in WELT UND UMWELT 5/6, S. 34.
siehe dazu:
BRUCKER, Ambros - HAUSMANN, Wolfram: Boden= zerstörung und Bodenerhaltung in den Prärie= ebenen der USA. In: Geographische Rundschau, Beiheft 2, 1972, S. 36 - 45.

6. Arbeitsunterricht – Arbeitsmaterial: Das Arbeitsbuch

Für die Autoren beider Unterrichtswerke war die Konzeption als *A r b e i t s b u c h* die notwendige Konsequenz aus der Hinwendung zum Arbeitsunterricht. Anstelle *"fertiger"* Texte, die jedes Ergebnis vorwegnehmen, erhält der Schüler eine Fülle von Arbeitsmaterial, mit dessen Hilfe er ein möglichst hohes Informationsniveau erreichen soll. Die zahlreichen Impulse und Aufgaben erleichtern ihm den Arbeitsweg, nehmen aber das Arbeitsziel nicht vorweg; - dieses muß er in selbständiger Arbeit finden. In vielen Kapiteln sind die Aufgaben in einer so konsequenten Folge geordnet, daß man sie wie ein Programm durcharbeiten kann. Demnach geht "WELT UND UMWELT" gleichzeitig den Weg einer modernen Methodik, die aus dem Arbeitsunterricht entwickelt wurde:

- Von der I N F O R M A T I O N (die meist eine M O T I V A T I O N einschließt) kommt der Schüler
- zur selbsttätigen Durchführung, zur O P E R A T I O N, und gelangt
- zur Erkenntnisgewinnung, der K O G N I T A T I O N.
- Ihr schließt sich häufig die Übertragung und Erweiterung, die T R A N S L A T I O N, an.

Neben der Orientierung an länderkundlichen Durchgängen ist es die Form, w i e der Schüler mit dem Unterrichtsstoff konfrontiert wird, die den "SEYDLITZ" von den beiden bundesdeutschen Geographielehrbüchern wesentlich unterscheidet. Sein g e s c h l o s s e n e r I n f o r m a t i o n s c h a r a k t e r vermag den Schüler weder zu motivieren noch zu kritischem und logischem Denken anzuregen. Es wäre verfehlt, würde man die jedem Kapitel angefügten "Arbeitsaufgaben" als solche auffassen bzw. mit jenen, wie sie "WELT UND UMWELT" und "GEOGRAPHIE" enthalten, vergleichen wollen. Nicht methodisch und didaktisch vertiefende Fragestellungen, sondern lediglich die Aufforderung, das bisher Gelesene und Gehörte kurz zu wiederholen, kennzeichnen die meisten Arbeitsaufgaben.

Für seine optimale Umsetzung benötigt der Arbeitsunterricht auch entsprechende A R B E I T S M A T E R I A L I E N, die dem Schüler in den beiden deutschen Lehrbüchern in reichem Maße zur Verfügung gestellt werden. Ausschnitte aus topographischen und thematischen Karten, zahlreiches Bildmaterial (terrestrische Bilder, Luftbilder, Satellitenaufnahmen), Abbildungen, Diagramme, Statistiken u.a. bilden eine reichhaltige Palette.

Bedauerlicherweise wurde auch in diesem Fall das österreichische Lehrbuch den Erfordernissen eines modernen Unterrichts nicht angepaßt. Als wohl schwerwiegendster Nachteil dürfte die Tatsache empfunden werden, daß eine Integration des unter sehr einseitigen Gesichtspunkten ausgewählten Arbeitsmaterials, welches in Band 1, 4 und 7 (!) zum Teil identisch ist (in allen drei Bänden wird Österreich behandelt), in den Text verabsäumt wurde. Neben vereinzelten Diagrammen, kleinen Kärtchen (z.B.: *"Verkehrslage von Linz, Salzburg, Graz ..."*, *"Salzburg, Villach ... im österreichischen Eisenbahnfernverkehr"*) nimmt Bildmaterial in den einzelnen Bänden den weitaus größten Raum ein. Die Bilder werden jedoch in keinem Fall von den Autoren so eingesetzt, daß sie zur Interpretation und damit zur Lösung bestimmter Aufgaben herangezogen werden können; sie erfüllen lediglich die Funktion einer bildhaften Umsetzung gewisser Textstellen (z.B.: Band 3, S. 28). Zahlreiche Fotos, in erster Linie Stadtansichten und Panoramen, hätten von vornherein ausgeschieden werden müssen, da sie keinerlei Aussagewert besitzen.

7. Medienverbund als Voraussetzung eines modernen lernzielorientierten Unterrichts

Entsprechend der obigen Forderung, die wohl unwidersprochen bleiben dürfte, schließt "WELT UND UMWELT" alle diejenigen Arbeitsmittel ein, die notwendig sind, um die genannten Ziele zu erreichen. Damit scheint die Selbsttätigkeit der Schüler optimal angesprochen. Bereits vorhanden sind W a n d k a r t e n und A t l a n t e n (z.B. WESTERMANN SCHULATLAS, Lehrer- und Schülerband), die auf das Lehrbuch abgestimmt sind. Die A u f b a u t r a n s p a r e n t e werden laufend ergänzt, ebenso die W a n d b i l d e r, und zwar in ganz gezielter Richtung auf das Gesamtwerk, - das heißt, die Autoren des Schülerbuches sind gleichzeitig Berater und Initiatoren bei den übrigen Medien. Neu soll die D i a - S a m m l u n g entstehen, weil die augenblicklich länderkundlich ausgerichteten Serien nicht gezielt genug eingesetzt werden können. Ebenfalls aufgebaut wird die Reihe der 8 m m - F i l m e. Die bereits vorliegenden und noch zu erwartenden sozialgeographischen U n t e r r i c h t s p r o g r a m m e werden in besonderem Maße den modernen fachdidaktischen Anliegen gerecht, stellen methodisch eine Abwechslung und Bereicherung des Geographieunterrichts und inhaltlich eine Ergänzung zum Lehrbuch dar [20]. Schließlich wird dem Schüler ein A r b e i t s h e f t in die Hand gegeben werden, dem Lehrer eine Auswahl an lernzielorientierten T e s t b ö g e n, mit deren Hilfe er die einzelnen kognitiven und instrumentalen Lernziele abrufen kann. Besondere S c h ü l e r f r a g e b ö g e n sollen die Reaktion der direkt "Betroffenen" auf diese neue Form eines Medienverbundes ergründen, um dessen Effektivität in der Folge noch erhöhen zu können. Sämtliche genannte Medien sollen ab 1974 zur Gänze zur Verfügung stehen.

Auch das Unterrichtswerk "GEOGRAPHIE" schließt in einem, wenn auch nicht so umfassenden Verbund einige Medien ein. Umfangreiche Literaturangaben zu den einzelnen Themen gleichen dieses Manko zum Teil wieder aus. Es erübrigt sich, darauf hinzuweisen, daß man es bisher in Österreich verabsäumt hat, parallel mit der Herausgabe des neuen "SEYDLITZ" einen umfassenden Medienverbund aufzubauen. Allerdings setzt ein solcher auch eine Lehrbuchkonzeption voraus, die den neuen didaktischen Erkenntnissen Rechnung trägt - eine Forderung, die von den Autoren des "SEYDLITZ" bis jetzt nicht erfüllt wurde.

---

[20] Im Band 7/8 von "WELT UND UMWELT" sind Kurzprogramme bereits im Lehrbuch selbst zu finden, und zwar in den allgemeinen Aufbau eingebaut, gleich an der sachlich und didaktisch richtigen Stelle.
Z.B. S.180: *"Wir fragen nach den Ursachen und Erscheinungsformen des Stadtverkehrs"*.

8. Lehrerband - didaktische und fachliche Unterstützung für den Lehrer

Ausgehend von dieser Erkenntnis wurde beiden deutschen Lehrbüchern je ein spezieller Band für den Lehrer beigefügt. Hinsichtlich ihrer Gestaltung unterscheiden sie sich in einigen Punkten:

Die Autoren von "WELT UND UMWELT" haben durchaus einen akzeptablen Weg gefunden, indem sie jeweils zwischen die beiden Seiten einer Unterrichtseinheit auf andersfarbigem Papier gedruckte Blätter für den Lehrer eingebunden haben. Diese bringen zunächst allgemeine Hinweise zu den Haupt- und Teillernzielen, den Medien und der wichtigsten Literatur; - weiters laufen parallel zu den Lernschritten im Schülerbuch - mit der gleichen Dezimalklassifikation - die Abschnitte *"Zur Methode"* (Arbeitsweisen der Schüler) und *"Zum Inhalt"* (Erläuterungen bzw. zusätzliche Informationen für den Lehrer).

Statt der herkömmlichen festgebundenen Buchform wählte der Klett-Verlag aus praktischen Erwägungen die neuartige Loseblatt-Anordnung in Form eines Ringordners. Die Gliederung folgt dem Aufbau des Schülerbandes. Weit ausführlicher als vergleichsweise in "WELT UND UMWELT" wird der Lehrer mit der didaktischen Disposition und Intention vertraut gemacht, wogegen das zeitweilige Fehlen eines direkten Bezuges zwischen den Arbeitsaufgaben im Schülerbuch und den Lernzielen und sonstigen didaktischen Angaben im Lehrerband eher als Nachteil empfunden werden muß.

9. Abschließender Vergleich der drei Lehrbücher an Hand eines ausgewählten Themenbeispiels

Im Anschluß an die bisherigen mehr theoretisierenden Ausführungen soll ein konkreter Vergleich eines in jedem der drei Lehrbücher behandelten Themenbeispiels die angesprochenen Probleme praktisch illustrieren.

Themenbeispiel: Die O A S E
Der als Arbeitsauftrag an die Schüler formulierte Titel der Unterrichtseinheit *"Wir unter=*

*suchen die Versorgung in abgeschiedenen Räu=
men. Beispiel: Die Oase"* in "WELT UND UMWELT"
läßt schon ungefähr die Intention der Unter=
richtseinheit [21] erkennen, währenddessen der
Begriff *"Oase"* als Kapitelüberschrift in "GEO=
GRAPHIE" [22] und "SEYDLITZ" [23] noch recht un=
verbindlich gehalten ist.

Die betreffenden Unterrichtseinheiten beider
deutscher Lehrbücher zeichnen sich durch ein
klares Leitmotiv aus:
   Auseinandersetzung des Menschen mit den na=
   türlichen Gegebenheiten und weitgehend selb=
   ständige Versorgung in isolierten Räumen
   dieser Art.

Die Autoren von "GEOGRAPHIE" unterteilen ihre
Unterrichtseinheit in drei gedankliche Ab=
schnitte:
   a.) Einstieg mit der Beschreibung der wesent=
       lichen Kennzeichen einer Oase: Dattel=
       palmen in der Sahara; außerhalb des be=
       wässerten und intensiv genutzten Zent=
       rums der Oase liegende Wohnsiedlungen
       etc.
   b.) Wirtschaftliche Bedeutung der Dattel=
       palme.
   c.) Siedlungsweise der Oasenbewohner.

Überprüft man die Arbeitsaufgaben auf ihre
Eignung für die Vertiefung des Lernstoffes und
die Gewinnung von Einsichten und kausalen Zu=
sammenhängen, so läßt sich eine gewisse Kritik
nicht vermeiden. Abgesehen davon, daß die Au=
toren von "GEOGRAPHIE" weit weniger Arbeits=
aufgaben in ihre Unterrichtseinheit aufgenom=
men haben als jene von "WELT UND UMWELT", wer=
den einige Lernziele des ersten Abschnittes,
wie *"An Hand der Karte die größere Dichte der
Oasen zwischen dem Südrand des Atlas und dem
Hoggar-Gebirge feststellen können"* nicht durch
Arbeitsaufgaben erschlossen. Vor allem wird
aber die Bedeutung des Wassers als Grundlage
der Oasenkultur (Gewinnung und Nutzung) durch
die betreffenden Arbeitsaufgaben in ihrer Trag=
weite nicht erfaßt. Dies wird dem Leser umso
mehr bewußt, vergleicht er mit den ausführli=
chen Erläuterungen im Lehrerband.

---

21) WELT UND UMWELT 5/6, Seite 92 f.
22) GEOGRAPHIE 5/6, Seite 90 ff.
23) SEYDLITZ, Band 3.

Sollen tiefere Einsichten gewonnen werden, ist
der Schüler infolge des zum Teil lückenhaften
Text- und Bildmaterials sowie der nicht sehr
effektiven Arbeitsaufgaben weitgehend auf zu=
sätzliche Informationen durch den Lehrer an=
gewiesen.

Allein auf Grund der Teillernziele läßt sich
bereits feststellen, daß "WELT UND UMWELT" in
einem weiter gespannten Rahmen wesentlich mehr
Aspekte des Phänomens "OASE" aufgreift. Vor
allem das dritte kognitive Teillernziel *"Den
Wanderungsverlust der Oasen erkennen und an=
fangsmäßig erklären können"* macht einen we=
sentlichen Unterschied in der stofflichen Kon=
zeption der Unterrichtseinheiten beider deut=
scher Lehrbücher deutlich: Wichtige sozial=
geographische Fakten, wie der soziale und wirt=
schaftliche Strukturwandel der Sahara-Oasen,
die Krise des Nomadismus und der Wanderungs=
verlust, werden von den Autoren von "WELT UND
UMWELT" bereits integriert, wenngleich eine
eingehendere Behandlung einer höheren Schul=
stufe vorbehalten ist. Aber auch die Bedeutung
des Wassers wird mehr aus sozialgeographischer
Sicht gesehen (soziale Schichtung in der Oase:
Stellung der Brunnen- und Landbesitzer gegen=
über den landarmen und landlosen Fellachen)
und statt dessen auf eine genauere Behandlung
der Wassergewinnung (Foggara) verzichtet.

Entsprechend dem größeren Rahmen dieser Unter=
richtseinheit in "WELT UND UMWELT" ist auch
das Arbeitsmaterial ein vielfältigeres (schema=
tische Skizzen, Querschnitte, Streifendiagramme
etc.). Das Luftbild einer Oase allerdings wird
ohne ausreichende Information geboten.

Um Zusammenhänge aufzuzeigen und Einsichten zu
vertiefen, sollen im Rahmen einer Unterrichts=
einheit stets Vergleiche angestellt werden.
Insofern hat "GEOGRAPHIE" gegenüber "WELT UND
UMWELT" einen nicht zu unterschätzenden Vor=
teil, indem einerseits zwischen Oasenbewohnern
und Nomaden verglichen wird, andererseits Ar=
beitsaufgaben zum Vergleich mit den nomadi=
sierenden Lappen und dem Auftrieb auf die Al-
men anregen.

Im Gegensatz zu "WELT UND UMWELT" ist in "GEO=
GRAPHIE" das Thema "OASEN" in weit stärkerem
Maß in einen übergeordneten Zusammenhang *"ein=
gebunden"*. Macht das vorangehende Themenbeispiel

"*Mit dem Auto durch die Sahara*" im wesentlichen mit naturgeographischen Elementen bekannt, so stellt der Abschnitt über die Erdölstadt Kuwait eine wesentliche Ergänzung und Erweiterung des besprochenen Themas dar.

Wie bei allen anderen Kapiteln des "SEYDLITZ" lassen sich auch im Falle dieses Themas sämtliche, bereits im Laufe der Arbeit ausführlich kommentierten Mängel dieses Lehrbuches feststellen. Es erübrigt sich, darauf hinzuweisen, daß die wenigen Zeilen, die diesem Thema gewidmet sind, keinerlei Hinweise auf die Auseinandersetzung des Menschen mit den natürlichen Gegebenheiten und die daraus resultierenden charakteristischen Anpassungsformen enthalten. Solche interessanten Informationen oder Arbeitsanleitungen, wie sie die beiden deutschen Lehrwerke direkt bzw. indirekt in Form von Arbeitsaufgaben anbieten, wird man im "SEYDLITZ" vergeblich suchen. Es wird lediglich darauf hingewiesen, daß die Existenzgrundlage einer Oase eine Quelle oder ein Grundwasservorkommen ist und dieses unter anderem in Form eines artesischen Brunnens erschlossen werden kann. Als bereits von weitem sichtbares Kennzeichen einer Oase werden die Dattelpalmen hervorgehoben. Abschließend wird auf die gewandelten Formen des Verkehrs (Lkw, Omnibus) verwiesen. Auch die Wanderungen der Nomaden von Weideplatz zu Weideplatz werden nur mit wenigen Worten kommentiert.
Die Abbildung einer Oase am Südrand des Hohen Atlas und die schematische Skizze eines artesischen Brunnens sind das einzige Anschauungsmaterial.

10. Schlußbemerkung

Mit diesem Vergleich eines ausgewählten Themenbeispiels soll die Abhandlung ihren Abschluß finden. Stets bemüht, die drei Lehrbücher einer objektiven Kritik zu unterziehen, bin ich mir sehr wohl bewußt, daß die vorliegende Arbeit - vor allem von österreichischer Seite - nicht unwidersprochen hingenommen werden wird. Nichtsdestoweniger sollte sie, indem sie zwei didaktisch und methodisch interessante, wenngleich auch nicht optimale Lehrbuchkonzeptionen vorstellt und somit die Möglichkeit eines Vergleichs mit dem österreichischen Geographielehrbuch bietet, AHS-Lehrer, Pädagogen und Wissenschaftler anregen, auch bei uns ein zeitgemäßes, den neuesten didaktischen Erkenntnissen entsprechendes und umweltbezogenes Geographielehrbuch für die österreichische AHS zu konzipieren.

BESPROCHENE LEHRBÜCHER

GEOGRAPHIE. Band 1 (5. und 6. Schuljahr) und Band 2 (7. und 8. Schuljahr). Ernst Klett Verlag, Stuttgart 1970 bzw. 1972.
LEHRSYSTEM GEOGRAPHIE. Elemente zur Unterrichtsplanung, Band 1, 5. und 6. Schuljahr (Lehrerband). Ernst Klett Verlag, Stuttgart 1971.

SEYDLITZ. LEHRBUCH DER GEOGRAPHIE UND WIRTSCHAFTSKUNDE. 1. bis 4. Teil für die 1. bis 4. Klasse der AHS. Hrsg. v. L. SCHEIDL, Franz Deuticke und Jugend und Volk, Wien 1967 und 1972.

WELT UND UMWELT. Geographie für die Sekundarstufe I, 5. und 6. Schuljahr (Lehrer- und Schülerband). Hrsg. v. W. HAUSMANN, Westermann, Braunschweig 1972.

LITERATUR

BARTH, Joachim: Curriculare Probleme in der Sekundarstufe I, am Beispiel der Weltmächte USA und Sowjetunion. In: Geographische Rundschau 25, 2, Braunschweig 1973, S. 55 - 61.

BIRKENHAUER, Josef: Lernziele und Operationalisierung. In: Geographische Rundschau, Beiheft 2, 1972, S. 2 - 6.

BRUCKER, Ambros und Wolfram HAUSMANN: Bodenzerstörung und Bodenerhaltung in den Prärieebenen der USA. In: Geographische Rundschau, Beiheft 2, 1972, S. 36 - 45.

EBINGER, Helmut: Einführung in die Didaktik der Geographie. Verlag Rhombach, Freiburg 1971, 204 S.

ERNST, Eugen: Ansätze der neuen Curricula in der Geographie der Schule. In: Geographische Rundschau, Beiheft 1, 1971, S. 2 - 3.

ERNST, Eugen: Lernziele in der Erdkunde. In: Geographische Rundschau 22, 5, 1970, S. 186 - 194.

GROTELÜSCHEN, Wilhelm: Die Stufen des Heimatkunde- und Erdkundeunterrichts in der Volksschule. In: DREISSIG TEXTE ZUR DIDAKTIK DER GEOGRAPHIE. Hrsg. v. A. SCHULTZE, Westermann Taschenbuch, Braunschweig 1971, S. 81 - 88.

HAUSMANN, Wolfram: Neue Gesichtspunkte und Strömungen im Geographieunterricht in der BRD. In: Mitt.d.Öst.Geogr.Ges.114,1972, S.155-173.

HOFFMANN, Günther: Buchbesprechung des Lehrbuches "Welt und Umwelt". In: Geographische Rundschau 25, Heft 4, 1973, S. 162.

SCHULTZE, Arnold: Allgemeine Geographie statt Länderkunde! Zugleich eine Fortsetzung der Diskussion um den exemplarischen Erdkundeunterricht. In: Geographische Rundschau 22, Heft 1, 1970, S. 1 - 10.

SCHULTZE, Arnold: Einführung. In: DREISSIG TEXTE ZUR DIDAKTIK DER GEOGRAPHIE, hrsg. v. A. SCHULTZE. Westermann Taschenbuch, Braunschweig 1971, S. 9 - 30.

ANHANG: INHALTSÜBERSICHTEN DER DREI BESPROCHENEN GEOGRAPHIELEHRBÜCHER

1.) WELT UND UMWELT 5/6, 5.und 6.Schuljahr, Verlag Westermann und Oldenbourg, Braunschweig 1972

```
Seite
   4  WIR ORIENTIEREN UNS AUF DER ERDE

   4  Wir erfahren, welche Gestalt die Erde hat
   6  Wir versuchen, uns auf der Erde zurechtzufinden
   8  Wir untersuchen die Verteilung von Land und Wasser auf unserer Erde
  10  Wir fragen nach der Verteilung der Weltbevölkerung

  13  NATURKATASTROPHEN BEDROHEN UNS MENSCHEN

  14  Wir überlegen, welche Naturkatastrophen uns durch Presse und Fernsehen
      bekannt sind
  16  Wir fragen nach der Entstehung der Naturkatastrophen
  20  Wir erkundigen uns nach dem Ausmaß der durch Naturkatastrophen ange=
      richteten Schäden
  22  Wir untersuchen, welche Räume unserer Erde ständig von Naturkatastrophen
      bedroht sind
  24  Wir überlegen, ob der Mensch den Naturkatastrophen völlig ausgeliefert ist
  26  Wir fragen, was Forschung und Vorhersage für den Schutz gegen Katastrophen
      tun können
  27  Wir prüfen, ob die Entwicklungsländer imstande sind, Katastrophenschäden
      alleine zu beheben
  28  Wir erfahren, wie der Mensch Naturkatastrophen auslösen kann
  30  Wir untersuchen die Folgen von Flußkorrekturen
      Beispiel: Der Oberrhein
  32  Wir untersuchen die Folgen des Waldraubbaus
      Beispiel: Der jugoslawische Karst
  34  Wir fragen nach den Folgen falscher Bodennutzung
      Beispiel: Die Great Plains (USA)
  36  Wir untersuchen die Folgen eines unsachgemäßen Eingriffs in den Natur=
      haushalt
      Beispiel: Neulandgewinnung in Kasachstan (UdSSR)

  39  WIR REISEN UND ERHOLEN UNS

  40  Wie verbringen wir unsere tägliche Freizeit ?
      Kurzprogramm: Innerstädtische Erholungsräume
  44  Was unternehmen wir am Wochenende ?
      Kurzprogramm: Naherholungsräume
  48  Wie planen wir unseren Jahresurlaub ?
      Beispiel: Badeurlaub in Holland
  50  Wir wollen uns entspannen und ausruhen
      Beispiel: Ferienreise nach Algarve (Südportugal)
  52  Wir möchten Wintersport treiben
      Beispiel: Skiurlaub in den Alpen
  54  Wir wollen etwas von der weiten Welt sehen
      Beispiel: Fotosafari in Ostafrika
  56  Wir achten auf unsere Gesundheit
      Beispiel: Kuraufenthalt in Bad Pyrmont
  58  Wir stimmen Ferien und Urlaub aufeinander ab
  60  Wir prüfen die Leistungsfähigkeit der Verkehrswege und Verkehrsmittel
  62  Wir untersuchen die Veränderungen in einer Gemeinde durch den Fremden=
      verkehr
      Beispiel: Willingen im Hochsauerland
```

Seite	
65	**WIR FRAGEN NACH WETTER UND KLIMA**
66	Wir untersuchen den Kreislauf des Wassers in der Natur
68	Wir untersuchen, wie sich Tageszeit und Tagesdauer mit der geographischen Lage ändern
70	Wir prüfen, wie sich die Stellung der Erdachse auf Tagesdauer und Jahres= zeiten auswirkt
72	Wir messen und beschreiben Wärme und Kälte
73	Wir untersuchen, wie Niederschläge entstehen
74	Wir prüfen, wie Winde entstehen
76	Wir beobachten das Wetter
78	Wir fragen, welche Bedeutung Wettersatelliten haben
80	Wir berechnen das Klima
82	Wir untersuchen, warum es auf der Erde verschiedene Klimagebiete gibt
85	**WIE DER MENSCH WIRTSCHAFTET UND SICH VERSORGT**
86	*Wir untersuchen die Versorgung der Menschen mit Nahrungsmitteln*
86	Wir erfahren, wie sich noch heute Menschengruppen in ihrem Naturraum selbst versorgen *Beispiel: Waldindianer am Amazonas*
88	Wir untersuchen die Möglichkeiten, den tropischen Regenwald wirtschaft= lich zu nutzen *Beispiel: Gummisammler im Amazonastiefland*
90	Wir erfahren, wie Menschengruppen in der Polarzone heute leben *Beispiel: Die Lappen*
92	Wir untersuchen die Versorgung in abgeschiedenen Räumen *Beispiel: Die Oase*
94	Wir untersuchen Lößgebiete auf ihre besondere Eignung für den Ackerbau *Beispiel: Die Börden Deutschlands*
96	Wir prüfen, wie ein Hochgebirge landwirtschaftlich genutzt werden kann *Beispiel: Almwirtschaft in den Alpen*
98	Wir untersuchen das Nordsee-Küstengebiet auf seine natürliche Eignung für die Landwirtschaft *Beispiel: Viehwirtschaft in den Marschen*
100	Wir untersuchen die Nutzung von Gebieten mit günstigem Klima *Beispiel: Wein- und Obstanbau in Franken*
102	Wir erkunden, ob sich Trockenräume noch landwirtschaftlich nutzen lassen *Beispiel: Schafzucht in Australien*
104	Wir untersuchen, welches Hauptnahrungsmittel zwei Drittel der Mensch= heit anbaut *Beispiel: Reisanbau in Asien*
106	Wir lernen, unter welchen natürlichen Bedingungen Genußmittel angebaut werden *Beispiel: Kakao und Kaffee*
108	Wir erfahren, wie der Mensch für die Landwirtschaft künstliche Bedin= gungen schafft *Beispiel: Wiesmoor*
110	Wir erfahren, wie der Mensch in Wüsten fruchtbares Land gewinnt *Beispiel: Bewässerung im Negev (Israel)*
112	Wir beurteilen, wie die Nähe eines Industriegebietes die Landwirtschaft verändert *Beispiel: Münsterland*
114	Wir erkennen, wie der Anbau durch die Marktlage bestimmt wird *Beispiel: Gemüseanbau in der BR Deutschland*
116	*Wir orientieren uns über die wichtigsten Rohstoff- und Energiequellen*
118	Wir untersuchen die Gewinnung und Verarbeitung eines Rohstoffes *Beispiel: Braunkohlenwerk "Einheit" Bitterfeld*
120	Wir untersuchen die Entstehung und Nutzung einer Energiequelle *Beispiel: Steinkohle aus dem Ruhrgebiet*
122	Wir erfahren, wie Strom aus Wasserkraft gewonnen wird *Beispiel: Walchenseekraftwerk*
124	Wir prüfen, warum unsere Schwerindustrie hochwertige Rohstoffe aus dem Ausland bezieht *Beispiel: Eisenerz aus Kiruna*
126	Wir untersuchen, wie Industrieländer auch Fremdräume zur Energiever= sorgung heranziehen *Beispiel: Erdöl aus Libyen*

Kritischer Vergleich von Geographielehrbüchern

```
Seite
128   Wir erfahren, wie Verkehrsmittel zur Versorgung der Menschen beitragen
128   Wir gewinnen Einsicht in die Bedeutung der Eisenbahn für die Erschlie=
      ßung und Versorgung
      Beispiel: Transsibirische Eisenbahn
130   Wir beurteilen die Bedeutung der Binnenschiffahrt in einem Industrie=
      staat
      Beispiel: Die Binnenschiffahrt in der BRD
132   Wir fragen, wie bedeutend die Autobahnen für den Persoen und Güter=
      verkehr sind
      Beispiel: Die Autobahnen in der BRD
134   Wir untersuchen die Bedeutung des Nachrichtenverkehrs
      Beispiel: Die Leistungen der Bundespost
136   Wir fragen, wie weltweite Nachrichtenverbindungen geschaffen werden
      Beispiel: Satelliten
138   Wir untersuchen den Einfluß einer günstigen Verkehrslage auf einen
      Hafen
      Beispiel: Rotterdam - Europoort - das Tor Europas ?
140   Wir untersuchen, wie ein isolierter Verdichtungsraum versorgt werden
      kann
      Beispiel: Berlin(West)
142   Wir erfahren, daß ein Staat auch ohne Rohstoffe zur Industriemacht
      aufsteigen kann
      Beispiel: Japan
```

2.) GEOGRAPHIE 5/6, 5.und 6. Schuljahr, Verlag Klett, Stuttgart 1970

DER MENSCH GEWINNT EIN BILD VON DER ERDE		IN DEN TROCKENRÄUMEN DER ERDE	
Weltraumfahrer sehen die Erde	5	Mit dem Auto durch die Sahara	88
Tag und Nacht	7	Oasen	90
Der erste Globus	8	Die Nil-Oase	93
Kolumbus entdeckt Amerika	9	Erdölstadt in der Wüste	96
Der Kurs auf dem Meer	11	Serengeti, Tierparadies in Ostafrika	98
Frühe Karten	12	Rinderhirten in Ostafrika	100
Moderne Karten	14	Auf einer Schaffarm in Queensland	102
AM MEER		IN DEN URWÄLDERN AM ÄQUATOR	
Frachter löschen ihre Ladungen	16	Ein Tag im tropischen Regenwald	104
Hafen Hamburg	18	Auf Trägerpfaden und Flüssen	106
Kleine und große Seeschiffe	20	Pygmäen und Neger im Urwald	110
Tidehafen und Dockhafen	23	Kakaopflanzer in Ghana	114
Wasserstraßen durch das Land	26	Auf einer Kautschukplantage in Liberia	116
Fischfang auf hoher See	30	Holzfäller in Nigeria	117
Krabbenfischer in Fedderwardersiel	33	Straßenbau am Amazonas	120
Wurten und Deiche	34		
Halligen	36	BEI BAUERN IN DEUTSCHLAND	
Neues Land aus dem Meer	38		
Badeferien auf der Nordseeinsel	42	Zucker und Weizen aus den Börden	122
		Gemüse von der Insel Reichenau	124
IM HOCHGEBIRGE		Wein und Obst vom Kaiserstuhl	126
		Viehbauern im Allgäu und in Eiderstedt	128
Zu den Gipfeln der Erde	44	Vieh- und Holzbauern im Bernauer Tal	130
Beim Wetterwart auf der Zugspitze	47		
Gletscher	50	SCHÄTZE DER ERDE	
Lawinen	52		
Von Weingärten zu Schneegipfeln	54	Steinkohle im Ruhrgebiet	134
Das Jahr des Almbauern	56	Eisenhütten	138
Wege über die Berge	59	Braunkohle im Tagebau	142
Gletscherwasser treibt Turbinen	62	Schwerindustrie zwischen den Appalachen und den Großen Seen	146
Urlaub im Hochgebirge	65	Schwerindustrie in Sibirien und Kasach=stan	148
WO DIE KÄLTE REGIERT		Erdöl aus der Wüste	150
Im Land der Mitternachtssonne	69	Das reichste Goldfeld der Erde	154
Zu den Polen der Erde	72	Auf der Suche nach Bodenschätzen	158
Eskimoleben vor 20 Jahren	76		
Bei den Berglappen in Nordschweden	79	WO VIELE MENSCHEN LEBEN	
Kirunavaara, der Erzberg in Norbotten	82		
Schiffahrt im Eismeer	85	Versorgung großer Städte:Ruhrstadt,Berlin	160

Verkehr in großen Städten: Tokio und New York	166	Neue Städte: Brasilia und Wolfsburg	182
Verkehrsknoten Frankfurt	172	Sachverzeichnis	186
Reichtum und Armut in Rio de Janeiro	174	Quellennachweis	189
Städte mit großer Vergangenheit: Rom und Paris	176	Weltübersicht zur Einordnung der Themen des Buches	190

3.) GEOGRAPHIE 7/8, 7.und 8.Schuljahr, Verlag Klett, Stuttgart 1972

DIE ERDE VERÄNDERT SICH		**REISEZIELE UND REISEPLANUNG**	
Gesteine entstehen	4	Reiseziele in Europa	122
Länder heben und senken sich	7	Kreuzfahrten	124
Gebirge werden "aufgefaltet"	10	Badeferien - an nördlichen oder südlichen Küsten ?	128
Vulkane und Erdbeben	14	Zum Wintersport in die Alpen	132
Kontinente wandern	19	Auf die Zugspitze - Planung einer Bergtour	134
Wasser zerstört und baut auf	22	Ausflüge in die Umgebung	138
Klimaschwankungen: Kohlezeit - Salzzeit - Eiszeit	30	Ferienreisen planen	142
		Wir entwerfen einen Prospekt für den Heimatort	146
DIE ERDE ALS HIMMELSKÖRPER			
Erde - Sonne - Mond	38	**RASSEN UND KULTUREN**	
Gezeiten	45	Lebensformen und Berufe der Menschen heute	148
Das Gradnetz	48	Kulturstufen in der Geschichte der Menschheit	152
Erddrehung, Tageszeiten, Zeitzonen	49	Aus unserer eigenen Kulturstufengeschichte	154
Jahreszeiten, Wendekreise, Polarkreise	51	Naturvölker entwickeln oder bewahren ?	158
Auf der Suche nach dem besten Kalender	54	Menschen verschiedener Hautfarbe	162
		Schwarze und Weiße in nordamerikanischen Städten	166
DAS NATURGESETZ DER KLIMAZONEN UND HÖHENSTUFEN		Reservatspolitik in den USA	170
Taiga - Tundra - ewiges Eis	56	Apartheid	174
Polargrenzen des Ackerbaus	59		
Temperaturzonen der Erde	62	**RÄUME ENTWICKELN**	
Die Klimakarte der Erde	64	Die Pampa - vom Jagdgebiet zum Fleisch- und Weizenexporteur	178
Regenwald - Savannen - Wüste	68	Vom Bauerndorf zum Fremdenverkehrsort	182
Trockengrenzen der tropischen Landwirtschaft	72	Bergflucht	186
Windgürtel der Erde	75	Flurbereinigung	188
Höhenstufen am Äquator und in den Alpen	78	Das gescheiterte Erdnußprojekt	192
Bevölkerungsdichte in verschiedenen Höhenstufen	84	Bratsk: Ein Beispiel für industrielle Entwicklung	194
Höhenklima - Heilklima	90		
		EINGRIFFE IN DEN NATURHAUSHALT	
WETTER		Bodenerosion	198
Unberechenbares Wetter ?	94	Flußregulierung und ihre Folgen	204
Der "Motor" der Winde	95	Bewässerung und Versalzung	208
Wetter messen	97	Bau einer Talsperre - Ein Planspiel	214
Die Wetterkarte	101	Der Assuan Staudamm Sadd el Ali	222
Durchzug eines Tiefs	108		
Hitzegewitter und Hagel	112	**ANHANG**	224
Stauregen und Föhn	113		
Wetterlagen im Jahreslauf	115		
Sommer und Winter am Mittelmeer	118		
Der Mensch beeinflußt das Wetter	120		

Kritischer Vergleich von Geographielehrbüchern

4.) SEYDLITZ. LEHRBUCH DER GEOGRAPHIE UND WIRTSCHAFTSKUNDE. 2. Teil für die 2. Klasse der AHS (6. Schuljahr), Verlag Hölzel, Deuticke, Jugend und Volk, Wien 1967

	Seite		
Erdkundliche Grundbegriffe	5		
EUROPA als Ganzes	9		
Schweiz	11	Tschechoslowakei	81
Liechtenstein	16	Ungarn	86
Italien	17	Rumänien	92
Die südosteuropäische Halbinsel	27	Polen	94
Jugoslawien	*27*	Nordeuropa	98
Albanien	*33*	*Finnland*	*99*
Griechenland	*34*	*Schweden*	*101*
Bulgarien	*38*	*Norwegen*	*102*
Europäische Türkei	*41*	*Dänemark*	*104*
Die iberische Halbinsel	42	*Island*	*105*
Spanien	*42*	Die britischen Inseln	106
Portugal	*42*	*Vereinigtes Königreich Groß=*	
Frankreich	47	*britannien und Nordirland*	*107*
Luxemburg	56	*Irland*	*112*
Belgien	56		
Niederlande	58		
Deutschland	61		

5.) SEYDLITZ. LEHRBUCH DER GEOGRAPHIE UND WIRTSCHAFTSKUNDE. 3. Teil für die 3. Klasse der AHS (7. Schuljahr), Verlag Hölzel, Deuticke, Jugend und Volk, Wien 1972

		Seite
DER DOPPELKONTINENT AMERIKA		5
Angloamerika:	*Kanada 6 – USA 12*	
Iberoamerika:	*Mexiko 24 – Mittelamerika 25 – Südamerika: Die Andenländer 27 – Ostpatagonien und La Plata-Tiefland 34 – Das Brasili= anische Bergland und das Amazonastiefland 37 – Die Guayana= länder 40 – Rückblick auf Iberoamerika 40*	
DIE POLARGEBIETE		41
	Die Arktis 41 – Die Antarktis 42	
AFRIKA		43
	Klimagebiete und Pflanzenwuchs 43 – Bevölkerung 44 – Die Atlasländer 44 – Die Sahara 47 – Ägypten 49 – Der Sudan 50 – Äquatorialafrika 52 – Südafrika 56 – Ostafrika 62 – Rückblick auf Afrika 64	
AUSTRALIEN		65
	Großlandschaften 65 – Bevölkerung und Staat 69	
NEUSEELAND		70
OZEANIEN		71
	Melanesien 72 – Mikronesien 73 – Polynesien 73	
ASIEN		74
Südwestasien:	*Türkei 75 – Cypern 77 – Die Länder um Libanon und Jordan 77 – Saudi-Arabien 79 – Das übrige Arabien 79 – Irak 80 – Das Hochland von Iran 81*	
Südasien:	*Der Monsun 83 – Der Himalaja 83 – Das Indus-Tiefland 84 – Das Ganges-Brahmaputra-Tiefland 84 – Der Dekkan 85 – Völ= ker, Sprachen, Religionen 86 – Die Staaten Südasiens 87 – Pakistan 88 – Republik Indien 88 – Ceylon 90*	
Südostasien:	*Die südostasiatische Halbinsel 91 – Inselindien 93*	
Ostasien und Zentralasien:	*Japan 97 – Korea 99 – Republik China 99 – Volksrepublik China 100 – Mongolische Volksrepublik 104*	
DIE SOWJETUNION		105
	Die Großlandschaften: Osteuropa 107 – Die Landschaften im Kaukasusgebiet 110 – Das Tiefland von Turan 111 – An der Transsibirischen Eisenbahn 111 – Wirtschaft und Verkehr der Sowjetunion 112	

> ERDKUNDLICHE GRUNDBEGRIFFE 114
> *Wir orientieren uns auf dem Himmelsgewölbe 114 - Die scheinbaren Sonnenbahnen über Österreich 115 - Die scheinbaren Sonnenbahnen über der Nordhalbkugel 117 - Die scheinbaren Sonnenbahnen über der Südhalbkugel 118 - Klimazonen und Windgürtel 119 - Die Drehung der Erde um ihre Achse 122 - Der Umlauf der Erde um die Sonne 123 - Die Entstehung der Jahreszeiten 124.*

Es soll betont werden, daß es natürlich unzulässig ist, allein aus dem Vergleich der Inhaltsverzeichnisse der drei Lehrbücher Folgerungen auf ihre didaktische und inhaltliche Qualität zu schließen. In diesem Aufsatz sind genügend Punkte angeführt worden, in denen die hervorragende Qualität der beiden deutschen Lehrbücher im Gegensatz zum "SEYDLITZ" gezeigt worden ist. Die Inhaltsverzeichnisse lassen aber einiges ahnen von der völligen sachlichen Neuorientierung des Lehrstoffs in "WELT UND UMWELT" und "GEOGRAPHIE" im Vergleich zum länderkundlichen "SEYDLITZ".

2. Abschnitt:
Blick über die Grenzen

Eine Pionierleistung zur Reform des Geographieunterrichts in den USA: Das ‹High School Geography Project› (HSGP)

Helga LEITNER

1. Vorbemerkungen

In einer Zeit, in der sich die Schulgeographie in Mitteleuropa eindeutig in einer Krise befindet und die kritische Auseinandersetzung mit den traditionellen Inhalten, sowie die Diskussion um eine völlige didaktische und inhaltliche Neugestaltung in vollem Gang ist, erscheint es angebracht, sich mit amerikanischen Unterrichtskonzepten, die diesen neuen Ideen Rechnung tragen, auseinanderzusetzen, um Anregungen für eigene Reformbestrebungen zu finden.

Zu Beginn der 60er Jahre wurde in den USA ein umfangreiches fachdidaktisches Projekt begonnen, das sich eine völlige Neuorientierung und "Revitalisierung" der Geographie an den High Schools zum Ziel gesetzt hat. Unter Mitarbeit einer Vielzahl von Geographieprofessoren und Pädagogen aus allen Teilen der USA und mit großem finanziellen Aufwand von Fachorganisationen und Bildungseinrichtungen strebte man als Ziel an, die bisher in einer katastrophalen Tieflage befindliche Schulgeographie durch ein völlig neues - im Vergleich zum traditionellen Unterricht revolutionäres - Konzept eines modernen Geographieunterrichtes zu ersetzen.

Die Revolution war nicht nur eine inhaltlich-fachliche, - die fast nur länderkundlich orientierte, deterministische *"world patterns geography"* wurde durch die Lernschritte einer praxisbezogenen, aktualistischen *"c o n = c e p t u a l   g e o g r a p h y"* ersetzt, - sondern auch eine didaktische, bei der das *"d i s c o v e r y   l e a r n i n g"* neben einem umfangreichen Paket anderer neuer Unterrichtsstrategien und dem Transferwissen an die Stelle des rein rezeptiven Faktenlernens treten sollten.

Der fertige Einjahreskurs läuft nun seit etwa Beginn der 70er Jahre, wie berichtet mit Erfolg, an den amerikanischen High Schools [1]. Es scheint, daß es dadurch gelungen ist, die Schulgeographie aus ihrer Sackgasse zu befreien und ihr wieder Ansehen in Schule und Öffentlichkeit zu verschaffen.

Das 'High School Geography Project' (HSGP) kann so als ausgesprochene P i o n i e r l e i = s t u n g innerhalb der weitgespannten Bestrebungen zur Reform des Geographieunterrichts bezeichnet werden.

In Österreich stehen wir derzeit vor einer ähnlichen Situation; - auch bei uns befindet sich die Schulgeographie im Umbruch. Eine Lehrplanrevision und ein geographisches Curriculum werden gefordert. Neue Lerninhalte, neue Arbeitsmethoden und Unterrichtsmittel sind in Diskussion. Hier bietet uns nun das HSGP die Möglichkeit, wertvolle Anregungen zu sammeln, gute Erfahrungen zu verwerten und Unzulänglichkeiten zu vermeiden.

---

[1] Schule für das Alter von 11 - 17 Jahren.

2. Gründe für die Entstehung des HSGP

Um die Jahrhundertwende wurde in den USA die Geographie, die damals ähnlich wie bei uns ein überwiegend naturwissenschaftliches Fach war, im Zuge einer durchgreifenden Lehrplanreform, in der eine reine "Memorierschule" stärker an die Bedürfnisse der Zeit angepaßt werden sollte, in das neu geschaffene Kollektivfach *"Social Studies"* integriert. Diese Verbindung hat sehr nachteilig gewirkt. Im Schlepptau dieses Mammutfaches verlor das Fach immer mehr an qualitativer und quantitativer Bedeutung, da die Lerninhalte, wie das Studium der Oberflächenformen, die Vermittlung von Kenntnissen von Entdeckungen und von den in der Welt gehandelten Produkten und topographisches Orientierungswissen für die "Social Studies" nicht sehr attraktiv waren. Als Hauptanliegen wurde der Geographie zugewiesen, die *"man - land - relations"*, also das Abhängigkeitsverhältnis des Menschen von der ihn umgebenden Natur als Grundlage eines geordneten sozialkundlichen Denkens begreifbar zu machen.[2] Dadurch herrschte dieser naturgeographische Determinismus, der in der wissenschaftlichen amerikanischen Geographie bald überwunden wurde, in der Schulgeographie bis in die Mitte der 50er Jahre vor!

Außerdem sank der Geographieunterricht zu einer bloßen Hilfsstellung für den Geschichtsunterricht und andere sozialkundliche Fächer herab. Dies führte sogar so weit, daß geographische Tatsachen höchstens als Hintergrund für geschichtliche Ereignisse gebracht wurden. Die Geographiekurse wurden an fachfremde Lehrer, wie Historiker und Soziologen vergeben. Die Folge waren ein schlechter Unterricht und sensationelle Wissenslücken bei den Schülern.

Allgemein wurde große Besorgnis über den offensichtlichen Mangel an geographischen Kenntnissen beim Durchschnitts-Schulabgänger geäußert. Da das Fach keine eigenen interessanten Wissensinhalte anbieten konnte, sanken die Schülerzahlen in den Geographiekursen an den High Schools immer mehr ab.[3] Symptomatisch dafür ist ein Bericht in der amerikanischen Zeitung "Sunday Denver Post" vom 24. September 1964, über den J. ENGEL (1969) berichtet und wo es heißt: *"Geography is the forgotten subject in the American High Schools today. Before World War I 50% of the students took a course in Geography; today only 8 % do"*.

Das Image des Faches war tief gesunken, und das zu einer Zeit, in der sich die amerikanische Hochschulgeographie durch die Hinwendung zu planungsrelevanten Fragestellungen und zu quantitativen Methoden neu konsolidierte und zunehmend an Ansehen gewinnen konnte. Die Diskrepanz zwischen dem geographischen Stil an der Hochschule und der noch immer Fakten sammelnden, länderkundlich beschreibenden "Lernstoffgeographie" wurde unhaltbar.

Aber auch die sozialkundlichen Fächer als Kollektivfach befanden sich Mitte der 50er Jahre in einem Zustand inhaltlicher Verschwommenheit; ihre Bildungs- und Lerninhalte waren erstarrt.

Ähnlich war die Situation in den meisten anderen Fächern und so machte sich ein allgemeines Unbehagen breit an einer Schule, der es weniger auf Leistung, Motivation und Verantwortung als auf vorgegebenes Verfügungswissen und Vermittlung gesetzter Verhaltensnormen ankam (BINDER-JOHNSON 1963) und es entstand eine immer heftigere Kritik an den althergebrachten Bildungseinrichtungen und Bildungszielen.

Durch in den späten 50er Jahren beginnende Reformen sollte schließlich den Forderungen nach einer neuen Art der Schulerziehung nachgekommen werden. Der Impuls für einen Wandel kam von den Naturwissenschaften, in die die vor allem von J. BRUNER an der Harvard University betriebene Curriculumforschung zunächst Eingang fand. In der Folge wurden davon auch die

---

[2] Einer der Hauptvertreter dieser Lehrplanreform war der Philosoph und Erziehungstheoretiker John DEWEY. Hauptwerk: "Demokratie und Erziehung" 1915.
Darin definiert er den Bildungsinhalt der Schulgeographie als *"... eine Verbindung zwischen den natürlichen Gegebenheiten mit Ereignissen des menschlichen Gesellschaftslebens und ihren Folgen"*.
(S. 280, hier zitiert nach:
ENGEL, J.: Das Verhältnis von Social Studies und Erdkunde in den Schulen der USA. In: Die Deutsche Schule 1969, S. 294 - 306).

[3] in den meisten High Schools wird die Geographie als frei wählbares Wahlpflichtfach betrieben.

gesellschaftskundlichen Fächer betroffen. Obwohl die Reformbestrebungen von vielen traditionellen Geographen nur mit Skepsis und Ablehnung verfolgt wurden, war doch anderen völlig klar, daß die Geographie, sollte sie sich dieser neuen Bewegung nicht anschließen und ihre Bildungsziele und Inhalte neu formulieren (*"... produce new materials of excellence ..."*, McNEE 1973, S. 293), in der Zukunft sogar ihre untergeordnete Position, die sie bisher innerhalb der Unterrichtsdisziplinen in Amerika eingenommen hatte, völlig verlieren würde.

Für die wissenschaftliche Geographie bot sich durch die Mitarbeit an einem Reformprojekt eine einzigartige Möglichkeit, ihre neuesten wissenschaftlichen Erkenntnisse einer breiten Öffentlichkeit zuzuführen und damit das Image der Schulgeographie in der Öffentlichkeit für immer zu verbessern. [4]

Die ersten Überlegungen zur Verbesserung der High School Geography durch ein neues geographisches Unterrichtskonzept gehen zurück auf das *"Joint Committee on Education"*, das 1958 aus der "Association of American Geographers" (AAG) und dem "National Council for Geographic Education" (NCGE) gegründet wurde. Das Komitee, das sich aus Berufsgeographen und Schulgeographen zusammensetzte, kam nach eingehender Diskussion zu der Überzeugung, daß sich neue Konzeptionen für den Geographieunterricht an den amerikanischen High Schools nur verwirklichen lassen, wenn ein sorgfältig konzipiertes und in der Praxis ausreichend erprobtes, völlig neues Unterrichtsprogramm entwickelt wird.

So entstand unter dem Einsatz enormer Forschungsmittel der *'National Science Foundation'*, des *'Fund of Advancement of Education'* und der *'Ford Foundation'*, und nach dem Vorbild ähnlicher Reformprojekte der Mathematik, Biologie und Erdwissenschaften das "High School Geography Project", ein groß angelegtes Entwicklungsprogramm für den Geographieunterricht der 10. bis 12. Schulstufe. Die Gesamtkosten belaufen sich bis jetzt auf etwa 2 bis 3 Millionen Dollar. Dazu muß aber gesagt werden, daß das HSGP innerhalb der Vielzahl der in dieser Periode entstandenen Curriculum-Reform-Projekte nur ein relativ kleines Projekt darstellt.

Es befaßt sich vorwiegend mit der **H u m a n g e o g r a p h i e**. Die Physische Geographie wurde zum größten Teil den Geologen überlassen, die bereits wesentlich früher eine selbständige Arbeitsgruppe, das *"Earth Science Curriculum Project"* geschaffen und unter dem Titel *"I n v e s t i g a t i n g t h e E a r t h"* ("Wir erforschen die Erde") bereits ein komplettes neues Unterrichtsprogramm in Buchform herausgebracht haben.

Die beiden Hauptziele des HSGP sollten sein:

1. Die Verbesserung des Inhaltes von Geographiekursen,
2. die Entwicklung von Unterrichtsmaterial für den Gebrauch in den neuen Geographiekursen.

Diese Ziele sollten durch die Ausarbeitung eines einjährigen "Demonstrationskurses" erreicht werden. Dieser sollte "... vollständig dokumentiert sein und dem Lehrer Anregungen geben" (GRAVES 1968, übers. in "30 TEXTE ..,S.132).

3. Die Entwicklungsphasen des HSGP [5]

3.1. Grundlagenerarbeitung

Seit 1961 erarbeitete eine Gruppe von Fachgeographen - ausschließlich Hochschulprofessoren aus allen Teilen der USA - grundlegende Konzeptionen zum Geographieunterricht. Die Ergebnisse dieser Arbeit wurden in einem *"Advisory Paper"*, einem Empfehlungsschreiben, niedergelegt.

---

[4] McNEE (1973), einer der führenden Mitarbeiter am HSGP, befaßt sich ausführlich mit der "Herausforderung" dieses Projekts an die Hochschulgeographie.

[5] v.a. nach J. ENGEL 1969.

3.2. Vorversuche und Definition der Ausbildungsziele

In der Folge wurden 30 über das ganze Land verteilte Arbeits- und Beratungszentren eingerichtet. Sie setzten sich aus je einem Fachgeographen verschiedener Universitäten und aus Lehrern der ihnen benachbarten Schulen zusammen. Im Rahmen der allgemeinen Zielsetzungen einer *"conceptual geography"* [6] sollten sie die Empfehlungen des "Advisory Paper" in konkrete Unterrichtseinheiten umwandeln und erproben. In dieser Zeit entstanden 100 verschiedene Lerneinheiten, von denen die wichtigsten 1964 vom "National Council for Geographic Education" unter dem Titel: *"Selected Classroom Experiences"* [7] veröffentlicht wurden.

3.3. Projektentwicklung

In der 3. Phase sollten die bisherigen Ergebnisse ausgewertet und zu einem geschlossenen Unterrichtsprogramm verdichtet werden. Man konzentrierte sich dabei, wie bereits erwähnt, auf einen für Schüler des 10. bis etwa 12. Schuljahres konzipierten Jahreskurs. [8] Das Thema des Kurses wurde festgelegt mit: *"G e o g r a p h y   i n   a n   U r b a n   A g e"* ("Geographie im Stadtzeitalter"). Damit sollte dokumentiert werden, daß in einer Zeit, in der über 70 % der amerikanischen Bevölkerung in Städten leben, sich auch der Geographieunterricht auf die Probleme einer urbanen Gesellschaft und deren Raumwirksamkeit einstellt.

Das Jahrespensum wurde in 10 Unterrichtseinheiten ("u n i t s") zerlegt, wobei für jede Einheit etwa 15 Unterrichtsstunden gedacht waren. Die einzelnen Unterrichtseinheiten wurden wiederum fachlich spezialisierten Universitätsgeographen übergeben. [9] Sie hatten nun die Aufgabe, mit Lehrern, Schulpsychologen und Pädagogen zusammenzuarbeiten, um Lernziele aufzustellen und eine entsprechende Lehrfolge auszuarbeiten.

Vor allem kam es in der Folge darauf an, neue Unterrichtswege und geeignete Unterrichtsmaterialien zu entwickeln, sowie diese auf ihre Brauchbarkeit zu überprüfen. [10]

3.4. Projekterprobung

1965/66 begann der 4. Abschnitt, der der Erprobung des entwickelten Projektes gewidmet war. Zunächst arbeiteten einzelne Schulen mit einer der 10 Unterrichtseinheiten und berichteten über die Ergebnisse (*"Limited School Trials"*).

1967/68 weitete man die Versuche in den sogenannten *"National School Trials"* aus. Der gesamte Jahreskurs "Geography in an Urban Age" wurde an 70 amerikanischen High Schools aller Landesteile probeweise gelehrt. Die objektive Überprüfung der Ergebnisse durch das *"Educational Testing Service"* (E.T.S.) sowie die zusätzlich von Lehrern und Schülern beantworteten Fragebogen gaben Auskunft über die Wirksamkeit des bereitgestellten Materials.

Bemerkenswert ist, daß auch auf dieser Stufe des Projekts eine enge Zusammenarbeit zwischen Wissenschaftlern und Schulgeographen bestand, die sich im sogenannten "feed-back-Verfahren" abspielte. [11] Dadurch war der Autor der Unterrichtseinheit in der Lage, nach abermaliger kritischer Überarbeitung des Materials weitere Verbesserungen durchzuführen.

---

6) siehe dazu: Kapitel 4.
7) SELECTED CLASSROOM EXPERIENCES: THE HIGH SCHOOL GEOGRAPHY PROJECT. Hrsg. v. Clyde F. KOHN, Geographic Education Series No. 4, National Council for Geographic Education.
8) Die Lernstrategien des Projekts sind aber so flexibel angelegt, daß es auch in tieferen oder höheren Schuljahren verwendet werden kann.
9) Daß jede Einheit in ihrer Ausführung von einem anderen Autor stammt, wird öfters kritisiert, da dadurch die Geschlossenheit des ganzen Projektes etwas gestört werde und die Abstimmung der einzelnen "units" zueinander nicht optimal sei.
10) siehe dazu: Kap. 6, Lernstrategien.
11) unter "feed-back" versteht man hier die Rückführung von Material und Tests zum Autor.

Das amerikanische 'High School Geography Project' (HSGP)

Abb. 1: Die Unterrichtseinheiten ("units") des HSGP:

1. KONZEPTION	2. KONZEPTION nach der Verdichtung
1. *Introduction* (Einführung)	
2. *Inside the City* (Stadtgeographie: Innerstädtische Untersuchungen)	1. *Geography of Cities* (Stadtgeographie)
3. *Networks of Cities* (Stadtgeographie: zwischenstädtische Untersuchungen, Zentrale Orte)	
4. *Manufacturing* (Industrie)	2. *Manufacturing and Agriculture* (Industrie u. Landwirtsch.)
5. *Agriculture* (Landwirtschaft)	
6. *Cultural Change* (Kulturwandel)	3. *Cultural Geography* (Kulturwandel, Kulturraum)
7. *The Habitat* (Lebensraum)	4. *Habitat and Resources* (Lebensraum und Ressourcen)
8. *Fresh Water Resources* (Süßwasservorräte)	
9. *Political Resources* (Politische Geographie)	5. *Political Geography* (Politische Geographie)
10. *Japan*	6. *Japan*

Das sichtbarste Ergebnis dieser Erprobungsphase bestand darin, daß die 10 geplanten Unterrichtseinheiten auf 6 Einheiten verdichtet wurden *(Abb. 1)*. 1969 wurde dann mit dem Druck begonnen, sodaß für das Schuljahr 1970/71 das gesamte Lehrwerk allen Schulen zur Verfügung stand. Es waren also, bzw. es sind heute noch immer, laufend Revisionen des Materials nötig, um es den jeweiligen neuen Gegebenheiten und Erkenntnissen anzupassen.

3.5. Projektverbreitung

Die vorläufig letzte Entwicklungsphase sieht die Erstellung eines besonderen *"service system"* vor, das die wissenschaftlichen Forschungserkenntnisse in kürzester Zeit in die Schulpraxis übertragen soll. Im Rahmen dieses "service system" geht man daran, Fortbildungszentren einzurichten und Lehrgänge in allen Landesteilen durchzuführen, um möglichst viele Lehrer mit den neu entwickelten Methoden und Materialien vertraut zu machen. Die Lehrer werden weiters durch ein Informationsblatt *"Newsletter"* laufend über den Fortgang des Projekts unterrichtet. Man hofft, mit Hilfe der oben erwähnten Innovationszentren den Zeitraum zwischen wissenschaftlicher Forschung und lehrpraktischer Verwendung verkürzen zu können, um zu verhindern, daß Universitäts- und Schulgeographie in Inhalt und Methode wieder so stark auseinanderklaffen wie früher.

Die Intensität, der Aufwand und der Einsatz, mit dem hier in 10-jähriger Entwicklungsarbeit ein ganzes Fach an seiner "Renovierung" gearbeitet hat, sind beispielhaft und nachahmenswert auch für österreichische Lehrplanreformprojekte. Sie zeigen aber auch, wie langwierig es ist, ein didaktisch, pädagogisch und fachwissenschaftlich fundiertes neues Lehrprogramm zu schaffen.

4. Der Gedanke einer "conceptual geography" als Grundlage für das HSGP

Der Geographieunterricht im konventionellen Sinn bestand vorwiegend im Auswendiglernen von Ländernamen, Hauptstädten, von den in verschiedenen Ländern erzeugten Produkten, von Lage und Namen von Gebirgsregionen und Gewässern usw. Die Zahl der wirklich bedeutenden Informationen war eher klein und der Schüler wurde von einer Flut von unzusammenhängenden und unwesentlichen Daten überschwemmt.

Das Unterrichtsmodell des HSGP basiert nun auf dem Gedanken einer "conceptual geography". Darunter versteht man

ein raumorientiertes Denken auf Grund bestimmter sozialgeographischer Kategorien, welches sich von der idiographisch betriebenen Länderkunde abwendet und versucht, aktuelle Problemstellungen in raumgebundener Systematik mit Hilfe neuer geographischer Arbeitsmethoden zu beleuchten (ENGEL 1969).

Die Erarbeitung der Themen, wie Verstädterung, Bevölkerungsprobleme, politische und wirtschaftliche Fragestellungen geschieht also auf Grund raumrelevanter Ordnungsprinzipien. Zu ihnen gehören u.a.

- die räumliche Anordnung (*location*),
- die räumliche Verteilung (*spatial distribution*),
- die räumliche Vergesellschaftung (*areal association*),
- die räumlichen Wechselwirkungen (*spatial interaction*),
- eine Hierarchie der Räume (*spatial systems*),
- Diffusionsmuster, sowie die
- kulturräumliche Bewertung (*cultural appraisal for the environment*).[12]

Ein zur "conceptual geography" äquivalenter deutscher Begriff wäre vielleicht der der "kategorialen Erdkunde", wie ihn K. FICK formuliert hat, da es darum geht, eine Reihe von K a t e g o r i e n (*'series of principles'*) anstelle von länderkundlichen Tatsachen zu lehren und deshalb die Einheiten ("units") des HSGP eindeutig nach sachbezogenen, "allgemein-geographischen", systematischen Gesichtspunkten angeordnet und gegliedert sind. Auch A. SCHULTZE gliedert sein neues Geographielehrbuch nach Stufen des Aufbaus geographischer Kategorien; das zweite, jüngst erschienene moderne geographische Lehrwerk im deutschen Raum gliedert seine Lernziele und Sachthemen nach "kategorialen Grunddaseinsfunktionen", also auch nach einem systematischen Gesichtspunkt.[13] Es ist nicht erstrebenswert, die ganze Welt länderkundlich abzudecken oder die "Totalität" einer länderkundlichen Einheit zu erfassen, auch wenn Beispiele aus verschiedenen Gebieten der Welt herangezogen werden, sondern den Schülern soll schwerpunktmäßig ein Katalog von K a t e g o r i e n , E i n s i c h t e n u n d F e r t i g k e i t e n vermittelt werden, der bei vielen unterschiedlichen länderkundlichen Zusammenhängen verwendet werden kann. Der mit der "Konzeptgeographie" verbundene T r a n s f e r , ein wesentliches Element der neuen Schulgeographie, wird daher im HSGP planmäßig aufgegriffen oder angeregt !

Die eben kurz umrissenen Grundgedanken der "conceptual geography" spiegeln sehr stark die jüngeren Forschungstrends der Fachgeographie, die die "große Abkehr von der Länderkunde" schon früher durchgeführt hat und sich zu einer stark quantitativ und theoretisch arbeitenden modernen Raumwissenschaft entwickelt hat, wider. Genauso wie die "n e w g e o g r a p h y" ist auch das HSGP "urban oriented", es besteht da wie dort eine starke Tendenz zur Entwicklung theoretischer M o d e l l e , das d e d u k t i v e D e n k e n wird forciert und großer Wert auf Rationalität, Systemanalyse, Prozeßforschung und das Erkennen logischer Zusammenhänge gelegt. Bisher wurde ja im Unterricht die Einordnung der Fakten in einen theoretischen Ansatz bzw. in ein Modell nur äußerst selten erreicht.

Der durch die allgemeine Curriculum-Reform-Bewegung initiierte enge Kontakt zwischen wissenschaftlicher und Schulgeographie brachte aber nicht nur für letztere viele, sondern auch für die Fachwissenschaft einige Denkanstöße und Anregungen, vor allem aber eine gewaltige Herausforderung, nämlich die Struktur, die Inhalte, Zielvorstellungen und Techniken des eigenen Faches neu zu überdenken und gegenüber den anderen Social Sciences zu p r ä z i s i e r e n und abzustecken.

5. Die Bildungsziele des HSGP

N. HELBURN, neben McNEE, PATTISON, WHITE u.a. einer der Hauptmitarbeiter am HSGP, stellte in einem Übersichtsschema die diesem zugrunde liegende L e r n z i e l h i e r a r c h i e dar *(Abb. 2)*.

Während die allgemeinen Lernziele vor allem für die Erstellung von Curricula und die breite Öffentlichkeit von Bedeutung sind, bedarf es

---

12) überwiegend nach: ENGEL, J.: Das Verhältnis von Social Studies und Erdkunde in den Schulen der USA. In: DREISSIG TEXTE ZUR DIDAKTIK DER GEOGRAPHIE, hrsg.v.A.SCHULTZE, S. 141.

13) siehe dazu den Aufsatz von Helmut J. WEIS in diesem Buch:"Ein kritischer Vergleich österreichischer und bundesdeutscher Geographielehrbücher", S. 105.

Das amerikanische 'High School Geography Project' (HSGP)

Abb. 2: Die Bildungsziele des HSGP, dargestellt in verschiedenen Abstraktionsniveaus
(nach HELBURN 1968, hier aus: STEINLEIN - KREIBICH 1969, S. 233):

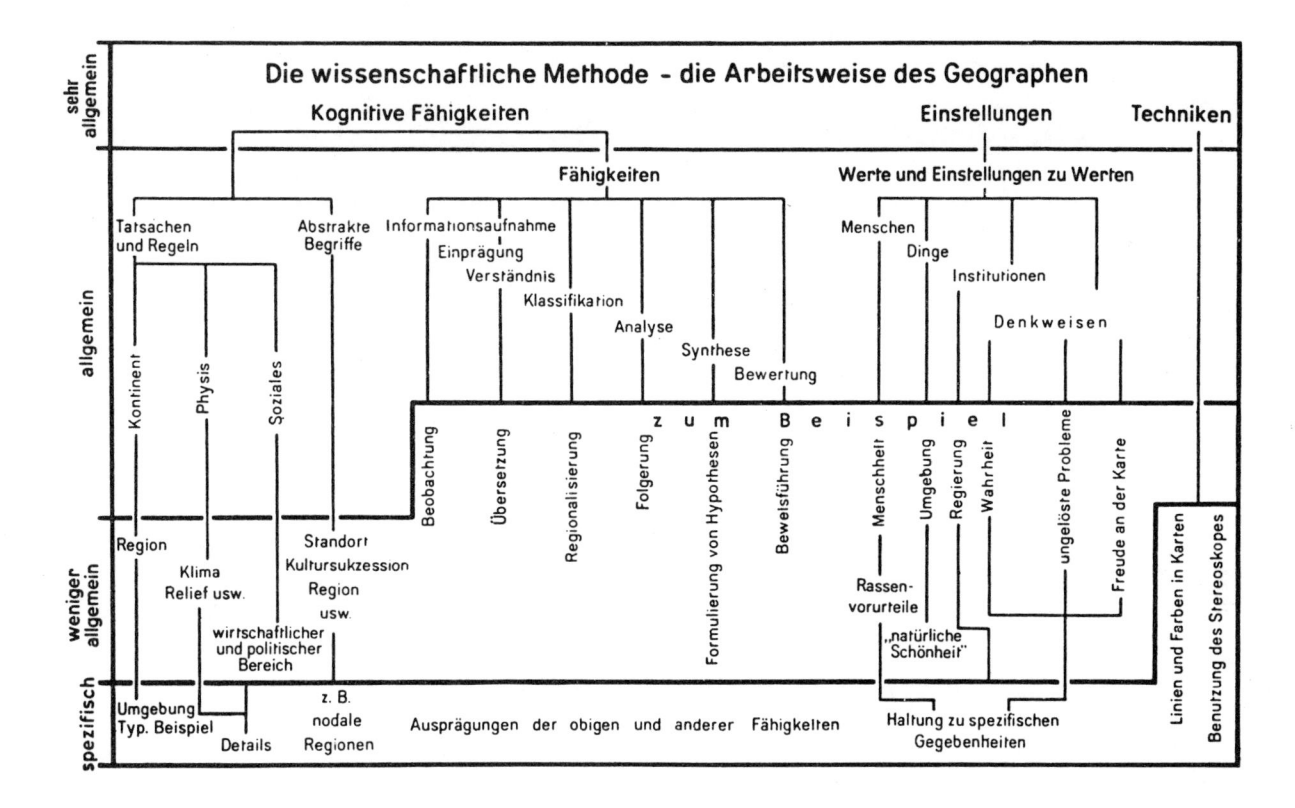

einer Präzisierung dieser zu immer spezifischer=
en, sofern sie als Bewertungskriterien für ange=
strebte Schülerfähigkeiten, Einstellungen und
Techniken herangezogen werden sollen.

Die vier allgemeinen Bildungsziele des HSGP
werden folgendermaßen formuliert:
1. Der Schüler soll mit einer repräsentativen
   Vielzahl von Fakten oder Generalisierungen
   aus allen Teilen der Welt arbeiten.
2. Der Schüler soll gewisse grundlegende ab=
   strakte Begriffe verstehen lernen, und
   zwar im wesentlichen solche aus dem Be=
   reich der bereits genannten raumrelevan=
   ten Ordnungsprinzipien.
3. Die Ausbildung des Schülers soll vor al=
   lem auf die Erlangung von folgenden vier
   Fähigkeiten abzielen:
   a. Verständnis für den Standort und seine
      Bedeutung,
   b. Verwendung, Verwertung und Einordnung
      von Daten,
   c. Formulierung von Problemen und Hypo=
      thesen,
   d. Problemlösungsvermögen.
4. Als Resultat der Arbeit des Schülers mit
   dem Projektmaterial soll der Schüler
   schließlich in der Lage sein, Fragen zu
   formulieren, die ihm zu einem besseren
   Weltverständnis verhelfen sollen. Damit
   ist das gewünschte Endziel formuliert,
   das, wenn die dem 3. Bildungsziel zugrun=
   deliegende Methode des *"discovery lear=
   ning"* [14] eingesetzt und verwertet werden
   konnte, erreicht werden sollte.

Die Frage nach den allgemeinen Bildungszielen,
wie auch nach den Feinzielen des Projekts hat
natürlich keine endgültige Antwort. Wissen=
schaft und Ausbildungsmethoden ändern sich,
- als Konsequenz müssen auch die Ziele des
Projekts einer andauernden Änderung unterlie=
gen.

6. Gliederung und inhaltliche Thematik des HSGP

Das Thema des HSGP *"Geography in an Urban Age"* ist, wie bereits angeschnitten, eine didaktische Antwort auf die Probleme der heutigen Zeit, die überwiegend städtisch orientiert ist.

"Geography in an Urban Age" besteht aus sechs Unterrichtseinheiten (*"units"*): [15]

1. *Geography of Cities* (Stadtgeographie)
2. *Manufacturing and Agriculture* (Industrie und Landwirtschaft)
3. *Cultural Geography* (Kulturwandel, Kulturräume)
4. *Political Geography* (Politische Geographie)
5. *Habitat and Resources* (Lebensraum und Ressourcen)
6. *Japan*

Einen guten Überblick über die Gliederung der einzelnen Unterrichtseinheiten gibt *Abb. 3*. Im folgenden soll ihr Inhalt etwas näher besprochen werden, um einen Einblick in den Aufbau des HSGP zu bekommen. Jeder *"u n i t"* besteht, wie auch aus Abb. 3 deutlich ersichtlich ist, aus einer Serie von *"a c t i v i t i e s"* ("Aktivitäten", "Untereinheiten"), in denen die Erarbeitung von bestimmten Grundeinsichten angestrebt wird.

6.1. Unit 1 - Geography of Cities

Diese erste Unterrichtseinheit ist die Grundlage und in mancher Hinsicht auch der Schlüssel für alle weiteren.

Neben Abschnitten über Viertelsbildung und Struktur der Stadt, städtische Funktionen, Lage, Wachstum, Größe und Verteilung der Städte im Raum (*urban networks*) bilden die Schwerpunkte

- eine stadtgeographische Analyse von New Orleans [17]
- und die Konstruktion einer Stadt mit Hilfe von Legobausteinen (*'Portsville'*) [18].

Letztere Aktivität stellt den Höhepunkt der ersten Unterrichtseinheit dar, da hier die Schüler aufgefordert werden, die bisher gewonnenen Konzepte und Fähigkeiten bezüglich Standort, Wachstum, städtischem Gefüge, städtischer Landnutzung usw. anzuwenden, um das Wachstum einer Stadt nachzuvollziehen.

Zum 'Unit 1' gehören insgesamt sieben weitere Aktivitäten, die wahlweise angeboten werden (siehe Abb. 3).

- Am Beispiel der belgischen Stadt Brügge soll offenbar werden, daß Städte zu verschiedenen Zeiten verschiedene lokale und regionale Bedeutung aufweisen können; ebenso wird auch in der 1. Wahlaktivität am Beispiel von Geschichte und Wachstum dreier Städte an der US-Ostküste versucht, die historische Dimension städtischer Entwicklung zu erhellen (*'Bruges'*, *'A Tale of Three Cities'*).
- *'Local Community Study'* ist eine ausgesprochene Transferaktivität, in der die Schüler bei einer Untersuchung ihrer eigenen Gemeinde unter Verwendung der bisher erworbenen Kenntnisse und Fertigkeiten Lage und Wachstum der Stadt analysieren und das städtische Landnutzungsmuster erklären sollen. Die gewonnenen Einsichten werden kartographisch dargestellt.

---

14) darauf wird in Kap. 7 noch ausführlich eingegangen.

15) Ein Vorteil des Kurses ist auch seine Flexibilität. Er kann entweder in der oben angegebenen Reihenfolge verwendet werden, oder aber es besteht die Möglichkeit, die einzelnen Unterrichtseinheiten auszutauschen, bzw. einzelne herauszugreifen und in den konventionellen Geographieunterricht einzubauen.
Vielfach ist jedoch gerade diese Tatsache Ansatzpunkt für Kritik, die meint, daß es sich bei "Geography in an Urban Age" um ein Sortiment von isolierten Konzepten handelt, die zuwenig bzw. gar nicht aufeinander abgestimmt sind. Das mag bis zu einem gewissen Grad sicher stimmen, doch darf nicht übersehen werden, daß das Projekt von seinen Urhebern niemals als in sich geschlossene, völlig aufeinander aufbauende, chronologische Lehrfolge angesehen wurde, wenngleich sich natürlich gewisse Zusammenhänge logisch ergeben. Deshalb meint auch McNEE (1973, S.286): "Judged by its output, the project was misnamed. A more accurate name might have been *'The Geography Units Project'*".

16) Dazugehörige Arbeitsmaterialien:
Für den Schüler: 1 Schülerhandbuch, 1 Quellenbuch, 1 Arbeitsmappe mit Luftbildern und topographischen Karten.
Für den Lehrer: 1 Lehrerhandbuch, 3 Mappen

- In *Megalopolis* werden die Probleme der
städtischen Agglomerationen angeschnitten
und dann diskutiert,
- *Migrants to the City* greift das Problem
der Negerwanderung in die US-amerikanischen
Großstädte auf
- und schließlich beschäftigen sich noch zwei
Aktivitäten mit dem Studium örtlicher Ein=
kaufsgewohnheiten, wobei auch allgemeine Fra=
gen des Geschäftslebens behandelt werden,
und örtlichen Reichweite- und Erreichbar=
keitsberechnungen sowie dem Problem der
Distanz (*Local Shopping Survey*, *Time -
Distance*).

6.2. Unit 2 - *Manufacturing and Agriculture*

Im Mittelpunkt dieser Einheit, in der grundle=
gende wirtschaftsgeographische Einsichten ge=
wonnen werden sollen, stehen zwei Rollenspie=
le. Im ersten soll im Wege einer Standortfak=
torenanalyse über den Standort einer Metall=
warenfabrik *Metfab* entschieden werden [19],
während im zweiten die Schüler die Rollen von
Landwirten zu drei verschiedenen Zeitabschnit=
ten im westlichen Kansas übernehmen und agrar=
wirtschaftliche Bodennutzungsentscheidungen
aufgrund natürlicher, historischer und wirt=
schaftlicher Einflüsse simuliert werden (*Game
of Farming*).[20]

Weiters wird versucht, mit Hilfe von Farmer=
interviews einen Vergleich der Landwirtschaft
von Costa Rica, Polen und den USA durchzufüh=
ren und Unterschiede, vor allem in bezug auf
die soziokulturellen und politischen Determi=
nanten der Landwirtschaftsstruktur herauszu=
arbeiten. Zwei weitere Aktivitäten beschäfti=
gen sich mit dem Welternährungsproblem (*Hunger*,
Enough Food for the World), eine andere damit,
wie physische, kulturelle und wirtschaftliche
Faktoren in Agrarregionen die Landnutzungsform
beeinflussen (*The Agricultural Realm*).

Als Wahlaktivität wird u. a. das Problem einer
Industriegründung in den UdSSR behandelt, wobei
sich interessante Vergleiche mit der *Metfab*-
Aktivität ergeben.

6.3. Unit 3 - *Cultural Geography*

Hinter allen Aktivitäten dieser Einheit steht
die Intention, die Relativität kultureller Er=
scheinungen transparent zu machen.

Expansion of Islam und *A Lesson from Sports*
sind zwei Themen, um die an der Kulturverbrei=
tung bzw. Informationsdiffusion beteiligten Fak=
toren zu illustrieren. Geistige Strömungen und
ihre wechselseitige Durchdringung in den ver=
schiedenen Kulturräumen werden analysiert. Mit
Hilfe der Aktivität *Different Ideas about
Cattle* soll das Verständnis der Amerikaner für
fremdartige Kulturen und ihre Bräuche und Ei=
genheiten gefördert werden. Am Beispiel des
französisch-sprachigen Kanada wird das Problem
der Identifizierung und räumlichen Manifesta=
tion der Kulturgrenzen erörtert. Eine weitere
Aktivität, die eine Gegenüberstellung von tra=
ditioneller Architektur und modernen "business
districts" in verschiedenen Städten der Welt
bringt, soll dem Schüler bewußt machen, wie
verschiedene historisch gewachsene Kulturräume
durch die moderne Zivilisation und Technologie
immer mehr ihre kulturelle Individualität ver=
lieren und uniform werden (*Cultural Change:
A Trend Toward Uniformity*).

Die Wahlaktivität bietet Planspiele zur Ver=
deutlichung der Diffusion von Innovationen und
baut vor allem die Möglichkeit des Transfers
aus.

---

mit Karten und Statistiken, 15 Stereosko=
pe, 4 Legobaukästen, 1 große Karte von New
Orleans und Umgebung, 6 Arbeitsblätter von
Chicago, 4 Schachteln mit Grundlagenmate=
rial zu Portsville.
Die Vielfalt und Reichhaltigkeit der Ar=
beitsmaterialien ist im Sinne einer selbst=
tätigen Schülerarbeit natürlich ein Eck=
pfeiler des neuen Konzepts.
17) siehe dazu ausführlich: Kap. 7, S. 135.

---

18) siehe dazu ausführlich: Kap. 7, S. 136.
19) siehe dazu ausführlich: Kap. 7, S. 136.
20) siehe dazu ausführlich: Kap. 7, S. 137f.

Abb. 3: Gliederung des High School Geography Project

Unterr. einheit	Unterr. stunden	Titel	'Integral Activities' (Abschnitte)	Unterr. stunden	'Optional Activities' (Wahlabschnitte)
1	30-40	GEOGRAPHY OF CITIES	1. *City Location and Growth* (Lage und Wachstum der Stadt)	3	1. *A Tale of Three Cities* (Zur Geschichte des Wachstums 3er Städte)
			2. *New Orleans*	4	2. *Bruges* (Brügge)
			3. *City Shape and Structure* (Viertelsgliederung und Struktur der Stadt)	4	3. *Time - Distance* (Distanz, Diffusion, Reichweite)
			4. *Portsville*	8-10	4. *Migrants to the City* (Zuwanderer in die Stadt)
			5. *Sizes and Spacing of Cities* (Größe und Verteilung der Städte im Raum - *urban networks*)	4-5	5. *Megalopolis*
			6. *Cities with Special Functions* (Funktionstypen von Städten im Raum)	1	6. *Local Community Study* (örtl. Gemeindeuntersuch.)
					7. *Local Shopping Survey* (Geschäftsleben und Einkaufsgewohnheiten)
2	26-34	MANUFACTURING AND AGRICULTURE	1. *Geographic Patterns of Manufacturing* (Industriegeographische Raummuster)	1	
			2. *The Importance of Manufacturing* (Die Bedeutung der Industrie)	2-3	
			3. *Location of the Metfab Company* (Standortwahl für die Metfab Company)	5-6	1. *Locating Metfab in the USSR* (Die Errichtung der Metfab in den UdSSR)
			4. *Graphic Examples of Industrial Location* (Graphische Beispiele der industr. Standortwahl)	2	2. *Two Case Studies* (2 Fallstudien für Transferschulung und Vertiefung)
			5. *Hunger*	2-3	
			6. *The Agricultural Realm* (Der landwirtschaftliche Bereich)	3-4	
			7. *Interviews with Farmers* (Farmerinterviews)	5-7	
			8. *The Game of Farming*	5-6	
			9. *Enough Food for the World* (Genug Nahrung für die Welt)	1-2	
3	15-20	CULTURAL GEOGRAPHY	1. *Different Ideas about Cattle* (Verschiedene Auffassungen von Rinderhaltung)	3	
			2. *A Lesson from Sports* (Sport)	2-3	1. *Games Illustrating the Spread of Ideas* (Planspiele zur Verdeutlichung der Diffusion von Innovationen)
			3. *Expansion of Islam* (Die Ausbreitung des Islam)		
			4. *Canada: A Regional Question* (Kanada: Das Problem der Kulturgrenze)	3-4	
			5. *Cultural Change: A Trend Toward Uniformity* (Kulturwandel und Uniformitätstrend)	2-3	
4	20-24	POLITICAL GEOGRAPHY	1. *Section* (Interessengruppen)	5-8	
			2. *One Man, One Vote*	3-4	
			3. *School Districts for Millersbourg* (Schuleinzugsbereiche, Problematik der Abgrenzung)	2	
			4. *London*	4	
			5. *Point Roberts*	6	

Das amerikanische 'High School Geography Project' (HSGP)

Unterr. einheit	Unterr. stunden	Titel	'Integral Activities'(Abschnitte)	Unterr. stunden	'Optional Activities' (Wahlabschnitte)
5	26-35	HABITAT AND RESOURCES	1. *Habitat and Man* (Der Mensch und seine Umwelt)	3	
			2. *Two Rivers* (Zwei Flüsse)	2	
			3. *Watchung* (Unterschiedliche Bewertung von Resourcen im Wandel der Zeit - Die Watchung-Berge)	2	
			4. *Rutile and the Beach* (Interessenkonflikte am Beispiel des Bergbaus)	5-6	
			5. *Flood Hazards* (Flutkatastrophen)	3-4	
			6. *Water Balance* (Wasserhaushalt)	5-6	
			7. *Waste Management* (Entsorgung - Abfallbeseitigung)	6-12	
6	10-15	JAPAN	1. *Introduction to Japan* (Japan: Eine Einführung)	1	
			2. *Traditional Japan* (Das traditionelle Japan)	2-3	
			3. *Japan Today* (Japan heute)	2-4	
			4. *The Modernization of Japan* (Die Modernisierung Japans)	6-7	

6.4. Unit 4 - Political Geography

Ziel dieser Unterrichtseinheit ist das Bewußtmachen des Einflusses politischen Entscheidungsverhaltens auf geographische Raumstrukturen. Die Höhepunkte bilden wiederum Rollenspiele.

Unter anderem agieren die Schüler als Gesetzgeber und Staatsbürger eines fiktiven Staates. Sie werden mit dem Problem konfrontiert, begrenzte staatliche Mittel zwischen unterschiedlichen Interessengruppen und Bedürfnissen aufzuteilen, wobei es darum geht, die raumprägende Bedeutung von Bedürfnissen der Bürger und die daraus entstehenden Konfliktsituationen transparent zu machen (*'Section'*). Eine andere Aktivität befaßt sich mit der Neueinteilung der Wahlkreise, um eine gerechte Repräsentation der Wahlstimmen zu gewährleisten (*'One Man, One Vote'*).

In einem Rollenspiel wird eine internationale Grenzstreitigkeit simuliert (*'Point Roberts'*), in einem anderen sollen die Schüler nach vorheriger gründlicher Analyse der Situation Entscheidungen treffen, wo in einer Stadt die Grenzen der Schuldistrikte am besten anzulegen wären, um damit Grundeinsichten zur Problematik der Abgrenzung funktionaler Räume zu erlangen (*'School Districts for Millersbourg'*). Schließlich wird am Beispiel London versucht, die vielschichtigen Probleme der Kommunalverwaltung in einer Agglomeration zu verdeutlichen.

6.5. Unit 5 - Habitat and Resources

Der Hauptakzent liegt auf der Beleuchtung der Wechselbeziehung Mensch - Natur. So vergleicht eine Aktivität z.B. das "Salton Sea"-Gebiet in Kalifornien mit dem Nildelta. Beide Gebiete weisen ähnliche naturräumliche Voraussetzungen auf, wurden jedoch vom Menschen in völlig

verschiedener Weise modifiziert ('*Two Rivers*').
Eine andere Aktivität soll den Einfluß von
Oberflächenformen, Boden und geologischen Ge=
gebenheiten auf Siedlungsmuster, Verkehrsnet=
ze und Landnutzung in raumzeitlicher Dimension
zeigen. Dabei wird die Rolle des Menschen als
Wandler der Kulturlandschaft in der Zeit her=
vorgehoben. Nach entsprechenden Vorinforma=
tionen machen die Schüler Vorschläge und be=
gründen, wo sie zu zwei verschiedenen Zeitab=
schnitten in den "Watchung-Bergen" Verkehrs=
wege und Siedlungen angelegt hätten. Ziel ist
eine Simulation der wechselnden räumlichen
Bedürfnisse des Menschen ('*Watchung*').

Flutkatastrophen, Wasserhaushalt und Wasser=
verbrauch in einer hochindustrialisierten Ge=
sellschaft an Hand eines Lehrprogramms, ein
Rollenspiel über Interessenkonflikte bei der
Rohstoffausbeutung am Beispiel Australien,
wobei auch das Problem der Erholung und des
Umweltschutzes angesprochen wird und der Ein=
griff in die Natur als eine Entscheidung zwi=
schen absoluten Bedürfnisansprüchen und wech=
selndem Kostenaufwand bewußt gemacht wird,
stehen im Zentrum dreier weiterer Aktivitäten
('*Flood Hazards*', '*Water Balance*', '*Rutile and
the Beach*').

In einer Fallstudie soll schließlich Luftver=
unreinigung und Müllbeseitigung in der New
Yorker Agglomeration verdeutlicht werden, um
das Problem des durch Produktion und Konsuma=
tion der Industriegesellschaft bedingten festen,
flüssigen und gasförmigen Abfalls analysieren
zu können. Die Dringlichkeit der Abfallmisere
soll den Schülern durch Untersuchung einer lo=
kalen Abfallbeseitigungssituation besonders
bewußt werden ('*Waste Management*').

6.6. Unit 6 - Japan

Es ist dies eine Regionalstudie über Japan
einst und jetzt, in der besonders der Prozeß
der Modernisierung und seine Wechselwirkungen
mit wirtschaftlichen, sozialen, kulturellen
und politischen Aspekten in einer bestimmten
Gesellschaft verdeutlicht werden soll.

An Hand eines Filmes wird Japan mit den USA
verglichen. Im Hauptteil der Einheit sollen
die Schüler mit Hilfe von in Form von Graphi=
ken, Tabellen und Karten bereitgestelltem Da=
tenmaterial selbständig das Wirtschafts- und
Bevölkerungswachstum von Japan in den letzten
100 Jahren erforschen. Die Schüler sollen in
Diskussionen zu klären suchen, auf welche
Weise die effektvolle Modernisierung Japans
in so kurzer Zeit möglich war. Schließlich
soll die Bedeutsamkeit des japanischen Ent=
wicklungsweges für andere Entwicklungsländer
diskutiert werden.

Ursprünglich gehörte diese Unterrichtseinheit
überhaupt nicht zum Entwurf "*Settlement Theme
Course: Geography in an Urban Age*" von Robert
McNEE, sondern das Projekt war zweigeteilt
konzipiert:

    Part A - *Topical Units*,
    Part B - *Regional Units* - *The Great Culture
             Regions*.[21]

Dieser Teil B wurde später wegen seiner großen
Materialfülle abgetrennt und sollte zu einem
eigenen High School Kurs ausgebaut werden,
blieb aber in der Entwicklung stecken. Schließ=
lich wurde "*Japan*" als einzige regionalgeo=
graphische Einheit bearbeitet und einfach an
die *Topical Units* angehängt.

Die Einbeziehung dieser regionalgeographischen
Einheit deutet auf einen Kompromiß zwischen
den Anhängern der Konzeptgeographie und den
Länderkundlern hin. Wie R. GEIPEL [22] berich=
tet, war jedoch die Gestaltung dieses länder=
kundlichen Abschnittes am schwierigsten und
unergiebigsten, weil ein gegebener Raum anders
als die vorausgegangenen Modellsituationen und
Planungsaufgaben fixe Lösungen und abgeschlos=
sene Prozesse beinhaltet.

---

21) siehe dazu ausführlich: McNEE 1973, S.301ff.

    Hier ist also bereits um 1960 herum das
    Kulturerdteilkonzept in der Schule geplant.
    Das erscheint interessant für die heute
    besonders in Österreich stärker aufkommen=
    de Meinung, die darin eine Lösung des län=
    derkundlichen Problems sieht.

    Zum Kulturerdteilkonzept: Siehe auch noch
    die Ausführungen in diesem Buch: S. 189ff.
    und S. 176f.

22) GEIPEL, R. 1970, S. 441-444.

7. Die Unterrichtsstrategien des HSGP

Im Hinblick auf die neue Zielsetzung des Geographieunterrichtes, in der, wie es ENGEL formuliert, der Raum als veränderliche Operationsgrundlage, weniger als gegebenes Erkenntnisobjekt betrachtet wird, kam es im HSGP zur Entwicklung völlig neuer Unterrichtsstrategien. Alle neuen Methodenkonzeptionen sind der "L e i t s t r a t e g i e" des "d i s c o v e r y   l e a r n i n g" = L e r n e n   d u r c h   F o r s c h e n untergeordnet und werden im Rahmen des Aufgabenbereiches des Projektes miteinander verbunden, wobei in den verschiedenen Unterrichtsabschnitten die eine oder andere Methode dominant sein kann.

Die zentralen Strategien des HSGP sind:

- Das *"discovery learning"*, eine neuartige Unterrichtsstrategie, in der der Schüler auf spezielle, noch zu beschreibende Weise aktiviert und motiviert wird, an Stelle des bisherigen rezeptiven Faktenwissens, mit seinen zwei Hauptmethoden,
  - der *Forschungs- und Entscheidungsmethode ("inquiry or decision making method")* und
  - der *Identifikations- und Simulationsmethode*.

- Das *programmierte Unterrichtsgefüge*, das durch seinen organisierten Unterrichtsablauf und die Einschaltung von "Lernplateaus" auf die Anforderungen des "discovery learning" abgestimmt ist.

- Zur Unterstützung des "discovery learning" ein *umfangreiches Multi-Medien-Paket*.

7.1. Das programmartige Gefüge des Unterrichts

Eine grundlegende Lernstrategie des HSGP ist das programmartige Gefüge des Unterrichts, das in langjähriger Forschung entwickelt wurde (ENGEL 1971, S. 122). J. ENGEL veranschaulicht es mit Hilfe einer L e r n k u r v e, die den Lernzuwachs in Abhängigkeit von der Unterrichts=

Abb. 4: *Informationszuwachs und Lernplateaus im HSGP, gezeigt an einem Beispiel*

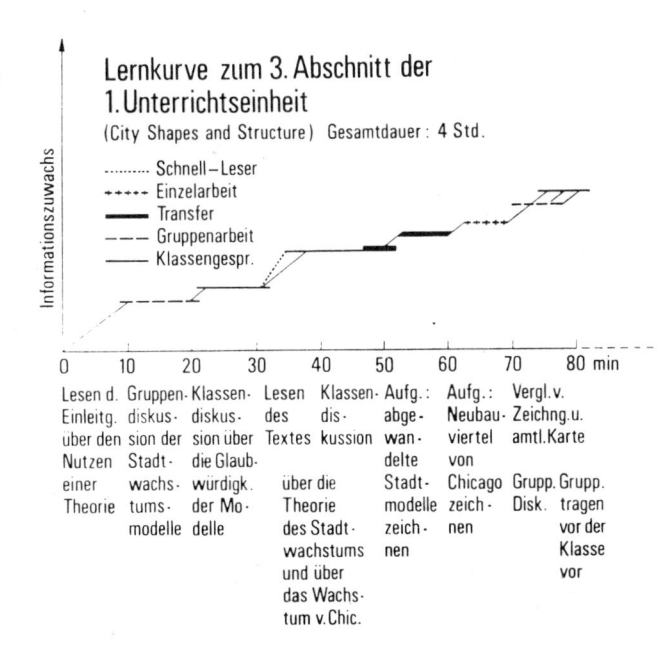

aus: ENGEL, J.: Grundzüge des amerikanischen 'High School Geography Project'. In: Wege zu veränderten Bildungszielen im Schulfach Erdkunde. Studientagung Tutzing 1971. Hrsg. v. R. GEIPEL. Der Erdkundeunterricht, Sonderheft 1, Verlag Klett, Stuttgart 1971, S. 118 - 137.

zeit darstellt. Diese Kurve zeigt nun im Unterschied zum Unterrichtsablauf keinen geradlinigen Verlauf, sondern nach jeder Phase des Lernzuwachses wird jeweils eine Pause eingeschaltet, die zur individuellen Reflexion des unmittelbar davor Gelernten, bzw. zum freien Gedankenaustausch zwischen den einzelnen Gruppen dienen soll. Diese "Pausen", bzw. "L e r n p l a t e a u s", wie ENGEL sie nennt, geben dem Schüler die Möglichkeit, sich mit der Materie eingehender zu beschäftigen oder sich in geographischen Arbeitsmethoden zu üben.

Durch das Einschalten solcher Reifungsphasen erfolgt, wie ein Vergleich mit einem linearen Unterrichtsablauf zeigt, ein mehr in die Breite, bzw. Tiefe gehender Reifungsprozeß, der meiner Meinung nach den vermehrten Zeitauf=

wand durchaus rechtfertigt.

Die für den Kurs zur Verfügung gestellten Handbücher sind auf diese programmartige Lehrgangskonstruktion abgestimmt. Im *"Teachers Guide"* - Lehrerbuch - , das jedes Schülerbuch begleitet, wird in den sog. *"guidelines"* der programmartige Aufbau der Einheit vorgezeichnet.

Diese Richtlinien für die Unterrichtstätigkeit enthalten neben Lernzielangaben auch Anweisungen über die Dauer der einzelnen Aktivitäten, eine Aufstellung über die zu verwendenden Medien und deren Einsatz, sowie Vorschläge für Hausarbeiten, bzw. für Transferaktivitäten. An der Spitze jedes Lehrerbandes steht ein Überblick über die Unterrichtszeiten, die Lernziele und die Unterrichtsstrategien in der entsprechenden Unterrichtseinheit (siehe Abb.5).

Abb. 5: Beispiel: Überblick über Unterrichtszeiten, Lernziele und Strategien einer Unterrichtseinheit. Auszug aus der Einführungstabelle: Unit 1 - 'Geography of Cities'. 2. und 3. Abschnitt ('activity').

Integral Activity	Zeitangabe	Arbeitsaufgaben und Materialien	Wichtige Begriffe und Fähigkeiten	Mögliche Hausaufgaben	Verwandte Wahlaktivität
2 NEW ORLEANS	4 x 50 Min.	Die Schüler verwenden Luftbilder und topographische Karten, um jene Teile (Elemente), aus denen eine Stadt zusammengesetzt ist und die Beziehungen zwischen diesen kennenzulernen. Dann studieren sie drei benachbarte Wohngebiete und versuchen die festgestellten Unterschiedlichkeiten zu erklären.	Analyse einer Stadt (*urban analysis*). Fähigkeit im Interpretieren von Luftbildern und Karten. Fähigkeit im Aufstellen von Hypothesen über Zusammenhänge zwischen dem Stadtbild und sozioökonomischen Merkmalen der Bevölkerung.	Lesen im Schülerhandbuch: *'Topographic Maps'*. Verwendung von Volkszählungsdaten, um damit 2 Wohngebiete auf einer Karte zu lokalisieren	TIME - DISTANCE
3 CITY SHAPE AND STRUCTURE	4 x 50 Min.	Die Studierenden diskutieren 4 Diagramme, die mögliche Wachstumsrichtungen von Städten kennzeichnen. An Hand eines theoretischen Stadtwachstumsmodells werden Hypothesen über die 3 Hauptwachstumsrichtungen von Chicago aufgestellt und dann mit dem tatsächlichen räumlichen Wachstum verglichen. Darauf werden die Schüler mit einer zweiten Theorie vertraut gemacht, die in der Folge an Hand von Karten geprüft wird. Anschließend wird der Versuch unternommen, diese beiden theoretischen Ansätze zu verbinden.	Fähigkeit zum Arbeiten mit abstrakten Ideen (modelltheoretische Ansätze). Fähigkeit, Zusammenhänge, die nur im Rahmen einer Gesamtbetrachtung der Stadt offenbar werden, zu erfassen. Fähigkeit zur Verwendung der wissenschaftlichen Arbeitsmethode (Hypothesenbildung und Verifizierung).	Lesen im Schülerhandbuch: *'Understanding the City'*, *'Age Distribution in Chicago'*, *'A Different Theory'*.	MIGRANTS TO THE CITY MEGALOPOLIS

Zu jeder Unterrichtseinheit sind außerdem noch etwa 7 bis 8 *"u n i t   o b j e c t i v e s"* (Unterrichtseinheits-Lernziele) angegeben, in denen die entscheidenden Grundeinsichten, meist in Form kognitiver oder affektiver Lernziele, angeführt sind, die der Schüler am Ende des "units" erworben haben soll.

Das amerikanische 'High School Geography Project'(HSGP)

Das mit Photographien, Luftbildern, Diagrammen, Skizzen, topographischen und thematischen Karten und Beschreibungen ausgestattete Schülergrundlagenbuch (*Student Resources Book*) trägt ebenfalls dem programmartigen Aufbau der Unterrichtseinheiten Rechnung.

7.2. Der Multimedia-Verbund

Darunter versteht man den gezielten Einsatz verschiedener, aufeinander abgestimmter Lehr- und Lernmaterialien im Unterricht mit dem Versuch, die verschiedensten Wahrnehmungsfelder anzusprechen. Karten, Luftbilder, Rollenkarten, statistisches Material, Dias, Tonbänder, Filme und Bausteine sind nur einige aus der Vielfalt der Arbeitsmaterialien.

Wie verschiedene Arbeitsmittel im gleichzeitigen Wechsel gezielt und zweckgebunden eingesetzt werden können, zeigt das Beispiel der stadtgeographischen Analyse von N E W O R L E A N S. Es ist dies die zweite Aktivität der 1. Unterrichtseinheit, "*Geography of Cities*", die vorwiegend auf dem Gebrauch von Landkarten und Luftbildern aufbaut und in der Gruppenarbeit, wie auch in anderen Abschnitten, eine wesentliche Rolle spielt.

An Hand einer Wandkarte der USA wird vorerst die Lage von New Orleans gezeigt und aufbauend auf dem Thema der ersten Aktivität, die sich mit Fragen der Standortwahl befaßte, die Gründe für das Wachstum der Stadt an den Ufern des Mississippi besprochen. Danach ist es notwendig, die Schüler mit einer zum Projektmaterial gehörenden topographischen Karte "*New Orleans and Vicinity*" vertraut zu machen, das heißt, ihnen Anweisungen zugeben, wie die Karte zu lesen ist und wie man bestimmte Strukturmerkmale leicht erkennen kann. Zur besseren Veranschaulichung kann das durch Luftbilder erfaßte Gebiet auf der Karte durch einen mit Nadeln befestigten Faden markiert und somit das Arbeitsfeld abgegrenzt werden. Im letzten Teil der Einleitung schließlich erhalten die Schüler Luftbildstereogramme und Stereobrillen. Auskünfte über die Entstehung, bzw. über die Verwendung dieser Arbeitsmaterialien gibt das Schülergrundlagenbuch, wobei zusätzliche Instruktionen durch den Lehrer notwendig sind. Im Grundlagenbuch erfahren die Schüler u.a., daß die Aufnahmen aus etwa 4000m Höhe aufgenommen wurden und somit ziemlich genau dem Maßstab der topographischen Karte 1 : 24000 entsprechen. Bei dieser Gelegenheit wird auch gleich der Begriff des Maßstabes und die Entstehung der Stereogramme durch seitlich verschobene Doppelaufnahmen geklärt. Schließlich informiert das Grundlagenbuch noch über den Gebrauch der Stereobrille, nämlich, daß man beim Durchblick ein dreidimensionales Bild erhalten soll.

Der Schüler ist nun im zweiten Teil der Aktivität in der Lage, Stereogramme zu analysieren und verschiedene städtische Landnutzungstypen zu untersuchen. Die Kombination von zwei Arbeitsmaterialien wie Photographie und Karte ermöglicht es den Schülern, weitaus mehr Merkmale herauszufinden und sich besser in die Physiognomie und Funktion einzelner Stadtelemente hineinzudenken. Als Abschluß dieses Teiles soll der Schüler mit Hilfe einer Karte mit dem Titel "*New Orleans East Quadrangle*" eine Antwort auf die Frage geben können, inwieweit die naturräumlichen Gegebenheiten das Wachstum der Stadt beeinflußt haben.

Im 3. Teil mit dem Thema "*New Orleans Bridge*" sollen nach Anwendung der bereits in den vorhergehenden Teilen besprochenen Arbeitsmaterialien die Rolle des Flusses, die Funktion der Brücke, sowie die Auswirkungen der Brücke auf die umgebenden Gebiete untersucht werden.

Nach Auswertung der drei letzten Luftbilder in Kombination mit einer Grundrißskizze von New Orleans und topographischen Ausschnittskarten sollen die Schüler Hypothesen über die sozioökonomische Struktur der Bewohner dreier verschiedener Stadtviertel aufstellen. Volks- und Häuserzählungsergebnisse, mit schichtspezifischen Daten zum Einheitswert von Wohnhäusern, zum Familieneinkommen, zur Schulbesuchsdauer und mit den zu den vorangehenden Werten korrelierenden Prozentanteilen der Negerbevölkerung werden anschließend verwendet, um die aufgestellten Hypothesen zu überprüfen.

Arbeitsmaterialien, wie Wandkarten, topogra=

phische Ausschnittskarten, Luftbilder, Stereo=
brillen, Stadtgrundrißskizzen, Textinformatio=
nen des Schülergrundlagenbuches, statistische
Tabellen erfüllen also im Rahmen eines pro=
grammartigen Unterrichtes durchaus ihren
Zweck.

Besonders erwähnenswert im Rahmen des Multi=
media Verbundes ist der Gebrauch von L e ‑
g o b a u s t e i n e n. In der ersten stadt=
geographischen Aktivität wird damit das Wachs=
tum einer Stadt (" P O R T S V I L L E ")
nachvollzogen. Die Schüler haben Entscheidungen
bezüglich des Standortes der Büros, Fabriken,
Kauf- und Lagerhäuser zu treffen, wobei jeder
Komplex durch andersfarbige Steine dargestellt
wird. Der Gebrauch von Legobausteinen erlaubt
weiters eine dreidimensionale Entwicklung der
City, was besonders für die Entwicklung der
"central areas" von Bedeutung ist. Durch an=
schließende Diskussionen werden die Schüler
dazu hingeführt, wichtige Punkte bezüglich des
Wachstums dieser betreffenden Stadt zu ent=
decken.

Vom geographisch-didaktischen Standpunkt je=
doch wichtiger ist die Tatsache, daß Verglei=
che zwischen den einzelnen konstruierten Städ=
ten die Formulierung von Generalisierungen be=
züglich des Wachstums aller Städte ermögli=
chen.

*7.3. Das "Discovery Learning" = Entdeckendes
Lernen, Lernen durch Forschen*

*7.3.1. Die Forschungs- und Entscheidungsmetho=
de (Inquiry and Decision Making Method)*

Die Forschungs- und Entscheidungsmethode spielt
im Rahmen des HSGP eine ganz bedeutende Rolle.
Durch sie soll vor allem das kritische und
produktive Denken im Lernprozeß gefördert wer=
den. So wird z.B. dem Schüler eine Anzahl von
Daten - fiktive oder reale Situationen betref=
fend - gegeben, die er in der Folge analysie=
ren und darauf aufbauend seine Entscheidungen
treffen soll.

Die Bedeutung der Forschungsmethode wird unter
anderem von N. HELBURN (1968, S. 271 - 281)
hervorgehoben, wenn er sagt: *"Die Freude, Ent=
deckungen zu machen, motiviert den Schüler,
weiter zu lernen und zu forschen, und zwar in
gleicher Weise, wie sie den Wissenschaftler
motiviert"*.

I n f o r m a t i o n s a n r e i c h e ‑
r u n g u n d k r i t i s c h e E n t ‑
s c h e i d u n g machen also das wesentli=
che dieser Methode aus, wobei f o r ‑
s c h u n g s o r i e n t i e r t e s E n t =
s c h e i d u n g s l e r n e n mehr ist
als Problemlösungsdenken. Letzteres führt über
das "Aha-Erlebnis" zu einem oder zu mehreren
richtigen Ergebnissen, - ersteres, also das
forschungsorientierte Entscheidungslernen, das
auf die Bewältigung zukünftiger Lebensbedin=
gungen ausgerichtet ist, ist offen und nicht
absolut objektivierbar, das heißt, der Vorgriff
auf die Zukunft des Menschen kann, sofern er
begründbar ist, niemals falsch oder richtig
sein (J. ENGEL 1971, S. 133).

Im Hinblick auf die Bewältigung des modernen
Wirtschafts-, Verkehrs- und Soziallebens, all=
gemein gesprochen, im Hinblick auf die Bewäl=
tigung zukünftiger Lebenssituationen erscheint
es unerläßlich, daß schon die Jugendlichen
lernen, Entscheidungen zu treffen. Die Geogra=
phie wird dadurch zu einem d y n a m i ‑
s c h e n und erfahrungsbezogenen Unterrichts=
fach, das den Schüler herausfordert und ihn
motiviert sich mit der Welt, in der er lebt,
auseinanderzusetzen.

Im Unit 2 *"Manufacturing and Agriculture"* wird
die Entscheidungsmethode am Projekt "M E T ‑
F A B" geübt. Es geht um eine neue Fabrik mitt=
lerer Größe für die Herstellung von Stahl- und
Kupferausrüstungen, über deren Standort hypo=
thetisch eine Entscheidung getroffen werden
soll. Den Schülern werden vielfältige Informa=
tionen über mögliche Standorte, über die Zu=
lieferung für die Fabrik, über Größe und Art
des Arbeitskräftebedarfs, über die möglichen
Absatzmärkte und möglichen Transportkosten
vorgegeben, auf deren Grundlage die relativen
Vorteile verschiedener Standorte abgeschätzt
und eine Entscheidung über einen optimalen
möglichen Standort herbeigeführt werden soll.

Der ganze Fall ist hypothetisch, dennoch werden die Schüler durch die einzelnen Stadien einer industriellen Standortanalyse, die eine Firma vor der Entscheidung tatsächlich zu durchlaufen hat, in vereinfachter Weise hindurchgeführt.

Nach GRAVES (1968) kann man nachweisen, daß dieses Vorgehen effektiver ist als die "Rückschau", bei der man zuerst den gegenwärtigen Standort eines Werkes feststellt, um dann die Faktoren des "warum" zu analysieren.

Ein besonders markantes Beispiel dieser *"decision making method"* ist der auf 8 bis 10 Unterrichtsstunden angesetzte Bau der Modellstadt "Portsville", der schon im vorigen Abschnitt erwähnt wurde.

7.3.2. *Die Identifikations- und Simulationsmethode*

Die zweite wichtige Strategie im Rahmen des *"discovery learning"* ist die Identifikations- und Simulationsmethode, - eng zusammenhängend mit der ersten.

Am erfolgreichsten, was den Reifungsprozeß betrifft, sind, wie sich in späteren Prüfungen zeigte, die nach einem Plan verlaufenden R o l l e n s p i e l e (Planspiele). Um zu verhindern, daß sich die Schüler mit bestimmten Verhaltensmustern einseitig zu sehr identifizieren, sollen die Rollen nach einer gewissen Zeit gewechselt werden. In diesen Rollenspielen werden den Schülern Rollen zugeteilt, in denen sie innerhalb einer gegebenen Situation handeln und wo sie als Einzelpersonen oder Gruppen zu einer Entscheidung, - wie im folgenden Beispiel, dem agrarwirtschaftlichen Rollenspiel "T H E   G A M E   O F   F A R M I N G" (Unit 2), über die Landnutzung, die Kapitalverteilung usw. - kommen sollen.

Die Schüler müssen sich dabei in die Rolle von Landwirten im westlichen Kansas in verschiedenen Zeiträumen versetzen, um Einsicht in die Abhängigkeit des landwirtschaftlichen Ertrages von physischen, technischen, marktwirtschaftlichen und allgemein gesellschaftlich-politischen Faktoren zu bekommen.

Die Dauer des Spieles variiert zwischen fünf und sechs Stunden. Es beginnt damit, daß z.B. ein Schüler die Rolle eines Siedlers im westlichen Kansas um 1880 übernimmt. Aus einer Rollenkarte geht hervor, daß er vor einiger Zeit aus Deutschland in die USA eingewandert ist, und daß ihm die Regierung im "Settler County" des westlichen Kansas 160 Acres Land frei zur Verfügung stellt mit der Forderung, es zu bewirtschaften und sich auf der Basis seiner mitgebrachten 1500 Dollar eine neue Landwirtschaft aufzubauen. Weitere Informationen über seine neue Heimat vermittelt ihm eine Eisenbahnbroschüre der damaligen Zeit, die eine sehr allgemeine und überaus optimistische Beschreibung des Gebietes gibt. Mit den erwähnten Auskünften und zusätzlichen Informationen über Klima, Boden, Preis- und Wirtschaftssituation aus dem Schülergrundlagenbuch ausgestattet, soll der Schüler nun an Hand einer auszufüllenden Arbeitskarte *(Activity Sheet)* Entscheidungen über die Verwendung und Verteilung des Kapitals, die Nutzung des Landes, die zusätzliche Pachtung von Land, die Anschaffung von Vieh und die Rücklage von Geld treffen, und zwar so, wie er glaubt, daß es der Landwirt, dessen Rolle er spielt, gemacht hätte.

Wenn der Schüler nun die verschiedenen Kapitalkostenzuteilungen durchgeführt hat, geht er daran, den Erfolg seiner Entscheidungen zu überprüfen. Zu diesem Zweck erhält er sogenannte *"Outcome Cards"* (Ernteertragskarten), - in diesem Fall *"Outcome Card 1880"*. Diese Karten enthalten für jedes einzelne Produkt Multiplikatoren zur Ertragsberechnung, die aber von Jahr zu Jahr verschieden sind, da sie sowohl die Schwankungen der natürlichen Bedingungen, wie z.B. Hitzeeinbruch, Schädlingsbefall usw., als auch Schwankungen der Marktpreise für bestimmte Waren reflektieren. Am Ende der ersten Runde sollen die Schüler ihre Einkommen vergleichen und herausfinden, warum der eine erfolgreicher war als der andere.[23]

---

[23] Es ist allerdings problematisch und fraglich, ob Gewinnmaximierung und wettkampfmäßig gefördertes kapitalistisches Streben tatsächlich als Leitidee intendiert werden sollen. Siehe dazu noch ausführl. Kap.10 !

Die Erfahrungen der ersten Runde sollen weiters bei den Investitionseinsätzen der nächsten Runden von 1881 und 1882 berücksichtigt werden.

Zu Beginn des zweiten Teiles, der den Zeitraum 1919 - 1921 umfaßt soll sich der Schüler als Vorbereitung über die Änderungen in der Landwirtschaft, vor allem in der Agrartechnik informieren. Weitere Information liefern über diesen Zeitraum bereits erhältliche Diagramme z.B. über die Niederschlagshäufigkeit in Kansas. Die grundlegenden Verfahren sind jedoch die gleichen wie im ersten Teil.

Der nach Wahl durchgeführte dritte Teil des Rollenspiels für den Zeitraum 1933 - 1935 soll den Schülern vor allem zur Erkenntnis bringen, daß die Wohlfahrt des Farmers sowohl von physisch-biologischen, als auch von wirtschaftlichen Faktoren abhängt.

Dieses Rollenspiel, das im wesentlichen auf Einzelerfahrung, Informationsverwertung und Entscheidung aufbaut, ermöglicht schließlich in seiner letzten Phase eine Schlußerkenntnis, - und zwar werden die Entscheidungen der Jahre 1880 und 1921, bzw. 1933 zu Landnutzungskarten zusammengesetzt. Die Schüler erhalten zu diesem Zweck zwei Grundlagenkarten des "Settler County" für 1880 und 1921, sowie Klebepapier in 11 verschiedenen Farben, wobei jede Farbe ein landwirtschaftliches Produkt darstellt. Das *Game of Farming* bietet damit die Möglichkeit, die Änderungen der Agrarlandschaft im Laufe der Zeit zu beobachten! Abschließend sollte diskutiert werden, warum sich die Agrarlandschaft ändert. Es sollte klar werden, daß die Landschaft zu jeder Zeit die S u m m e   v o n   i n d i v i d u e l l e n   e n t s c h e i d u n g e n   reflektiert, die sich als s o z i a l w i r t s c h a f t l i c h e   S t r u k t u r m u s t e r[24] niederschlagen.[25]

8. Aktivitätsanalyse

Das Revolutionierende am HSGP vom didaktischen Standpunkt aus ist die Aktivierung des Schülers mit Hilfe der bereits erwähnten neuen Unterrichtsstrategien.

Man nimmt an, daß der Schüler bei jeder Aktivität gewisse Fähigkeiten gebraucht, um Daten zu verarbeiten. Meist sind es geistige Fähigkeiten, wie z.B. das Extrahieren brauchbarer Information aus der Literatur oder das Übertragen von Zahlen in anschauliche Diagramme oder vielleicht gar das Unterteilen eines Gebietes in Regionen.

Das Resultat dieser Faktenverarbeitung bzw. D a t e n a n a l y s e   dient in der Folge dazu, G e n e r a l i s i e r u n g e n   herauszuarbeiten, die wiederum a b s t r a k t e   I d e e n   veranschaulichen.

Jede Aktivität des HSGP wurde nach diesen Richtlinien, die *Abb. 6* veranschaulicht, geplant. Alle 4 Komponenten der Aktivität,

- *Fähigkeiten*,
- *Daten*,
- *Generalisierungen*,
- *abstrakte Ideen*

sind A u s b i l d u n g s z i e l e   bzw. können welche sein.

Im Idealfall sollen die einzelnen Komponenten etwa g l e i c h g e w i c h t i g   sein! Das wird vom HSGP angestrebt, während eine Aktivitätsanalyse des konventionellen Geographieunterrichts *(vgl. dazu Abb. 7)* deutlich dessen Mängel zeigt, nämlich - bei einer Überfülle von Daten - Fakten und fertige Ergebnisse zu liefern, anstatt *Fähigkeiten* im Schüler entstehen zu lassen und eine Vielzahl von *Generalisierungen und abstrakten Denkvorgängen* zu forcieren. Um die Qualität des Geographieunterrichts zu verbessern, muß daher vom Überwiegen der bloßen Informationsanhäufung weggekommen werden, und dazu eignen sich die neuentwickelten Unterrichtsstrategien vorzüglich.

---

24) Wie man sieht, ist also der naturräumliche Determinismus der traditionellen US-Schulgeographie deutlich überwunden. Die Frage ist nur, ob an seine Stelle nicht fast zu stark ein solcher kapitalistisch-finanzieller Art tritt ? Die typisch amerikanische, stark geldorientierte Auffassung zeigt sich auch in anderen Abschnitten des HSGP.

25) Als Hauptquelle für das Kapitel 7 diente die ausgezeichnete Zusammenstellung von J. ENGEL 1971 über die Lernstrategien.

Das amerikanische 'High School Geography Project' (HSGP)

Abb. 6: Ablauf einer Aktivität im HSGP ("conceptual geography", "discovery learning"), nach HELBURN 1968:

Bei jeder beliebigen AKTIVITÄT
- Schüler gebrauchen → FÄHIGKEITEN
- bei der Analyse von → DATEN
- und erreichen → GENERALISIERUNGEN (HYPOTHESEN)
- diese wiederum veranschaulichen → ABSTRAKTE IDEEN (MODELLE)

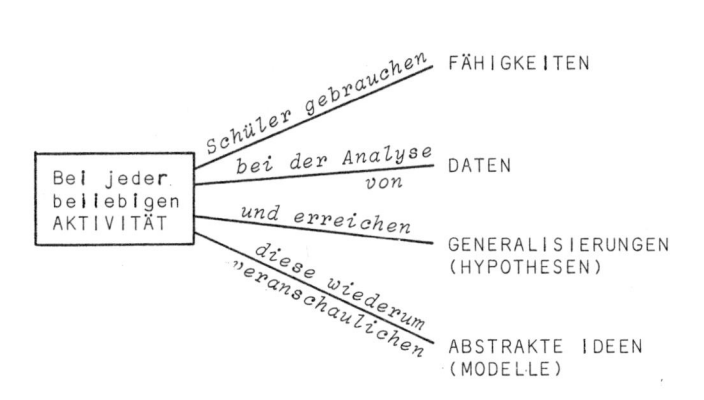

Abb. 7: Ablauf des konventionellen Geographieunterrichts (nach HELBURN 1968):

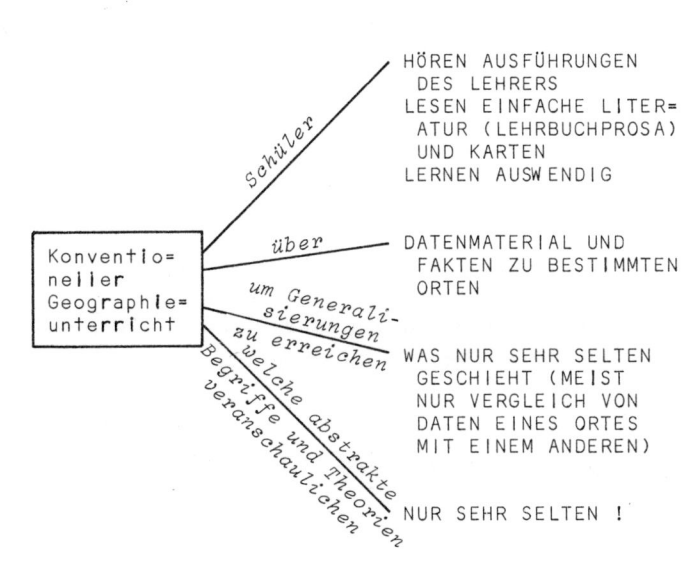

Konventioneller Geographieunterricht
- Schüler → HÖREN AUSFÜHRUNGEN DES LEHRERS, LESEN EINFACHE LITERATUR (LEHRBUCHPROSA) UND KARTEN, LERNEN AUSWENDIG
- über → DATENMATERIAL UND FAKTEN ZU BESTIMMTEN ORTEN
- um Generalisierungen zu erreichen → WAS NUR SEHR SELTEN GESCHIEHT (MEIST NUR VERGLEICH VON DATEN EINES ORTES MIT EINEM ANDEREN)
- welche abstrakte Begriffe und Theorien veranschaulichen → NUR SEHR SELTEN !

Abb. 8: Erweiterung des HSGP-Aktivitäts-Ablaufmodells durch die Einbeziehung der Feldarbeit als konzepttestender Methode (nach FITZGERALD 1969):

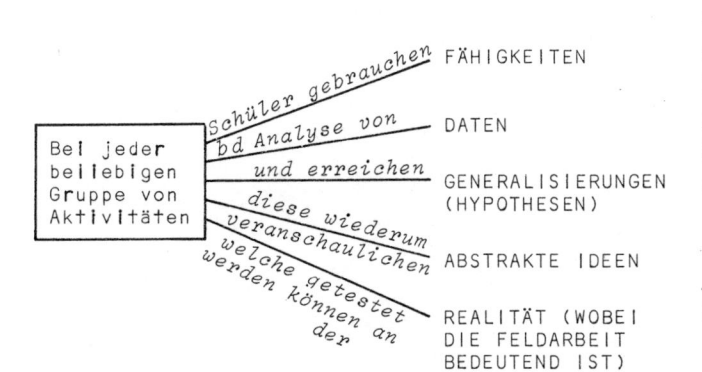

Bei jeder beliebigen Gruppe von Aktivitäten
- Schüler gebrauchen → FÄHIGKEITEN
- bd Analyse von → DATEN
- und erreichen → GENERALISIERUNGEN (HYPOTHESEN)
- diese wiederum veranschaulichen → ABSTRAKTE IDEEN
- werden getestet an der → REALITÄT (WOBEI DIE FELDARBEIT BEDEUTEND IST)

Da in der Konzeption des HSGP häufig von generalisierten Modellen Gebrauch gemacht wird, sollte der letzte Schritt das Überprüfen der Modelle sein. Von vielen Methoden ist eine der besten die Überprüfung des in der Klasse Gelernten in der Praxis. Wenn notwendig können anschließend Änderungen am Modell durchgeführt werden.

Die Nichteinbeziehung der Feldarbeit (*fieldwork*) in das Unterrichtskonzept des HSGP wurde daher vielfach kritisiert, man ist allerdings jetzt dabei, diesem Nachteil abzuhelfen. In Großbritannien, wo das HSGP auf kleiner Basis erprobt wird und wo man die Bedeutung der Feldarbeit für das geographische Verständnis sehr hoch einschätzt, unternahm man erfolgreiche Versuche, diese in den Geographieunterricht einzubeziehen. FITZGERALD (1969) ordnet der Feldarbeit ihren Platz im Aktivitätsablauf zu (*siehe Abb. 8*). Im Moment sind jedoch die meisten Experimente nur isolierte Klassenerfahrungen mit sehr geringer objektiver Überprüfung der Wirksamkeit.

9. Zur Bewährung des HSGP im praktischen Schulgebrauch der USA

Fragt man nach dem Wert des Projektes im Unterricht, so muß zuerst eindeutig festgestellt werden, und das wird allgemein überall in Leserbriefen und Aufsätzen über das HSGP von der Lehrerschaft bestätigt, daß es durch seinen Einsatz gelungen ist, die Schulgeographie aus ihrem desolaten Zustand herauszuführen und ihr ein ständig steigendes neues Ansehen zu verschaffen. Allgemein wird über ein größeres Interesse der Schüler an der Geographie, über steigende Schülerzahlen in den Geographiekursen und sogar über eine Zunahme des Angebotes solcher Kurse berichtet. Dazu R. GEIPEL, München, der das Projekt an Ort und Stelle eingehend studierte: *"Man hat das Gefühl, daß die jungen Menschen nach Verlassen der Schule die Wirklichkeit genau richtig einschätzen und sich in der Gesellschaft richtig verhalten werden."*[26]

---

26) hier zitiert nach: STEINLEIN - KREIBICH 1969.

Freilich darf nicht vergessen werden, daß durch das HSGP ja erst der Anfang gemacht worden ist und es noch vieler Bemühungen bedürfen wird, über diesen ersten Jahreskurs hinaus den gesamten Geographieunterricht an den High Schools zu erneuern. Vor allem wäre es für Lehrer und Schüler leichter mit dem HSGP zu arbeiten, wenn die Schüler schon aus der Unterstufe (Junior High School) mit grundlegenden Vorkenntnissen und Fähigkeiten ausgestattet in diesen Kurs kommen würden. So schreibt z.B. ein High School Lehrer aus Indiana:[27]
"If the students have the background tools and have an understanding of the inquiry method, their success would be more evident. In other words, we do need more correlation."

Jedenfalls scheint *"Geography in an Urban Age"* unter den Schülern sehr beliebt zu sein und es bleibt nur zu wünschen übrig, daß man mit den gesammelten Erfahrungen in der Folge auch daran gehen wird, ähnliche Projekte für Schüler aller Altersklassen zu entwickeln.

Noch immer sind die meisten Geographielehrer an den High Schools Historiker oder Sozialwissenschaftler und nur selten an der Universität ausgebildete Geographen. Gerade für sie ist das HSGP besonders wertvoll, da es ihnen als voll durchkonzipierter Kurs mit umfangreichem Arbeitsmaterial, Zielangaben und Lehranweisungen den Unterricht erleichtert.
MARSH (1973, S. 40) spricht von einem *"attractive teacher proof project"*, also von einem Projekt, das so sicher ist, daß mit ihm auch der ungeübte, geographisch nur schlecht vorgebildete Lehrer arbeiten kann, wenn er nur einen gewissen Eifer und Einsatz zeigt. Außerdem wird durch die straffe Konzeption das Ausufern in nichtgeographische Randbereiche und die Reduktion des Unterrichtes auf reines Faktenlernen, wie es bisher vor allem bei den außergeographischen Lehrern der Fall war, vermieden. Dazu muß gesagt werden, daß jedoch von seiten der amerikanischen Geographie vehement versucht wird, wieder mehr voll ausgebildete Geographielehrer in die Schule zu bringen.

Ein vollständiger Überblick über den Erfolg des HSGP in der Schule ist jedoch wegen seiner relativ kurzen Laufzeit nicht möglich. Nichts aber charakterisiert die guten Erfahrungen, die bisher damit gemacht wurden, besser als ein Ausspruch eines Lehrers in einem Leserbrief, indem er schreibt:[28] *"The less able student will experience more success in the HSGP than with traditional methods. ... The HSGP allows for more individual instruction and many opportunities for the teacher to place the less able student with a group of higher ability students to help him"*. Es profitiert also selbst der weniger begabte Durchschnittsstudent mehr vom HSGP als von den traditionellen Unterrichtsmethoden, womit auch gewisse Befürchtungen widerlegt erscheinen, in denen das HSGP zwar als sehr gut, aber wegen seiner Anforderungen eines stark theoretischen Denkvermögens als für den Durchschnittsstudenten zu anspruchsvoll angesehen wird.

10. Wert des HSGP für europäische Curriculumforschungsprojekte bzw. für österreichische Schulversuche

Will man nun den Wert des HSGP und die mit ihm bereits gemachten Erfahrungen für österreichische Schulversuche beurteilen, so muß man bedenken, daß es im besonderen auf Schulsystem und Schulgeographie der USA zugeschnitten ist, die sich in einigen wesentlichen Punkten von der Situation in Österreich unterscheiden, - wie wir bereits gehört haben. Die Möglichkeiten einer direkten, unveränderten Übernahme werden dadurch stark eingeschränkt.

Am Internationalen Geographenkongreß 1972 in Montreal, bei dem es auch zur Erörterung des HSGP kam, wurde, bei grundsätzlicher Anerkennung des Projekts, folgendes kritisiert:

1.) Die Einschränkung der Freiheit des Lehrers durch die weitgehend durchkonzipierten Unterrichtseinheiten.

2.) Die Beschränkung des Projekts auf einen Jahrgang und auf das Thema *"Geography in an Urban Age"*.

---

[27] Journal of Geography 72,1973,8,S.4/5.

[28] Journal of Geography 72,1973,8, S.5.

Das amerikanische 'High School Geography Project'(HSGP)

3.) Die Aufwendigkeit der Arbeitsmaterialien.

4.) Die Überprüfung des Unterrichts durch leicht zu kontrollierende Tests mit "multiple choice". Dazu kam die Forder= ung nach offenen Fragestellungen, die wohl mehr Zeit zum Korrigieren erfordern, jedoch eine bessere Überprüfung des Ver= ständnisses ermöglichen.

5.) Das HSGP gebe noch zu wenig Möglichkeit, bestimmte Probleme kritisch zu überdenken. So würden die sozioökonomischen Verhält= nisse meist sehr simplifiziert darge= stellt, sodaß für den flüchtigen Betrach= ter der Eindruck entstehen könnte, das herrschende (kapitalistische) System sol= le bestätigt werden.

Es bestehe die Gefahr, daß es z.B. in der Aktivität *"Migrants to the City"*,[29] in der das Negerproblem angeschnitten wird, durch die vereinfachte Problemdar= legung bereits zu Vorurteilsstabilisier= ungen bei den Schülern komme. Und es sei fraglich, ob die folgenden Lernschritte, in denen es zu einer Reflexion der anfangs gesetzten Stereotype kommt, in der Lage sind, diese zu eliminieren und darüber hinaus noch tiefgehenderes Verständnis für das Problem zu wecken.

J. ENGEL (1974, S. 171 - 173) setzte sich in einem Vortrag am 39. Deutschen Geographentag in Kassel (1973) mit den Übertragungsperspek= tiven des HSGP für ein ähnlich geartetes deutsches Projekt auseinander. Er sieht fol= gende Probleme, die hier zusammengefaßt wie= dergegeben werden sollen.

1.) Nach SCHULTZE (1972, S. 193 - 205) ist die Operationalisierung des Geographieunter= richts die derzeit wichtigste Aufgabe. Die u n v o l l k o m m e n e h i e r a r = c h i s c h e A b l e i t u n g d e r Lernziele im HSGP stellt daher eine nicht zu übersehende Hypothek dar; - allerdings wurde in den USA gerade durch das Ausklam= mern schwieriger, offenbar in kurzer Zeit nicht zu leistender Grunddiskussionen um Normengefüge ein Steckenbleiben des Pro= jekts in den Verwirrnissen allgemeiner gesellschaftsbezogener Lernzieldiskussi= onen vermieden und so konkrete Ergebnisse ermöglicht.

2.) Der e r d u m s p a n n e n d e Z y k = l u s i s t u n b e f r i e d i g e n d, sodaß es scheint, daß amerikanisch - ethno= zentrische Betrachtungsweisen der früheren Zeit noch nicht ganz überwunden sein dürf= ten. Fremde Kulturen werden an der eigenen gemessen, was zu einer Verstärkung der na= tionalen Stereotypbildung führen könnte.

Von den insgesamt (in allen 6 "units" zu= sammen) 46 *"activities"* behandeln nur 17 zumindest teilweise Räume und Thematiken außerhalb der USA (=37 %) ! Davon sind 4 über Japan (der ganze "Unit 6") und nur 2 über Europa (*Unit 1: "Bruges"*, *Unit 4: "London"*).

3.) Auch ENGEL sieht, ähnlich wie die Stellung= nahmen in Montreal, im HSGP die Gefahr einer Konzentration auf die eigene gesell= schaftliche Grundüberzeugung.

4.) Häufig findet sich eine, für das Wesen der Amerikaner typische Trivialisierung von Naturvorgängen u.a. durch Vergleiche mit kapitalismus-immanenten ökonomischen Pro= zessen, wie z.B. mit dem Geldkreislauf in der Aktivität *"Water Balance"* (Unit 5).

Selbst in den USA ist man jetzt dabei, hier Korrekturen vorzunehmen, wie das von der Clark University, Massachusetts entwickelte Wasserversorgungsplanspiel *"Aquarius"* [30] zeigt.

5.) Das (bedenkliche) Prinzip der Gewinnmaxi= mierung im Wettkampf dominiere auch fast alle Rollen- oder Simulationsspiele. Hier bieten sich von England her ausgezeichne= te Ansätze zur Verbesserung (WALFORD).

6.) ENGEL sieht Gefahren, daß in einigen Akti= vitäten der beseitigte naturgeographische Determinismus wegen zu trivial aneinander= gereihter linearer Kausalketten durch einen solchen gesellschaftlicher Prägung ersetzt wird.

---

29) Wahlaktivität im Unit 1: *Geography of Cities*.
30) siehe Lit.verz. S. 143.

Für das in Entstehung befindliche raumwissen=
schaftliche Curriculumforschungsprojekt der
Bundesrepublik Deutschland (RCFP) ergaben sich
aus den Ansatzpunkten der Kritik am HSGP eini=
ge wesentliche Folgerungen:

1.) Ein deutsches Projekt braucht nicht zur
Gänze eine völlige Neukonzeption zu sein.
Dort, wo Lernziele und Inhalte beim HSGP
oder bei anderen ausländischen Projekten
mit eigenen, aus fachlichen Überlegungen
kommenden, curricularen Bestrebungen ü=
bereinstimmen, sollen ruhig Übertragungen
vorgenommen werden.

2.) Das HSGP soll und kann aber nicht als blo=
ße Kopiervorlage für europäische Curri=
culumforschungsprojekte dienen. Was ge=
schehen sollte, ist Anregungen aufzugrei=
fen und zu verwerten, aber auch aus den
Fehlern und den sich ergebenden Schwierigkeiten zu lernen.

3.) Das deutsche Projekt (RCFP) soll sich nicht
auf ein Schuljahr beschränken, sondern
Einheiten für alle Schulstufen bearbeiten,
wie es ja auch für das HSGP gefordert und
geplant ist, da eine Konzentration auf
ein Leitthema andere wichtige raum- und
gesellschaftswissenschaftliche Aspekte,
auch wenn sie natürlich irgendwie integ=
riert sind, zu kurz kommen läßt. ENGEL
folgert, daß eine größere Themenstreuung
fachdidaktischen und überfachlichen An=
sprüchen mehr gerecht wird. So soll das
RCFP von Anfang an viel offener sein und
sich nicht nur auf das Thema "Geographie
im Stadtzeitalter" beschränken.

4.) Die raumwissenschaftliche Themenbildung
darf regional nicht so eng gefaßt sein
wie im HSGP; die erdumspannenden Beispie=
le und vor allem Global-Einheiten sollten
stärker vertreten sein.

5.) Die Unterrichtsmaterialien dürfen nicht zu
aufwendig und kostspielig sein; es muß
mehr Wert auf Anregungen zur Entwicklung
eigener Unterrichtsmaterialien durch Schü=
lergruppen und für jeweilige örtliche Ver=
hältnisse gelegt werden.

6.) Anstelle der leicht zu korrigierenden
Tests, wie sie im HSGP verwendet werden,
sollten mehr Aufgaben mit offener Frage=
stellung gegeben werden.

Grundsätzlich aber erhebt sich eine wichtige
Frage: Sollen die Schüler hauptsächlich Er=
kenntnisse über sozialräumliche Prozesse ver=
mittelt bekommen (was lange in Kreisen der
deutschen Geographiereformer als in erster
Linie wichtig propagiert wurde und noch wird),
oder sollen sie im Sinne des "E n t d e k =
k e n d e n   L e r n e n s", des "E n t =
s c h e i d u n g s l e r n e n s" künftige
räumliche Lebensansprüche   p l a n e n ler=
nen, das heißt entsprechende Entscheidungen
suchen und fällen können ?

ENGEL fordert, daß auch die deutsche Schulgeo=
graphie das vorausschauende Denken und Handeln,
das immer auch die Information über das Gewor=
dene und über das zur Zeit Seiende einschließt,
zur bindenden Leitidee machen soll (ENGEL
1974, S. 172).

Dem kann wohl auch für die österreichische
Schulgeographie zugestimmt werden, allerdings
ist bei uns noch ein weiterer Weg dahin als
in der BRD.

Was nun die praktischen Beispiele des HSGP be=
trifft, so erscheinen diese für europäische
Verhältnisse, in Hinblick auf die völlig ver=
schiedene Situation, zumeist nicht relevant.
Dies ist wiederum nur von untergeordneter Be=
deutung, da bei der Verwendung der Beispiele
für unseren Raum nur die Prämissen und Daten
auf den europäischen Hintergrund bezogen wer=
den müßten. In einem auf österreichische Ver=
hältnisse bezogenen agrarwirtschaftlichen
Rollenspiel (analog dem *"Game of Farming"*)
könnte man sich z.B. den Farmer von Kansas
durch einen Bauern im Weinviertel ersetzt den=
ken, oder das im Kapitel *"Migrants to the
City"* angeschnittene Negerproblem durch das
in unserem Raum aktuelle Gastarbeiterproblem.

11. Zusammenfassung und Ausblick

Zusammenfassend kann das amerikanische High
School Geography Project (HSGP) als   b e i =
s p i e l g e b e n d e   P i o n i e r t a t
in der Reform des Geographieunterrichtes und

als wertvoller Anstoß für die Überprüfung der traditionellen Ausrichtung der Geographie an unseren Schulen bezeichnet werden. Es gibt, wie auch auf den Deutschen Geographentagen in Erlangen und Kassel erwähnt wurde, wichtige Anregungen in Hinblick auf die Zusammenarbeit von geographischer Fachwissenschaft (Hochschulgeographie) und Lernforschung mit Schulpraxis und Lehrerfortbildung und schafft durch seine vorzügliche Organisation die Möglichkeit, aktuelle wissenschaftliche Forschung ohne langen Zeitverlust in die Schule zu übertragen. Man scheut sich nicht, an Begriffe wie *Lokalisation, Innovation, Diffusion, Interaktion, Set, Netz* etc. ... , die man für unumgänglich zur Aufhellung der "Organisation" der Ordnung und der Zusammenhänge auf der Erde hält, heranzuführen (STEINLEIN-KREIBICH 1969).

Auch bei uns in Österreich wird eine grundlegende Reform des Geographieunterrichtes n i c h t durch kurzfristige Verbesserungen, sondern nur durch ein wissenschaftlich fundiertes, getestetes und l a n g f r i s t i g e s   P l a n u n g s p r o g r a m m zu erreichen sein. Dieses zu erstellen wird aber nur möglich sein *"bei einer anhaltenden, zu gegenseitigem Verständnis bereiten Zusammenarbeit zwischen Hochschul- und Schulgeographie* (ENGEL 1969), denn die in der Schulpraxis gemachten Erfahrungen sind genauso wichtig wie die wissenschaftlichen Erkenntnisse von Hochschulpädagogik, Fachdidaktik und Fachwissenschaft. Zu alledem müßte die bei uns noch in den Kinderschuhen steckende Unterrichtsforschung auf eine breitere Basis gestellt werden.

Das HSGP selbst zeigt mit den hinter der *"conceptual geography"* stehenden Zielen und den beispielgebenden, neuartigen, aufeinander abgestimmten Unterrichtsmaterialien und Lernstrategien (dem *programmartigen Gefüge*, dem *Multimedia-Verbund*, dem *forschungsorientierten Entscheidungslernen*, der *Identifikations- und Simulationsmethode* mit ihren *Rollenspielen*) die Richtung zu einer " N E U E N   S C H U L G E O G R A P H I E " auch bei uns in Österreich auf, die imstande ist, den Kernsatz J. BRUNERS (1966, S. 72) *"k n o w i n g   i s   a   p r o c e s s,   n o t   a   p r o d u c t"* zu realisieren.

Beispielgebend ist weiters die klare Absage an die herkömmliche, länderkundliche Zielsetzung des Geographieunterrichts.

Durch das alles steht das HSGP, wie es GEIPEL 1971 in einem Diskussionsbeitrag [31] sehr treffend formulierte,*"auf jener fachdidaktisch so fruchtbaren Ebene,... in der es gelingt, pädagogische Situationen zu schaffen, in denen Geographisches optimal begriffen werden kann und bei effektivsten Lernsituationen die höchste Schülermotivation erfolgt!"*

Es stellt daher, um mit ENGEL (1974, S. 170) zu sprechen, *"eine pädagogische Neuerung dar, die die Kraft der Selbstentfaltung und der Selbstverbreitung in sich trägt"*. Seine stimulierende Wirkung hat bereits die deutsche Schulgeographie erfaßt und dort den Aufbau eines ähnlichen Projektes initiiert (Raumwissenschaftliches Curriculumforschungsprojekt RCFP); - es ist nur zu hoffen, daß diese völlig neuartige Konzeption eines Geographieunterrichts auch in Österreich bald stärker bekannt wird und als Beitrag dazu soll dieser Aufsatz verstanden sein.

LITERATUR

AQUARIUS. An Urban Water Resources Planning Project. Curriculum Development Fund, Department of Geography, Clark University, Worchester, Massachusetts, 1972.

BINDER-JOHNSON, Hildegard: Geographie als Sozialkunde an den Schulen der Vereinigten Staaten. In: Geographische Rundschau 15,1963, S. 251 - 260.

BINDER-JOHNSON, Hildegard: Das High School Geography Project und die Erziehungskommission der amerikanischen Berufsgeographen. In: Verhandlungen zum 38. Deutschen Geographentag, Erlangen 1971, Tagungsbericht und wisenschaftliche Abhandlungen, Franz Steiner Verlag, Wiesbaden 1972, S.

BRUNER, Jerome: Toward a Theory of Instruction. Cambridge, Massachusetts, 1966.

---

[31] auf der Studientagung Tutzing 1971. Zitiert in dem von R. GEIPEL herausgegebenen Sonderheft 1 zur Zeitschrift: "Der Erdkundeunterricht": Wege zu veränderten Bildungszielen im Schulfach Erdkunde. Klett, Stuttgart 1971.

CRISP, J.A.: New Approaches to Teaching Geographie. In: Geography 53, 1968, S. 11 - 17.

DEWEY, John: Demokratie und Erziehung. 1915, dt. v. E. Hylla, 3.Aufl. Braunschweig 1964.

ENGEL, Joachim: Das Verhältnis von Social Studies und Erdkunde in den Schulen der USA. Fachprinzipielle Überlegungen im Zusammenhang mit dem Unterrichtsforschungsvorhaben "High School Geography Project". In: Die Deutsche Schule 61, 1969, Heft 5, S. 294 - 306.
Nachdruck in: DREISSIG TEXTE ZUR DIDAKTIK DER GEOGRAPHIE, hrsg. v. A. Schultze. Westermann Taschenbuch, Braunschweig 1971, S. 140 - 157.

ENGEL, Joachim: Prospektive Bildungstendenzen im Schulwesen der USA. In: Pädagogik und Schule in Ost und West 18, 1970, Heft 10, S. 231 - 239.

ENGEL, Joachim: Grundzüge des amerikanischen "High School Geography Project" (HSGP). In: WEGE ZU VERÄNDERTEN BILDUNGSZIELEN IM SCHULFACH ERDKUNDE, hrsg. v. R. Geipel. Der Erdkundeunterricht, Sonderheft 1, Klett, Stuttgart 1971, S. 118 - 137.

ENGEL, Joachim: Das "High School Geography Project" - ein Modell für ein deutsches Forschungsprojekt. In: Verhandlungen zum 39. Deutschen Geographentag, Kassel 1973, Tagungsbericht und wissenschaftliche Abhandlungen, Franz Steiner Verlag, Wiesbaden 1974, S. 170 - 180.

EVERSON, J.: Some Aspects of Teaching Geography through Fieldwork. In: Geography 53, 1968, S. 64 - 73.

FITZGERALD, B.P.: The American "High School Geography Project" and its Implications for Geography Teaching in Britain. In: Geography 54, 1969, S. 56 - 63.

GEIPEL, Robert: Erdkunde an einer Wendemarke. In: Blätter für Lehrerfortbildung "Das Seminar" 22, 1970, Heft 12, S. 441 - 444.

GOULD, Peter R.: The Open Geographic Curriculum. In: DIRECTIONS INGEOGRAPHY, hrsg v. Richard R. Chorley. London 1973, S. 253 - 284.

GRAVES, N.J.: The High School Geography Project of the Association of American Geographers. In: Geography 53, 1968, S. 68 - 73.
Nachdruck in: DREISSIG TEXTE ZUR DIDAKTIK DER GEOGRAPHIE, hrsg. v. A. Schultze. Westermann Taschenbuch, Braunschweig 1971, S. 132 - 139.

HAUSMANN, Wolfram: Neue Gesichtspunkte und Strömungen im Geographieunterricht in der Bundesrepublik Deutschland. In: Mitteilungen der Österreichischen Geographischen Gesellschaft 114, Wien 1972, Heft I/II, S. 155 - 174.

HELBURN, N.: Improving Communication between the Teacher and the Geographer: The Role of the High School Geography Project. In: Journal of Geography 1965, S. 149 ff.

HELBURN, N.: The Educational Objectives of High School Geography. In: Journal of Geography 67, 1968, S. 271 - 281.

HERMANN, G.: Learning by Discovery: A Critical Review of Studies. In: Journal of Experimental Education 38, 1969, Heft 1, S. 58 - 72.

HIGH SCHOOL GEOGRAPHY PROJECT: GEOGRAPHY IN AN URBAN AGE. Unit 1 - 6. Hrsg. v. d. Association of the American Geographers, Macmillan, New York - Toronto - London 1965 ff.

INVESTIGATING THE EARTH: EARTH SCIENCE CURRICULUM PROJECT. Boston 1967.

JOHNSON, Brian: The Use of Theoretical Models in Geography Training. In: Geography 53, 1968.

MARSH, Colin: The Rationale Behind H.S.G.P. - An Outsiders Interpretation. In: Journal of Geography 72, 1973, Heft 5, S. 37 - 40.

McNEE, Robert B.: Settlement Theme Course Outline. Steering Committee of the HSGP, o.O., 1966.

McNEE, Robert B.: Does Geography have a Structure ? Can it be "Discovered" ? The Case of the High School Geography Project. In: DIRECTIONS IN GEOGRAPHY, hrsg. v. Richard R. Chorley, London 1973, S. 285 - 313.

PATTISON, W.D.: Changing Attitudes and the High School Geography Project. In: Geography 53, 1968, S. 218 - 221.

PATTON, D.J.(Hrsg.): From Geographic Discipline to Inquiring Student, Final Report on the High School Geography Project. Washington 1970, 102 S.

SCHULTZE, A.: Neue Inhalte, neue Methoden? Operationalisierung des Geographieunterrichts. In: Verhandlungen zum 38. Deutschen Geographentag, Erlangen 1971, Tagungsbericht und wissenschaftliche Abhandlungen, Franz Steiner Verlag, Wiesbaden 1972, S. 193 - 205.

SELECTED CLASSROOM EXPERIENCES: THE HIGH SCHOOL GEOGRAPHY PROJECT, hrsg. v. Clyde F. Kohn. Geographic Education Series No. 4, National Council for Geographic Education, Normal, Illinois 1964.

SENESH, L.: Fundamental Ideas in Geography. In: Geography 55, 1968.

STEINLEIN, Barbara - KREIBICH, Volker: Wie erneuern wir die Schulgeographie ? Ein Modell: Das "High School Geography Project" in den USA. In: Geographische Rundschau 21, 1969, Heft 6, S. 221 - 226.

WALFORD, R.: Operational Games and Geography Teaching. In: Geography 54, 1969.

WHITE, Gilbert F.: Progress Report of the Joint Committee on Education. In: The Professional Geographer 13, 1961, S. 37 ff.

WHITE, Gilbert F.: Geography in Liberal Education. In: Geography 53, 1968, S. 209 - 217.

Nachtrag:
PULS, W.W.: Der 22. IGU-Kongreß in Montreal und die Schulgeographie. In: Geographische Rundschau 25, 1973, 3, S. 113 - 116.

Situation und Entwicklungstendenzen der Schulgeographie in Großbritannien

Astrid TÜRK

1. Einleitung

Wie schon der vorhergehende Beitrag über das amerikanische "High School Geography Project" gezeigt hat, sind Bestrebungen zur Reform des geographischen Unterrichts kein alleine österreichisches oder mitteleuropäisches Phänomen. Verfolgt man die internationale fachdidaktische Literatur der letzten Jahre, so findet man Diskussionen und erste unterrichtspraktische Ansätze zu einer Neuorientierung unseres Schulfaches in Schweden genauso wie zum Beispiel in Belgien oder den Niederlanden, - ja sogar in Polen.[1]

Sehr weit vorangeschritten in diesem Erneuerungsprozeß ist die Schulgeographie in den USA[2] und in Großbritannien, sodaß J. ENGEL (1974, S.170)[3] mit einem Seitenblick auf die auf T. HÄGERSTRAND zurückgehende Innovationsforschung, diesen sich vor unseren Augen vollziehenden räumlichen Ausbreitungsprozeß gewichtiger neuer fachdidaktischer Ideen als Diffusion einer Innovation auffaßt, die - ausgehend von Boulder/Colorado, dem Gründungsort der ersten Arbeitsgruppen des HSGP[2] - nun weite Teile Europas erfaßt.

Schon allein aus Gründen der sprachlichen Gemeinsamkeit mußte sich die englische Schulgeographie sehr frühzeitig mit den Anregungen dieses Ideenflusses aus den USA auseinandersetzen. Davon ausgehend, aber auch sehr stark eigenständige Entwicklungen verwertend, wurden neue Konzepte des Geographieunterrichts entwickelt, durch die es gelang, dem bereits stark kritisierten Schulfach wieder mehr Anerkennung und eine bessere Stellung im gesamten Fächerrahmen zu verschaffen.

In diesem Beitrag wird nun versucht, einen Überblick über die Situation und wichtige Erneuerungswege der englischen Schulgeographie zu geben. In einem vor kurzem erschienenen Aufsatz in der Geographischen Rundschau[4] befaßt sich bereits E. KROSS mit dem Aufbau des englischen Schulsystems, dem Geographieunterricht von 11 - 15 Jahren und dem Prüfungswesen im englischen Schulsystem, sodaß es möglich ist, in den Kapiteln 2., 3. und 9.1. dieses Beitrages auf seine Ausführungen zurückzugreifen.

2. Der Aufbau des englischen Schulsystems

Durch die weitgehende Dezentralisierung der Entscheidungsbefugnisse konnte sich in Eng-

---

1) vgl. dazu den Beitrag von W.SITTE in diesem Buch, S. 30.
2) vgl. dazu den Beitrag von H.LEITNER in diesem Buch, S. 121 - 144.
3) ENGEL, J.: Das "High School Geography Project"(HSGP), ein Modell für ein deutsches Forschungsprojekt.
Vortrag, gehalten auf dem 39.Deutschen Geographentag 1973 in Kassel; veröffentlicht in: 39.Deutscher Geographentag Kassel, Tagungsbericht und wissenschaftliche Abhandlungen, Wiesbaden 1974, S. 170 - 180.
4) KROSS, E.: Geographie an englischen Sekundarschulen. In: Geogr.Rundschau 25,1973, S. 402 - 408.

land eine große Vielfalt von Schultypen ent=
wickeln. Erst langsam gelang es, diese zu
strukturieren und einige staatlich anerkannte
Abschlußprüfungen einzuführen. Ich möchte mich
hier auf die Besprechung des staatlichen Schul=
wesens beschränken, das ca. 95 % der Schüler
betrifft.

Der formelle Aufbau läßt sich aus *Abb. 1* er=
sehen. Ergänzend kann dazu noch gesagt werden,
daß die Integration der Grundschule sehr man=
gelhaft ist. Die *Grammar Schools* und *Secondary
Modern Schools* sind Reste eines ursprünglich
dreigliedrigen Sekundarschulwesens. Grammar
Schools sollen auf eine akademische Ausbildung
vorbereiten, während Secondary Modern Schools
auf einen berufsbezogenen Abschluß hinzielen.
Die *Comprehensive Schools* entsprechen unge=
fähr unserer Gesamtschule, während die *Middle
Schools* den Übergang vom Unterstufenunterricht
zum Oberstufenunterricht erleichtern sollen.[5]

*Abb. 1: Zum Aufbau des staatlichen Schulsystems
in Großbritannien* (Quelle: KROSS 1973):

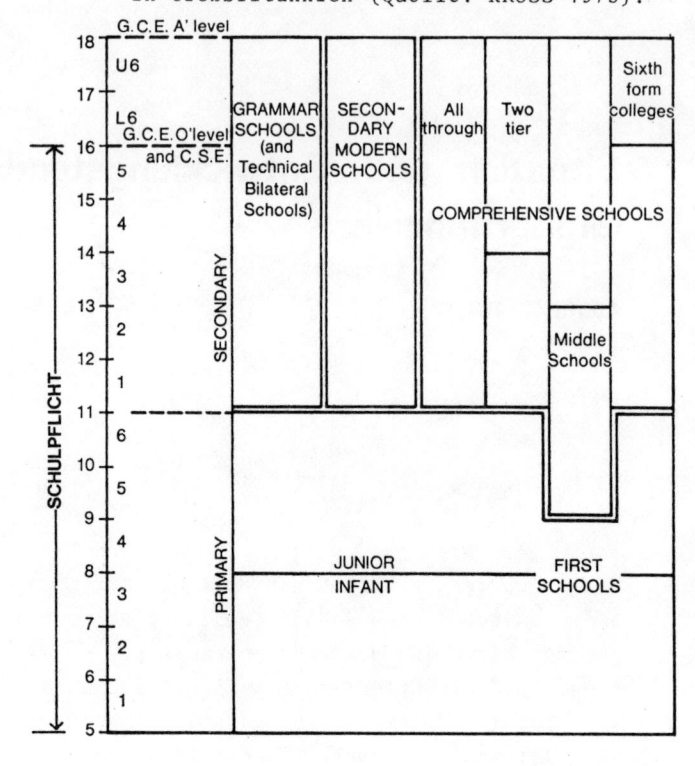

*3. Der Geographieunterricht von 11 bis 15 Jah=
ren*

Es handelt sich dabei um die ersten 5 Schul=
jahre der *Secondary Education*. Das Fach "Geo=
graphie" verfügt in der 1. Klasse über 2 Wo=
chenstunden, in der 2. bis 5. Klasse über 3
bis 4 Wochenstunden, kann aber auch abgewählt
werden.

Es gibt keine verordneten Lehrpläne, wohl aber
drei wesentliche Konzepte, von denen meist ei=
nes für eine bestimmte Schule vorgeschlagen
wird, und für das Unterrichtsziele, Unterrichts=
methoden und -mittel angegeben werden. Eine
Einschränkung der Lehrplanfreiheit ergibt sich
aber auch in vielen Fällen durch die externen
Prüfungen, auf die in Kapitel 9. noch näher
eingegangen wird.

3.1. Das länderkundliche Konzept

Es ist dies das traditionelle Konzept der
Grammar Schools. Die schwächeren Schüler sol=
len sich hierbei auf eine exakte Beschreibung
der Erscheinungen eines Raumes beschränken,
während von den Begabteren auch Begründungen
und Vergleiche herausgearbeitet werden sollen.
Die Stoffverteilung sieht zumeist so aus:[6]

1. Jahr: Einzelbilder aus der Umgebung, dem
   Heimatland und aus Übersee,
2. Jahr: Afrika, Südamerika, Australien,
3. Jahr: Asien, Nordamerika,
4. Jahr: Europa,
5. Jahr: Wiederholung: Die britischen Inseln
   in weltweiten Zusammenhängen.

Ziel dieses Konzeptes ist es, ausgehend von ein=
fach strukturierten zu komplexeren Erscheinun=
gen überzugehen. Dabei werden drei Hauptge=
sichtspunkte hervorgehoben:

---

5) nach KROSS 1973, S. 402.
6) LONG/ROBERSON 1968, S. 272 f. und 289 - 303;
   hier zitiert nach KROSS 1973, S. 403.

Situation und Entwicklungstendenzen der Schulgeographie in Großbritannien

1. Bei der Behandlung von Regionen sollen dominante Züge herausgearbeitet werden, besonders durch die Verwendung von Fallstudien. Die Auswahl der Regionen ist aber variabel.
2. Wechselbeziehungen zwischen den Erscheinungen der Erdoberfläche und den sie bedingenden Geofaktoren sollen als geographische Kategorien erarbeitet werden. Durch den Vergleich von Erscheinungen ähnlicher Struktur und Genese in verschiedenen Räumen soll die länderkundliche Betrachtungsweise in eine allgemein-geographische einmünden.
3. Geographische Arbeitsweisen sollen systematisch eingeübt werden; - besonders die Kartenarbeit, sowie die Anfertigung von Skizzen und Blockdiagrammen sind vorrangig.

3.2. Das konzentrische Konzept

Es ist vor allem für schwächere Schüler gedacht und wird in erster Linie an den Secondary Modern Schools verwendet. Man geht bei der Behandlung der jeweiligen Themen vom Bekannten zum Unbekannten vor und sucht gewöhnlich in der unmittelbaren Schulumgebung einen Einstieg. Der Schwerpunkt liegt dabei auf der Beschreibung von Sachverhalten.

Beispiel für eine mögliche Stoffverteilung:[7]

1. Jahr: Brot, Berge, Eis, Welthandelswege, Fleisch, Früchte
2. Jahr: Baumwolle, Täler, Gummi, Molkereiprodukte, Holz, Fisch
3. Jahr: Kohle, Zucker, Wolle, Seen, Winde und Niederschläge, Häfen und ihr Hinterland
4. Jahr: Eisen und Stahl, Wüsten, Öl, Getränke, Verkehrswege, Bevölkerung
5. Jahr: Wiederholung als Vorbereitung auf das Examen.

Durch die Lösung vom länderkundlichen Kontinuum ist man bei der Themenwahl sehr beweglich. In Hinblick auf den frühen Eintritt dieser Schüler in die Berufswelt werden wirtschaftsgeographische Themen bevorzugt. Durch eine regionale Verankerung der Themen soll den Schülern auch ein Überblick über die Erde ermöglicht werden.

3.3. Das systematische oder thematische Konzept

Die systematische Betrachtungsweise wurde von der englischen Schulgeographie schon früh akzeptiert und didaktisch aufbereitet. Für die Stoffverteilung gibt es verschiedene Varianten, so zum Beispiel nach dem Vorschlag von LONG/ROBERSON (1968, S.270):

1. Jahr: Nahrungsmittel, Kleidung und Wohnung
2. Jahr: Verkehr und Handel
3. Jahr: Energie und Industrie
4. Jahr: Weltprobleme
5. Jahr: Wiederholung.

oder von GRAVES (1971, S.61):[8]

1. Jahr: Lebensformen des Menschen
2. Jahr: Geomorphologie
3. Jahr: Klima- und Pflanzengeographie
4. Jahr: Wirtschaftsgeographie
5. Jahr: Regionale Synthesen.

Auch dieses Konzept (wie das konzentrische) ist sehr anpassungsfähig an die jeweilige Schulsituation.

Zusammenfassend meint KROSS (1973, S. 403), daß in der Praxis zumeist Mischtypen vorkommen, wobei die Varianten vom Interesse und Niveau der Schüler abhängen. Obwohl das länderkundliche Konzept in England noch nicht prinzipiell in Frage gestellt wurde, wächst das Unbehagen und es werden doch immer mehr negative Stimmen laut.[9] Die Begründungen lauten:

1. Das länderkundliche Konzept sei nicht in der Lage, Beziehungen zwischen geographischen Erscheinungen zu formulieren, sondern verleite zum Determinismus.
2. Durch die häufigen Beschreibungen in schematischer Art verführe es zu einer enzyklopädischen Anhäufung von Fakten.
3. Es schule die geographischen Arbeitsweisen zu wenig.

---

7) nach BRIAULT/SHAVE 1966, S. 42 - 46; hier zitiert nach KROSS 1973, S. 403.
8) beide hier zitiert nach KROSS 1973, S. 403.
9) vgl. dazu etwa: WALFORD, R.: Lernspiele im Erdkundeunterricht. In: Der Erdkundeunterricht 14, Stuttgart 1972. Dte. Übersetzung aus dem Englischen.

4. Es bevorzuge die Betrachtung der physio=
geographischen Geofaktoren und ermögliche
so kaum eine Synthese.

*4. Allgemeine und spezielle Zielsetzungen der
derzeitigen englischen Schulgeographie*

Die Formulierung der Zielvorstellungen des
englischen Geographieunterrichts ist leider
nur sehr allgemein gehalten. Genau ausformu=
lierte Lernziele, wie sie zum Beispiel die
deutsche Schulgeographie in ihren curricularen
Lehrplankonzepten der letzten Zeit kennt, gibt
es in England kaum.

Als allgemeine Zielsetzungen des Geographieun=
terrichts kann man finden:

1. Der Geographieunterricht sollte Informatio=
nen über unsere Welt bieten und damit zu
einem besseren Verständnis ihrer Probleme
beitragen.
2. Er sollte eine Verbindung zwischen den ein=
zelnen Fächern schaffen.
3. Der Schüler sollte im Geographieunterricht
eine synthetische Betrachtungsweise erler=
nen.
4. Durch die Betonung der Beschreibung anderer
Völker und ihrer Lebensweisen sollte der
Schüler mehr Verständnis für diese bekom=
men und toleranter werden.

Ebenso vage wie die Formulierung der Zielvor=
stellungen sind auch die Prinzipien der Themen=
auswahl. Die ausgewählten Themen sollten fol=
genden Anforderungen genüge tun:

1. Der Schüler soll sich dafür begeistern kön=
nen. Das heißt, daß die Themen altersadäquat
in den einzelnen Klassen besprochen werden
sollen.
2. Die Themen sollen von einer gewissen Rele=
vanz für die Schüler sein.
3. Die Themen sollten nach ihrer Behandlung
beim Schüler bestimmte eigene Ideen hinter=
lassen haben. Es sollten ihm dadaurch ge=
wisse Fähigkeiten und Fertigkeiten vermit=
telt werden.

Für die einzelnen Schulstufen werden speziel=
lere Zielsetzungen angegeben, was hier am Bei=
spiel einer 6. Klasse gezeigt werden soll.[10]

1. VORGANGSWEISEN UND TECHNIKEN:
Der Schüler sollte durch den Unterricht
a) einen Atlas benutzen können und seine
Aussagekraft kennen,
b) Pläne und Karten analysieren und lesen
können,
c) einfache Landschaften, Gesteinsarten, Bö=
den und Pflanzen erkennen können,
d) einfache klimatologische Gegebenheiten
kennen,
e) einfache kartographische Darstellungen
machen können,
f) mit Photographien und Luftbildern arbei=
ten und darauf grobe Unterscheidungen
treffen können.

2. PRINZIPIEN UND KONZEPTE:
16-jährigen ist verständlich zu machen:
a) die Rotation der Erde und ihre Effekte,
b) Veränderungen der Erdoberfläche durch
exogene Kräfte,
c) die Entstehung der Landformen und ihre
Einteilung,
d) die Entstehung der Böden und ihre gröb=
sten Beschreibungsmerkmale,
e) die Auswirkungen des Klimas und seine Aus=
prägungen (Vegetationsgürtel),
f) landwirtschaftliche Nutzungsformen und
ihre Voraussetzungen,
g) Industriestandorte und ihre Voraussetzun=
gen,
h) Siedlungsstandorte,
i) Strukturen des Verkehrsnetzes,
j) die Handelsverflechtungen von Häfen,
k) die Voraussetzungen für die wirtschaftli=
che Entwicklung eines bestimmten Gebietes,
l) die Notwendigkeit der Erhaltung der na=
türlichen Reserven,
m) die Probleme des Bevölkerungswachstums,
n) die Spannungen, die durch Bevölkerungs=
wanderungen entstehen.

5. Umstrukturierungen und neue Ziele

*5.1. Leitlinien für eine Umstrukturierung der
Schulgeographie*

Ausgehend von der zunehmenden Unzufriedenheit

Situation und Entwicklungstendenzen der Schulgeographie in Großbritannien

mit den bestehenden Zielsetzungen kam es auch in England - wie in den USA - zu Umstrukturierungsbestrebungen. Die Vorschläge sind vielfältig. Trotzdem ist es möglich, die im wesentlichen in fast allen Konzepten auftretenden fünf großen Leitlinien festzulegen.[11]

1. Die Schulgeographie sollte nicht mehr auf Fakten, sondern auf K o n z e p t e n aufbauen. Das soll nun nicht heißen, daß es bisher keine Konzepte in der Schulgeographie gab, und auch nicht, daß es in Zukunft keine Fakten mehr geben soll. Es sollte lediglich der Schwerpunkt verlagert werden.

2. Außerdem sollte man weg von der regionsweisen Betrachtung hin zu einer s y s t e m a t i s c h e n kommen. Denn wenn zum Beispiel Themen wie 'Stadtwachstum', 'Kaufgewohnheiten' oder 'soziale Segregation' behandelt werden, so nimmt man meist Beispiele aus sehr verschiedenen Regionen und stellt Vergleiche an. Es wäre daher unsinnig, mit dem einen oder anderen Beispiel zu warten bis die entsprechende Region behandelt wird.

3. Es sollten mehr interdisziplinäre Arbeiten durchgeführt werden, denn sehr viele der verwendeten Konzepte und Methoden stammen aus anderen Disziplinen und viele der auftretenden Probleme sind auch nicht rein geographischer Natur, sondern interdisziplinär.

4. An die Stelle qualitativer sollten q u a n t i t a t i v e Aussagen treten. Daraus werden sich vor allem Probleme wegen der neuen Verfahrensweisen ergeben, doch sollten das keine Hindernisse für eine Verbesserung des Geographieunterrichtes sein.

5. Die V e r m i t t l u n g v o n W e r t u r t e i l e n sollte verstärkt werden. Bestimmte Landnutzungsformen zum Beispiel sind Ausdruck eines bestimmten Gesellschaftssystems und sollten aus dieser Sicht auch in der Schule diskutiert werden. Dasselbe gilt für Planungsfragen. Der bisherige Geographieunterricht fragte kaum nach Meinungen der Schüler oder Werturteilen. Die tatsächlichen Probleme der Umweltverschmutzung, Stadterneuerung und Verkehrsstauungen in Städten zum Beispiel, die durch Entscheidungen anderer gesteuert werden, wurden bisher als unwichtig für den Unterricht abgetan. Erst in jüngster Zeit erkennt man die Bedeutung von Werturteilen, ihrer Bewußtmachung und kritischen Durchdringung für die Schule (AMBROSE 1973, S. 80 - 81).

5.2. Neue Ziele

Als Folge dieser Leitlinien einer weitreichenden Umstellung in der Auffassung von Aufgaben und Zielen der Schulgeographie kristallisierte sich in letzter Zeit eine Serie von neuen Zielsetzungen heraus, von denen einige wichtige folgendermaßen charakterisiert werden können:

1. PHYSISCHE GEOGRAPHIE:

Die Physische Geographie soll weder völlig weggelassen noch vernachlässigt, sondern lediglich in moderner Form unterrichtet werden.

Bisher gab es zwei Methoden, Physische Geographie an englischen Sekundarschulen zu unterrichten:[12]
a) Die Physische Geographie wird in einem Ein-Jahres-Kurs angeboten.
b) Die Themen der Physischen Geographie werden innerhalb eines entweder konzentrischen oder länderkundlichen Konzepts im Laufe von drei Jahren angeboten.

Wichtig ist auch, daß der gelehrte Inhalt aus der Physischen Geographie vorwiegend durch die externen Prüfungen bestimmt wird. In ihren

---

10) nach einer Zusammenstellung in der englischen Schulgeographie-Zeitschrift "Geography".

11) vgl. dazu:
AMBROSE, P.J.: New Developments in Geography. In: WALFORD, R.(Hrsg.): New Directions in Geography Teaching. Papers from the 1970 Charney Manor Conference, London 1973, S. 69 - 84.

12) nach: STEVENS, G.: Physical Geography. Aspects and Techniques. In: GRAVES, N.(Hrsg.): New Movements in the Study and Teaching of Geography. London 1972, S. 191 - 198.

Prüfungsformularen wird eine deutliche Separierung von physiogeographischen, human- und regionalgeographischen Fragenkomplexen sichtbar, was verständlicherweise den Bemühungen, den Schülern ein Zusammenwirken der Faktoren zu verdeutlichen, entgegenwirkt. Für die momentane Schulsituation gibt es vier Charakteristika[13]:

1. Einzelne physiogeographische Fragestellungen werden während der gesamten sieben Jahre wiederholt; allerdings mit zunehmender Komplexität.

2. Ein bestimmter Grundstock von Fakten aus der physischen Geographie muß vorgetragen und gekonnt werden.

3. Die Methoden der Lehrer sind aber meist unwissenschaftlich und lediglich auf Beschreibungen und stark vereinfachte Erklärungen konzentriert.

4. Die Feldarbeit nimmt stark zu - von halb- bis ganztägigen Exkursionen in den unteren Klassen bis zu einwöchigen Exkursionen ab der 6. Klasse. Zumeist stehen diese Exkursionen unter dem Leitthema *"Integration der physiogeographischen und humangeographischen Aspekte einer bestimmten Landschaft"*, bleiben aber zumeist bei einer reinen Landschaftsbeschreibung und Erörterung der einfachsten kausalen Zusammenhänge stecken.

So stellt auch STEVENS (1972, S.196f.) fest, daß es die Schwäche der derzeitigen physischen Geographie sei, daß sie "momentan in der Schule nicht viel mehr als eine Anhäufung von Fakten und eine einfache Erklärung der Naturerscheinungen biete".

Eine Lösung dieses Problems stellt man sich so vor:

a. Anstatt sich von der immer größer werdenden Flut neuer Informationen verschlingen zu lassen, sollte man lieber die M e t h o d e n statt der Fakten und die I d e e n d e r S c h ü l e r anstatt ihres Erinnerungsvermögens fördern.

b. Die Lehrer sollten neues Material in die Hand bekommen, damit sie ihren Unterricht nicht nach längst überholten Lehrbüchern gestalten müssen.

c. Bei den externen Prüfungen sollte das Schwergewicht bei der Auswahl der Fragen auf die Beobachtungsgabe und Urteilsfähigkeit der Schüler gelegt werden.

Die Arbeiten in dieser Hinsicht haben bereits begonnen. Für die 6. Klasse gibt es bereits ein entsprechendes Curriculum, während für die niedrigeren Schulstufen noch daran gearbeitet wird. Es werden aber auch dort bereits neue wissenschaftliche Methoden verstärkt verwendet. Als großes Positivum ist die nahezu überall eingeführte Feldarbeit anzusehen.

2. HUMANGEOGRAPHIE:

Die Humangeographie soll in angemessener Form berücksichtigt werden. Das betrifft besonders die Stadtgeographie.[14]

Die Gründe für die starke Vernachlässigung der Stadtgeographie in der Schule liegen zunächst vor allem bei den mit stadtgeographischen Fragestellungen nur spärlich ausgestatteten Lehrbüchern. Erst während der letzten zehn Jahre wurde versucht, diesen Rückstand aufzuholen. Texte mit stadtgeographischen Fragestellungen und Programme für Feldarbeiten im Umland von Städten wurden entwickelt.

Ein weiterer - sehr entscheidender - Grund für die geringe Bedeutung der Stadtgeographie in der Schule ist in den bereits besprochenen traditionellen Lernzielen der englischen Schulgeographie zu suchen. Es war in den Augen vieler wesentlich einfacher für den Lehrer, aber auch leichter verständlich für den Schüler, geographische Grundkenntnisse anhand einfach strukturierter Räume zu veranschaulichen. Soweit man sich mit Städten befaßte, beschränkte man sich auf die Diskussion der mehr oder weniger günstigen Lage der jeweiligen Stadt oder verfolgte ihre Handelsfunktion im Laufe der Geschichte, bzw. die Industriebetriebe. Es

---

13) nach STEVENS 1972, S. 191 - 192.

14) vgl. dazu: STORM, M.: Urban Geography. Aspects and Techniques. In: GRAVES, N.(Hrsg.): New Movements in the Study and Teaching of Geography. London 1972, S. 199 - 210.

wurden zwar Absolutzahlen über Beschäftigte und sonstige Daten angegeben, jedoch kein Wert auf Relativwerte gelegt, sodaß Vergleiche unmöglich waren.

Die moderne Schulgeographie will nun versuchen, den Schülern Gruppierungen von Städten, Systeme von Städten vor Augen zu führen, diese Städte zu klassifizieren, eine Hierarchie der Städte zu veranschaulichen und zum Beispiel das Konzept der zentralen Orte deutlich zu machen. Bei all diesen neuen Ansätzen sollte aber der vergleichende Charakter gewahrt bleiben. Außerdem muß sich der Lehrer bewußt sein, daß er gerade in Fragen der Stadtgeographie sehr viel an Werturteilen in den Unterricht hineinnehmen, sowie Konflikte und Spannungen zwischen einzelnen Interessengruppen aufzeigen muß.

Zusammenfassend kann zu den neuen Zielen der englischen Schulgeographie gesagt werden, daß die gegenwärtige Curriculumsarbeit kein einheitliches Gesamtcurriculum anstrebt - weder für ein bestimmtes Fach, noch für einen bestimmten Schultyp.

6. Neue Methoden der englischen Schulgeographie

Entscheidend für die Entwicklung und Verwendung neuer Methoden im Geographieunterricht war das Bestreben, die immer größer werdende Kluft zwischen Wissenschaft und Schule zu verkleinern. Man versucht daher, bereits in der Schule einfache quantitative Methoden einzuführen, die A b s t r a k t i o n s f ä h i g k e i t der Schüler durch die Verwendung einfacher theoretischer Modelle zu entwickeln, sowie ihre E n t s c h e i d u n g s f ä h i g k e i t zu schulen.

6.1. Quantitative Methoden[15]

In England werden in den Mittelschulen schon oft Methoden verwendet, die bei uns erst langsam an den Universitäten Eingang finden. So ist die Anwendung von *Korrelations-* und *Regressionsrechnungen* bereits sehr weit verbreitet, ebenso wie die *Multivarianzanalyse*. Weiters kommt der Verwendung von *Netzwerkanalysen* im Geographieunterricht für Themen, bei denen der Zusammenhang zwischen Raum und physischen und humangeographischen Erscheinungen gezeigt werden soll, große Bedeutung zu. Sie werden außerdem besonders zur Behandlung von Stadtplanungsfragen eingesetzt.

Ziel aller angeführten Methoden ist es, nicht nur eine momentane Situation zu veranschaulichen, sondern eventuell auftretende Veränderungen bestimmter Erscheinungen sowie Anomalien aufzuzeigen und daraus wieder Hypothesen abzuleiten.

6.2. Theoretische Modelle[16]

Seit der Veröffentlichung der Werke von CHORLEY und HAGGETT zu diesem Thema[17] konzentriert man sich mehr und mehr auf das Studium und die Anwendung solcher theoretischer Modelle auch im Schulunterricht. Da der Begriff der "regionalen Einheit" immer undeutlicher wird und Regionsdefinitionen sehr problematisch und komplex sind, scheint es sinnvoller, Modelle zu verwenden, anhand derer man auch Abweichungen von einer Norm feststellen kann. Diese Erkenntnisse fanden auch in der Schulgeographie bald Eingang, da einige Lehrer ohnehin mit dem bestehenden Lehrplan unzufrieden waren, weil er erstens seine Schwerpunkte auf eine Behandlung der gesamten Welt legte und zweitens die regions- oder landschaftsweise Abhandlung in den Vordergrund stellte, - und zwar schon in Klassen, in denen eine sinnvolle Synthese von den Schülern noch nicht erwartet werden konnte, weil ihnen die nötigen Grundkenntnisse fehlten. Dazu kam noch das Problem der sich mehr und mehr häufenden neuen Informationen.

---

15) nach: AMBROSE, P.J. 1973, S. 75f.

16) vgl.dazu: WALFORD, R.: Games and Simulations. In: GRAVES, R. (Hrsg.): New Movements in the Study and Teaching of Geography. London 1972, S. 154 - 170.
WALFORD, R.: Models, Simulations and Games. In: WALFORD, R.(Hrsg.): New Directions in Geography Teaching. London 1973,S.95-106.

17) v.a. CHORLEY,R. - P.HAGGETT: Models in Geography. London 1967.

Zwar braucht auch der moderne Geographieunterricht ein Gerüst aus Fakten, der Schwerpunkt sollte jedoch im Erkennen von grundlegenden geographischen Konzepten und Ideen liegen.

6.3. Simulationstechniken und Lernspiele

Diese Methoden sind für viele Lehrer bereits zu einem normalen Bestandteil ihres Unterrichts geworden. 1971 waren schon ungefähr dreißig bis vierzig Lern- und Simulationsspiele für den Schulgebrauch publiziert, eine große Reihe von anderen wird momentan entwickelt. Die Diskussion darüber konzentriert sich gar nicht mehr darauf, ob diese neuen Methoden gerechtfertigt sind oder nicht, sondern lediglich darauf, wie man sie am besten in den Lehrplan einbauen könnte.

Die Grundidee der Simulation als Methode ist es, die Schüler zu veranlassen, sich in die Lage anderer zu versetzen und ein Problem von deren Gesichtspunkt aus zu lösen. Dadurch wird dem Schüler vor Augen geführt, wann unter welchen Bedingungen welche Entscheidungen fallen können.

Es gibt verschiedene Arten der Simulation, die entsprechend den Zielsetzungen des Lehrers und der Verständnisfähigkeit der Schüler wechselweise eingesetzt werden können[18]:

6.3.1. Rollenspiele

Es ist dies eine sehr einfache Methode, die in niederen Klassen vor allem darauf abzielt, die Kinder zu aktivieren. Sie kann aber auch in höheren Klassen verwendet werden, wobei eben dann schwierigere Themen gewählt werden müssen.

Beispiel aus einer 6. Klasse zum Thema: *'Problem der Straßenerweiterung im Altstadtgebiet'*: Die Schüler erhalten eine bestimmte Rolle zugeteilt und bekommen eine kurze Biographie desjenigen, dessen Rolle sie spielen, um sich in seine Lage versetzen zu können. Danach erhalten sie noch relevante statistische Daten und Kartenmaterial zur Diskussion. Das jeweilige Problem soll durch Diskussion und Schließen von Kompromissen gelöst werden.

Eine Reihe solcher Spiele wurde in den Schulen bereits mit großem Erfolg verwendet - einige auch als Fernsehserie. Sie dienen allgemein als Ausgangspunkt und Einstieg für weitere Arbeit an einer bestimmten Fragestellung.

6.3.2. Operational Games

Der Unterschied zu den Rollenspielen liegt darin, daß bei den "Operational Games" im Laufe des Spiels zusätzliche, unvorhergesehene "Hindernisse und Schwierigkeiten" auftreten, die von den Schülern ebenfalls berücksichtigt werden müssen und auf ihre Handlungsaktivitäten, Entscheidungsfindung und Diskussionsweise einwirken. Diese Methode wird meist mit Schülergruppen durchgeführt.

Beispiel zum Thema *'Fischerei'*: Zwei Gruppen von Schülern stellen Fischermannschaften dar, die die optimalen Fischgründe finden sollen. Sie erhalten genaue Angaben über ihr Schiff (Kapazität, Ausrüstung etc.) und eine Karte mit den Fischgründen der Umgebung. Nun sollen die Mannschaften mit Hilfe von Wetterdaten die für sie optimale Route zu den für sie günstigsten Fischgründen festlegen. Daneben werden noch "unvorhergesehene Zwischenfälle" simuliert, um das Spiel eindrucksvoller und realistischer zu gestalten.

6.3.3. Mathematische Modelle

Auch diese Modelle stellen Situationen des alltäglichen Lebens dar, jedoch ohne Rollenspiel, sondern unter Verwendung von Wahrscheinlichkeitsfaktoren (Tafeln dafür werden den Schülern ausgehändigt). Sie können auch für physiogeographische Themenstellungen verwendet werden,

---

18) nach WALFORD 1972, Games and Simulations...

weil sie eher praktisch anwendbar sein müssen als persönliches Engagement verlangen. Sie veranschaulichen nicht kurzzeitliche Situationen, sondern langzeitliche Trends. Ein Beispiel zum Thema 'Stadtentwicklungsmodell': Die betreffende Stadt wird dabei in bestimmte Areale, die meist nach ihrer Wohnattraktivität beurteilt werden, eingeteilt. Dann sollen mit Hilfe von Zufälligkeitsfaktoren Hypothesen aufgestellt werden, wie sich die Stadt voraussichtlich entwickeln wird und warum.

6.3.4. Individuelle Übungen[19]

Hier werden Modelle verwendet, bei denen jeder einzelne Schüler in einer bestimmten Situation seine persönliche Entscheidung über simulierte Vorgänge treffen muß. Diese Entscheidung muß er dann mit den Entscheidungen der anderen Schüler vergleichen und sie begründen. Es ist dies eine sehr einprägsame Methode, weil sich der Schüler sehr lange und eingehend mit seinem Problem befassen muß.

Beispiel zum Thema 'Lage von Städten': Jeder Schüler erhält eine Anzahl von topographischen Karten und dazu Vorschläge über die verschiedenen Ansiedlungsmöglichkeiten einer Stadt. Er soll sie unter Berücksichtigung einiger historischer Daten beurteilen und eine persönliche Entscheidung über die günstigste Stadtanlage treffen. Diese Entscheidung muß er seinen Kollegen gegenüber begründen und verteidigen können.

7. Die Bedeutung der Feldarbeit für die Schulgeographie

7.1. Theoretische Ansätze

Obwohl mit der Organisation sinnvoller Feldarbeit sehr viel Zeit und Mühe verbunden ist, bemühen sich laufend immer mehr englische Schulen, ihre Schüler für einige Tage ins "Gelände" zu schicken. Für den Lehrer existieren diesbezüglich bereits sehr gute Anleitungen, in denen geeignete Orte für bestimmte Themen angegeben sind.

Bei der Formulierung der Lernziele einer solchen Feldarbeit gibt es nun zwei Ansätze[20]:

1.) Der traditionelle englische Ansatz, der "Feldarbeit", "Feldstudium" oder "Feldlehrgang" genannt wird. Dabei hat der Lehrer eine führende Rolle, indem er vorbereitetes Material lehrt und an praktischen Beispielen zeigt. Er hat dabei folgendes Konzept:

Abb. 2:

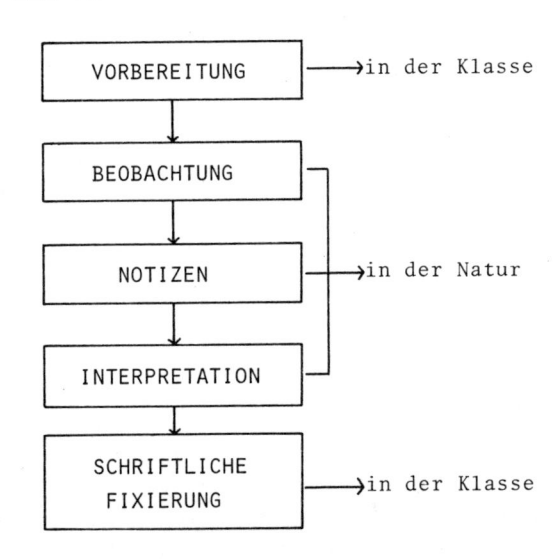

```
┌─────────────────┐
│  VORBEREITUNG   │──────→ in der Klasse
└────────┬────────┘
         ↓
┌─────────────────┐
│   BEOBACHTUNG   │──┐
└────────┬────────┘  │
         ↓           │
┌─────────────────┐  ├──→ in der Natur
│     NOTIZEN     │  │
└────────┬────────┘  │
         ↓           │
┌─────────────────┐  │
│ INTERPRETATION  │──┘
└────────┬────────┘
         ↓
┌─────────────────┐
│   SCHRIFTLICHE  │──────→ in der Klasse
│    FIXIERUNG    │
└─────────────────┘
```

Diese Methode soll dem Schüler lediglich einen Anstoß für weitere vertiefte Studien in der Natur bieten.
Lernziel: Der Schüler soll die Landschaft geographisch betrachten lernen. Er soll ein 'Auge' für die Landschaft bekommen.

2.) Der neuere amerikanische Ansatz, der im Gegensatz dazu "Feldforschung" genannt wird. Hier hat der Lehrer folgendes Konzept:

---

19) vgl. dazu: WALFORD 1973, Models, Simulations and Games ..., S. 159.

20) nach EVERSON, J.: Field work in school geography. In: WALFORD, R.(Hrsg.): New Directions in Geography Teaching. London 1973, S. 107 - 114.

Abb. 3:

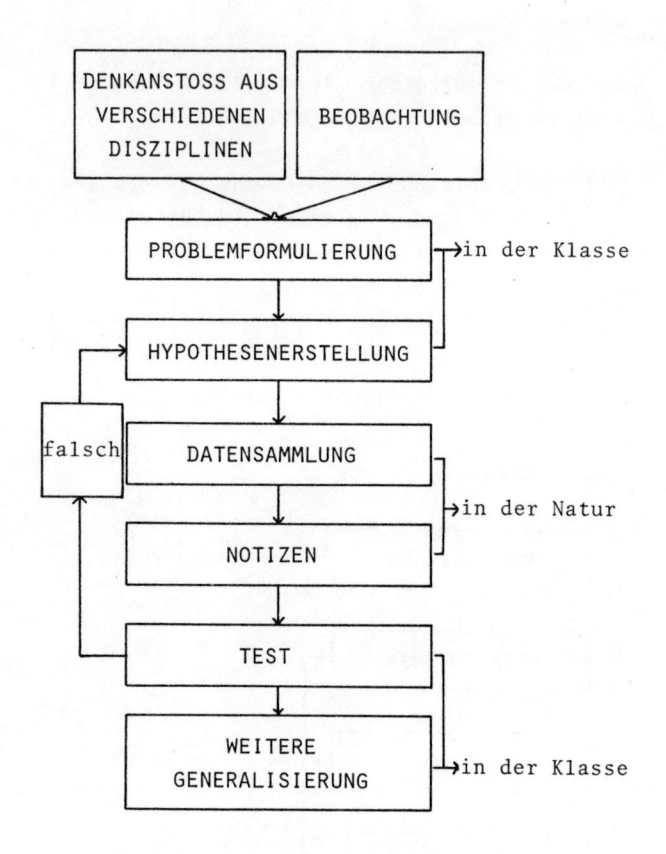

```
┌─────────────────┐  ┌──────────────┐
│ DENKANSTOSS AUS │  │              │
│  VERSCHIEDENEN  │  │ BEOBACHTUNG  │
│   DISZIPLINEN   │  │              │
└────────┬────────┘  └──────┬───────┘
         │                  │
         ▼                  ▼
    ┌─────────────────────────┐
    │   PROBLEMFORMULIERUNG   │──→ in der Klasse
    └───────────┬─────────────┘
                ▼
    ┌─────────────────────────┐
 ┌─▶│   HYPOTHESENERSTELLUNG  │
 │  └───────────┬─────────────┘
 │              ▼
┌──┐ ┌─────────────────────────┐
│fa│ │     DATENSAMMLUNG       │
│ls│ └───────────┬─────────────┘
│ch│             ▼             ├─→ in der Natur
└──┘ ┌─────────────────────────┐
     │        NOTIZEN          │
     └───────────┬─────────────┘
                 ▼
     ┌─────────────────────────┐
     │         TEST            │
     └───────────┬─────────────┘
                 ▼
     ┌─────────────────────────┐
     │        WEITERE          │
     │    GENERALISIERUNG      │──→ in der Klasse
     └─────────────────────────┘
```

Dieser Methode kann entgegengehalten werden, daß sie die Aufmerksamkeit zu sehr auf das Problem und nicht so sehr auf die Landschaft selbst lenkt. Jedoch wird dieses ja ohnehin nicht um seiner selbst willen erörtert, sondern immer mit Bezug auf die Landschaft. Die Feldforschung strebt nach einer S c h l u ß f o l g e r u n g, nicht aber nach Fakteninformation. Außerdem konzentriert sie sich viel stärker auf städtische Gebiete.

Lernziel: Die Landschaft soll nicht nur beobachtet, sondern mit ihren speziellen Problemen erfaßt werden.

7.2. Praktische Durchführung der Feldarbeit am Beispiel der George Green's School Poplar

Die Integration der Feldarbeit in den Lehrplan sieht folgendermaßen aus:[21]

1. J a h r: ein halber Tag in London, ein Tag am Stadtrand von London.

Thema: Beobachtung und Bericht einfacher physiogeographischer und humangeographischer Tatsachen, sowie Anwendung einfacher Techniken.

2. J a h r: ein Tag im 'Darent Valley' oder einem ähnlichen Landschaftstyp, zwei Einzelstunden in London.

Thema: Verfeinerung der Beobachtungen und Techniken in entfernteren Gebieten.

3. J a h r: Hier gibt es zwei Kurse:
  1.Kurs: ein Tag im 'Northern Weald!

  Thema: Vergleich einzelner Landschaften.

  2.Kurs (freiwillig): sechs Tage auf der 'Isle of Wight'.

  Thema: Vertiefte Studien (Kartierungstechnik, Enquetetechnik, Beschaffung statistischer Daten) in einem kleinen, abgegrenzten Gebiet.

4. J a h r: für jene, die die O-level[22] Prüfung machen:
  acht Tage in den 'New Yorks Moores'.

  Thema: Anwendung aller bisher erlernten Techniken bei einer Regionalstudie. Hypothesenaufstellung und Hypothesenprüfung.

5. J a h r: ein Tag in einem Stadtteil Londons, ein Tag in 'Henley on Thames'. Beide Exkursionen sind für O-level Kandidaten gedacht.

  Thema: Detaillierte Studie unter Berücksichtigung möglichst vieler Phänomene, ihrer Interaktionen und Interdependenzen.

6. J a h r: entweder:
  drei bis vier Tage im Halbjahr in ländlichen oder städtischen Gebieten Südostenglands;
  oder:
  eine Woche in einem der Gebiete des 'Field Studies Centre'.

---

21) nach: WILKS, H.C.: Geography Fieldwork. A Continuous and Graded Course. In: Geography 58, Sheffield 1973, S. 387 - 390.
22) siehe dazu: Kap. 9.1.

Thema: Umfassende Studien.

Zusätzlich zu den angegebenen Feldarbeitsprogrammen kommen noch in jedem Jahr einige kleinere Geländearbeiten in der engeren Schulumgebung hinzu.

8. Die Geographie im integrierten Lehrplan

8.1. Zur historischen Entwicklung der Idee eines integrierten Lehrplans

Erste Versuche eines integrierten Lehrplans stammen aus den USA Ende des 19. Jahrhunderts, wobei dieser Lehrplan auf Geschichte, Literatur und Bibelkunde aufgebaut war, während den Naturwissenschaften nur untergeordnete Bedeutung zukam. Die zweiten Versuche in dieser Richtung fanden in den 30-er und 40-er Jahren unseres Jahrhunderts in Form der *Social-Studies-Bewegung* in den Secondary Modern Schools in England statt. Hier stützte man sich auf einen aus Geschichte, Geographie und Staatsbürgerkunde bestehenden Kern. Die neuesten Versuche, einen integrierten Lehrplan zu schaffen, gingen in den späten 50-er Jahren wieder von Amerika aus und wurden von England in der zweiten Hälfte der 60-er Jahre langsam übernommen. Nach NAISH[23] lassen sich in der momentanen Schulsituation aus der Vielfalt der Versuche zu einem integrierten Lehrplan vier Haupttrends erkennen:

1.) Geographie im Rahmen der *'Social Studies'*: Dieser Trend ist noch in einigen Secondary Modern Schools und Comprehensive Schools als Rest des Nachkriegsschemas zu finden. Die Bestrebungen gehen in Richtung einer stärkeren Aufnahme der Sozialwissenschaften in den Lehrplan, da diese zur Zeit stark vernachlässigt werden.

2.) In manchen Primary Schools geht der Trend dahin, in den unteren Klassen die Geographie zunächst einmal integriert zu unterrichten, während sie in den höheren Klassen als eigenes Fach existiert.

3.) Im dritten Trend wird versucht, die Fächer Geographie, Geschichte, Sozialkunde, Staatsbürgerkunde und "Economics" parallel zu unterrichten, damit die Querverbindungen zwischen den Gegenständen deutlicher herausgearbeitet werden können.

4.) Schließlich versucht man auch - unter Auflösung der alten Fächerstruktur - relevantes Material aus den verschiedensten Gegenständen zu einem bestimmten Thema oder einer bestimmten Idee zu sammeln und daraus eine Einheit zu formen.

Ich möchte nun aus der Vielzahl der Versuche drei herausgreifen, die zur Zeit an Londoner Schulen durchgeführt werden:

Walworth School: Diese Schule führt einen *'World Studies Course'* für alle Schüler während der ersten drei Jahre. Die Kernfächer sind Geographie, Geschichte und Englisch.

Thomas Bennett School: Hier werden in der 4. und 5. Klasse Kurse mit Geographie, Geschichte und Social Sciences als Integrationsfächer geführt.

Sheredes School: Seit Eröffnung der Schule im Jahr 1969 werden die Fächer Englisch, Geschichte, Geographie und Religion integriert, wobei der Lehrplan gleich für fünf Jahre ausgearbeitet wurde. In den ersten Klassen werden Themen wie *'Wie der Mensch lebt'*, in der 4. und 5. Klasse aber schon Themen wie *'Verstädterung'* oder *'Die Welt im 20. Jahrhundert'* behandelt.

Die Methoden zur praktischen Durchführung sind mindestens ebenso vielfältig wie die theoretischen Vorschläge für einen integrierten Lehrplan. In den meisten Fällen wird aber Gruppenarbeit bevorzugt.

Zusammenfassend kann gesagt werden, daß über die Verbreitung des integrierten Lehrplans - nach NAISH 1972 - noch sehr wenig bekannt ist. Sicher ist aber, daß immer mehr Schulen damit experimentieren, sobald wieder Ergebnisse über

---

23) NAISH, M.: Geography in the Integrated Curriculum. In: GRAVES, N.(Hrsg.): New Movements in the Study and Teaching of Geography, London 1972, S. 55 - 71.

durchgeführte Versuche bekannt werden.

Die theoretischen Anforderungen eines inte=
grierten Lehrplans lassen sich im wesentlichen
in drei Punkten zusammenfassen:

1. Der Unterricht muß sich nach den Interes=
   sen und Fähigkeiten der Schüler richten,
   was bei der Integration insofern berück=
   sichtigt wird, als man vom Studium engge=
   steckter Probleme ausgeht und langsam das
   Schwierige erschließt. Dabei sollen die
   Schüler zu Verantwortungsbewußtsein erzo=
   gen werden.

2. Ein zweites Hauptanliegen des integrierten
   Lehrplanes liegt in der Forderung nach
   "u m f a s s e n d e m   W i s s e n". Die
   Schüler sollen Probleme und Erscheinungs=
   weisen der Wirklichkeit nicht nach Fächern
   getrennt sehen, sondern so, wie sie wirk=
   lich sind, nämlich sehr vielschichtig.

3. In der Integration liegt auch eine größere
   Chance für die Schüler, beim Lernen ihre
   Intelligenz unter Beweis zu stellen, da
   sie ja meist selbständig oder in flexiblen
   Gruppen arbeiten und selbst Entscheidungen
   treffen müssen, ohne dabei zu sehr vom
   Lehrer beeinflußt zu werden.

Als Grundidee gilt, daß es wichtiger ist, sich
auf das Erlernen von Fähigkeiten und Prinzipien
zu konzentrieren als Fakten anzuhäufen, die ja
ohnehin wieder vergessen werden.

*8.2. Praktisches Beispiel eines Integrations=
kurses*

Als Beispiel sei hier ein Integrationskurs mit
Englisch, Geschichte, Geographie und Sozial=
wissenschaften als Kernfächern mit dem Thema:
*"L e b e n   i n   d e r   I n d u s t r i e =
g e s e l l s c h a f t"* dargestellt.

Es wird dabei ein Industriegebiet ausgewählt
und mit der rein geographischen Beschreibung
des Gebietes an Hand einer Karte begonnen. Da=
bei werden Karten-, Photo- und Luftbildinter=
pretationen durchgeführt und die Verwendung
analytischer Methoden besprochen. Dazu werden

- an bestimmten "Aufhängern" - die Probleme
eines dicht bevölkerten Areals angerissen und
diskutiert.

In einer zweiten Stufe wird dann der Versuch
unternommen, die heutige Situation genauer
mit Hilfe naturgeographischer Grundlagen, wirt=
schaftlicher Faktoren, Industriestandortsüber=
legungen, einer Analyse des Landnutzungsmu=
sters etc. zu erklären.

Die Geschichte würde dann die Daten über die
industrielle und soziale Entwicklung während
des 18., 19. und 20. Jahrhunderts mit ihren
typischen Begleiterscheinungen zu liefern ha=
ben, während für Englisch einige Zeitungsaus=
schnitte über die momentane Situation bespro=
chen und z.B. Werke George ORWELLS über die
Probleme der Arbeiterklasse in Hinblick auf
Industrialisierung und Mechanisierung heran=
gezogen werden könnten.

In einer letzten Stufe kehrt man wieder zum
Kartenmaterial zurück und versucht, die Ver=
bindungen der einzelnen Faktoren, die für die
spezielle Ausprägung des besprochenen Gebietes
entscheidend waren, zu zeigen und Generali=
sierungen abzuleiten.

9. Prüfungen im englischen Schulsystem

9.1. Externe Prüfungen[24]

Es gibt in England zwei anerkannte Abschluß=
prüfungen, die - wie bereits erwähnt wurde[25] -
die Freiheit des Lehrplans durch eine gesamt=
staatliche Anforderungsreglementierung etwas
einschränken.

9.1.1. Das GCE (General Certificate of Education)

Diese Prüfung betrifft nur etwa die obersten
20 Prozent der Leistungspyramide der Schüler.
Es handelt sich um eine Einzelfachprüfung, die
in einen *O - level (Ordinary level)* und einen
A - level (Advanced level) zerfällt.

Situation und Entwicklungstendenzen der Schulgeographie in Großbritannien

GCE O-level:

Diese Prüfung wird im Alter von 16 Jahren und im Durchschnitt über fünf Fächer abgelegt. Die Prüfungsanforderungen - an Hand des *Joint Matriculation Board* für 1971 - lauten folgendermaßen:

1. Grundzüge einer Geographie der Erde - allgemein-geographisch orientiert
2. Regionale Geographie
   a. Britische Inseln
   b. Derzeit politisch und wirtschaftlich wichtige Räume
3. Karteninterpretation

Bei dieser Prüfung wird sehr viel mit Anschauungsmaterial gearbeitet. Kritik an ihr wird insofern laut, weil
a. allein fachwissenschaftliche Gesichtspunkte angesprochen werden,
b. keine vollständige regionale Abdeckung der Erde angestrebt wird,
c. die Fragen geringen Motivationswert für die Schüler haben, weil sie kaum Beziehungen zur konkreten Lebenssituation aufzeigen,
d. die Prüfungsinhalte doch sehr konservativ sind.

Von Vertretern neuer Strömungen in der Schulgeographie wird allerdings Punkt b. durchaus als ein Positivum angesehen, ebenso wie die Einbeziehung elementarwissenschaftlicher Techniken in den Schulunterricht.

GCE A-level:

Diese Prüfung entspricht in etwa unserer Reifeprüfung und wird mit 18 Jahren nach einem zweijährigen Kurs als nächsthöhere Stufe nach der O-level Prüfung abgelegt. Die Kurse selbst sind in Form und Inhalt schon sehr stark an den Anforderungen der Universitäten orientiert.

Die Prüfungsanforderungen am Beispiel des *'Oxford and Cambridge Schools Examination Board'* für 1971:

1. Physische Geographie und Karteninterpretation,
2. Geographische Arbeitsmethoden und Humangeographie,
3. Regionale Geographie, z.B. die Hauptstädte der Südhalbkugel als dominierende Zentren (Besprechung anhand einer besonders genau bearbeiteten Metropole, globale Vergleiche über den "Dominanzgrad" in den einzelnen Staaten und seine Ursachen etc., Suche nach generalisierenden Aussagen).

Zwei allgemeine Richtlinien dieser Prüfung sind:
a. Auf eine detaillierte Kenntnis von Ländern wird kein Wert mehr gelegt. Die Grundlage bilden Gelände- und Fallstudien.
b. Die Fragen sind ausgesprochen fachwissenschaftlich konzipiert.

Der Grund dafür ist wohl der, daß die Prüfungsorganisationen (*'Examination Boards'*) sehr stark mit den Universitäten verbunden sind und Mittelschullehrer in der Minderheit sind.

9.1.2. Das CSE *(Certificate of Secondary Education)*

Damit nicht so viele der Schüler wie früher (ca. 80 Prozent) die Schule ohne Abschluß verlassen müssen, wurde 1963 das CSE als zweite staatlich anerkannte Prüfung eingeführt. Diese ist stärker auf die Beherrschung praktischer Fähigkeiten ausgerichtet.

Prüfungsanforderungen am Beispiel des *'West Midlands Examination Board'* für 1971:

1. Geländearbeit.
2. Zwölf Auswahlfragen, die Karten, Skizzen, Luftbilder, Diagramme etc. bringen und Erläuterungen oder Interpretationen verlangen.
   Z.B. eine Luftaufnahme eines Wasserkraftwerks mit einer Fabrik in der Nähe.
   Fragen:
   - Welche Energie wird hier gewonnen ?
   - Wie unterstützen die Oberflächenformen diese Energiegewinnung ?
   - Welche Vorteile ergeben sich aus der Lage der Fabrik ?
3. Fragen über die ganze Erde mit Hilfe des Atlasses.

---

24) nach KROSS 1973, S. 402 - 408.
25) vgl. dazu Kap. 3.

4. Fragen zu einer Auswahl von besonders bearbeiteten Spezialthemen.

Allgemein kann zu den Prüfungsanforderungen gesagt werden:
a. Die meisten Fragen sind systematisch orientiert. Viele Regionen dienen nur dazu, allgemein-geographische Sachverhalte zu illustrieren.
b. Systematische Studien werden mit der Betrachtung ferner Länder gekoppelt.
c. Geographische Arbeitsmittel werden viel stärker als zum Beispiel bei der GCE-Prüfung als Informationsträger eingesetzt.
d. Die Fragen sind stark untergliedert, sodaß ein komplexer Sachverhalt auch von schwächeren Schülern bewältigt werden kann.

9.2. Prüfungsmethoden

Im Rahmen dieser Ausführungen sollen nur die schriftlichen Prüfungsmethoden in Geographie besprochen werden. Auf diese hat GRAVES 1972[26] genauer hingewiesen und sie ausführlich dargestellt.

9.2.1. Die 'essay-type question'

Es handelt sich dabei um Fragen, die eine umfangreiche, aufsatzartige Beantwortung verlangen, - die also die traditionelle Art zu prüfen darstellen. Die Fragen können leicht zusammengestellt und formuliert werden, sind aber schwierig zu beurteilen, weil der Schüler sehr viel Spielraum bei der Beantwortung der sehr weit gegriffenen Fragen hat. Der Anteil des irrelevanten Antwortmaterials ist meist sehr groß. Außerdem treten beachtliche Differenzen bei der Beurteilung ein- und derselben Frage durch verschiedene Lehrer auf, da sich ja jeder Lehrer eine bestimmte - subjektiv vorgefaßte - Antwort auf die Frage erwartet.

---

26) GRAVES, N.: School Examinations. In: GRAVES, N.(Hrsg.): New Movements in the Study and Teaching of Geography. London 1972, S. 171 - 187.

Die Fragestellung sollte zumindest genau präzisiert werden.

Diese Art, Fragen zu stellen, ist aber nicht mehr sehr häufig, weil sie den Schüler veranlaßt, reines Faktenwissen wiederzugeben, und nicht, wie es in den neuen Zielformulierungen angegeben wird, bestimmte Konzepte praktisch anzuwenden.

Es sollten aber auch Prüfungsfragen vermieden werden, in denen die Bedeutung der verwendeten Begriffe nicht klar zum Ausdruck kommt, sondern vieldeutig aufgefaßt werden kann. Beispiele:

1. "Beurteile die relative Bedeutung der Straßen und Wasserwege in der Verkehrsgeographie Nordwesteuropas."
2. "Welche physischen und anthropogenen Faktoren helfen, die Landwirtschaftsgeographie von Frankreich zu erklären?"
3. "Vergleiche die Geographie zweier großer Seehäfen Nordwesteuropas."

Im ersten Fall ist mit dem Begriff "Verkehrsgeographie" das Verkehrsnetz gemeint, im zweiten Fall meint man mit "Landwirtschaftsgeographie" verschiedene landwirtschaftliche Nutzungsformen, und im dritten Fall soll durch "Geographie" entweder die Lage und Bedeutung der beiden Seehäfen ausgedrückt oder eine - letzlich auf "Ganzheit"abzielende - Strukturanalyse verlangt werden.

Die Antworten der Schüler auf derartige Prüfungsfragen fallen erfahrungsgemäß sehr vage und von Schüler zu Schüler sehr unterschiedlich aus, was wiederum eine objektive Beurteilung durch den Lehrer sehr erschwert. Soweit 'essay-type questions' heute in England überhaupt noch verwendet werden, gibt man den Schülern dazu Informationsmaterialien in die Hand, aus denen durch ihnen bekannte Verfahren Probleme herausgefiltert und gelöst werden sollen.

9.2.2. Die strukturierte Frage

Es ist dies eine modifizierte Form der 'essay-type question'. Dadurch, daß der Prüfer seine

Situation und Entwicklungstendenzen der Schulgeographie in Großbritannien

Fragen aufspaltet, soll auch der Schüler dazu angeleitet werden, sein Wissen und seine Ideen zu organisieren und in sinnvoll geordneter Reihenfolge niederzuschreiben. Diese Methode stellt auch insofern einen Fortschritt gegen= über der 'essay-type question' dar, als das irrelevante Antwortmaterial reduziert und da= mit auch die Beurteilung erleichtert wird. Zusätzlich werden dabei in verstärktem Maße die Fähigkeiten der Schüler im Kartenlesen, in der Verwendung von Statistiken etc. überprüft.

Beispiel einer strukturierten Frage aus dem GCE einer Prüfungskommission in London 1964:

Betrachte die beiden Bilder A (Küste von West-Wales) und B (Moorfoot Hills in Schott= land).
a) Beschreibe die physischen Elemente der Landschaft.
b) Vergleiche die Landnutzung durch den Men= schen.
c) Begründe die geringe Bevölkerungsdichte in einem der beiden Gebiete.

9.2.3. Die objektive Frage

Die Schwierigkeiten, bei den beiden bisher er= wähnten Formen Prüfungsfragen zu beurteilen, führten in Amerika zur Entwicklung der *"objek= tiven Fragestellung"*, wobei sich das "objektiv" auf die Beurteilung bezieht, die in vielen Fällen bereits elektronisch durchgeführt wird. Die Unterschiede in der Beurteilung durch ver= schiedene Lehrer fallen dadurch weg und außer= dem sind diese Fragen meist in sehr kurzer Zeit zu beantworten, sodaß ein größerer Bereich des Lehrstoffes in relativ kurzer Zeit über= prüft werden kann.

Es gibt dabei wieder verschiedene Typen:

1. Fragen, bei denen der Schüler die ihm wahr= scheinlich erscheinende Antwort ankreuzen muß (*multiple - choice type*).
Beispiel: Großbritannien bezieht den Groß= teil des importierten Erdöls aus
   a. Venezuela
   b. USA
   c. Mittlerer Osten
   d. Nordsee
   e. Algerien.

Kreuze das Richtige an ! Diese Frage stammt aus einer CSE-Prüfung.

2. Fragen, bei denen der Schüler lediglich zwischen *"richtig"* und *"nicht richtig"* ent= scheiden muß.
Beispiel: Die Flüsse Maranon, Purus, Madei= ra und Negro haben alle ihren Ursprung au= ßerhalb Brasiliens.
Auch das ist eine CSE-Prüfungsfrage.

3. Fragen, bei denen der Schüler Wörter sinn= voll ergänzen muß.
Beispiel:
Schreibe neben jede der Städte die entspre= chende Industrie oder Funktion der Stadt:

   Liverpool   Chemikalien
   Manchester   Textilien
   Bolton   Inlandhafen
   Port Sunlight   Seifenerzeugung
   Widnes   Zuckerfabrik

Diese Frage hat ebenfalls CSE-Niveau.

4. Fragen, bei denen der Schüler Lücken in ei= nem vorgegebenen Text ergänzen muß.

Wie bereits aus den angeführten Beispielen zu erkennen ist, überprüfen allerdings auch solche Fragen meist nur Faktenwissen. Der Grund liegt darin, daß es weitaus einfacher ist, solche Fragen zusammenzustellen. Trotzdem wurden in letzter Zeit auch schon verstärkt Fragenkomp= lexe aufgestellt, die vom Schüler Kenntnis von Konzepten und Gesetzmäßigkeiten und deren prak= tische Anwendung verlangen.

Beispiel: Bei der Frage muß die wahrscheinlich= ste Antwort unterstrichen werden.

Stadt A liegt nur ca. 50 km östlich von Stadt B. Trotzdem weist A 1500 mm Nieder= schlag im Jahr und B nur 650 mm im selben Zeitraum auf. Die wahrscheinlichste Erklärung dafür ist:
a) A ist an drei Seiten vom Meer umgeben, B nur an zwei.
b) Die Winde vom Meer erreichen B nicht.
c) In der Nähe von B gibt es keine großen Wasserflächen, von denen die Luft die ent= sprechende Feuchtigkeit beziehen könnte.
d) Die Winde wehen von Osten nach Westen.

Diese Art, Prüfungsfragen zu stellen, kann ent= sprechend den Anforderungen sowohl für CSE -

Prüfungen als auch für GCE - Prüfungen verwendet werden. Das Problem liegt derzeit in der leider noch zu geringen Erfahrung mit dieser Art von Prüfungsfragen, obwohl bereits 1923 die ersten Beispiele vorhanden waren. Kritik daran wurde insofern laut, als man zu bedenken gab, daß dem Schüler bei dieser Art zu fragen der Gedanke kommen müsse, daß es auf jede Frage nur eine richtige Antwort gäbe. Tatsächlich wird aber immer nur nach der wahrscheinlichsten Antwort gefragt.

Trotz des guten Abschneidens der objektiven Frage bei Vergleichsuntersuchungen, bei denen ein Teil der Prüflinge 'objektive Fragen', der andere Teil aber 'essay-type questions' erhielt, dürfte doch eine Kombination der beiden Methoden die beste Lösung für die Prüflinge darstellen. Forderungen nach einer eigenen Forschungsgruppe zur Erstellung solcher objektiven Fragen wurden bereits laut. Einige Examination Boards experimentieren bereits damit.

10. Ausblick

Vor allem junge Lehrer werfen der starren englischen Prüfungsordnung mit zunehmender Schärfe vor, Innovationen im Bereich der Schulgeographie zu verhindern, wie KROSS (1973, S.407) berichtet. Die neuen, aus den USA sehr rasch eindringenden lernpsychologischen Erkenntnisse über die Gewinnung und Kategorisierung von Fertigkeiten und Fähigkeiten sowie das Beispiel des 'High School Geography Project' schärften das Bewußtsein. Man versucht zunächst die durch die Prüfungsanforderungen begünstigte "Kreidegeographie" (KROSS) durch forschungssimulierende Geländearbeit, Fallstudien und Planspiele motivierender zu gestalten, also auf methodischem Gebiet Fortschritte zu erreichen.

Die wirkungsvollsten unterrichtsinhaltlichen Innovationen wurden bisher in Bereichen vorgenommen, in denen kein Prüfungsdruck besteht, also in der *Primary School*, in den ersten zwei bis drei Jahren der *Secondary School* und in den *non-examinations groups*. Diese Innovationen wurden zum größten Teil vom *Schools Council* initiiert und finanziert, wobei die geographischen Zielsetzungen vorwiegend von integrativen Projekten übernommen wurden. Dabei sind die *Middle Schools* führend.

Von den Abschlußprüfungen erweist sich die O - level Prüfung als die für Reformen inhaltlicher Art hemmendste. Als eine von den Universitäten kontrollierte Prüfung läßt das gesamte GCE neue Initiativen nur schwer zu, doch ist die Situation bei A - level besser. Durch die enge Verbindung zur Hauptschulgeographie fühlt sich die Lehrerschaft stärker herausgefordert, neue Entwicklungen der Hochschuldisziplin didaktisch aufzubereiten und wird darin von führenden Hochschullehrern, aber auch von den Beamten des Erziehungsministeriums (man vergleiche dazu nur den von R. WALFORD herausgegebenen Band *New Thinkings in Geography Teaching*, siehe Lit.verz.) unterstützt.

So stellt KROSS (1973, S.408) fest, daß
"der traditionelle länderkundliche Ansatz damit von allen Seiten eingekreist wird: von der Grundschule her, besonders von den Middle Schools, von den neuen wissenschaftlichen Entwicklungen, die sich in den Oberstufenkursen auswirken, von den Prüfungen für schwächere Schüler und durch Integration der Geographie in verschiedene Fächerkombinationen."

Am bedeutendsten in der jüngeren Entwicklung der englischen Geographie-Didaktik sind die unterrichtsmethodischen Innovationen - verständlich aus den bisher geschilderten Gründen, - an denen man, sucht man für Erneuerungsbestrebungen in Österreich Anregungen, auf keinen Fall vorbeigehen sollte. Aber auch die Reform der Unterrichtsinhalte kommt in der letzten Zeit immer mehr in Fluß, wie zum Beispiel das jüngst erschienene *"Oxford Geography Project"* zeigt, das einen nach modernen Gesichtspunkten konzipierten Dreijahreskurs für die *Secondary Schools* - aufgebaut nach rein thematischen Gesichtspunkten - anbietet.

LITERATUR

AMBROSE, P.: New Developments in Geography. In: WALFORD,R.(Hrsg): New Directions in Geography Teaching, London 1973, S. 69 - 84.

BRIAULT, E.W. und D.W. SHAVE: Geography in Secondary Schools. Sheffield 1966, 1.A.1952.

CHORLEY, R.J. und P.HAGGETT (Hrsg): Frontiers in Geographical Teaching. University Paperback 338, London 1970, 1.A. 1965.

CHORLEY, R.J. und P.HAGGETT (Hrsg): Models in Geography. London 1967.

CRISP, J.A.A.: New Approaches to Teaching Geography. In: Geography 54, Sheffield 1969, S. 11 - 17.

CULLEY, A.: The Present State of Fieldwork in Secondary Schools: A Survey of Current Practice and Opinion in a Selected Region. In: Geography 57, Sheffield 1972, S. 24 - 31.

ENGEL, J.: Das "High School Geography Project" (HSGP), ein Modell für ein deutsches Forschungsprojekt. In: 39. Geographentag Kassel 1973, Tagungsbericht und wissenschaftliche Abhandlungen, Wiesbaden 1974, S. 170 - 180.

EVERSON, J.: Fieldwork in School Geography. In: WALFORD, R.(Hrsg): New Directions in Geography Teaching, London 1973, S. 107 - 114.

FITZGERALD, B.P.: The American HSGP and its Implications fpr Geography Teaching in Britain. In: Geography 54, Sheffield 1969, S. 56 - 63.

FREY, A.E.: The Teaching of Regional Geography. In: Geography 58, Sheffield 1973, S.119 - 128.

GRAVES, N.(Hrsg): Geography in Secondary Education. J.Wright & Sons Ltd., Sheffield 1971, 125 S.

GRAVES, N.(Hrsg): New Movements in the Study and Teaching of Geography. Temple Smith, London 1972, 252 S.

GRAVES, N.: School Examinations. In: GRAVES, N. (Hrsg): New Movements in the Study and Teaching of Geography, London 1972, S.171 - 187.

HILLERS, E.: Neue Tendenzen im Geographieunterricht in Großbritannien. In: Internationales Jahrbuch für Geschichts- und Geographie-Unterricht 12, 1968/69, S. 421 - 424.

JONES, S. und J. REYNOLDS: The Development of a New O - level Syllabus. In: Geography 58, Sheffield 1973, S. 263 - 268.

JONES, P.F.: O-level Geology and A-level Geography. In: Geography 59, Sheffield 1974, S. 155 - 157.

KASPAR, H.: Freiheit und Planung im englischen Schulwesen der Gegenwart. In: Beiträge zur vergleichenden Erziehungswissenschaft 5, Braunschweig 1968.

KROSS, E.: Geographie an Englischen Sekundarschulen. In: Geographische Rundschau 25, Braunschweig 1973, S. 402 - 408.

LONG, M. und B.S. ROBERSON: Teaching Geography. London 1968, 1.A. 1966.

MASON, G.R.: The Role of Geology in the Sixth-Form Geomorphology Course. In: Geography 57, Sheffield 1972, S. 127 - 134.

MOTTERSHEAD, R. und M.D. OWEN: Some Problems Arising in Fieldwork in Modern Geography. In: Geography 57, Sheffield 1972, S. 232 - 234.

NAISH, M.: Geography in the Integrated Curriculum. In: GRAVES, N.(Hrsg): New Movements in the Study and Teaching of Geography, London 1972, S. 55 - 71.

NEW THINKING IN SCHOOL GEOGRAPHY. Hrsg. v. Her Majesty's Stationery Office. Educational Pamphlet Nr. 59, London 1972.

REYNOLDS, J.: School Council Curriculum Development Project: Geography 14 - 18 Years. In: Geography 56, Sheffield 1971, S. 32 - 34.

ROBERSON, B.S.: Geography Examinations at O- and A-level. In: Geography 56, Sheffield 1971, S. 96 - 104.

ROLFE, J.: The Completion of the American High School Geography Project. In: Geography 56, Sheffield 1971, S. 216 - 220.

SCARFE, N.V.: Games, Models and Reality in the Teaching of Geography in School. In: Geography 56, Sheffield 1971, S. 191 - 205.

STEVENS, G.: Physical Geography. In: GRAVES, N. (Hrsg): New Movements in the Study and Teaching of Geography, London 1972, S. 191 - 198.

STORM, M.: Urban Geography. In: GRAVES, N.(Hrsg): New Movements in the Study and Teaching of Geography, London 1972, S. 199 - 210.

THOMAS, P.R.: Education and the New Geography. In: Geography 55, Sheffield 1970, S.274 - 280.

WALFORD, R.: Operational Games and Geography Teaching in Britain. In: Geography 54, Sheffield 1969, S. 34 - 43.

WALFORD, R.: Games and Simulations. In: GRAVES, N.(Hrsg.): New Developments in the Study and Teaching of Geography, London 1972, S. 154 - 170.

WALFORD, R.: Lernspiele im Erdkundeunterricht. In: Der Erdkundeunterricht 14, Stuttgart 1972.

WALFORD, R.(Hrsg): New Directions in Geography Teaching. Papers from the 1970 Charney Manor Conference, Longman, London 1973, 197 S.

WALFORD, R.: Models, Simulations and Games. In: WALFORD, R.(Hrsg): New Directions in Geography Teaching. London 1973, S. 95 - 106.

WILKS, H.C.: Geography Fieldwork. A Continuous and Graded Course. In: Geography 58, Sheffield 1973, S. 387 - 390.

WISE, M.J.: Environmental Studies: Geographical Objectives. In: Geography 58, Sheffield 1973, S. 293 - 300.

Zum Problem der Länderkunde in der Schulgeographie

Franz GILLINGER

1. Vorbemerkungen

Da die Themenstellung dieses Aufsatzes bereits durch ihre Formulierung Probleme aufwirft, soll zunächst kurz darauf eingegangen werden. Denn der Begriff *"Länderkunde"* erscheint nicht eindeutig definiert, was jederzeit an ganz bestimmten Vorstellungen festgestellt werden kann, die mit ihm verbunden werden. So wird von manchen Geographen "Länderkunde" im Sinne des bekannten HETTNER'schen Schemas aufgefaßt, nach dem einzelne Geosphärenausschnitte oder die gesamte Erde nach einem auf Kausalverknüpfungen und Wirkungsfolgen aufgebauten Schema untersucht werden, bei dem auf die Lage im Raum die Behandlung der unbelebten Geosphärenkomplexe, dann der belebten Umwelt und schließlich die Analyse der vom Menschen geschaffenen Objekte auf der Erdoberfläche folgt. "Länderkunde" wird als *"Krone der geographischen Wissenschaft"* angesehen. Andererseits wird "Länderkunde" bzw. "länderkundliche Betrachtungsweise" oft mit *"idiographischer"*, die Individualität eines Raumes zu erfassen suchender, Betrachtungsweise gleichgesetzt und so in Opposition zur *"nomothetischen"*, nach Gesetzmäßigkeiten oder allgemeinen Regelhaftigkeiten suchenden Betrachtungsweise gesehen, um sie von den Disziplinen der "Allgemeinen Geographie" abzugrenzen. Andere wieder sehen "Länderkunde" in erster Linie als Kunst der - deskriptiven bzw. kompilatorischen - Darstellung, in der eine Fülle von Forschungsergebnissen zu einem "Gesamtbild" verarbeitet wird, das in anschaulicher, übersichtlicher Form über den geographischen Forschungsstand über ein Land informieren soll, - oder, wie es wieder andere sehen, überhaupt alle wichtigen - auch außergeographischen - Informationen, die zum Verständnis eines Landes oder Raumes nützlich sind, darbieten soll. Länderkunde wird also in etwa gleichrangiger Funktion wie ein geographisches Handbuch oder Lehrbuch gesehen. Daneben finden sich Geographen, die - aus einem in letzter Zeit stärker akzentuierten Unbehagen an der enzyklopädischen, *"Ganzheit"* oder *"Totalität"* anstrebenden Länderkunde - fordern, daß Länderkunde *"problemorientiert"* betrieben werden solle, wobei aber die Kriterien der Problemorientiertheit oft sehr willkürlich gesetzt werden und es fraglich erscheint, ob für diese überhaupt objektive Methoden gefunden werden können.

In den letzten Jahren hat sich nun - stark unter angelsächsischem Einfluß und von vielen Geographen nach wie vor abgelehnt - auch in der Geographie des deutschen Sprachraumes eine Wandlung im Selbstverständnis von methodischen Richtungen vollzogen, wobei die Länderkunde als u n w i s s e n s c h a f t l i c h abgelehnt wird und auch im Begriffssystem der Geographie keinen Stellenwert mehr einnimmt.[1]

In der Schule tritt dazu noch das Problem auf, daß der Geographielehrer seinen Lehrplan, der ihn aller theoretischen Probleme enthebt, vorgesetzt bekommt, - und ihm so einfach vorgeschrieben wird, was "durchzunehmen" ist, näm=

---

1) vgl. dazu die Diskussionen auf dem Deutschen Geographentag in KIEL 1969 (siehe Lit.verz.) wie auch die beiden Schriften von BARTELS 1968 und die entsprechenden Kapitel im Buch von HARD 1973 (siehe Lit.verz.).
In der Folge wurde dann auch die Stellung der Länderkunde in der Schule sowohl von außergeographischen Gruppen als auch von innen her schwer angegriffen (z.B. SCHULTZE 1970, ERNST 1970, HENDINGER 1970 u.a.).

lich derzeit in Österreich im wesentlichen die Staaten der Erde, durchsetzt von ein wenig "Wirtschaftskunde". So wird in der Schule Länderkunde mit *"Staatenkunde"* verwechselt; - dazu kommt der zweimalige Durchgang aller Staaten (einmal in der Unterstufe, einmal in der Oberstufe der AHS), durch den das alterspsychologische Problem des Wissenszuwachses gelöst werden soll und der dabei natürlich scheitert, wie sich an Beispielen aus der Unterrichtspraxis beliebig feststellen läßt.

So ist auch von der theoretischen Seite die Verbindung zwischen der Universität, vor allem zwischen den modernen Forschungsansätzen der wissenschaftlichen Geographie, und der Schule immer loser geworden, während sie von der praktischen Seite her - etwa Methodologie des Geographieunterrichts - schon seit langem gänzlich abgerissen war.

Man erkennt, daß sich das Problem der Länderkunde in der Schule als vielschichtig erweist. Folglich wurde es in dieser Arbeit unter zwei Hauptaspekten behandelt:

1. *Stellung der Länderkunde im Selbstverständnis geographischer Theoriebildung;*
2. *Länderkunde in der Schule.*

Ein Eingehen auf den ersten Teil erscheint notwendig, da der Begriff der Länderkunde und auch die Kritik an ihm letztlich nicht an negativen Auswirkungen und Fehlleistungen (wie eben zum Beispiel auch in der Schule), sondern an seiner wissenschaftlichen Auffassung gemessen werden müssen. Außerdem läßt sich von daher eine wissenschaftliche Position der Länderkunde ableiten, die sich dann in der Schule mit anderen Interessen auseinanderzusetzen hat.

Der zweite Teil soll gegensätzliche Auffassungen über die Gestaltung der Schulgeographie zur Diskussion stellen. Es wird die Frage diskutiert werden, ob Länderkunde in der Schule überhaupt noch einen Platz einnehmen soll und welche Aufgabe sie dabei erfüllen könnte. Dabei ist es hier nicht möglich, das Thema in aller Ausführlichkeit zu behandeln; - deshalb wurden zu den wichtigsten Hauptpunkten der Auseinandersetzung Konträrmeinungen einander gegenübergestellt, um so eine möglichst breite Diskussionsgrundlage zu erhalten.

2. *Die Stellung der Länderkunde im Selbstverständnis geographischer Theoriebildung*

Es kann hier natürlich nur von denjenigen Ansätzen einer Theoriebildung gesprochen werden, die überhaupt eine "Länderkunde" - welcher Art auch immer - in ihr System aufnehmen. Die *quantitativ-theoretische Richtung der Geographie* zum Beispiel, die aus dem angelsächsischen Raum kommt, stark deduktiv orientiert ist, vielfach stark von der ökonomischen Standorttheorie beeinflußt ist [2] und auch auf einer wissenschaftshistorisch andersgearteten Tradition aufbaut, sowie die Ansätze von BARTELS (1968), der die "Einheit der Geographie" als wissenschaftstheoretisch nicht untermauerbar ansieht und deshalb eine Zweiteilung in einen naturwissenschaftlichen und einen sozialwissenschaftlichen Zweig fordert, definieren den Begriff der "Länderkunde" gar nicht innerhalb ihres Systems bzw. er ist mit der jeweiligen Theorie sogar völlig unvereinbar. Auch zeigt BARTELS keine Möglichkeiten auf, was mit einer so geteilten Geographie in der Schule geschehen sollte.

Der Begriff der "Länderkunde" ist hauptsächlich im deutschen Sprachraum geprägt worden. In Ansätzen schon bei Carl RITTER vorhanden, nimmt er bei HETTNER und SPETHMANN bereits eine wichtige Stelle ein, wenn auch in verschiedener Zielsetzung. Der ursprünglich vertretene Geodeterminismus wird zugunsten des *chorologischen Prinzips*, bei dem vor allem die räumliche Verbreitung und der räumliche Zusammenhang geographisch relevanter Phänomene untersucht werden, aufgegeben.

Bei BOBEK (1957) finden wir in seinem Aufsatz *"Gedanken über das logische System der Geographie"* den für seine Zeit wohl imponierendsten Versuch, die Geographie als einheitliches logisches System aufzufassen und zugleich eine grundlegende Klärung der Begriffe in strenger systematischer und methodologischer Reflexion durchzuführen.

So möchte ich in der vorliegenden Arbeit von einem Verständnis der Länderkunde ausgehen, das die ursprünglichen Ungereimtheiten (Geo-

---

[2] vgl. die Zusammenfassung von CHORLEY - HAGGET 1967 (siehe Lt.verz.).

determinismen, rein physiognomische Betrach=
tungsweise, starre Schemata, mangelhafte Ter=
minologie) überwunden hat. Die moderne Auffas=
sung von Länderkunde findet sich in zahlreichen
Beiträgen, unter denen die von BOBEK (1957) [3]
und UHLIG (1970) [4] die bestfundierten sind.[5]
Auf diese zwei Beiträge möchte ich in diesem
Kapitel zurückgreifen.

Abb. 1: Schematische Darstellung von Geosphäre und Landschaft (nach CAROL 1956).[8]

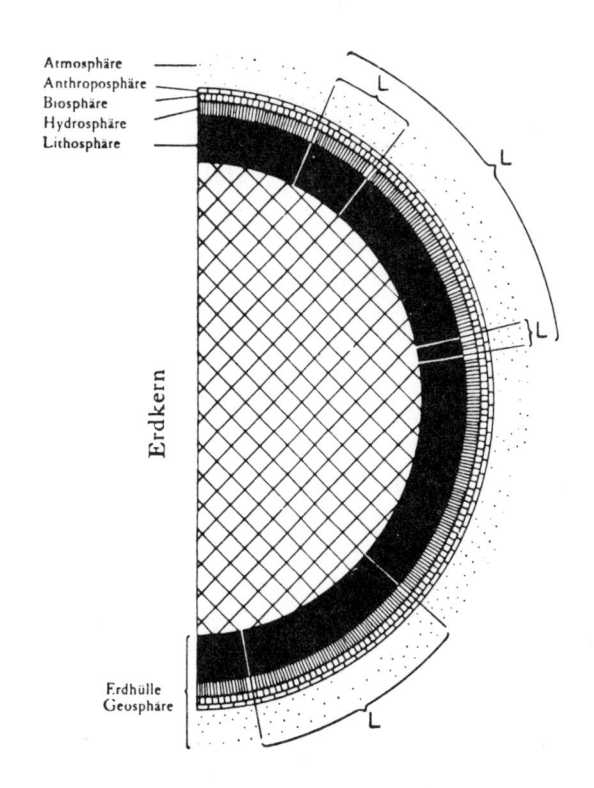

2.1. *Das Objekt der Geographie*

Demnach ist die Geographie *Objektwissenschaft*,
die alle Ansprüche einer wissenschaftstheore=
tisch fundierten Begründung erfüllt, wie z.B.
die logische Konsistenz ihrer Elemente und ei=
ne bestimmte *Grundperspektive* im Sinne von
BARTELS. Geographie ist also keine Beziehungs=
wissenschaft, die Ergebnisse anderer Wissen=
schaften verbindet, sondern sie hat ihr eige=
nes Objekt.

Das O b j e k t der Geographie: = die G e o =
s p h ä r e, das heißt *"die von den menschli=
chen Gesellschaften belebte und gestaltete Erd=
oberfläche"*;[6] sie wird unter zwei Aspekten
aufgefaßt: als *Kontinuum*, aus dem einzelne Tei=
le herausgelöst werden können, und als *Komplex*,
den die geographische Wissenschaft zu struktu=
rieren sucht.

L = Landschaft (Geomer) als beliebig begrenz=
barer Ausschnitt der Geosphäre.

Dazu die Definition von BOBEK: O b j e k t der
Geographie: = *"Die Erdoberfläche im Sinne derje=
nigen Sphäre, in der sich das feste Land, das
Wasser und die Luft berühren und teilweise
durchdringen, einschließlich des Lebendigen,
... vor allem des Menschen, alles zusammen mak=
roskopisch gesehen als irgendwie Zusammengehö=
riges, ungemein mannigfaltig strukturiertes und
in seiner räumlichen Erstreckung sowie im zeit=
lichen Ablauf inhaltlich abgewandeltes Ganzes.
Dieses Objekt kann im Ganzen als auch in Teilen
behandelt werden."* [7]

Die verschiedenen Seinsbereiche der Geosphäre
(siehe Abb. 1), die für sich von den systema=
tischen Einzelwissenschaften behandelt wer=
den,[9] werden von der Geographie in ihrer

---

3) BOBEK, Hans: Gedanken über das logische Sy=
stem der Geographie. In: Mitteilungen der
Geographischen Gesellschaft Wien 99, Wien
1957, S. 122 - 145.

4) UHLIG, Harald: Organisationsplan und System
der Geographie. In: Geoforum 1, Braun=
schweig 1970, S. 19 - 52.

5) Wissenschaftshistorisch betrachtet könnte
man die Richtung der Arbeiten der Hauptver=
treter der modernen Auffassung von Länder=
kunde dem *kulturökologischen Ansatz* (z.B.
UHLIG) sowie der *jüngeren Landschaftsgeogra=
phie* (z.B. TROLL, CAROL, SCHMITHÜSEN) und
der *älteren Sozialgeographie* (z.B. BOBEK,
UHLIG) zuordnen.

6) vgl. dazu: UHLIG 1970, S. 20.

7) BOBEK 1957, S. 122.

8) CAROL, Hans: Zur Diskussion um Landschaft
und Geographie. In: Geographica Helvetica
11, 1956, 2, S. 111 - 132.

9) z.B. die *Atmosphäre* von der Meteorologie,
die *Biosphäre* von den versch. biologischen
Wissenschaften, die *Anthroposphäre* von den
Sozial-, Wirtschafts- und Politischen Wis=
senschaften und der Geschichte, u.s.w. ...

I n t e g r a t i o n untersucht. Dieser An=
spruch der Integration, der von BARTELS [10]
(1968) und HARD (1973) [11] in Frage gestellt
wird, ist bei gleichzeitiger Abstraktion vom
wissenschaftstheoretischen Horizont des Essen=
tialismus durchaus aufrechtzuerhalten, inso=
fern er dann als methodischer, nicht als er=
kenntnistheoretischer Begriff aufgefaßt wird.

2.2. Land - Landschaft

Zu diesen Begriffen muß zunächst festgestellt
werden, daß sie als wissenschaftliche Termini
durch den gleichzeitigen Gebrauch in der täg=
lichen Umgangssprache vorbelastet sind. Dadurch
und durch die oft wechselnde Verwendung inner=
halb der Geographie haben sie viel Kritik her=
vorgerufen. Diese ging oft sogar so weit, die
völlige Aufgabe des Landschaftsbegriffes zu
fordern und das Problem mittels einer neuen
Terminologie zu lösen, die sich allerdings
nicht durchgesetzt hat.[12] Hier sollen die
traditionellen Begriffe beibehalten werden,
wie sie bei BOBEK (1957) definiert sind:

Land: = *"Raumeinheit nach ihrem ganzen einma=
ligen Wesen, namentlich ihrer Größe, ihrer
Lagebeziehung und ihres historischen
Schicksals."* [13]

Landschaft: = *"Eine oder mehrere Raumeinheiten,
die ausgehend von ihrer formalen Struktur
nach ihrem Wirkungsgefüge und ihrer Gene=
se derart erklärt werden, daß die Regel=
haftigkeit oder die innere Gesetzmäßigkeit
ihres Aufbaus klar zu Tage tritt."* [13]

Um den forschungsmethodischen Unterschied zwi=
schen den Begriffen 'Land' und 'Landschaft'
noch deutlicher werden zu lassen, könnte man
auch folgendermaßen formulieren:

Land - Vertikaler Ausschnitt aus der Geosphä=
re von variabler Größe, der i d i o =
g r a p h i s c h untersucht wird.

Landschaft - Vertikaler Ausschnitt aus der
Geosphäre von variabler Größe, der
n o m o t h e t i s c h untersucht
wird.

Das heißt, daß jeder Ausschnitt der Geosphäre
gemäß der jeweiligen Betrachtungsweise einmal
als Landschaft, einmal als Land bezeichnet wer=
den kann. Es zeigt sich somit, daß sich beide
Begriffe weniger inhaltlich als vielmehr durch
die Methode unterscheiden, mit der sie wissen=
schaftlich betrachtet werden. Zugleich erkennt
man, daß sie in diesem Zusammenhang von der
Alltagssprache losgelöste Begriffe sind, die
eben nur in der landschaftskundlichen Konzep=
tion solchermaßen verwendet werden.

2.3. Allgemeine Geographie - Landschaftskunde - Länderkunde

BOBEK (1957) baut nun in sein logisches System
der Geographie das Landschaftskonzept ein und
formuliert drei verschiedenrangige Betrachtungs=
stufen der Geographie (siehe *Abb. 2*):

a) *Allgemeine Geographie* (Elementargeographie,
besser: Geofaktorenlehren): Diese be=
handelt in generalisierend - nomotheti=
scher Betrachtungsweise die Elementar=
komplexe der Geosphäre.

b) *Landschaftskunde*: Diese behandelt ebenfalls
nomothetisch das Wirkungsgefüge der
hochrangig integrierten Komplexe der
Geosphäre (=Landschaft).

c) *Länderkunde*: Diese behandelt idiographisch
die als höchstintegriert postulierten
und als Raumeinheiten abgegrenzten Aus=
schnitte der Geosphäre (=Land).

Aus diesen Definitionen geht hervor, daß in den
Arbeitsrichtungen der Landschaftskunde und der
Länderkunde der Integrationsgedanke zwischen
physischer Geographie und Humangeographie zum
Tragen kommt, der in der Allgemeinen Geographie

---

10) BARTELS, Dietrich: Zur wissenschaftstheo=
retischen Grundlegung einer Geographie
des Menschen. Beihefte zur Geographi=
schen Zeitschrift, Erdkundliches Wissen
19, Wiesbaden 1968.

BARTELS, Dietrich: Die Zukunft der Geogra=
phie als Problem ihrer Standortbestim=
mung. In: Geographische Zeitschrift 1968.

11) HARD, Gerhard: Die Geographie. Eine wis=
senschaftstheoretische Einführung. Serie
Göschen, Walter de Gruyter, Berlin 1973,
318 S.

---

12) z.B. SCHMITHÜSEN - NETZEL 1963 und SCHMIT=
HÜSEN 1970, siehe Lit.verz.

13) BOBEK 1957, S. 142.

Abb. 2: *Die geographischen Hauptbetrachtungs-stufen und -betrachtungsweisen* (nach BOBEK 1957 [14]).

Betrachtungsstufe (Objekte)	Betrachtungsweisen	
	idiographisch	generalisierend nomothetisch
III. Höchstrangige Komplexe	III. Länderkunde	
II. Hochrangige Komplexe		II. Landschaftskunde
I. Elementar-komplexe Elemente		I. Allgemeine oder Elementargeographie

nicht unbedingt impliziert sein muß und aus dem die Auffassung der Geosphäre als Ökosystem Mensch - Erde resultiert.

2.4. Die Bedeutung der Länderkunde

In der Theorie stellt die Länderkunde als Arbeitsrichtung nun tatsächlich die höchste, weil komplexeste Stufe im System der Geographie dar - womit natürlich noch keine Wertung von methodischen Gedankengängen verbunden ist. Das klingt paradox, weil sich zur Zeit viele Nachbarwissenschaften, überhaupt die Sozialwissenschaften, und auch immer mehr Forschungsansätze innerhalb der Geographie den nomothetischen, auf Gesetzmäßigkeiten oder Regelhaftigkeiten hinzielenden Methoden verschrieben haben. So wird im Arbeitsbereich der Geographie z. B. die Naturlandschaftsökologie (vor allem NEEF und seine Schule) stark ausgebaut, aber auch in der Humangeographie geht heute ein breiter Trend zur Systemforschung, zur Modell- und Theoriebildung.

Der Widerspruch zwischen der typisierend - nomothetischen landschaftskundlichen Richtung in der Geographie und der idiographischen, die durch die Länderkunde vertreten wird, wird aus dem Objekt der Geographie erklärt, in dem das räumliche Element eine beherrschende Rolle spielt. Denn während andere Wissenschaften Einzelelemente der Geosphäre (z.B. *Meteorologie* usw.) - auch im menschlichen Bereich (z. B. *Soziologie*) - untersuchen, sollte die Geographie im "Idealfall" theoretisch jeden Ort der Geosphäre in seinen *vertikalen (internen)* und *horizontalen (externen)* Beziehungen erklären können. BOBEK 1970 [15] spricht in diesem Zusammenhang von t o p o l o g i s c h - ö k o l o g i s c h e n und c h o r o l o -g i s c h - f u n k t i o n a l e n S y - s t e m e n, in die jede Örtlichkeit eingespannt ist.

Diese "totale Erklärung", die im Letzten idiographisch sein muß, bleibt selbstverständlich ein ideales anzustrebendes Fernziel, dessen Erreichbarkeit durch die Komplexität des Begriffs der Geosphäre und auch durch deren große räumliche Ausdehnung nahezu unmöglich wird. Selbst wenn dieser totale Erklärungsversuch gelänge, bliebe noch so etwas wie ein "metaphysischer Rest" übrig, der außerhalb der geographischen Wissenschaft liegt. Es stellt sich dazu noch die rein erkenntnistheoretische Frage, ob es dem Menschen überhaupt möglich ist, einen Erdraum oder einen Punkt der Erdoberfläche in seiner *"Totalität"*, in seinem *"Allzusammenhang"* zu erfassen.[16]

Nach Auffassung der älteren geographischen Theoretiker - am besten formuliert von BOBEK - finden aber gerade dadurch "Allgemeine Geographie" und "Landschaftskunde" ihre Aufgabe, indem sie die Gesetzmäßigkeit der Erscheinungen in der Geosphäre von der Basis der Einzelelemente und -komplexe bis zu den hochintegrierten Komplexen soweit vorwärtszutreiben suchen, daß die Lücke zur länderkundlichen, idiographischen Arbeitsrichtung so klein wie möglich wird. Solange es jedoch nicht gelingt, sämtliche Erscheinungen bzw. Beziehungen, die sich in der Realität oft als singulär oder individuell zeigen, in Gesetze und Regeln zu fassen, bleibt Länderkunde im angeführten Sinne unersetzlich.

---

14) BOBEK 1957, S. 139. Abb. aus: Westermanns Lexikon der Geographie.

15) BOBEK, Hans: Zur Frage eines neuen Standorts der Geographie. In: Geogr.Rundschau 1970, Heft 11.

Franz Gillinger

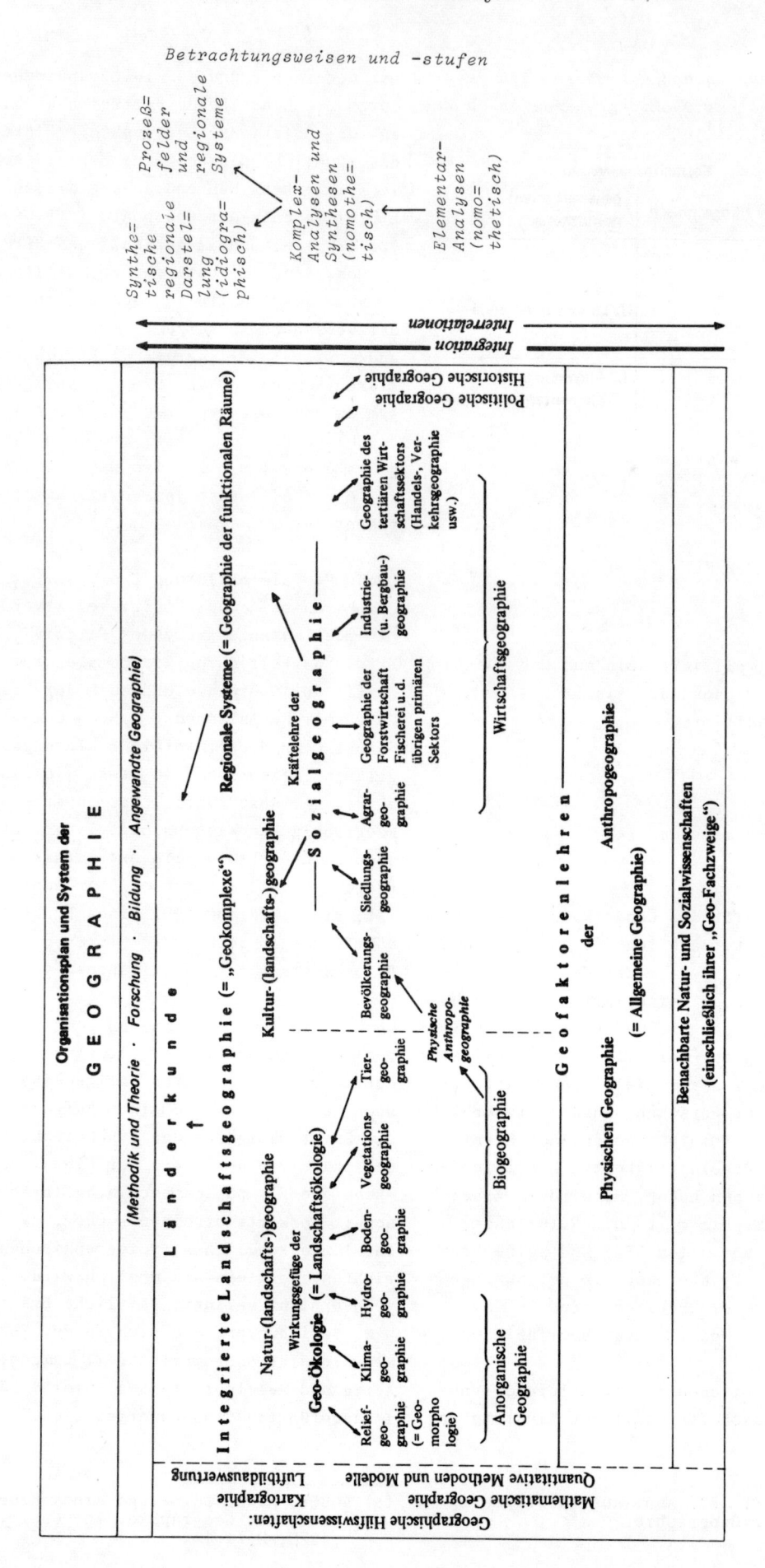

Abb. 3: *Die Stellung der Länderkunde im Organisationsplan und System der Geographie* (nach UHLIG 1970)

Betrachtungsweisen und -stufen

Synthetische regionale Darstellung (idiographisch)

Komplex= Analysen und Synthesen (nomothetisch) ← Prozeß= felder und regionale Systeme

Elementar= Analysen (nomothetisch)

Integration ←→ **Interrelationen**

Organisationsplan und System der GEOGRAPHIE

(Methodik und Theorie · Forschung · Bildung · Angewandte Geographie)

Länderkunde

Integrierte Landschaftsgeographie (= „Geokomplexe")

Natur-(landschafts-)geographie | Kultur-(landschafts-)geographie | Regionale Systeme (= Geographie der funktionalen Räume)

Wirkungsgefüge der **Geo-Ökologie** (= Landschaftsökologie)

Relief- geographie (= Geomorphologie) → Klima- geographie → Hydro- geographie → Boden- geographie → Vegetations- geographie → Tier- geographie

Bevölkerungs- geographie → Siedlungs- geographie

Sozialgeographie

Kräftelehre der

Agrar- geographie → Geographie der Forstwirtschaft Fischerei u.d. übrigen primären Sektors → Industrie- (u. Bergbau-) geographie → Geographie des tertiären Wirtschaftssektors (Handels-, Verkehrsgeographie usw.)

Politische Geographie
Historische Geographie

Physische Anthropo- geographie

Anorganische Geographie | Biogeographie | | Wirtschaftsgeographie

Geofaktorenlehren der

Physischen Geographie | **Anthropogeographie**

(= Allgemeine Geographie)

Benachbarte Natur- und Sozialwissenschaften
(einschließlich ihrer „Geo-Fachzweige")

Geographische Hilfswissenschaften:
Kartographie · Luftbildauswertung
Mathematische Geographie
Quantitative Methoden und Modelle

Quelle: UHLIG, Harald: Organisationsplan und System der Geographie. In: Geoforum 1, 1970, S.28.

Abb. 4: *Venn - Diagramm zur Geographie des Menschen von BARTELS 1968* (aus: BARTELS, Dietrich: Zur wissenschaftstheoretischen Grundlegung einer Geographie des Menschen. Erdkundliches Wissen 19, Wiesbaden 1968).

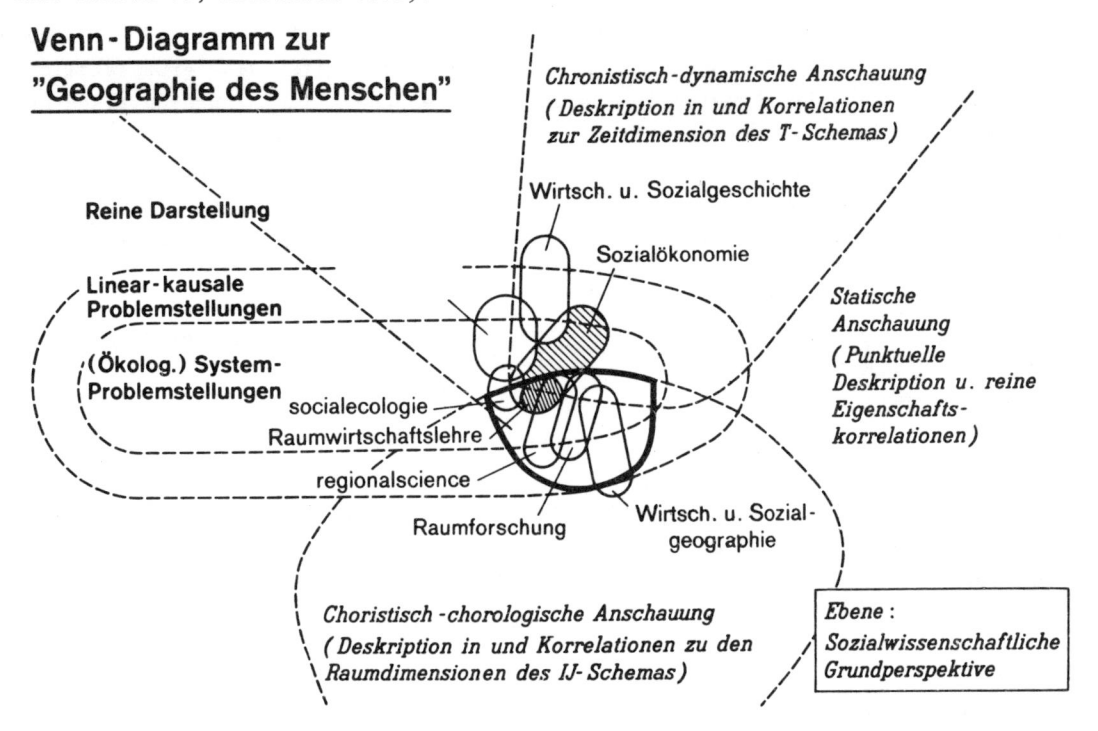

Venn-Diagramm zur "Geographie des Menschen"

Chronistisch-dynamische Anschauung (Deskription in und Korrelationen zur Zeitdimension des T-Schemas)

Wirtsch. u. Sozialgeschichte
Sozialökonomie

Reine Darstellung
Linear-kausale Problemstellungen
(Ökolog.) System-Problemstellungen
socialecology
Raumwirtschaftslehre
regionalscience
Raumforschung
Wirtsch. u. Sozialgeographie

Statische Anschauung (Punktuelle Deskription u. reine Eigenschaftskorrelationen)

Choristisch-chorologische Anschauung (Deskription in und Korrelationen zu den Raumdimensionen des IJ-Schemas)

Ebene: Sozialwissenschaftliche Grundperspektive

Auch die aktuelle geographische Literatur wird neben theoretischen und nomothetischen Arbeiten unverändert auch weiterhin idiographische Untersuchungen aufweisen, die ja auch immer mehr auf die allgemeine Grundlagenforschung, wie zum Beispiel eine anwachsende Orientierung zur Sozialgeographie hin, Bezug nehmen.[17]

Wenn die Notwendigkeit der wissenschaftlichen Länderkunde auch heute noch ausreichend begründet werden kann (unabhängig von Anspruch, daß sie die höchste Stufe geographischer Forschung repräsentiere) und ihre Methoden und Techniken ebenfalls weiterentwickelt und verbessert werden - z.B. durch zunehmende Quantifizierung, Formalisierung, Theoriebildung, Aktualisierung, Problematisierung etc. -, dann müßte eine so verstandene Länderkunde in irgend einer Weise auch in der Schule vertreten sein.

3. Die Länderkunde in der Schule

Die in Kapitel 2 angeführten grundsätzlichen Erläuterungen sollen dazu dienen, die Kritik an der Länderkunde in der Schule nicht nur auf ihre praktische Durchführung zu richten, sondern auch auf ihre theoretischen Grundlagen, wodurch das Gesamtbild eine Verschiebung erfährt.

---

16) vgl. dazu besonders G. HARD, der sich damit in mehreren Aufsätzen sowie in seinem Buch 1973 ausführlich auseinandersetzt, und die Schriften des Berliner Geografikerkreises.

17) vgl. dazu die Einleitung Eugen WIRTHS in seiner großen, im Rahmen der Reihe "Wissenschaftliche Länderkunden" erschienenen Länderkunde über "Syrien" (siehe Lit.verz.).

3.1. Kritik an der bisherigen Schul-Länder=kunde

Die heute in der Schule praktizierte Länder=kunde entspricht nun keineswegs den Anforder=ungen der wissenschaftlichen Geographie. Dafür sind mehrere Gründe ausschlaggebend: Einer=seits die aus dem Bildungsideal des 19. Jahr=hunderts hervorgegangene Auffassung einer im wahrsten Sinne des Wortes "umfangreichen" Bil=dung - im Sinne von humanistischer Bildung, die erst jetzt langsam zurückgedrängt wird. In der Schule bedeutete das, daß im Geographie=unterricht eine "Länderkunde" vertreten war, die die "ganze Erde" an Hand aller Länder zur Kenntnis bringen sollte. Andererseits f e h l= t e dafür eine s y s t e m a t i s c h e Grundlage, die auch o p e r a b e l war, so= daß der länderkundliche Durchgang Zufälligkei=ten - wie dem Geschick des Lehrers oder dem Zeitmangel - überlassen blieb.

Dazu wurde die Verbindung zur wissenschaftli=chen Universitätsgeographie immer dünner und schließlich war das Fach den aktuellen Gescheh=nissen im Rückwärtsgang enteilt und den An=sprüchen von gesellschaftlichen Interessen, vor allem von wirtschafts- und sozialpolitisch orientierten Pressure-groups und neu konsoli=dierten in die Schule drängenden Fächern, die nach dem Bildungswert, vor allem aber nach dem Beitrag der Schulgeographie zur Schulung von kritischem Verstandes- und Entscheidungswissen fragten, nicht mehr gewachsen.

Da die - ebenfalls nur durch Druck von außen erfolgte - Einbeziehung der bisher vernachläs=sigten *"Wirtschaftskunde"* ebenfalls zu keiner völligen Neugestaltung des Lehrplanes führte, sondern nur zu einer Verdrängung, bzw. Verkür=zung der traditionellen Inhalte, stellte sich ein Zustand des 'W e i t e r w u r s t e l n s' ein, der nun in eine weitere Abwertung des An=sehens der Geographie mündet - und zwar jetzt auch in Kreisen, die Einfluß auf die Gestal=tung des Unterrichtes haben. Als Folge davon wurde zum Beispiel vor zwei Jahren Geographie als eigenständiges Unterrichtsfach in der obersten Klasse der Allgemeinbildenden Höheren Schulen eliminiert.

3.2. Ansatz zur Neugestaltung des Geographie=unterrichtes: Das Curriculum

Als einzige - langfristige - Lösung des Prob=lems bietet sich eine grundsätzliche, fach=wissenschaftlich, fachdidaktisch und erziehungs=wissenschaftlich abgesicherte Neugestaltung des Unterrichtes an. Als Instrument dazu kann nur eine C u r r i c u l u m p l a n u n g in Frage kommen, durch die man allein imstan=de ist

fachwissenschaftliche
allgemein - dadaktische
fachdidaktische — Aspekte
interdisziplinäre
"außerfachliche"

der Lehrplan- bzw. L e r n z i e l g e s t a l= t u n g systematisch und umfassend zu koor=dinieren. Das kann allerdings nur unter großem personellen, materiellen und finanziellen Auf=wand geschehen. Hier möchte ich in bezug auf das Thema nur auf geographisch - didaktische Probleme der Curriculumplanung eingehen.

3.3. Mögliche Kategorien in der Auseinander=setzung

In der Curriculumforschung geht man nicht mehr von - im Lehrplan meist nach keinem rational begründbaren System zusammengestellten - L e h r s t o f f e n und dergleichen aus wie bisher, sondern von einem Lernbegriff, der durch *o p e r a t i o n a l i s i e r t e L e r n s c h r i t t e* bestimmte V e r = h a l t e n s d i s p o s i t i o n e n beim Schüler erreichen soll, die als L E R N = Z I E L E formuliert sind. Diese Lernziele sind jedoch n i c h t a priori gegeben, son=dern nehmen ihren Ausgang von oft vorwissen=schaftlichen axiomatischen Ansätzen. Das kann man sofort aus einem Vergleich von L e r n = z i e l k a t a l o g e n ersehen (z. B. HENDINGER 1970, ERNST 1970 [18]). Außerdem ist eine exakte logische Hierarchisierung nicht

---

[18] HENDINGER, Helmtraut: Ansätze zur Neuorien=tierung der Geographie im Curriculum der Schule. In: Geogr. Rundschau 1970, Heft 1.

ERNST, Eugen: Lernziele in der Erdkunde. In: Geogr. Rundschau 1970, Heft 5.

möglich, - das heißt, es können die Feinst=
lernziele (außer im instrumentellen Bereich)
nicht nach eindeutig kontrollierbaren wissen=
schaftlichen Kriterien "stufenlos" von allge=
meinen Hauptlernzielen abgeleitet werden.

So bleibt die Frage, nach welchen Gesichts=
punkten ein Lernzielkatalog erstellt und ge=
ordnet werden soll, offen bzw. sie wird auf
die Einzelentscheidung von Gruppen oder Lehr=
meinungen verwiesen. Das gilt auch für die
Frage, ob in der Schule "gebildet" oder "Vor=
wissenschaft" betrieben werden soll.

In der Literatur lassen sich im Großen gesehen
folgende Positionen erkennen, die einander
nicht unbedingt ausschließen, von ihren Ver=
fechtern aber oft kompromißlos durchgesetzt
werden wollen. Es sind dies:

1. Der Aufbau des geographischen Unterrichts
   nach *Allgemein-geographischen Sachkatego=
   rien zunehmender Komplexität* (A. SCHULTZE,[19]
   E. ERNST, H. HENDINGER u.a.)

2. Das Konzept einer *problemorientierten, ak=
   tualisierten Länderkunde* (J. BIRKENHAUER[20]).

3. Der Aufbau des geographischen Unterrichts
   nach *Grunddaseinsfunktionen* (z.B. H.
   SCHRETTENBRUNNER, W. HAUSMANN [21] wie über=
   haupt der Großteil der "Münchner Schule").

4. Das *Kulturerdteilkonzept* (in den USA im
   Rahmen des "High School Geography Project"
   (HSGP) schon in den frühen 1960er Jahren
   diskutiert[22], in Österreich jetzt - in An=
   lehnung an KOLB - vor allem von W. SITTE
   vertreten[23]).

Diese Konzeptionen des Unterrichtsaufbaus, von
denen hier nur die wichtigsten aufgezählt wor=
den sind, müssen auch unter dem Aspekt der
Operationalisierbarkeit für ein Curriculum un=
tersucht werden, was in den Konzepten oft nicht
aufscheint. Dabei kann aber meiner Meinung
nach keinesfalls die Forderung mancher Curri=
culumautoren aufrechterhalten werden, daß un=
bedingt nur "lernwürdig" ist, was operationali=
sierbar ist. Diese Forderung steht im Gegen=
satz zur These, daß es auch nichtoperationali=
sierbares Material (Begriffe, Einsichten etc.)
gibt, das in der Schule sinnvoll zur Anwendung
gebracht werden kann.

Im folgenden soll nun versucht werden, diese
vier Ansätze einer *"neuen Schulgeographie"* an
jeweils einem Autor etwas zu explizieren und
zur Diskussion zu stellen, wobei besonders
auf die Problematik der Länderkunde geachtet
werden wird.

3.3.1. Allgemein-geographische Sachkategorien zunehmender Schwierigkeit und Komplexi= tät

A. SCHULTZE (1970) fordert, daß in der Schule
die Länderkunde ersatzlos durch die Allgemeine
Geographie ersetzt wird. Ausgangspunkt ist für
ihn das Prinzip des *'Exemplarischen'*, das aus
der Sackgasse der singulären Länderkunde, aus
der sich keine verallgemeinernden Aussagen und
Transfermöglichkeiten in andere Räume ableiten

---

19) SCHULTZE, Arnold: Allgemeine Geographie
    statt Länderkunde. In: Geographische
    Rundschau 1970, Heft 1.

    SCHULTZE hat sein Konzept auch in dem neu
    erschienenen Unterrichtswerk für die Se=
    kundarstufe "GEOGRAPHIE" verwirklicht
    (siehe Lit.verz.). 4 Stufen des Aufbaus
    geographischer Kategorien (siehe *Kap.3.3.1.*)
    Zu SCHULTZE und seinem Lehrwerk "GEOGRA=
    PHIE" vgl. auch den Aufsatz von H.J. WEIS
    in diesem Buch, S. 105.

20) BIRKENHAUER, J.: Die Länderkunde ist tot.
    Es lebe die Länderkunde. In: Geographi=
    sche Rundschau 1970, Heft 5.

21) SCHRETTENBRUNNER, H.: Die Daseinsfunktion
    "Wohnen" als Thema des Geographieunter=
    richts. In: Geogr. Rundschau 1970.

21 Forts.) vgl. dazu auch die Beiträge von K.
    RUPPERT und R. GEIPEL auf der Tutzinger Ta=
    gung 1971. Veröff. im Sonderheft 1 der
    Zeitschrift: "Der Erdkundeunterricht": Wege
    zu veränderten Bildungszielen im Schulfach
    Erdkunde. (siehe Lit.verz.)

    Das Konzept ist in dem von W. HAUSMANN hrsg.
    neuen Lehrbuch "WELT UND UMWELT" verwirk=
    licht (siehe Lit.verz. und den Aufsatz von
    H.J. WEIS in diesem Buch, S. 106).

22) vgl. dazu den Beitrag von H.LEITNER in die=
    sem Buch, S. 132.

23) SITTE, Wolfgang: Die Betrachtung von Kultur=
    erdteilen als eine Aufgabe der Schulgeo=
    graphie. In: Wissenschaftliche Nachrich=
    ten 29, Wien 1972.

    zum Kulturerdteilkonzept: Vgl. auch den Bei=
    trag von H.WOHLSCHLÄGL und H.LEITNER in die=
    sem Buch: Der Kulturerdteil Orient als Le=
    bensraum. Ein Unterrichtsmodell für die 5.
    Klasse AHS. (v.a. die Einleitungskapitel,
    S. 188 - 197).

lassen, herausführt. Nur die Allgemeine Geo=
graphie sei fähig, allgemeine Grundeinsichten,
die transferierbar seien, zu bieten. Dabei
führe ein direkter Weg von der Länderkunde nach
dem länderkundlichen Schema über die Länder=
kunde nach dominanten Faktoren zur Allgemeinen
Geographie, der folgendermaßen zu denken sei:

Abb. 5: aus: SCHULTZE 1970, S. 6.

Länderkunde nach länderkundlichem Schema	→ *Länderkunde nach dominanten Faktoren*	→ *Allgemeine Geographie*
Beispiele: Frankreich Skandinavien Harz	Beispiele: Brückenland Dänemark Finnland als Holzlieferant Frankreich als Weinland Ägypten — Geschenk des Nils Australien — menschenleerer Kontinent	Beispiele: Übervölkerung und Auswande- rung (in Italien und Irland) Weinbau und Klima (Mosel, Pfalz, Frankreich) Ebbe und Flut (Nordsee) Steigungsregen (Harz) Straßen über die Alpen City und innerstädtischer Ver- kehr (Hamburg)
Behandlung nach schematischer Kapitelfolge: Lage, Grenzen, Größe; Relief; Klima; Boden; Vegetation; Ländliche Sied-lungen; Städtische Siedlungen; Agrarwirtschaft; Industrie; Verkehr; Fremdenverkehr...		

Die Länderkunde, bei der die Regionen nach
dem immer gleichen länderkundlichen Schema ab=
gehandelt wurden, führt im Unterricht und im
Lehrbuch bei der üblichen Stoffverkürzung in
der Regel nur zu einer dürftigen Faktenauf=
zählung und ist heute zumindest in der Bundes=
republik allgemein überwunden. Aber auch die,
zum Beispiel im österreichischen Schullehr=
buch "SEYDLITZ" oft angewendete "Länderkunde
nach dominanten Faktoren" ist didaktisch äu=
ßerst unbefriedigend. Man geht von Ländern
aus, sucht nach den jeweils am wichtigsten
erscheinenden Momenten und macht sie zu Leit=
motiven der unterrichtlichen Behandlung. Da=
durch kommt es vielfach zu groben Triviali=
sierungen und Klischeebildungen und die Län=
der werden von den Schülern nur mehr unter dem
Aspekt des - subjektiv - ausgewählten dominan=
ten Faktors gesehen, bei dem sich die Frage er=
hebt, ob er dem betreffenden Land wirklich ge=
recht wird.

Der nächste Schritt wäre dann, die Regionen
nur noch als "Aufhänger" oder als Hilfen bei
der Themenwahl zu verwenden. Dieser Schritt
aber führt, wie SCHULTZE es ausführt, direkt
zur Allgemeinen Geographie, bei der sich die
Stoffauswahl nicht mehr an Regionen orientiert,
sondern an geographischen Strukturen, die an
exemplarischen Länderbeispielen dargestellt
werden.

Abb. 5 bringt einige Beispiele, die das bisher
Gesagte verdeutlichen sollen. Man könnte noch
beliebig viele anschließen. Es stimmt, daß durch
die Dominanten zur Allgemeinen Geographie hin=
geführt wird, aber SCHULTZE ist in der Folge
nicht konsequent. Obwohl die Länderbeispiele
in der rechten Spalte nur mehr als Aufhänger
für die Themen, an denen durchaus Grundeinsich=
ten gewonnen werden können, erscheinen, stellt
SCHULTZE dann auch Themenbeispiele zusammen,
die sehr komplexe Strukturen enthalten und eben=
so in einer länderkundlichen Darstellung auf=
scheinen könnten. BIRKENHAUER (1970) bezeichnet
diese Beispiele als "Komplexe Geographie", z.
B. die Themen *"Wüste"* oder *"Pole"*.

Haupteinwand gegen diese Art der Unterrichts=
gestaltung wäre der, daß die Gefahr besteht,
daß der Zusammenhang zur 'Umwelt', zur 'Geo=
sphäre' verloren geht und der Schüler zwar dann
Einzelkomplexe und einfache Strukturen erklären
kann, sie aber nicht in chorologisch - funktio=

nale Beziehung zu anderen Bereichen, wie z.B. politischer Aktualität, gesamtwirtschaftli= chen Beziehungen eines Staates etc. setzen kann und so möglicherweise nur ein sehr iso= liertes Wissen erreicht werden könnte.

Interessant sind SCHULTZES vier K a t e g o= r i e n g r u p p e n, in die er die allgemein= geographischen Lerninhalte von einfacher zu steigender Komplexität gliedert und die mir sehr günstig als Ausgangspunkt für einen Lehr= plan erscheinen.

Abb. 6: (zus.gest. nach SCHULTZE 1970, S. 4 - 6)

KATEGORIEN	BEISPIELE
1. NATUR-STRUKTUREN	Zonale Anordnung von Klima und Vegetation Sukkulenz am Beispiel des Affenbrotbaumes Ebbe und Flut (Tidekreisel der Nordsee) Regelfälle der Witterung in Mitteleuropa Wetterkarte und Wettervorhersage Höhenstufen des Klimas Vulkane und Erdbeben Gletscher Kontinentaldrift etc.

2. MENSCH-NATUR-STRUKTUREN	Naturkatastrophen und menschliche Schutzmaßnahmen
	Bewältigung der Natur:
	    Gewinnung von Seesalz
	    Wurten und Deiche
	    Straßen über das Gebirge
	    Kulturpflanzen in verschiedenen Klimazonen
	Landnutzungssysteme und naturgeographische Faktoren
	Schwache und radikale Eingriffe des Menschen in den Naturhaushalt:
	    Pygmäen und andere Wildbeuter
	    Gummizapfer
	    Landgewinnung in der Zuidersee
	    Braunkohlentagebau und Rekultivierung
	Beabsichtigte und unbeabsichtigte Veränderungen des Naturhaushalts:
	    Talsperren regulieren den Abfluß
	    Eskimos vernichten ihre Jagdgründe
	    Versteppung durch Begradigung des Oberrheins
	    Bodenerosion und Bodenerhaltung etc.

3. FUNKTIONALE STRUKTUREN	Funktionalisierung und Wertsteigerung:
	    Die Pampa stellt sich auf die Produktion von Rindfleisch und Getreide für die Dichtegebie= te der Nordhalbkugel um
	    Kiruna, Lulea, Narvik und ihre funktionalen Verflechtungen zu den Schwerindustriezentren West- und Mitteleuropas
	    Außenstationen der Ökumene: Erdölstädte in der Sahara
	    Spezialisierung von Regionen auf den Fremden= verkehr
	Naturunabhängige funktionale Strukturen:
	    Intensitätsringe agrarischer Nutzung
	    Intensivkulturen in Großstadtnähe
	    Stadt als zentraler Ort
	    Pendelwanderung zu den Arbeitsstätten
	    Industriestandorte und Marktorientierung
	Funktionswandel:
	    Agrarland im Zugriff der Großstadt
	    Verstädterungszonen
	    Platz für Hafenerweiterung
	    Auszug aus dem Stadtkern
	Planung:
	    U-Bahn-Bau, Fußgängerzonen und City
	    Flurbereinigung etc.

4. GESELLSCHAFTLICH-KULTURELL BEDINGTE STRUKTUREN	Gruppen-Zusammenhang - Generationen-Zusammenhang Vergleich der Lebens- und Wirtschaftsformen von Wildbeutern, Hackbauern usw. in gleichen Na= turräumen Französische und englische Siedlungen in Kanada Agrarreformen in verschiedenen Staaten und Gesell= schaftssystemen Städtischer Wohnungsbau gestern, heute, morgen Rentabilität und Distanz Stadtgenerationen

Auch hier bleibt naturgemäß die konkrete Lehr=
planerstellung offen. SCHULTZE ist sich be=
wußt, daß er hier nur Beispiele geben kann,
die er aber inzwischen in einem Lehrbuch aus=
gearbeitet hat.[24] Seine Meinung, daß im Geo=
graphieunterricht ausschließlich allgemeine
Geographie unterrichtet werden sollte, steht
ganz im Zeichen der aktuellen Tendenz zur
Abstraktion. Ob sie tatsächlich auch bessere
Unterrichtserfolge bringt; - darüber gibt es
noch keine Untersuchungen.

3.3.2. Das Konzept einer problemorientierten, aktualisierten Länderkunde

J. BIRKENHAUER (1970) geht den umgekehrten
Weg. Er lehnt die Auffassung SCHULTZES ab und
erweckt eine "neue" Länderkunde zum Leben, nur
diesmal mit konträrer Einseitigkeit. Dabei
wendet er sich vor allem gegen den Vorwurf, daß
Länderkunde nicht problembezogen sei und ver=
sucht, durch die Quantifizierung von Dominan=
ten der Länderkunde zur Problembezogenheit zu
verhelfen. Von dieser Meßbarmachung verspricht
er sich die Erklärung bestimmter Raummuster,
der Inwertsetzung eines Raumes, einer Umwelt
durch den Menschen. Dadurch sei auch die ge=
rade von den Kritikern der Länderkunde immer
wieder geforderte gesellschaftliche Relevanz
gewährleistet.

BIRKENHAUER vertritt die Auffassung, daß sich
Regelhaftigkeiten und Gesetzmäßigkeiten nicht
nur d e d u k t i v über Struktur- oder dy=
namische Modelle und Abstraktion gewinnen las=
sen, sondern auch i n d u k t i v an "Län=
derkunde". Aber beim folgenden Beispiel zeigt
es sich, daß sich hinter den Begriffen *"All=
gemeine Geographie"* und *"Länderkunde"* in den
Abhandlungen der beiden Autoren sowie in der
Erwiderung von G. HOFFMANN[25] nahezu die glei=
che Auffassung verbirgt. Denn auch BIRKENHAUER
zielt hier und in seiner "Erdkunde"-Didaktik[26]
auf die Gewinnung von nomothetischen Einsich=
ten - ganz wie SCHULTZE, nur eben von anderen
Voraussetzungen her.

Das Beispiel zur Quantifizierung von Dominan=
ten: B e v ö l k e r u n g s d i c h t e als
meßbarer Parameter, der in Beziehung zu natur-
und kulturgeographischen, ebenfalls meßbaren
anderen Parametern, wie Wirtschaftskraft, In=
dustrialisierung, Kaufkraft, Bruttoinlandspro=
dukt etc. gesetzt werden kann. Nur begnügt
sich hier BIRKENHAUER mit der Anwendung auf
einen - gerade durchzunehmenden - Raum, wäh=
rend dieses Beispiel doch gut zu weiterer Ver=
allgemeinerung, Modellbildung und damit zur
Übertragungsmöglichkeit, zu Transfereinsichten
führen kann.

Ein immer wieder auftretendes Problem stellt
dabei die Frage dar: Welche Dominante ist wo=
für charakteristisch? Hier besteht die Gefahr
von Verzerrungen, - trotz der Möglichkeit zur
Quantifizierung.

Der Streit um die Beibehaltung von Begriffen,
die im Grunde in ihren Ergebniswünschen ähnli=
che Postulate aufweisen, ist sinnlos, vor al=
lem eine einseitige Forderung nach diesem oder
jenem, wie sie bei SCHULTZE und BIRKENHAUER
erhoben wird. Er läßt aber erkennen, daß die
traditionelle Auffassung *"Schulerdkunde =
Länderkunde"* mit Recht i n F r a g e
g e s t e l l t wird und zumindest in der
Bundesrepublik überhaupt nicht mehr ernsthaft
diskutiert wird. Es geht nur mehr um eine neue
inhaltliche Konzeption !

3.3.3. Das Konzept des Aufbaus des Unterrichts nach 'Grunddaseinsfunktionen'

In Abkehr von den oben genannten Prinzipien
versuchen einige Autoren - alle im wesentli=
chen zur *'Münchner Schule der Sozialgeographie'*
gehörig -, vor allem RUPPERT / SCHAFFER[27] und
SCHRETTENBRUNNER die Grunddaseinsfunktionen in

---

24) gemeint ist das schon öfter zitierte Lehr=
werk "GEOGRAPHIE". Eine ausführlichere Be=
sprechung dieses Lehrbuches und eine Über=
sicht über den Inhalt der ersten zwei Bän=
de findet sich im Beitrag von H.J.WEIS in
diesem Buch, S. 101 - 118.

25) HOFFMANN, G.: Allgemeine Geographie oder
Länderkunde. Es geht um Lernziele. In:
Geogr. Rundschau 22,1970,Heft 5, S.329ff.

26) BIRKENHAUER, J.: Erdkunde. Didaktik für die
Sekundarstufe. Düsseldorf 1971.

den Unterricht einzubeziehen, aber auch BIR=
KENHAUER anerkennt diesen modernen Ansatz zur
Unterrichtsgestaltung: Die Grunddaseinsfunkti=
onen *"besitzen Ansprüche an Fläche und Raum,
haben Einrichtungen, die an bestimmten Orten
gehäuft auftreten und insgesamt die Kulturland=
schaft bestimmen. ... Sie bestimmen die Aktivi=
täten verschiedener Sozialgruppen, ... die sich
in ihrer räumlichen Ausprägung überlagern und
als Aktivität der Gesellschaft insgesamt die
Umwelt und den naturvorgegebenen Raum ... über=
formen, ... Der Raum, die Landschaft - sie
werden zu einem Prozeßfeld, dessen Raumsitua=
tion jeweils neu bewertet wird* (BIRKENHAUER
1971, S. 22).[28]

SCHRETTENBRUNNER (1970) versucht eine konkrete
Ausarbeitung der Daseinsfunktion *"Wohnen"* zur
Unterrichtsgestaltung heranzuziehen, ebenso
den sozialgeographischen Begriff der *"Reich=
weite"* (1969), den er für drei verschiedene
Altersstufen ausarbeitet.[29] Methodisch läßt
er diesen Begriff induktiv als Arbeitsaufgabe
anhand einer konkreten Situation erschließen,
wobei er noch weitere Begriffe wiederholt bzw.
vorbereitet: *"Einzugsbereich"*, *"Agrarreform"*,
Siedlungsstruktur", *"EWG"*, *"unterentwickelte
Länder"* usw. Am Fallbeispiel Süditalien ge=
winnt man jedoch den Eindruck, als ob diese
Begriffe im leeren Raum hängen blieben, die
Beispiele oft zu isoliert erscheinen und so
die Transferwirkung fragwürdig erscheint. Auf
jeden Fall müßte diese Richtung systematisch
weiter ausgebaut werden.

RUPPERT / SCHAFFER verwenden die von PARTZSCH
(1964) aufgestellten Grunddaseinsfunktionen:

1. *Sich fortpflanzen und in privaten und
politischen Gemeinschaften leben*
2. *wohnen*
3. *arbeiten*
4. *sich versorgen und konsumieren*
5. *sich bilden*
6. *sich erholen*
7. *Verkehrsteilnahme, Kommunikation, Infor=
mation.*

RUPPERT leitete daraus in einem Vortrag auf
der Studientagung der Akademie für Politische
Bildung und des Zentralverbandes der Deutschen
Geographen in Tutzing 1971 acht für die Geogra=
phie in der Schule bedeutende Lernziele ab:

1. *Die Erkenntnis sozialgruppengebundenen
Handelns und relativierter Bewertung des
Geopotentials durch den Menschen ... aus
dem sozialgeographischen Konzept heraus.*

2. *Die Ausbreitung globaler Prozeßabläufe
(Urbanisierung, Industrialisierung, Be=
völkerungskonzentration usw.) im Rahmen
des gesamtgesellschaftlichen Wandels und
in ihrer räumlichen Ausprägung.*

3. *Die Betrachtung menschlicher Aktivitäten
soll in der Behandlung raumspezifischer
Aspekte der Grundfunktionen der Daseins=
äußerung ihren Ausdruck finden. Von hier
aus öffnet sich ein direkter Zugang zu
den Teildisziplinen der Geographie und zu
den Nachbarwissenschaften. ...*

4. *Das Verständnis für den Mitmenschen im ei=
genen Lebensbereich ist durch die Betrach=
tung z.B. der Lebensformen, der sozialen
Gebundenheit, der Ernährungsweisen usw. in
der Dritten Welt auszuweiten.*

5. *Die Situation einzelner Länder und ihrer
Grenzen soll als raumwirksame Tätigkeit
höherrangiger sozialer Gebilde (z.B. Staa=
ten) aus sozialgeographischer Sicht begrif=
fen werden.*[30] *Grenzen sind unter dem As=
pekt der Aktionsreichweiten einzelner
Gruppen und ihrer Funktionsfelder zu be=
trachten.*

6. *Die Notwendigkeit einer Ordnung im Raum
zwingt zur Befassung mit Problemen der
lokalen, regionalen und internationalen
Planung unter Berücksichtigung unterschied=
licher gesellschaftlicher Leitbilder. ...
Dazu gehört auch das Hinführen zu kriti=
scher Überprüfung raumwirksamer Leitbil=*

---

27) RUPPERT, K. und F. SCHAFFER: Zur Konzepti=
on der Sozialgeographie. In: Geographi=
sche Rundschau 21, 1969, Heft 6.
28) vgl. dazu auch seine Ausführungen in dem=
selbem Buch in seinem Kapitel: *"Die Dis=
kussion um den länderkundlichen Gang"*,
S. 42 - 48.

29) SCHRETTENBRUNNER, H.: Die Daseinsfunktion
"Wohnen" als Thema des Geographieunter=
richts. In: Geogr. Rundschau 22, 1970.
SCHRETTENBRUNNER, H.: Die Reichweite. Zur
Erarbeitung sozialgeographischer Grund=
begriffe. In: Geogr. Rundschau 21, 1969.
30) Das bedeutet aber, daß hier ein echter Zu=
gang zur Länderkunde als idiographischer
Betrachtungsweise besteht, der durchaus
verwertbar ist.

der, ebenso eine Stellungnahme zu Konfliktsituationen, die sich aus der Konfrontation unterschiedlicher Zielvorstellungen ergeben. Das Verständnis für Flächennutzungs-, Bebauungs-, Verkehrs- und sonstige Entwicklungspläne muß bereits in der Schule geweckt werden.

7. Die Auseinandersetzung mit den Problemen der Umweltgestaltung schließt auch eine auf die Gesellschaft orientierte Befassung mit Strukturen und Prozessen der Naturökologie mit ein. Eine Einengung des Faches Schulerdkunde auf seinen sozialwissenschaftlichen Gehalt wäre eine nicht zu verantwortende Verarmung im schulgeographischen Bildungsbereich.

8. Die Beurteilung von politischen Konfliktsituationen aus sozialgeographischer Sicht erfordert eine intensive Befassung mit globalen politisch-geographischen Konstellationen und wirtschaftspolitischen Zusammenschlüssen.[31)] *Das bedeutet keinesfalls eine schrankenlose Ideologisierung des Geographieunterrichts, sondern eine Erziehung des Schülers zum mündigen, aus sozialgeographischer Sicht für weltweite Probleme aufgeschlossenen Bürger.*[32)]

RUPPERT verzichtet an dieser Stelle auf Ausarbeitung eines konkreten Planes, - ein solcher ließe sich jedoch sicher in sinnvoller Weise daran anknüpfen. Er ist der Auffassung, daß "ein so verstandener Unterricht im Fach Erdkunde, d.h. die E r k l ä r u n g   v o n   R a u m s y s t e m e n   d e r   E r d b e v ö l k e r u n g und ihrer Untergruppen - jeweils gesehen in u n t e r s c h i e d l i c h e r   A g g r e g a t i o n - als zentrales Betrachtungsobjekt der Geographie die Polarisierung zwischen Allgemeiner Geographie und Länderkunde aufhebt".[33)]

Das ist eine wichtige Feststellung, die geeignet ist, Prinzipienstreitereien zu vermeiden.

3.3.4. Das Kulturerdteilkonzept[34)]

Dieses Konzept als Teilkonzept eines neuen Geographielehrplans, als ein Konzept, das neben thematischen Unterrichtskonzepten einen Platz in einem reformierten Lehrplan einnehmen sollte, wird in Österreich von W. SITTE (1972) vertreten. Er wendet sich zunächst gegen die herkömmliche Länderkunde, weil diese nur rasch veraltetes Informationswissen über einzelne Länder und Staaten mit meist willkürlicher Auswahl und Aneinanderreihung der Fakten biete. Er fordert den E r w e r b   f u n d a m e n t a l e r   E i n s i c h t e n an Hand von komplexhaften Beispielen, an denen sich prinzipielle Zusammenhänge zeigen lassen, die auch auf andere Sachverhalte ü b e r t r a g b a r sind, befürwortet also eine stark allgemein-geographische, lernzielorientierte, nicht rezeptive Geographie. Allerdings hält er dabei eine überschauende Betrachtung von größeren Einheiten für notwendig und schlägt als geeignete Dimension K u l t u r e r d t e i l e vor, z.B. an Hand des Schemas von A. KOLB (1962), der zehn Kulturerdteile abgrenzt:[35)]

1. der abendländische Kulturerdteil,
2. der russische Kulturerdteil,
3. der ostasiatische (sinische) Kulturerdteil,
4. der südostasiatische (indopazifische) Kulturerdteil,
5. der indische Kulturerdteil,
6. der orientalische Kulturerdteil,
7. der negride Kulturerdteil,
8. der anglomerikanische Kulturerdteil,
9. der iberoamerikanische Kulturerdteil,
10. der austral-pazifische Kulturerdteil.

---

31) Auch dieser Ansatz kann wieder zu Raumeinheiten politischer und wirtschaftlicher Art, wie z.B. 'Weltwirtschaftsregionen', 'Kulturerdteile' etc. hinführen.

32) RUPPERT, Karl: Lernzielkatalog der mit räumlicher Planung befaßten Disziplinen. Fachgebiet Geographie. In: Wege zu veränderten Bildungszielen im Schulfach Erdkunde, hrsg. v. R. GEIPEL. Der Erdkundeunterricht, Sonderheft 1, Stuttgart 1971, S. 66 - 70.
Zitat: S. 68 - 69.

---

33) ebenda, S. 69.

34) siehe dazu auch in diesem Buch: H. WOHLSCHLÄGL und H. LEITNER: Der Kulturerdteil Orient als Lebensraum. Ein Unterrichtsmodell für die 5. Klasse AHS, S.189-197.

35) KOLB, A.: Die Geographie und die Kulturerdteile. In: Hermann von Wissmann-Festschrift, hrsg. v. A.Leidlmair. Tübingen 1962, S. 42 - 49.

Zum Problem der Länderkunde in der Schulgeographie

Ein Kulturerdteil ist demnach *"ein Raum sub=
kontinentalen Ausmaßes, dessen Einheit auf dem
individuellen Ursprung der Kultur, auf der be=
sonderen einmaligen Verbindung der landschafts=
gestaltenden Natur- und Kulturelemente, auf
der eigenständigen, geistigen und gesellschaft=
lichen Ordnung und dem Zusammenhang des hi=
storischen Ablaufes beruht."*[36] Nach SITTE
(1972) und WOHLSCHLÄGL - LEITNER (1975)[37]
müßte der Behandlung dieser Kulturerdteile die
Erarbeitung von weniger komplexen Strukturen
und Prozessen, wie 'Grunddaseinsfunktionen',
'Siedlung', 'Wirtschaftseinheiten' etc.[38]
vorausgehen. Die Kulturerdteile wären also vor
allem in der Oberstufe zu behandeln.

Dem Konzept, daß auf eine Erarbeitung von
Grundbegriffen thematischer Art, von Struktu=
ren und Prozessen eine großräumige Darstel=
lung von Geosphärenausschnitten folgt, ist im
Prinzip sicher zuzustimmen. Es fragt sich je=
doch, ob diese Einheiten nicht doch zu groß
gewählt sind, ob nicht zu sehr generalisiert
werden muß und dadurch zu wenig differenzierte
Aussagen über geographische Tatbestände er=
laubt werden, - das heißt, ob man nicht aus
diesen Kulturerdteilen kleinere Einheiten aus=
grenzen müßte, die einer eingehenderen Behand=
lung - auch im Sinne der Gewinnung von Grundeinsichten - unterzogen werden.

3.4. Probleme der Lehrplanerstellung

Nach der Gegenüberstellung von verschiedenen
thematischen Ansätzen soll nun auf einige
konkrete Probleme eingegangen werden, die sich
- unter Berücksichtigung der Curriculumpla=
nung - ergeben:

*3.4.1. Geschlossenheit des Lehrplans - Orga=
nisation der Lernschritte,*
3.4.2. lernpsychologische Fragestellungen,
3.4.3. Altersstufen des Schülers,
3.4.4. das Exemplarische und
3.4.5. zur Operationalisierung des Lernens.

---

36) ebenda, S. 46.
37) in diesem Buch, S. 195.
38) SITTE 1972, S. 45f.

*3.4.1. Geschlossenheit des Lehrplans - Organi=
sation der Lernschritte*

Einer der Hauptgründe, warum der schematische
länderkundliche Durchgang abzulehnen ist, be=
steht in der Tatsache, daß er zwar den Wissens=
umfang erweitern kann, daß er aber keinen kon=
sequenten organisierten *qualitativen Wissens=
zuwachs* bietet. GEIPEL (1968) spricht von einer
"Rampe", die ein erreichtes Lernziel für den
nächsten Lernschritt darstellen soll; - auf
dieser Basis können Lernziele von zunehmender
Komplexität erreicht werden. Dazu gehört auch
die Frage: Kann man von *Einzelbildern* der Land=
schaft (wie sie zum Beispiel in manchen neuen
Lehrbüchern geboten werden) in sinnvoller Wei=
se zu übergeordneten Raumeinheiten, die nach
bestimmten Kriterien abgrenzbar sind, kommen?

BIRKENHAUER (1971) setzt die Kenntnis von erd=
kundlichen Grundbegriffen voraus, die am Anfang
jedes weiterführenden Tuns, des Strukturerken=
nens, der Modellbildung stehen müssen. In die=
ser Hinsicht sei bisher noch viel zu wenig ge=
tan worden, sodaß der Eindruck besteht, die
Geographie besitze keine *"stark vorgezeichnete
Sachlogik der Lerninhalte"*.

Die Frage nach dem stufenweisen Aufbau der
Lernschritte berührt das nächste Problem:

3.4.2. Lernpsychologische Fragestellungen

Als Hauptfrage erweist sich folgende: Ist es
möglich, Lernschritte so zu organisieren, daß
heranwachsende Schüler sie ohne Bruch, - das
heißt "stufenlos" - in der Art, wie sie sie
geistig bewältigen, erreichen können? Gibt es
lernpsychologisch fundierte Untersuchungen,
die dieses Problem für den Geographieunterricht
relevant lösen können? In der Praxis fehlen
solche empirischen Arbeiten; meist wird aus dem
"Alltag" heraus argumentiert. Hier allerdings
stehen sich wiederum verschiedene Auffassungen
gegenüber:

Während manche Autoren Einzelbilder und immer
komplexere Strukturen im Unterricht behandeln
möchten (SCHULTZE 1970), vertreten andere die

Auffassung, daß starkes räumliches Springen (bei diesen Einzelbildern etc.) zu keiner festen Vorstellung sachlicher und räumlicher Art von der Erde führe. Es entstünde eine Art *"Tupfengeographie"*. Würden lediglich geographische Beziehungen zu Lernzielen erhoben und im Unterricht an wechselnden Beispielen behandelt, könnten sie von Schülern im frühen Alter (5. bis 7. Schuljahr) kaum behalten werden, da sie zu abstrakt seien. KNÜBEL fordert daher aus jugendpsychologischen Gründen die Behandlung von Erdräumen. Dazu stellt er fest, daß sich die weiteren Überlegungen darauf konzentrieren müßten, herauszuarbeiten, *welche* Räume der Erde eine unterrichtliche Behandlung erfahren sollten, in welcher Reihenfolge und in welcher Altersstufe sie zu bearbeiten sind und *was* an ihnen zu erarbeiten wäre. Beim letzten Punkt gelangt KNÜBEL jedoch wieder zur alten Streitfrage: Soll der *Raum* an sich *idiographisch* behandelt werden oder sollen *an einem Raum typische, nomothetische Einsichten* gewonnen werden?

3.4.3. Altersstufen des Schülers

Dabei geht es vor allem um die Frage, ob eine Anordnung von Lernzielen so möglich ist, daß in den höheren Klassen von dem, was in den unteren Klassen erarbeitet wurde, nichts "verloren geht".

Beispiel: *Bevölkerung*. Wenn in der 1. Schulstufe nur eine sehr allgemeine Ausführung zur Gewinnung von Grundeinsichten über die Verteilung der Weltbevölkerung auf dem Programm steht (z.B. im Lehrbuch "WELT UND UMWELT 5"), - wie kann später daran angeknüpft werden, ohne daß alles oder sehr viel davon rekapituliert werden muß? Ist es sinnvoll, manche Kapitel unter diesem Aspekt in einer Art *"vertikalem Durchgang"* anzuordnen? Wie kann ein Thema dabei in zunehmend komplexerer Sicht zur Erarbeitung gebracht werden? Auch hier kann vorläufig nach wie vor nur experimentiert werden, weil dazu zuwenig Ergebnisse der wissenschaftlichen Forschung vorliegen.

GROTELÜSCHEN (1965) stellt dazu fest, daß durch den mehrfachen Umgang mit den Unterrichtsgehalten die Möglichkeit einer immanenten Wiederholung bei immer größerer Vertiefung des Verständnisses gegeben sei. Seine Devise lautet *"Dreimal um die Erde"*, aber nicht als wiederholender Durchgang von Ländern, sondern arbeitstechnisch und methodisch abgewandelt:

5. und 6. Schuljahr: Lebensnahe Einzelbilder,
7. und 8. Schuljahr: Allgemeine Gliederung der Erde in Räume einheitlicher Struktur,
9. Schuljahr: Sachverhalte sollen global betrachtet werden, z.B. 'Ballungsräume', 'Industriezweige', 'Agrarproduktion' usw.

Daß diese Bereiche gut zu Lehrplänen und Unterrichtsmaterial verarbeitet werden können,[39] steht außer Frage; es bleibt aber offen, inwieweit dadurch die vorgegebene Absicht, vom konkreten zum abstrakten Denken zu gelangen, wirklich erreicht wird.

3.4.4. Das Exemplarische

An diesem Begriff zeigt sich wieder die Verschiedenheit der Meinungen. Er erfüllt zwei Aufgaben:

1. Abkehr von der Stoffülle des Geographieunterrichts,
2. methodischer Ausbau zur typisierenden Betrachtungsweise als Schritt zum abstrakten Denken.

In seiner Auffassung als Reduktionsmittel ist er oft falsch angewendet worden, z.B. in der Auffassung, daß die Behandlung von *"Ägypten ausreiche, um den Irak und Westpakistan nur mehr kursorisch, wenn überhaupt, zu streifen* (KNÜBEL 1957, S. 58). Oder daß ein Staat durch eine Landschaft "typisch" vertreten werden solle. Diese Auswahlinstrumente stammen aus einer Zeit, in der der Lehrer aus Zeitmangel nicht mehr wußte, welche Kontinente er auslassen oder in unzumutbar kurzer Zeit durchnehmen mußte.

Wird der Begriff des Exemplarischen jedoch als m e t h o d i s c h e s I n s t r u m e n t, das dazu dient, von der Fülle der idiographi=

---

[39] z.B. in dem bundesdeutschen Geographielehrbuch von GROTELÜSCHEN - SCHÖTTLER: *"Dreimal um die Erde"*.

schen, geographischen Sachverhalte zu Grund=
einsichten zu gelangen, die an einem B e i -
s p i e l profund erarbeitet werden können,
um dann eben in den typischen Strukturen auch
anderer Räume wiedergefunden zu werden, auf=
gefaßt, so gewinnt er sofort eine große Be=
deutung für den Unterricht.

Ein Beispiel: *Wüsten Afrikas --- D i e Wüste:
Klima, Formenschatz, Lebensformgruppen etc.*
Jetzt werden an diesem Beispiel grundsätzliche
Einsichten gewonnen, die sich in ihren typi=
schen Zügen auch auf andere Räume übertragen
lassen, - und zwar vom Schüler s e l b s t,
der durch die Erarbeitung der aus einem Bei=
spiel zu gewinnenden Einsichten dazu befähigt
wird. Das gilt selbstverständlich auch für den
humangeographischen Bereich, wo sich die zu er=
arbeitenden Grundeinsichten dann eben auf die
Stadt, auf Wirtschaftssysteme u.s.w. beziehen.

Doch auch dazu die Gegenmeinung. Sie kommt wie=
der von der lernpsychologischen Seite: CORRELL
(1967, zit. nach BIRKENHAUER 1971) ist der Mei=
nung, daß die Erarbeitung eines Beispieles dem
Schüler noch nicht helfe, einen Transfer auf
andere Räume oder andere Probleme durchzufüh=
ren, daß es mehr oder weniger bei diesem Bei=
spiel als länderkundlichem Ausschnitt der Erde
bleibe. Auch darüber müßten noch viele empiri=
sche lernpsychologische Untersuchungen ange=
stellt werden.

Es steht aber fest, daß über das - richtig ver=
standene - Exemplarische ein Weg gefunden ist,
der gestattet, von der Länderkunde als einziger
Möglichkeit im Unterricht abzugehen und den An=
satz von der systematischen Seite her zu erfas=
sen, d.h. es sollen Grundlagen räumlicher Be=
ziehungen geschaffen werden, die mehrseitig an=
wendbar sind.

3.4.5. *Operationalisierung des Lernens*

Diese nimmt im Curriculum eine Schlüsselposi=
tion ein. Ihre Hauptaufgabe ist die Überprü=
fung von Lernschritten und Erreichung des Lern=
zieles, daneben auch eine standardisierte, als
gerechter ausgegebene Leistungsbeurteilung.
Mit ihr verbunden ist eine umfassende Ausstat=
tung mit Lernmaterial, aber auch eine sehr
tiefgreifende Beschränkung von Lerninhalten.
Ich halte die Forderung nach Operationalisier=
ung der Lerninhalte zwar durchaus für richtig,
aber für gewisse Themenbereiche - vor allem
der Oberstufe - problematisch; wenn zum Bei=
spiel in irgend einer Form von politischen
Entwicklungen oder aktuellen Wirtschaftsfra=
gen die Rede ist, und zwar idiographisch, -
auf einen konkreten Raum und seine individu=
elle Problematik bezogen, - also länderkund=
lich. Es ist leicht, ein Modell einer Volks=
wirtschaft zu operationalisieren, aber wie
soll zum Beispiel ein politischer Konflikt,
der sozialgeographische Hintergrund einer Re=
volte etc. im konkreten Fall operational er=
arbeitet werden? Hier müßte das Curriculum un=
bedingt freien Raum für die Behandlung von
aktuellen Geschehnissen lassen, die oft nur
idiographisch auf Grund ihrer Einmaligkeit
verstanden werden können und an denen die An=
wendung von Modellen und Grundeinsichten zwar
möglich ist, aber nur in sehr beschränkter
Weise. Ganz darauf zu verzichten, nur um der
Operationalisierbarkeit wegen, würde der Schul=
geographie viel von ihren aktuellen Bezügen
und dadurch von ihrer Rechtfertigung nehmen.

Eine weitere Gefahr eines streng durchgezogenen
Curriculums liegt darin, daß dem einzelnen Leh=
rer praktisch keine Freiheit bleibt, aktuelle
Ereignisse in den Unterricht einzubauen. Auch
wird mit dem Curriculum stillschweigend die
Ideologie der in der Schule ja anonym auftre=
tenden Autoren übernommen, was im Extremfall
zu einseitiger Manipulation führen könnte. Da=
gegen könnten Alternativcurricula wirken, was
wiederum Mehraufwand mit sich bringen würde.

3.5. *Sinn und Aufgabe der Länderkunde in der Schule*

Jetzt ist noch einmal Gelegenheit, auf die Aus=
nützung der Möglichkeit hinzuweisen, *Idiographi=
sches* im Geographieunterricht unterzubringen.
Denn wenn nur mehr Einzelbilder oder einzelne
Sachverhalte im Unterricht behandelt werden,
gelangt man ins andere Extrem eines "allgemein
geographischen Durchgangs", der Modelle ana=
lysieren und Strukturen von meist ohnehin sehr

reduziert dargestellten Problemen erkennen läßt, aber keine oder nur wenige Beziehungen chorologisch - funktionaler Art, die ja das geographische Objekt mitenthält, zwischen ein= zelnen Teilkomplexen der Geosphäre vermittelt und sich dadurch von der komplexen Wirklichkeit immer mehr entfernt.

Hat die jahrzehntelange Vorherrschaft der Län= derkunde diese Gegenrichtung hervorgerufen, so besteht nun die Gefahr einer Verabsolutierung dieses Standpunkts. Davor sollte man sich hü= ten und besser nach Möglichkeiten suchen, sinn= voll beide Gegenpole in einem auszuarbeitenden neuen geographischen Lehrgang zu verbinden.

Schon 1954 schrieb SCHMITHENNER zu diesem Problem:[40] "... *während die Länderkunde in An= wendung der geographischen Begriffe forschend zu den ... Gebieten kommen muß, wie die Allge= meine Geographie forschend zur Einsicht in die verschiedenen räumlichen Erscheinungen ... der Faktoren gelangt. Dort geht man vom räumlichen Komplex, hier vom sachlich Speziellen aus.*"
Zwar spricht er sich in der Folge für die Län= derkunde aus, wobei er die Allgemeine Geogra= phie unterbewertet, - er deutet aber an, daß in der Geographie beide Prinzipien, das Idio= graphische und das Nomothetische begründet sind und einander ergänzen. Das müßte auch in der Schule berücksichtigt werden. Hier kann durchaus ein methodischer Weg gefunden werden, der der Überwindung des Gegensatzes zwischen Allgemeiner Geographie und Länderkunde ent= spricht.[41]

Jetzt sollen noch zwei weitere Vertreter der wissenschaftlichen Geographie zum Thema "Län= derkunde" zu Wort kommen:
E. WIRTH (1970)[42] geht davon aus, daß Länder= kunde wissenschaftlich fundierte Aussagen über menschliche Probleme im Raum der oft ideolo= gisch manipulierten Information im Zeitalter der Massenmedien entgegensetzen kann.[43] Län=

derkundliche Aussage als Hilfe zum modernen Weltverständnis muß aber gerade auch die In= dividualität des Einzelfalles herausarbeiten. " ... *Die geographische und historische Kon= stellation der Auseinandersetzungen in Biafra oder Vietnam, in Palästina oder Portugiesisch-Ostafrika, in Kaschmir oder Nordirland ist eben einzigartig und unwiederholbar.*" Das er= fordere natürlich eine aktuelle Fortführung und Ausbau von wissenschaftlich fundierten Länderkunden von seiten der Hochschule. Nur dadurch könne Kritikfähigkeit auch des Schü= lers erreicht werden.

SCHÖLLER (1970)[44] weist darauf hin, daß sich auch an der Hochschule ein Wandel zugunsten der neuen Prinzipien raumwissenschaftlichen Arbeitens - vor allem unter dem Einfluß der Sozialgeographie und der neuen quantitativen Methoden - zeigt, daß aber auch die wissen= schaftliche Länderkunde darüber nicht vernach= lässigt werden dürfe. SCHÖLLER fragt: "*Welche aufregenden Erkenntnismöglichkeiten kann man nicht bei Spanien, den Niederlanden, bei Un= garn, Mexico, Japan sinnvoll g e r a d e aus dem Gesamtzusammenhang der natürlichen und wirtschaftlichen Bedingungen und der gesell= schaftlichen und politischen Kräfte gewinnen!*"
Er ist der Meinung, daß sich dabei allgemeine und regionale Fragestellungen v e r k n ü p= f e n lassen, vor allem, wenn beide auf P r o z e s s e und nicht auf Zustände hin orientiert sind.

Bei all diesen Ausführungen darf man nicht au= ßer Acht lassen, daß der Begriff *"länderkund= lich"* ja nicht von vornherein mit *"Staaten= kunde"* gleichzusetzen ist, sondern ganz all= gemein im Sinne einer idiographischen Betrach= tungsweise aufzufassen ist. So kann darunter auch die Behandlung von *"Kulturerdteilen"*

---

40) SCHMITHENNER, H.: Zum Problem der Allgemei= nen Geographie und der Länderkunde. 1954. siehe Lit.verz.
41) vgl. dazu den Katalog v. RUPPERT, Kap.3.3.3. S. 175f.
42) WIRTH, E.: Zwölf Thesen zur aktuellen Prob= lematik der Länderkunde. In: Geographi= sche Rundschau 22, 1970, S. 444 - 450.

43) Gegner der Länderkunde berufen sich ja im= mer wieder darauf, daß die Information durch die Massenmedien ja ohnehin (schon) ein geographisch-politisch-wirtschaftliches Weltbild vermittle. Sich darauf zu verlas= sen, erscheint unverantwortlich, da damit der Manipulation Tür und Tor geöffnet wä= re, ohne daß der Schüler diese an einem sachlich fundierten Bezugsraster prüfen könnte.
44) SCHÖLLER, P.: Gedanken zum Geographieunter= richt der Schule aus der Sicht der Uni= versität. In: Geogr. Rundschau 22,1970.

oder "Landschaftsgürteln" verstanden werden. Das hängt jeweils vom Lernziel bzw. dem Zweck seiner Anwendung ab und variiert von Fall zu Fall.

4. *Zusammenfassung - Ausblick*

Die methodische Reflexion des geographischen Selbstverständnisses hat dazu beigetragen, auch das Bild des Geographieunterrichtes in der Schule zu wandeln; - hier trifft sie sich mit den Interessen von seiten der Gesellschaft. Dabei führt der Weg von den alten Lehrplänen mit länderkundlichem Durchgang weg zur Curriculumdiskussion. Hier ergibt sich durch die Vorgangsweise, zunächst nicht Stoffgebiete aufzustellen, sondern nach Lernzielen zu fragen, an denen eine Auswahl von geographischen Inhalten orientiert ist, von selbst die Forderung nach *Operationalisierbarkeit* dieser Inhalte. Dabei bietet sich eine *Form der Allgemeinen Geographie* an, die geographische Sachverhalte an Beispielen mehr oder weniger komplexen Aufbaus erarbeiten läßt mit der Aufgabenstellung, *übertragbare Grundeinsichten* vom Schüler selbst einsichtig machen zu lassen. Zugleich soll damit die Stoffülle des Faches überwunden werden.

Eine allgemeingültige Systematik des Curriculums kann nicht gefunden werden, da neben der Komplexität des geographischen Objekts die gesellschaftlichen Interessen, denen ein Curriculum unterworfen ist, wandelbar sind, wie sich ja in der Praxis immer wieder zeigt.

Die *Länderkunde* steht nun außer dem schlechten Ruf, den sie sich durch ihre versteinerte Ausformung in der Schule erworben hat, neben dem Problem, daß sich ihre Inhalte nur schwer operationalisieren lassen, da z.B. ihre aktuellen Bezugspunkte wechseln und teilweise nicht einmal voraussehbar sind.

Dennoch glaube ich, daß die länderkundliche, idiographische Betrachtungsweise, die in der wissenschaftlichen Geographie nach wie vor verankert ist und in vielen Arbeiten - vorwiegend Monographien -, wie übrigens auch in der Planung und Grundlagenforschung, erfolgreich angewendet wird, auch in der Schule ihren Platz finden sollte, vor allem an Hand aktueller Einstiege zum politischen, wirtschaftlichen und sozialen Leben. Damit wird die Gefahr einer abstrakten, beziehungslosen einseitigen Fixierung auf letzten Endes technokratische Ausbildung des Schülers abgewendet, die bei radikaler Entfernung der Länderkunde aus der Schule zwangsläufig auftreten würde. Selbst die Lernzielkataloge der Curriculumplanung würden diesen Aspekten nicht widersprechen, wenn man sie immer wieder auf das Gesamtobjekt der Geographie hin anordnete.

Es steht außer Frage, daß auch in der Schule das didaktisch und psychologisch fundierte Prinzip, möglichst viele *nomothetische Einsichten* zu gewinnen und dem Schüler durch richtig zusammengestelltes Unterrichtsmaterial und geeignete Unterrichtsmethoden das '*Nachvollziehen*' geographischer Arbeitsrichtungen möglich zu machen, weiter ausgebaut und in Lehrgängen organisiert werden muß, wie es in Lehrbüchern der Bundesrepublik Deutschland bereits geschieht. Erst dadurch kann die Lücke geschlossen werden, die das andere Extrem, eine auf stures Auswendiglernen gerichtete Anbietung von Fakten, die nach irgendeinem Schema geordnet sind, hervorruft. Die K o e x i s t e n z der verschiedenen berechtigten Ansprüche scheint der einzig gangbare Weg; Aufgabe der Schulgeographie wird sein, dazu eine Systematik des Lehrgangs, der vor allem das Problem der Altersadäquatheit zu berücksichtigen hat, zu finden. Erst dann kann das Ziel der Geographie, nämlich die Erklärung und systematische Durchdringung der Gestaltung und der Auseinandersetzung des Menschen mit dem Raum, erreicht werden.

LITERATUR

BARTELS, D.: Die Zukunft der Geographie als Problem ihrer Standortbestimmung. In: Geographische Zeitschrift 56, 1968, S. 124 - 142.
BARTELS, D.: Zur wissenschaftstheoretischen Grundlegung einer Geographie des Menschen. Beihefte zur Geographischen Zeitschrift (Erdkundliches Wissen) 19, Wiesbaden 1968, 225 S.

BARTELS, D.: Einleitung. In: WIRTSCHAFTS- UND SOZIALGEOGRAPHIE, hrsg. v. D. Bartels. Neue Wissenschaftliche Bibliothek 35, Köln - Berlin 1970, S. 13 - 45.

BARTELS, D.: Zwischen Theorie und Metatheorie. In: Geographische Rundschau 22, 1970, S. 451 - 457.

BIRKENHAUER, J.: Die Länderkunde ist tot. Es lebe die Länderkunde. Replik auf die Aufsätze von A. Schultze und H. Hendinger in der GR 1970, Heft 1. In: Geographische Rundschau 22, 1970, S. 194 - 206.

BIRKENHAUER, J.: Erdkunde. Eine Didaktik für die Sekundarstufe. Düsseldorf 1971, 2 Bde., 173 u. 167 S.

BOBEK, H.: Gedanken über das logische System der Geographie. In: Mitteilungen der Geographischen Gesellschaft Wien 99, 1957, S. 122 - 145.

BOBEK, H.: Über den Einbau der sozialgeographischen Betrachtungsweise in die Kulturgeographie. In: Deutscher Geographentag Köln 1961, Tagungsberichte und wissenschaftliche Abhandlungen, Wiesbaden 1962, S. 148 - 189.

BOBEK, H.: Bemerkungen zur Frage eines neuen Standorts der Geographie. In: Geographische Rundschau 22, 1970, S. 438 - 443.

BOBEK, H. und J. SCHMITHÜSEN: Die Landschaft im logischen System der Geographie. In: Erdkunde 3, 1949, S. 112 - 120.

CAROL, H.: Zur Diskussion um Landschaft und Geographie. In: Geographica Helvetica 11, 1956, S. 111 - 132.

CAROL, H.: Zur Theorie der Geographie. In: Mitteilungen der Österreichischen Geographischen Gesellschaft 105, 1963, S. 23 - 28.

CHORLEY, R.J. und P. HAGGETT (Hrsg.): Models in Geography. London 1967, 816 S.

DEUTSCHE SCHUL- UND HOCHSCHULGEOGRAPHIE. Bestandsaufnahme zur Situation der deutschen Schul- und Hochschulgeographie. Ein studentischer Bericht. In: 37. Deutscher Geographentag Kiel 1969, Tagungsbericht und wissenschaftliche Abhandlungen, Wiesbaden 1970, S. 191 - 207.

DREIMAL UM DIE ERDE, hrsg. v. W. Grotelüschen und A. Schüttler. Lehrbuch für die Sekundarstufe I, Berlin 1970 f.

ERNST, E.: Lernziele in der Erdkunde. In: Geographische Rundschau 22, 1970, S. 186 - 194.

GEIPEL, R.: Die Geographie im Fächerkanon der Schule. Einige Überlegungen zum Problem des geographischen Curriculums. In: Geographische Rundschau 20, 1968, S. 41 - 45.

GEIPEL, R. (Hrsg.): Wege zu veränderten Bildungszielen im Schulfach Erdkunde. Studientagung Tutzing 1971. Der Erdkundeunterricht, Sonderheft 1, Stuttgart 1971, 168 S.

GEOGRAPHIE. Band 1 (5. und 6. Schuljahr), Band 2 (7. und 8. Schuljahr) und Band 3 (9. und 10. Schuljahr). Ernst Klett Verlag, Stuttgart 1970, 1972, 1974.

GROTELÜSCHEN, W.: Die Stufen des Heimat- und Erdkundeunterrichts in der Volksschule. In: Die Deutsche Schule 1965, S. 366 - 370.

HARD, G.: Die Diffusion der "Idee der Landschaft". Präliminarien zu einer Geschichte der Landschaftsgeographie. In: Erdkunde 23, 1969, S. 249 - 264.

HARD, G.: Die Geographie. Eine wissenschaftstheoretische Einführung. Serie Göschen, Walter de Gruyter, Berlin 1973, 318 S.

HARTKE, R.: Die Bedeutung der geographischen Wissenschaft in der Gegenwart. In: 33. Deutscher Geographentag Köln 1961, Tagungsbericht und wissenschaftliche Abhandlungen, Wiesbaden 1962, S. 113 - 131.

HENDINGER, H.: Ansätze zur Neuorientierung der Geographie im Curriculum aller Schularten. In: Geographische Rundschau 22, 1970, S. 10 - 18.

HOFFMANN, G.: Allgemeine Geographie oder Länderkunde. Es geht um Lernziele. In: Geographische Rundschau 22, 1970, S. 329 - 331.

KNÜBEL, H.: Exemplarisches Arbeiten im Erdkundeunterricht. Gedanken zum Problem der Stoffbeschränkung und Unterrichtsvertiefung. In: Geographische Rundschau 9, 1957, S. 56 - 61.

KOLB, A.: Die Geographie und die Kulturerdteile. In: Hermann von Wissmann - Festschrift, hrsg. v. A. Leidlmair, Tübingen 1962, S. 42 - 49.

NEEF, E.: Die theoretischen Grundlagen der Landschaftslehre. Gotha-Leipzig 1967, 152 S.

PARTZSCH, D.: Zum Begriff der Funktionsgesellschaft. In: Mitteilungen des Deutschen Verbandes für Wohnungswesen, Städtebau und Raumplanung, H.IV, Köln 1964, S. 3 - 10.

RUPPERT, K.: Lernzielkatalog der mit räumlicher Planung befaßten Disziplinen. Fachgebiet Geographie. In: Wege zu veränderten Bildungszielen im Schulfach Erdkunde, hrsg. v. R. Geipel. Der Erdkundeunterricht, Sonderheft 1, Stuttgart 1971, S. 66 - 70.

RUPPERT, K. und F. SCHAFFER: Zur Konzeption der Sozialgeographie. In: Geographische Rundschau 21, 1969, S. 205 - 214.

SCHMITHENNER, H.: Zum Problem der Allgemeinen Geographie und der Länderkunde. Münchner Geographische Hefte 4, Kallmünz/Regensburg 1954, 37 S.

SCHMITHÜSEN, J.: Das System der geographischen Wissenschaft. In: Wirtschafts- und sozialgeographische Themen zur Landeskunde Deutschlands. Theodor Kraus zu seinem 65. Geburtstag. Bad Godesberg 1959, S. 1 - 14.

SCHMITHÜSEN, J.: Was ist eine Landschaft? In: Erdkundliches Wissen 9, Wiesbaden 1964.

SCHMITHÜSEN, J.: Die Aufgabenkreise der geographischen Wissenschaft. In: Geographische Rundschau 22, 1970, S. 431 - 437.

SCHMITHÜSEN, J. und P. NETZEL: Vorschläge zu einer internationalen Terminologie geographischer Begriffe auf der Grundlage des geosphärischen Synergismus. In: Geographisches Taschenbuch 1962/63, Wiesbaden 1963.

SCHÖLLER, P.: Gedanken zum Geographieunterricht der Schule aus der Sicht der Universität. In: Geographische Rundschau 22, 1970, S. 361 - 363.

SCHRETTENBRUNNER, H.: Die "Reichweite". Zur Erarbeitung sozialgeographischer Grundbegriffe. In: Geographische Rundschau 21, 1969, S. 214 - 221.

SCHRETTENBRUNNER, H.: Die Daseinsfunktion "Wohnen" als Thema des Geographieunterrichts. Ein Beitrag zur Neugestaltung der geographischen Unterrichtswerke. In: Geographische Rundschau 22, 1970, S. 229 - 235.

SCHULTZE, A.: Allgemeine Geographie statt Länderkunde. Zugleich eine Fortsetzung der Diskussion um den exemplarischen Erdkundeunterricht. In: Geographische Rundschau 22, 1970, S. 1 - 10.

SCHULTZE, A.: Einführung. In: 30 Texte zur Didaktik der Geographie, hrsg. v. A. Schultze, Westermann Taschenbuch, Braunschweig 1971, S. 9 - 30.

SITTE, W.: Die Betrachtung von Kulturerdteilen als eine Aufgabe der Schulgeographie. In: Wissenschaftliche Nachrichten 29, Wien 1972, S. 45 f.

TROLL, C.: Die geographische Landschaft und ihre Erforschung. In: Studium Generale 3, 1950, S. 163 - 181.

UHLIG, H.: Die Geographie in der Grundlagenforschung und Raumplanung der Entwicklungsländer und ihre Behandlung im Unterricht. In: Wege zu veränderten Bildungszielen im Schulfach Erdkunde, hrsg. v. R. Geipel. Der Erdkundeunterricht, Sonderheft 1, 1971, S. 84 - 95.

UHLIG, H.: Organisationsplan und System der Geographie. In: Geoforum 1, 1970, S. 19 - 52.

WELT UND UMWELT. Geographielehrbuch für die Sekundarstufe I (5. und 6. Schuljahr - Band 1, 7. und 8. Schuljahr - Band 2), Lehrer- und Schülerband. Hrsg. v. W. Hausmann, Westermann, Braunschweig 1972 f.

WIRTH, E.: Zum Problem einer Allgemeinen Kulturgeographie: Raummodelle - kulturgeographische Kräftelehre - raumrelevante Prozesse - Kategorien. In: Die Erde 100, 1969, S. 155 - 193.

WIRTH, E.: Zwölf Thesen zur aktuellen Problematik der Länderkunde. In: Geographische Rundschau 22, 1970, S. 444 - 450.

WIRTH, E.: Warum eine Länderkunde von Syrien? Vorwort zu: WIRTH, E.: Syrien, eine geographische Landeskunde. Wissenschaftliche Länderkunden 4/5, Wissenschaftliche Buchgesellschaft, Darmstadt 1971, S. 1 - 7.

3. Abschnitt:

Neue Unterrichtsinhalte – Lernzielorientierter Unterricht zwei Beispiele

Der Kulturerdteil ‹Orient› als Lebensraum

Ein lernzielorientiertes thematisches Unterrichtsmodell für die 5. Klasse der AHS (9. Schulstufe)

Helmut WOHLSCHLÄGL und Helga LEITNER [1]

```
                          Inhalt:
   I. EINFÜHRUNG ........................................ 187
        1. Vorbemerkungen ................................ 187
        2. Unterrichtsziel - Problemorientierte Kulturerdteilbetrachtung . . 188
        3. Warum Behandlung von Kulturerdteilen im Unterricht ? ...... 189
            3.1. Neue Entwicklungen in der Schulgeographie. Vom länderkundli=
                 chen Durchgang zum lernzielorientierten Unterricht nach all=
                 gemein-geographischen Sachkategorien ................ 189
            3.2. Wozu dann überhaupt noch ein regionalgeographisches Unter=
                 richtskonzept ? ................................... 192
            3.3. Das Kulturerdteilkonzept ............................. 193
            3.4. Zum Stellenwert einer großraumspezifischen, problemorien=
                 tierten Regionalen Geographie in einem thematischen Unter=
                 richtskonzept ...................................... 194
        4. Zur Wahl des Themas "Der Kulturerdteil Orient als Lebensraum" . . 197
            4.1. Die Behandlung des Kulturerdteils "Orient" in der Lehrstoff=
                 verteilung für die Schulversuche an der Oberstufe der AHS  . 198
            4.2. Die Behandlung des "Orient" im derzeitigen Geographieunter=
                 richt der Oberstufe ................................. 198
        5. Aufbau und Gliederung des Unterrichtsmodells ............. 201
            5.1. Lernzielformulierung - Lernzielkatalog und Problematik . . . 201
            5.2. Organisationsschema des Unterrichtsmodells .......... 207
            5.3. Angaben zu jeder Unterrichtseinheit ................. 207
            5.4. Ein Maximalprogramm !? ............................. 211
  II. ÜBERSICHT. Unterrichtsabschnitte und Unterrichtseinheiten, Haupt-
      und Teillernziele ....................................... 212
 III. DAS UNTERRICHTSMODELL: Lernziele, Unterrichtshinweise, topographi=
      scher und Sachkatalog ................................... 214
        1. Unterrichtsabschnitt: Der Orient und sein Erdöl im Brennpunkt der
                                Weltpolitik ..................... 214
        2. Unterrichtsabschnitt: Von der traditionellen Gesellschaft zur
                                Agrarreform ..................... 219
        3. Unterrichtsabschnitt: Der Mensch antwortet auf die Herausfor=
                                derung der Natur in den Trockenräumen ........ 222
        4. Unterrichtsabschnitt: Urbanisierung und Industrialisierung -
                                Fluch oder Segen ................ 228
        5. Unterrichtsabschnitt: Der Konflikt Israel - Arabische Staaten . . 233
      Literaturhinweise zum Orient (Auswahl) .................... 236
      Literatur zu Abschnitt I: Einführung ...................... 240
```

I. EINFÜHRUNG

1. Vorbemerkungen

Im praktischen Teil des im Sommersemester 1973 durchgeführten Seminars *"Wissenschaftliche und didaktische Probleme der Schulgeographie"* war die Aufgabe gestellt, unter Zugrundelegung der neuen fachdidaktischen Strömungen im Geographieunterricht einige Beispiele zu erarbeiten. Im Projekt *"Der Kulturerdteil Orient als Lebensraum"* wird versucht, ein Unterrichtsmodell, bestehend aus

- Themen der Unterrichtseinheiten,
- Hauptlernzielen,
- Teillernzielen,

---

[1] unter Mitarbeit von:
Rudolf KODNAR - 1. Unterrichtsabschnitt,
Ulrike HOUDA - 4. Unterrichtsabschnitt,
Karl PICKNER - 5. Unterrichtsabschnitt.

- Feinlernzielen,
- Hinweisen zur Unterrichtsmethode,
- Angaben der im Rahmen der Unterrichtseinheiten zu erarbeitenden Sach- und topographischen Begriffe,

für die Schüler der 5. Klasse der Allgemeinbildenden Höheren Schule (AHS) in einem Umfang, der in etwa dem Ausmaß, das der Behandlung Nordafrikas und Vorderasiens im derzeit gültigen Lehrplan zugewiesen ist, entspricht, zu erstellen. Direkten Anlaß dazu bietet ein von einer Projektgruppe des Unterrichtsministeriums erarbeiteter Lehrplan, der nun auch in Schulversuchen erprobt wird und - erstmals in Österreich von der traditionellen länderkundlichen Vorgangsweise abweichend - eine Behandlung des Stoffes nach K u l t u r e r d t e i l e n vorschlägt.[2]

2. *Unterrichtsziel - Problemorientierte Kulturerdteilbetrachtung*

Unterrichtsziel ist eine integrierte Gesamtbetrachtung einer Weltregion - des Orient - nach jenen bestimmenden Merkmalen und Schwerpunkten, durch die es möglich ist, beim Schüler *im affektiven Lernzielbereich* Verständnis für die Entwicklungs- und Gegenwartsprobleme eines Kulturerdteils, seine Gemeinsamkeiten und seine Bedeutung zu wecken und *im kognitiven Bereich* die sozial- und wirtschaftsgeographische Basis zu Grundtatsachen und Grundeinsichten über seine spezifischen sozialen, politischen und wirtschaftlichen Probleme zu legen, Diskussionsgrundlagen zu den Entwicklungsmöglichkeiten dieser Großregion zu schaffen, sowie ihre Stellung zu anderen Kulturerdteilen oder Weltregionen zu beurteilen.

Es handelt sich dabei nicht mehr um die bisher praktizierte aneinandergereihte Abhandlung einzelner Staaten oder Staatengruppen - zum Beispiel in dem hier besprochenen Fall von Marokko bis Afghanistan - sondern um eine g r o ß r a u m s p e z i f i s c h e Betrachtung wichtiger individueller Probleme eines Kulturerdteils, bei der einzelne Staaten oder bestimmte Landesteile nur mehr als exemplarische Beispiele zu regional übergreifenden und umfassenden Sachfragen aufscheinen, - etwa im Sinne eines stärkeren Motivations-, Illustrations- oder Vertiefungseffektes oder weil das entsprechende Sachproblem gerade in diesem Staat von besonderer Bedeutung ist.

Obwohl auf das länderweise Vorgehen verzichtet wurde und lediglich regionale Beispiele zur Veranschaulichung herangezogen wurden, kann dennoch ein umfassendes - und unseres Erachtens ausreichendes - topographisches Wissen vermittelt werden, wie der topographische Katalog zu jeder Unterrichtseinheit beweist.[3]

Als Unterrichtsziel wird nicht enzyklopädisches Wissen angestrebt, sondern *"ein auf Informationen über Fakten und Probleme beruhendes und zur weiteren Orientierung befähigendes, stets greifbares operationalisierbares Grundwissen"* (BARTH 1973, S.58)[4] mit dessen Hilfe es dem Schüler später möglich sein soll, auftretende Probleme b e w u ß t und r i c h t i g zu erfassen, in einen Gesamtrahmen einzuordnen und eventuell auch zu lösen.[5]

In diesem Sinne wird auch das dem Unterrichtsmodell zugeordnete f a c h b e s t i m m t e H a u p t l e r n z i e l folgendermaßen formuliert:

● *Gewinnen eines möglichst tiefgehenden Verständnisses der Zusammenhänge und Vorgänge im Orient, das auf grundlegenden Kenntnissen und Erkenntnissen beruht und zu rational*

---

2) Schulversuche an der Allgemeinbildenden Höheren Schule gemäß Art.II,§6 der 4.Schulorganisations-Gesetz-Novelle. Beschreibung der Versuchsmodelle. In: Arbeitsberichte III/3, hrsg. v. Bundesministerium für Unterricht und Kunst, Zentrum für Schulversuche und Schulentwicklung, Klagenfurt - Graz - Wien 1974, 23 S.

2) Forts.:
Lehrstoffverteilung für die Schulversuche in Geographie und Wirtschaftskunde. In: Arbeitsbericht III/2, ebenda, Klagenfurt - Graz - Wien 1973, S. 45 ff.

3) siehe dazu auch: Kap. 5.3.5.,S.211.

4) BARTH, J.: Curriculare Probleme in der Sekundarstufe I am Beispiel der Weltmächte USA und Sowjetunion. In: Geographische Rundschau 25, 1973, S. 55 - 61.

5) vgl. dazu W. KLAFKI, einen der bedeutendsten Vertreter der allgemeinen Didaktik, der schulisches Lernen als Konfrontation und

*begründeten Haltungen und Handlungen gegen=
über den Staaten des Orient und ihren Men=
schen führt sowie durch die dort gewonnenen
Einsichten zu einem besseren raumverant=
wortlichen Handeln auch bei uns beiträgt.
Dabei sollten die Schüler befähigt werden,
die Staaten und Völker des Orient nicht
nur mit von außen gesetzten - österreichi=
schen, europäischen - Maßstäben zu beurtei=
len, sondern sie auch systemimmanent und
mit ihren eigenen Wertvorstellungen ver=
stehen zu können. Dadurch könnten Vorur=
teile leichter abgebaut werden.*[6)7)]

Eine problemorientierte Erörterung regionaler
Fragen auf der Basis von Kulturerdteilen wird
auch außerhalb der Schule immer mehr als echte
Alternative zur "Komplettheit" anstrebenden
"Länderkunde" angesehen, wie die Serie der
"Fischer Länderkunden"[8)] oder die Darstellung
des politischen, wirtschaftlichen und gesell=
schaftlichen Gegenwartsbildes der Welt von
J.P. COLE[9)] zeigt.

Auseinandersetzung mit unterrichtlichen In=
halten, sofern sie g e n e r a l i s i e r =
b a r sind, auffaßt. *"Lernen heißt: Mit
einem M i n i m u m an I n h a l t e n
zu einem M a x i m u m an Wirklichkeits=
erkenntnis gelangen und weiterschreiten."*
Wenn es dem Lehrer gelingt, in allgemeine
Kategorien einzuführen, d u r c h d i e sin=
guläre Fälle erklärt und verfügbar gemacht
werden können, hat er diesem Lernverständ=
nis zufolge das Lehrziel und der Schüler
das Lernziel erreicht.
KLAFKI, W.: Didaktische Analyse als Kern
der Unterrichtsvorbereitung. In: Die
Deutsche Schule 10, 1958, S. 450 - 471.

6) Dieses Lernziel hat unseres Erachtens für
jede Betrachtung spezifisch-individueller
Situationen von Großregionen in der Schule
Gültigkeit. Es wurde von BARTH 1973 aufge=
stellt und in modifizierter und adaptier=
ter Form für den Orient übernommen.

7) vgl. dazu die Definition des B i l d u n g s =
i n h a l t e s bei KLAFKI (1958, S.455f.):
*"Es charakterisiert einen Bildungsinhalt,
daß er als einzelner Inhalt immer stellver=
tretend für viele Kulturinhalte steht; immer
soll ein Bildungsinhalt Grundprobleme, Grund=
verhältnisse, Grundmöglichkeiten, allgemei=
ne Prinzipien, Gesetze, Werte, Methoden
sichtbar machen".*

8) FISCHER LÄNDERKUNDE, hrsg. v. W.W. PULS, er=
scheint in 7 Bänden: Band 1: Europa und die
Sowjetunion, Band 2: Ostasien, Band 3: Der
indo-pazifische Raum, Band 4: Nordafrika
und Vorderasien (Orient), Band 5: Afrika -
südlich der Sahara, Band 6: Nordamerika,
Band 7: Lateinamerika; Fischer Taschenbuch
Verlag, Frankfurt.

9) COLE, J.P.: Geography of World Affairs. 4.
Auflage 1972.

3. Warum Behandlung von Kulturerdteilen im Unterricht?

3.1. Neue Entwicklungen in der Schulgeographie. Vom länderkundlichen Durchgang zum lern= zielorientierten Unterricht nach allge= mein-geographischen Sachkategorien.

In den letzten Jahren hat sich, ausgehend von
den USA, ein grundlegender Wandel vollzogen,
was die Auffassung von Unterrichtsinhalten und
Unterrichtsmethoden der Schulgeographie betrifft.
Wir stehen mitten in einem in den einzelnen
europäischen Staaten verschieden weit fortge=
schrittenen Prozeß der Ablösung des traditio=
nellen länderkundlichen Faktenunterrichts -
der 'Erwähnungsgeographie' nach SCHULTZE (1970,
S.7)[10)] durch ein t h e m a t i s c h e s
K o n z e p t. Diese Aussagen brauchen hier
nicht näher belegt zu werden, es genügt, auf
die Beiträge in diesem Band über die Entwick=
lung der Schulgeographie in den USA,[11)] in Groß=
britannien[12)] und in der Bundesrepublik Deutsch=
land[13)] hinzuweisen. In letzterer zum Beispiel
war 1974 die Länderkunde bereits in den Lehr=
planskonzepten a l l e r 10 Bundesländer aus
dem Geographieunterricht der Kollegstufe[14)]
völlig verdrängt.[15)]

Auch in Österreich ist das Unbehagen am derzei=
tigen Geographieunterricht fachintern bereits
im Wachsen, wie die letzte Geographentagung des
Instituts für Österreichkunde in St. Pölten
deutlich gezeigt hat. Es wird verstärkt durch
die jüngsten Entwicklungen der Fachwissenschaft,
durch die im Zuge der allgemeinen erziehungs=
wissenschaftlichen Curriculumrevision aufkom=
mende Kritik an den Inhalten des geographischen

---

10) SCHULTZE, A.: Allgemeine Geographie statt
Länderkunde. Zugleich eine Fortsetzung
der Diskussion um den exemplarischen Erd=
kundeunterricht. In: Geographische Rund=
schau 22, 1970, S. 1 - 10.

11) LEITNER, H.: Eine Pionierleistung zur Re=
form des Geographieunterrichts in den USA:
Das 'High School Geography Project'(HSGP),
siehe in diesem Band S. 121 - 144.

12) TÜRK, A.: Situationsanalyse der Schulgeogra=
phie in Großbritannien. Siehe S. 145 - 161.

13) SCHNELLER, M.: Der Anteil und die Stellung
der Geographie in neuen Lernbereichen.
Siehe S. 87 - 99.
WEIS, H.J.: Ein kritischer Vergleich öster=
reichischer und bundesdeutscher Geogra=
phielehrbücher. Siehe S. 101 - 118.

Unterrichts, durch geänderte gesellschaftliche Anforderungen an die Schule und geänderte Auffassungen über Unterrichts- und Bildungsziele, als deren Folge außergeographische Pressuregroups - vor allem aus dem gesellschaftspolitischen und wirtschaftlichen Bereich - den Bildungswert und den Beitrag unseres Faches zur Bewältigung zukünftiger Lebenssituationen, zur Schulung von kritischem Verstandes- und Entscheidungswissen und zur geistigen Herausforderung der Schüler in Frage stellen und selbst in die Schule drängen. Mit dieser Problematik setzen sich bereits zwei Beiträge in diesem Buch ausführlich auseinander,[16] sodaß es gestattet ist, auf diese zu verweisen und diese Fragestellungen nur mehr kurz anzuschneiden.

Wenn man im Zusammenhang mit der Neugestaltung geographischer Lehrpläne im In- und Ausland die Länderkunde als zentralen Teil der Schulgeographie angreift, so deshalb, weil man vor allem von der Weiterreichung eines rasch veraltenden Informationswissens über einzelne Staaten oder Landschaften, die außerdem willkürlich - weil nicht nach objektiv logischen Kriterien beweisbar - und beziehungslos aneinandergereiht sind, loskommen will. Die moderne, sich unter dem Druck erziehungswissenschaftlicher und pädagogischer Erkenntnisse, geänderter gesellschaftlicher Anforderungen und einer ständig zunehmenden Stoffülle neu orientierende Schulbildung bemüht sich um das Erkennen und Verstehen p r i n z i p i e l l e r   Z u s a m m e n h ä n g e und um die Schulung des Erwerbens und Begreifens f u n d a m e n t a l e r   G r u n d e i n s i c h t e n, die vom Schüler dann auf andere Sachverhalte t r a n s f e r i e r t werden können und diese aufschließen.

Die traditionelle Länderkunde zielt darauf ab, in individualisierender Weise das Wesentliche eines Landes herauszustreichen. Sie führt damit in die *"Sackgasse des Singulären"*,[17] wo einmalige, für die Gewinnung übertragbarer Grundeinsichten nicht günstige Voraussetzungen bietende Sachverhalte dargestellt werden, die außerdem durch das in der Schule bei dem Ziel, alle Staaten 'durchzunehmen', auftretende Zeitproblem und durch die natürliche Vereinfachungstendenz der Schule zu kaum verantwortbaren Simplifizierungen oder zu fragwürdigen subjektiven Auswahlprinzipien führen. Bei der Menge der singulären, im Prinzip von Staat zu Staat gleichstrukturierten Fakten geht bald die Übersicht und das Interesse der Schüler verloren. Häufig wählt dann der Lehrer selbst aus, läßt ganze Kontinente weg oder erwähnt von anderen nur die Namen der Staaten, ihre Hauptstädte und ein paar wichtige Produkte, womit wir wieder bei SCHULTZES *"Erwähnungsgeographie"* angelangt wären.

W. SITTE (1972, S.45)[18] fragt völlig richtig, ob das geographische Weltbild unserer zukünftigen mittleren und höheren Führungsschichten von solchen Zufälligkeiten und einer kurzfristig veralteten Faktenakkumulation abhängen soll. Abgesehen davon, daß derartiger Unterricht die Schüler - besonders der Oberstufe - geistig zuwenig fordert und nur in sehr geringem Maß motiviert.

Auch die zur Einschränkung der Stoffülle teilweise vertretene *'Länderkunde nach dominanten Faktoren'* erweist sich als unbrauchbar, da sie sehr gefährliche Trivialisierungen bereits als Leitsätze propagiert.[19]

Moderne Lehrplanentwürfe des Auslandes verzichten daher auf das Gerüst der Länder. Nicht diese stehen mehr im Mittelpunkt des Unterrichts,

---

14) entspricht etwa unserer 7. und 8.Klasse der AHS.

15) vgl. dazu die Zusammenstellung in:
BAUER, L.: Zum Stand des Geographieunterrichts in der Kollegstufe. In: Geographische Rundschau 26, 1974, S. 106-109.

16) SITTE, W.: Das Unterrichtsfach 'Geographie und Wirtschaftskunde' im Spannungsfeld neuer Entwicklungen. In diesem Band S. 11 - 44.
GILLINGER, F.: Zum Problem der Länderkunde in der Schulgeographie. S. 163 - 183.

17) vgl. dazu:
HENDINGER, H.: Ansätze zur Neuorientierung der Geographie im Curriculum aller Schularten. In: Geographische Rundschau 22, 1970, S. 10 - 18.

18) SITTE, W.: Die Betrachtung von Kulturerdteilen als eine Aufgabe der Schulgeographie. In: Wissenschaftliche Nachrichten 29, 1972, S. 45 - 46.

19) z.B. *'Weinland Frankreich'*; vgl. dazu H.J. WEIS, der sich mit entsprechenden Tendenzen im SEYDLITZ auseinandersetzt, und F. GILLINGER.

sondern auf Verhaltensdispositionen des Schü=
lers abzielende Lernziele, bzw. die von ihnen
abgeleiteten Themen, wie das folgende Beispiel
zeigt:

o Das L e r n z i e l heißt zum Beispiel:
*Der Schüler soll erkennen, daß sich der
Mensch in seinen Grunddaseinsfunktionen auf
die extremen Bedingungen des Trockenraumes
eingestellt hat und daß heutzutage hier,
bedingt durch den technischen Fortschritt,
ein gewaltiger Umwandlungsprozeß im Gange
ist.*[20]

o T h e m e n k r e i s e, die davon abgelei=
tet werden können, sind u.a.:
- *die Natur des Trockenraumes im Orient,*
- *die traditionelle Oasenwirtschaft,*
- *Probleme und Umstrukturierungsvorgänge
  durch das Eindringen marktwirtschaftli=
  cher Praktiken in die Subsistenzwirt=
  schaft,*
- *Hirtennomadismus,*
- *Probleme der Seßhaftwerdung,*
- *Formen der Inwertsetzung der Trockenräume
  des Orient,*
- *zur wirtschaftlichen und ökologischen
  Problematik technischer Großvorhaben in
  den Trockenräumen des Orient,*
- *Trockenfeldbau,*
- *Wirtschaftswandel in der Steppe,*
- *die verkehrsmäßige Erschließung der Sahara,*
- *Erdöl in der Wüste.*

Noch einmal auf den Beitrag von W. SITTE ver=
weisend, könnte man die 'neue' Schulgeographie
folgendermaßen charakterisieren:

● 1. Thematisches Unterrichtskonzept statt
länderkundlichem, landschaftkundlichem
oder staatenkundlichem Konzept.

● 2. Lernzielorientierung und Operationali=
sierung des Unterrichts in Geographie.

● 3. Vermittlung von Grundeinsichten und
Transferwissen statt nur singulär ver=
wendbaren Einzelwissens (Fakten). Ver=
stärkung von generalisierenden Frage=
stellungen, von abstrakten theoretischen
und modellhaften Betrachtungen.

● 4. Schließen der Schere zwischen den For=
schungsschwerpunkten der wissenschaftli=
chen Geographie und den Inhalten der
Schulgeographie.

● 5. "Gesellschaftsrelevante" - auf Verhaltens=
dispositionen und Bildungsziele der Ge=
sellschaft bezogene - Ausrichtung der
schulgeographischen Inhalte.

● 6. Kooperationsfähigkeit in Integrationsfä=
chern und zu Nachbarfächern durch kriti=
sche Reflexion der facheigenen Beiträge
zur Bewältigung der geänderten gesell=
schaftlichen Anforderungen an die Schule.

● 7. Zentrierung des Inhaltes auf menschliche
Gruppen in ihrer Raumwirksamkeit im wei=
testen Sinn.[21]

● 8. Einbau einer politischen Dimension in den
geographischen Unterricht. Bewußtmachung
des Konfliktcharakters räumlicher Struk=
turen, Prozesse und Verhaltensweisen als
Ergebnis oder Folge konkurrierender Nut=
zungs- bzw. Aktionsansprüche im Raum.

● 9. *Entscheidungslernen, Problemlösungsler=
nen* und *Entdeckendes Lernen* als neue be=
stimmende Unterrichtsmethoden.

●10. Forcierung selbständiger Schülerarbeit
(Schülerprojekte, Arbeitsunterricht) im
Sinne von Punkt 9.

●11. Konsequenter stufenmäßiger Unterrichts=
aufbau zunehmender Schwierigkeit von der
1. bis zur 8. Klasse im Sinne stetig zu=
nehmender geistiger Anforderungen und
aufbauender Themen statt zwei- bis drei=
fachem Durchlauf derselben Staaten.

---

20) Hauptlernziel des 3. Unterrichtsabschnit=
tes: *Der Mensch antwortet auf die Heraus=
forderung der Natur in den Trockenräumen.*

21) vgl. dazu RUPPERT, K.: Lernzielkatalog der
mit räumlicher Planung befaßten Disziplinen;
Fachgebiet Geographie. In: Wege zu veränder=
ten Bildungszielen im Schulfach Erdkunde,
hrsg. v. R. GEIPEL. Der Erdkundeunterricht,
Sonderheft 1, Stuttgart 1971, S. 66 - 70,
sowie die fachdidaktischen Initiativen der
"Münchner Schule".
Auch alle Lernzielkataloge, die in den 70er
Jahren in der BRD für Geographie aufgestellt
wurden, zeigen im wesentlichen die gleiche
Grundtendenz.

Vgl. dazu den etwas anders gelagerten Ansatz
von J. BIRKENHAUER mit einer interessanten,
sehr umfassend gesehenen Definition des Be=
griffes *"Inwertsetzung"*, dessen vielfältige
Formen im Zentrum geographischen Unterrichts
stehen sollten (J.BIRKENHAUER 1973 und 1975,
siehe Lit.verz.).

3.2. Wozu dann überhaupt noch ein regional= geographisches Unterrichtskonzept?

Kann aber ein reformierter Geographieunterricht völlig auf ein regionalgeographisches Konzept verzichten? Unseres Erachtens nun doch nicht, denn in einer Zeit der totalen Kommunikation, in der der Mensch immer wieder für ihn bedeutsame politische und wirtschaftliche Ereignisse zur Kenntnis nehmen muß, braucht er für diese Informationen einen verläßlichen Bezugsraster, in den er sie einordnen kann, um sie zu verstehen.

Deshalb vertritt zum Beispiel W. SITTE (1972, S. 45) die Meinung, daß eine *"synthetische Betrachtung von Erdräumen keineswegs unmodern geworden ist, sondern im Gegenteil notwendiger denn je"*. Und es sei - unter anderen - eine Aufgabe des Geographieunterrichts an der Oberstufe der AHS, ein Ordnungssystem, mit dessen Hilfe der Heranwachsende im Laufe der Jahre sein politisches Weltbild entwickeln kann, zu vermitteln.

Bei J. BARTH (1973, S. 55) finden sich ähnliche Überlegungen: *"Sollen nicht ... mindestens einige Staaten, besonders die politisch bedeutungsvollen Weltmächte und andere großräumliche Einheiten wie die Kulturerdteile fester Bestandteil des Erdkundeunterrichtes bleiben, weil die Verflechtungen von Wirtschaft, Gesellschaft und Politik in der 'einen' Welt immer stärker werden, weil deswegen Kenntnisse und Verständnis für die Kulturen in anderen Räumen immer notwendigere Bestandteile künftiger Verhaltensdispositionen werden und weil die entsprechenden Qualifikationen hinsichtlich mancher Erdräume fast nur im Erdkundeunterricht ... vermittelt werden? Das heißt: Sind nicht im künftigen lernzielorientierten Unterricht Einsichten in übertragbare Strukturen u n d zusammenhängende vertiefte Kenntnisse über die wichtigsten Sozialräume zum besseren Verständnis dieser Völker und zur leichteren Verständigung mit ihnen nötig?"*

Und obwohl den Ausführungen von FISCHER - HILD[22] im Grundsätzlichen nicht zugestimmt werden kann, muß ihnen beigepflichtet werden, *"..., daß ein Weltverständnis ohne die innerhalb von Ländergrenzen auftretenden Lebens= raumprobleme undenkbar ist. ... Daraus folgt, daß die Lebenssituationen der Menschen entscheidend vom Verlauf der politischen Grenzen bzw. von den gesellschaftlichen und politischen Entscheidungen innerhalb dieser Grenzen bestimmt sind; - dann muß sich zwangsläufig eine Auseinandersetzung mit Staaten ergeben* (FISCHER - HILD 1974, S.56)."[23]

Am deutlichsten wird das angeschnittene Problem bei der Behandlung der Weltmächte "USA" und "Sowjetunion" (aber auch "China"), die in vielen neuen Unterrichtskonzepten der BRD überhaupt nicht mehr geschlossen behandelt werden, aber auch in Einzelthemen sehr selten und außerdem noch unzusammenhängend, wie sich zum Beispiel an Hand der beiden thematisch aufgebauten deutschen Geographielehrbücher "GEOGRAPHIE" und "WELT UND UMWELT"[24] nachweisen läßt, von denen BARTH ersteres untersucht und festgestellt hat, daß der Band 1 (5. und 6. Schulstufe) nur z w e i Sachthemen enthält (von insgesamt 66), bei denen Grundeinsichten an Hand exemplarischer regionaler Beispiele aus den USA erarbeitet werden und gar nur e i n Thema aus der Sowjetunion. Bei Band 2 (7. und 8. Schuljahr) ist die Relation kaum besser (3 : 3 : 60), Band 3 (9. und 10. Schuljahr) bringt immerhin eine Unterrichtseinheit, in der die Weltmächte USA und Sowjetunion gegenübergestellt werden.[25]

In demselben Lehrbuch ("GEOGRAPHIE") weisen die Stoffe aus dem Orient folgende Verbreitung auf:

Band 1, 5/6 : 5 Unterrichtseinheiten von 66.
Band 2, 7/8 : 3 Unterrichtseinheiten von 60.
Band 3, 9/10: 0 Unterrichtseinheiten bei 73.

Bei allen 8 Unterrichtseinheiten liegen die Lernziele primär in der Erarbeitung allgemeiner Grundeinsichten, z.B. der Struktur einer Oase, der Gliederung der orientalischen Stadt etc. Das im Vergleich zu den Weltmächten USA

---

[22] FISCHER, F.K. und H.H.HILD: Länderkundlich orientierter Unterricht mit zukunftsrelevanten Lernzielen. In: Geographische Rundschau 26, 1974, S. 55 - 59.

[23] nach Bemerkungen von KNÜBEL 1970 und HINRICHS am Deutschen Geographentag 1971.

[24] GEOGRAPHIE. Band 1 (5.und 6.Schuljahr), Band 2 (7/8) und Band 3 (9/10). Ernst Klett Verlag, Stuttgart 1970, 1972 bzw. 1974.

und Sowjetunion stärkere Auftreten orientalischer Unterrichtseinheiten ist bedingt durch die im Lehrbuch für die tieferen Schulstufen gezeigte Vorliebe für *"Survivals, Reliktgeographisches und attraktive Primitivszenen"* (nach GLIEDNER, HARD u.a. 1973, S.11)[26] für die der Orient eindeutig mehr "hergibt" als die hochtechnisierten Staaten USA und UdSSR.

Können wir es uns aber leisten, unsere Schüler aus dem Geographieunterricht mit lediglich geringen *"tupfenartigen Informationen"* (BARTH 1973) ohne zusammenhängendes Wissen über bedeutende Weltregionen zu entlassen - in einer Zeit, in der durch das ständige Näherrücken ferner Räume entsprechende Qualifikationen für diese Begegnung benötigt werden, zu denen auch die Kenntnisse von wichtigen individuellen Problemen dieser Räume und Verständnis für ihre Menschen gehören.

All die bisher angeführten Argumente zeigen unseres Erachtens, daß es daher ganz einfach nicht zu leugnen ist, daß es im Geographieunterricht n e b e n t r a n s f e r i e r b a r e n G r u n d s t r u k t u r e n a u c h w i c h t i g e u n d w i s s e n s w e r t e i d i o g r a p h i s c h e E i n s i c h t e n gibt, die als spezielle geographische Probleme zum Verständnis des Zusammenspiels räumlicher Faktoren und der gesellschaftlichen bzw. wirtschaftspolitischen Situation von größter Bedeutung sind.

Die individuelle Brisanz des Erdölreichtums gewisser orientalischer Staaten mit ihren Folgen, die besonderen Leistungen der israelischen Landwirtschaft oder die Entwicklung des Iran zur bis nach Europa ausstrahlenden Kapitalgroßmacht bzw. die politisch sehr bedeutsamen regionalen Entwicklungsunterschiede im Orient sind nur aus dem Zusammenwirken sozialgeographischer, gesellschaftspolitischer, wirtschaftspolitischer, historischer und naturgeographischer Faktoren der gesamten Raumeinheit sowie ihrer spezifischen Wertvorstellungen und politischen Situation verständlich.

3.3. Das Kulturerdteilkonzept

Die Behandlung größerer Raumeinheiten im Unterricht im Sinne einer "P o l i t i s c h e n W e l t k u n d e", in der es in erster Linie um die Interdependenz (transferierbarer) Mensch-Natur - Strukturen, funktionaler oder gesellschaftlich-kultureller Strukturen[27] mit den individuellen politischen bzw. sozialen Verhältnissen eines Weltteiles und den daraus resultierenden spezifischen Ergebnissen geht, erscheint daher den Autoren zwar keinesfalls als alleinig anzuwendendes, aber als e i n wichtiges Konzept, das in einem reformierten Geographielehrplan neben anderen seinen Platz haben müßte.

Als größere Raumeinheiten dürften sich am besten die durch A. KOLB bekannt gewordenen K u l t u r e r d t e i l e eignen. Die Betrachtungsdimension muß nämlich größer sein als einzelne Länder und Staaten, damit das Gemeinsame nicht durch die Vielfalt der Details unkenntlich wird, darf aber andererseits nicht zu groß sein, da sonst eine genügend starke globale Differenzierung unmöglich und die reale Mannigfaltigkeit zu sehr vereinheitlicht wird.

KOLB (1962, S.46)[28] definiert die Kulturerdteile als

"Räume subkontinentalen Ausmaßes, deren Einheit auf dem individuellen Ursprung der Kultur, auf der besonderen einmaligen Verbindung der landschaftsgestaltenden Natur- und Kulturelemente, auf der eigenständigen geistigen und gesellschaftlichen Ordnung und dem Zusammenhang des historischen Ablaufs beruht".

---

24 Forts.)
  WELT UND UMWELT. Geographie für die Sekundarstufe I. Band 1 (5.und 6.Schuljahr) und Band 2 (7/8). Westermann, Braunschweig 1972 bzw. 1974.

25) GEOGRAPHIE 9/10, S. 201 - 206.

26) Die Autoren stellen diese Vorliebe in einer Vielzahl derzeit gängiger mehr oder weniger

---

thematisch orientierter bundesdeutscher Erdkundelehrbücher fest.
GLIEDNER,A., G.HARD, W.HEITMANN und C.WISSMANN: Zur Bewertung landes- und länderkundlicher Texte. In: Rundbrief des Instituts für Landeskunde 1973, 11, S.1-12.

27) vgl. A.SCHULTZE 1970, S.1-10.

Er unterscheidet insgesamt 10, und zwar:

1. der abendländische Kulturerdteil,
2. der orientalische Kulturerdteil,
3. der russische Kulturerdteil,
4. der angloamerikanische Kulturerdteil,
5. der lateinamerikanische Kulturerdteil,
6. der ostasiatische (sinische) Kultur=
   erdteil,
7. der südostasiatische (indopazifische)
   Kulturerdteil,
8. der indische Kulturerdteil,
9. der negride (schwarzafrikanische)
   Kulturerdteil,
10. der austral-pazifische Kulturerdteil.

Die Forderung nach einer großraumspezifischen Zusammenschau wirtschaftlicher, gesellschaft= licher und politischer Strukturen findet sich in vielen Lernzielkatalogen oder Lehrplankon= zepten der jüngsten Zeit. Sie läßt sich zum Beispiel auch aus der 4. und 8. These der Zu= sammenstellung genereller Lernziele der Geo= graphie von RUPPERT ableiten:

4. These: "Das Verständnis für den Mitmen=
   schen im eigenen Lebensbereich ist durch
   die Betrachtung z.B. der Lebensformen,
   der sozialen Gebundenheit, der Ernährungs=
   weisen usw. in der Dritten Welt auszu=
   weiten (RUPPERT 1971, S.68),

8. These: "Die Beurteilung von politischen
   Konfliktsituationen aus sozialgeographi=
   scher Sicht erfordert eine intensive Be=
   fassung mit globalen politisch-geogra=
   phischen Konstellationen und wirtschafts=
   politischen Zusammenschlüssen (RUPPERT
   1971, S.69).

Die Kulturerdteilbetrachtung trägt auch dazu bei, im Rahmen der von der Arbeitsgruppe "Grund= satzfragen" des Verbandes Deutscher Schulgeo= graphen aufgestellten "wesentlichen Verhaltens= dispositionen für den geographischen Unter= richt" einen Beitrag zur Bewältigung des 2. generellen Lernziels

"Fähigkeit und Bereitschaft zur rationalen
Auseinandersetzung mit der gegenwärtigen
und zukünftigen Welt"[29]

zu leisten. Auch im US-amerikanischen "High School Geography Project" (HSGP) war zu Beginn des Projektes noch ein Jahreskurs *"The Cultural Regions of the World"* geplant,[30] und sogar in der alten österreichischen SEYDLITZ-Ausgabe[31] wurden die Kulturerdteile am Schluß auf ca. 40 Seiten, gewissermaßen als Zusammenfassung des in den vorangegangenen Jahren erarbeiteten Länderkunde-Stoffes, abgehandelt, - in den neueren Auflagen aber wieder weggelassen.

Durch den Druck der Stoffülle und offenbar als Folge des langsam beginnenden Einfließens der jüngeren fachdidaktischen Entwicklungen in die österreichischen Lehrpläne scheinen sie nun in der Lehrstoffverteilung des Schulver= suchs für die Oberstufe wieder auf.

3.4. Zum Stellenwert einer großraumspezifischen, problemorientierten Regionalen Geographie in einem thematischen Unterrichtskonzept

Welche Position könnte nun eine Kulturerdteil= betrachtung in unseren Lehrplänen einnehmen ? S i c h e r   k e i n e   d o m i n i e r e n d e, wiewohl es überhaupt verfehlt wäre, zu glau= ben, die Länderkunde könnte durch eine die ganze Oberstufe durchlaufende Analyse sämtli= cher Kulturerdteile ersetzt werden, denn wich= tige sachlich-thematische Grundeinsichten be= anspruchen in dieser ebenfalls ihren Platz. Sicherlich wird es aber unbedingt notwendig sein, in einem Themenbereich "D i e   G r o ß = m ä c h t e   d e r   E r d e" eine verglei= chende Betrachtung der Sowjetunion (russischer Kulturerdteil), der USA (angloamerikanischer Kulturerdteil) und Chinas durchzuführen[32] und in einem Themenbereich "D i e   E n t w i c k = l u n g s p r o b l e m e   d e r   D r i t = t e n   W e l t" die weitgespannte Problematik der Entwicklungsländer von verschiedenen Aspek= ten her aufzurollen. Daran anknüpfend wäre es

---
28) KOLB, A.: Die Geographie und die Kulturerd= teile. In: Hermann von Wissmann-Festschrift, hrsg.v.A.Leidlmair, Tübingen 1962,S.42-49.
29) ZUR GESTALT UND ZIELSETZUNG GEOGRAPHISCHEN UNTERRICHTS. Verband Deutscher Schulgeogra= phen, Arbeitsgruppe Grundssatzfragen. In: Geographische Rundschau 22, 1970, S.332f.
30) siehe in diesem Buch: LEITNER H., S. 132.
31) Band 8 für die 8. Klasse der AHS, Wien 1962.
32) siehe auch: BARTH 1973 und IHDE,G.:Die Drit= te Welt in einem neuen geographischen Cur= riculum. In: Geogr.Rundschau 26,1974,S.100f.

möglich, einen Kulturerdteil aus diesem Bereich wegen seiner besonders interessanten speziellen Situation ausführlicher zu analysieren, z.B. den "Kulturerdteil Orient". Eine integrierte Betrachtung Europas dürfte in irgendeiner Art ebenfalls nicht fehlen.

Die Argumente, daß eine großraumspezifische Betrachtungsweise in den obersten Schulstufen erfolgen sollte, da dann schon im eigenen Fach und in den Nachbarfächern (Geschichte und Sozialkunde etc.) die Basis-Grundeinsichten für eine komplexe Zusammenschau geschaffen worden seien und außerdem die synthetische Betrachtung hohe geistige Anforderungen stelle, sind sicher zum Teil stichhaltig; - es stellt sich aber die Frage, ob die oberste Klasse nicht besser für den Erwerb abstrakter Denkfähigkeit, um mit Hypothesen, Theorien, Modellen und elementaren Forschungsmethoden (Schülerprojekte "vor Ort" zur Bewußtmachung und Analyse intragesellschaftlicher Raumkonflikte und konkurrierender Interessensansprüche) im Bereich der raumwirksamen Tätigkeit menschlicher Gruppen und räumlicher Systeme rational umgehen zu können, reserviert werden sollte.

Aus diesem Grund wird hier für die Kulturerdteilbetrachtung eine m i t t l e r e P o s i t i o n (9. Schulstufe) vorgeschlagen[33] als Alternative aber auch ein Modell mit einer großraumspezifischen Betrachtungsweise in der letzten Schulstufe angeboten *(siehe Abb.1)*.

V o r a n z u g e h e n hätte in der U n t e r s t u f e die Behandlung von w e n i g e r k o m p l e x e n grundlegenden räumlichen Strukturen und Prozessen, an denen durch k o n k r e t e R a u m b e i s p i e l e

O 1. Grundeinsichten in die Phänomene und Probleme
- naturwissenschaftlicher Gesetzmäßigkeit,
- biotischer Regelhaftigkeit und
- menschlichen Entscheidungsverhaltens
im Raum erarbeitet werden;

O 2. das Beziehungsgefüge zwischen Gesellschaft und Raum unter besonderer Berücksichtigung differenzierter und sich wandelnder gesellschaftlicher Zielvorstellungen begreifbar gemacht werden soll (Inwertsetzung von Räumen);

O 3. Gemeinsamkeiten und Unterschiede geographisch und historisch erklärbarer Lebensformen auf der Erde erkannt werden sollen.

An eine Betrachtung wichtiger Kulturerdteile a n s c h l i e ß e n oder ebenfalls in der O b e r s t u f e aufscheinen sollten:

O 1. Höchstrangige g l o b a l e thematische Problemkreise - vor allem die Ausbreitung, Struktur und Dynamik g l o b a l e r P r o z e ß a b l ä u f e (*Urbanisierung, Bevölkerungswachstum, Industrialisierung, Tragfähigkeit etc.*), die im Rahmen des gesamtgesellschaftlichen Wandels und in ihrer räumlich unterschiedlichen Ausprägung zu sehen sind.

O 2. Damit verbunden die Auseinandersetzung mit r ä u m l i c h e n S y s t e m e n , T h e o r i e n und M o d e l l v o r s t e l l u n g e n , die sich als abstrakte, generalisierte Abbildungen raumwirksamer Tätigkeit menschlicher Gruppen ergeben (*Standorttheorien, Theorie der Zentralen Orte, Diffusion von Innovationen etc.*).

O 3. Einführungen in "gesellschaftsrelevante" geographische F o r s c h u n g s a n s ä t z e , fachspezifische Betrachtungs- und Arbeitsweisen und in den sachgemäßen und kritischen Umgang mit geographischen Arbeitsmitteln in der unmittelbaren Begegnung mit der Umwelt zur Förderung gezielter Wahrnehmung und Kreativität (*z.B. durch elementarwissenschaftliche Unterrichtsprojekte mit selbständiger Schülerarbeit*).

O 4. Eine sozialgeographisch und regionalökonomisch ausgerichtete Behandlung wichtiger R a u m o r d n u n g s - u n d R a u m p l a n u n g s p r o b l e m e

---

[33] Auch in der Lehrstoffverteilung des Schulversuchs für die Oberstufe der AHS (siehe Anm.2), die ja direkter Anlaß zur Erstellung dieses Modells ist, ist die Behandlung des "Orient" in der 5.Klasse vorgesehen.

Abb. 1: Zur inhaltlichen Konzeption eines thematisch orientierten, reformierten Geographie-Lehrplans an der AHS.[34]

	ALTERNATIVE A großraumspezifische Betrachtungsweise in mittlerer Position WOHLSCHLÄGL-LEITNER	ALTERNATIVE B großraumspezifische Betrachtungsweise in hoher Position SITTE-WOHLSCHLÄGL-RERYCH[35] (basierend auf dem Kurssystem)
UNTERSTUFE 1. BIS 4. KLASSE	räumliche Strukturen und Prozesse an Hand einfacher Situationsfelder im Sinne der auf S.195 angeführten drei Punkte. Konzepte: Vier Kategoriengruppen von SCHULTZE[36], Grunddaseinsfunktionen. Beispiele: z.B. Lehrbuch "GEOGRAPHIE" (BRD) Lehrbuch "WELT UND UMWELT (BRD) in Österreich: Zentrum für Schulversuche und Schulentwicklung des Bundesministeriums für Unterricht und Kunst. Lehrstoffverteilung Unterstufe (Auszug in diesem Buch, S. 275 - 282).	
5.KLASSE	BEVÖLKERUNGSWACHSTUM UND VERSORGUNGSPROBLEME *(5. Klasse, 25 %)* Methoden der Bevölkerungsermittlung, Bevölkerungstheorien, demographische Modelle, Welternährungsprobleme, existentielle Versorgungsprobleme (Rohstoffe, Energie), Prognosen und Zukunftsmodelle ENTWICKLUNGSPROBLEME DER DRITTEN WELT *(5. Klasse, 60 %)* Strukturen der Unterentwicklung, Phasen der Wirtschafts- und Gesellschaftsentwicklung, Aktuelle Reformprobleme, Entwicklungshilfe, das Verhältnis Entwicklungsländer - Industriestaaten, Differenzierungen nach Großräumen. Fallbeispiel: Kulturerdteil Orient (Lateinamerika) WELTHANDELSVERFLECHTUNGEN *(5.Klasse,15%)*	1. Kurs: LANDSCHAFTSÖKOLOGIE UND UMWELTSCHUTZ *(5.Klasse, 25 %)* Globale Überblicke in Form von Profilen, Wirkungsanalyse des Naturhaushalts mit Schwerpunkt der Auswirkungen menschlicher Eingriffe 2. Kurs: ANALYSE VON PROBLEMEN DER RAUMORDNUNG UND RAUMPLANUNG AM BEISPIEL ÖSTERREICH *(5.Klasse, 75%)* unter besonderer Betonung sozialgeographischer und regionalökonomischer, sowie politischer Aspekte und der durch die raumwirksame Tätigkeit von Gruppen ausgelösten Interessenkonflikte in der Raumnutzung
6.KLASSE	DIE WELTMÄCHTE DER ERDE *(6.Klasse, 40 %)* wirtschaftliche, gesellschaftliche und politische vergleichende Analyse der USA, der UdSSR und Chinas, die Weltmächte und Europa DIE WELT IM STADTZEITALTER *(6.Klasse,40%)* zur Dynamik des weltweiten Urbanisierungsprozesses, Land-Stadt-Wanderung, historische Stadtentwicklung, bauliche, soziale und wirtschaftliche Stadtstruktur, Stadt-Umland-Beziehungen, städtische Hierarchien INWERTSETZUNG UND UMWERTUNG VON RÄUMEN *(6. Klasse, 20 %)* Modelle und Konflikte der wirtschaftlichen Erschließung durch Landwirtschaft, Industrie, Fremdenverkehr	3. Kurs: DER URBANISIERUNGSPROZESS *(6.Klasse, 75 %)* historische Stadtentwicklung und weltweite Verstädterung, Stadtzeitalter, bauliche, soziale und wirtschaftliche Stadtstruktur, Stadt-Umland-Beziehungen, städtische Hierarchien, Aktionsfelder in der Stadt, Land-Stadt Wanderung - Theorien, Modelle etc. 4. Kurs: BEVÖLKERUNGSWACHSTUM UND VERSORGUNGSPROBLEME *(6.Klasse, 25 %)* Methoden der Bevölkerungsermittlung, Bevölkerungstheorien, demographische Modelle, Welternährungsprobleme, Existentielle Versorgungsprobleme (Rohstoffe, Energie), Prognosen und Zukunftsmodelle
7.KLASSE	NATURHAUSHALT UND UMWELTSCHUTZ *(7.Klasse, 20 %)* Wirkungsanalyse des Naturhaushaltes mit Schwerpunkt der Auswirkungen menschlicher Eingriffe, Problem des Umweltschutzes RAUMORDNUNGS- UND RAUMPLANUNGSPROBLEME ÖSTERREICHS *(7. Klasse, 80 %)* sozialgeographische und regionalökonomische Ausrichtung, Interessenkonflikte in der Raumnutzung, Flächenwidmung, räumliche Leitbilder, diverse Raumordnungsprobleme (z.B. Bergbauernfrage, alpiner Fremdenverkehr, Zentralräume etc.)	5. Kurs: ZUM PROBLEM DER ENTWICKLUNGSLÄNDER *(7.Klasse, 40 %)* Strukturen der Unterentwicklung, Phasen der Wirtschafts- und Gesellschaftsentwicklung, Aktuelle Reform- und Entwicklungsprobleme, Entwicklungshilfe, Fallbeispiele: Kulturerdteil Orient oder Lateinamerika 6. Kurs: WELTMÄCHTE UND MACHTBLÖCKE - HEUTE UND MORGEN *(7.Klasse, 60 %)* wirtschaftliche, gesellschaftliche und politische vergleichende Analyse der USA, der UdSSR und Chinas, sowie bedeutender Machtblöcke (EG, Orient)

Der Kulturerdteil Orient als Lebensraum - ein Unterrichtsmodell

WAHLPFLICHTFACH GEOGRAPHIE 7. ODER / UND 8. KLASSE :	*für beide Alternativen - Vorschlag für einige Kursthemen:*
	Kurs: RAUM- UND WIRTSCHAFTSKONFLIKTE DER GEGENWART kann auch auf die Klassen 5 - 8 aufgeteilt und den aktuellen Erfordernissen angepaßt werden; jeweils an aktuellen Fallstudien; Themenbeispiele: Minderheitenprobleme, Probleme der Grenzen, Beharrungsräume im Umbruch etc. *Kurs:* EINFÜHRUNG IN ELEMENTARWISSENSCHAFTLICHE GEOGRAPHISCHE ARBEITSMETHODEN mit eigener Feld-, Quellen- oder Literaturarbeit, Schülerprojekte im Schulort *Kurs:* AKTUELLE FORSCHUNGSBEREICHE DER WISSENSCHAFTLICHEN GEOGRAPHIE z.B. Umweltwahrnehmung (Perzeption), räumliche Aktionsfelder, Wanderungsforschung, Stadtforschung, Landschaftsökologie, etc.

Ö s t e r r e i c h s, die das Hinführen zur kritischen Überprüfung raumwirksamer Leitbilder und eine selbständige Stellungnahme zu Konfliktsituationen, die sich aus der Konfrontation unterschiedlicher Zielvorstellungen ergeben, zum Ziele hat.

4. Zur Wahl des Themas "Der Kulturerdteil Orient als Lebensraum" für das Unterrichtsmodell

Die Wahl des Themas ist begründet

1. in der eminenten Bedeutung, die dieser Kulturerdteil besonders in den letzten Jahren im Rahmen der Weltwirtschaft und Weltpolitik erhalten hat und in der daraus resultierenden starken Konfrontation der Schüler mit Problemen dieser spannungsgeladenen Region in den Massenmedien;

2. in der - zumindest mittelfristig absehbaren - Schlüsselstellung des Orients im Zuge der Bemühungen um einen dauerhaften Weltfrieden;

3. in der schon in Kapitel 3. diskutierten fachdidaktischen Notwendigkeit einer großraumspezifischen Betrachtungsweise;

4. in dem Bestreben, an Stelle der in den österreichischen Geographielehrbüchern tradierten länderkundlich - staatenkundlichen Darstellungen dieser Region ein aktuelleres, problembezogenes Unterrichtskonzept im Sinne einer "Politischen Weltkunde" als Diskussionsgrundlage anzubieten;

5. darin, daß dieses Thema im Schulversuchslehrplan für die 5. Klasse der AHS niedergelegt ist und es reizvoll und notwendig erscheint, dafür ein lernzielorientiertes Unterrichtskonzept anzubieten, um so an einem Beispiel zu versuchen, wie in einem Reformlehrplan Regionale Geographie gebracht werden könnte.

---

34) Dieses Grundkonzept eines neuen Lehrplans für die AHS stellt eine Diskussionsgrundlage dar! Die *"Wirtschaftskunde"* wurde darin vorderhand nicht berücksichtigt und zwar vor allem deshalb, weil zur Zeit nicht abzusehen ist, ob in den zukünftigen Lehrplänen dieses Wissensgebiet völlig in den Geographieunterricht integriert werden soll, ob es zwar innerhalb des Faches, aber stofflich getrennt behandelt werden soll oder ob überhaupt ein eigenes Schulfach *"Sozial- und Wirtschaftskunde"* geschaffen wird.

In den diversen Schulversuchsmodellen bestehen auch sehr unterschiedliche Vorstellungen, wieviele Wochenstunden dem Fach zuzuweisen sind. Hier wird von folgender Stundenzahl ausgegangen:
Geographie ist in 3 Schulstufen Pflichtfach mit drei Wochenstunden in der 5.und 6.Klasse und 2 Wochenstunden in der 7.Klasse. Außerdem 2 - 3 stündiges Wahlpflichtfach Geographie (1 Jahr).

4.1. Die Behandlung des Kulturerdteils 'Orient' in der Lehrstoffverteilung für die Schulversuche an der Oberstufe der AHS

In der Lehrstoffverteilung für die Schulversuche[37] ist der Stoff der gesamten 5. Klasse nach Kulturerdteilen ausgerichtet. Nach einer *Einführung in die physisch-geographischen Grundlagen der Kulturerdteile* ist eine *globale Behandlung der Merkmale und Probleme der Entwicklungsländer* vorgesehen, anschließend eine

> "Erarbeitung der Kulturerdteile Vorderer Orient, Schwarzafrika, Süd- und Südostasien und Iberoamerika durch exemplarische Behandlung einiger typischer und dominanter, bzw. aktueller Staaten. Großraumspezifische Zusammenfassung der wirtschaftlichen, gesellschaftlichen und politischen Strukturen und Prozesse."[38]

Anstelle der dort geforderten exemplarischen Länderbehandlung wird in dem hier vorgestellten Modell allerdings einer zur Gänze großraumspezifischen Sicht der Vorzug gegeben. Eine derartige Konzeption erscheint auch legitimiert durch die an der Spitze der Lehrstoffverteilung für den Schulversuch angeführten - hohe Erwartungen weckenden - Bildungsziele, deren konsequente Erfüllung unseres Erachtens schon aus ihrer Formulierung heraus keine wie immer geartete länderkundliche oder länder-exemplarische Vorgangsweise zuläßt:

> "BILDUNGSZIEL: Geographie und Wirtschaftskunde soll als Welt- und Gegenwartskunde die künftigen Staatsbürger befähigen, die politischen, wirtschaftlichen und gesellschaftlichen Probleme des eigenen Staates und anderer Staaten in ihren Zusammenhängen und Wechselwirkungen zu erkennen und kritisch zu beurteilen. ...
> In diesem Sinn ist der Geographie- und Wirtschaftskundeunterricht das z e n t r a l e Fach der Politischen Bildung (!), das den jungen Menschen für die Bewältigung seiner zukünftigen Lebenssituationen (!) und für die Mitverantwortung in der Gesellschaft (!) vorbereiten soll."[39]

4.2. Die Behandlung des 'Orient' im derzeitigen Geographieunterricht der Oberstufe

Auch im zur Zeit gültigen österreichischen Lehrplan für die Oberstufe der AHS,[40] in dem übrigens der Begriff 'Orient' gar nicht aufscheint, ist die Behandlung der dazu zu zählenden Staaten und Landschaften in der 5.Klasse vorgesehen, für die postuliert wird:

> "Exemplarische Behandlung ausgewählter charakteristischer Landschaften und Staaten[41] A f r i k a s, A s i e n s (ohne Sowjetunion), Iberoamerikas, Australiens und Ozeaniens. Wirtschaftliche und politische Gegenwartsfragen der behandelten Staaten unter besonderer Berücksichtigung der Entwicklungsländer. ... Anhand der Länderkunde Wiederholung und Erarbeitung, sowie Erweiterung allgemeingeographischer und wirtschaftskundlicher Begriffe und Sachgebiete."[42]

Der Lehrplan weist keine weiteren Angaben zu den Unterrichtsinhalten auf, - es wird auch nicht geklärt, nach welchen Kriterien die exemplarische Auswahl vor sich gehen soll und nach welcher objektiven Beurteilungsskala gewisse Staaten charakteristisch für einen Erdteil sein sollen und andere nicht.[43]

---

35) Erarbeitet im Rahmen eines fachwissenschaftlich - fachdidaktischen Seminars an der Lehrkanzel Prof. Troger, Wien im Wintersemester 1974/75 von Wolfgang SITTE, Helmut WOHLSCHLÄGL und Wolfgang RERYCH. Diese Alternative befindet sich zur Zeit gerade in vertiefter Ausarbeitung (Lernzielformulierung).

36) vgl.SCHULTZE 1970, S. 1 - 10.

37) siehe Anm. 2)

38) LEHRSTOFFVERTEILUNG 1973, S. 46.

39) LEHRSTOFFVERTEILUNG 1973, S. 45 - 46. Vgl. dazu die Definition des Bildungsziels bei KLAFKI 1958.
Diese Zielangabe wirkt äußerst modern. Ob sie aber mit 'Länderkunde' oder reiner exemplarischer Kulturerdteilbetrachtung jemals erfüllt werden kann ??

40) Bundesgesetzblatt vom 4.9.1970, Nummer 275/1970: Änderung der Lehrpläne für die AHS in den Schuljahren 1970/71 bis 1974/75. Darin befindet sich auf S.1490 und 1491 der Lehrplan für 'Geographie und Wirtschaftskunde - Oberstufe'.

41) Vergleicht man die Formulierungen in der Lehrstoffverteilung für den Schulversuch und im gültigen Lehrplan, so stellt man gewisse Ähnlichkeiten fest. Im wesentlichen wurde nur der Begriff "Staaten und Landschaften" durch den Begriff "Kulturerdteile" ersetzt - selbiges bleibt aber ein rein formaler Akt, wenn damit nicht auch eine konsequente inhaltliche Neuordnung Hand in Hand geht.

Der Kulturerdteil Orient als Lebensraum - ein Unterrichtsmodell

Da der Orient nicht als geschlossene Einheit aufscheint, müssen seine Staaten bei den beiden Kontinenten Afrika und Asien mitbehandelt werden. Dem einzelnen Lehrer wäre aber eine geschlossene Betrachtung dieses Kulturerdteils auch nach dem jetzigen Lehrplan durchaus möglich, da in der 5. Klasse beide Erdteile vorgesehen sind und nur Stoff-Umstellungen zu treffen wären.

Der überwiegende Teil der Lehrer geht aber nach dem approbierten Lehrbuch vor. Im SEYDLITZ für die 5. Klasse[44] gilt ebenfalls das länderkundliche Prinzip.

Auf einen allgemeinen, zum größten Teil naturgeographischen Überblick über Gesamtafrika folgen von Seite 12 - 23 einige Kapiel über den afrikanischen Teil des Orient, an die dann Abschnitte über die anderen afrikanischen Großlandschaften anschließen. Dasselbe Schema wiederholt sich bei Asien: Nach einem allgemeinen Überblick bringt der Abschnitt "Südwestasien" von Seite 50 - 62 einiges über den asiatischen Teil des Orient, bevor mit dem Kapitel "Südasien" weiter gegen Osten fortgeschritten wird.

Es handelt sich dabei um eine *staaten- und landschaftskundliche Beschreibung* einzelner Räume, durch die wissenswerte geographische Tatbestände vermittelt werden sollen. Begonnen wird
- mit einer naturgeographischen Beschreibung,
- sowie mit stark naturräumlich determinierten Angaben über die Landwirtschaft,
- dann folgen Angaben über die Bevölkerung,
- über einige wichtige Städte und ihre Funktionen,
- die in eine geraffte wirtschaftliche Produktenkunde einmünden.

Im Prinzip wird Komplettheit, *"Totalität"*, angestrebt, was auf das Schulbuchniveau übertragen bedeutet, daß alle Staaten, zumindest auf sechs bis sieben Zeilen pro Staat, beschrieben werden. Um von einer lexikalisch wirkenden, starren Staatenaneinanderreihung abzukommen, faßte man diese teilweise zu Staatengruppen (z.B. *'Atlasländer'*, *'Länder um Libanon und Jordan'*) zusammen. Diese Veränderung ist aber rein optischer und nicht inhaltlicher Natur, denn nach wie vor wird in im Prinzip gleichmäßiger und immer gleicher Sequenz und Form ein Staat nach dem anderen "durchgenommen".

Ein Lehrer, der über den Orient erzählt, was er im approbierten Lehrbuch findet

- wird den Schülern weiter eine Sammlung rasch veraltender staaten- oder landschaftskundlicher F a k t e n überwiegend t o p o g r a p h i s c h e r oder p r o d u k t e n k u n d l i c h e r A r t anbieten;

- wird weiter einen Staat nach dem anderen abhandeln, - durch die dadurch entstehende Stoffülle zu unverantwortlichen T r i v i a l i s i e r u n g e n gezwungen sein;

- wird weiterhin nur die u n t e r s t e S t u f e der BLOOM'schen Lernzieltaxonomie: *"W i s s e n"* abdecken, an die oberen Stufen aber kaum oder gar nicht herankommen.[45]

---

42) BGBl.Nr.275/1970, S.1490.

43) zu dieser Problematik vgl. u.a. HENDINGER,H.: Ansätze zur Neuorientierung der Geographie im Curriculum aller Schularten. In: Geographische Rundschau 22, 1970, S. 10 - 18.
Daraus (S.11):
"Die Länderkunde entbehrt eines Rangordnungsprinzips für den stufenmäßigen Aufbau von Lehrplänen. ... Sie bietet kein wissenschaftlich fundiertes Auswahlprinzip für exemplarischen Unterricht an..."

44) SEYDLITZ. Lehrbuch der Geographie und Wirtschaftskunde, 5.Teil für die 5.Klasse der AHS, Hölzel-Deuticke-Jugend und Volk, Wien 1972, 112 S.

45) BLOOM, Benjamin S.(Hrsg): Taxonomie von Lernzielen im kognitiven Bereich. Dte. Übers. bei Beltz, Weinheim 1972, S. 30f.
Die BLOOM'sche Lernzieltaxonomie enthält 6 Hauptklassen zunehmender Hierarchie:

   1. *Wissen*   2. *Verstehen*
   3. *Anwendung*   4. *Analyse*
   5. *Synthese*   6. *Bewertung*

Zur allgemeinen Problematik der Taxonomien im Curriculum und zur Kritik an der BLOOM' schen Taxonomie vgl.u.a.
MESSNER, R.: Funktionen der Taxonomien für die Planung von Unterricht. In: BLOOM (Hrsg.): Taxonomie von Lernzielen ....
und
BECKER, H.,D.HALLER,H.STUBENRAUCH und G. WILKENDING: Das Curriculum. Praxis, Wissenschaft und Politik. Juventa-Arbeitsbuch, München 1974, 280 S., v.a. Teil I.

zur Kennzeichnung der Stufen: siehe nächste Seite

- wird weiterhin zwar Einzelfakten bieten, aber k e i n e   g e n e r a l i s i e r = t e n   G r u n d e i n s i c h t e n;[46)]

- wird weiterhin K o n f l i k t e   v e r = s c h l e i e r n   und anonymisieren, ihre Brisanz abbauen und sie - wenn überhaupt - wie im Buch im Erzählstil nennen, ohne sich mit ihrem politisch - historischen Background und ihren gesellschaftlich - sozialen und wirtschaftlichen Implikationen auseinanderzusetzen - also eine harmonische Welt anbieten;

- wird weiterhin das, was erst ein wirkliches Verständnis irgendwelcher Mensch - Raum - Strukturen oder Prozesse (und ihrer Veränderungen) bewirken könnte, weitestgehend aussparen: *"Die konkreten historisch-gesellschaftlichen, politisch-ökonomischen Situationen, in denen diese Beziehungen spielen"*, wie es bei GLIEDNER-HARD u.a. (1973, S.10) formuliert wird.[47)] Das weitestgehende Abblenden dieses Kontextes hat zur Folge, daß *"gesellschaftliche, politische, ökonomische Beziehungen und Konflikte vielfach als K o o p e r a = t i o n e n   und abgeschwächte Konflikte (E v o l u t i o n e n) umstilisiert erscheinen, wobei im Bereich der 'Gesellschaft' aber durchweg anonyme und sehr globale Größen als 'Akteure' erscheinen"* (z.B."die Wirtschaft", "die Bewohner").

Was GLIEDNER, HARD u.a. hier für die gängigsten deutschen Schulbücher nachgewiesen haben, trifft in vollem Umfang auch für den SEYDLITZ zu. So werden zum Beispiel die Konflikte, die mit der Verselbständigung Algeriens zusammenhängen, die wirtschaftliche Problematik und die Agrarreform folgendermaßen h a r m o n i = s i e r t   und   u m s t i l i s i e r t :

*"1962 endete die Herrschaft europäischer Mächte über die Atlasländer. Viele europäische Familien, manche seit vier Generationen in Nordafrika beheimatet, wanderten nach Europa zurück. Ihr Landbesitz und die meisten größeren Unternehmen wurden verstaatlicht. ...
In den Atlasländern ist eine Agrarreform im Gang. Der Boden wurde teilweise schon aufgeteilt, die Großbetriebe gingen stark zurück. ... Die Kleinbetriebe, die Weizen, Ölbaum, Dattelpalme und Feige kultivieren und die schon immer von Nordafrikanern geleitet worden sind, dehnen sich hingegen ständig weiter aus."* (SEYDLITZ 5.Klasse, S.15).

Hinzu kommt, daß ökonomische, soziale und politische Veränderungen n u r   in ihrer F a k t i z i t ä t , nicht aber als *"Ergebnisse von Beziehungen und Auseinandersetzungen zwischen Handlungsträgern"* (GLIEDNER, HARD u.a. 1973, S.11) dargestellt werden. Das hat zur Folge, daß im SEYDLITZ zwar häufig von wechselnden Wirtschaftsmethoden, Anbauprodukten etc. gesprochen wird - die Ergebnisse aber viel=

45a) Im folgenden wird versucht, die einzelnen Stufen der BLOOM'schen Taxonomie in knapper Form zu kennzeichnen:

> 1. WISSEN:
> Reproduktion des Gelernten in der ursprünglichen Form; dabei steht der psychologische Prozeß des Erinnerns im Mittelpunkt.
> 2. VERSTEHEN:
> Fähigkeit zur Umformung, Auslegung und Extrapolation von Informationen nach vorgegebenen Methoden.
> 3. ANWENDUNG:
> Fähigkeit zum Gebrauch von Abstraktionen und Methoden zur Lösung konkreter Aufgaben und Probleme. In Abgrenzung zur Stufe des Verstehens muß der Schüler selbst finden, welche der bekannten Abstraktionen oder Methoden zur Lösung brauchbar sind.
> 4. ANALYSE:
> Fähigkeit zur Zerlegung von Informationen, Situationen oder Problemen in Elemente und zur Bestimmung ihrer wechselseitigen Abhängigkeit.
> 5. SYNTHESE:
> Fähigkeit, aus einzelnen Elementen durch Kombination oder Abstraktion etwas Neues zu gewinnen. Das Neue kann Folgerung, Generalisierung, Planung eines Vorhabens oder Konstruktion sein.
> 6. BEWERTUNG:
> Fähigkeit zur Beurteilung von Informationen im Hinblick auf innere Widerspruchsfreiheit und Angemessenheit der benutzten (fachspezifischen) Methoden. Fähigkeit zur Beurteilung von Materialien im Hinblick auf die Brauchbarkeit für vorgegebene Zwecke. Fähigkeit zur Beurteilung von Entwicklungen nach fachübergreifenden Kriterien.

aus: CURRICULUM GYMNASIALE OBERSTUFE - PHYSIK. Schulreform Nordrhein-Westfalen - Sekundarstufe II, Heft 13, 1972, S. 18f.

46) Dazu der bedeutende Erziehungswissenschaftler Jerome S. BRUNER:
"Tatsachen, die einfach bloß gelernt werden, ohne generalisierende Organisation, sind purer nutzloser Unfug!"
zit. nach RUMPF, Horst: Stereotype Vereinfachungen im Geschichtsunterricht. In: Neue Sammlung 1, 1970, S. 42 - 54.

47) GLIEDNER,A., G.HARD, W.HEITMANN und C. WISSMANN: Zur Bewertung landes- und länderkundlicher Texte. In: Rundbrief des Instituts für Landeskunde 1973,11,S.1-12.

fach isoliert stehenbleiben und vermit=
telt werden und nicht in ihrer Bedeutung
für die konkreten Lebensverhältnisse im
weitesten Sinn gesehen werden.

● wird a n t i a k t u a l i s i e r e n d
vorgehen, das heißt, aktuelle Ereignisse
entweder überhaupt nicht bringen oder
sie auf reine Andeutungen reduzieren.

> So wird er z.B. weiterhin den Ein=
> druck erwecken, daß das Wissen von
> der *marokkanischen Meseta* und den
> *Ketten des Atlas-Gebirges* wichtig
> sei (20 Zeilen im Buch), der *Israel-
> Konflikt*, der im Buch faktisch tot=
> geschwiegen wird, und seine poli=
> tische, soziale und wirtschaftliche
> Dimension, aber völlig unwichtig
> (6 Worte !!).

● wird weiterhin im Verhältnis zu anderen
Inhalten v i e l z u v i e l und
zu detailliert physisch-geographische
Landschaftsbeschreibung betreiben, die

1. im Buch deutlich überbetont ist,

2. häufig als Selbstzweck und nicht unter
dem Konnex rückgekoppelter menschli=
cher Lebens-, Wirtschafts- und Inter=
aktionsformen aufscheint und

3. sehr oft den Ausgangspunkt für einen
auch fachlich bedenklichen einseitigen
naturgeographischen Determinismus dar=
stellt.

● wird weiterhin in erster Linie F r o n=
t a l u n t e r r i c h t betreiben
müssen, da das Buch kein Arbeitsbuch ist.

Dafür wird er, was die folgenden Grundeinsich=
ten betrifft, die Schüler weiterhin i m U n=
k l a r e n [48] lassen über

- die Frage, ob man denn nun die Staaten
des Orient als Entwicklungsländer be=
zeichnen könne oder nicht und warum;

- die historische Hypothek des Rentenkapi=
talismus und Versuche seiner Überwindung;

- die Grundstruktur einer orientalischen
Stadt;

- den Prozeß der Verwestlichung im Orient
und seine Konsequenzen;

- die Dynamik des Bevölkerungswachstums,
die Probleme der Urbanisierung und die
Ernährungssituation;

- die Bedeutung des Erdöls für den Orient
und für die übrige Welt;[49]

- die Chancen der jungen Erdölerschließung;

- die divergierenden Konzepte und Versuche
der Landesentwicklung;

- die grundlegenden Wandlungserscheinungen
im traditionellen Lebensraum der Wüsten
des Orient;

- die grundsätzlichen kulturhistorischen und
geographischen Gemeinsamkeiten des Orient;

- die soziale, wirtschaftliche und politische
Dimension des Nahostkonflikts.

Zum Vergleich mit der Behandlung des Orient im
SEYDLITZ wird nun abschließend zu diesem Kapi=
tel eine Übersicht über die Unterrichtsabschnit=
te und Unterrichtseinheiten des hier vorgeschla=
genen Unterrichtsmodells "Der Kulturerdteil
Orient als Lebensraum" gegenübergestellt. *Siehe
Abb. 2 nächste Seite.*

*5. Aufbau und Gliederung des Unterrichtsmodells
"Der Kulturerdteil Orient als Lebensraum"*

*5.1. Lernzielformulierung - Lernzielkatalog
und Problematik*

Wie schon eingangs erwähnt, ist der Aufbau des
Modells l e r n z i e l o r i e n t i e r t.
Seine Konzeption zielt darauf ab, zu einem ge=
gebenen Thema an Hand einer h i e r a r c h i=
s i e r t e n Lernzielsequenz einen Katalog

---

48) An dieser Stelle muß erwähnt werden, daß
von der "Arbeitsgemeinschaft der Geographie=
lehrer" ein Vorschlag für die Lehrstoffver=
teilung aus Geographie und Wirtschaftskunde
in der 5.Klasse existiert, der sich zwar
in der Vorgangsweise genau an das Buch hält,
in den aber versucht wurde, zumindest eini=
ger genannten Grundeinsichten einzubauen.

49) Selbst das wird im SEYDLITZ fast überhaupt
nicht angeschnitten !

Abb. 2: Der "ORIENT" im SEYDLITZ und im hier vorgeschlagenen Unterrichtsmodell - ein Gliederungsvergleich.

SEYDLITZ, 5. Klasse:[50] Inhaltsverzeichnis	UNTERRICHTSMODELL:

Die Atlasländer   Seite 12
Die Sahara   19
   Mechanische Verwitterung, Wüsten=
   böden   *19*
   Die Landformung im Trockenklima   *19*
Vereinigte Arabische Republik (VAR)-
Ägypten   21
   Agrarreform, Monokultur   *22*
 	
Südwestasien   50
   Türkei   *51*
   Cypern   *53*
   Die Länder um Libanon und Jordan   *54*
     Demokratische Kollektivwirtschaft *57*
   Arabien und Mesopotamien   *58*
   Iran und Afghanistan   *61*
     Agrarreform von oben   *61*
 	
50) der wirtschaftskundliche Lehrstoff wurde hier nicht berücksichtigt
	I. DER ORIENT UND SEIN ERDÖL IM BRENNPUNKT DER WELTPOLITIK
	  1. *Erdöl als wichtigster Energieträger*
	  2. *Erdöl - Schwarzes Gold des Trockenraumes*
	  3. *Vom Rohöl zum Superbenzin*
	  4. *Das Erdöl als politische Waffe der arabischen Staaten*
	II. VON DER TRADITIONELLEN GESELLSCHAFT ZUR AGRARREFORM
	  1. *Islam und Rentenkapitalismus - Hemmfaktoren einer Weiterentwicklung ?*
	  2. *Wie der Rentenkapitalismus überwunden werden kann*
	III. DER MENSCH ANTWORTET AUF DIE HERAUSFORDERUNG DER NATUR IN DEN TROCKENRÄUMEN
	  1. *Die Natur des Trockenraumes*
	  2. *Traditionelle Lebens- und Wirtschaftsformen in der Wüste*
	  3. *Moderne Lebens- und Wirtschaftsformen in der Wüste*
	  4. *Der Wirtschaftswandel in der Steppe*
	  5. *Technische Großvorhaben und ihre Auswirkungen*
	IV. URBANISIERUNG UND INDUSTRIALISIERUNG - FLUCH ODER SEGEN ?
	  1. *Wie die Stadt im Orient den sozialen Umbruch widerspiegelt*
	  2. *Die Chancen der jungen Erdölerschließung*
	  3. *Das Problem des Wirtschaftswachstums und der Industrialisierung*
	V. DER KONFLIKT ISRAEL - ARABISCHE STAATEN

von L e r n z i e l e n zu schaffen. Die *lernzielorientierte Planung von Lernsequenzen* wird gegenwärtig sowohl in der allgemeinen Curriculumforschung (z.B. PETERSSEN, BLOOM, MÖLLER[51]), als auch in der Geographiedidaktik (z.B. SCHULTZE, HENDINGER, SCHRETTENBRUNNER sowie die "Beihefte zur Geographischen Rundschau"[52]) als zentrale Aufgabe der unterrichtskonstruktiven Arbeit der Lehrenden angesehen.

Für eine solche Planung wird als besonders wichtig

1. die exakte Bestimmung und
2. die konkrete Formulierung

von Lernzielen erachtet, unter denen, in Ableitung der aus behavioristischen Ansätzen[53] ent=

---

51) vgl. dazu:
PETERSSEN, W.: Grundlagen und Praxis des lernzielorientierten Unterrichts. EGS-Texte, Ravensburg 1974.
MÖLLER, Christine: Technik der Lernplanung, Weinheim 3.Aufl.1971
BLOOM, B.(Hrsg.): Taxonomie .. a.a.O.

52) vgl. dazu u.a.:
SCHULTZE, A.: Neue Inhalte, neue Methoden? Operationalisierung des geographischen Unterrichts. In: 38.Deutscher Geographentag Erlangen 1971, Tagungsbericht und wissenschaftliche Abhandlungen, Wiesbaden 1972, S.193 - 205.
HENDINGER, H.: Lernzielorientierte Lehrpläne für die Geographie. In: Geographische Rundschau 25,1973,S.85 - 93.
ERNST, E.: Lernzielorientierter Erdkundeunterricht. In: 38.Deutscher Geographentag, siehe oben, S. 186 - 192.

Der Kulturerdteil Orient als Lebensraum - ein Unterrichtsmodell

wickelten Auffassung, L e r n e n sei (nicht in erster Linie Wissenserwerb, sondern) vorwiegend eine V e r ä n d e r u n g d e s V e r h a l t e n s auf Grund von Erfahrungen, das vom Lehrenden antizipierte Endverhalten des Lernenden verstanden wird.

Damit der Lernprozeß folgerichtig und ohne Umschweife auf das vorweggenommene Ziel zuläuft und der Lernende tatsächlich die - empirisch feststellbare (!) - beabsichtigte Verhaltensdisposition zeigt, ist es erforderlich, das gewünschte Entverhalten möglichst eindeutig zu beschreiben, das heißt, es zu o p e r a t i o n a l i s i e r e n.[54] Zur operationalen Fassung von Lernzielen sind nach MAGER[55] *drei Komponenten* wichtig, auf die hier nur kurz hingewiesen werden soll:

1. Das gewünschte Endverhalten muß beobachtbar und mit eindeutigen Kriterien zu beschreiben sein.

2. Es sind die konkreten Bedingungen anzuführen, unter denen sich dieses Verhalten zeigen soll.

3. Es ist ein Beurteilungsmaßstab für das Verhalten vorweg anzugeben.

Dazu ein Beispiel für ein voll operationalisiertes Lernziel:[56]

beobachtbares Verhalten	Der Schüler soll niederschreiben können
1. Bedingung	einen Monat nach Abschluß der Unterrichtseinheit IV/1
2. Bedingung	ohne jedes Hilfsmittel auf ein leeres Blatt Papier
Kriterium, Beurteilungs= maßstab	wenigstens 5 der folgenden 9 Merkmale, die die Grundstruktur der orientalischen Altstadt charakterisieren (nach WIRTH und DETTMANN): Ummauerung Moschee Bazar (Suq) - Zentralbazar Kasbah (Burg) Sackgassengrundriß orientalisches Innenhofhaus Quartierstruktur zentral-peripheres Gefälle im Zentralbazar von der Hauptmoschee aus Quartierbazare

Dem Anspruch der Theorie folgend, läßt sich, erst wenn eine solche Operationalisierung vorliegt, erörtern, wie alle weiteren didaktischen Entscheidungen - über Inhalte und Mittel, an und mit denen die für die gewünschte Verhaltensänderung notwendigen Erfahrungen gemacht werden sollen - angemessen und mit Aussicht auf Erfolg zu treffen sind.

Nun ist aber das Verhältnis von L e r n z i e l und L e r n i n h a l t eine im wesentlichen bis heute ungelöste Grundfrage der Curriculumforschung. Die oben angedeutete Auffassung, die dem Lernziel das P r i m a t einräumt, kommt von der amerikanischen, stark behavioristisch beeinflußten Erziehungswissenschaft her (MAGER, BRUNER, aber auch BLOOM),[57] ist aber auch in Deutschland vertreten und hat *die Übertragung von v o r h e r formulierten Lernzielen auf bestimmte Unterrichtsinhalte* zum Ziel.

Im Gegensatz dazu geht es bei der i n h a l t l i c h o r i e n t i e r t e n L e r n z i e l f o r m u l i e r u n g um die Frage

---

52 Forts.)
ARBEITSMATERIALIEN ZU EINEM NEUEN CURRICULUM, hrsg. v. E.ERNST. Beiheft 1 zur Geographischen Rundschau, Juni 1971, 112 S.
LERNZIELORIENTIERTER UNTERRICHT AN GEOGRAPHISCHEN BEISPIELEN, hrsg.v.J.BIRKENHAUER. Beiheft 2 zur Geographischen Rundschau, November 1972, 64 S.

53) Hauptvertreter: WATSON, THORNDIKE, SKINNER, TOLMAN (kognitive Lerntheorie). Vgl.dazu:
CORRELL, W.: Lernpsychologie. Donauwörth 1963.
HEITGER, M.: Erziehen - Lehren - Lernen.Begleitbrief zum ORF-Lehrgang. Wien 1972, S. 213 - 231.
TOLMAN, E.Ch.: Principles of purposive behavior. In: S.KOCH (Hrsg.): Psychology.A study of a science,Bd.2,New York 1959.

54) das gewünschte Endverhalten soll so eindeutig beschrieben werden, daß m ö g l i c h s t viele Handlungsalternativen ausgeschlossen sind.

55) Die Technik der Operationalisierung von Lernzielen ist am besten dargestellt bei:
MAGER, R.F.: Lernziele und programmierter Unterricht. Dte.Übers. Weinheim 1965.

56) Dieses Beispiel läßt schon erkennen, welch enormen Aufwand die Operationalisierung erfordert. Was in der Theorie möglich schien, hat sich daher bisher auf der Ebene des ganzen Curriculums als nicht erreichbar erwiesen.

57) BRUNER, J.S.: Der Prozeß der Erziehung.Dt. Sprache und Lernen. Band 4. Düsseldf.1970.
MAGER 1965, BLOOM 1972, a.a.O.

---

52 Forts.)
KROSS,E. und H.RADEMAKER: Curriculumentwicklung und Operationalisierung von Lernzielen in der Schulgeographie. In: Effektiver Unterricht, hrsg.v.L.ROTH, München 1972, S.145 - 157.

des *Auffindens von Lernzielen an Hand von gegebenen Unterrichtsstoffen und -inhalten.* Damit hat sich in der geisteswissenschaftli=chen Didaktik der Nachkriegszeit besonders W. KLAFKI[58] mit seinem inhaltlich orientierten unterrichtlichen Planungskonzept auseinander=gesetzt. Das Problem dabei ist, daß bei einem solchen Vorgehen sofort im ersten Ansatzsta=dium Wertentscheidungen von großer Reichweite nötig sind (Inhaltsauswahl).

Aus praktisch-ökonomischen Gründen aber wird diese 2. Variante - unabhängig von jedwelcher theoretischen Diskussion - vor allem bei der L e r n z i e l f o r m u l i e r u n g v o n s t o f f l i c h b e s c h r ä n k t e n U n t e r r i c h t s m o d e l l e n (wie ja das hier vorgeschlagene eines ist) sicher ope=rabel und nützlich sein. Auch WOLF[59] an der Universität Wien vertritt daher diese Auffas=sung wegen ihrer leichteren Realisierbarkeit in der derzeitigen Unterrichts- und Schulwirk=lichkeit, da es dazu nicht bindend nötig ist, d e d u k t i v von formulierten Bildungs=zielen der Gesellschaft und allgemeinen Wert=vorstellungen her, eine totale Neukonzeption und -reflexion geographischen Unterrichts durchzuführen.[60]

Mit dem *Operationalisierungsproblem* und dem *Deduktionsproblem* wurden zwei Hauptprobleme der Curriculumentwicklung angerissen, denen es im wesentlichen zuzuschreiben ist, daß die Entwicklung eines Gesamtcurriculums aus metho=dischen Gründen ins Stocken geraten ist.[61] Da=durch wird eine *"von vornherein fachdidaktisch und von Anfang an mittelfristig arbeitende Curriculum-Strategie"* (BAUER 1974, S.14 nach MEYER - OESTREICH 1973)[62] legitimiert, in deren Rahmen U n t e r r i c h t s m o d e l=l e folgende Aufgaben haben (nach PROKASKY - GERSCHLER 1974, S.225)[63]:

"Dem Curriculum kommt es zu,

- *überwiegend Richt- und Grobziele zu formulieren und zu begründen,*
- *kognitive und affektive Ziele auszuweisen, ohne über die genaue Stufe ihrer Komplexität bzw. Verinnerlichung zu entscheiden, sie zu synchro=nisieren oder gar zu operationalisieren.*

In Unterrichtsmodellen werden vor allem

- *die curricularen Ziele feiner differenziert, o h n e daß auch hier im allgemeinen die Ebene der Operationalisierung erreicht würde,*
- *die Verhaltensziele mit spezifischen inhaltli=chen Momenten verbunden.*

Nur der einzelne Lehrer aber kennt die Vor=aussetzungen seiner Klasse, ihr bisheriges Lernschicksal, ... So kann auch nur er sei=ne Lernziele operationalisieren und im De=tail auf ihre Verwirklichung hin prüfen. Die Grenzen des Verfahrens werden ihm dabei immer wieder bewußt werden, wenn er auf Zie=le stößt, die sich nicht ... operationali=sieren lassen. Auch solche sind oft begrün=det und notwendig. ..."

Diese Gesichtspunkte erscheinen sehr realistisch und praktikabel. Nach ihnen wurde auch das hier vorgeschlagene Unterrichtsmodell im Lernziel=bereich ausgerichtet.

Trotzdem können auch die Lernziele eines Unter=richtsmodells nicht willkürlich erstellt wer=den, sondern sie müssen den umfassenden Ziel=implikationen entsprechen und - voneinander abhängend bzw. aufeinander aufbauend - einen sachlich richtigen, formal konsequenten Durch=lauf durch das gesamte Unterrichtsmodell er=möglichen. Das heißt, die Zielplanung der je=weils untergeordneten Lernzielstufe muß aus jener der allgemeineren, weniger präzisierten, übergeordneten, hervorgehen.

So entstehen Lernziele verschieden hoher H i e r-a r c h i e, die von

- äußerst abstrakt formulierten a l l g e-m e i n e n R i c h t z i e l e n[64] über

- abstrakt formulierte f a c h b e s t i m m=t e H a u p t l e r n z i e l e

---

58) KLAFKI, W.: Didaktische Analyse... 1958, siehe Anmerk. 5).

59) WOLF, Karl: Vorlesung Systematische Päda=gogik II, Wintersemester 1974/75.

60) zum Problem des Primats von Lernziel oder Lerninhalt vgl. auch:
OTT, Ernst H.: Zum Verhältnis von Lernziel und Lerninhalt. In: Die Deutsche Schule 1973, Heft 2, S. 75 - 85.

61) BAUER schreibt dazu:
"...je mehr man sich in die Curriculument=wicklung vertiefte, umso mehr wuchs die Skepsis
-- *ob sich überhaupt allgemein verbindliche, alle Fächer umfassende Leitziele aus ei=ner Analyse von Lebenssituationen gewin=nen ließen,*
-- *ob je eine Totalerhebung aller menschli=chen Situationen zu leisten sei, für die die Schule Qualifikationen bereitzustel=len habe,*

- zu auf einem mittleren Abstraktionsniveau stehenden G r o b z i e l e n reichen (Hauptlernziele),

- denen dann wieder T e i l l e r n z i e = l e und F e i n l e r n z i e l e zu= geordnet sind, die als konkrete Aufgaben= beschreibungen formuliert werden sollen (ev. operationalisierte Feinlernziele).

Die Transformation höher-hierarchischer Lern= ziele in solche niedrigerer Ordnung - als rein technischer Vorgang - ausgehend vom fachbe= stimmten Hauptlernziel zum gesamten Unter= richtsmodell *"Der Kulturerdteil Orient als Lebensraum"* wurde in erster Linie nach dem V i e r - S t u f e n - M o d e l l z u r B e s t i m m u n g v o n F e i n z i e = l e n von PETERSSEN 1972[65]) durchgeführt, in dem auch *"Elemente des von HEIMANN 1962[66]) ent= worfenen didaktischen Strukturmodells und der von KLAFKI 1958 konzipierten didaktischen Ana= lyse übernommen wurden"* (PETERSSEN 1972, S.48).

Es sollen hier nur die 4 Stufen der Transfor= mation angegeben und sonst nicht näher darauf eingegangen, sondern auf den Aufsatz von PE= TERSSEN verwiesen werden.

Stufe I: Formulierung eines Lernziels als Grobziel, das voraussichtlich in der verfügbaren Zeiteinheit zu ver= wirklichen sein wird.

Stufe II: Analyse des Grobziels auf seine in= haltlichen Strukturmomente hin (Sachanalyse für das intendierte Endverhalten).

Stufe III: Ordnung der inhaltlichen Struktur= momente des Grobziels nach ihrem sachlichen und logischen Zusammen= hang (unter Berücksichtigung der besonderen didaktischen Intention).

Dabei ist zu fragen:
- in welchem sachlich-logischen Zu= sammenhang stehen die einzelnen Strukturmomente des Grobziels ?
- welche Momente müssen vorhergehen, damit die folgenden überhaupt erst verständlich, einsehbar werden ?
- ist von der Sache her eine bestimm= te Folge der Teillernziele verbind= lich oder kann zugunsten einer di= daktischen Konzeption eine andere Reihenfolge aufgestellt werden ?

Stufe IV: Formulierung von Feinlernzielen als Beschreibungen des erwarteten End= verhaltens unter Berücksichtigung situativer Voraussetzungen(PETERSSEN 1972, S.48f.).

Die sachlich-inhaltliche Bestimmung der Lern= zielsequenzen wurde nach folgendem Schema für die Planung von Unterricht durchgeführt: *Siehe Abb. 3* (Vgl. dazu auch THONHAUSER 1974, S.12).[67])

Unmittelbarer Anlaß für die Entwicklung der Lernziele ist das Thema des Unterrichtsmodells (*"Der Kulturerdteil Orient als Lebensraum"*). Es bietet jedoch nicht nur

a. Daten, Fakten, Verläufe, Prozesse, Struk= turen etc., sondern auch

b. Gelegenheit, allgemein-geographische Grund= begriffe und wichtige wissenschaftliche Termini zu erarbeiten,

c. bestimmte transferierbare Grundeinsichten herauszuarbeiten,

d. diverse affektive Einstellungen bewußt zu machen, zu bilden oder zu überprüfen,

e. oder auf Probleme der geographischen Be= trachtungsweise einzugehen

f. etc.etc.

---

61 Forts.)
-- *und ob es möglich sei, aus allgemeinen, wenigstens durch ein Konsensverfahren gewonnenen, Lernzielen zwingend fach= liche, d.h. spezielle Lernziele abzu= leiten* (S.14).
aus: BAUER, L.: Curriculum und Fachdidak= tik. In: Didaktik der Geographie in der Universität. Fachdidaktische Studien 6, München 1974, S. 9 - 27.

62) MEYER, H.L. und H.OESTREICH: Anmerkungen zur Curriculumrevision Geographie. In: Geographische Rundschau 25,1973,S.94 - 103.

63) PROKASKY, H. und W.GERSCHLER: Das Problem der Operationalisierung von Lernzielen. In: SCHÖRKEN,R.(Hrsg.):Curriculum"Poli= tik". Von der Curriculumtheorie zur Un= terrichtspraxis. Leske, Opladen 1974, S. 221 - 230.

64) Terminologie der Lernzielstufen nach MÖLLER, Technik der Lernplanung, a.a.O. für den geographischen Bereich aus: BIRKENHAUER, J.: Einführung. Lernziele und Operationalisierung. In: Lernzielorien= tierter Unterricht an geographischen Bei= spielen. Beiheft 2 zur Geogr. Rundschau, 1972, S. 2 - 6.

65) PETERSSEN, W.H.: Zur Bestimmung und Formu= lierung von Lernzielen für begrenzte Un= terrichtseinheiten. In: Die Deutsche Schu= le 1972, Heft 1, S. 45 - 56.

66) HEIMANN, P.: Didaktik als Theorie und Lehre. In: Die Deutsche Schule 1962, S. 407 f.

Abb. 3: Schema zur sachlich-inhaltlichen Bestimmung der Lernzielsequenzen beim Unterrichtsmodell "Der Kulturerdteil Orient als Lebensraum".

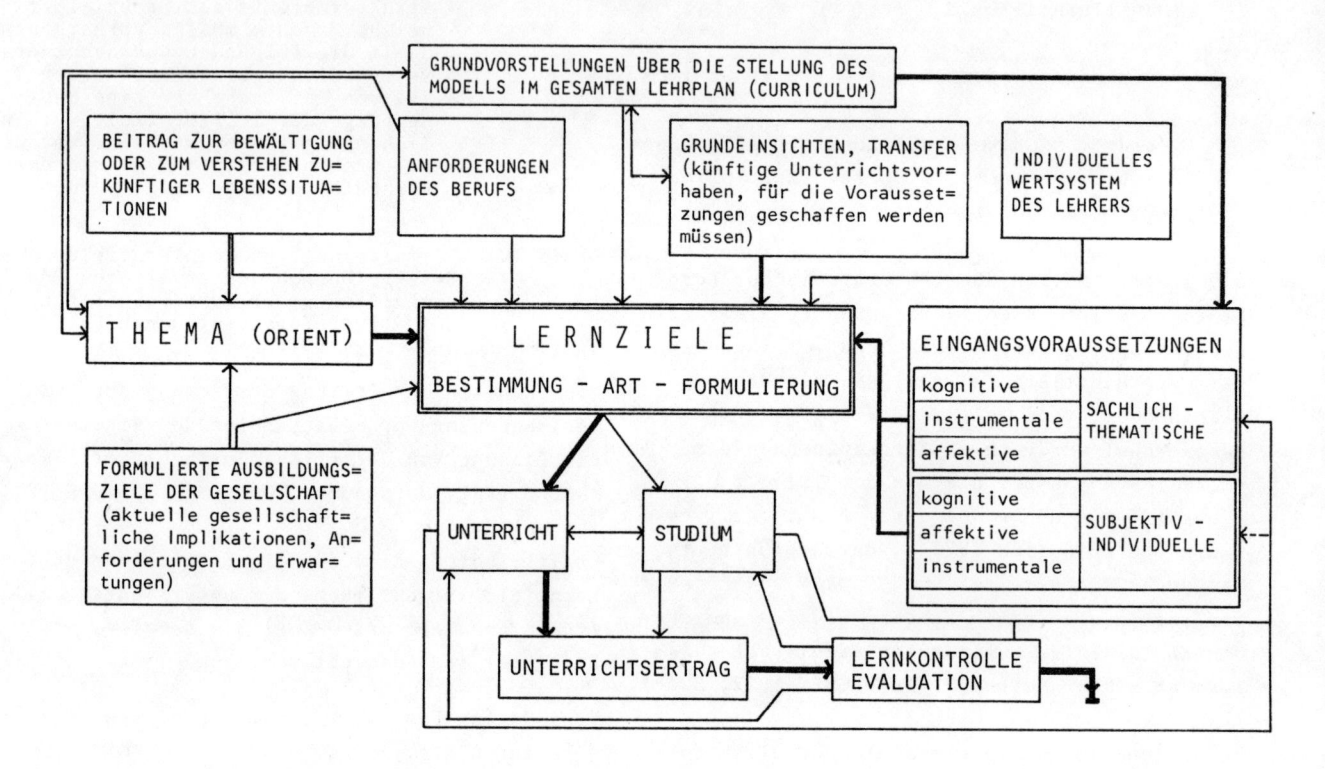

```
                    ┌─────────────────────────────────────────┐
                    │ GRUNDVORSTELLUNGEN ÜBER DIE STELLUNG DES│
                    │ MODELLS IM GESAMTEN LEHRPLAN (CURRICULUM)│
                    └─────────────────────────────────────────┘
   ┌──────────────┐ ┌──────────┐ ┌──────────────┐ ┌──────────────┐
   │BEITRAG ZUR   │ │ANFOR-    │ │GRUNDEIN-     │ │INDIVIDUELLES │
   │BEWÄLTIGUNG   │ │DERUNGEN  │ │SICHTEN,      │ │WERTSYSTEM    │
   │ODER ZUM      │ │DES BERUFS│ │TRANSFER      │ │DES LEHRERS   │
   │VERSTEHEN ZU- │ │          │ │              │ │              │
   │KÜNFTIGER     │ │          │ │              │ │              │
   │LEBENSSITUA-  │ │          │ │              │ │              │
   │TIONEN        │ │          │ │              │ │              │
   └──────────────┘ └──────────┘ └──────────────┘ └──────────────┘

   ┌──────────────┐    ┌─────────────────────┐    ┌──────────────────────┐
   │THEMA (ORIENT)│───▶│    LERNZIELE        │    │EINGANGSVORAUSSETZUNGEN│
   └──────────────┘    │BESTIMMUNG-ART-      │    │ kognitive  SACHLICH- │
                       │FORMULIERUNG         │    │ instrum.   THEMATISCHE│
                       └─────────────────────┘    │ affektive            │
   ┌──────────────┐           │                   │ kognitive  SUBJEKTIV-│
   │FORMULIERTE   │           ▼                   │ affektive  INDIVIDU. │
   │AUSBILDUNGS-  │    ┌──────────┐ ┌─────────┐   │ instrum.             │
   │ZIELE DER     │    │UNTERRICHT│ │ STUDIUM │   └──────────────────────┘
   │GESELLSCHAFT  │    └──────────┘ └─────────┘
   └──────────────┘           │
                              ▼
                       ┌────────────────┐  ┌──────────────┐
                       │UNTERRICHTSERTRAG│─▶│LERNKONTROLLE │
                       └────────────────┘  │EVALUATION    │
                                           └──────────────┘
```

Welche der möglichen Ziele angestrebt werden, hängt ab

a.) von den Eingangsvoraussetzungen, die wiederum in eine sachlich-thematische (einschlägige Kenntnisse, Einstellungen und Fertigkeiten) und in eine subjektiv-individuelle (spezielle Lernmotivation des Schülers, intellektuelle Fähigkeiten, Einstellung zum Fach) Komponente zerlegt werden können;

b.) von künftigen Unterrichtsvorhaben, für die Voraussetzungen geschaffen werden müssen;

c.) von aktuellen gesellschaftlichen Bedürfnissen und dem Beitrag zur Bewältigung zukünftiger Lebenssituationen;

d.) von den Anforderungen des künftigen Berufs, bzw. den formulierten Ausbildungszielen der Gesellschaft für die entsprechende Schultype;

e.) von den Wertvorstellungen, die der Lehrer persönlich, aber deshalb nicht unabhängig vom Einfluß seiner Schüler zum Tragen bringen will (z.B. Bereitschaft und Fähigkeit, Entscheidungssituationen selbstverantwortlich zu meistern, Bereitschaft und Fähigkeit zu Kooperation, kritische Einstellung gegenüber dem Informationsangebot in einer pluralistischen Gesellschaft).[68]

---

67) THONHAUSER, J.: Geschichte und ihre Vermittlung. Analyse eines fachdidaktischen Lehrversuchs. In: Spektrum Pädagogikum. Aus der Arbeit des Instituts für Pädagogik der Univ. Salzburg, Salzburg 1974, 35 + VII S.

67a) zur Planung von Unterricht vgl. auch: POSCH, P.: Systematische Planung von Lehrveranstaltungen. In: IBE-Bulletin, Wien 1972, Heft 9, S. 19 - 26.
GLASER, R.: The Design of Instruction. In: GOODLAND, J.I.(Hrsg.): The Changing American School. Chicago 1966, S. 215 f.

68) in veränderter und erweiterter Form nach einer Zusammenstellung bei THONHAUSER 1974, S. 12.

5.2. Organisationsschema des Unterrichtsmodells

Die im vorangegangenen Kapitel angeschnittenen formalen Techniken und sachlichen Implikationen des lernzielorientierten Aufbaus führten zu folgendem Organisationsschema des Unterrichtsmodells "Der Kulturerdteil Orient als Lebensraum":

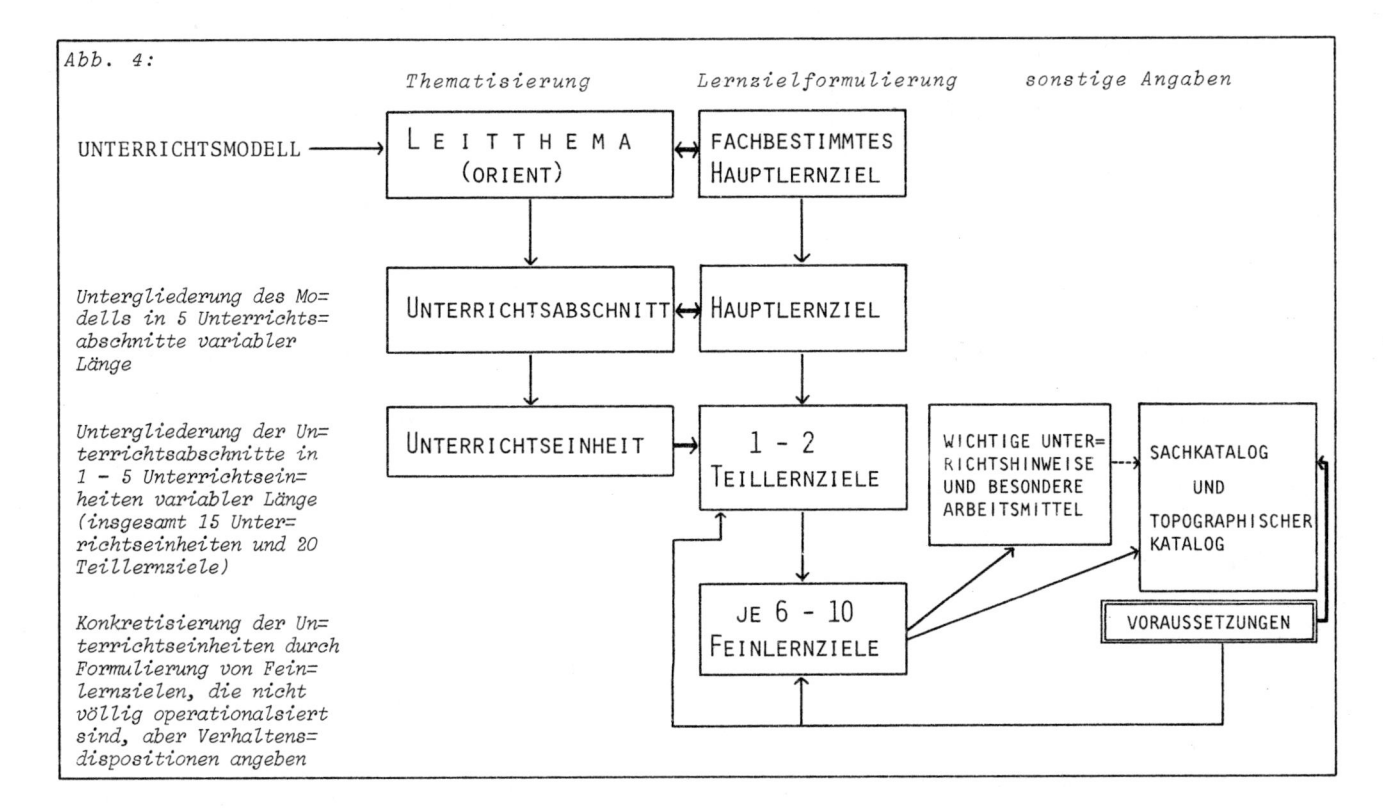

Abb. 4:

```
                    Thematisierung        Lernzielformulierung      sonstige Angaben

UNTERRICHTSMODELL ──▶ ┌─────────────┐    ┌─────────────────┐
                      │ LEITTHEMA   │◀──▶│ FACHBESTIMMTES  │
                      │  (ORIENT)   │    │ HAUPTLERNZIEL   │
                      └─────────────┘    └─────────────────┘
                            │                    │
                            ▼                    ▼
Untergliederung des Mo-   ┌─────────────────┐  ┌──────────────┐
dells in 5 Unterrichts-   │UNTERRICHTSABSCHNITT│◀▶│HAUPTLERNZIEL │
abschnitte variabler      └─────────────────┘  └──────────────┘
Länge                           │                    │
                                ▼                    ▼
Untergliederung der Un-   ┌──────────────────┐  ┌──────────┐    ┌──────────────┐    ┌──────────────┐
terrichtsabschnitte in    │UNTERRICHTSEINHEIT│─▶│  1 - 2   │    │WICHTIGE UNTER│    │ SACHKATALOG  │
1 - 5 Unterrichtsein-     └──────────────────┘  │TEILLERN- │    │RICHTSHINWEISE│    │     UND      │
heiten variabler Länge                          │  ZIELE   │    │UND BESONDERE │    │TOPOGRAPHISCHER│
(insgesamt 15 Unter-                            └──────────┘    │ ARBEITSMITTEL│    │   KATALOG    │
richtseinheiten und 20                              │           └──────────────┘    └──────────────┘
Teillernziele)                                      ▼                    ▲             ▲
                                                ┌──────────┐                            │
Konkretisierung der Un-                         │ JE 6-10  │                     ┌──────────────┐
terrichtseinheiten durch                        │FEINLERN- │                     │VORAUSSETZUNGEN│
Formulierung von Fein-                          │  ZIELE   │                     └──────────────┘
lernzielen, die nicht                           └──────────┘
völlig operationalisiert
sind, aber Verhaltens-
dispositionen angeben
```

5.3. Angaben zu jeder Unterrichtseinheit

Im hier vorgeschlagenen Modell finden sich zu jeder Unterrichtseinheit folgende Angaben:

5.3.1. Teillernziel und Feinlernziele

Pro Unterrichtseinheit sind im allgemeinen ein Teillernziel (in seltenen Fällen auch zwei) und im Durchschnitt sechs bis zehn zugeordnete Feinlernziele angegeben. Sie stehen in einer fortlaufenden, aneinander anschließenden Folge, da es innerhalb der Unterrichtseinheiten aus sachlogischen Gründen nötig ist, bestimmte kognitive Momente vor anderen zu behandeln.

Es handelt sich überwiegend um k o g n i t i v e Feinlernziele. Besonderer Wert wurde aber auch auf a f f e k t i v e gelegt, da diese den Schüler zu eigenem Problembewußtsein und zu eigenem kritischem Verständnis motivieren sollen. Um dem Schüler wichtige Fertigkeiten beizubringen, gibt es außerdem eine Serie i n s t r u m e n t a l e r Lernziele.

5.3.2. Wichtige Unterrichtshinweise und besondere Arbeitsmittel

Mit den Angaben zu diesem Punkt wird - und das soll besonders betont werden - w e d e r Vollständigkeit n o c h besondere Reichhaltigkeit erstrebt. Sie sollen vielmehr nur zur Ergänzung der Lernziele dienen und über diese hinaus zur Aktivierung des Vorstellungs= vermögens über den Ablauf der betreffenden Unterrichtseinheit beitragen. Sie sollen Hin= weise, Anregungen und Denkanstöße bieten, mit welchen Unterrichtsmethoden und Arbeitsmit= teln die Lernziele nun tatsächlich im Unter= richt angestrebt werden könnten, o h n e d a ß   d i e   A b s i c h t   b e s t e h t, h i e r   S t u n d e n b i l d e r   a n= b i e t e n   z u   w o l l e n!

Eine "m a t e r i a l i s i e r t e" Form dieses Unterrichtsmodells, bei der sämtliche hier nur angedeuteten Arbeitsunterlagen, Lehr= behelfe etc. explizit ausgearbeitet sind, ist zur Zeit im Rahmen von zwei Diplomarbeiten an der Lehrkanzel Prof. Troger / Wien in Arbeit.[69]

Bei den Unterrichtshinweisen wurde Wert auf M e t h o d e n v i e l f a l t gelegt. So werden vorgeschlagen:

- zwei Rollenspiele,
- fünf Kurzprogramme,
- eine Serie von selbständigen Schülerarbei= ten,
- Schülerdiskussionen,
- starke Verwendung audiovisueller Hilfs= mittel,
- Zeitungsausschnitte,
- Anregungen zur kritischen Interpretation von Texten und Statistiken,
- informelle Tests.

Die selbständige Schülerarbeit soll gefördert werden. In diesem Punkt sind auch jeweils die r e g i o n a l e n   B e i s p i e l e an= geführt, die zur Erreichung von Grundeinsich= ten eingesetzt werden.

5.3.3. Zum Problem der Eingangsvoraussetzungen

Eines der schwierigsten Probleme bei der Er= stellung des Projekts war die Frage, welche Kenntnisse und Fertigkeiten aus den Klassen 1 bis 4 der AHS bereits vorausgesetzt werden können. Dafür gab es nirgends Richtlinien, da ja das Modell als Teil eines reformierten Lehr= planes gesehen werden muß und daher zum vollen Erfolg bei der Durchführung eigentlich ein moderner, nach allgemein-geographischen Sachka= tegorien lernzielorientierter Lehrplan der Klassen 1 - 4 zur Verfügung stehen müßte. Die= sen gibt es in Österreich noch nicht, sondern nur länderkundlich aufgebaute Lehrpläne, über deren Voraussetzungsqualität man streiten kann.

So ist es auch nicht leicht möglich - im Sinne eines konsequent fortschreitenden Lehrstoff= aufbaues - auf die Unterstufe aufbauend vorzu= gehen, da der derzeitige Lehrplan nicht a priori auf die Gewinnung transferierbarer Grundein= sichten ausgerichtet ist, die man dann für die= ses Modell genau als Eingangsvoraussetzungen katalogisieren könnte.

Das führt notwendigerweise dazu, so wenig wie möglich vorauszusetzen und alle wichtigen the= matischen Grundeinsichten im Rahmen dieses Mo= dells zu erarbeiten, wodurch sich eine enorme Aufblähung und Verlängerung ergibt.

In diesem Dilemma wurde von den Autoren die O p e r a b i l i t ä t des Projektes als e n t s c h e i d e n d e   P r ä m i s s e angesehen. Das heißt, der hier angebotene Vor= schlag zur Behandlung des Orient nach lernziel= orientierten, großraumspezifischen Gesichts= punkten soll von den Lehrern sofort - a u c h beim derzeit gültigen Oberstufenlehrplan und ebenso auch in einer 5. Klasse, die auf 4 Jahre länderkundlich orientierter Unterstufe folgt - einsetzbar sein.

Dasselbe gilt auch für die Lehrstoffverteilung im Schulversuch der Oberstufe,[70] deren Kultur= erdteilbehandlung in der 5. Klasse ja den di= rekten Anlaß zur Erstellung dieses Modells bot. Auch hier herrscht völlige Ungewißheit über die Eingangsvoraussetzungen von der Unterstufe her, sodaß man von der Annahme ausgehen muß,

---

[69] Von Rudolf KODNAR wurden die zur Erreichung der Lernziele des 3. Unterrichtsabschnittes nötigen und auf sie abgestimmten Arbeits= mittel und sachlich-thematischen Unterlagen erarbeitet und zusammengestellt. Die Arbeit steht kurz vor der Fertigstellung, sodaß in Kürze bereits eine "materialisierte" Form des Abschnittes *"Der Mensch antwortet auf die Herausforderung der Natur im Trok= kenraum"* zur Diskussion und Erprobung in der Schulwirklichkeit vorliegen wird.

daß der derzeit gültige Lehrplan der Unterstufe als Voraussetzung anzusehen ist.

5.3.4. Der Sachkatalog

Die im vorigen Kapitel angeschnittene Problematik führt zu großen Schwierigkeiten bei der Aufstellung eines Sachkatalogs, in dem für jede Unterrichtseinheit alle jene neuen Begriffe angeführt sind, deren Kenntnis der Schüler in dieser erwerben soll.

Er erschien den Autoren aber wichtig zur Veranschaulichung der Inhalte der einzelnen Unterrichtseinheiten und als Hinweis dafür, wie wichtige Sachbegriffe zu Lernzielen zugeordnet werden können. Die sich ja gerade in einem solchen Katalog manifestierende Problematik nicht eindeutig geklärter Eingangsvoraussetzungen wurde daher b e w u ß t in Kauf genommen, spiegelt sich aber auch im Katalog in einer Zweiteilung der Begriffe:

1. SACHBEGRIFFE A: *"Neue Sachbegriffe aus dem Orient"*

    Hier sind jene Begriffe angeführt, die unseres Erachtens so charakteristisch für den Orient sind, daß ihre Erarbeitung aus fachdidaktischen Gründen unbedingt im Rahmen dieses Kulturerdteils erfolgen sollte, da sie sich im allgemeinen nur aus Fragestellungen des Orients entwickeln lassen bzw. zum Verständnis von Lebens-, Wirtschafts- und Gesellschaftsformen im Orient von größter Bedeutung sind.

    Bei diesen Begriffen wird auch angenommen, daß sie im wesentlichen nicht unter die Eingangsvoraussetzungen fallen.

2. SACHBEGRIFFE B: *"Sonstige allgemeine Sachbegriffe"*

    Es handelt sich da um Begriffe, die n i c h t nur für den Orient charakteristisch sind, sondern auch für andere Weltregionen, oder die überhaupt viel besser an Hand thematischer Unterrichtssequenzen entwickelt werden können, die aber als wichtig erscheinen und bei der Erörterung von Problemen des Orients notwendigerweise auftauchen; - deren Kenntnis also e n t w e d e r vorausgesetzt werden kann o d e r im Rahmen dieser Kulturerdteilbetrachtung vermittelt werden muß.

Auf sie trifft die ganze Problematik der Eingangsvoraussetzungen zu. Über ihren Umfang kann man streiten; bei vielen könnte man annehmen, daß sie aus den Klassen 1 - 4 bekannt sind. Würde dieses Orient-Modell im Rahmen eines voll durchkonzipierten Lehrplanes für die Klassen 1 - 8 existieren, so wären zweifellos viele Sachbegriffe anderen Einheiten zugeordnet, - z.B. der Begriff *"Stockwerkkultur"* besser zu einer Grundlagen-Unterrichtseinheit über die mediterrane Landwirtschaft oder der Begriff *"Geburtenrate"* besser zu einer allgemeinen Bevölkerugs-Grundlageneinheit.

Es kann hier n u r versucht werden, eine Aufzählung dieser Begriffe zu bieten. Es wird dann dem Lehrer, der die spezifischen Eingangsvoraussetzungen seiner Schüler kennt, seinen unterrichtsinhaltlichen und unterrichtsmethodischen Intentionen und der Frage, in welchen Grundlehrplan dieses Modell eingebaut wird, überlassen bleiben, welche davon

a. noch zu den Voraussetzungen zu nehmen sind,

b. nur angerissen werden, ohne sie vertiefend auszuführen,

c. so wie die "Sachbegriffe A" erarbeitet werden.

Wurde die Kenntnis eines Begriffs für eine Unterrichtseinheit angefordert, so wird sie in einer späteren vorausgesetzt und dieser daher nicht mehr angeführt. Wird ein Begriff in einer Unterrichtseinheit gebracht und in einer späteren erweitert oder vertieft, so wird er zweimal angegeben und mit einer römischen Beiziffer gekennzeichnet.

---

70) siehe Kap. 4.1.

Abb. 5: Übersichtsskizze sämtlicher im Rahmen der 15 Unterrichtseinheiten des Unterrichtsmodells "Der Kulturerdteil Orient als Lebensraum" angesprochenen topographischen Begriffe (Gesamtes topographisches Inventar)

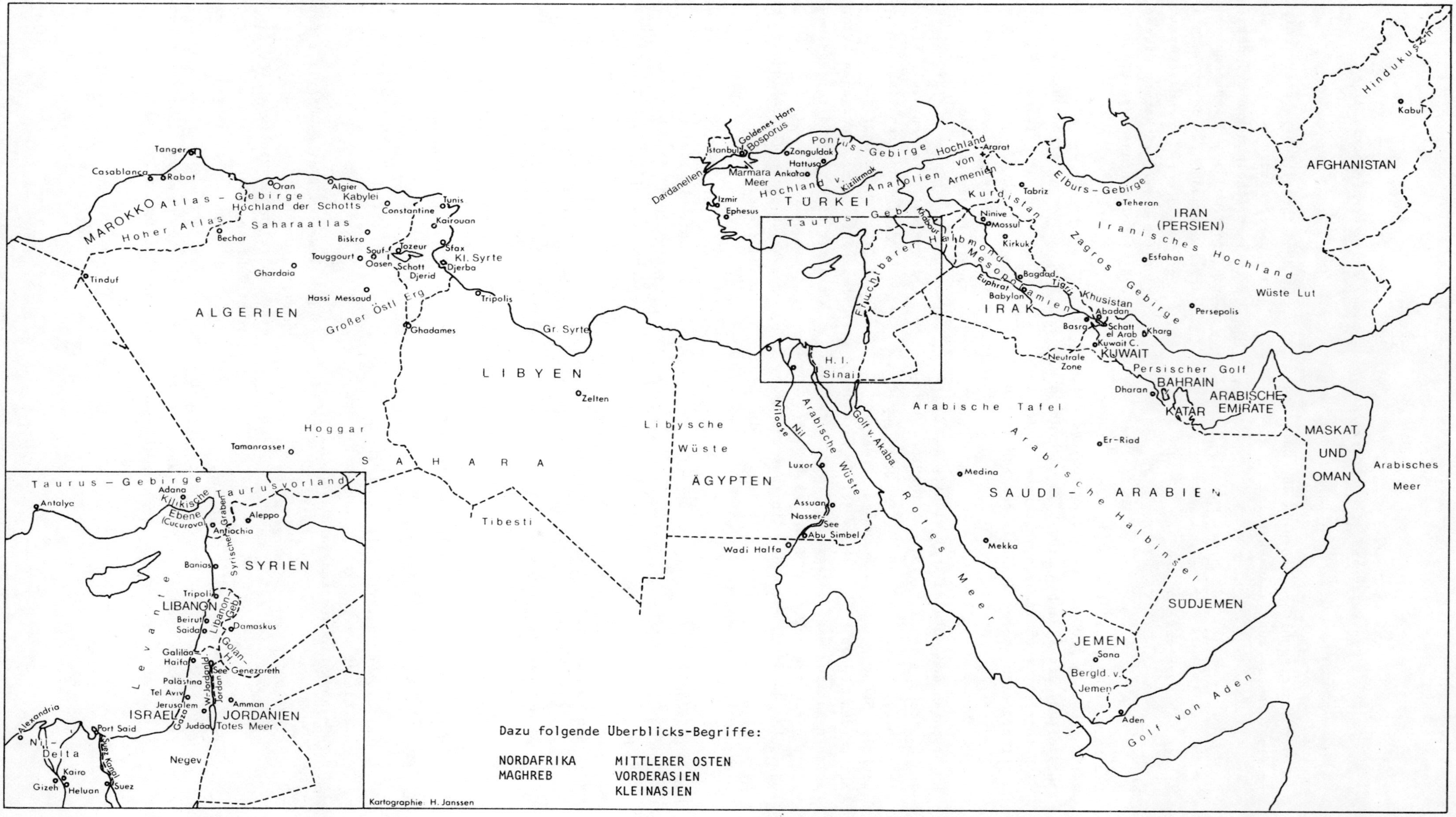

Dazu folgende Überblicks-Begriffe:

NORDAFRIKA   MITTLERER OSTEN
MAGHREB   VORDERASIEN
             KLEINASIEN

Kartographie H. Janssen

Der Kulturerdteil Orient als Lebensraum - ein Unterrichtsmodell

5.3.5. Der Topographische Katalog

Im Topographischen Katalog werden für jede Unterrichtseinheit jene topographischen Begriffe angegeben, deren Kenntnis der Schüler in dieser erwirbt, - nicht als Selbstzweck, sondern quasi "nebenbei", in Verfolgung der allgemein-geographischen Lernziele und regionalen Fallbeispiele.

Er hat in erster Linie Demonstrationszwecke - für Skeptiker, die ein topographisches Grundwissen als unumgänglich für die Geographie erachten, die der Meinung sind, daß ein solches nur bei einer länderkundlich - staatenkundlichen Vorgangsweise erreicht werden kann und bei einem thematisch orientierten Unterrichtsaufbau den Verlust von topographischem Wissen fürchten.

Daß dem nicht so ist, soll der Topographische Katalog beweisen ! Es zeigt sich, daß bis zum Ende des Unterrichtsmodells ein beachtliches Inventar an topographischen Begriffen zusammenkommt, deren Kenntnis unseres Erachtens für den Orient völlig genügend ist, außerdem nicht isoliert erarbeitet wird, sondern eingesponnen ist in sachliche Zusammenhänge und Interdependenzen, in Grundeinsichten und Transferwissen.

Abb. 5 zeigt auf einem Kärtchen die im Rahmen dieses Unterrichtsmodells angesprochenen topographischen Begriffe.

5.3.6. Zum Problem des Einstiegs

Es ist wichtig, einen Einstieg zu finden, der aktuell ist und die Schüler motiviert. Deshalb wurde von uns das zur Zeit brennende Problem "Erdöl und Energiekrise" gewählt, - nicht zuletzt deshalb, weil man heutzutage, wenn man an den Orient denkt, in erster Linie das Erdöl assoziiert. Es bleibt aber dem Lehrer überlassen, statt dessen einen anderen Einstieg zu wählen. Als Möglichkeit dazu bietet sich auch der 5. Unterrichtsabschnitt *"Der Konflikt Israel - Arabische Staaten"* an. Die einzelnen Unterrichtsabschnitte sind im Großen und Ganzen abgeschlossene, durchaus vertauschbare Einheiten.

5.4. Ein Maximalprogramm ?!

Bei Betrachtung des gesamten Modells drängt sich unwillkürlich die Frage auf, ob es für die in der 5. Klasse zur Verfügung stehende Zeit nicht viel zu umfangreich ist. Das ist es sicher (!), wenn man es in den derzeitigen - Komplettheit im Gang über die Erde anstrebenden - Lehrplan einbaut, nicht so sehr bei seiner Anwendung in einem lernzielorientierten, reformierten Lehrplankonzept.[71]

Dazu muß aber festgestellt werden, daß versucht wurde, b e i s p i e l h a f t e i n e D i s k u s s i o n s g r u n d l a g e f ü r e i n e n n e u e n A n s a t z d e r B e t r a c h t u n g v o n U n t e r = r i c h t s i n h a l t e n in der Schulgeographie vorzustellen. Kürzungen dieses Modells durch Weglassen einzelner Unterrichtseinheiten oder Reduktion von Feinlernzielen sind in sinnvollem Ausmaß im Ermessen des Lehrers und seiner didaktischen Intentionen jederzeit möglich, ohne seine Grundsubstanz und Grundaussage zu beeinträchtigen.

Wenn es aber an Hand des hier vorgelegten konkreten Beispieles gelingt, Erkenntnisse und Strömungen der *"n e u e n" Fachdidaktik* in der Schulgeographie zu popularisieren und an eben einem konkreten Beispiel die Möglichkeiten lernzielorientierten, sachlich - thematischen Unterrichts in der Geographie im Vergleich zur Länderkunde bisheriger Art zu demonstrieren und darüber hinaus ein halbwegs operables - wenn auch vielleicht zu umfangreiches - Modell anzubieten, so scheint die Zielsetzung der Autoren mit diesem Beitrag erreicht zu sein.

---

71) vgl. dazu Kap. 3.4. und Abb. 1., S.196.

II. ÜBERSICHT

Unterrichtsabschnitte und Unterrichtseinheiten, Haupt- und Teillernziele des Unterrichtsmodells "Der Kulturerdteil Orient als Lebensraum"

UNTERRICHTSABSCHNITTE UND HAUPTLERNZIELE	ZUGEORDNETE UNTERRICHTSEINHEITEN UND TEILLERNZIELE
I. DER ORIENT UND SEIN ERDÖL IM BRENNPUNKT DER WELTPOLITIK *Der Schüler soll erkennen, daß das Erdöl die wichtigste Energiequelle der heutigen Wirtschaft darstellt und von den großen Industriestaaten mangels eigener Vorräte aus Fremdräumen bezogen werden muß, von denen der Orient die größte Erdölregion darstellt und dadurch große weltpolitische Bedeutung erhält.*	**1. ERDÖL ALS WICHTIGSTER ENERGIETRÄGER** *(1) Der Schüler soll die Bedeutung des Erdöls aus dem Orient im Rahmen einer weltweiten Energiekrise abschätzen können.* **2. ERDÖL - SCHWARZES GOLD DES TROCKENRAUMES** *(2) Der Schüler soll Gründe angeben können, warum gerade im Orient so viel Erdöl vorhanden ist und er soll daraus Allgemeines über die Entstehung des Erdöls ableiten können.* *(3) Der Schüler soll Methoden der Erdölförderung und das Zusammenspiel verschiedener technischer Einrichtungen in einem Film oder einer Diaserie erkennen und verstehen können.* **3. VOM ROHÖL ZUM SUPERBENZIN** *(4) Der Schüler soll erkennen, daß die Energiequelle Erdöl in Europa nur in geringen Mengen vorhanden ist, deshalb vom Orient über weite Strecken transportiert werden muß und von riesigen, alle Phasen der Erdölwirtschaft durchdringenden Konzernen gefördert wird.* *(5) Dem Schüler soll bewußt werden, daß vom Endverbraucherpreis eines Mineralölproduktes tatsächlich nur ein geringer Teil den erdölproduzierenden Staaten zugute kommt.* **4. DAS ERDÖL ALS POLITISCHE WAFFE DER ARABISCHEN STAATEN** *(6) Der Schüler soll sich ein kritisches Urteil darüber bilden können, ob die Forderungen der erdölproduzierenden Staaten berechtigt sind und die Frage diskutieren können, welche Folgen es für die weltpolitische Lage haben kann, wenn ein derart wichtiger Energieträger für politische Zwecke eingesetzt werden kann.*
II. VON DER TRADITIONELLEN GESELLSCHAFT ZUR AGRARREFORM *Der Schüler soll erkennen, daß traditionelle - auf Stagnation aufgebaute - Wirtschafts- und Gesellschaftsformen ein Steckenbleiben des ehemals blühenden Orient in seiner Entwicklung bewirkt haben und daß heute verschiedene Versuche durchgeführt werden, um diese traditionellen Systeme zu durchbrechen.*	**1. ISLAM UND RENTENKAPITALISMUS - HEMMFAKTOREN EINER WEITERENTWICKLUNG ?** *(7) Der Schüler soll erkennen, daß die Länder des Orient rentenkapitalistisch geprägte Entwicklungsländer alter Kulturtradition sind, die von einer einheitlichen Religion, dem Islam, geprägt sind.* **2. WIE DER RENTENKAPITALISMUS ÜBERWUNDEN WERDEN KANN** *(8) Der Schüler soll erkennen, daß verschiedene Möglichkeiten versucht werden, die traditionelle Wirtschaftsform im Agrarbereich aufzulösen, da gerade die Agrarbevölkerung vom Rentenkapitalismus völlig gelähmt worden ist; und er soll befähigt werden, selbst Vor- und Nachteile der einzelnen Entwicklungswege beurteilen zu können.*

Der Kulturerdteil Orient als Lebensraum – ein Unterrichtsmodell

UNTERRICHTSABSCHNITTE UND HAUPTLERNZIELE	ZUGEORDNETE UNTERRICHTSEINHEITEN UND TEILLERNZIELE
III. DER MENSCH ANTWORTET AUF DIE HERAUSFORDERUNG DER NATUR IN DEN TROCKENRÄUMEN *Der Schüler soll erkennen, daß sich der Mensch in den Trockenräumen des Orient in seinen Grunddaseinsfunktionen auf die extremen Bedingungen des Trockenraumes eingestellt hat und daß heute hier – bedingt durch den technischen Fortschritt – ein gewaltiger Umwandlungsprozeß im Gange ist.*	**1. DIE NATUR DES TROCKENRAUMES** (9) *Der Schüler soll die wichtigsten natürlichen Grundlagen, die die Basis für das gesamte menschliche Handeln in diesem Kulturerdteil bilden, aufzählen und ihr Wirkungsgefüge erkennen können.* **2. TRADITIONELLE LEBENS- UND WIRTSCHAFTSFORMEN IN DER WÜSTE** (10) *Der Schüler soll erkennen, daß die Menschen unter den extremen Bedingungen des Trockenraumes (Wüste) geeignete Lebens- und Wirtschaftsformen entwickelt und ihre Siedlungsformen darauf eingestellt haben.* **3. MODERNE LEBENS- UND WIRTSCHAFTSFORMEN IN DER WÜSTE** (11) *Der Schüler soll den seit etwa einem Jahrzehnt besonders stark stattfindenden Wandel der Lebens- und Wirtschaftsformen in der Wüste erkennen und einige seiner wichtigsten Grundmomente beschreiben und erklären können.* **4. DER WIRTSCHAFTSWANDEL IN DER STEPPE** (12) *Der Schüler soll erkennen, wie in Grenzertragsräumen (Steppe) Landwirtschaft betrieben wird und dadurch eine Inwertsetzung dieser Räume erfolgt.* **5. TECHNISCHE GROSSVORHABEN IM TROCKENRAUM UND IHRE AUSWIRKUNGEN** (13) *Der Schüler soll erkennen, daß technische Großvorhaben und Eingriffe in den Naturhaushalt vielfältige Auswirkungen haben und leicht zu schweren Störungen der Natur führen können.*
IV. URBANISIERUNG UND INDUSTRIALISIERUNG – FLUCH ODER SEGEN? *Der Schüler soll erkennen, daß die Staaten des Orient Entwicklungsländer sind, in denen der rasante Wandlungsprozeß vom feudalen Agrarstaat zur verstädterten Gesellschaft und zum Industriestaat nicht nur Vorteile, sondern auf Grund des Nachhinkens gesellschaftlicher und demographischer Wandlungsprozesse auch schwere Probleme und Krisen mit sich bringt.*	**1. WIE DIE STADT IM ORIENT DEN SOZIALEN UMBRUCH WIDERSPIEGELT** (14) *Der Schüler soll erkennen, daß das Nebeneinander alter orientalischer und moderner westlicher Lebensformen große bauliche Unterschiede, soziale Spannungen und wirtschaftliche Probleme hervorruft.* (15) *Der Schüler soll die Städte des Orient als Zentren der Wohlstandskonzentration, der Verwestlichung, des Wirtschaftswachstums und als Inbegriff aller Hoffnungen auf Verbesserung der Lebensqualität verstehen lernen.* **2. DIE CHANCEN DER JUNGEN ERDÖLERSCHLIESSUNG** (16) *Der Schüler soll erkennen, daß sich für den Orient durch die riesigen Erdöleinkünfte große Chancen ergeben, durch sinnvolle Investitionspolitik die wirtschaftliche Entwicklung und den Lebensstandard der Bevölkerung zu heben; daß aber die Gefahr besteht, daß der Gegensatz zwischen armen und reichen Staaten im Orient immer größer wird.* (17) *Der Schüler soll Vor- und Nachteile nennen können, die die junge Erdölerschließung mit sich bringt.* **3. DAS PROBLEM DES WIRTSCHAFTSWACHSTUMS UND DER INDUSTRIALISIERUNG** (18) *Der Schüler soll angeregt werden, die wirtschaftlichen Entwicklungschancen des Orient zu beurteilen zu versuchen, Regionen verschiedener Chancenmöglichkeit herauszufinden und sie charakterisieren zu können.*

UNTERRICHTSABSCHNITTE UND HAUPTLERNZIELE	ZUGEORDNETE UNTERRICHTSEINHEITEN UND TEILLERNZIELE
V. DER KONFLIKT ISRAEL - ARABISCHE STAATEN *Der Schüler soll die Fähigkeit bekommen, diesen Krisenherd als Folge politischer, ethnischer, gesellschaftspolitischer und sozialwirtschaftlicher Spannungen zu begreifen.*	**1. DER KONFLIKT ISRAEL - ARABISCHE STAATEN** (19) *Der Schüler soll Verständnis für die Standpunkte beider Seiten im Nahostkonflikt bekommen.* (20) *Der Schüler soll die enorme Aufbauarbeit Israels seit der Staatswerdung erkennen können.*
VI. DER ORIENT - EIN KULTURERDTEIL ? *Der Schüler soll großräumliche Gemeinsamkeiten und Divergenzen dieser Weltregion nennen und die Frage diskutieren können, was ein Kulturerdteil ist und ob der Orient als ein solcher zu bezeichnen ist.*	

III. DAS UNTERRICHTSMODELL: LERNZIELE, UNTERRICHTSHINWEISE, TOPOGRAPHISCHER UND SACHKATALOG

DER KULTURERDTEIL ORIENT ALS LEBENSRAUM

für die 5. Klasse der AHS. 5 Unterrichtsabschnitte mit insgesamt 15 Unterrichtseinheiten + einer Abschlußeinheit.

FACHBESTIMMTES HAUPTLERNZIEL:

Gewinnen eines möglichst tiefgehenden Verständnisses der Zusammenhänge und Vorgänge im Orient, das auf grundlegenden Kenntnissen und Erkenntnissen beruht und zu rational begründeten Haltungen und Handlungen gegenüber den Staaten des Orient und ihren Menschen führt sowie durch die dort gewonnenen Einsichten zu einem besseren raumverantwortlichen Handeln auch bei uns beiträgt. Dabei sollten die Schüler befähigt werden, die Staaten und Völker des Orient nicht nur mit von außen gesetzten - österreichischen, europäischen - Maßstäben zu beurteilen, sondern sie auch systemimmanent und mit ihren eigenen Wertvorstellungen verstehen zu können. Dadurch könnten Vorurteile leichter abgebaut werden.

1. UNTERRICHTSABSCHNITT: DER ORIENT UND SEIN ERDÖL IM BRENNPUNKT DER WELTPOLITIK

HAUPTLERNZIEL:

Der Schüler soll erkennen, daß das Erdöl die wichtigste Energiequelle der heutigen Wirtschaft darstellt und von den großen Industriestaaten mangels eigener Vorräte aus Fremdräumen bezogen werden muß, von denen der Orient die größte Erdölregion darstellt und dadurch große weltpolitische Bedeutung erhält.

Der Kulturerdteil Orient als Lebensraum - ein Unterrichtsmodell

1. UNTERRICHTSEINHEIT: ERDÖL ALS WICHTIGSTER ENERGIETRÄGER

TEILLERNZIEL (1):

Der Schüler soll die Bedeutung des Erdöls aus dem Orient im Rahmen einer weltweiten Energiekrise abschätzen können.

FEINLERNZIELE:

1.1. Der Schüler soll Bereiche der Wirtschaft und des "täglichen Lebens" nennen können, die vom Erdöl völlig oder besonders abhängig sind.

1.2. Der Schüler soll in einem einfachen Diagramm den Anteil des Erdöls am Weltenergiehaushalt darstellen können.

1.3. Der Schüler soll erkennen, daß das Erdöl in den letzten Jahrzehnten die Kohle als Hauptenergieträger völlig verdrängt hat und er soll Gründe dafür angeben können.

1.4. Der Schüler soll andere wichtige Energieträger nennen können.

1.5. Der Schüler soll selbst durch Lektüre von aktuellen Berichten und Kommentaren einige wichtige Gründe für das rapide Anwachsen des Energiebedarfs in der Welt erfahren und darüber referieren können.

1.6. Der Schüler soll den Anteil der orientalischen Erdölproduktion an der Weltproduktion angeben können.

1.7. Der Schüler soll die - zum Orient gehörigen - in der Erdölförderung führenden Staaten nennen und ungefähr nach Förderkapazitäten reihen können.[72]

VORAUSSETZUNGEN:

Kenntnis des Lesens und Zeichnens einfacher Sektoren- und Säulendiagramme.
Fähigkeit des Lesens und Interpretierens einfacher thematischer Karten.
Fähigkeit des Lesens und Interpretierens von einfachen statistischen Tabellen.

WICHTIGE UNTERRICHTSHINWEISE UND BESONDERE ARBEITSMITTEL:

Einstieg in die Erdölproblematik:

Lehrer gibt den Schülern eine Stunde vorher vorbereitete Zeitungsartikel, Kommentare, Berichte, Statistiken, die die Feinlernziele (FLZ) 1.1., 1.3. und 1.5. abdecken. Die Schüler bearbeiten diese in Gruppen und berichten darüber in der nächsten Stunde.

FLZ 1.6.: Gemeinsame Interpretationsarbeit von Statistiken, thematischen Atlaskarten und Diagrammen.

FLZ 1.7.: Atlasarbeit

Beim FLZ 1.7. tritt das Problem auf, welche Staaten denn überhaupt zum Orient zu zählen sind. Dabei vertritt der Lehrer - hier zu Beginn des gesamten Unterrichtsmodells bewußt die These, daß "Nordafrika und Vorderasien im Rahmen des altweltlichen Trockengürtels sowohl hinsichtlich ihrer Landesnatur als auch hinsichtlich ihrer Kulturlandschaft eine übergreifende geographische Einheit darstellen"[73] und der Orient daher von Marokko bis Afghanistan reicht. Am Ende des gesamten Unterrichtsmodells - in der letzten Unterrichtseinheit - wird dann auch Gelegenheit sein, darüber zu diskutieren, ob diese These als richtig bezeichnet werden kann und ob es Räume gibt, wo diese Abgrenzung problematisch ist.

SACHBEGRIFFE B: ENGERGIEHAUSHALT
                             ENERGIETRÄGER
                             ENERGIEBEDARF

TOPOGRAPHISCHE BEGRIFFE:

                             ALGERIEN
                             LIBYEN
                             IRAN (PERSIEN)
                             KUWAIT
                             SAUDI-ARABIEN
                             BAHRAIN
                             KATAR
                             ARABISCHE EMIRATE (VERTRAGSSCHEICHTÜMER)
                             PERSISCHER GOLF
                             NORDAFRIKA
                             VORDERASIEN

---

72) Abgrenzung des Orient nach Eugen WIRTH, Einleitung in: NORDAFRIKA UND VORDERASIEN. Fischer Länderkunde, Bd.4, hrsg.v. Horst Mensching und Eugen Wirth, Frankfurt 1973.

73) WIRTH, E., S. 11 in Fischer Länderkunde, Bd.4, siehe oben.

2. UNTERRICHTSEINHEIT: ERDÖL - SCHWARZES GOLD DES TROCKENRAUMES

TEILLERNZIEL (2):

Der Schüler soll Gründe angeben können, warum gerade im Orient so viel Erdöl vorhanden ist und er soll daraus Allgemeines über die Entstehung des Erdöls ableiten können.

FEINLERNZIELE:

2.1. Der Schüler soll eine Erdöllagerstätte in einer einfachen geologischen Skizze darstellen können.

2.2. Der Schüler soll die Phasen der Entstehung des Erdöls in eine grobe Gliederung der geologischen Zeiträume einordnen können.

2.3. Der Schüler soll mindestens fünf der wichtigsten Erdölfelder des Orient in einer Karte halbwegs richtig eintragen können.

2.4. (Folgerung aus FLZ 2.1. und 2.3.) Der Schüler soll imstande sein, die Erdölfelder im Orient in ihrer Lage als Folge von 2.1. zu verstehen.

TEILLERNZIEL (3):

Der Schüler soll Methoden der Erdölförderung und das Zusammenspiel verschiedener technischer Einrichtungen in einem Film oder einer Diaserie erkennen und verstehen können.

FEINLERNZIELE:

3.1. Der Schüler soll wichtige - zur Erdölförderung dienende - technische Einrichtungen im Dia erkennen und benennen können.

3.2. Der Schüler soll die Grundlagen, auf denen der Fördervorgang beruht, nennen können.

VORAUSSETZUNGEN:

Grundkenntnisse über die geologischen Zeitalter

WICHTIGE UNTERRICHTSHINWEISE UND BESONDERE ARBEITSMITTEL:

FLZ 2.1. und 2.2.: Lehrer verteilt Arbeitsblätter über die geologischen Zeiträume und mit tektonischen Skizzen.

FLZ 2.4.: Schulung des Verstandes- und Kombinationsdenkens.

TLZ 3.: Film - über die Land- und Meeresbohrungen im Persischen Golf, sowie über die Bohrungen in der Sahara.

SCHULUNG INSTRUMENTELLER FERTIGKEITEN:

Geologisches Profilzeichnen
Lesen einer geologischen Zeittafel

SACHBEGRIFFE B:
ERDÖL - ENTSTEHUNG
ÖLFÜHRENDE SCHICHT
SPEICHERGESTEIN
DECKGEBIRGE
UNDURCHLÄSSIGE SCHICHT
PORÖSE SANDE, SANDSTEINE
ERDÖLHALTIGER SCHIEFERTON
ERDÖLAKKUMULATION
ÖLHORIZONT
ERDÖLMIGRATION
ERDÖLDOM
VERSUCHSBOHRUNG
BOHRTURM
PUMPE
PUMPSTATION
ROHRSONDE
EXPLORATION
ERDÖLFELD
ABFACKELUNG
ERDGAS
ROTARY - SYSTEM

TOPOGRAPHISCHE BEGRIFFE:
PERSISCHER GOLF II
KIRKUK
MOSSUL
MESOPOTAMIEN
EUPHRAT
TIGRIS
SCHATT EL ARAB
KHUZISTAN
HASSI MESSAUD
GROSSER ÖSTLICHER ERG
ZELTEN
SAHARA
SYRTE - BECKEN
GROSSE SYRTE
KLEINE SYRTE

Der Kulturerdteil Orient als Lebensraum - ein Unterrichtsmodell

3. UNTERRICHTSEINHEIT: VOM ROHÖL ZUM SUPERBENZIN

TEILLERNZIEL (4):

Der Schüler soll erkennen, daß die Energiequelle Erdöl in Europa nur in geringen Mengen vorhanden ist, deshalb vom Orient über weite Strecken transportiert werden muß und von riesigen, alle Phasen der Erdölwirtschaft durchdringenden Konzernen gefördert wird.

FEINLERNZIELE:

4.1. Der Schüler soll die Unterschiede, die in den verschiedenen Weltwirtschaftsregionen in der Produktions-Verbrauchsrelation bestehen, aufzeigen können. Er soll erdölautarke Wirtschaftsräume angeben und jene Räume nennen können, die besonders auf Erdölimporte aus dem Orient angewiesen sind.

4.2. Der Schüler soll Art und Zweck größerer, eigens für den Transport von Erdöl entwickelter technischer Einrichtungen kennen und angeben können.

4.3. Der Schüler soll die wichtigsten Abnehmerländer des orientalischen Erdöls, die wichtigsten Verladehäfen und Transportwege auf der Karte zeigen können.

4.4. Dem Schüler sollen die Gründe bewußt werden, warum sich heute aus dem Öltransport rund um Afrika keine höheren Transportkosten gegenüber dem Weg durch den Suezkanal ergeben.

4.5. Dem Schüler soll bewußt werden, daß heute überwiegend multinationale Großkonzerne die Erdölwirtschaft steuern und alle Phasen der Verarbeitung vom Rohöl bis zum Fertigprodukt kontrollieren.

4.6. Der Schüler soll einige solche Konzerne nennen und an einem Fallbeispiel den Begriff "multinational" mittels Produktionsstätten, Tochterfirmen, Raffinerien, Niederlassungen usw. belegen können.

4.7. Der Schüler soll die Investitionspolitik der Konzerne in den Lieferländern kritisch beurteilen können.[74]

4.8. Der Schüler soll in einem Ablaufschema die wichtigsten Stationen des Erdöls auf dem Weg vom Rohöl zum Superbenzin erklären können.

TEILLERNZIEL (5):

Dem Schüler soll bewußt werden, daß vom Endverbraucherpreis eines Mineralölproduktes - besonders aber des Kraftfahrzeugtreibstoffs - tatsächlich nur ein geringer Teil den erdölproduzierenden Staaten zugute kommt.

FEINLERNZIELE:

5.1. Der Schüler soll die wichtigsten Komponenten, aus denen sich der Benzinpreis in Österreich zusammensetzt, erklären können.

5.2. Der Schüler soll die wirtschafts- und steuerpolitischen Hintergründe der Preiskalkulation in den Abnehmerländern kritisch beurteilen können.

VORAUSSETZUNGEN:

Grundvorstellungen über Begriffe wie USA, SU, EG, Westeuropa, Japan.

WICHTIGE UNTERRICHTSHINWEISE UND BESONDERE ARBEITSMITTEL:

FLZ 4.1.: Schüler bearbeiten in häuslicher Arbeit vom Lehrer zur Verfügung gestellte Statistiken. In der Stunde wird darüber diskutiert.

FLZ 4.2.: Am besten Kurzfilm: Ölfeld Dahran in Saudi-Arabien und TAP-Pipeline sowie Großtanker - Ölverladung auf der Insel Kharg (Iran).

FLZ 4.5. - 4.7.: Lehrer-Schüler-Gespräch, aus dem sich eine Schülerdiskussion entwickeln soll: Schüler zählen auf, was irgendeine Firma in Österreich alles an Betrieben und Niederlassungen hat, andere ergänzen, in welchen Staaten sie diese Firma im Urlaub noch gesehen haben. Lehrer hakt ein, verteilt Arbeitsblätter über die "Multinationalität" der Firma.

FLZ 4.7.: Ausgiebige Schülerdiskussion mit Lehrerinformationen: Einstieg durch Zeitungsartikel oder kurze, provokante Berichte, die gegensätzliche Meinungen darstellen.

TLZ 5: Einbau wirtschaftskundlicher Thematik. Gewinnen von tieferen Einsichten in nicht auf den ersten Blick erkennbare Zusammenhänge.

SCHULUNG INSTRUMENTELLER FERTIGKEITEN:

Bearbeiten und Interpretieren von Statistiken
Darstellung eines Ablaufschemas

---

[74] Dieses FLZ bietet nur ein erstes Anreißen des Problems, es wird fortgesetzt in 16.3.

SACHBEGRIFFE B:	MULTINATIONAL	TOPOGRAPHISCHE BEGRIFFE:	
	PIPELINE		
	PRODUKTENLEITUNG	TRANSARABISCHE ERDÖLLEITUNG (TAP-LINE)	
	RAFFINERIE	IPC-PIPELINES	
	ÖLHAFEN	PERSISCHER GOLF III	
	GROSSTANKER	KHARG	
Unter Umständen nähere Ausführung der Begriffe:		DAHRAN	LIBANON
	KONZERN	ABADAN	SYRIEN
	ROHPRODUKT - FERTIGPRODUKT	BASRA	ROTES MEER
	INVESTITION	BANIAS	SUEZKANAL
	ENDVERBRAUCHERPREIS	TRIPOLI	SUEZ
	MINERALÖLSTEUER	SIDON	PORT SAID
	HANDELSSPANNE	ARABISCHES MEER	HALBINSEL SINAI
	NEGRELLI	GOLF VON ADEN	ISRAEL
	LESSEPS	ADEN	ÄGYPTEN

4. UNTERRICHTSEINHEIT: DAS ERDÖL ALS POLITISCHE WAFFE DER ARABISCHEN STAATEN

TEILLERNZIEL (6):

Der Schüler soll sich ein kritisches Urteil darüber bilden können, ob die Forderungen der erdöl=
produzierenden Staaten nach einer Erhöhung des Ölpreises berechtigt sind und die Frage diskutie=
ren können, welche Folgen es für die weltpolitische Lage haben kann, wenn ein derart wichtiger
Energieträger für politische Zwecke eingesetzt werden kann.

FEINLERNZIELE:

6.1. Der Schüler soll auf Grund von Informati=
onen angeregt werden, sich eine Meinung
zu bilden, ob die Einnahmen der erdölpro=
duzierenden Staaten rechtmäßig und hoch
genug sind.

6.2. Der Schüler soll über die jüngsten Forder=
ungen der OPEC berichten und diese ohne
Emotionen begreifen können.

6.3. Dem Schüler soll bewußt werden, daß die
im Orient lagernden Erdölreserven für die
künftige Energiewirtschaft und Energiepo=
litik der Welt von unerhörter Bedeutung
sein werden.

6.4. Der Schüler soll über die machtpolitischen
Konsequenzen, die sich aus FLZ 6.3. und
FLZ 4.1. sowie TLZ 1. ergeben und den
Orient zu einem weltpolitisch wesentli=
chen Raum machen, in dem sich die Inter=
essen der Sowjetunion und der USA über=
schneiden, diskutieren können.

6.5. Der Schüler soll die tiefere Bedeutung des
Wortes "Energiekrise" definieren und be=
sprechen können.

6.6. Der Schüler soll darüber diskutieren kön=
nen, ob und wie weit die Energiekrise den

ölproduzierenden Staaten die Möglichkeit
gibt, das Erdöl als politisches Druckmit=
tel einzusetzen.

*WICHTIGE UNTERRICHTSHINWEISE UND BESONDERE
ARBEITSMITTEL:*

Die gesamte Unterrichtseinheit ist stark auf Diskussio=
nen orientiert. Aufhänger sind Zeitungsartikel der letz=
ten Zeit sowie vom Lehrer in die Diskussionen einge=
brachte neue Fakten.

FLZ 6.6.: Reine Schülerdiskussion in Gruppen. Auch ein
Rollenspiel ist möglich.

SACHBEGRIFFE A: OPEC
                  ARABISCHE LIGA

SACHBEGRIFFE B: ENERGIEKRISE
                  ERDÖLRESERVEN
                  BARREL
                  ERDÖLPOLITIK

Der Kulturerdteil Orient als Lebensraum - ein Unterrichtsmodell

II. UNTERRICHTSABSCHNITT: VON DER TRADITIONELLEN GESELLSCHAFT ZUR AGRARREFORM

HAUPTLERNZIEL:

Der Schüler soll erkennen, daß traditionelle - auf Stagnation aufgebaute - Wirtschafts- und Gesellschaftsformen ein Steckenbleiben des ehemals blühenden Orient in seiner Entwicklung bewirkt haben und daß heute verschiedene Versuche durchgeführt werden, um diese traditionellen Systeme zu durchbrechen.

1. UNTERRICHTSEINHEIT: ISLAM UND RENTENKAPITALISMUS - HEMMFAKTOREN EINER WEITERENTWICKLUNG?

TEILLERNZIEL (7):

Der Schüler soll erkennen, daß die Länder des Orient rentenkapitalistisch geprägte Entwicklungsländer alter Kulturtradition sind, die von einer einheitlichen Religion, dem Islam, geprägt sind.

FEINLERNZIELE:

7.1. Der Schüler soll Angaben über die Bedeutung des Orient in der Antike machen können.
  7.1.1. Er soll mindestens 5 damals bedeutende Städte nennen und mindestens 5 damals führende Kulturen aufzählen können.
  7.1.2. Er soll, Kenntnisse aus dem Geschichts- und/oder Religionsunterrichts verwertend, den Orient als geistige Wiege dreier Weltreligionen und als Region von hoher Kulturtradition verstehen können.

7.2. Der Schüler soll die Verbreitung des Islam in einer Karte abgrenzen und die wichtigsten Zentren des Islam eintragen können. Er soll weiters jene Gebiete auf der Karte (im Atlas) zeigen können, wo der Islam über den Orient hinausgedrungen ist.

7.3. Der Schüler soll erkennen, daß die Lehre des Islam nicht nur die geistige, sondern auch die politische Führung beanspruchte, heute aber als führende geistige Kraft und als einigende Idee zwischen den Völkern des Orient in Frage gestellt ist, daß aber andererseits heutzutage gerade teilweise eine Art "Restauration" eines "nationalistischen Islam" stattfindet.[75]

7.4. Der Schüler soll erkennen, daß im Kulturraum Orient zwar eine Religion, aber verschiedene Völkerschaften bestehen.
  7.4.1. Er soll die wichtigsten Völker nennen und sie vor allem zu den wichtigsten Staaten zuordnen können.
  7.4.2. Er soll die Verbreitung der Araber grob in einer stummen Karte einzeichnen können und daraus die (naturräumliche, lagemäßige) Sonderstellung der nichtarabischen Staaten begreifen können.
  7.4.3. Er soll zumindest drei völkische Minderheitspositionen im Orient nennen können.

7.5. Der Schüler soll das Grundprinzip des Rentenkapitalismus erklären, über die Funktionsdreiheit Bauer - Nomade - Städter sprechen und Beispiele ihrer Verknüpfung anführen können.

---

75) Fortführung und Ausbau im FLZ 19.4.

7.6. Dem Schüler soll bewußt werden, daß der Rentenkapitalismus mit seiner wachstums=feindlichen Wirtschaftsgesinnung eine wesentliche Ursache für das Steckenbleiben des Orient in traditionellen Wirtschaftsweisen war.

7.7. Der Schüler soll die im rentenkapitalistischen System vorhandenen Produktionsfaktoren und ihre Verteilung nennen können.

7.8. Der Schüler soll charakteristische Elemente des Rentenkapitalismus sowie des produktiven Kapitalismus nennen und miteinander vergleichen können.

VORAUSSETZUNGEN:

Grundkenntnisse über die historische Entwicklung im Orient (aus dem Geschichtsunterricht).

Grundkenntnisse über die Religionen, die im Orient entstanden sind.

Grobe Grundkenntnisse über den Begriff "Produktiver Kapitalismus".

WICHTIGE UNTERRICHTSHINWEISE UND BESONDERE ARBEITSMITTEL:

FLZ 7.1.: Wiederholung aus dem Geschichtsunterricht. Lehrer betont dabei gleich jene Aspekte, die hervorgehoben werden müssen, um die Lernziele dieser Unterrichtseinheit zu erreichen.

FLZ 7.2. und 7.4.: Sehr viel Atlasarbeit, Interpretation thematischer Karten.

FLZ 7.3.: Lesen vorbereiteter historischer Berichte; Schüler versuchen selbst, Beispiele aufzuzählen.

FLZ 7.5.: K U R Z P R O G R A M M. Dauer etwa 30 - 40 Minuten, mit Kontrollfragen und Zusatz-Verstandes-Fragen. Der Schüler soll dadurch Informationen über das Grundprinzip des Rentenkapitalismus, seine Produktionsfaktoren und deren Verteilung (FLZ 7.7.) und seine Wirkungsweise erhalten.

Das Kurzprogramm wird vom Lehrer in der Stunde vorher als Hausaufgabe aufgegeben. In der Unterrichtsstunde selbst: Kurzer standardisierter Test.

SACHBEGRIFFE A: RENTENKAPITALISMUS
6 RENTENKAPITALISTISCHE PRODUK=TIONSFAKTOREN
RENTE
PACHTSYSTEM (RENTENSYSTEM)
FELLACHE
DREIHEIT: STÄDTER - NOMADE - FELLACHE
GROSSGRUNDBESITZER - PÄCHTER
NOMADE - SESSHAFTER
ISLAM (ohne vertiefte religiöse Erläuterung)
HEILIGER KRIEG
KAABA
ARABER
OSMANEN (TÜRKEN)
PERSER (IRANIER)
KURDEN
ARMENIER
BERBER
JUDEN (ISRAELIS)
HETHITER
BABYLONIER
ASSYRER
PERSER (histor.)
ÄGYPTER (histor.)
SUNNITEN
SCHIITEN
GRIECHEN (histor.) RÖMER (histor.)

SACHBEGRIFFE B: WIRTSCHAFTSGUT
PRODUKTIONSFAKTOR

TOPOGRAPHISCHE BEGRIFFE:
FRUCHTBARER HALBMOND
JORDANIEN
ISRAEL
MESOPOTAMIEN II
EPHESUS
HATTUSA
ALEXANDRIA
ANTIOCHIA
BABYLON
NINIVE
PERSEPOLIS
JERUSALEM
MEKKA
MEDINA
KAIROUAN
ISFAHAN
MAROKKO
TUNESIEN
TÜRKEI
AFGHANISTAN
ARABISCHE HALBINSEL
KURDISTAN
ZAGROS-GEBIRGE
ARMENIEN
ARMENISCHES HOCHLAND
KABYLEI
ATLAS-GEBIRGE (HOHER ATLAS)
EUROPÄISCHE TÜRKEI
EUPHRAT II
TIGRIS II
BAGDAD

2. Unterrichtseinheit: Wie der Rentenkapitalismus überwunden werden kann

TEILLERNZIEL (8):

Der Schüler soll erkennen, daß verschiedene Möglichkeiten versucht werden, die traditionelle Wirtschaftsform im Agrarbereich aufzulösen, da gerade die Agrarbevölkerung vom Rentenkapitalismus völlig gelähmt worden ist; und er soll befähigt werden, selbst Vor- und Nachteile der einzelnen Entwicklungswege beurteilen zu können.

FEINLERNZIELE:

8.1. Der Schüler soll erkennen, daß die herrschende rentenkapitalistische Gesinnung Reformen behindert und wieder zunichte zu machen droht.

8.2. Der Schüler soll am Beispiel von Bauern zweier Dörfer und ihrem Leben vor und nach der Agrarreform die Unterschiede zwischen dem privatwirtschaftlichen und dem staatswirtschaftlichen Weg erklären können.

8.3. Der Schüler soll die Unterschiede der Entwicklung in einer einfachen Gegenüberstellung niederschreiben können.

8.4. Der Schüler soll erkennen, daß man nur in den wenigsten Ländern wirklich von einer erfolgreichen Agrarreform sprechen kann.

8.5. Der Schüler soll Zahlentabellen mit Angaben über die Situation vor und nach der Reform vergleichen (z.B. Angaben über die durchschnittliche Betriebsgröße, über Großgrundbesitz etc.), er soll die Gründe für die Unterschiede nennen und die Effizienz von Reformen mittels solcher Statistiken kritisch beurteilen können.

WICHTIGE UNTERRICHTSHINWEISE UND BESONDERE ARBEITSMITTEL:

Exemplarisches Vorgehen in dieser Unterrichtseinheit. Erarbeitung der Grundeinsichten an Hand zweier Fallstudien zur Agrarreform.

Gruppenarbeit im Sinn eines kleinen Schülerprojekts mit vom Lehrer zur Verfügung gestellten Unterlagen zu diesen beiden Dörfern (Geographische Literatur, Pläne und Karten, Presseberichte, UNO oder FAO - Studien, staatliche Statistiken)

Fallbeispiele:
für den privatwirtschaftlich - westlichen Weg:
  Dorf aus dem IRAN,
für den sozialwirtschaftlich-sozialistischen Weg:
  Dorf aus dem IRAK oder aus ALGERIEN.

Kontaktnahme mit geographischer Fachliteratur (Dorfuntersuchungen) wäre besonders wünschenswert !

SACHBEGRIFFE A: "WEISSE REVOLUTION"
QUAL'EH-DORF
COLON
GOURBISIEDLUNG
KARAKULSCHAF

SACHBEGRIFFE B: AGRARREFORM
ENTEIGNUNG
BESITZNEUVERTEILUNG
FEUDALER AGRARSTAAT
LATIFUNDIUM
ARBEITSINTENSIV
KAPITALINTENSIV
MECHANISIERUNG
PRIVATWIRTSCHAFTLICHER WEG DER LANDESENTWICKLUNG
SOZIALWIRTSCHAFTLICHER WEG DER LANDESENTWICKLUNG
SOZIALISTISCHE WIRTSCHAFTSPLANUNG

TOPOGRAPHISCHE BEGRIFFE:
IRANISCHES HOCHLAND
TEHERAN
TABRIZ
ZAGROS II
ELBURS
ALGIER

III. UNTERRICHTSABSCHNITT: DER MENSCH ANTWORTET AUF DIE HERAUSFORDERUNG DER NATUR IN DEN TROCKENRÄUMEN

HAUPTLERNZIEL:

Der Schüler soll erkennen, daß sich der Mensch in den Trockenräumen des Orient in seinen Grunddaseinsfunktionen auf die extremen Bedingungen des Trockenraumes eingestellt hat und daß heute hier - bedingt durch den technischen Fortschritt - ein gewaltiger Umwandlungsprozeß im Gange ist.

1. UNTERRICHTSEINHEIT: DIE NATUR DES TROCKENRAUMES

TEILLERNZIEL (9):

Der Schüler soll die wichtigsten natürlichen Grundlagen, die die Basis für das gesamte menschliche Handeln in diesem Kulturerdteil bilden, aufzählen und ihr Wirkungsgefüge erkennen können.

FEINLERNZIELE:

9.1. Der Schüler soll, von der Beschreibung von Klimadiagrammen ausgehend, die wichtigsten Faktoren, die das Klima des Trockenraumes bestimmen, aufzählen können.

9.2. Der Schüler soll die hohe Aridität als ein übergeordnetes Klimamerkmal, das als Ungunstfaktor von Marokko bis Afghanistan beherrschend ist, erkennen.

9.3. Der Schüler soll auf der Karte über die Klimazonen der Erde jene Klimate angeben und beschreiben können, die im Orient auftreten.

9.4. Der Schüler soll an Hand einer Diaserie wichtige morphologische Formen des ariden Raumes nennen können und sie als Ergebnis verschiedener Kräfte erklären können.

9.5. Der Schüler soll erkennen, daß die physisch-geographischen Zusammenhänge zwischen Klima, Relief und Wasserhaushalt sowohl für das agrare Nutzungspotential als auch für die enorme Ungleichheit in der Bevölkerungsverteilung entscheidend sind.[76]

9.6. Der Schüler soll mindestens sechs wichtige Großlandschaften des Orient im Atlas zeigen können und angeben, inwieweit diese vom Menschen genutzt werden.

VORAUSSETZUNGEN:

Kenntnisse im Zeichnen, Lesen und Interpretieren eines Klimadiagramms (nach WALTER - LIETH); kann bei zeitmäßig aufwendigerer Durchführung dieser Unterrichtseinheit auch erarbeitet werden.

Grundkenntnisse über die Klimate und die Luftdruck- und Windgürtel der Erde und die dazugehörigen Begriffe (z.B. "Roßbreiten", "Etesienklima", "Passat") - am besten aus einer entsprechenden thematischen Unterrichtseinheit in der Unterstufe - sodaß diese nicht näher erläutert werden brauchen.
Sind diese Voraussetzungen nicht gegeben, so empfiehlt es sich, auf die Kausalitäten dieses Fragenkreises möglichst wenig einzugehen und auch die entsprechenden FLZ nur grob zu behandeln, da diese Thematik im Rahmen der Hauptlernziele für den Kulturerdteil "Orient" ohnehin nicht von wesentlicher Bedeutung ist.

WICHTIGE UNTERRICHTSHINWEISE UND BESONDERE ARBEITSMITTEL:

In dieser Unterrichtseinheit: Sehr viel Arbeit mit Dias oder anschaulichen Arbeitsblättern.

FLZ 9.1.: nur bei zeitlich umfangreicherer Durchführung oder als Hausaufgabe: K U R Z P R O G R A M M Zeichnen, Lesen und Interpretieren eines Klimadiagramms.

---

76) Fortführung im FLZ 16.7. und TLZ 17.

Der Kulturerdteil Orient als Lebensraum - ein Unterrichtsmodell

FLZ 9.3.: Wandkarte über die Klimazonen der Erde.

FLZ 9.4.: Sehr viel Arbeit mit Dias: Diaserie mit morphologischen Formen des Trockenraumes, an Hand derer die Schüler die Formen beschreiben und gemeinsam mit dem Lehrer zu deuten versuchen.

Ev. K U R Z P R O G R A M M über den ariden Formenschatz und v.a. seine Morphogenese. Überprüfung durch Erkennungsübungen bei der Diaserie, durch Lehrer-Schüler-Gespräche oder bebilderten Kurztest.

FLZ 9.6.: Atlasarbeit.

SCHULUNG INSTRUMENTELLER FERTIGKEITEN:

Zeichnen von Klimadiagrammen.

Schulung des "Geographischen Sehens" von Landformen.

SACHBEGRIFFE A: ARIDER FORMENSCHATZ
ERG
SERIR
HAMMADA
DÜNE
WANDERDÜNE
SICHELDÜNE
SANDSTURM
WADI
SALZSEE
SCHOTT
KEWIR
WÜSTENLACK
SALZTONEBENE
WINDSCHLIFF
LUFTSPIEGELUNG
FATA MORGANA
ZEDERNWALD
KORKEICHENWALD

SACHBEGRIFFE B: TROCKENRAUM
WÜSTENKLIMA
STEPPENKLIMA
WÜSTE
STEPPE
KLIMADIAGRAMM
ARID
HUMID
AMPLITUDE
EPISODISCHER WASSERLAUF
ÄOLISCHE WIRKUNG
ÄOLISCHE FORMEN
ABSPÜLUNG
SCHICHTFLUT

eventuell, aber nicht notwendigerweise auch:
SCHICHTSTUFE
FUSSFLÄCHE
TAFELLAND
INSELBERG

TOPOGRAPHISCHE BEGRIFFE:

ATLASGEBIRGE II
HOHER ATLAS
SAHARA II
HOCHLAND DER SCHOTTS
SAHARA-ATLAS
TIBESTI
HOGGAR
NILOASE, NILDELTA
ARABISCHE HALBINSEL II
MESOPOTAMIEN III
LEVANTE
MAGHREB
KLEINASIEN
LIBANON-GEBIRGE
ANATOLIEN, HOCHLAND VON ANATOLIEN
PONTUS
TAURUS
ZAGROS III
ELBURS II
ARARAT
HINDUKUSCH
ARABISCHE TAFEL
JEMEN
BERGLAND VON JEMEN
WÜSTE LUT
ARMENISCHES HOCHLAND II
IRANISCHES HOCHLAND II

2. UNTERRICHTSEINHEIT: TRADITIONELLE LEBENS- UND WIRTSCHAFTSFORMEN IN DER WÜSTE

TEILLERNZIEL (10):

Der Schüler soll erkennen, daß die Menschen unter den extremen Bedingungen des Trockenraumes (Wüste) gegeignete Lebens- und Wirtschaftsformen entwickelt und ihre Siedlungsformen darauf eingestellt haben.

FEINLERNZIELE:

10.1. Der Schüler soll an Hand eines Kurzfilms erkennen, wie sich die Wüstennomaden in ihren Grunddaseinsfunktionen auf die natürlichen Bedingungen ihres Lebensraumes eingestellt haben.

10.2. Der Schüler soll die Bedeutung der Transportfunktion der Nomaden in alter Zeit angeben können.

10.3. Der Schüler soll die natürlichen Bedingungen der Oasenkultur beschreiben und verschiedene Oasentypen erklären und aufzählen können.

10.4. Dem Schüler soll die ursprüngliche Abgeschiedenheit der Oase in der nahezu menschenleeren Wüste mit ihren großen Entfernungen bewußt werden.

10.5. Der Schüler soll die wichtigsten Grundelemente einer Oase an Hand von Luftbildern, Karten und eines Profils beschreiben können.

10.6. Der Schüler soll wichtige Kennzeichen der Bodennutzung, der Betriebsform und der Bewirtschaftung der noch stark im Herkömmlichen verhafteten Oasenkultur aufzeigen können.

10.7. Der Schüler soll die Hausformen und die Anordnung der Häuser in der Oase beschreiben und einen Vergleich mit der Wohnform der Nomaden anstellen können.

10.8. Der Schüler soll die traditionelle Konkurrenz zwischen Nomaden und Oasenbauern, andererseits aber auch Interaktionen zwischen beiden Gruppen als soziokulterelles und wirtschaftliches Problem erkennen und analysieren können.

WICHTIGE UNTERRICHTSHINWEISE UND BESONDERE ARBEITSMITTEL:

Sehr viel instrumentelle und deskriptive Schülerarbeit mit vielfältigem Anschauungsmaterial (Dias, Skizzen, Strukturkärtchen, Luftbilder, Arbeitsblätter), bei dessen Bearbeitung die Schüler wesentliche Grundeinsichten erarbeiten.

FLZ 10.1. und 10.4.: Einstieg mit:
    a.) alten Reisebeschreibungen des 19.Jahrhunderts, die die Isolierung der Oasen, die Mühseligkeit des Transportes und die Lebensweisen von Nomaden und Fellachen andeuten, und
    b.) FILM über Lebensweise und Wanderungen eines Nomadenstammes in der Sahara.

FLZ 10.3.: Gemeinsame Lehrer-Schüler-Arbeit mit Dias, thematischen Strukturkärtchen und Profilskizzen von Oasentypen.

FLZ 10.5. und 10.6.: Fallstudien: Analyse von zwei oder drei speziellen Oasenbeispielen. Am besten Untersuchungsbeispiele aus der geographischen wissenschaftlichen Literatur. Luftbilder, Karten, Dias etc. (dadurch gleich Kontakt zur wissenschaftlichen Betrachtungsweise).

FLZ 10.6. und 10.7.: K U R Z P R O G R A M M über Oasenwirtschaft und Siedlungsweise in den Oasen (eventuell eine Unterrichtsstunde vorher in häuslicher Arbeit). Überprüfung durch Übungen an Anschauungsmaterial in der Stunde.

SACHBEGRIFFE A:
    OASE
    FELLACHE II
    HIRTENNOMADISMUS
    WEIDEWIRTSCHAFT
    NOMADENZELT
    WANDERWEGE
    KARAWANE
    BEDUINE
    TUAREG
    DATTELPALME
    PALMGARTEN
    PACHTSYSTEME II
    RENTENKAPITALISMUS II
    WASSERRECHT
    KHAMESSAT
    FRUCHTLAND
    FLUSSOASE
    ZISTERNE
    QUANAT (FOGGARA)
    ORIENTALISCHES HOFHAUS
    ORIENTALISCHER SACKGASSENGRUNDRISS
    KSAR
    TEPPICHKNÜPFEREI

SACHBEGRIFFE B:
    EXTENSIVE VIEHWIRTSCHAFT
    STOCKWERKKULTUR
    NOMADISMUS
    GARTENBAU
    ARTESISCH
    BEWÄSSERUNGSKANAL
    GRUNDWASSERSTROM

TOPOGRAPHISCHE BEGRIFFE:
    SCHOTT DSCHERID
    TOZEUR
    GHADAMES
    TIMBUKTU
    TRIPOLIS
Fallbeispiele für FLZ 10.5., 10.6., 10.7.: Ghadames und tunesische Oasen, ev. auch SOUF-OASEN bzw.
    GHARDAIA

Der Kulturerdteil Orient als Lebensraum - ein Unterrichtsmodell

3. UNTERRICHTSEINHEIT: MODERNE LEBENS- UND WIRTSCHAFTSFORMEN IN DER WÜSTE

TEILLERNZIEL (11):

Der Schüler soll den seit etwa einem Jahrzehnt besonders stark stattfindenden Wandel der Lebens- und Wirtschaftsformen in der Wüste erkennen und einige seiner wichtigsten Grundmomente beschreiben und erklären können.

FEINLERNZIELE:

11.1. Der Schüler soll einige Ursachen nennen können, die für die stufenweise Seßhaftwerdung der Nomaden maßgeblich sind.

11.2. Der Schüler soll erkennen, daß die moderne Marktwirtschaft auch vor der Oase nicht haltmacht, die alte Selbstversorgungswirtschaft auflöst und zur Umwandlung der Oasenwirtschaft führt.

11.3. Der Schüler soll die Wanderungsverluste entlegener Oasen durch die Auswertung statistischer Tabellen erkennen und begründen können.

11.4. Der Schüler soll den Einfluß der wirtschaftlichen Erschließung der Wüste durch Minenbetriebe und die Erdölförderung auf die sozioökonomische Struktur der Wüstenbewohner an Hand von UNESCO-Berichten beschreiben können.

11.5. Der Schüler soll die Entwicklungsimpulse der modernen Erdölerschließung für günstig gelegene Oasen an einem Beispiel aufzeigen können.

11.6. Der Schüler soll über die Bedeutung von Flugstrecken und Autorouten für die moderne Erschließung der Wüste sprechen und Beispiele aufzeigen können.

WICHTIGE UNTERRICHTSHINWEISE UND BESONDERE ARBEITSMITTEL:

Beispielhaftes Vorgehen (Erarbeiten der Grundeinsichten an einigen Fallstudien) mit viel Anschauungsmaterial und Schülerarbeit.

FLZ 11.1.: am Beispiel der Wanderwege Nordsyrien/Türkei, ihrer Unterbrechung durch die Grenzziehung und den Nomadenansiedlungen in der nordsyrischen Getreidebauzone sowie im Euphrat- und Khabour-Tal,

oder am Beispiel der Sédentarisation in Südtunesien (Djeffara).

FLZ 11.2.: Fallbeispiele:
Dattelexporte aus dem Raum Biskra - Touggourt (Rhir-Oasen): Neue Bewirtschaftungsmethoden, Verdrängung der Stockwerkkulturen zugunsten systematisch gepflanzter reiner Dattelpalmanlagen, Einführung neuer, produktiverer Palmarten.

Verdrängung der auf Selbstversorgung ausgerichteten gemischten Oasenwirtschaft durch Baumwollmonokultur im syrischen Euphrattal (auch in der Niloase - doch wird deren Heranziehung als Fallstudie hier nicht empfohlen - siehe 5. Unterrichtseinheit).

FLZ 11.3.: Fallbeispiel:
Souf-Oasen (Abgeschlossenheit im Großen östlichen Erg). Anreißen der Fragestellung: Kann der jetzt einsetzende Fremdenverkehr hier eine stabilisierende Wirkung ausüben?

FLZ 11.4.: Fallbeispiel:
Colomb-Bechar - geänderte Sozial-, Siedlungs- und Wirtschaftsstrukturen durch den Bergbau, Probleme der Wasserversorgung.

FLZ 11.5.: Fallbeispiel: libysche Oasen, Bahrain oder Kuwait.

FLZ 11.6.: Fallbeispiel: Algerische Sahara (Trans-Sahara-Routen, Flughafen Tamanrasset - Eindringen des Fremdenverkehrs).

Es wird am Lehrer liegen, daraus eine Auswahl zu treffen!

Alle Fallbeispiele werden nur ganz einfach und nur (!) unter der speziellen Fragestellung des jeweiligen Feinlernziels behandelt.

SACHBEGRIFFE A: SESSHAFTWERDUNG
SEDENTARISATION
NEUSIEDLERDORF
SERIBAH
PISTE
TRANS-SAHARA-ROUTE
DÜNENBEFESTIGUNG
TRICHTEROASE
STAMMESVERBAND
WANDERWEGE DER NOMADEN

SACHBEGRIFFE B: SUBSISTENZWIRTSCHAFT
MARKTWIRTSCHAFT
NEUSIEDLUNG
LANDFLUCHT

TOPOGRAPHISCHE BEGRIFFE:

SOUF-OASEN	EUPHRAT III	TRANSIRANISCHE BAHN
BISKRA	KHABOUR	BAGDADBAHN
TOUGGOURT	TAURUSVORLAND	MEKKA-BAHNPROJEKT
BECHAR	TAMANRASSET	HOGGAR II
		AMMAN

4. Unterrichtseinheit: Der Wirtschaftswandel in der Steppe

TEILLERNZIEL (12):

Der Schüler soll erkennen, wie in Grenzertrags= räumen (Steppe) Landwirtschaft betrieben wird und dadurch eine Inwertsetzung dieser Räume erfolgt.

FEINLERNZIELE:

12.1. Fortführung aus TLZ (10):
Der Schüler soll über die klimatischen Grundlagen der Steppe sprechen und an= geben können, wie diese bisher genutzt wurde.

12.2. Der Schüler soll an Hand von Dias von der Ausweitung der Anbauflächen in der Steppe berichten und erkennen, daß diese notwendig ist, um im Orient die Ernähr= ungsbasis zu verbessern.

12.3. Der Schüler soll am Beispiel Syrien oder der Türkei über die Inwertsetzung der Steppe vom extensiven nomadischen Weise= land zur Getreidemonokultur mit Neusied= lerdörfern berichten können.

12.4. Fortführung aus FLZ 11.1.:
Der Schüler soll sich der Folgen der Unterpflugnahme der Steppe für den Hir= tennomadismus bewußt werden.

12.5. Der Schüler soll jene wasserkonservier= enden Methoden nennen und beschreiben können, die der Mensch entwickelte, um auch noch bei geringen Niederschlägen Ackerbau betreiben zu können.

12.6. Der Schüler soll an Hand von Dias erken= nen, daß übermäßige Ausweitung des An= baus über die von der Natur gesetzten Grenzen hinaus zur Bodenzerstörung füh= ren kann.

VORAUSSETZUNGEN:

Kenntnis von agrarstatistischen Begriffen, wie "Hektar= ertrag" usw.

Ev. Begriff: "Bodenerosion".

WICHTIGE UNTERRICHTSHINWEISE UND BESONDERE ARBEITSMITTEL:

FILM über die Unterpflugnahme der Steppe; ansonsten sehr viele Dias (Diainterpretationen), arbeiten mit sta= tistischem Material, Presseberichten, Auszügen aus den mehrjährigen Entwicklungsplänen einzelner Staaten, FAO-Studien etc.

Schülerreferate an Hand der vom Lehrer eine Unterrichts= stunde vorher ausgegebenen Materialien.

Ebenfalls beispielhaftes Vorgehen mit Erarbeitung der wichtigsten Grundeinsichten durch Fallstudien.

FLZ 12.2.: Fallbeispiel Nordsyrien (dasselbe wie FLZ 11.1., nur Betrachtung und Erweiterung von einem anderen Blickwinkel aus.

    Fallbeispiel Türkei (Hochland von Anatolien): Motto: "Vom Getreideimport- zum Getreideex= portland".

FLZ 12.3.: Fallbeispiel Nordsyrien, wie 12.2.

FLZ 12.4.: Fortführung der Fallbeispiele zu FLZ 11.1. (Südtunesien), 12.2. (Türkei) und 12.3. (Nordsyrien).

FLZ 12.5.: Fallbeispiel: Trockenfeldbau in Tunesien

FLZ 12.6.: Dias aus Tunesien oder Zentralanatolien

SACHBEGRIFFE A: TROCKENGRENZE (DES ÖLBAUMS, DES GETREIDEBAUS)
TROCKENFELDBAU
DRY - FARMING (TROCKENFARMEN)
ÖLBAUM
"KORNKAMMER ROMS"
HALFAGRAS
HALFASTEPPE
WERMUTSTEPPE
ATATÜRK
ANGORAZIEGE

SACHBEGRIFFE B: BODENEROSION
ÜBERWEIDUNG
WÜSTENSTEPPE
STEPPE II

TOPOGRAPHISCHE BEGRIFFE:

  ANATOLIEN II
  ANKARA
  KIZILIRMAK
  HALEB (ALEPPO)
  SFAX

5. Unterrichtseinheit: Technische Grossvorhaben im Trockenraum und ihre Auswirkungen

TEILLERNZIEL (13):

Der Schüler soll erkennen, daß technische Großvorhaben und Eingriffe in den Naturhaushalt vielfältige (positive und negative) Auswirkungen haben und leicht zu schweren Störungen der Natur führen können.

FEINLERNZIELE:

13.1. Der Schüler soll die Übervölkerung des Niltales und die daraus resultierende Notwendigkeit einer Erweiterung der Ernährungsbasis und ihrer Sicherung als einen wesentlichen Grund für die Errichtung des Staudammes angeben können.

13.2. Der Schüler soll den Begriff "Monokultur" erklären können und erkennen, daß Monokulturländer sehr stark vom Weltmarkt abhängen, besonders krisenanfällig sind und daher besonders auf die Sicherung ihrer Ernte bedacht sein müssen.

13.3. Der Schüler soll erkennen können, daß technische Großvorhaben in Entwicklungsländern in Finanzierung und Durchführung von großen Wirtschaftsmächten abhängig sind.

13.4. Der Schüler soll sich in die Lage der Interessengruppe, die er im Rollenspiel vertritt, versetzen und diskutieren können, ob der Bau des Assuan-Staudammes aus der Sicht seiner Interessengruppe Vor- oder Nachteile gebracht hat.

13.5. Die Diskutanten sollen die vorgebrachten Ergebnisse gegenseitig abwägen und in einem Vergleichsschema die Vor- und Nachteile niederschreiben können.

13.6. Der Schüler soll erkennen, daß eine Reihe von flankierenden Maßnahmen notwendig sind, um gewisse - teilweise recht schwerwiegende - Nachteile, die durch den Bau des Assuan-Staudammes aufgetreten sind, wieder auszugleichen.

13.7. Der Schüler soll jene Schäden und Nachteile, die sich nicht mehr beseitigen lassen, aufzählen können.

13.8. Der Schüler soll die Vorteile und bedeutenden positiven Leistungen des Assuan-Staudammes aufzählen können.

13.9. Der Schüler soll angeregt werden, darüber nachzudenken, inwieweit es vertretbar oder gar notwendig ist, im Interesse des technischen Fortschritts bereits vorher absehbare nachteilige Folgen, die durch die Störung des ökologischen Gleichgewichts entstehen, bewußt in Kauf zu nehmen.

WICHTIGE UNTERRICHTSHINWEISE UND BESONDERE ARBEITSMITTEL:

Die gesamte Unterrichtseinheit wird in Form eines R O L L E N S P I E L E S durchgeführt !
Fallbeispiel: Der Assuan-Staudamm SADD EL ALI
Dabei gleich Einführung in die Grundproblematik Ägyptens.

<u>Durchführung:</u>

1. V o r i n f o r m a t i o n e n :

   Eine Stunde vor dem Spiel oder zu Beginn: F I L M über die Lebens- und Wirtschaftsweise in der Niloase vor dem Dammbau.

   KURZFILM über den Dammbau (v.a. technische Details) und seine Finanzierung.

   Luftbildvergleiche

   Zeitungs- und Literaturberichte, die ruhig etwas tendenziös oder provokant sein können und sowohl negative als auch positive Stellungnahmen abgeben.

   Lehrer bildet gemeinsam mit den Schülern folgende Diskutantengruppen:
       Fellachen
       Fischer
       Schiffahrtsfachleute
       Agraringenieure
       Bauingenieure
       Mediziner
       Archäologen
       Raumplaner
       Politiker
       Entwicklungshelfer
       Finanzfachleute
       Vertreter ausländischer Unternehmen
       Energiefachleute
       Bewässerungsfachleute.
   Jede dieser Gruppen wird von zwei bis drei Schülern vertreten. Lehrer gibt vorher R o l l e n i n f o r m a t i o n e n über ihren speziellen Bereich. Alle Gruppen haben außerdem den Auftrag, sich selbst weiteres Material zu beschaffen (wenn vom Schulstandort aus möglich).

2. R o l l e n s p i e l :

   Selbständige Schülerdiskussion. Lehrer hat nur Leit- und Schlichtfunktion. Es soll vor allem darauf geachtet werden, daß sachlich und unter Benutzung von Fakten und Anschauungsmaterial diskutiert wird !

3. R e s u m é e :

   Schüler sollen vor allem drei Problemkreise und die divergierenden Anschauungen dazu sehen:

   1. Problematische Folgen einer Umstrukturierung der Agrarwirtschaft (Übergang zur Monokultur);

2. Übervölkerung, Industrialisierung, Energiever=
   sorgung, Nahrungsmittelversorgung;
3. Vor- und Nachteile eines Dammbaus.

SCHULUNG VON FERTIGKEITEN:

Schulung in fachlicher, inhaltsreicher, sachlicher Dis=
kussion.

Schulung im Bearbeiten heterogenen Materials.

Schulung im Selbstbeschaffen von Unterlagenmaterial zu
einem Thema.

SACHBEGRIFFE A: ÜBERFLUTUNGSBEWÄSSERUNG
NILSCHWELLE
NILSCHLAMM
BILHARZIOSE
FELLACHE III
KATARAKT
NILSTAUWERKE
NUBISCHER SANDSTEIN
FREMDLINGSFLUSS
FLUSSOASE II
ASSUAN-STAUDAMM (SADD EL ALI)

SACHBEGRIFFE B: MONOKULTUR
AGRARREFORM III
BAUMWOLLANBAU
GANZJÄHRIGER BEWÄSSERUNGSFELDBAU
FRUCHTWECHSELWIRTSCHAFT
PERIODISCHE ARBEITSLOSIGKEIT
MISSERNTE
BODENERMÜDUNG
ÜBERWÄSSERUNG
VERSALZUNG
VERSICKERUNG
VERDUNSTUNG

TOPOGRAPHISCHE BEGRIFFE:
NASSER-SEE
NIL, NILTAL
NILDELTA
ASSUAN
LUXOR
ABU SIMBEL
WADI HALFA
HELUAN
KAIRO II
ALEXANDRIA II
ARABISCHE WÜSTE
LIBYSCHE WÜSTE
GIZEH
ÄGYPTEN

IV. UNTERRICHTSABSCHNITT: URBANISIERUNG UND INDUSTRIALISIERUNG - FLUCH ODER SEGEN ?

HAUPTLERNZIEL:

Der Schüler soll erkennen, daß die Staaten des Orient Entwicklungsländer
sind, in denen der rasante Wandlungsprozeß vom feudalen Agrarstaat zur
verstädterten Gesellschaft und zum Industriestaat nicht nur Vorteile,
sondern auf Grund des Nachhinkens gesellschaftlicher und demographischer
Wandlungsprozesse auch schwere Probleme und Krisen mit sich bringt.

Der Kulturerdteil Orient als Lebensraum - ein Unterrichtsmodell

1. UNTERRICHTSEINHEIT: WIE DIE STADT IM ORIENT DEN SOZIALEN UMBRUCH WIDERSPIEGELT!

TEILLERNZIEL (14):

Der Schüler soll erkennen, daß das Nebeneinander alter orientalischer und moderner westlicher Lebensformen große bauliche Unterschiede, soziale Spannungen und wirtschaftliche Probleme hervorruft.

FEINLERNZIELE:

14.1. Der Schüler soll an Hand von Dias erkennen, daß es in der orientalischen Stadt große bauliche, soziale und wirtschaftliche Unterschiede gibt und er soll zu jedem der genannten Punkte einige Gegensatzpaare anführen können.

14.2. Der Schüler soll den schematischen Grundriß einer orientalischen Stadt mit ihren wichtigsten traditionellen Bauelementen zeichnen und ihr funktionelles Zusammenwirken darstellen können.

14.3. Der Schüler soll durch Vergleiche von Grundrissen, Bildern, Luftaufnahmen und Stadtplänen die traditionellen orientalische Stadt abgrenzen und Vergleiche mit den Grundrissen der Nachbarviertel durchführen können.

14.4. Der Schüler soll den Unterschied zwischen einem traditionellen orientalischen Bazar (Suq) und einer modernen Geschäftsstraße charakterisieren und die Verschiedenheit der Standorte begründen können.

TEILLERNZIEL (15):

Der Schüler soll die Städte des Orient als Zentren der Wohlstandskonzentration, der Verwestlichung, des Wirtschaftswachstums und als Inbegriff aller Hoffnungen auf Verbesserung der Lebensqualität verstehen lernen.

FEINLERNZIELE:

15.1. Der Schüler soll sich bewußt werden, daß es eine vordringliche Aufgabe der Stadtplanung im Orient ist, das Problem der Massenzuwanderung zu lösen und daß dazu gesamtstaatlich wirksame politisch-reformistische Begleitmaßnahmen nötig sind.

15.2. Der Schüler soll sich an Hand von Texten und Bildmaterial ein Bild von der Lebensqualität in den Zuwanderersiedlungen machen können und die Chancen des sozialen Aufstiegs beurteilen können.

15.3. Der Schüler soll die Gründe für die Entstehung der Slums nennen können und aus der Kenntnis der gegenwärtigen Wohnsituation in den Slums, ihres Ausmaßes und ihrer Verbreitung Lösungsalternativen diskutieren können.

15.4. Der Schüler soll zumindest 10 der wichtigsten Ballungszentren der Bevölkerung bzw. größten Städte des Orients in eine stumme Karte eintragen können.

15.5. Der Schüler soll Angaben über die durchschnittliche Bevölkerungsdichte in dichtbesiedelten Räumen machen können und Vergleichszahlen aus Wüsten- und Steppenregionen angeben können.

VORAUSSETZUNGEN:

Elementarwissen über grundlegende Begriffe aus der Stadtgeographie (z.B. City, ...).

WICHTIGE UNTERRICHTSHINWEISE UND BESONDERE ARBEITSMITTEL:

Einstieg in die Unterrichtseinheit durch eine Diaserie: Haustypen, Charakteristische Geschäftsformen, Verkehrswege, Art der Verbauung etc. Die Schüler interpretieren die Dias gemeinsam mit dem Lehrer und ordnen das Gezeigte dem orientalischen oder dem westlichen Element zu.

Arbeiten mit alten und neuen Stadtplänen, Luftbildern, Strukturskizzen und -plänen aus geographischen Aufsätzen etc.

Lehrer leitet die Schüler zu Vergleichen an: Photo - Luftbild - Karte - wichtigste Grundelemente - Modell (v.a. für FLZ 14.2. und 14.3.).

FLZ 15.2. und 15.3.: Lesen von journalistischen oder populärwissenschaftlichen ausgewählten Texten zu konkreten Fallbeispielen - sehr günstig: BEIRUT, TEHERAN, ANKARA - auch Herausarbeiten unterschiedlicher Strukturen und Möglichkeiten im Vergleich dieser Städte.

FLZ 15.4.: Mit diesem FLZ Einbau eines starken topographischen Blocks.

FLZ 15.5.: Interpretation und Auswertung thematischer Karten.

In dieser Unterrichtseinheit: Schüler sollen auch selbst angeregt werden, Alternativen einer Lösung von Planungsproblemen in der orientalischen Stadt durchzudenken (FLZ 15.3.).

SACHBEGRIFFE A: ORIENTALISCHE ALTSTADT
                  MEDINA
                  BAZAR (SUQ)
                  MOSCHEE
                  KASBAH
                  STADTMAUER
                  ORIENTALISCHER SACKGASSENGRUND=
                    RISS II
                  ORIENTALISCHES HOFHAUS II
                  KOLONIALE NEUSTADT
                  MINARETT
                  MUEZZIN
                  HANDELS- UND HANDWERKSTRADITION
                    DER ORIENTALISCHEN STADT
                  FLACHDACH
                  LEHMZIEGELHAUS
                  JEMENITISCHER HOCHHAUSBAU
                  BIDONVILLE
                  GECEKONDU
                  MODELL VON DETTMANN

SACHBEGRIFFE B: BRANCHENSORTIERUNG
                  STRASSENDURCHBRUCH
                  PRACHTSTRASSE
                  REPRÄSENTATIONSBAUTEN
                  PLANMÄSSIGES RASTERVIERTEL
                  VIERTELSBILDUNG

PUSH-FAKTOREN
PULLFAKTOREN
VERWESTLICHUNG IN DER ORIENTA=
  LISCHEN STADT
SLUM
SELBSTHILFEPROJEKT
LANDFLUCHT II
ÜBERVÖLKERUNG

falls nicht als Voraussetzung betrachtet, aber auf jeden Fall nur anreißen ohne tiefgehendere Analyse:
URBANISIERUNG
BALLUNGSRAUM
ZUWANDERUNG

TOPOGRAPHISCHE BEGRIFFE:

CASABLANCA
RABAT
TANGER
ALGIER
ORAN
CONSTANTINE
TUNIS
TRIPOLIS II
ISTANBUL
GOLDENES HORN
MARMARA-MEER
BOSPORUS
DARDANELLEN
ANKARA II
BEIRUT
DAMASKUS
BAGDAD II
TEHERAN II
KABUL
ER RIYAD
IZMIR
ADANA
ADEN II

weitere Städtenamen (v.a. aus Ägypten) sind bereits in anderen Unterrichtseinheiten gefallen.

2. UNTERRICHTSEINHEIT: DIE CHANCEN DER JUNGEN ERDÖLERSCHLIESSUNG

TEILLERNZIEL (16):

Der Schüler soll erkennen, daß sich für den Orient durch die riesigen Erdöleinkünfte große Chan=
cen ergeben, durch sinnvolle Investitionspolitik die wirtschaftliche Entwicklung und den Lebens=
standard der Bevölkerung zu heben; daß aber die Gefahr besteht, daß der Gegensatz zwischen ar=
men und reichen Staaten im Orient immer größer wird.

FEINLERNZIELE:

16.1. Der Schüler soll Staaten des Orient nen=
      nen können, in denen die Erdöleinkünfte
      über drei Viertel des Bruttonationalpro=
      duktes betragen, solche, wo sie einen
      beachtlichen Anteil ausmachen und jene,
      die von den Gewinnen des Erdölbooms prak=
      tisch ausgeschlossen sind.

16.2. Der Schüler soll aus der Kenntnis der
      riesigen Anteile der Erdöleinkünfte er=
      messen, welch ungeheure Bedeutung die
      Erdöleinnahmen für die wirtschaftliche
      Entwicklung der Ölstaaten besitzen, von
      denen viele ohne diese zu den ärmsten
      Entwicklungsländern zählen müßten.

Der Kulturerdteil Orient als Lebensraum – ein Unterrichtsmodell

16.3. Fortführung des FLZ 4.7.:
Der Schüler soll erkennen, daß die orientalischen Erdölproduzenten die Kapitalgewinnung aus der Ölproduktion erst seit jüngster Zeit betreiben und die staatliche Inanspruchnahme dieser Kapitalquelle eine Notwendigkeit für sie ist, während bisher die großen multinationalen Ölkonzerne die Erdölfelder in "kolonialer Wirtschaftstradition" bewirtschafteten und nur wenig Kapital im Lande ließen.

16.4. Der Schüler soll am Beispiel des Staates Kuwait über den durchgreifenden Wandel in Lebensweise und Lebensstandard, der durch den Überfluß an Erdöleinkünften ermöglicht wurde, erfahren und darüber berichten können.

16.5. Der Schüler soll erkennen, daß die Erdöleinkünfte heute vielfach noch nicht der einheimischen Bevölkeurng zugute kommen und daß es hier noch großer Strukturverbesserungen und einer intensiven Planung bedarf.

TEILLERNZIEL (17):

Sammellernziel:
Der Schüler soll über die Vor- und Nachteile diskutieren können, die die junge Erdölerschließung mit sich bringt, und er soll befähigt werden, Ölpolitik und Entwicklungspolitik der orientalischen Staaten emotionsfrei auch vom Blickwinkel und von den Zielen der Staaten des Orient her begreifen zu können.

VORAUSSETZUNGEN:

Kenntnis wirtschaftskundlicher Begriffe wie: Bruttonationalprodukt, Produktivität, Volkseinkommen.

WICHTIGE UNTERRICHTSHINWEISE UND BESONDERE ARBEITSMITTEL:

Stark a f f e k t i v orientierte Unterrichtseinheit, die auf der Basis der Erkenntnisse des I. Unterrichtsabschnitts - nun aber unter Mitberücksichtigung aller weiteren gemachten Erfahrungen des II., III. und IV. Unterrichtsabschnitts diesen Themenkreis vor allem durch eigene Schülerarbeit abhandelt. Lehrer gibt Anleitungen.

FLZ 16.1.: Interpretation von Wirtschaftskarten oder Diagrammen.

FLZ 16.4.: KURZFILM (Dauer etwa 15 Minuten) - reiner Informationsfilm, dann diskutiert die Klasse darüber.

FLZ 16.5.: Presse- und Fernsehberichte, sowie Materialien von UNO, UNESCO, FAO etc.

TLZ 17.: Kombinations- und Kontroll-Lernziel; am besten als Test oder Hausarbeit.
Siehe dazu auch die Fromulierung des "fachbestimmten Hauptlernziels Orient".

SACHBEGRIFFE A: PLANMÄSSIGE ERDÖLARBEITERBARACKENSIEDLUNG
PUMPSTATION - WASSER - NOMADENANZIEHUNGSPUNKT - SESSHAFTWERDUNG - FESTE SIEDLUNG

SACHBEGRIFFE B: PATRIARCHALISCHE GESELLSCHAFTSORDNUNG
VERWESTLICHUNG II
SOZIALER WANDEL
KOLONIALE WIRTSCHAFTSWEISE

TOPOGRAPHISCHE BEGRIFFE:
KUWAIT II
KUWAIT CITY
NEUTRALE ZONE

3. UNTERRICHTSEINHEIT: DAS PROBLEM DES WIRTSCHAFTSWACHSTUMS UND DER INDUSTRIALISIERUNG

TEILLERNZIEL (18):

Der Schüler soll angeregt werden, die wirtschaftlichen Entwicklungschancen des Orient zu beurteilen zu versuchen, Regionen verschiedener Chancenmöglichkeit herauszufinden und sie charakterisieren zu können.

FEINLERNZIELE:

18.1. Der Schüler soll Geburtenrate, Sterberate, Rate der Geburtenbilanz und durchschnittliche Wachstumsrate der Bevölkerung orientalischer Staaten mit Hilfe von vorgegebenen Zahlen berechnen können.

18.2. Der Schüler soll erkennen, daß die Staaten des Orient überwiegend demographische Maßzahlen aufweisen, die charakteristisch für den Typ der Entwicklungsländer sind.

18.3. Der Schüler soll erkennen, daß traditionelle demographische Verhaltensweisen ein wesentlicher Grund für das Problem der Urbanisierung, des äußerst starken Bevölkerungswachstums, der Schaffung von Arbeitsplätzen und der Effizienz einer planvollen Industrialisierung sind.

18.4. Der Schüler soll die wirtschaftlichen Entwicklungschancen der Staaten des Orient aus einer Analyse der 4 Produktionsfaktoren Grund und Boden, Arbeit, Kapital, Bildung und ihres Potentials beurteilen können.
  18.4.1. Er soll die 4 Produktionsfaktoren nennen können.
  18.4.2. Er soll für jeden Produktionsfaktor sagen können, in welchen Regionen des Orient er günstig ist.
  18.4.3. Er soll unter Anleitung des Lehrers versuchen können, nun Gebiete guter Entwicklung (Aktivräume) und solche schlechter Entwicklung (Passivräume) auszugliedern.

18.5. Der Schüler soll die Theorie des Wirtschaftswachstums nach Keynes ($Y = C + I$) auf die Bereiche der Entwicklungsländer des Orient anwenden können.

18.6. Der Schüler soll erkennen, daß neben der Kapitalfrage vor allem die Behebung des Mangels an qualifizierten Arbeitskräften und der infrastrukturellen Unterausstattung wichtig für eine positive Wirtschaftsentwicklung sind.

18.7. Fortführung von FLZ 18.1. - 18.3. und TLZ 15.:
Der Schüler soll erkennen, daß es für eine gedeihliche Entwicklung besonders wichtig ist, die demographischen Verhaltensweisen zu ändern.

18.8. Der Schüler soll die Wirtschaftsmöglichkeiten angeben können, die den Staaten bleiben, die über kein Erdöl verfügen:
  18.8.1. Er soll bedeutende Wirtschaftsgüter dieser Staaten nennen können.
  18.8.2. Er soll erkennen, daß es im Orient auch Staaten gibt, die ihre gute wirtschaftliche Position der Handelsfunktion verdanken.
  18.8.3. Er soll Staaten nennen können, die in größerem Maße vom Fremdenverkehr profitieren.

VORAUSSETZUNGEN:

Grundkenntnisse über die Begriffe: Industrialisierung
Infrastruktur

WICHTIGE UNTERRICHTSHINWEISE UND BESONDERE ARBEITSMITTEL:

Sehr lange Unterrichtseinheit, die relativ hohe Anforderungen an die Schüler stellt.

K U R Z P R O G R A M M: In der Stunde vorher zur häuslichen Bearbeitung aufgegeben, zur Abdeckung der FLZ 18.1. bis 18.5.

Außerdem zur Übung: Berechnungsaufgaben über orientalische Staaten.

Einstieg in die Stunde mit Schülerdiskussion über das Ergebnis des Kurzprogramms und der Berechnungen sowie mit deren graphischer Umlegung.

FLZ 18.8.: Umfangreichere Schülerarbeit mit Wirtschaftskarten im Atlas und Wirtschaftsstatistiken, die der Lehrer einbringt. Schüler versuchen, durch Kombination von Informationen aus Wirtschaftskarten mit Zahlen aus Statistiken und den bisher erworbenen Kenntnissen einen - groben, überblickhaften - Einstieg in die Wirtschaft dieser Staaten zu finden.

Der Lehrer bestimmt die Schwerpunkte: Auf alle Fälle: Türkei
            Marokko
            Afghanistan
            Libanon
            Tunesien
andeutungsweise: Jemen
            Jordanien
            Syrien

Diese Unterrichtseinheit bietet sich auch sehr gut zum Erstellen von einfachen Korrelationsdiagrammen (oder gar Korrelationsrechnungen) an.

SCHULUNG INSTRUMENTELLER FERTIGKEITEN:

Berechnen demographischer Maßzahlen.

Lesen und Interpretieren von Wirtschaftskarten.

Der Kulturerdteil Orient als Lebensraum – ein Unterrichtsmodell

Erstellen von Korrelationsdiagrammen (nur bei Stunden=
erweiterung).

SACHBEGRIFFE A:
- "ARABISCHE SCHWEIZ"
- ALGERISCHE GASTARBEITER
- TÜRKISCHE GASTARBEITER
- AUFBAU DES FREMDENVERKEHRS
- PHOSPHATE
- CHROMERZE
- STEINKOHLE
- KAFFEE
- KARAKULSCHAF II
- HASELNUSS
- WEINEXPORT
- OLIVENÖLEXPORT
- SÜDFRÜCHTEEXPORT

SACHBEGRIFFE B:
- GEBURTENRATE
- STERBERATE
- RATE DER GEBURTENBILANZ
- GEBURTENBILANZ
- DURCHSCHNITTLICHE JÄHRLICHE WACHSTUMSRATE
- PRODUKTIONSFAKTOR II

- AGRARSTAAT
- AKTIVRAUM
- PASSIVRAUM
- SCHAFFUNG INDUSTRIELLER ARBEITSPLÄTZE
- ARBEITSKRÄFTEINTENSIV
- KAPITALINTENSIV
- THEORIE DES WIRTSCHAFTS= WACHSTUMS NACH KEYNES
- PUFFERSTAAT

TOPOGRAPHISCHE BEGRIFFE:
- ZONGULDAK
- DJERBA
- ANTALYA
- KILIKISCHE EBENE (CUKUROVA)
- SAN'A
- TINDUF
- BECHAR II
- ÖSTLICHER TAURUS IV
- LEVANTE II
- JEMEN
- JORDANIEN
- MASKAT UND OMAN
- SÜDJEMEN

V. UNTERRICHTSABSCHNITT: DER KONFLIKT ISRAEL - ARABISCHE STAATEN

HAUPTLERNZIEL:

Der Schüler soll die Fähigkeit bekommen, diesen Krisenherd als Folge politi=
scher, ethnischer, gesellschaftspolitischer und sozialwirtschaftlicher Span=
nungen zu begreifen.

UNTERRICHTSEINHEIT: DER KONFLIKT ISRAEL - ARABISCHE STAATEN

TEILLERNZIEL (19):

Der Schüler soll Verständnis für die Stand=
punkte beider Seiten im Nahostkonflikt bekom=
men.

FEINLERNZIELE:

19.1. Der Schüler soll über die Entstehung des Israelischen Staates grob berichten kön=
nen.

19.2. Der Schüler soll die politischen Gründe anführen können, warum die arabischen Staaten Israel derart feindlich gesinnt sind.

19.3. Der Schüler soll auf einer Karte die Grenze Israels seit dem "Sechs-Tage-Krieg" 1967 zeigen und die seit dieser Zeit von Israel besetzten Territorien nennen können.

19.4. Fortführung von FLZ 6.6. und 7.3.: Der Schüler soll erkennen, daß durch das Israel-Problem die arabischen Staaten ihre divergierenden Anschauungen der neuen "nationalistischen Idee" und dem "gerechten Kampf gegen einen Agressor" unterordnen.

19.5. Fortführung von FLZ 6.4. und 6.6.: Der Schüler soll hier am konkreten Beispiel erkennen, wie die arabischen Staaten das Erdöl als politische Waffe verwenden. Er soll Gründe nageben können, warum dadurch der Israel-Konflikt noch besonders internationalisiert und zugespitzt wird.

19.6. Der Schüler soll erkennen, daß es teilweise auch eine interessante Funktion des Israel-Problems ist, in den arabischen Nachbarstaaten durch außenpolitischen Engagement von innenpolitischen und wirtschaftlichen Schwierigkeiten abzulenken.

19.7. Der Schüler soll die Lage und die Problematik der Palästinaflüchtlinge an Hand eines Films kennenlernen und ihm soll die Schwierigkeit einer Lösungsmöglichkeit bewußt werden.

TEILLERNZIEL (20):

Der Schüler soll die enorme Aufbauarbeit Israels, aber auch die sozialen und wirtschaftlichen Entwicklungsprobleme seit der Staatswerdung erkennen können.

FEINLERNZIELE:

20.1. Der Schüler soll Angaben über die Bevölkerungszunahme Israels seit der Staatsgründung machen können und daraus die Notwendigkeit ersehen, daß der Mensch, um seine Siedlungs- und Ernährungsbasis zu erweitern, neue landwirtschaftliche Nutzflächen gewinnen muß.

20.2. Der Schüler soll große israelische Bewässerungsprojekte angeben können.

20.3. Der Schüler soll die Grundzüge der israelischen Siedlungspolitik an einem Beispiel erläutern können (Bevölkerungsdispersion).

20.4. Der Schüler soll die spezifischen ländlichen Siedlungsformen nennen und nach Genese und wirtschaftlicher bzw. sozialer Funktion unterscheiden können.

20.5. Der Schüler soll Funktionsweise, Besitzstruktur eines Kibbuz beschreiben können.

20.6. Der Schüler soll den Anteil der Araber, der eingewanderten orientalischen Juden, der eingewanderten Juden aus dem Ostblock, der eingewanderten Juden aus Europa (ohne Ostblock) und den europäischen Neusiedelländern und der "autochthonen" Juden an der Gesamtbevölkerung ungefähr nennen können und über die grundlegenden Veränderungen der sozialen Zusammensetzung, die durch die Einwanderungswellen nach der Staatsgründung bewirkt wurden, sprechen können.

20.7. Der Schüler soll die Folgen der heterogenen Sozialstruktur nennen und die Aufgaben beschreiben können, die der israelischen Sozial- und Raumordnungspolitik hierdurch zugefallen sind.[77]

20.8. Der Schüler soll mit einigen Maßzahlen Vergleiche zwischen Israel und den arabischen Staaten anstellen können, daraus Folgerungen auf unterschiedlichen Lebensstandard und Industrialisierung schließen können und diese ebenfalls als Moment des Gegensatzes im Nahen Osten begreifen.

VORAUSSETZUNGEN:

Eventuell Grundkenntnisse über die historische Entwicklung des Israel-Konflikts.

WICHTIGE UNTERRICHTSHINWEISE UND BESONDERE ARBEITSMITTEL:

Das gesamte TLZ (19) wird mit einem R O L L E N S P I E L abgedeckt. Es geht weniger um die rein historische Entwicklung, sondern um das Herausarbeiten von Zusammenhängen, wie ja deutlich die dazugehörigen FLZ zeigen.

Der Schüler soll dadurch fähig werden, sich emotionsfrei ein "sachlich begründetes Urteil über Israels innen- und außenpolitische Handlungsmotive zu bilden",[78] aber auch die Interessen und Forderungen der arabischen Staaten zu begreifen und den Ballast der Frage der Palästinaflüchtlinge zu verstehen.

Die Vorinformation erfolgt aus Rundfunk-, Fernseh- und Presseberichten (bereits allgemein vorhandene Grundinformation), dazu werden vom Lehrer verteilt: Weitere schriftliche Unterlagen, Kommuniques und Verlautbarungen der gegnerischen Gruppen, kurze neutrale Sachberichte.
KURZFILM über das Leben in einem Lager mit Palästina-Flüchtlingen.

Aufteilung der Schüler in Gruppen, die verschiedene Interessen vertreten:
Arabische Bauern aus Palästina
Untergrundkämpfer
Palästina - Flüchtlinge
orientalische Juden
sonstige eingewanderte Juden
Jordanier
Syrer
Ägypter
UNO - Vertreter
Libanesen
Vertreter der USA und der SU
Vertreter Großbritanniens
israelische Politiker
israelische Militärs
arabische Bewohner des heute israelischen Westjordanlandes.

Schülerdiskussion - Lehrer hat unauffällig führende Funktion.

TLZ 20. Kurzreferate der Schüler mit ergänzenden Lehrerbemerkungen und Arbeit mit vom Lehrer zur Verfügung gestelltem Anschauungsmaterial (thematische Karten und Grundrisse).

FLZ 20.8.: Diskussion nach Berechnung einiger relevanter Maßzahlen aus vom Lehrer zur Verfügung gestellten Daten.

SACHBEGRIFFE A:
ARABISCHE LIGA II
VEREINIGTE ARABISCHE REPUBLIK
EL FATAH
PALÄSTINENSER
PALÄSTINAFLÜCHTLINGE
ARABISCHER SOZIALISMUS
ISLAMISCH-ARABISCHES NATIONALBEWUSSTSEIN
DEMOKRATISCHE KOLLEKTIVWIRTSCHAFT
KOOPERATIVES KLEINBAUERNDORF
KIBBUZ
MOSHAV
ZITRUSFARM
CENTO

SACHBEGRIFFE B:
ZIONISMUS
GEWINNUNG NEUER ANBAUFLÄCHEN
SIEDLUNGSDISPERSION
DEPRESSION
KAPITALZUFLUSS

TOPOGRAPHISCHE BEGRIFFE:
ISRAEL II
HAIFA
TEL AVIV
JERUSALEM
NEGEV
HALBINSEL SINAI II
TOTES MEER
JORDAN
SYRISCHER GRABEN
GOLANHÖHEN
WESTJORDANLAND
GAZASTREIFEN
SUEZKANAL II
PALÄSTINA
GALILÄA
JUDÄA
NAHER OSTEN II
MITTLERER OSTEN
LEVANTE II
GOLF VON AKABA
SEE GENEZARETH

VI. ZUSAMMENFASSUNG - LETZTE UNTERRICHTSEINHEIT: DER ORIENT - EIN KULTURERDTEIL ?

HAUPTLERNZIEL:

Der Schüler soll großräumliche Gemeinsamkeiten und Divergenzen dieser Weltregion nennen und die Frage diskutieren können, was ein Kulturerdteil ist und ob der Orient als ein solcher zu bezeichnen ist.

---

77) FLZ 20.3., 20.4., teilw. 20.6., und 20.7. nach:
SEEWALD, Roswitha und Ulrich: Wirtschafts- und sozialpolitische Probleme Israels. Eine geographische Unterrichtssequenz für das gesellschaftswissenschaftliche Aufgabenfeld. In: Beihefte zur Geographischen Rundschau 3/1973, S. 47 - 55.

78) SEEWALD 1973, S.48.

Zusammenfassung der grundlegenden Erkenntnisse, die die Schüler im Rahmen dieses Unterrichtsmodells gewonnen haben, durch gemeinsame Wiederholung der Schüler.
Zusammenstellung eines Kataloges wichtiger

Gemeinsamkeiten im Orient, Herausarbeitung wichtiger regionaler kultureller, wirtschaftlicher, sozialer, naturgeographischer Divergenzen.

Daran anschließend eventuell noch allgemeine Diskussion, wie man einen Kulturerdteil definieren könnte, Bekanntmachung mit der Definition von KOLB 1962 und Prüfung dieser Definition am Beispiel "Orient".

LITERATUR ZUM ORIENT (AUSWAHL)

für Lehrer im Allgemeinen ohne größere Schwierigkeiten erreichbar und leicht als Materialgrundlage und zur Vertiefung verwendbar.

Den besten Überblick über wichtige Probleme des Orient in zusammengefaßter Darstellung vermittelt folgendes Buch, aus dem auch die Autoren wesentliche inhaltliche Anregungen für das Unterrichtsmodell geschöpft haben:

MENSCHING, H. und E. WIRTH (Hrsg.): Nordafrika und Vorderasien. Fischer Länderkunde 4, Fischer Taschenbuch Verlag, Frankfurt 1973, 317 S.

ACHENBACH, H.: Agrargeographische Entwicklungsprobleme Tunesiens und Ostalgeriens. Exemplarische Strukturanalyse ausgewählter Reform- und Traditionsräume zwischen Mittelmeerküste und Nordsahara. Jahrbuch 1970 der Geograph. Gesellschaft Hannover, Hannover 1971, 285 S.

ACHENBACH, H.: Der sozialisierte und der private Agrarsektor in Algerien. In: 38.Deutscher Geographentag Erlangen 1971, Tagungsbericht und wissenschaftliche Abhandlungen, Wiesbaden 1972, S. 312 - 321.

ACHENBACH, H.: Bevölkerungsdynamik und Wirtschaftsstruktur in den berberisch besiedelten Gebieten Algeriens (Große Kabylei und Aures). In: Kulturgeographische Untersuchungen im islamischen Orient. Schriften des Geograph. Instituts der Universität Kiel 38, 1973, S. 1 - 44.

AHMAD, N.A.: Die ländlichen Lebensformen und die Agrarentwicklung in Tripolitanien. Heidelberger Geographische Arbeiten 25, 1969.

ANDREAE, B.: Die extensive Weidewirtschaft in den Trockengebieten der Kontinente. Landwirtschaftliche Betriebsformen im Grenzgebiet der Ökumene. In: Berichte über Landwirtschaft 41, 1963, H. 1/2.

ANSCHÜTZ, H.: Persische Stadttypen. Eine vergleichende Betrachtung der Städte Teheran - Isfahan - Abadan - Chorramschahr und Buschir im Iran. In: Geographische Rundschau 19, 1967, S. 105 - 110.

ARNOLD, A.: Die Industrialisierung in Tunesien und Algerien. Entwicklungsprobleme nordafrikanischer Länder im Vergleich. In: Geographische Rundschau 23, 1971, S. 306 - 316.

ARNOLD, A.: Die Industrialisierung in Algerien und Tunesien als Mittel zur Verbesserung der Regionalstruktur. In: 38. Deutscher Geographentag Erlangen 1971, Tagungsbericht und wissenschaftliche Abhandlungen, Wiesbaden 1972, S. 322 - 334.

ARNOLD, A.: Der Fremdenverkehr in Tunesien. Entwicklung, Struktur, Funktion und Fremdenverkehrsräume. In: Würzburger Geographische Arbeiten 37 (Gerling-Festschrift), 1972, S. 453 - 489.

ATANASIU, N.: Wandlungen und Wandlungsmöglichkeiten der türkischen Agrarstruktur. In: Geographische Rundschau 22, 1970, S. 19 - 22.

BAADE, F.: Die landwirtschaftlichen Probleme der Türkei. Ein Testfall für die landwirtschaftlichen Probleme vieler Entwicklungsländer. Baden-Baden - Bonn 1960.

BARTHEL, G.: Der industrielle Aufbau der Türkei zwischen 1923 und 1966. Jahrbuch für Wirtschaftsgeschichte 1968, Berlin 1968, H.3.

BOBEK, H.: Soziale Raumbildungen am Beispiel des Vorderen Orients. In: Deutscher Geographentag München 1948, Tagungsbericht und wissenschaftliche Abhandlungen, Landshut 1950, S. 193 - 207.

BOBEK, H.: Die Hauptstufen der Gesellschafts- und Wirtschaftsentwicklung in geographischer Sicht. In: Die Erde 90, 1959, S. 259 - 298.

BOBEK, H.: Zur Problematik der unterentwickelten Länder. In: Mitteilungen der Österreichischen Geographischen Gesellschaft 104, 1962, S. 1 - 24.

BOBEK, H.: Iran. Probleme eines unterentwickelten Landes alter Kultur. Frankfurt - Berlin - München, 3.A. 1967 (Themen zur Geographie und Gemeinschaftskunde), 74 S.

BOBEK, H.: Zur Kenntnis der Südlichen Lut: Ergebnisse einer Luftbildanalyse. In: Mitteilungen der Österreichischen Geographischen Gesellschaft 111, 1969, S. 155 - 192.

BOPST, W.D.: Strukturwandlungen in den Flüchtlingslagern des Vorderen Orients. Ein Beitrag zum Palästina-Flüchtlingsproblem. In: Geographische Rundschau 20, 1968, S. 125 - 133.

BRICE, W.C.: South-West-Asia. A Systematic Regional Geography. University of London Press Ltd., 1966.

CHRISTIANSEN-WENIGER, F.: Ackerbauformen im Mittelmeerraum und Nahen Osten, dargestellt am Beispiel der Türkei - Bewässerungs-, Trocken-, Feuchtlandwirtschaft. Frankfurt/Main 1970.

DEQUIN, H.: Die Landwirtschaft Saudisch-Arabiens und ihre Entwicklungsmöglichkeiten. In: Zeitschrift für ausländische Landwirtschaft, Sonderheft 1, Frankfurt 1963.

DEQUIN, H.: Jemen und die landwirtschaftliche Entwicklungshilfe der BRD. In: Zeitschrift für ausländische Landwirtschaft 1963, H.2, S. 83 - 95.

DANESCH, M.: Demographische Wandlungsprozesse in den islamischen Ländern und ihre Bedeutung für die wirtschaftliche Entwicklung. Agrarwiss. Dissertation der Universität Hohenheim, 1967, 231 S.

DESPOIS, J. und R. RAYNAL: Géographie de l' Afrique du Nord-Ouest. Paris 1967.

DETTMANN, K.: Damaskus. Eine orientalische Stadt zwischen Tradition und Moderne. In: Mitteilungen der Fränkischen Geographischen Gesellschaft 15/16, 1968/69, S. 183 - 311 (Erlanger Geographische Arbeiten 26, 1969).

DETTMANN, K.: Zur Variationsbreite der Stadt in der islamisch-orientalischen Welt. Die Verhältnisse in der Levante sowie im Nordwesten des indischen Subkontinents. In: Geographische Zeitschrift 58, 1970, S. 95 - 123.

DIDDEN, H.: Irak. - Eine sozioökonomische Betrachtung. In: Schriften des Deutschen Orient Instituts, Opladen 1969.

DJAZANI, I.: Wirtschaft und Bevölkerung in Khuzistan und ihr Wandel unter dem Einfluß des Erdöls. Tübinger Geographische Studien 8, 1963.

EHLERS, E.: Die Städte des südkaspischen Küstentieflands. In: Die Erde 102, Berlin 1971.

EHLERS, E.: Agrarsoziale Wandlungen im Kaspischen Tiefland Nordpersiens. In: 38. Deutscher Geographentag Erlangen 1971, Tagungsbericht und wissenschaftliche Abhandlungen, Wiesbaden 1972, S. 289 - 311.

ERDÖL-WELTATLAS. Georg Westermann Verlag, Braunschweig.

FISCHER, P. und KORTUM, G.: Kahrizak. Sozialgeographische Dorfmonographie einer Quanat-Oase bei Teheran. In: Geographische Rundschau 19, 1967, Heft 6.

FISHER, W.B.(Hrsg.): The Cambridge History of Iran. Bd. 1: The Land of Iran. Cambridge 1968.

FRÖHLICH, D.: Das Nomadenproblem in einer sich entwickelnden Wirtschaft. In: Kölner Zeitschrift für Soziologie und Sozialpsychologie, Heft 4, Köln - Opladen 1967.

GABRIEL, A.: Zur Erdölwirtschaft am Persischen Golf, eine wirtschaftsgeographische Betrachtung. In: Mitteilungen der Fränkischen Geographischen Gesellschaft 13/14, 1966/67, S. 111 - 123.

GIESSNER, K.: Die algerische Sahara - ihre industrielle Erschließung und Nutzung. Stuttgart 1970.

GREIF, F.: Der Wandel der Stadt in der Türkei unter dem Einfluß von Industrialisierung und Landflucht. In: 38. Deutscher Geographentag Erlangen 1971, Tagungsbericht und wissenschaftliche Abhandlungen, Wiesbaden 1972, S. 407 - 419.

GRIENIG, H.: Probleme der genossenschaftlichen Entwicklung in den Ländern des arabischen Ostens unter besonderer Berücksichtigung der VAR. In: Nordafrika und Nahost im Kampf für nationale und soziale Befreiung, Berlin 1968.

GRÖTZBACH, E.: Staatliche Agrarpolitik und Bodennutzungsgefüge in Nordost-Afghanistan. In: 38. Deutscher Geographentag Erlangen 1971, Tagungsbericht und wissenschaftliche Abhandlungen, Wiesbaden 1972, S. 380 - 389.

HAHN, H.: Die Stadt Kabul und ihr Umland. In: Bonner Geographische Abhandlungen 34, 1964, H.2.

HAHN, H.: Wachstumsabläufe in einer orientalischen Stadt am Beispiel von Kabul/Afghanistan. In: Erdkunde 26, 1972, S. 16 - 32.

HARRISON, R.S.: Migrants to the City of Tripoli, Libya. In: Geographical Review 57, New York 1967.

HAYATULLAH, A.: Die wirtschaftlichen Entwicklungsprobleme Afghanistans unter besonderer Berücksichtigung der natürlichen Gegebenheiten und der Bevölkerung. Nürnberger wirtschafts- und sozialgeographische Arbeiten 6, 1967.

HELWEH, O.M.: Die wirtschaftliche und soziale Entwicklung Kuwaits vor und nach Entdeckung des Erdöls. Graz, staatswiss. Diss. 1969.

HERZOG, R.: Anpassungsprobleme der Nomaden. In: Zeitschrift für ausländische Landwirtschaft 6, 1967, S. 1 - 21.

HETZEL, W.: Wadi el-Natrun. Beispiel eines Entwicklungsvorhabens in Ägypten. In: Die Erde 92, 1961, S. 43 - 55.

HOTTINGER, A.: Die Araber. Werden, Wesen, Wandel und Krise des Arabertums. Zürich 1960.

HOTTINGER, A.: Wandlungen der Gesellschaftsstrukturen im Nahen Osten. In: Europa-Archiv Nr. 6, 1967.

HÜTTEROTH, W.: Getreidekonjunktur und jüngerer Siedlungsausbau im südlichen Inneranatolien. In: Erdkunde 16, 1962, S. 249 - 271.

JENTSCH, Ch.: Grundlagen und Möglichkeiten des Regenfeldbaus in Afghanistan. In: 38. Deutscher Geographentag Erlangen 1971, Tagungsbericht und wissenschaftliche Abhandlungen, Wiesbaden 1972, S. 371 - 380.

JETTMAR, K.: Organisation des Nomadismus und Möglichkeiten der politischen Integration. In: Nomadismus als Entwicklungsproblem. Bochumer Schriften zur Entwicklungsforschung und Entwicklungspolitik 5, Bielefeld 1969.

KAHANE, A.: Die raumordnerischen Probleme der Zentralregion im Staate Israel. In: Raumforschung und Raumordnung 22, 1964, S. 57 - 65.

KANTER, H.: Libyen. Eine geographisch - medizinische Landeskunde. Berlin - Heidelberg 1967.

KARMON, Y.: Israel. A Regional Geography. London 1971.

KESSLER, M.: Die Viehwirtschaft im Intensitätsprofil des Agrarraumes Iran - Anatolien - Balkan - Mitteleuropa. In: Geographische Rundschau 21, 1966, S. 51 - 59.

KIENITZ, F.C.: Türkei: Anschluß an die moderne Wirtschaft unter Kemal Atatürk. Hamburg 1959.

KLAER, W.: Die Häfen der Levante. In: Geographische Rundschau 14, 1962, S. 53 - 62.

KLAER, W.: Libanon. In: Geographisches Taschenbuch 1966/69, Wiesbaden 1969.

KLUG, H.: Die Insel Djerba. Wachstumsprobleme und Wachstumsprozesse eines südtunesischen Kulturraumes. In: Kulturgeographische Untersuchungen im islamischen Orient. Schriften des Geographischen Instituts der Universität Kiel 38, 1973, S. 45 - 90.

KOCHWASSER, F.: Kuwait. Geschichte, Wesen und Funktion eines modernen arabischen Staates. Erdmann-Ländermonographien 1, Tübingen - Basel 1969.

KOPP, H.: Die räumliche Differenzierung der Agrarlandschaft in der Arabischen Republik Jemen (Nordjemen). In: Erdkunde 29, 1975, S. 59 - 68.

KORTUM, G.: Ländliche Siedlungen im Umland von Shiraz. In: Kulturgeographische Untersuchungen im islamischen Orient. Schriften des Geographischen Instituts der Universität Kiel 38, 1973, S. 177 - 212.

KORTUM, G.: Siedlungsgenetische Untersuchungen in Fars. Ein Beitrag zum Wüstungsproblem im Orient. In: Erdkunde 29, 1975, S. 10 - 20.

LÄNDERBERICHTE, bzw. LÄNDERKURZBERICHTE der orientalischen Staaten in der Reihe: Allgemeine Statistik des Auslandes. Statistisches Bundesamt Wiesbaden.

LECHLEITNER, H.: Der Ausbau der Bewässerungswirtschaft im jordanischen Teil des Jordangrabens. In: Festschrift L.G.Scheidl zum 60. Geburtstag, II.Teil, Wien 1967, S. 75 - 92.

LEIDLMAIR, A.: Umbruch und Bedeutungswandel im nomadischen Lebensraum des Orients. In: Geographische Zeitschrift 53, 1965, S. 81 - 100.

LEIDLMAIR, A.: Hadramaut. Bevölkerung und Wirtschaft im Wandel der Gegenwart. In: Bonner Geographische Abhandlungen 30, 1961.

LENG, G.: "Rentenkapitalismus" oder "Feudalismus"? Kritische Untersuchungen über einen (sozial-)geographischen Begriff. In: Geographische Zeitschrift 62, 1974, S. 119 - 137.

LOUIS, H.: Städtische und ländliche Bevölkerungszunahme in der Türkei zwischen 1935 und 1965. In: Deutsche geographische Forschung in der Welt von heute, hrsg. v. H.Wilhelmy, Festschrift für Erwin Gentz, Kiel 1970, S. 155 - 166.

MENSCHING, H.: Marokko. Die Landschaften im Maghreb. Heidelberg 1957 (Geographische Handbücher).

MENSCHING, H.: Das Medjerdaprojekt in Tunesien. Agrarwirtschaftlicher und sozialgeographischer Wandel in der Kulturlandschaft des Medjerdatales. In: Die Erde 93, 1962, S. 117 - 135.

MENSCHING, H.: Nordafrika. In: Die Große Illustrierte Länderkunde, Bertelsmann-Verlag, 1963.

MENSCHING, H.: Tunesien. Eine geographische Landeskunde. Wissenschaftliche Länderkunden 1, Wissenschaftliche Buchgesellschaft, Darmstadt 1968.

MENSCHING, H.: Algerien - Geographische Grundlagen seines Lebensraumes. In: Zeitschrift für Kulturaustausch 1970, Heft 2 (Themaheft Algerien), Inst. f. Auslandsbeziehungen, Stuttgart.

MENSCHING, H.: Der Maghreb. Eine regionalgeographische Einführung. In: Geographische Rundschau 23, 1971, S. 289 - 296.

MENSCHING, H.: Nomadismus und Oasenwirtschaft im Maghreb. In: Braunschweiger Geographische Studien 3, 1971, S. 155 - 167.

NIEMEIER, H.: Stadt und Ksar in der algerischen Sahara, besonders im Mzab. In: Die Erde 87, 1956, S. 105 - 128.

NOMADISMUS ALS ENTWICKLUNGSPROBLEM. Bochumer Schriften zur Entwicklungsforschung und Entwicklungspolitik 5, Bielefeld 1969.

NÖTZOLD, G.(Hrsg.): Die arabischen Länder. Gotha - Leipzig 1970.

OBST, J.: Die Erdölexploration in Libyen. Erfolge und Aussichten. In: Die Erde 99, 1968, S. 265 - 276.

PLANCK, U.: Die sozialen und ökonomischen Verhältnisse in einem iranischen Dorf. In: Forschungsberichte des Landes Nordrhein-Westfalen 1021, Köln - Opladen 1962.

PLANCK, U.: Berufs- und Erwerbsstruktur im Iran als Ausdruck eines typischen frühindustriellen Wirtschaftssystems. In: Zeitschrift für ausländische Landwirtschaft 1963, S. 75 - 96.

PLANCK, U.: Die Reintegrationsphase der iranischen Agrarreform. In: Erdkunde 29, 1975, S. 1 - 9.

PLETSCH, A.: Traditionelle Sozialstrukturen und ihre Wandlungen in Bevölkerungs- und Siedlungsbild Südmarokkos. In: Geographische Zeitschrift 61, 1973, S. 94 - 121.

RITTER, G.: Moderne Entwicklungstendenzen türkischer Städte am Beispiel der Stadt Kayseri. In: Geographische Rundschau 24, 1972, S. 93 - 101.

ROHMER, W.: Bodenverhältnisse und Entwicklungsmöglichkeiten in einem typisch zentralanatolischen Gebiet mit bäuerlicher Betriebsstruktur. In: Zeitschrift für Kulturtechnik und Flurbereinigung 10, Berlin 1969, S. 143 - 156.

RUPPERT, H.: Beirut. Eine westlich geprägte Stadt des Orients. In: Mitteilungen der Fränkischen Geographischen Gesellschaft 15/16, 1968/69, S. 313 - 448 (Erlanger Geographische Arbeiten 27, 1969).

RUPPERT, H.: Der Einfluß der Reaktionsweite sozialer Gruppen auf die stadtgeographische Struktur von Tel Aviv und Haifa. In: 38. Deutscher Geographentag Erlangen 1971, Tagungsbericht und wissenschaftliche Abhandlungen, Wiesbaden 1972, S. 346 - 354.

RUPPERT, H.: Tel Aviv - Yafo. Zum Problem des Einflusses heterogener Einwanderergruppen auf Stadtstruktur und Stadtentwicklung. In: Erdkunde 28, 1974, S. 31 - 47.

SCHAH-ZEIDI, M.: Das Problem der Bodenreform im Iran und Auswirkungen auf die Agrarproduktion. In: Berichte über Landwirtschaft 1964, S. 430 - 448.

SCHAMP, H.: Der Nil und seine wasserwirtschaftlichen Probleme. In: Geographische Rundschau 11, 1959, S. 465 - 472.

SCHAMP, H.: Ägypten. Das Land am Nil im wirtschaftlichen und sozialen Umbruch. Frankfurt, 2.A. 1968 (Themen zur Geographie und Gemeinschaftskunde).

SCHAMP, H.: Sozialismus und Bodenreform in Ägypten. In: 38. Deutscher Geographentag Erlangen 1971, Tagungsbericht und wissenschaftliche Abhandlungen, Wiesbaden 1972, S. 278 - 288.

SCHARLAU, K.: Moderne Umgestaltungen im Grundriß iranischer Staädte. In: Erdkunde 15, 1961, S. 180 - 191.

SCHIFFERS, H.(Hrsg.): Die Sahara und ihre Randgebiete. Darstellung eines Naturgroßraumes in 3 Bänden. München 1971 f.

SCHMIEDER, O.: Die alte Welt. Band I: Der Orient. Die Steppen und Wüsten der Nordhemisphäre und ihre Randgebiete. Wiesbaden 1965. Band II: Anatolien und die Mittelmeerländer Europas. Kiel 1969.

SCHWEIZER, G.: Bevölkerungsentwicklung und Verstädterung im Iran. In: Geographische Rundschau 23, 1971, S. 343 f.

SCHWEIZER, G.: Tabriz (Nordwest-Iran) und der Tabrizer Bazar. In: Erdkunde 26, 1972, S. 32 - 46.

SEGER, M.: Strukturelemente der Stadt Teheran und das Modell der modernen orientalischen Stadt. In: Erdkunde 29, 1975, S. 21 - 38.

SEN, E.: Die Entwicklung der Wohngebiete der Stadt Ankara. Ein Beitrag zum Gecekondu - Problem. In: Geographische Zeitschrift 60, 1972, S. 25 - 39.

SIMONS, P.: Die Entwicklung des Anbaus und die Verbreitung der Nutzpflanzen in der Ägyptischen Nilstromoase von 1800 bis zur Gegenwart. Eine geographische Untersuchung. In: Kölner Geographische Arbeiten 20, 1968.

SPÄTH, H.J.: Das Konya-Cumra-Projekt. Ein Beitrag zur Problematik des Bewässerungsfeldbaus in winterkalten Trockensteppen. In: Geographische Zeitschrift 62, 1974, S. 81 - 105.

SPIEGEL, E.: Neue Städte in Israel. Städtische und regionale Planung und Entwicklung. Stuttgart 1966, 191 S.

STEWIG, R.: Byzanz - Konstantinopel - Istanbul. Ein Beitrag zum Weltstadtproblem. In: Schriften des Geographischen Instituts der Universität Kiel 22, 1964, H.2, 96 S.

STEWIG, R.: Bemerkungen zur Entstehung des orientalischen Sackgassengrundrisses am Beispiel der Stadt Istanbul. In: Mitteilungen der Österreichischen Geographischen Gesellschaft 108, 1966, S. 25 - 47.

STEWIG, R.: Bursa - Nordwestanatolien. Strukturwandel einer orientalischen Stadt unter dem Einfluß der Industrialisierung. Schriften des Geographischen Instituts der Universität Kiel 32, 1970, 238 S.

STEWIG, R.: Die räumliche Struktur des stationären Einzelhandels in der Stadt Bursa. In: Kulturgeographische Untersuchungen im islamischen Orient. Schriften des Geographischen Instituts der Universität Kiel 38, 1973, S. 143 - 176.

STRUKTURWANDLUNGEN IM NOMADISCH-BÄUERLICHEN LEBENSRAUM DES ORIENTS. Mit Beiträgen von E. Ehlers und G. Schweizer. In: Beihefte zur Geographischen Zeitschrift (Erdkundliches Wissen) 26.

SUTER, K.: Ghardaia - Zur jüngsten Entwicklung einer Stadt der nordalgerischen Sahara. In: Die Erde 97, 1966, S. 203 - 209.

SUTER, K.: Wanderbewegung der seßhaften Bevölkerung der algerisch - tunesischen Sahara einschließlich ihrer Randgebiete. In: Festschrift für L.G. Scheidl zum 60. Geburtstag, II. Teil, Wien 1967.

TROLL, C.: Quanat-Bewässerung in der alten und neuen Welt. In: Mitteilungen der Österreichischen Geographischen Gesellschaft 105, 1963.

UNITED NATIONS. Regional Planning and Development in Selected Countries of the Middle East. In: Studies on Selected Development Problems in Various Countries of the Middle East. New York 1969.

VOPPEL, G.: Afghanistan. Probleme eines Entwicklungslandes. In: Geographisches Taschenbuch 1966/69, Wiesbaden 1969.

WAGNER, H.G.: Bevölkerungsentwicklung im Maghreb. In: Geographische Rundschau 23, 1971, S. 297 - 305.

WAGNER, H.G.: Postkoloniale Wandlungen der Siedlungsstruktur im östlichen Maghreb. In: 38. Deutscher Geographentag Erlangen 1971, Tagungsbericht und wissenschaftliche Abhandlungen, Wiesbaden 1972, S. 335 - 345.

WAGNER, H.G.: Die Souks in der Medina von Tunis. Versuch einer Standortanalyse von Einzelhandel und Handwerk in einer nordafrikanischen Stadt. In: Kulturgeographische Untersuchungen im islamischen Orient. Schriften des Geographischen Instituts der Universität Kiel 38, 1973, S. 91 - 142.

WEISS, D.: Wirtschaftliche Entwicklungsplanung in der Vereinigten Arabischen Republik. Analyse und Kritik der ägyptischen Wachstumspolitik. Köln - Opladen 1964, 315 S.

WERKMEISTER, H.F.: Studien zur Wüstenkultivierung in Ägypten. In: Beiträge zur Landespflege 1966, S. 53 - 92.

WICHE, K.: Marokkanische Stadttypen. In: Festschrift zur 100-Jahr Feier der Geographischen Gesellschaft Wien, 1957, S. 485 - 527.

WIEBE, D.: Struktur und Funktion eines Serails in der Altstadt von Kabul. In: Kulturgeographische Untersuchungen im islamischen Orient. Schriften des Geographischen Instituts der Universität Kiel 38, 1973, S. 213 - 240.

WINKLER, E.: Die Türkei. Bevölkerungs-, Wirtschafts- und Verkehrsentwicklung. In: Geographisches Taschenbuch 1962, Wiesbaden 1962, S. 156 - 179.

WIRTH, E.: Die Lehmhüttensiedlungen der Stadt Bagdad. In: Erdkunde 8, 1954, S. 309 - 316.

WIRTH, E.: Zur Sozialgeographie der Religionsgemeinschaften im Orient. In: Erdkunde 19, 1965, S. 265 - 284.

WIRTH, E.: Die soziale Stellung und Gliederung der Stadt im Osmanischen Reich. In: Konstanzer Vorträge und Forschungen 11, Konstanz 1966, S. 403 - 427.

WIRTH, E.: Damaskus - Aleppo - Beirut; ein geographischer Vergleich dreier nahöstlicher Städte im Spiegel ihrer sozial und wirtschaftlich tonangebenden Schichten. In: Die Erde 96, 1966, S. 96 - 137 und 166 - 202.

WIRTH, E.: Der Nomadismus in der modernen Welt des Orient. - Wege und Möglichkeiten einer wirtschaftlichen Integration. In: Nomadismus als Entwicklungsproblem. Bochumer Schriften zur Entwicklungsforschung und Entwicklungspolitik 5, Bielefeld 1969.

WIRTH, E.: Der altweltliche Trockengürtel in neuer Sicht. In: Geographische Zeitschrift 56, 1968, S. 58 - 66.

WIRTH, E.: Strukturwandlungen und Entwicklungstendenzen der orientalischen Stadt. In: Erdkunde 22, 1968, S. 101 - 128.

WIRTH, E.: Die orientalische Stadt in der Eigengesetzlichkeit ihrer jungen Wandlungen. In: 36. Deutscher Geographentag, Tagungsbericht und wissenschaftliche Abhandlungen, Wiesbaden 1969, S. 166 - 181.

WIRTH, E.: Das Problem der Nomaden im heutigen Orient. In: Geographische Rundschau 21, 1969, S. 41 - 51.

WIRTH, E.: Syrien - Eine geographische Landeskunde. Wissenschaftliche Länderkunden 4/5, Wissenschaftliche Buchgesellschaft, Darmstadt 1971.

WIRTH, E.: Orient 1971. Gegenwartsprobleme nahöstlicher Entwicklungsländer. In: 38. Deutscher Geographentag Erlangen 1971, Tagungsbericht und wissenschaftliche Abhandlungen, Wiesbaden 1972, S. 253 - 277.

WIRTH, E.: Die Beziehungen der orientalisch - islamischen Stadt zum umgebenden Land. Ein Beitrag zur Theorie des Rentenkapitalismus. In: Geographie heute. Einheit und Vielfalt (Festschrift für E. Plewe). Beihefte zur Geographischen Zeitschrift (Erdkundliches Wissen) 33, Wiesbaden 1973, S. 323 - 333.

WIRTH, E.: Zum Problem des Bazars. In: Orient 14, 1974.

WISSMANN, H.: Bauer, Nomade und Stadt im islamischen Orient. In: Die Welt des Islam und die Gegenwart, Stuttgart 1961, S. 22 - 63.

WRAGE, W.: Die sterbende Fellachenkultur. In: Geographische Rundschau 17, 1965, S. 317 - 323.

ZIMPEL, H.G.: Vom Religionseinfluß in den Kulturlandschaften zwischen Taurus und Sinai. In: Mitteilungen der Geographischen Gesellschaft München 48, 1963, S. 123 - 171.

LITERATUR ZU ABSCHNITT I: EINFÜHRUNG

ACHTENHAGEN, F. und H.L. MEYER (Hrsg.): Curriculum-Revision. Möglichkeiten und Grenzen. In: Sammlung repräsentativer Aufsätze, München 1971.

ÄNDERUNG DER LEHRPLÄNE FÜR DIE ALLGEMEINBILDENDEN HÖHEREN SCHULEN IN DEN SCHULJAHREN 1970/71 BIS 1974/75. BGBl. Nr. 275/1970. In: II. Sondernummer zum Verordnungsblatt für die Dienstbereiche des Bundesministeriums für Unterricht und Kunst, Wissenschaft und Forschung. Jg. 1970, Stück 11a, 126. Verordnung, Wien, Nov. 1970.

ARBEITSMATERIALIEN ZU EINEM NEUEN CURRICULUM, hrsg. v. E. Ernst. Beiheft 1 zur Geographischen Rundschau, Juni 1971, 112 S.

BARTH, J.: Curriculare Probleme in der Sekundarstufe I am Beispiel der Weltmächte USA und Sowjetunion. In: Geographische Rundschau 25, 1973, S. 55 - 61.

BAUER, L.: Thesen zur Reform der erdkundlichen Bildungspläne. In: Geographische Rundschau 21, 1969, S. 460 - 468.

BAUER, L.: Zum Stand des Geographieunterrichts in der Kollegstufe. In: Geographische Rundschau 26, 1974, S. 106 - 109.

BAUER, L.: Curriculum und Fachdidaktik. In: Didaktik der Geographie an der Universität. Fachdidaktische Studien 6, München 1974, S. 9 - 27.

BECKER, H., D. HALLER, H. STUBENRAUCH und G. WILKENDING: Das Curriculum - Praxis, Wissenschaft und Politik. Juventa-Arbeitsbuch, München 1974, 280 S.

BIRKENHAUER, J.: Einführung. Lernziele und Operationalisierung. In: Lernzielorientierter Unterricht an geographischen Beispielen. Beiheft 2 zur Geographischen Rundschau, 1972, S. 2 - 6.

BIRKENHAUER, J.: "Am Verkehr teilnehmen". Ein Vorschlag zur Hierarchisierung von Lernzielen. Eine Lehreinheit am Beispiel Freiburgs und seines Umlandes. In: Geographische Rundschau 25, 1973, S. 426 - 432.

BIRKENHAUER, J.: Der Begriff der Inwertsetzung und die Frage einer regionalen Geographie. In: Freiburger Geographische Mitteilungen 1973, Heft 1, S. 1 - 22.

BLANKERTZ, H.(Hrsg.): Curriculumforschung - Strategien, Strukturierung, Konstruktion. In: Neue pädagogische Bemühungen 46, Essen 3.A. 1973, 170 S.

BLOOM, B.S.(Hrsg.): Taxonomie von Lernzielen im kognitiven Bereich. Dte. Übers. bei Beltz, Weinheim 1972.

BOECKMANN, K.: Analyse und Definition operationaler Lernziele. In: Die Deutsche Schule 1971, S. 235 - 245.

BRUNER, J.S.: Der Prozeß der Erziehung. Dt. in: Sprache und Lernen 4, Schwann, Düsseldorf 1970.

CHIOUT, H. und W. STEFFENS: Unterrichtsvorbereitung und Unterrichtsbeurteilung. Diesterweg, Frankfurt/Main 1970.

CORRELL, W.: Lernpsychologie. Donauwörth 1963.

CURRICULUM GYMNASIALE OBERSTUFE PHYSIK. Schulreform Nordrhein-Westfalen - Sekundarstufe II, Heft 13, 1972.

DIETRICH, G.: Effektivitätsanalyse und Lehrstrategie für entdeckendes Lernen. In: Pädagogische Welt, Donauwörth 1973, S. 579 - 587.

ERNST, E.: Lernziele in der Erdkunde. In: Geographische Rundschau 22, 1970, S. 186 - 194.

ERNST, E.: Lernzielorientierter Erdkundeunterricht. In: 38.Deutscher Geographentag Erlangen 1971, Tagungsbericht und wissenschaftliche Abhandlungen, Wiesbaden 1972, S. 186 - 192.

FISCHER, F.K. und H.H. HILD: Länderkundlich orientierter Unterricht mit zukunftsrelevanten Lernzielen. In: Geographische Rundschau 26, 1974, S. 55 - 59.

FLECHSIG, K.H. u.a.: Probleme der Entscheidung über Lernziele. In: pl-Programmiertes Lernen, Unterrichtstechnologie und Unterrichtsforschung 1970, 1, S. 1 - 32.

GEIPEL, R.(Hrsg.): Wege zu veränderten Bildungszielen im Schulfach Erdkunde. Der Erdkundeunterricht, Sonderheft 1, Stuttgart 1971.

GEIPEL, R.: Erdkundeunterricht in neuer Sicht. In: Pädagogische Welt, Donauwörth 1971, S. 367 - 376 und 493 - 498.

GEIPEL, R.: Stadtgeographie in einem neuen Curriculum - dargestellt am Beispiel München. In: Münchner Geographische Hefte 37, 1973.

GEOGRAPHIE. Band 1 (5. und 6. Schuljahr), Band 2 (7/8) und Band 3 (9/10). Ernst Klett Verlag, Stuttgart 1970, 1972 bzw. 1974.

GEOGRAPHIE IN DER KOLLEGSTUFE. Empfehlungen der Arbeitsgruppe "Lehrpläne" des Verbandes Deutscher Schulgeographen. In: Geographische Rundschau 23, 1971, Heft 12.

GLASER, R.: The Design of Instruction. In: Goodland, J.I.(Hrsg.): The Changing American School. Chicago 1966, S. 215 f.

GLIEDNER, A., G. HARD, W. HEITMANN und C. WISSMANN: Zur Bewertung landes- und länderkundlicher Texte. In: Rundbrief des Instituts für Landeskunde 1973, Heft 11, S. 1 - 12.

HEIMANN, P.: Didaktik als Theorie und Lehre. In: Die Deutsche Schule 1962, S. 407 f.

HEIMANN, P., OTTO, G. und W. SCHULZ: Unterricht. Analyse und Planung. Schroedel, Hannover 1966, 5.A. Berlin - Darmstadt - Dortmund 1970.

HEITGER, M.: Erziehen - Lehren - Lernen. Funk-Kolleg. Begleitbrief zum ORF-Lehrgang. Wien 1972, 378 S.

HENDINGER, H.: Ansätze zur Neuorientierung der Geographie im Curriculum aller Schularten. In: Geographische Rundschau 22, 1970, S. 10 - 18.

HENDINGER, H.: Lernzielorientierte Lehrpläne für die Geographie. In: Geographische Rundschau 25, 1973, S. 85 - 93.

IHDE, G.: Die Dritte Welt in einem neuen geographischen Curriculum. In: Geographische Rundschau 26, 1974, S. 100 f.

KISTLER, H.: Zur Entwicklung neuer Lehrpläne in Bayern. In: Geographische Rundschau 25, 1973, S. 141 - 148.

KLAFKI, W.: Didaktische Analyse als Kern der Unterrichtsvorbereitung. In: Die Deutsche Schule 10, 1958, S. 450 - 471.

KNAB, D.: Curriculumforschung und Lehrplanreform. In: Neue Sammlung 1969, Heft 9, S. 169 - 185.

KOLB, A.: Die Geographie und die Kulturerdteile. In: Hermann-von-Wissmann-Festschrift, hrsg.v.A.Leidlmair, Tübingen 1962, S. 42 - 49.

KOLB, A.: Geofaktoren, Landschaftsgürtel und Wirtschaftserdteile. In: Heidelberger Geographische Arbeiten 15, 1966.

KROSS, E. und H. RADEMAKER: Curriculumentwicklung und Operationalisierung von Lernzielen in der Schulgeographie. In: Effektiver Unterricht, hrsg. v. L. Roth, München 1972, S. 145 - 157.

LEHRSTOFFVERTEILUNG FÜR DIE SCHULVERSUCHE IN GEOGRAPHIE UND WIRTSCHAFTSKUNDE. In: Arbeitsbericht III/2, hrsg. v. Bundesministerium für Unterricht und Kunst, Zentrum für Schulversuche und Schulentwicklung, Klagenfurt - Graz - Wien 1973, S. 45 ff.

LERNZIELORIENTIERTER UNTERRICHT AN GEOGRAPHISCHEN BEISPIELEN, hrsg. v. J. Birkenhauer. Beiheft 2 zur Geographischen Rundschau, November 1972, 64 S.

MAGER, R.F.: Lernziele und programmierter Unterricht. Dte. Übers. bei Beltz, Weinheim 1965.

MESSNER, R.: Funktionen der Taxonomien für die Planung von Unterricht. In: BLOOM, B.S.(Hrsg.): Taxonomie von Lernzielen im kognitiven Bereich, Weinheim 1972. auch in: Zeitschrift für Pädagogik 1970, S. 755 - 779.

MEYER, K.H.: Trainingsprogramm zur Lernzielanalyse. Fischer Athenäum Taschenbücher - Erziehungswissenschaft, Frankfurt 1974.

MEYER, H.L. und H. OESTREICH: Anmerkungen zur Curriculumrevision Geographie. In: Geographische Rundschau 25, 1973, S. 94 - 103.

MÖLLER, Ch.: Technik der Lernplanung. Weinheim 3.A. 1971.

MÜLLER-WOLF, H.M. und I. CLASSEN-BAUER: Curriculumentwicklung in der Bundesrepublik Deutschland. Eine empirische Analyse der Haupttendenzen und gegenwärtigen Probleme. In: Westermanns Pädagogische Beiträge 27, 1975, H.3, S. 149 - 160.

NOLZEN, H.: Die Aufgabe der Schulgeographie bei der Behandlung von Umweltschutzfragen. In: Freiburger Geographische Mitteilungen 1972, H.2, S. 25 - 48.

OTT, E.H.: Zum Verhältnis von Lernziel und Lerninhalt. In: Die Deutsche Schule 1973, H. 2, S. 75 - 85.

PETERSSEN, W.H.: Zur Bestimmung und Formulierung von Lernzielen für begrenzte Unterrichtseinheiten. In: Die Deutsche Schule 1972, H. 1, S. 45 - 56.

PETERSSEN, W.H.: Grundlagen und Praxis des lernzielorientierten Unterrichts. EGS-Texte, Ravensburg 1974.

POSCH, P.: Systematische Planung von Unterrichtseinheiten. In: IBE-Bulletin, Wien 1972, Heft 9, S. 19 - 26.

PROKASKY, H. und W. GERSCHLER: Das Problem der Operationalisierung von Lernzielen. In: SCHÖRKEN, R.(Hrsg.): Curriculum"Politik". Von der Curriculumtheorie zur Unterrichtspraxis. Leske, Opladen 1974, S. 221 - 230.

ROBINSOHN, S.B.: Bildungsreform als Revision des Curriculum. Berlin 1969, 4.A. 1972.

RUMPF, H.: Stereotype Vereinfachungen im Geschichtsunterricht. In: Neue Sammlung 1, 1970, S. 42 - 54.

RUPPERT, K.: Lernzielkatalog der mit räumlicher Planung befaßten Disziplinen; Fachgebiet Geographie. In: Wege zu veränderten Bildungszielen im Schulfach Erdkunde, hrsg. v. R.Geipel. Der Erdkundeunterricht, Sonderheft 1, Stuttgart 1971, S. 66 - 70.

SCHRETTENBRUNNER, H.: Lerntheoretische Grundlagen für die Konstruktion von geographischen Curriculum-Einheiten. In: 39. Deutscher Geographentag Kassel, Tagungsbericht und wissenschaftliche Abhandlungen, Wiesbaden 1974, S. 123 - 131.

SCHULTZE, A.: Allgemeine Geographie statt Länderkunde. Zugleich eine Fortsetzung der Diskussion um den exemplarischen Erdkundeunterricht. In: Geographische Rundschau 22, 1970, S. 1 - 10.

SCHULTZE, A.(Hrsg.): Dreißig Texte zur Didak=
tik der Geographie. Westermann Taschenbuch,
Braunschweig 1971.

SCHULTZE, A.: Neue Inhalte, neue Methoden!
Operationalisierung des geographischen Un=
terrichts. In: 38. Deutscher Geographentag
Erlangen 1971, Tagungsbericht und wissen=
schaftliche Abhandlungen, Wiesbaden 1972,
S. 193 - 205.

SCHULVERSUCHE AN DER AHS gemäß Artikel II,
§ 6 der 4. Schulorganisations-Gesetz-Novel=
le. Beschreibung der Versuchsmodelle. In:
Arbeitsberichte III/3, hrsg. v. Bundesmini=
sterium für Unterricht und Kunst, Zentrum
für Schulversuche und Schulentwicklung,
Klagenfurt - Graz - Wien 1974, 23 S.

SEYDLITZ. Lehrbuch der Geographie und Wirt=
schaftskunde. 5. - 8. Teil für die 5. - 8.
Klasse, Hölzel - Deuticke - Jugend und Volk,
Wien.

SITTE, W.: Die Betrachtung von Kulturerdteilen
als eine Aufgabe der Schulgeographie. In:
Wissenschaftliche Nachrichten 29, 1972, S.
45 - 46.

STRÄSSER, M.: Landschaftsökologie im lernziel=
orientierten Erdkundeunterricht. In: Neue
Wege im Unterrricht 23, 1972, S. 90 - 96.

THONHAUSER, J.: Geschichte und ihre Vermitt=
lung. Analyse eines fachdidaktischen Lehr=
versuchs. In: Spektrum Pädagogikum. Aus der
Arbeit des Instituts für Pädagogik der Uni=
versität Salzburg, Salzburg 1974, 35+VII S.

TOLMAN, E.Ch.: Principles of Purposive Behavi=
our. In: KOCH, S.(Hrsg.): Psychology. A
Study of a Science, Bd. 2, New York 1959.

WELT UND UMWELT. Geographie für die Sekundar=
stufe I. Band 1 (5. und 6. Schuljahr) und
Band 2 (7/8). Westermann, Braunschweig 1972
bzw. 1974.

WOLF, K.: Vorlesung Systematische Pädagogik II,
Wintersemester 1974/75, Universität Wien.

WULF, Ch.(Hrsg.): Evaluation. Beschreibung und
Bewertung von Unterricht, Curricula und
Schulversuchen. Piper, München 1972.

ZUR GESTALT UND ZIELSETZUNG GEOGRAPHISCHEN UN=
TERRICHTS. Verband Deutscher Schulgeographen,
Arbeitsgruppe Grundsatzfragen. In: Geographi=
sche Rundschau 22, 1970, S. 332 f.

Die Behandlung Österreichs im Unterricht

Eine Diskussionsgrundlage zur inhaltlichen Neuordnung und Lernzielorientierung des Geographieunterrichts in der 7. Klasse der AHS (11. Schulstufe)

Helmut J. WEIS, Maria SCHNELLER, Peter LADINGER und Franz GILLINGER

I. EINFÜHRUNG

1. Zielsetzung und Konzeption

Im Rahmen des Seminars wurde den Autoren die Aufgabe gestellt, eine Diskussionsgrundlage zur Neukonzeption der Unterrichtsgestaltung in der 7. Klasse der Allgemeinbildenden Höheren Schule (AHS) zu erarbeiten. Das Ziel der Arbeit war, die neuen schulgeographischen Strömungen in der Bundesrepublik Deutschland auch in Österreich praktisch zu verwerten.

Bei der Abfassung der vorliegenden Arbeit stellte sich die Frage, nach welchem Grundprinzip der Lehrstoff vermittelt werden sollte. Verschiedene Modelle, wie die *Kategoriengruppen* von SCHULTZE (1970) [1], die *dreistufige Konzeption* nach GROTELÜSCHEN (1965), [2] sowie die KATEGORIALEN GRUNDDASEINSFUNKTIONEN nach PARTZSCH (1964) [3] und RUPPERT - SCHAFFER (1969) [4] bzw. die *Sozialfunktionen* bei BOBEK [5] wurden in Erwägung gezogen. Als Basis wurden schließlich in Abkehr vom länderkundlichen Schema die G r u n d d a s e i n s f u n k t i o n e n gewählt, um die sozialgeographische Betrachtungsweise auch in der Schule stärker heranzuziehen.

Allerdings erwiesen sich Modifikationen als unumgänglich, da der gegebene Raum - Österreich - in seiner Gesamtheit erfaßt werden sollte. Es war nicht wünschenswert, Grundtatsachen über Österreich in einen kategorial - sachlich orientierten Unterricht einzubinden, noch, Österreich als einen Staat im Gefüge der europäischen Staaten zu betrachten, sondern es als Lebensraum mit vielfältigen internen und externen Verflechtungen zu verstehen. Davon abgesehen mußten Erweiterungen bezüglich physiogeographischer und wirtschaftskundlicher Lehrinhalte vorgenommen werden. Aus didaktischen Gründen wurde auf eine isolierte umfassende Betrachtung des Naturraumes verzichtet, wie sie bisher in österreichischen Lehrbüchern vorherrschend war. [6] Vielmehr wurde versucht,

---

1) SCHULTZE, A.: Allgemeine Geographie statt Länderkunde. Zugleich eine Fortsetzung der Diskussion um den exemplarischen Erdkundeunterricht. In: Geographische Rundschau 22, 1970, Heft 1, S. 1 - 10.

2) GROTELÜSCHEN, W.: Die Stufen des Heimatkunde- und Erdkundeunterrichts in der Volksschule. In: Die Deutsche Schule, 1965, S. 366 - 370.

3) PARTZSCH, D.: Zum Begriff der Funktionsgesellschaft. In: Mitteilungen des Deutschen Verbandes für Wohnungswesen, Städtebau und Raumplanung 4, Köln 1964, S. 3 - 10.

4) RUPPERT, K. und F. SCHAFFER: Zur Konzeption der Sozialgeographie. In: Geographische Rundschau 21, 1969, Heft 6, S. 205 - 214.

5) BOBEK, H.: Stellung und Bedeutung der Sozialgeographie. In: Erdkunde, 1948, S. 118 - 125.

6) siehe dazu den Aufsatz von H.J.WEIS in diesem Buch: "Ein kritischer Vergleich österreichischer und bundesdeutscher Geographielehrbücher".

physiogeographische Sachverhalte den verschiedenen Lernzielen unterzuordnen und einen Konnex zwischen dem Faktor 'Mensch' und den Größen 'Raum' und 'Umwelt' herzustellen, wie dies im Rahmen der fachbestimmten Hauptlernziele 'Bevölkerung', 'Siedlung', 'Wirtschaft' etc. verwirklicht wurde.

Bei der Realisierung dieses Projekts gingen die Autoren von der Voraussetzung aus, daß der derzeit für die 7. Klasse der AHS gültige Lehrplan in keiner Weise verbindlich war. Es war die Absicht, dem Schüler an Stelle bloßen Faktenwissens den E r w e r b   v o n   a l l = g e m e i n e n   G r u n d e i n s i c h t e n und deren T r a n s f e r zu ermöglichen. Somit scheidet die bisher in österreichischen Lehrbüchern ("SEYDLITZ") verwirklichte Konzeption aus, die in keiner Weise geeignet ist, die gestellten Anforderungen zu erfüllen.

So fiel die Entscheidung zugunsten eines l e r n z i e l o r i e n t i e r t e n   A u f = b a u s mit formaler H i e r a r c h i = s i e r u n g,[7] wie er bereits in deutschen Lehrbüchern (z.B. "WELT UND UMWELT") realisiert wurde. Das Projekt besteht aus *8 fachbestimmten Hauptlernzielen*, die ungefähr den einzelnen Grunddaseinsfunktionen entsprechen, und denen jeweils eine verschieden große Anzahl von *Unterrichtseinheiten* mit einem *Groblernziel* an der Spitze zugeordnet ist. Dieses gliedert sich in mehrere *Teillernziele*, wobei vorwiegend kognitive und in einzelnen Fällen instrumentale Lernziele zur Anwendung kamen. Eine weitere Unterteilung der Teillernziele in operationalisierte Fein- und Feinstlernziele wurde nicht vorgenommen, soll jedoch in einer erweiterten, materialisierten Form, die sich bereits in Ausarbeitung befindet, realisiert werden.[8] Stets wurde versucht, eine logische Abfolge der einzelnen Unterrichtseinheiten sowie ihrer Teillernziele zu erreichen. Ebenso waren die Autoren bestrebt, den Schüler mit Problemen, die nicht nur gegenwärtig, sondern auch in der nahen Zukunft aktuell sein werden, zu konfrontieren.[9]

Vereinzelte Fallbeispiele, wie der oberösterreichische Zentralraum, das Waldviertel, Wien etc. sollen dazu dienen, übertragbare Einsichten modellhaft an einer Region, die in gewissem Sinn hinsichtlich der darzustellenden Problematik als repräsentativ angesehen werden kann, zu gewinnen. Weiters soll die selbsttätige Schülerarbeit gefördert, das Wissen der Schüler vertieft und sie in die Betrachtungsweisen geographischer Teilgebiete eingeführt werden. Aus dem Gesagten ergibt sich von selbst, daß eine wie im bisherigen Lehrplan vorgesehene umfassende regionale Behandlung Österreichs nicht zielführend sein kann.

Ein gänzlicher Verzicht auf topographische Kenntnisse liegt nicht im Sinn der Autoren; sie werden daher im Zusammenhang mit den einzelnen Lernzielen im erforderlichen Ausmaß wiederholt und vertieft.

Es muß abschließend darauf hingewiesen werden, daß Stundenangaben zu den einzelnen Unterrichtseinheiten unterbleiben, da diese Arbeit ja in erster Linie als Diskussionsgrundlage verstanden werden soll.

2. Zu den fachbestimmten Hauptlernzielen

Im Anschluß an diese einleitenden Bemerkungen sollen zu den einzelnen fachbestimmten Hauptlernzielen kurze Erläuterungen folgen, die über ihre Intentionen und Inhalte überblicksartig informieren.

2.1. 1. fachbestimmtes Hauptlernziel – Historischer Rückblick

Wenngleich historischen Rückgriffen ihre Berechtigung oftmals abgesprochen wird, so erweisen sie sich nichtsdestoweniger als notwendig, um die gegenwärtige wirtschaftliche

---

7) dreistufige Hierarchisierung: Fachbestimmtes Hauptlernziel – Groblernziel – Teillernziel.

8) Diese "materialisierte" und erweiterte Bearbeitung wird im Rahmen von drei Diplomarbeiten an der Lehrkanzel Prof. Troger in Wien zur Zeit gerade durchgeführt, und zwar im Rahmen des Projektes: "Vorarbeiten zu einem geographischen Curriculum an der Oberstufe der AHS".

und politische Situation Österreichs verstehen und seine Stellung in Europa und Außereuropa richtig einschätzen zu können. Eine gewaltige Zäsur war der Zerfall der Österreichisch-Ungarischen Monarchie, die als regional arbeitsteiliger Wirtschaftsraum eine Art Vorwegnahme von Wunschvorstellungen eines wirtschaftlich und politisch geeinten Europa war. An Hand dieses Beispiels lassen sich leicht Parallelen zur gegenwärtigen Situation Europas (Streben nach wirtschaftlicher und politischer Einheit, erschwert durch nationale "Eigenbrötelei") herstellen. Wesentlich ist weiters, daß der Schüler den schwierigen Prozeß einer wirtschaftlichen Umstellung auf geänderte räumlich-politische Verhältnisse erkennt. Als Abschluß und Ausblick wird darauf hingewiesen, welche Rolle und Aufgaben in wirtschaftlicher und politischer Hinsicht den kleinen Staaten in der Gegenwart zufallen und welche Bedeutung der geographischen Lage zukommt. Ein Vergleich mit der Situation der Schweiz bzw. Finnlands und die Unterscheidung der Begriffe *"Neutralität"* und *"Neutralismus"* runden dieses fachbestimmte Hauptlernziel ab.

2.2. 2. fachbestimmtes Hauptlernziel - Bevölkerung

In der Gegenwart ist fundiertes Wissen über demographische Zusammenhänge unbedingt notwendig. Dabei stehen Methoden verschiedener Wissenschaften zur Verfügung, mit denen der Schüler vertraut gemacht werden soll.

Da als Basis für all diese Überlegungen statistische Daten - insbesondere die Ergebnisse der Volkszählungen - herangezogen werden, entschlossen sich die Autoren, jene ausführlicher als bisher zu behandeln. Großer Wert wurde auf die Kenntnis und Anwendung von demographischen Maßzahlen gelegt, um Vorgänge innerhalb des Bevölkerungskörpers transparenter zu machen. Auch soll das Verständnis der Bevölkerungsentwicklung in Österreich bzw. der sehr wichtige Vergleich Österreichs mit anderen Ländern hinsichtlich des demographischen Verhaltens ermöglicht werden.

---

9) z.B.: "Bedeutung des künftigen Rhein-Main-Donau-Kanals".

2.3. 3. fachbestimmtes Hauptlernziel - Siedlung

Die Grunddaseinsfunktion "Wohnen" nimmt bei diesem Projekt breiten Raum ein. Es wurde versucht, eine Differenzierung zwischen ländlichem und städtischem Raum zu erarbeiten und die sich daraus ergebende Problematik dem Schüler näherzubringen. Ausgehend von den Grundformen der ländlichen Siedlung und dem Funktionswandel des "Dorfes" behandelten die Autoren spezifische Probleme, wie z.B. das Bergbauernproblem oder die Anpassung traditioneller Bauernhausformen an die Erfordernisse der modernen Landwirtschaft. Die Entwicklungstendenzen im ländlichen Raum stehen am Schluß dieses Kapitels.

Stellvertretend für den gesamten städtischen Lebensraum steht das Fallbeispiel Wien. Dabei wurde vor allem Wert darauf gelegt, die Schüler mit den Methoden stadtgeographischer Arbeit etwas vertraut zu machen, was bei einer rein großräumigen Betrachtungsweise meist unterlassen wird.

Eine weitere Aufgabe dieses fachbestimmten Hauptlernzieles stellt die Erarbeitung von Verdichtungsräumen in Österreich dar, - eine Vorbereitung auf das Kapitel "Wirtschaft" bezüglich der Behandlung von Aktiv- und Passivräumen.

2.4. 4. fachbestimmtes Hauptlernziel - Wirtschaft

Wie auch im Rahmen der anderen Unterrichtseinheiten werden auch hier neue Wege beschritten, um die komplexe Thematik aufzubereiten. Der Schüler soll nicht dazu verhalten werden, sich lediglich über die Verbreitung der einzelnen wirtschaftlichen Aktivitäten sowie über deren Dynamik an Hand einiger Absolut- oder Verhältniszahlen ungenügende Informationen anzueignen. Vielmehr soll er unter Zuhilfenahme von statistischem und Kartenmaterial zur Abgrenzung von verschiedenen Regionalstrukturen gelangen und die für ihre Entstehung verantwortlichen Ursachen zurückverfolgen können. Somit kann der Schüler auch befähigt werden, gewisse Parallelen zu anderen europäischen Staaten zu ziehen, die sich ebenfalls, meist in noch stärkerem Ausmaß, mit dem Problem des Gegensatzes zwischen entwickelten und noch zu entwickelnden Regionen konfrontiert sehen (z.B. Italien).

Der Hauptakzent dieses fachbestimmten Hauptlernziels liegt auf den beiden Fallbeispielen - einem 'Aktiv'- und einem 'Passiv'-Raum, wofür sich der oberösterreichische Zentralraum einerseits und das niederösterreichische Waldviertel andererseits auf Grund der ihnen innewohnenden Charakteristika sehr gut eignen. Besonders am Beispiel des Waldviertels kann eindrucksvoll demonstriert werden, in welch starkem Maße die an der Entstehung dieses Rückstandsraumes beteiligten Kräfte zueinander in Beziehung stehen. Abschließend wird ein Überblick über die Aufgaben und die Effizienz der Regionalpolitik gegeben.

2.5. 5. fachbestimmtes Hauptlernziel - Verkehr

Das Ziel dieses fachbestimmten Hauptlernzieles ist, dem Schüler die Bedeutung, die einem gut funktionierenden Verkehrssystem in einer Volkswirtschaft zukommt, richtig einschätzen zu helfen. Die Akzente der einzelnen Unterrichtseinheiten sollen keineswegs auf technischen Details verschiedener Verkehrsträger liegen; vielmehr soll erkannt werden, welcher Stellenwert dem Verkehrswesen in der österreichischen Wirtschaft und in den Beziehungen der einzelnen Teile des Bundesgebietes untereinander, sowie zu den Nachbarstaaten - unter Hinweis auf relevante physiogeographische Sachverhalte - zukommt.

Einleitend wird der Schüler mit der Rolle der Verkehrspolitik bekannt gemacht. Dies ist insofern von großer Bedeutung, als er durch die Massenmedien sehr oft mit ihren Problemen konfrontiert wird und mit Verkehrspolitik, wie das Wort bereits ausdrückt, durchaus reale Politik betrieben wird.

Jedoch nicht nur für den Transport von Gütern und Personen ist ein gut funktionierendes Verkehrssystem notwendig, sondern vor allem für die Aufrechterhaltung und Intensivierung der verschiedenartigen funktionalen Beziehungen zwischen und innerhalb der einzelnen Regionen.

2.6. 6. fachbestimmtes Hauptlernziel - Fremdenverkehr

Bei der Gestaltung dieses fachbestimmten Hauptlernzieles wurde versucht, den Fremdenverkehr nicht als isoliertes Phänomen zu betrachten, sondern in den Rahmen der Erholungsfunktion zu stellen. Deshalb wurde zunächst dieser Erholungsfunktion in ihrer Differenzierung eine eigene Unterrichtseinheit gewidmet. In der Folge nimmt der Fremdenverkehr die zentrale Stelle ein, die ihm auf Grund seiner wirtschaftlichen Bedeutung zukommt.

Als Abschluß dieses fachbestimmten Hauptlernzieles wurde ein Rollenspiel gewählt, in dem die Schüler ihr bisher erworbenes Wissen praktisch zur Anwendung brungen können. Zugleich sollen sie erkennen, daß Konflikte verschiedener gesellschaftlicher Gruppen meist interessensbezogen sind und nur schwer eine objektive Argumentation erlauben.

2.7. 7. fachbestimmtes Hauptlernziel - Politische Einflußnahme

Dieses Kapitel soll als Beitrag zur politischen Bildung verstanden werden, da die Autoren eine Beschränkung dieser Aufgabe auf die 8. Klasse der AHS ablehnen und für eine Teilnahme der Geographie an diesem Unterrichtsansatz eintreten. Es wurde daher versucht, bei allen acht fachbestimmten Hauptlernzielen dieser Verpflichtung nachzukommen. Trotzdem schien es notwendig, in konzentrierter Form die Konfrontation menschlicher Gruppen und ihre politische Einflußnahme zu behandeln, da die vielfältigen Probleme Österreichs ohne Kenntnis dieser Vorgänge nicht verstanden werden können.

Die Tatsache, daß Wissen über Interessengruppen bis zur 7. Klasse der AHS nur in beschränktem Ausmaß erworben wird, zwang die Autoren, einführende Unterrichtseinheiten über Entstehung

Die Behandlung Österreichs im Unterricht

und Aufbau dieser Gruppen in das Projekt aufzunehmen.

Selbstverständlich beschäftigt sich das Hauptlernziel mit Fragestellungen, die für den Geographieunterricht - wenn auch in wesentlich erweiterter Form als bisher - relevant sind. Es gibt genügend Problemkreise, an Hand derer das Wirken der Interessengruppen - vor allem im Raum - erarbeitet und somit der Konfliktcharakter der menschlichen Gesellschaft erkannt werden kann.

Von besonderer Wichtigkeit erscheint den Autoren die Durchführung der 4. Unterrichtseinheit, bei der versucht wird, die Schüler selbsttätig arbeiten zu lassen und sie zu einer eigenen Beurteilung und zu einem eigenständigen Handeln zu erziehen.

2.8. *8. fachbestimmtes Hauptlernziel - Notwendigkeit enger wirtschaftlicher Verflechtungen*

Dieses fachbestimmte Hauptlernziel wurde, wie schon anfangs erwähnt, als Erweiterung ohne direkte Bezugnahme zu den Grunddaseinsfunktionen in das Projekt aufgenommen. Eine fehlende Erörterung der engen wirtschaftlichen Verflechtungen mit Europa und Außereuropa würde Strukturänderungen innerhalb der österreichischen Wirtschaft unverständlich machen. Ferner ist es auch für die Zukunft wichtig, von der fachisolierten Betrachtungsweise abzugehen und schon in der Schule stärker als bisher die Beziehungen zum Ausland, insbesondere auf dem wirtschaftlichen Sektor, zu besprechen.

3. *Starke Betonung von Wissensinhalten aus dem Bereich der Wirtschaftskunde und der Politischen Bildung*

Im gesamten Projekt ist die wirtschaftliche Seite stark betont. Wirtschaftsgeographische Lernziele und Inhalte sind sehr stark vertreten; es wurde aber versucht, sie - ebenso wie die rein wirtschaftskundlichen Inhalte - in den Gesamtrahmen einer aktualistisch - geographischen Betrachtungsweise zu integrieren. Es soll aber unbestritten sein, daß der Hauptgesichtspunkt, unter dem hier Österreich betrachtet wird, ein wirtschaftsgeographischer bzw. ökonomischer ist. Damit versuchen die Autoren in erster Linie der Tatsache Rechnung zu tragen, daß das Unterrichtsfach in Österreich seit 1962 *"Geographie und Wirtschaftskunde"* heißt und nach Möglichkeiten gesucht werden muß, diese beiden Inhalte zu verbinden.

Die Autoren sind sich bewußt, daß dieser Entwurf nicht kritiklos akzeptiert werden wird. Das Projekt soll aber jedenfalls ein *Denkanstoß* und angemessener *Diskussionsbeitrag* zur Modernisierung der Lehrstoffverteilung in der 7. Klasse der AHS sein.

Die zu jeder Unterrichtseinheit angegebenen Arbeitsmittel und Literaturhinweise, vor allem die Arbeitsblätter, sowie die Angaben zur Unterrichtsmethode sind aus Platzmangel hier nicht abgedruckt. Die folgende Fassung beschränkt sich auf die reinen Lernzielangaben.

II. ÜBERSICHT

FACHBESTIMMTE HAUPT- UND GROBLERNZIELE IM RAHMEN DES UNTERRICHTSPROJEKTS "DIE BEHANDLUNG ÖSTERREICHS IM UNTERRICHT" (7. KLASSE, AHS)

FACHBESTIMMTE HAUPTLERNZIELE	ZUGEORDNETE GROBLERNZIELE
I. Erkennen, daß historische Veränderungen die politische und wirtschaftliche Entwicklung Österreichs im 20. Jahrhundert entscheidend mitgeprägt haben.	(1) Erkennen, daß sich die mehrmalige Änderung der Lagebeziehungen im europäischen Raum auf die politischen und wirtschaftlichen Beziehungen Österreichs zum Ausland ebenso wie auf die räumliche Entwicklung und die Raumverflechtungen im Inneren entscheidend ausgewirkt hat.
	(2) Fähigkeit, zu erklären, warum der österreichische Staatsvertrag und die Proklamation der Neutralität eine eigenständige Entwicklung Österreichs ermöglichten und erkennen, daß daraus die Verpflichtung zu einer gesamtstaatlichen Raumordnungspolitik erwächst.
II. Fähigkeit, den Einfluß politischer und wirtschaftlicher Verhältnisse auf die demographische Struktur Österreichs zu beurteilen.	(3) Fähigkeit, die Bedeutung der Volkszählung und ihrer Ergebnisse für Probleme des öffentlichen Lebens bzw. der Raumplanung und Raumordnung sowie den grundlegenden Wandel in der Aufgabenstellung und in der Anwendung neuer Aufarbeitungs- und Erhebungsmethoden zu erkennen.
	(4) Fähigkeit, die Entwicklung der österreichischen Bevölkerung in den letzten hundert Jahren nach den wichtigsten demographischen Komponenten - der natürlichen Bevölkerungsbewegung und der Wanderbewegung - darzustellen.
	(5) Erkennen, daß die Geschlechtsgliederung, der Altersaufbau, die Familienstandsgliederung und die Teilnahme (Nichtteilnahme) am Erwerbsleben mit den beiden wichtigsten - in den vorangehenden Unterrichtseinheiten behandelten - demographischen Komponenten in enger Wechselbeziehung stehen.
III. Fähigkeit, die Struktur des ländlichen und städtischen Siedlungsraumes in Österreich und seine aktuellen Probleme darzustellen und zu beurteilen.	(6) Kenntnis der Verbreitung von ländlicher und städtischer Siedlung in Österreich und Fähigkeit, eine Differenzierung und Abgrenzung nach verschiedenen Kriterien vornehmen zu können.
	(7) Fähigkeit, das Wesen einer ländlichen Siedlung zu erfassen und die sich aus dem Wandel der wirtschaftlichen und sozialen Struktur sowie der Funktion des Dorfes ergebenden Probleme zu erkennen.
	(8) Fähigkeit, die vielfältigen Faktoren zu erkennen, die in Vergangenheit und Gegenwart einen Wandel der Wirtschafts- und Sozialstruktur bewirkt haben und die räumliche Ausprägung dieser Veränderungen im Stadtbild Wiens zu beschreiben (Fallbeispiel Wien I).
	(9) Fähigkeit, die Gliederung einer Stadt in verschiedene Teilräume, die sich durch bestimmte physiognomische und funktionale Merkmale voneinander unterscheiden, zu erkennen und die Anpassung ihrer sozialen, wirtschaftlichen und baulichen Strukturen an die geänderten Verhältnisse als ein schwieriges Problem für die Stadtplanung zu beurteilen (Fallbeispiel Wien II).

FACHBESTIMMTE HAUPTLERNZIELE	ZUGEORDNETE GROBLERNZIELE
	(10) Erkennen, daß Siedlungen nicht isoliert im Raum liegen, sondern in mannigfacher Beziehung zueinander und zum Umland stehen und daß sich aus ihren Funktionen und aus der Art ihres Zusammenhanges eine Hierarchie von "Zentralen Orten" ableiten läßt, die ihrerseits wieder in Hauptregionen einen hohen Grad an Konzentration erlangen.
IV. Fähigkeit, eine Differenzierung Österreichs in Aktiv- und Passivräume vorzunehmen und die Beeinflussung ihrer Struktur durch die Regionalpolitik zu erklären.	(11) Fähigkeit, die Ausbildung eines gesellschaftlichen und wirtschaftlichen Rückstandsraumes als Ergebnis des Zusammenwirkens verschiedenartiger, untereinander korrelierender Kräfte, die auch teilweise aus der historischen Entwicklung resultieren können, zu erkennen (Fallbeispiel: Waldviertel).
	(12) Kenntnis der Grundlagen der wirtschaftlichen Dynamik eines Ballungsraumes, der damit verbundenen Probleme sowie der für ihre Lösung erforderlichen Maßnahmen und Fähigkeit, verschiedene, für die zukünftige Entwicklung eines Verdichtungsraumes erstellte Struktur- und Entwicklungsmodelle auf ihre Konsequenzen hin kritisch zu überprüfen (Fallbeispiel: Oberösterreichischer Zentralraum).
	(13) Kenntnis von Kennziffern, mit deren Hilfe eine räumliche Differenzierung des Bundesgebietes in wirtschaftlich begünstigte und wirtschaftlich benachteiligte Regionen vorgenommen werden kann und Fähigkeit, diese sinnvoll zu handhaben.
	(14) Kenntnis der ökonomischen und außerökonomischen Zielsetzungen der erst seit kurzer Zeit als wirtschaftspolitische Disziplin angesehenen Regionalpolitik und Fähigkeit, regionalpolitische Ansätze in Österreich auf ihre Wirksamkeit hin zu überprüfen.
V. Erkennen, daß dem Verkehr große wirtschaftliche und politische Bedeutung zukommt und daß verschiedene Maßnahmen technischer und organisatorischer Art von seiten des Staates ergriffen werden, um sein Funktionieren zu gewährleisten.	(15) Fähigkeit, zu erkennen, daß Kooperation und Verkehrsteilung die Basis einer volkswirtschaftlich orientierten Verkehrspolitik, die vornehmlich Ordnungspolitik zu sein hat, sind.
	(16) Erkennen, daß der internationalen Erfordernissen angepaßte Ausbau der Donau zur Großwasserstraße und ihr Anschluß an das europäische Wasserstraßennetz eine wichtige Voraussetzung für die Entschärfung der derzeit verkehrsgeographisch ungünstigen Situation Österreichs gegenüber den Nachbarstaaten und damit für die Verbesserung der Konkurrenzfähigkeit der heimischen Industrie sind.
	(17) Fähigkeit, den Einfluß der Form, der Größe und der natürlichen Gegebenheiten Österreichs auf die verschiedenartigen funktionalen Beziehungen, die in den Verkehrsverbindungen besonders deutlich hervortreten, zwischen und in den Verdichtungsgebieten zu erklären und sich der Bedeutung eines leistungsfähigen regionalen und überregionalen Verkehrssystems für eine staatspolitisch organische Gesamtentwicklung bewußt zu sein.

FACHBESTIMMTE HAUPTLERNZIELE	ZUGEORDNETE GROBLERNZIELE
VI. Fähigkeit, sich der weitreichenden Bedeutung, die der Erholungsfunktion in der heutigen Industriegesellschaft zukommt, bewußt zu werden, spezielle Räume mit zweckentsprechender Ausstattung als Voraussetzung zu erkennen und die Auswirkungen des menschlichen Freizeitbedürfnisses auf die Umwelt kritisch zu beurteilen.	(18) *Fähigkeit, die zunehmende Bedeutung der Erholungsfunktion und die bereits weit fortgeschrittene Differenzierung ihrer Aktivitäten und Einrichtungen zu erkennen.* (19) *Fähigkeit, potentielle Eignungsräume für den Fremdenverkehr auszugliedern und ihre tatsächliche Funktion und Nutzung als Fremdenverkehrsgebiete aus dem Zusammenwirken von naturräumlichen, ökonomischen, gesellschaftlichen und Distanzfaktoren zu erklären.* (20) *Fähigkeit, eine ökonomische und strukturelle Typisierung und Differenzierung des Fremdenverkehrs zu erarbeiten.* (21) *Erkennen, daß der Fremdenverkehr einer der wichtigsten Wirtschaftszweige Österreichs ist und daß seine Entwicklung auch maßgeblich von der internationalen Konjunktur abhängig ist.* (22) *Kenntnis von Grundeinsichten über die Einflüsse des Fremdenverkehrs auf die Bevölkerung und die Wirtschaft eines Raumes und Fähigkeit, diese zu beurteilen.* (23) *Kenntnis der aktuellen Stellung Österreichs als Fremdenverkehrsland und Fähigkeit, gegenwärtige Trends im Fremdenverkehr festzustellen.* (24) *Fähigkeit, im Rahmen eines Rollenspiels zu beweisen, daß die wichtigsten Probleme des Fremdenverkehrs verstanden wurden und Fähigkeit, die Standpunkte verschiedener, an der Fremdenverkehrsproblematik beteiligter Interessengruppen kritisch einzuschätzen und zu beurteilen.*
VII. Gewinnen der Einsicht, daß die Konfrontation organisierter menschlicher Gruppen der Durchsetzung gruppenspezifischer Interessen unter gleichzeitiger politischer Einflußnahme, vornehmlich im wirtschaftlichen und gesellschaftlichen Bereich, dient.	(25) *Fähigkeit, zu erkennen, daß in der modernen pluralistischen Industriegesellschaft – bedingt durch die Arbeitsteilung – vielfältige Interessengruppen entstehen, die miteinander um ihre, ihnen angemessen erscheinenden Anteile am Bruttonationalprodukt und um Machtpositionen konkurrieren.* (26) *Kenntnis der Aufgaben der Wirtschaftsverbände in Österreich und der Auswirkungen, die sich aus ihrer Tätigkeit für unsere Wirtschaftsordnung und Demokratie ergeben.* (27) *Erkennen, daß die politischen Parteien die Koordinationsaufgabe der vielfältigen Wünsche von Interessengruppen übernehmen und daß diese Bemühungen zum Beispiel in den Parteiprogrammen ihren Ausdruck finden.* (28) *Erkennen, daß sich die Interessengruppen zur Durchsetzung ihrer Wünsche vielfältiger, oft nicht leicht durchschaubarer Mittel bedienen und daß es daher die Aufgabe jedes Staatsbürgers ist, die Informationen und Kommentare der Massenmedien kritisch zu beurteilen.*
VIII. Fähigkeit, die Notwendigkeit enger politischer und wirtschaftlicher Verflechtungen zwischen einem Kleinstaat wie Österreich und einem Wirtschaftsgroßraum wie den EG zu erkennen.	(29) *Gewinnen der Einsicht, daß Österreich auf der Basis der internationalen Arbeitsteilung in die weltwirtschaftliche Kooperation miteinbezogen ist.* (30) *Fähigkeit, an Hand der Zahlungsbilanz den Grad der internationalen Verflechtung der heimischen Wirtschaft mit dem Ausland sowie deren Strukturwandel zu beurteilen.*

FACHBESTIMMTE HAUPTLERNZIELE	ZUGEORDNETE GROBLERNZIELE
	(31) *Kenntnis der Struktur des österreichischen Warenangebots, der wichtigsten Export- und Import-Partnerstaaten und der Gründe, warum ein Abkommen mit den Europäischen Gemeinschaften notwendig war.* (32) *Kenntnis der Assoziierung Österreichs mit den EG und Fähigkeit, die Folgen, die sich daraus für die österreichische Wirtschaft ergeben, erklären zu können.* (33) *Erkennen, daß sich Österreich infolge der weltwirtschaftlichen Verflechtung nicht nur in einer Marktgemeinschaft (wenn auch nur durch Assoziierung), sondern auch in einer Preis- und Zahlungsgemeinschaft befindet.*

III. UNTERRICHTSEINHEITEN, GROB- UND TEILLERNZIELE

I. FACHBESTIMMTES HAUPTLERNZIEL:

Erkennen, daß historische Veränderungen die politische und wirtschaftliche Entwicklung Österreichs im 20. Jahrhundert entscheidend mitgeprägt haben.

1. U n t e r r i c h t s e i n h e i t :

A) GROBLERNZIEL:

Erkennen, daß sich die mehrmalige Änderung der Lagebeziehungen im europäischen Raum auf die politischen und wirtschaftlichen Beziehungen Österreichs zum Ausland ebenso wie auf die räumliche Entwicklung und die Raumverflechtungen im Inneren entscheidend ausgewirkt hat.

B) TEILLERNZIELE:

1.1. Fähigkeit, die ehemalige Österreichisch-Ungarische Monarchie als großen, regional arbeitsteiligen Wirtschaftsraum, dessen Hauptstadt ihre Lagegunst als Zentrum des Donauraumes voll realisieren konnte, zu erkennen.

1.2. Fähigkeit, die politischen und wirtschaftlichen Folgen, die sich aus der Abschnürung von traditionellen Absatzmärkten für den Kleinstaat Österreich ergaben, zu nennen.

1.3. Fähigkeit, zu den wirtschaftlichen Sanierungsmaßnahmen der Zwischenkriegszeit hinsichtlich ihrer Auswirkungen auf den Staatshaushalt Stellung zu nehmen.

1.4. Fähigkeit, die Entwicklung des österreichischen Bruttonationalprodukts in der 1. Republik zu analysieren und mit Vorkriegswerten zu vergleichen.

1.5. Erkennen, daß die von der nationalsozialistischen Regierung in der Zeit von 1938 bis 1945 auf österreichischem Territorium aufgebauten und vom österreichischen Staat nach Kriegsende verstaatlichten industriellen Großbetriebe der österreichischen Industriestruktur gegenüber der Zwischenkriegszeit einen moderneren und auf einen wirtschaftlichen Großraum ausgerichteten Zuschnitt gegeben haben.

1.6. Fähigkeit, die Prosperität der Wirtschaft zu Beginn der 50-er Jahre als wesentlichen Unterschied zur Entwicklung der 1. Republik zu erkennen.

1.7. Erkennen, daß die kriegs- und nachkriegs=

bedingten Bevölkerungsverschiebungen sowie die Beschränkung der Marshall-Plan-Hilfe auf die westalliierten Zonen und die Sperre der Ostgrenzen den westlichen und südlichen Bundesländern einen erheblichen wirtschaftlichen Vorsprung gegenüber den östlichen verschafften.

2. Unterrichtseinheit:

A) GROBLERNZIEL:

Fähigkeit, zu erklären, warum der österreichische Staatsvertrag und die Proklamation der Neutralität eine eigenständige Entwicklung Österreichs ermöglichten und erkennen, daß daraus die Verpflichtung zu einer gesamtstaatlichen Raumordnungspolitik erwächst.

B) TEILLERNZIELE:

2.1. Fähigkeit, die Neutralität Österreichs als wesentliche Voraussetzung dafür, daß Wien seine Mittlerstellung und seine zentralörtlichen (und internationalen) Funktionen wieder ausbauen kann, zu erkennen.

2.2. Fähigkeit, die Konsequenzen, die sich aus der randlichen Lage Österreichs zu den großen Wirtschaftsblöcken in West und Ost ergeben, zu beurteilen.

2.3. Fähigkeit, zu erkennen, inwieweit die zunehmende europäische Integration auf die österreichische Wirtschaft Auswirkungen hat.

II. FACHBESTIMMTES HAUPTLERNZIEL:

Fähigkeit, den Einfluß politischer und wirtschaftlicher Verhältnisse auf die demographische Struktur Österreichs zu beurteilen.

3. Unterrichtseinheit:

A) GROBLERNZIEL:

Fähigkeit, die Bedeutung der Volkszählung und ihrer Ergebnisse für Probleme des öffentlichen Lebens bzw. der Raumplanung und Raumordnung sowie den grundlegenden Wandel in der Aufgabenstellung und in der Anwendung neuer Aufarbeitungs- und Erhebungsmethoden zu erkennen.

B) TEILLERNZIELE:

3.1. Fähigkeit, diejenigen Bereiche des wirtschaftlichen und öffentlichen Lebens, die Volkszählungsergebnisse als Entscheidungsgrundlage benötigen, zu nennen,

3.2. Erkennen, daß die steigenden Ansprüche und neuen Erkenntnisse der Verwaltung, Wirtschaft und Wissenschaft seit der 2. Hälfte des 19. Jahrhunderts eine grundlegende Umorientierung hinsichtlich der Erhebungsmerkmale und der Auswertungsintensität der einzelnen Zählungen erforderten.

3.3. Fähigkeit, an Hand einiger Erhebungsmerkmale zu überprüfen, inwieweit die Ergebnisse der österreichischen Volkszählung vom Jahr 1971 mit denen anderer europäischer Zählungen vergleichbar sind.

4. Unterrichtseinheit:

A) GROBLERNZIEL:

Fähigkeit, die Entwicklung der österreichischen Bevölkerung in den letzten hundert Jahren nach den wichtigsten demographischen Komponenten - der natürlichen Bevölkerungsbewegung und der Wanderbewegung - darzustellen.

B) TEILLERNZIELE:

4.1. Kenntnis der Auswirkungen von wirtschaft=
lichen und historisch-politischen Ereig=
nissen sowie des medizinischen Fortschritts
auf die Entwicklung der Geburtenbilanz im
Zeitraum von der Mitte des 19. Jahrhun=
derts bis 1971 und Fähigkeit, letztere
mit je einem Beispiel aus dem west- und
osteuropäischen Raum vergleichen zu kön=
nen.

4.2. Fähigkeit, charakteristische Abschnitte
in der Entwicklung der natürlichen Bevöl=
kerungsbewegung in Österreich festzustel=
len und diese mit wirtschaftlichen oder
politischen Perioden in Verbindung zu
bringen.

4.3. Kenntnis der in Bevölkerungsstatistiken
gebräuchlichsten und zum Verständnis der
Bevölkerungsdynamik notwendigen Maßzahlen
und Fähigkeit, ihren Aussagewert zu beur=
teilen.

4.4. Fähigkeit, die Entwicklung der Reproduk=
tionsziffer in Österreich graphisch dar=
zustellen und zu erkennen, daß der seit
Mitte der 60-er Jahre nicht nur in Öster=
reich zu beobachtende Geburtenrückgang
auf soziologische, ökonomische und gei=
stige Ursachen zurückzuführen ist.

4.5. Fähigkeit, an Hand des demographischen
Vergleichsdiagramms (nach WITTHAUER)
Österreichs Stellung im Vergleich zu an=
deren Staaten zu analysieren.

4.6. Fähigkeit, den Zuzug von ausländischen
Arbeitskräften nach Österreich als einen
die Geburtenverhältnisse wesentlich be=
einflussenden Faktor zu erkennen.

4.7. Fähigkeit, die Bedeutung der Binnenwan=
derung für die regional differenzierte
Bevölkerungsentwicklung innerhalb Öster=
reichs darzustellen und ihre verschiede=
nen Erscheinungsformen anzugeben.

4.8. Fähigkeit, die Entwicklung der Wanderungs=
bilanz im Zeitraum von 1951 bis 1971 nach
Gemeindegrößenklassen beurteilen zu kön=
nen.

4.9. Erkennen, daß Veränderungen in der Struk=
tur der räumlichen Verteilung der Wohnbe=
völkerung einen starken Einfluß auf die
regionale Gliederung des Wählerpotentials
der politischen Parteien ausüben und
nicht unwesentliche Umschichtungen in
der Zusammensetzung der legislativen
Körperschaften des Bundes die Folge sein
können.

5. U n t e r r i c h t s e i n h e i t :

A) GROBLERNZIEL:

Erkennen, daß die Geschlechtsgliederung, der
Altersaufbau, die Familienstandsgliederung
und die Teilnahme (Nichtteilnahme) am Erwerbs=
leben mit den beiden wichtigsten - in den
vorangehenden Unterrichtseinheiten behandel=
ten - demographischen Komponenten in enger
Wechselbeziehung stehen.

B) TEILLERNZIELE:

5.1. Fähigkeit, den Altersaufbau der österrei=
chischen Bevölkerung, differenziert nach
Geschlecht und Familienstand, an Hand
dreier graphischer Darstellungen aus den
Jahren 1900, 1961 und 1971 vergleichend
zu interpretieren und die Auswirkungen
eines volksbiologisch ungünstigen Alters=
aufbaus auf die Wirtschafts-, Sozial-
und Arbeitsmarktpolitik beurteilen zu
können.

5.2. Fähigkeit, die "rohe Reproduktionsziffer",
die mittlere Lebenserwartung bei der Ge=
burt und den Prozentanteil der Alters=
gruppen 'unter 15 Jahre' und '60 Jahre
und älter' als korrelierende Sachverhalte
zu erkennen und sie auf die Entwicklung
der österreichischen Altersstruktur an=
wenden zu können.

5.3. Fähigkeit, die Erwerbsstruktur der Bevöl=
kerung zu analysieren und die Ursachen
der gegenläufigen Entwicklung des Anteils
der Berufstätigen einerseits und des An=
teils der Rentner und Pensionisten ande=
rerseits zu erkennen.

5.4. Kenntnis von Grundtatsachen über den Wan=
del des generativen Verhaltens in den
letzten hundert Jahren in Österreich.

III. FACHBESTIMMTES HAUPTLERNZIEL:

Fähigkeit, die Struktur des ländlichen und städtischen Siedlungsraumes in Österreich und seine aktuellen Probleme darzustellen und zu beurteilen.

6. Unterrichtseinheit:

A) GROBLERNZIEL:

Kenntnis der Verbreitung von ländlicher und städtischer Siedlung in Österreich und Fähigkeit, eine Differenzierung und Abgrenzung nach verschiedenen Kriterien vornehmen zu können.

B) TEILLERNZIELE:

6.1. Fähigkeit, die Verbreitung ländlicher und städtischer Siedlung in Österreich in Abhängigkeit von historischen, natur- und kulturräumlichen Gegebenheiten darzustellen.

6.2. Fähigkeit, eine Differenzierung von ländlicher und städtischer Siedlung nach demographischen Merkmalen vorzunehmen.

6.3. Fähigkeit, weitere Unterschiede zwischen städtischer und ländlicher Siedlung mit Hilfe ökonomischer Daten herauszuarbeiten.

6.4. Kenntnis der Abgrenzungskriterien zwischen Stadt und Umland an Hand von verschiedenen Modellen.

7. Unterrichtseinheit:

A) GROBLERNZIEL:

Fähigkeit, das Wesen einer ländlichen Siedlung zu erfassen und die sich aus dem Wandel der wirtschaftlichen und sozialen Struktur sowie der Funktion des Dorfes ergebenden Probleme zu erkennen.

B) TEILLERNZIELE:

7.1. Fähigkeit, die wichtigsten Ausprägungen der drei Grundelemente der ländlichen Siedlung (Siedlungsform, Gehöftform, Flurform) zu charakterisieren und ihre Verbreitung in Abhängigkeit vom Naturraum zu beschreiben.

7.2. Fähigkeit, aus der Deckung der drei Elemente ländlicher Siedlung in bestimmten Gebieten Österreichs Rückschlüsse auf die historische Besiedlung zu ziehen.

7.3. Kenntnis der wichtigsten Siedlungsprobleme, die sich in Anpassung an die Erfordernisse einer modernen Landwirtschaft aus der historischen Entwicklung ergeben.

7.4. Fähigkeit, die Land- und Höhenflucht als jenen Prozeß zu erkennen, der das Wirtschafts- und Sozialgefüge des ländlichen Lebensraumes nachhaltig beeinflußt sowie die Auswirkungen, besonders hinsichtlich der Erhaltung der Kulturlandschaft, diskutieren zu können.

7.5. Fähigkeit, Probleme der ländlichen Siedlung im Zusammenhang mit aktuellen Entwicklungstendenzen des ländlichen Raumes aufzuzeigen.

8. Unterrichtseinheit:

A) GROBLERNZIEL:

Fähigkeit, die vielfältigen Faktoren zu erkennen, die in Vergangenheit und Gegenwart einen Wandel der Wirtschafts- und Sozialstruktur bewirkt haben und die räumliche Ausprägung dieser Veränderungen im Stadtbild Wiens zu beschreiben (Fallbeispiel: Wien I).

B) TEILLERNZIELE:

8.1. Fähigkeit, aus der heterogenen Zusammensetzung der Grundriß- und Aufrißelemente das Merkmal einer gewachsenen Stadt zu erkennen und mit Hilfe dieser beiden Faktoren die Entwicklung der räumlichen Gliederung Wiens zu verfolgen.

8.2. Kenntnis der Zusammenhänge zwischen der

natürlichen Bevölkerungsbewegung, der Wanderbewegung und ihrer sozialen Differenzierung, der Haushalts-, Wohnungs- und Sozialstruktur sowie der Wirtschaftsordnung seit der Mitte des 19. Jahrhunderts bis zum Ende des 2. Weltkriegs.

8.3. Fähigkeit, die gegenwärtige Wirtschafts- und Sozialstruktur Wien im Überblick zu beschreiben und die Gastarbeiter als Herausforderer derselben zu verstehen.

9.4. Fähigkeit, die Außenzone der Stadt zu beschreiben und die neuen Wohnhausanlagen im Hinblick auf ihre infrastrukturelle Versorgung und soziale Problematik zu untersuchen.

9.5. Fähigkeit, das Umland als Bestandteil der Stadt im geographischen Sinne zu verstehen und die Verflechtungskriterien zu nennen.

9. Unterrichtseinheit:

A) GROBLERNZIEL:

Fähigkeit, die Gliederung einer Stadt in verschiedene Teilräume, die sich durch bestimmte physiognomische und funktionale Merkmale voneinander unterscheiden, zu erkennen und die Anpassung ihrer sozialen, wirtschaftlichen und baulichen Strukturen an die geänderten Verhältnisse als ein schwieriges Problem für die Stadtplanung zu beurteilen (F a l l b e i s p i e l: W i e n   I I).

B) TEILLERNZIELE:

9.1. Kenntnis der wichtigsten Modelle des städtischen Gefüges und Fähigkeit, sie mit Wien zu vergleichen.

9.2. Fähigkeit, den Bedeutungswandel und die wichtigsten Entwicklungstendenzen in der Wiener City aufzuzeigen sowie die Notwendigkeit einer Lösung des innerstädtischen Verkehrsproblems als eine der Voraussetzungen für die Erhaltung der Funktionsfähigkeit dieses Teilraumes zu diskutieren.

9.3. Fähigkeit, die Struktur der citynahen Wohn- und Gewerbeviertel zu charakterisieren und das in wirtschaftlicher, planerischer und gesellschaftspolitischer Hinsicht komplexe Problem der Stadterneuerung kritisch zu beurteilen.

10. Unterrichtseinheit:

A) GROBLERNZIEL:

Erkennen, daß Siedlungen nicht isoliert im Raum liegen, sondern in mannigfacher Beziehung zueinander und zum Umland stehen und daß sich aus ihren Funktionen und aus der Art ihres Zusammenhanges eine Hierarchie von "Zentralen Orten" ableiten läßt, die ihrerseits wieder in Hauptregionen einen hohen Grad an Konzentration erlangen.

B) TEILLERNZIELE:

10.1. Fähigkeit, den Begriff der Zentralität und das Wesen eines zentralen Ortes nach der Theorie von W. CHRISTALLER zu erklären.

10.2. Kenntnis der Grundzüge des zentralörtlichen Gefüges Österreichs.

10.3. Kenntnis der Grundstrukturen der Verdichtungsräume, ihrer Verbreitung in Österreich und der sich daraus ergebenden funktionalen Beziehungen sowie Fähigkeit, einige, die Verdichtungsräume betreffende Probleme, zu beurteilen.

10.4. Fähigkeit, die Bedeutung des zentralörtlichen Schemas für die Regionalplanung zu beurteilen.

IV. FACHBESTIMMTES HAUPTLERNZIEL:

Fähigkeit, eine Differenzierung Österreichs in Aktiv- und Passivräume vorzunehmen und die Be=
einflussung ihrer Struktur durch die Regionalpolitik zu erklären.

1 1. Unterrichtseinheit:

A) GROBLERNZIEL:

Fähigkeit, die Ausbildung eines gesellschaft=
lichen und wirtschaftlichen Rückstandsraumes
als Ergebnis des Zusammenwirkens verschieden=
artiger, untereinander korrelierender Kräfte,
die auch teilweise aus der historischen Ent=
wicklung resultieren können, zu erkennen
(F a l l b e i s p i e l : W a l d v i e r =
t e l).

B) TEILLERNZIELE:

11.1. Fähigkeit, Beziehungen zwischen der heu=
tigen wirtschaftlich ungünstigen Situa=
tion des Waldviertels und dem politischen
Geschehen seit dem Ende des 1. Weltkriegs
einerseits sowie der abseitigen Lage zu
den Wirtschaftszentren Wien und Linz an=
dererseits herzustellen.

11.2. Kenntnis der Ursachen, die die unbefrie=
digende Einkommenslage vieler bäuerli=
cher Betriebe bedingen und einer Stei=
gerung ihrer Arbeitsproduktivität ent=
gegenstehen.

11.3. Fähigkeit, die Notwendigkeit industriell-
gewerblicher Arbeitsplätze für Zu- und
Nebenerwerb der bäuerlichen Bevölkerung
bzw. für Vollerwerb, um die Landflucht
zu verhindern, zu erkennen und den ge=
genwärtigen Industrialisierungsgrad so=
wie die Situation auf dem Gewerbesektor
im Waldviertel zu beschreiben.

11.4. Erkennen, daß die geringe Produktivität
der Land- und Forstwirtschaft und der
Mangel an nichtlandwirtschaftlichen Er=
werbsmöglichkeiten auslösende Kräfte
für einschneidende Veränderungen in der
demographischen Struktur des Waldvier=
tels sind.

11.5. Fähigkeit, die enge Korrelation zwischen
der mangelhaften Infrastruktur und der
qualitativen und quantitativen Unteraus=
stattung zentraler Orte sowie Vorgängen
im demographischen Bereich zu erkennen
und etwaige Auswirkungen auf andere wirt=
schaftliche Aktivitäten im Waldviertel
zu diskutieren.

11.6. Fähigkeit, zu diskutieren, ob im Wald=
viertel der Fremdenverkehr als Alterna=
tive oder Ergänzung zu einer Industria=
lisierung in Betracht kommen kann.

11.7. Fähigkeit, die im Rahmen dieser Unter=
richtseinheit erarbeiteten Grundeinsich=
ten an Hand des Arbeitsblattes 21 ("Die
Problematik eines Passivraumes, darge=
stellt am Beispiel des Waldviertels" -
in diesem Aufsatz nicht abgedruckt!) zu
wiederholen und Fähigkeit, die logischen
Zusammenhänge zwischen den einzelnen
Faktoren, die die Entwicklung des Passiv=
raumes "Waldviertel" bewirkten, inter=
pretierend darzustellen.

1 2. Unterrichtseinheit:

A) GROBLERNZIEL:

Kenntnis der Grundlagen der wirtschaftlichen
Dynamik eines Ballungsraumes, der damit ver=
bundenen Probleme sowie der für ihre Lösung
erforderlichen Maßnahmen und Fähigkeit, ver=
schiedene, für die zukünftige Entwicklung eines
Verdichtungsraumes erstellte Struktur- und Ent=
wicklungsmodelle auf ihre Konsequenzen hin kri=
tisch zu überprüfen (F a l l b e i s p i e l :
O b e r ö s t e r r e i c h i s c h e r
Z e n t r a l r a u m).

B) TEILLERNZIELE:

12.1. Kenntnis von Strukturmerkmalen einer Agglo=
meration und Fähigkeit, die Bedeutung ei=
nes solchen Ballungsgebietes als Standort
für den sekundären und tertiären Sektor
zu diskutieren.

12.2. Fähigkeit, den Prozeß der Industriali=
sierung im oberösterreichischen Zentral=
raum in seinen grundlegenden Phasen
nachzuvollziehen und die wichtigsten ge=
genwärtigen Probleme der Linzer Großin=
dustrie zu diskutieren.

12.3. Erkennen, daß das starke, nur zum Teil
gelenkte Wirtschafts- und Bevölkerungs=
wachstum im Zentralraum vielfältige
Raumordnungsprobleme mit sich bringt,
die man mit Hilfe eines zukünftigen
Raumordnungsplanes zu bewältigen ver=
sucht.

12.4. Kenntnis zweier, in ihren Zielsetzungen
getrennte Wege gehender Alternativen zur
zukünftigen räumlichen Ordnung des ober=
österreichischen Zentralraumes sowie ih=
rer Vor- und Nachteile.

13. Unterrichtseinheit:

A) GROBLERNZIEL:

Kenntnis von Kennziffern, mit deren Hilfe eine
räumliche Differenzierung des Bundesgebietes
in wirtschaftlich begünstigte und wirtschaft=
lich benachteiligte Regionen vorgenommen wer=
den kann und Fähigkeit, diese sinnvoll zu hand=
haben.

B) TEILLERNZIELE:

13.1. Fähigkeit, jene demographischen Kennzif=
fern zu nennen, die in engem Zusammen=
hang mit der unterschiedlichen Wirtschafts=
entwicklung innerhalb Österreichs stehen.

13.2. Kenntnis von Kennziffern, die die Struk=
tur der Land- und Forstwirtschaft sowie
der Industrie eines Raumes deutlich ma=
chen.

13.3. Fähigkeit, die aus der unterschiedlichen
Struktur der Land- und Fortswirtschaft
sowie der Industrie resultierenden Ein=
kommensdifferenzen mittels spezifischer
Kennziffern zu erfassen.

14. Unterrichtseinheit:

A) GROBLERNZIEL:

Kenntnis der ökonomischen und außerökonomischen
Zielsetzungen der erst seit kurzer Zeit als
wirtschaftspolitische Disziplin angesehenen Re=
gionalpolitik und Fähigkeit, regionalpolitische
Ansätze in Österreich auf ihre Wirksamkeit hin
zu überprüfen.

B) TEILLERNZIELE:

14.1. Fähigkeit, die Zielsetzungen der Regio=
nalpolitik zu erläutern und Kenntnis je=
ner Instrumente, die ihr zur Lösung der
Strukturprobleme in Österreich zur Ver=
fügung stehen.

14.2. Fähigkeit, die Agrarpolitik als einen
wichtigen Bestandteil der Regionalpolitik
zu erkennen und ihre Bedeutung für die
im Umbruch befindliche Landwirtschaft
zu diskutieren.

14.3. Fähigkeit, die Bedeutung der Industrie
für die gesamte Volkswirtschaft zu dis=
kutieren und die sich daraus ergebende
Notwendigkeit einer sinnvollen Industrie=
politik zu erkennen.

V. FACHBESTIMMTES HAUPTLERNZIEL:

Erkennen, daß dem Verkehr große wirtschaftliche und politische Bedeutung zukommt und daß ver=
schiedene Maßnahmen technischer und organisatorischer Art von seiten des Staates ergriffen wer=
den, um sein Funktionieren zu gewährleisten.

15. Unterrichtseinheit:

A) GROBLERNZIEL:

Fähigkeit, zu erkennen, daß Kooperation und Verkehrsteilung die Basis einer volkswirtschaftlich orientierten Verkehrspolitik, die vornehmlich Ordnungspolitik zu sein hat, sind.

B) TEILLERNZIELE:

15.1. Fähigkeit, die Notwendigkeit einer volkswirtschaftlich sinnvollen Aufgabenteilung zwischen den einzelnen Verkehrsträgern und die Vorzüge des kombinierten Verkehrs zu erkennen und zu begründen.

15.2. Kenntnis der verschiedenen in Österreich gebräuchlichen Systeme des kombinierten Verkehrs und ihrer jeweils den wirtschaftlichen Anforderungen angepaßten Anwendungsbereiche.

15.3. Erkennen, daß das derzeitige Gütertarifsystem der Österreichischen Bundesbahnen und deren einseitige finanzielle Belastungen einen geordneten Wettbewerb mit der Straße verhindern.

15.4. Fähigkeit, die Bedeutung Österreichs als Transitland zu erkennen und die daraus resultierende erforderliche Abstimmung mit der internationalen Verkehrspolitik, vornehmlich der der EG, begründen zu können.

16. Unterrichtseinheit:

A) GROBLERNZIEL:

Erkennen, daß der internationalen Erfordernissen angepaßte Ausbau der Donau zur Großwasserstraße und ihr Anschluß an das europäische Wasserstraßennetz eine wichtige Voraussetzung für die Entschärfung der derzeit verkehrsgeographisch ungünstigen Situaion Österreichs gegenüber den Nachbarstaaten und damit für die Verbesserung der Konkurrenzfähigkeit der heimischen Industrie sind.

B) TEILLERNZIELE:

16.1. Kenntnis der notwendigen Voraussetzungen für die wirtschaftliche Gestaltung der Binnenschiffahrt und ihrer Aufgaben in einer leistungsstarken Volkswirtschaft.

16.2. Fähigkeit, die Lage Österreichs im derzeit existierenden europäischen Wasserstraßennetz zu beurteilen und die gegenwärtig geplanten Kanalprojekte auf ihre verkehrspolitische Bedeutung für Österreich hin zu überprüfen.

16.3. Fähigkeit, auf einer "blinden Karte" des europäischen Flußsystems die großen Industriereviere (vor allem in Westeuropa) und die bekanntesten schiffbaren Flüsse und Kanalsysteme einzutragen und dazu die verkehrsmäßige Stellung der Donau und der österreichischen Industriezentren zu beurteilen.

16.4. Fähigkeit, nach einer kurzen historischen Einführung die Auswirkungen des künftigen Europakanals Rhein - Main - Donau auf die Verbesserung der Wettbewerbsfähigkeit großer Teile der heimischen Industrie und deren standortmäßige Gliederung, sowie auf die Beschäftigtenstruktur zu beurteilen und Fähigkeit, Branchen zu nennen, die durch die Fertigstellung des Kanals besonders profitieren würden.

16.5. Fähigkeit, nach einer durchgeführten vergleichenden Kalkulation der Transportkosten des österreichischen Stahlkonzerns VÖEST-ALPINE, Werk Linz im Bahn- oder Schiffsverkehr (Transportkosten einer Tonne brasilianischen Eisenerzes vom Zeitpunkt des Abbaus bis zu Verhüttung) über die Vorteile des Rhein-Main-Donau-Kanals für die österreichische Stahlindustrie zu diskutieren.

16.6. Fähigkeit, die abzusehenden Folgen des Donauausbaues hinsichtlich des Naturhaushaltes zu diskutieren und sich der Notwendigkeit einer ordnenden Raumordnungspolitik bewußt zu werden.

16.7. Versuchen, eine Flächennutzungs- oder Raumordnungsskizze für den Zeitpunkt der Fertigstellung des Europakanals anzulegen, in der ausgegliedert werden soll, welche

Zonen entlang der Donau für die zu er=
wartenden Industrieansiedlungen günstig
wären, welche als Erholungsgebiete er=
halten werden müßten, wo eine Verflech=
tung von Wohn- und Industrieanlagen nö=
tig wäre u.ä.

16.8. Erkennen, daß die Realisierung des Euro=
pakanals von großer wirtschaftlicher und
wirtschaftspolitischer Bedeutung für den
europäischen Raum ist.

17. Unterrichtseinheit:

A) GROBLERNZIEL:

Fähigkeit, den Einfluß der Form, der Größe und
der natürlichen Gegebenheiten Österreichs auf
die verschiedenartigen funktionalen Beziehun=
gen, die in den Verkehrsverbindungen besonders
deutlich hervortreten, zwischen und in den Ver=
dichtungsgebieten zu erklären und sich der Be=
deutung eines leistungsfähigen regionalen und
überregionalen Verkehrssystems für eine staats=
politisch organische Gesamtentwicklung bewußt
zu sein.

B) TEILLERNZIELE:

17.1. Kenntnis von ökonomischen und semiökono=
mischen Faktoren, die das Entstehen und
das Wachstum von Verdichtungsgebieten
verursachen und ermöglichen und Fähigkeit,
die verschiedenartigen funktionalen Be=
ziehungen in bezug auf den Verkehr zu er=
fassen und systematisch zu gliedern.

17.2. Erkennen, daß die Verkehrsverbindungen
und funktionalen Beziehungen zwischen
den österreichischen Zentralräumen in be=
sonderem Maß durch den Alpenhauptkamm be=
stimmt werden und dieser teilweise die
Ausbildung enger Verflechtungen zu den
näher gelegenen Verdichtungsgebieten in
den Nachbarstaaten zur Folge hat.

17.3. Fähigkeit, auf Grund des vorliegenden
Kartenmaterials auf einer Transparentfo=
lie jene noch auszubauenden Verkehrsver=
bindungen einzutragen, die die funktiona=
len Beziehungen zwischen den österreichi=
schen Zentralräumen festigen sollen.

17.4. Fähigkeit, zu diskutieren, welche Maßnah=
men getroffen werden müssen, um eine -
räumlich verstandene - zentrifugale Ge=
samtentwicklung des Staatsgebietes zu
mildern bzw. zu verhindern.

VI. FACHBESTIMMTES HAUPTLERNZIEL:

Fähigkeit, sich der weitreichenden Bedeutung, die der Erholungsfunktion in der heutigen Indu=
striegesellschaft zukommt, bewußt zu werden, spezielle Räume mit zweckentsprechender Ausstattung
als Voraussetzung zu erkennen und die Auswirkungen des menschlichen Freizeitbedürfnisses auf
die Umwelt kritisch zu beurteilen.

18. Unterrichtseinheit:

A) GROBLERNZIEL:

Fähigkeit, die zunehmende Bedeutung der Erho=
lungsfunktion und die bereits weit fortge=
schrittene Differenzierung ihrer Aktivitäten
und Einrichtungen zu erkennen.

B) TEILLERNZIELE:

18.1. Fähigkeit, die Aktivitäten der Erholungs=
funktion anhand ihrer Einrichtungen zu
nennen, ihre fundamentale Bedeutung und
die Notwendigkeit ihrer Einbeziehung in
die Raumplanung zu erkennen.

18.2. Erkennen, daß die Erholungsfunktion auch
eine wichtige Erwerbsquelle mit starker
Raumrelevanz darstellt und als solche
eine bedeutende Stellung innerhalb der
Grunddaseinsfunktionen einnimmt.

18.3. Erkennen, daß innerhalb der Erholungs=
funktion der Fremdenverkehr eine sehr

wichtige Stelle einnimmt und Fähigkeit, die Komponenten zu untersuchen, die daran Anteil haben.

19. Unterrichtseinheit:

A) GROBLERNZIEL:

Fähigkeit, potentielle Eignungsräume für den Fremdenverkehr auszugliedern und ihre tatsächliche Funktion und Nutzung als Fremdenverkehrsgebiete aus dem Zusammenwirken von naturräumlichen, ökonomischen, gesellschaftlichen und Distanzfaktoren zu erklären.

B) TEILLERNZIELE:

19.1. Fähigkeit, Eignungsräume für den Erholungs-Fremdenverkehr von ihren naturräumlichen Voraussetzungen her auszusondern und zu charakterisieren.

19.2. Fähigkeit, über das Verhältnis von Landwirtschaft und Fremdenverkehr auf Grund sachlicher Fakten zu diskutieren.

19.3. Erkennen, daß auch die zentralen Orte auf Grund ihrer wirtschaftlichen und administrativen Funktion und ihrer Stellung als kulturelle Zentren im weitesten Sinn Träger des Fremdenverkehrs sind.

19.4. Fähigkeit, auf Grund sachlicher Unterlagen zu diskutieren, inwieweit ein Nebeneinanderbestehen von Fremdenverkehr und Industrie möglich ist.

19.5. Fähigkeit, Österreich auf Grund der bisher gewonnenen Erkenntnisse in Fremdenverkehrsregionen zu unterteilen und diese auf der Karte zu zeigen, sowie sie zu charakterisieren.

19.6. Fähigkeit, mittels geeigneter Maßzahlen statistische Raumeinheiten abzugrenzen, für die der Fremdenverkehr von unterschiedlicher wirtschaftlicher Bedeutung ist.

20. Unterrichtseinheit:

A) GROBLERNZIEL:

Fähigkeit, eine ökonomische und strukturelle Differenzierung und Typisierung des Fremdenverkehrs zu erarbeiten.

B) TEILLERNZIELE:

20.1. Fähigkeit, an Hand von Beispielen die verschiedenen Arten des Fremdenverkehrs zu erkennen und ihre typischen Merkmale aufzuzeigen.

20.2. Fähigkeit, im Anschluß daran die funktionelle Ausstattung mit Fremdenverkehrseinrichtungen zu erarbeiten.

20.3. Fähigkeit, an Hand von Bildmaterial und statistischen Unterlagen einzelne Gemeinden den vorgestellten Strukturtypen zuzuordnen.

21. Unterrichtseinheit:

A) GROBLERNZIEL:

Erkennen, daß der Fremdenverkehr einer der wichtigsten Wirtschaftszweige Österreichs ist und daß seine Entwicklung auch maßgeblich von der internationalen Konjunktur abhängig ist.

B) TEILLERNZIELE:

21.1. Erkennen, daß die Einnahmen aus dem Fremdenverkehr bisher immer einen Ausgleich für die passive Handelsbilanz dargestellt haben.

21.2. Erkennen, daß der Fremdenverkehr in den Fremdenverkehrsgemeinden einen erheblichen Anteil am Steueraufkommen hat.

21.3. Fähigkeit, über den Einfluß, den das internationale Währungssystem mit seinen Schwankungen auf den Fremdenverkehr ausübt, sprechen zu können.

21.4. Kenntnis der konjunkturpolitischen Maßnahmen bezüglich des Fremdenverkehrs und Fähigkeit, sie kritisch zu diskutieren.

Die Behandlung Österreichs im Unterricht

21.5. Erkennen, daß die Einnahmen aus dem Fremdenverkehr auch anderen Wirtschaftszweigen zugute kommen und so die Gesamtwirtschaft Österreichs beleben.

2 2. U n t e r r i c h t s e i n h e i t :

A) GROBLERNZIEL:

Kenntnis von Grundeinsichten über die Einflüsse des Fremdenverkehrs auf die Bevölkerung und die Wirtschaft eines Raumes und Fähigkeit, diese zu beurteilen.

B) TEILLERNZIELE:

22.1. Kenntnis von Einflüssen des Fremdenverkehrs auf die Produktion von Gütern.

22.2. Fähigkeit, diejenigen Dienstleistungen, die bei Aufkommen des Fremdenverkehrs in einer Region besonders rasch expandieren, zu nennen.

22.3. Kenntnis der Auswirkungen der saisonalen Struktur des Fremdenverkehrs auf die Kapazitätsauslastung von Beherbergungs- und Gastbetrieben, auf die Rentabilität der Fremdenverkehrs-Infrastruktur, auf die Entwicklung der Umsätze und andere, Bevölkerung und Wirtschaft betreffende Faktoren und Fähigkeit, das Problem der "toten Saison" bzw. das Streben nach einer "zweiten Saison" zu beurteilen.

22.4. Fähigkeit, wichtige Zusammenhänge zwischen Fremdenverkehr und Verkehr aufzuzeigen.

2 3. U n t e r r i c h t s e i n h e i t :

A) GROBLERNZIEL:

Kenntnis der aktuellen Stellung Österreichs als Fremdenverkehrsland und Fähigkeit, gegenwärtige Trends im Fremdenverkehr festzustellen.

B) TEILLERNZIELE:

23.1. Fähigkeit, die historische Entwicklung des Fremdenverkehrs in Österreich, insbesondere des Ausländer-Fremdenverkehrs, kurz zu erläutern.

23.2. Fähigkeit, über Diskrepanzen in der derzeitigen Angebots- und Nachfragestruktur zu diskutieren.

23.3. Fähigkeit, das prozentuelle Verhältnis von In- und Ausländer-Fremdenverkehr in Österreich mit dem anderer europäischer Länder zu vergleichen.

23.4. Fähigkeit, das Problem der Umwandlung von Natur- und Kulturlandschaft durch den Fremdenverkehr an Hand einiger ausgewählter Fallbeispiele zu erläutern und kritisch zu beurteilen.

2 4. U n t e r r i c h t s e i n h e i t :

A) GROBLERNZIEL:

Fähigkeit, im Rahmen eines R o l l e n s p i e l s zu beweisen, daß die wichtigsten Probleme des Fremdenverkehrs verstanden wurden und Fähigkeit, die Standpunkte verschiedener, an der Fremdenverkehrsproblematik beteiligter Interessengruppen kritisch einzuschätzen und zu beurteilen.

T H E M A:

Es werden hier zwei Varianten vorgeschlagen, die beide ein hohes Maß an Motivation bieten.

V a r i a n t e 1:

Der Gemeinderat einer kleinen Gemeinde in den Alpen hat beschlossen, eine großangelegte Wintersportstation zu errichten, um dadurch Wintersportler anzuziehen und die finanzielle und wirtschaftliche Situation der Gemeinde zu verbessern. Auf Grund eines Protestes findet nun eine öffentliche Versammlung statt, in deren Verlauf alle Interessengruppen zu Wort kommen und ihre Standpunkte darlegen.

Daran nehmen teil: Der Bürgermeister, der Gemeinderat, Vertreter des Gastgewerbes, Geschäftsleute, Gemeindebewohner, ein Vertreter des Naturschutzes, Vertreter von verschiedenen Dienstleistungsbetrieben, Landwirte, ein Hotelier einer großen Hotelkette, ein Architekt, ein Grundstücksmakler etc.

Variante 2:

Der Fremdenverkehrsverband einer an einem Badesee gelegenen Sommerfremdenverkehrsgemeinde muß einen überraschenden Rückgang der Übernachtungszahlen feststellen. Es besteht in der Gemeinde die einhellige Meinung, die noch durch ein wissenschaftliches Gutachten erhärtet wird, daß die zunehmende Gewässerverschmutzung und die um sich greifende Verbauung des Seeufers daran Schuld haben.

Der Gemeinderat sieht sich durch eine Bürgerinitiative veranlaßt, mehrere Alternativen für eine Volksbefragung zu erarbeiten.

Aufgabe: Erarbeitung der Alternativen unter Berücksichtigung der Wünsche von verschiedenen Interessengruppen in der Gemeinde und Erstellung einer, den einzelnen Alternativen entsprechenden, umfassenden Informationsschrift für Einheimische und Fremde.

METHODE:

Die Schüler erhalten vor der Diskussion Arbeitsblätter mit Informationen über die Interessen und möglichen Auffassungen der beteiligten Gruppen und Personen. Sie erweitern diese auf Grund der vorangegangenen Lernziele und eigener Erfahrung.

VII. FACHBESTIMMTES HAUPTLERNZIEL:

Gewinnen der Einsicht, daß die Konfrontation organisierter menschlicher Gruppen der Durchsetzung gruppenspezifischer Interessen unter gleichzeitiger politischer Einflußnahme, vornehmlich im wirtschaftlichen und gesellschaftlichen Bereich, dient.

2 5 . U n t e r r i c h t s e i n h e i t :

A) GROBLERNZIEL:

Fähigkeit, zu erkennen, daß in der modernen pluralistischen Industriegesellschaft - bedingt durch die Arbeitsteilung - vielfältige Interessengruppen entstehen, die miteinander um ihre, ihnen angemessen erscheinenden Anteile am Bruttonationalprodukt und um Machtpositionen konkurrieren.

B) TEILLERNZIELE:

25.1. Fähigkeit, die wichtigsten Gründe für die Entstehung von Interessengruppen aufzuzählen.

25.2. Erkennen, daß diese Gruppen eine ähnliche Binnenstruktur aufweisen und Fähigkeit, diese zu beschreiben.

25.3. Kenntnis der bedeutendsten Kammern und Verbände in Österreich und Fähigkeit, anzugeben, welche Interessen sie vertreten.

2 6 . U n t e r r i c h t s e i n h e i t :

A) GROBLERNZIEL:

Kenntnis der Aufgaben der Wirtschaftsverbände in Österreich und der Auswirkungen, die sich aus ihrer Tätigkeit für unsere Wirtschaftsordnung und Demokratie ergeben.

B) TEILLERNZIELE:

26.1. Fähigkeit, die rechtlich zugesicherten oder durch das Gewohnheitsrecht zugestandenen Befugnisse der Kammern und Verbände aufzuzählen.

26.2. Fähigkeit, das österreichische Modell der Sozialpartnerschaft, die "Paritätische Kommission, zu beschreiben.

26.3. Fähigkeit, die Frage zu diskutieren, inwieweit Österreich als "Kammerstaat" und unsere Wirtschaftsordnung als "Verbandswirtschaft" bezeichnet werden können.

26.4. Fähigkeit, zu versuchen, die Vor- und Nachteile eines verstärkten Engagements der Interessengruppen in der Demokratie anzugeben und sachlich-kritisch zu analysieren.

27. Unterrichtseinheit:

A) GROBLERNZIEL:

Erkennen, daß die politischen Parteien die Koordinationsaufgabe der vielfältigen Wünsche von Interessengruppen übernehmen und daß diese Bemühungen zum Beispiel in den Parteiprogrammen ihren Ausdruck finden.

B) TEILLERNZIELE:

27.1. Fähigkeit, Gründe anzugeben, warum die Parteien die Wünsche der Interessengruppen aufeinander abstimmen müssen.

27.2. Fähigkeit, mögliche Gefahren einer reinen "Gefälligkeitsdemokratie" zu nennen.

27.3. Fähigkeit, die Wirtschafts- und Regionalentwicklungsprogramme der bedeutendsten Parteien Österreichs hinsichtlich ihrer Zielsetzungen kritisch zu analysieren.

27.4. Fähigkeit, aus den Forderungen der Parteien Rückschlüsse auf die zukünftige Wirtschaftspolitik unseres Staates zu ziehen. Diese sollen in Form einer Diskussion nach der Lektüre der Wirtschaftsprogramme der Parteien erarbeitet werden.

28. Unterrichtseinheit:

A) GROBLERNZIEL:

Erkennen, daß sich die Interessengruppen zur Durchsetzung ihrer Wünsche vielfältiger, oft nicht leicht durchschaubarer Mittel bedienen und daß es daher die Aufgabe jedes Staatsbürgers ist, die Informationen und Kommentare der Massenmedien kritisch zu beurteilen.

B) TEILLERNZIELE:

28.1. Fähigkeit, die Wünsche der einzelnen Interessengruppen zu einem bestimmten Thema aus diversen Unterlagen zu erfahren bzw. zu beschaffen und darüber zu berichten.

28.2. Fähigkeit, über den Einfluß dieser Gruppen auf die unabhängigen und nicht unabhängigen Massenmedien zu diskutieren.

28.3. An Beispielen erkennen, auf welche Weise die Interessengruppen versuchen, die Öffentlichkeit in ihrem Sinne zu beeinflussen und Fähigkeit, selbiges kritisch zu beurteilen.

METHODE:

Diese Unterrichtseinheit bedarf einer Vorbereitung, die sich über zwei Monate erstreckt. Die Schüler sollen selbst ein aktuelles Thema aus der Wirtschaft auswählen. Es wird ihnen die Aufgabe gestellt, in Gruppen die Informationen, die zu diesem Problemkreis in Rundfunk, Fernsehen, Interessengruppen-eigenen Publikationsorganen, Parteizeitungen, unabhängigen Zeitungen etc. erscheinen, eine Zeit lang zu sammeln. In zwei bis drei Unterrichtsstunden stellen dann die Schüler ihr Material vor und es wird versucht, in gemeinsamer Diskussion die Wünsche der einzelnen Interessengruppen zu analysieren und deren Mittel zur Beeinflussung der Öffentlichkeit aufzudecken.

VIII. FACHBESTIMMTES HAUPTLERNZIEL:

Fähigkeit, die Notwendigkeit enger politischer und wirtschaftlicher Verflechtungen zwischen einem Kleinstaat wie Österreich und einem Wirtschaftsgroßraum wie den "Europäischen Gemein= schaften" zu erkennen.

29. Unterrichtseinheit:

A) GROBLERNZIEL:

Gewinnen der Einsicht, daß Österreich auf der Basis der internationalen Arbeitsteilung in die weltwirtschaftliche Kooperation miteinbe= zogen ist.

B) TEILLERNZIELE:

29.1. Fähigkeit, einige Voraussetzungen, die für den internationalen Handel notwen= dig sind, aufzuzählen.

29.2. Erkennen, daß Österreich infolge einer fast hundertjährigen protektionistisch- autarkistischen Tradition noch relativ wenig in die internationale Arbeitstei= lung eingegliedert ist.

29.3. Fähigkeit, über mögliche Zusammenhänge zwischen einer stärkeren Außenhandels= verflechtung und höherem Wohlstand zu diskutieren.

30. Unterrichtseinheit:

A) GROBLERNZIEL:

Fähigkeit, an Hand der Zahlungsbilanz den Grad der internationalen Verflechtung der hei= mischen Wirtschaft mit dem Ausland sowie deren Strukturwandel zu beurteilen.

B) TEILLERNZIELE:

30.1. Fähigkeit, die Struktur einer Zahlungs= bilanz zu analysieren.

30.2. Fähigkeit, die Entwicklung der österrei= chischen Teilbilanzen seit dem 2. Welt= krieg zu interpretieren.

30.3. Fähigkeit, die Auswirkungen einer akti= ven und einer passiven Leistungsbilanz zu erklären.

30.4. Fähigkeit, in unserer Leistungsbilanz den Gradmesser für die Wettbewerbsfähig= keit der österreichischen Wirtschaft zu erkennen.

30.5. Fähigkeit, über die Bedeutung des Gleich= gewichts der Zahlungsbilanz zwischen In- und Ausland zu diskutieren.

31. Unterrichtseinheit:

A) GROBLERNZIEL:

Kenntnis der Struktur des österreichischen Wa= renangebots, der wichtigsten Export- und Im= port-Partnerstaaten und der Gründe, warum ein Abkommen mit den Europäischen Gemeinschaften notwendig war.

B) TEILLERNZIELE:

31.1. Erkennen, daß seit dem 2. Weltkrieg ein Wandel in der Exportstruktur Österreichs und auf der ganzen Welt eingetreten ist und Fähigkeit, diesen Wandel, besonders für Österreich, etwas näher zu erläutern.

31.2. Erkennen, daß die österreichische Export= quote zwar relativ hoch ist, Österreich aber trotzdem ein Handelsbilanzdefizit, vor allem auf Grund der umfangreichen Rohstoffeinfuhren (Erdöl, Kohle etc.), aber auch auf Grund großer Fertigwaren= importe aufweist und Fähigkeit, zu erklä= ren, warum die Durchschnitts-Ertragswerte im Export geringer sind als bei anderen Staaten mit einem wesentlich teureren Warenangebot (zum Beispiel: Schweiz).

31.3. Fähigkeit, aus der Gegenüberstellung der Import- und Exportländer die wichtigsten Handelspartner Österreichs aufzuzählen.

31.4. Erkennen, daß durch das Stagnieren der österreichischen Exporte in den EG-Raum - der Hauptabnehmer und Hauptlieferant ist - Österreich ohne Abkommen mit dieser Gemeinschaft in eine gefährliche Außenseiterrolle gedrängt worden wäre (im wirtschaftlichen Bereich).

3 2. U n t e r r i c h t s e i n h e i t :

A) GROBLERNZIEL:

Kenntnis der Assoziierung Österreichs mit den EG und Fähigkeit, die Folgen, die sich daraus für die österreichische Wirtschaft ergeben, erklären zu können.

B) TEILLERNZIELE:

32.1. Fähigkeit, die wirtschaftliche Bedeutung der EFTA für Österreich abzuschätzen und die Gründe für den Austritt aus ihr anzugeben.

32.2. Fähigkeit, die Entwicklung des österreichischen Außenhandels mit der Europäischen Wirtschaftsgemeinschaft während der drei Integrationsphasen von 1958 bis 1968 zu interpretieren.

32.3. Fähigkeit, zu berichten, welche Schwierigkeiten sich durch die Neutralität Österreichs beim Abschluß eines Vertrages mit den EG ergaben und zu diskutieren, welche politischen und wirtschaftlichen Folgen der Beitritt zu einer Freihandelszone mit sich bringt.

32.4. Kenntnis der Ziele des Abkommens und Fähigkeit, das Problem der "sensiblen Produkte" und der Landwirtschaft zu erklären.

32.5. Fähigkeit, über die Auswirkungen der Assoziierung auf ausgewählte Branchen der österreichischen Wirtschaft bzw. auf die Gesamtwirtschaft zu diskutieren.

3 3. U n t e r r i c h t s e i n h e i t :

A) GROBLERNZIEL:

Erkennen, daß sich Österreich infolge der weltwirtschaftlichen Verflechtungen nicht nur in einer Marktgemeinschaft (wenn auch nur durch Assoziierung), sondern auch in einer Preis- und Zahlungsgemeinschaft befindet.

B) TEILLERNZIELE:

33.1. Erkennen, daß sich durch die Krise des Weltwährungssystems auch Auswirkungen auf die Stabilität unserer Wechselkurse ergeben.

33.2. Erkennen, daß der österreichische Staat zur Bereinigung des Zahlungsbilanzungleichgewichtes Wechselkurskorrekturen in Form von Aufwertungen vorgenommen hat, - durch die auch dem Übergreifen der internationalen Währungsspekulation auf Österreich ein Riegel vorgeschoben werden sollte.

33.3. Fähigkeit, die Vor- und Nachteile einer Schilling-Auf- oder Abwertung für die österreichische Wirtschaft zu nennen; Fähigkeit, insbesondere jene Branchen zu nennen, die durch eine Aufwertung in Nachteil geraten (Fremdenverkehr z.B.) und die Folgen einer Auf- bzw. Abwertung auf die österreichische Außenhandelsstruktur zu analysieren.

33.4. Fähigkeit, zu diskutieren, ob eine Währungsaufwertung ein geeignetes Mittel zur Bekämpfung inflationistischer Tendenzen darstellt.

4. Abschnitt:
Anhang

Inhalt:

Derzeit gültiger Lehrplan für das Unterrichtsfach "Geographie und
Wirtschaftskunde" in Österreich (AHS) 269

    1. Unterstufe (5. - 8. Schulstufe) *269*
    2. Oberstufe (9. - 12. Schulstufe) *272*

Beispiele zur Erneuerung der Schulgeographie in Österreich 275

    1. Das Fach "Geographie und Wirtschaftskunde" und seine Unterrichts=
       inhalte in den neuen österreichischen Schulversuchslehrplänen bzw.
       Lehrstoffverteilungen 275
       1.1. Schulversuch in der "Schule der 10 - 14-Jährigen" 275
           1.1.1. Lehrstoffverteilung für die 5. bis 8. Schulstufe ... 275
           1.1.2. Lernzielbeispiele zu Unterrichtseinheiten aus GW 5,
                GW 6 und GW 7 279
       1.2. Schulversuch in der Oberstufe der allgemeinbildenden höheren
           Schule (AHS) 282
           1.2.1. Pflichtfach "Geographie und Wirtschaftskunde": Lehr=
                planentwürfe für die 3 Modelle des Schulversuchs ... 282
           1.2.2. Unverbindlicher Vorschlag einer Lehrstoffverteilung
                für das Wahlpflichtfach "Geographie" 290
           1.2.3. Unverbindlicher Vorschlag einer Lehrstoffverteilung
                für das Wahlpflichtfach "Wirtschaftskunde" 292
    2. Grundkonzept für einen neuen Oberstufenlehrplan (AHS) 294

Nachtrag zum Anhang 297

Derzeit gültiger Lehrplan für das Unterrichtsfach „Geographie und Wirtschaftskunde" in Österreich (AHS)

1. Unterstufe (5. - 8. Schulstufe)[1]

BILDUNGS- UND LEHRAUFGABE:

Der Unterricht in Geographie und Wirtschaftskunde soll den Schülern die geographischen und wirtschaftskundlichen Kenntnisse und Fertigkeiten vermitteln, mit deren Hilfe der junge Mensch sich im späteren Leben in der natürlichen, gesellschaftlichen, kulturellen und wirtschaftlichen Umwelt zurechtfinden und an ihrer Gestaltung mitwirken kann.

Er soll dadurch auch befähigt werden, die eigene Heimat, fremde Länder, Völker und Staaten, ihre Kultur und ihr Wirtschaftsleben aus Lage und natürlicher Beschaffenheit des Landes und aus dem Wirken seiner Bewohner zu verstehen.

Heimatliebe und Achtung vor den Leistungen des eigenen Volkes und Vaterlandes müssen zur Grundlage der Achtung vor den Leistungen fremder Völker und ihrer Eigenart werden.

In diesem Sinne ist die L ä n d e r k u n d e[2] die Grundlage des Geographieunterrichtes. In V e r b i n d u n g   m i t   i h r sollen die Grundbegriffe der Wirtschaft, ihres Aufbaues, ihrer Vorgänge und ihrer Wechselbeziehungen erarbeitet werden.

Grundlegende Kenntnisse über Gestalt und Größe der Erde, die scheinbaren und wirklichen Bewegungen der Erde und der Himmelskörper, die Abhängigkeit des Klimas vom Sonnenstand und die Bedeutung des Klimas für die Pflanzen- und Tierwelt sowie für den Menschen sind zu vermitteln.

LEHRSTOFF:

1. K l a s s e (2. Wochenstunden):

Im Anschluß an die in der Volksschule erworbenen Kenntnisse Festigung des erd- und wirtschaftskundlichen Wortschatzes. Vom Schulort und seiner weiteren Umgebung ausgehend Behandlung der Grundzüge der Landschaften (Bodenzusammensetzung, Bodengestalt, Bodenbedeckung, Klima, Gewässer), der Verkehrs- und Siedlungsverhältnisse, der wirtschaftlichen Tätigkeit der Bewohner sowie ihrer Sitten und Gebräuche. Erarbeitung wirtschaftskundlicher Elemente, die aus der Erfahrungswelt der Schüler und aus der näheren Heimat veranschaulicht werden können.

Dazu Übungen im Lesen von Plänen und Heimatkarten größeren Maßstabs sowie im Messen auf der Karte.

Behandlung der natürlichen Einheiten des heimatlichen Bundeslandes (gegebenenfalls auch angrenzender Gebiete) nach den gleichen Gesichtspunkten wie bei Besprechung der engeren Heimat. Beobachtungen am heimatlichen Himmel, Beobachtungen und Erläuterungen von Witterungserscheinungen, Versuche im Zeichnen einfacher Kartenskizzen.

---

1) Quelle: 1. Sondernummer zum Verordnungsblatt für den Dienstbereich des Bundesministeriums für Unterricht, Jahrgang 1964, Stück 7a, Österreichische Staatsdruckerei, Wien 1964.
2) gesperrt geschriebene Worte und Satzteile - nicht im Original, das keinerlei Sperrungen aufweist, sondern von den Herausgebern durchgeführt.

Anhang: Derzeit gültiger AHS-Lehrplan - Unterstufe

Überblick über das Gebiet der Bundesrepublik Österreich und ihrer Bundesländer. Erweiterung der Kenntnis geographischer und wirtschafts= kundlicher Grundgebriffe, insbesondere hin= sichtlich solcher Landschafts- und Wirtschafts= formen, die in der engeren Heimat nicht vor= kommen.

Vergleich von Karte und Wirklichkeit, von Kar= te und Luftbild, von Karten verschiedenen Maß= stabes; Beschreibung von Bildern nach geogra= phischen Gesichtspunkten.

2. K l a s s e *(2. Wochenstunden):*

Länderkunde jener Gebiete Europas, die in ihrer geographischen und wirtschaftlichen Eigenart zum Verständnis des Erdteils notwendig sind (ohne UdSSR). Übersicht über die anderen Teile des Erdteils und ihre Einordnung in das Gefüge Europas.

Erarbeitung jener Grundbegriffe und Kenntnisse aus der allgemeinen Geographie und der Wirt= schaftskunde, die sich aus dem behandelten Stoff ergeben. Behandlung typischer Formen europäischer Agrar- und Industriewirtschaft. Anbahnung des Verständnisses für die kulturel= le und wirtschaftliche Einheit Europas.

Übungen im Kartenlesen, im Zeichnen von einfa= chen Skizzen und Profilen einschließlich der Entwicklung von Kulturprofilen. Sammeln und Auswerten von Berichten zur Geographie und Wirtschaftskunde aus Zeitungen, Zeitschriften, Film, Hörfunk, Fernsehen und Jugendbüchern un= ter ständiger Bezugnahme auf die österreichi= schen Verhältnisse.

Gestalt der Erde, Globus, Gradnetz, Orts- und Zonenzeit. Wiederholung: Sonnenbahnen am hei= matlichen Himmel, Bedeutung des Sonnenstandes für Klima, Pflanzenleben, Tierwelt und für den Menschen.

3. K l a s s e *(2 Wochenstunden):*

Länderkunde der geographisch und wirtschaftlich wichtigsten Gebiete Afrikas, Asiens einschließ= lich des europäischen Teiles der UdSSR, Amerikas, der Arktis und der Antarktis, Australiens und Ozeaniens, in einer für die Erarbeitung der Großlandschaften beispielhaften Auswahl. In= formative Behandlung der übrigen Gebiete, der Staaten und ihrer bedeutenden Städte.

In Zusammenhang mit der Länderkunde Erarbei= tung von Kenntnissen und Grundbegriffen der allgemeinen Geographie und der Wirtschaftskun= de, die sich aus dem länderkundlichen Stoff er= geben.

Übersichtliche Darstellung der scheinbaren Sonnenbahnen in verschiedenen geographischen Breiten, Abhängigkeit des Klimas. Klimazonen, Pflanzen- und Tierwelt der besprochenen Konti= nente. Die wichtigsten Luftströmungen. Entsteh= ung von Tag und Nacht. Entstehung der Jahres= zeiten.

Bedeutung der alten und der modernen Eingebo= renenwirtschaft, der Plantagenwirtschaft und der Bodenreform. Hinweis auf die Übervölkerung Süd- und Ostasiens.

Bei Behandlung der Entwicklungsländer Hinweis auf die wichtigsten fördernden und hemmenden Faktoren der wirtschaftlichen Entwicklung (et= wa natürliche Gegebenheiten, Haltung der Bevöl= kerung, Arbeitsleistung, Ausbildungsstand, Art und Größe der Investitionen, Notwendigkeit der verkehrsmäßigen Erschließung und der Energie= gewinnung).

Zusammenfassende Darstellung der wirtschaftli= chen Beziehungen amerikanischer, afrikanischer und asiatischer Länder zu Österreich in Vergan= genheit und Gegenwart. Hinweise auf die Ver= schiedenheit der Wirtschaftsordnungen.

Übungen im Kartenlesen und im Zeichnen einfa= cher Skizzen, Profile und Kulturprofile. Sam= meln und Auswerten von Berichten zur Geographie und Wirtschaftskunde aus Zeitungen, Zeitschrif= ten, Film, Hörfunk, Fernsehen und Jugendbüchern unter besonderer Berücksichtigung der Bezieh= ungen zu Österreich und Europa.

Übungen im Lesen einfacher Wetterkarten.

4. K l a s s e *(2 Wochenstunden):*

Eingehendere länderkundliche Darstellung Öster=

reichs unter Zusammenfassung, Anwendung und Ergänzung der bisher erworbenen Kenntnisse aus der allgemeinen Geographie und der Wirtschaftskunde.

Bei Behandlung des Baues und des Entstehens der Landschaften Österreichs ein kurzer Überblick über die Entstehung der Erde und in großen Zügen über die geologischen Zeitalter. Dabei zusammenfassende Wiederholung der Erscheinungen des Vulkanismus und der Erdbeben, einiger Tatsachen der Erdkrustenbewegungen, der wichtigsten Wirkungen des Wassers, des Eises und des Windes.

Der Mensch als Gestalter und Nutzer des geographischen Raumes und seiner Gegebenheiten in der Schaffung der Kulturlandschaft und in seinem wirtschaftlichen Tun. Bei der Darstellung Österreichs auch Eingehen auf die Wirtschaftsstruktur (Urproduktion; Verarbeitung in Industrie und Gewerbe; Dienstleistungen in Handel, Verkehr, Fremdenverkehr usw.), auf das Wachstum der Wirtschaft (Entwicklung spezifischer Betriebsformen in Groß- und Kleinbetrieben, Fragen der Produktion und Produktivität) sowie auf die Wechselbeziehungen von Staat und Wirtschaft (Budget, Steuer, Investitionsförderung, Währung, Kreditwesen, Sparen usw.). Vermittlung von Kenntnissen für die wirtschaftliche Praxis des Alltags.

Kurzer Überblick über die Erdteile und die Weltmeere als Grundlage der Weckung des Verständnisses für Österreichs politische und wirtschaftliche Stellung in Europa und in der Welt. Dabei Hinweise auf die Probleme der europäischen Wirtschaft, der Weltwirtschaft und der österreichischen Wettbewerbsfähigkeit auf dem europäischen Markt und auf dem Weltmarkt. Einführung der Schüler in das Verstehen von Statistiken und ihrer graphischen Darstellung sowie in den Gebrauch von Nachschlagewerken.

Einiges über die Erde als Weltkörper, ihre Stellung im Sonnensystem, über die Lichtgestalten des Mondes, über Sonnen- und Mondfinsternisse, den Fixsternhimmel und die Stellung des Sonnensystems und des Milchstraßensystems im Weltall.

Weitere Übungen im Zeichnen einfacher Skizzen. Fortführen des Sammelns und Auswertens von Berichten zur Geographie und Wirtschaftskunde aus Zeitungen, Zeitschriften, Hörfunk, Fernsehen, Film und Jugendbüchern.

DIDAKTISCHE GRUNDSÄTZE:

Von der unmittelbaren Anschauung in der engeren und weiteren Heimat ausgehend, soll die Kenntnis der wichtigsten topographischen, morphologischen und klimatologischen Begriffe zum gesicherten Wissensbesitz des Schülers werden. Erscheinungen, deren unmittelbare Anschauung die Heimat nicht bietet, sind durch weitgehende Verwendung von Bildmaterial und anderer audio-visueller Hilfsmittel zu verdeutlichen.

In der Wirtschaftskunde ist vom anschaulichen Erlebnis der Wirtschaftsformen der Heimat auszugehen und ein entsprechendes Verständnis für die Wirtschaftsstruktur, das Wachstum der Wirtschaft und ihre Stellung im Ganzen des Staates, die zwischenstaatlichen Wirtschaftsbeziehungen und das wirtschaftlich richtige Verhalten des einzelnen und der Gemeinschaft anzubahnen.

Dabei soll der Unterricht in Geographie und Wirtschaftskunde stets einerseits von den gegebenen Natur- und Kulturräumen, anderseits vom Menschen als dem Bewohner dieser Räume und als dem gestaltenden Träger des Wirtschaftsgeschehens ausgehen.

Das erforderliche Grundwissen soll unter ausdrücklichem Verzicht auf Lückenlosigkeit und unter Vermeidung jeder Stoffanhäufung jeweils durch kennzeichnende Einzelbeispiele und deren Einordnung in den durch das Lehrziel angegebenen Zusammenhang erarbeitet werden.

Dies geschieht am wirksamsten durch die Erziehung der Schüler zu entsprechender Selbsttätigkeit im Rahmen eines zielstrebigen Arbeitsunterrichtes. Daher kommt der Anleitung zum richtigen und ständigen Gebrauch von Karten, Atlas und Lehrbuch, dem zweckmäßigen Umgang mit Schaubildern, schematischen Darstellungen, Tabellen und Statistiken, der häufigen Verwendung von Lichtbildern und Filmen und der Auswertung der in Hörfunk und Fernsehen gebotenen Sendungen im Unterricht besondere Bedeutung zu. Die Selbsttätigkeit der Schüler sollte auch außerhalb der Unterrichtsstunden in der Aufgeschlossenheit für Darlegungen aus dem Bereich der Geographie und Wirtschaftskunde in Druckwerken, in Zeitschriften und Zeitungen sowie für das aktuelle Geschehen auf diesen Gebieten ihren Ausdruck finden.

Der Erziehung in diesem Sinne dienen Übungen und Wiederholungen, Lehrausgänge, Exkursionen, Wandertage und Schullandwochen ebenso wie geeignete Filme, Vorträge und Ausstellungen. Dabei bietet sich auch Gelegenheit, die erarbeiteten geographischen und wirtschaftskundlichen Grundbegriffe zu verdeutlichen sowie auf Bedeutung und Gefahren des Verkehrs aufmerksam zu machen.

Die Schüler sollen zur Anfertigung einfacher Skizzen, Profile und Kulturprofile, Schemata, Diagramme sowie einfacher kurzer schriftlicher Zusammenfassungen angehalten werden.

2. Oberstufe (9.-12. Schulstufe)[2]

BILDUNGS- UND LEHRAUFGABE:

Der Unterricht aus Geographie und Wirtschaftskunde soll dem Schüler einen hinreichenden **Welt- und Kulturumblick** vermitteln, der es ihm ermöglicht, sich unter Zuhilfenahme der allgemein zur Verfügung stehenden Mittel (Bücher, Bilder, Atlanten, Nachrichten in Zeitungen, Zeitschriften, Film, Hörfunk und Fernsehen) in der Heimat, im Vaterland und in der Welt zurechtzufinden, zu selbständigem Urteil zu gelangen und danach zu handeln.

Die **Länderkunde** Österreichs und der wichtigsten Länder der Welt ist unter Berücksichtigung der ursächlichen Zusammenhänge der geographischen Erscheinungen zu behandeln; die Vermittlung grundlegender Kenntnisse über Aufbau, Ablauf und Wandel der Wirtschaft soll Verständnis für die wirtschaftlichen, sozialen und politischen Probleme wecken, zu einer **geographisch-wirtschaftskundlichen Gegenwartskunde** hinführen und damit zu einer umfassenden Staatsbürgerkunde beitragen.

Der Unterricht soll das Gemeinschaftsverständnis fördern sowie zu Heimat- und Vaterlandsliebe und zu mitmenschlichem Verantwortungsbewußtsein erziehen, indem er die Leistungen des Menschen in der Abhängigkeit von der Natur, sein zunehmendes Angewiesensein auf weltweite Zusammenarbeit und die Bedeutung wirtschaftlichen Denkens und Verhaltens bewußt macht.

LEHRSTOFF:

5. K l a s s e (2 Wochenstunden):

Exemplarische Behandlung ausgewählter charakteristischer Landschaften und Staaten Afrikas, Asiens (ohne Sowjetunion), Iberoamerikas, Australiens und Ozeaniens. Wirtschaftliche und politische Gegenwartsfragen der behandelten Staaten unter besonderer Berücksichtigung der Entwicklungsländer. Die Bedeutung der Meere vor allem als eines Verkehrs- und Wirtschaftsraumes. Die Polargebiete.

Anhand der Länderkunde Wiederholung, Erarbeitung und Erweiterung allgemeingeographischer und wirtschaftskundlicher Begriffe und Sachgebiete.

Wirtschaftskundliche Sachgebiete:

Wirtschaften, Bedürfnisse, Bedarf, Güter; Nachfrage, Angebot, Markt; Kosten, Wert, Preis, Geld; Kapital, Kredit, Kapitalbildung, Investition; Natur- und Kulturlandschaft; Monokultur, tropische Agrarwirtschaft, Agrarreformen, Kibbuz, Volkskommune; Entwicklungshilfe, Industrialisierungsbestrebungen; Bergbau; Infrastruktur.

---

3) Quelle: Bundesgesetzblatt für die Republik Österreich, Jahrgang 1970, 66. Stück, Nr. 275 vom 4.Sept.1970: Änderung der Lehrpläne für die Allgemeinbildenden Höheren Schulen in den Schuljahren 1970/71 bis 1974/75.

Anhang: Derzeit gültiger AHS-Lehrplan - Oberstufe

6. K l a s s e (3 Wochenstunden):

Länderkunde Angloamerikas, der Sowjetunion und Europas (ohne Österreich). Exemplarische Behandlung einzelner Staaten und Räume unter besonderer Betonung der wirtschaftlichen und gesellschaftlichen Strukturen. Wirtschaftliche und politische Gegenwartsfragen der behandelten Staaten. Die Kultur- und Wirtschaftslandschaften Europas als Ergebnis menschlichen Wirkens. Europa und die Welt.

Anhand der Länderkunde Fortsetzen der Erarbeitung und Erweiterung allgemeingeographischer und wirtschaftskundlicher Begriffe und Sachgebiete.

Wirtschaftskundliche Sachgebiete:

Waldwirtschaft, verschiedene Typen der Landwirtschaft, Genossenschaftswesen; Energiewirtschaft; Standorte und Typen der Industrie, Industrielandschaft, Landschaftspflege und Naturschutzgebiete, Erholungslandschaft; Berufs- und Sozialstruktur; Unternehmensformen: Einzel- und Gesellschaftsunternehmen; Konzentration, Kooperation, Konzern, Trust, Kombinat, Kartell; Marktwirtschaft, Zentralverwaltungswirtschaft, Mischformen (das jugoslawische Modell einer Planwirtschaft, die französische "Planification", der Wohlfahrtsstaat); Internationaler Zahlungsverkehr; Wirtschaftsgemeinschaften, Zölle.

7. K l a s s e (2 Wochenstunden):

Darbietung und Erarbeitung eines kulturgeographischen Bildes Österreichs unter ständiger Ausnützung aller vorhandenen Hilfsmittel. Charakterisierung der verschiedenen Landschaftsräume und Zuordnung zu den Bundesländern. Bevölkerungsstruktur und Wirtschaftszustand Österreichs als Ergebnis geographischer und historischer Voraussetzungen anhand statistischen, kartographischen usw. Materials. Eingehende Besprechung der Struktur, der Probleme und der Entwicklungstendenzen der österreichischen Wirtschaft.

Erweiterung und Erarbeitung allgemeingeographischer und wirtschaftskundlicher Begriffe und Sachgebiete.

Wirtschaftskundliche Sachgebiete:

Budget, Steuern, Lastenausgleich; Inflation, Deflation, Kaufkraft des Geldes, Vollbeschäftigung; Bruttonationalprodukt, Nettonationalprodukt, Volkseinkommen; Kostenfaktoren, Rentabilität, Produktivität; Automation; Betrieb und Markt; Grüner Plan; Verstaatlichung, Kommunalwirtschaft; Betriebsformen, Bilanz, Gewinn- und Verlustrechnung; Notenbank, Börse und andere Märkte; Kreditinstitute, Wertpapiere; Handelsbilanz, Leistungsbilanz, Kapitalbilanz, Zahlungsbilanz; Interessenvertretungen der Wirtschaft: Unternehmerverbände, Kammern, Gewerkschaften; soziale Sicherheit, Arbeitszeit, Arbeitsmarkt.

8. K l a s s e: A r b e i t s g e m e i n s c h a f t (2 Wochenstunden, in Verbindung mit Geschichte und Sozialkunde):

Die Beziehungen zu den Entwicklungsländern; Bevölkerungsentwicklung und Ernährungsprobleme.

Natur-, Kultur- und Wirtschaftslandschaft. Der Mensch als Träger der Wirtschaft. Umweltprobleme.

Ziele und Aufgaben der Wirtschaftspolitik: Vollbeschäftigung, Wirtschaftswachstum, stabiler Geldwert. Konjunkturschwankungen und Konjunkturpolitik.

Wirtschaftspolitische Manipulation des Menschen: Werbung, Marktlenkung, Kreditwirtschaft, Subventionen, Währung.

Wirtschaftsordnungen der Gegenwart.

Internationale Wirtschaftsorganisationen. Wirtschaftspolitischer Vergleich der Großmächte und Machtblöcke.

DIDAKTISCHE GRUNDSÄTZE:

Geographie ist eine G e g e n w a r t s w i s s e n s c h a f t; der Lehrstoff der Geographie und Wirtschaftskunde ist daher bei dem immer schnelleren Wandel der politischen, wirtschaftlichen, technischen, kulturellen und gesellschaftlichen Situation ständigen Änderungen unterworfen, die der Unterricht entsprechend zu berücksichtigen hat. Festes Grundlagenwissen ist jedoch erforderlich.

Eine lückenlose Länder- und Wirtschaftskunde kann n i c h t das Ziel des Unterrichts sein, exemplarische Darstellung muß aber einen Überblick über alle Erdräume ermöglichen.

Die wirtschaftskundlichen Begriffe und Sachgebiete sind nicht gesondert, sondern in Verbindung mit der Länderkunde und vornehmlich anhand konkreter Beispiele zu behandeln; die Einheit des Unterrichtsgegenstandes Geographie und Wirtschaftskunde wird dadurch betont. Bloße Definitionen sind zu vermeiden.

In der Arbeitsgemeinschaft der 8. Klasse steht der Unterricht aus Geographie und Wirtschaftskunde in engster Verbindung mit dem aus Geschichte und Sozialkunde, sodaß die gegebenen Verbindungen dieser beiden Gegenstände auch zu einer Teamarbeit der beiden Lehrer in gemeinsamen Unterrichtsstunden führen können.

Gerade aus dem Zusammenwirken von Wirtschaftskunde und Sozialkunde soll eine zeitgemäße Staatsbürgerkunde entwickelt werden. Querverbindungen sind auch zum Philosophischen Einführungsunterricht möglich. Die Einsicht in Aufgaben und Bedeutung der Wirtschaft und in ihre Abhängigkeit von Landschaft, Politik und Gesellschaft, unter Berücksichtigung von Gegenwartsfragen in ihren geographischen und wirtschaftlichen Bedingungen, soll zu einem vertieften Verständnis politischer, wirtschaftlicher und sozialer Probleme führen.

Besonders in der 8. Klasse soll die Behandlung des Lehrstoffs soweit wie möglich Berichte und Referate der Schüler und auch Diskussionen miteinbeziehen. Die Schüler sollen angeleitet werden, wissenschaftliche Werke, Aufsätze, gegebenenfalls Zeitungsberichte und eigene Beobachtungen zu verwenden und zu verwerten. Gegebenenfalls können Fachleute zu Referaten und Diskussionen herangezogen werden.

In allen Klassen der Oberstufe sind Lehrausgänge nach Möglichkeit durchzuführen.

Beispiele zur Erneuerung der Schulgeographie in Österreich

1. Das Fach „Geographie und Wirtschaftskunde" und seine Unterrichtsinhalte in den neuen österreichischen Schulversuchslehrplänen bzw. -lehrstoffverteilungen

1.1. Schulversuch in der „Schule der 10 - 14 Jährigen"[1]

1.1.1. LEHRSTOFFVERTEILUNG FÜR DIE 5. BIS 8. SCHULSTUFE[2]

erarbeitet von der Arbeitsgruppe "Geographie und Wirtschaftskunde" (GW) des Zentrums für Schulversuche und Schulentwicklung im Bundesministerium für Unterricht und Kunst, Abteilung I, Klagenfurt. Stand: Frühjahr 1975.
Mitglieder der Arbeitsgruppe: Werner ANTONI, Erich MAUTNER, Norbert SEITZ, Wolfgang SITTE, Walter STRANACHER, Ortwin WINGERT.

```
5. Schulstufe:    GW 5  -  WIR ENTDECKEN DIE ERDE

6. Schulstufe:    GW 6  -  WIR ERFORSCHEN DIE ERDE

7. Schulstufe:    GW 7  -  WIR PLANEN UND GESTALTEN UNSEREN LEBENS- UND WIRT=
                           SCHAFTSRAUM

8. Schulstufe:    GW 8  -  DIE ERDE ALS LEBENS- UND WIRTSCHAFTSRAUM ALLER
                           MENSCHEN
```

---

1) ausführliche Erläuterungen dazu im Beitrag von W. SITTE in diesem Buch, S. 34ff.

2) Quelle: Zentrum für Schulversuche und Schulentwicklung des Bundesministeriums für Unterricht und Kunst, Abteilung I (Alter Platz 30, 9020 Klagenfurt): Lehrstoffverteilung GW 5, GW 6 und GW 7, Klagenfurt 1974.
Autoren: W.ANTONI, E.MAUTNER, N.SEITZ, W.SITTE, W.STRANACHER, O.WINGERT.
GW 8 in Bearbeitung.

Schulversuch in der "Schule der 10 - 14 Jährigen"

GW 5 - WIR ENTDECKEN DIE ERDE

Unterrichts= abschnitte	Leitthemen und Themen der Unterrichtseinheiten
1	Wir und die Welt 1.1. Die Erde - der blaue Planet 1.2. Wasser und Land auf der Erde 1.3. Österreich - ein kleiner Teil der Erde 1.4. Die Darstellung unserer Umgebung auf Bild und Karte
2	Leben unter extremen Lebensbedingungen 2.1. Ein Bergbauer in Österreich (Osttirol) 2.2. Am Rande des ewigen Eises (Grönland) 2.3. Eine Expedition zu einem Dorf der Urwaldindianer (Amazonas) 2.4. Leben in der Sahara (bei einem Nomadenstamm)
3	Wie der Mensch den Boden landwirtschaftlich nutzt 3.1. Ein bäuerlicher Familienbetrieb in Österreich 3.2. Ein Weizenfarmer in der Prärie (in Kanada) 3.3. Ein Schafzüchter (in Australien) 3.4. Reisbauern in Südostasien
4	Der Mensch nutzt die Schätze der Erde 4.1. Erdöl vom Persischen Golf 4.2. Gold aus Südafrika 4.3. Strom aus Kaprun
5	Vom Rohstoff zum Fertigprodukt 5.1. In einem Kleinbetrieb (Lehrausgang in einem Fertigungsbetrieb) 5.2. Made in Austria - In einer österreichischen Schifabrik 5.3. Im VW-Werk Wolfsburg
6	Menschen, Güter und Nachrichten überwinden Räume 6.1. Der Norden und der Süden rücken zusammen (Ver= kehrswege über den Brenner) 6.2. Eine Reise mit der Transsibirischen Eisenbahn 6.3. Europoort Rotterdam 6.4. Flugkreuz Frankfurt 6.5. Nachrichten gehen um die Welt
7	Leben in Ballungsräumen 7.1. Immer mehr Menschen leben in großen Städten 7.2. Eine Großstadt hat viele Gesichter 7.3. Verkehrsprobleme in großen Städten 7.4. Wo verbringen die Großstädter ihre tägliche Freizeit
8	Wir planen unseren Sommerurlaub

GW 6 - WIR ERFORSCHEN DIE ERDE

Unterrichts= abschnitte	Leitthemen und Themen der Unterrichtseinheiten
1	Das Meer 1.1. Reisen über das Meer 1.2. Das Gradnetz als Orientierungshilfe 1.3. Der verlorene Tag 1.4. Fischfang auf hoher See 1.5. Mit dem Forschungsschiff "Meteor" unterwegs

Lehrstoffverteilung für die 5. bis 8. Schulstufe

Unterrichts=abschnitte	Leitthemen und Themen der Unterrichtseinheiten

2	Die Gebirge der Erde
	  2.1. *Wir besteigen den Großglockner*
	  2.2. *Der Gletscher*
	  2.3. *Expeditionen zu den höchsten Bergen der Welt*

3	Die Erde verändert sich
	  3.1. *Wie Gebirge entstehen*
	  3.2. *Wasser zerstört und baut auf*
	  3.3. *Karsterscheinungen*
	  3.4. *Die formende Kraft der Gletscher*
	  3.5. *Der Grand Canyon - ein Lehrbuch der Erdgeschich=te*

4	Das Wetter
	  4.1. *Beim Wetterwart auf dem Hohen Sonnblick*
	  4.2. *Wichtige Witterungserscheinungen*
	  4.2.1. *Wolken verraten Dir die Wetterlage*
	  4.2.2. *Ein Sommergewitter*
	  4.2.3. *Der Durchzug einer Störung*
	  4.2.4. *Föhn über den Alpen*
	  4.3. *Wetterkarte und Wetterbericht*

5	Klima und Pflanzenwelt
	  5.1. *Vom Wetter zum Klima*
	  5.2. *Wichtige Klima- und Vegetationszonen Afrikas*
	  5.3. *Trockenheit begrenzt das Pflanzenwachstum*
	  5.4. *Höhenstufen in einem tropischen Gebirge und in den Alpen*
	  5.5. *Vegetationszonen in nördlichen Eurasien*
	  5.6. *Eine Reise um die Erde*

6	Gefährdung des menschlichen Lebensraumes
	  6.1. *Naturkatastrophen in den Alpen*
	  6.1.1. *Der weiße Tod*
	  6.1.2. *Vermurungen*
	  6.2. *Sturmfluten an der Küste*
	  6.3. *Hurricans*
	  6.4. *Ein Vulkan erwacht*
	  6.5. *Die Erde bebt*
	  6.6. *Bodenzerstörungen durch Eingriffe in das Gleich=gewicht der Natur*

7	Untersuchung von Umweltproblemen des Heimatraumes

GW 7 - WIR PLANEN UND GESTALTEN UNSEREN LEBENS- UND WIRTSCHAFTSRAUM

Unterrichts=abschnitte	Leitthemen und Themen der Unterrichtseinheiten

1	Wohnen
	  1.1. *Familie Berger sucht eine Wohnung*
	  1.2. *Eine Stadtrandsiedlung wird geplant*
	  1.3. *Was geschieht mit der Altstadt*
	  1.4. *Auch das Dorf verändert sich*

2	Versorgen
	  2.1. *Wir verbrauchen Güter und Dienstleistungen*
	  2.2. *Wir kaufen ein*
	  2.3. *Wieviel bekommst Du für Dein Geld ? (Verbraucher=preisindex)*
	  2.4. *Kleinhändler oder Einkaufszentrum*
	  2.5. *Die Versorgung einer Region soll verbessert wer=den*

Schulversuch in der "Schule der 10 - 14 Jährigen"

Unterrichts= abschnitte	Leitthemen und Themen der Unterrichtseinheiten
3	Arbeiten
	3.1. *Ein Arbeitnehmer muß verdienen*
	3.2. *Ein Unternehmer muß verdienen*
	3.3. *Made in Austria (Außenhandel)*
	3.4. *Die Verstaatlichte Industrie Österreichs*
	3.5. *Die Industrieregionen Österreichs*
	3.6. *Fabriken für das Burgenland (Industrieplanung)*
	3.7. *Landwirtschaft - morgen*
4	Verkehr
	4.1. *Die Fahrt zur Arbeitsstätte*
	4.2. *Individual- und Massenverkehr*
	4.3. *Eine Umfahrungsstraße wird gebaut oder: Eine Fußgängerzone entsteht*
	4.4. *Das österreichische Straßen- und Eisenbahnnetz*
5	Sich erholen
	5.1. *Vom Bauerndorf zum Fremdenverkehrszentrum (Pörtschach)*
	5.2. *Ein Schidorf aus der Retorte (Sportgastein)*
	5.3. *Die Bedeutung des Fremdenverkehrs für Öster= reich*
6	In der Gemeinschaft leben
	6.1. *Eine Gemeinde plant ihren Haushalt*
	6.2. *Ein Flächenwidmungsplan entsteht*
	6.3. *Gemeindezusammenlegungen*
	6.4. *Der Staat plant seinen Haushalt*
	6.5. *Österreichs Zukunft*

GW 8 - DIE ERDE ALS LEBENS- UND WIRTSCHAFTSRAUM ALLER MENSCHEN

Unterrichts= abschnitte	Leitthemen und Themen der Unterrichtseinheiten
1	Die Bevölkerungsentwicklung der Erde
2	Wir vergleichen die USA mit der UdSSR
	2.1. *Die räumliche Entwicklung beider Staaten*
	2.2. *Die Unterschiede der Wirtschafts- und Gesell= schaftsformen*
	2.2.1. *Farm - Kolchose*
	2.2.2. *Organisationsformen der Industrie und des Han= dels*
	2.2.3. *Kapitalistische Marktwirtschaft - kommunisti= sche Zentralverwaltungswirtschaft*
	2.2.4. *Wer lenkt die Wirtschaft und den Staat ?*
3	Die "Dritte Welt"
	3.1. *Bevölkerungswachstum*
	3.2. *Hunger - Unterernährung*
	3.3. *Besitzverteilung - Gesellschaftsstruktur*
	3.4. *Nur Rohstofflieferanten ?*
	3.5. *Der Teufelskreis der Armut*
	3.6. *Entwicklungshilfe*
	3.6.1. *Entwicklungshilfe - aber wie ?*
	3.6.2. *Österreich hilft Malawi*
	3.6.3. *Stahlwerke im Dschungel (Rourkela) oder: Der Sadd-el-Ali Damm in Ägypten*
	3.7. *Welche Länder sind unterentwickelt ?*

Lernzielbeispiele zu Unterrichtseinheiten aus GW 5, GW 6 und GW 7

Unterrichts= abschnitte	Leitthemen und Themen der Unterrichtseinheiten
4	Probleme der Weltwirtschaft und des Zusammenlebens
	4.1. Energie und Rohstoffe für alle
	4.2. Inflation - Arbeitslosigkeit - Wirtschaftskrise
	4.3. Währungsfragen
	4.4. Grenzen wirtschaftlichen Wachstums
	4.5. Krisenherde der Welt
	4.5.1. Unterdrückung von Minderheiten (religiöse, rassische, soziale, sprachliche..), gezeigt an einem aktuellen Beispiel
	4.5.2. Ein politisch - wirtschaftlicher Krisenherd, gezeigt an einem aktuellen Beispiel
5	Wege in die Zukunft
	5.1. Die Stadt - der Lebensraum von morgen ?
	5.2. Zukünftige Großmächte !?
	5.2.1. Japan
	5.2.2. China
	5.2.3. Brasilien
	5.3. Wohin geht Europa ?

1.1.2. Lernzielbeispiele zu Unterrichtseinheiten aus GW 5, GW 6 und GW 7 [3]

GW 5: 2. Unterrichtsabschnitt; Leitthema:
LEBEN UNTER EXTREMEN LEBENSBEDINGUNGEN

Unterrichtseinheit 2.2.: A m R a n d e d e s e w i g e n E i s e s (G r ö n l a n d)

- Die Reiseroute (Flugzeug oder Schiff) nach Grönland auf Karten von Europa und dem Nord= polgebiet aufsuchen und in ein Arbeitsblatt eintragen
- einige Erscheinungen des Polarklimas nennen
- Gründe aufzählen, die eine dauernde mensch= liche Besiedlung erschweren
- Beschreiben, wie Menschen heute in Grönland leben und wie sie sich einst den widrigen Bedingungen angepaßt haben
- Gründe angeben, weshalb Menschen solch un= wirtliche Gebiete aufsuchen.

GW 5: 4. Unterrichtsabschnitt; Leitthema:
DER MENSCH NUTZT DIE SCHÄTZE DER ERDE

Unterrichtseinheit 4.1.: E r d ö l v o m P e r s i s c h e n G o l f

- An Beispielen aus der Umwelt des Schülers die Bedeutung des Erdöls für die Energie= versorgung erklären

- an Hand von Skizzen und Bildern die wich= tigsten Arbeitsvorgänge bei der Erdölsuche und -förderung beschreiben
- an Hand einer Weltkarte die bedeutendsten Erdölfundstätten feststellen
- beschreiben, wie das Erdöl das Leben der Menschen am Persischen Golf verändert.

GW 5: 5. Unterrichtsabschnitt; Leitthema:
VOM ROHSTOFF ZUM FERTIGPRODUKT

Unterrichtseinheit 5.3.: I m V W - W e r k W o l f s b u r g

- Aufzählen von Automarken und den Fertigungs= ländern zuordnen
- Einige typische Kennzeichen bei der Produk= tion von Automobilen festhalten
- die außerbetriebliche Arbeitsteilung am Beispiel der PKW-Erzeugung darstellen
- Standortgegebenheiten des VW-Werkes Wolfs= burg und der Stadt beschreiben und begrün= den.

---

[3] Lernzielbeispiele zu GW 8, das zur Zeit noch in Bearbeitung ist, erschienen erst kurz vor Drucklegung dieses Bandes und sind im *Nachtrag zum Anhang*, Seite 297 angeführt.

Schulversuch in der "Schule der 10 - 14 Jährigen"

GW 5: 6. Unterrichtsabschnitt; Leitthema:
MENSCHEN, GÜTER UND NACHRICHTEN ÜBER=
WINDEN RÄUME

Unterrichtseinheit 6.3.: E u r o p o o r t
R o t t e r d a m

- *Mit Hilfe einer stummen thematischen Karte und der Europakarte bedeutende Seehäfen feststellen und nach dem Güterumschlag reihen*
- *auf einem Arbeitsblatt die Lage Rotterdams zu wichtigen Wirtschaftszentren Europas und der Welt feststellen*
- *verschiedene Schiffe nach ihrem Verwendungs= zweck unterscheiden*
- *an Hand von Texten und Bildern und einer Bildkarte die Hafeneinrichtungen erkennen, benennen und ihre Funktion beschreiben*
- *die Aufgaben eines großen Seehafens be= schreiben*
- *Transportkosten großer Warenmengen über weite Entfernungen auf dem Wasser mit sol= chen auf der Staße oder auf der Schiene vergleichen.*

GW 6: 2. Unterrichtsabschnitt; Leitthema:
DIE GEBIRGE DER ERDE

Unterrichtseinheit 2.1.: W i r b e s t e i =
g e n d e n G r o ß g l o c k n e r

- *Mit Hilfe geeigneter Unterlagen die Bestei= gung des Großglockner planen*
- *die richtige Ausrüstung für die Besteigung zusammenstellen*
- *richtiges Verhalten bei alpinen Gefahren angeben*
- *typische Formen des Hochgebirges auf Bil= dern und Karten identifizieren.*

GW 6: 4. Unterrichtsabschnitt; Leitthema:
KLIMA UND PFLANZENWELT

Unterrichtseinheit 4.3.: W e t t e r k a r t e
u n d W e t t e r b e r i c h t

- *Auf einer vorgegebenen Karte von Europa Punkte gleichen Luftdrucks miteinander ver= binden*
- *im Vergleich mit einem Satellitenphoto in die Isobarenkarte das Hoch- und das Tief= druckgebiet, sowie die Front eintragen*
- *Satellitenbild und Wetterkarte mit dem da= zugehörigen Wetterbericht vergleichen*
- *Satellitenphotos, Wetterkarten und Wetter= berichte verschiedener Wetterlagen einan= der zuordnen.*

GW 6: 6. Unterrichtsabschnitt; Leitthema:
GEFÄHRDUNG DES MENSCHLICHEN LEBENSRAUMES

Unterrichtseinheit 6.1.1.: D e r w e i ß e
T o d

- *Aus einem Bericht über eine Schitour, die mit einem Lawinenunglück endet, das falsche Verhalten der Touristengruppe feststellen*
- *richtige Verhaltensweisen bei Lawinenge= fahr angeben*
- *einige Gründe für das Entstehen von Lawi= nen aufzählen*
- *Lawinenschutzeinrichtungen an Hand von Bildern beschreiben und ihre Wirkung er= klären.*

Unterrichtseinheit 6.1.2.: V e r m u r u n =
g e n

- *Mit Hilfe von Bildern die Auswirkungen ei= ner Vermurungskatastrophe beschreiben*
- *An Hand einer Graphik bzw. eines Modells das Entstehen einer Mure erklären*
- *Auf einem Blockdiagramm oder Vogelschau= bild murengefährdete Stellen bezeichnen*
- *die Wirkungsweise von Wildbachverbauungen erklären.*

GW 7: 2. Unterrichtsabschnitt; Leitthema:
VERSORGEN

Unterrichtseinheit 2.1.: W i r v e r b r a u =
c h e n G ü t e r u n d D i e n s t =
l e i s t u n g e n

- *Verschiedene wichtige Bedürfnisse einer Familie zusammenstellen*
- *die zusammengestellten Bedürfnisse nach Gütern und Dienstleistungen ordnen*
- *Bedürfnisse nach ihrer Dringlichkeit ord= nen*

Lernzielbeispiele zu Unterrichtseinheiten aus GW 5, GW 6 und GW 7

- *Verbrauchsgewohnheiten verschiedener Zeiten und Regionen interpretieren*
- *kritisch zu verschiedenen Verbrauchsgewohnheiten Stellung nehmen.*

Unterrichtseinheit 2.2.: **Wir kaufen ein**

- *Erklären, was man unter "Markt" versteht*
- *an Hand einiger Beispiele aus der Erfahrungswelt des Schülers die Wirkung verschiedener Angebots- und Nachfrageverhältnisse auf den Preis erklären*
- *durch empirische Erhebungen Preisunterschiede gleicher Waren feststellen und deren Ursachen zu erklären versuchen*
- *einige Verhaltensweisen für preisbewußtes Einkaufen darstellen*
- *an Beispielen zeigen, wie Werbung das Käuferverhalten positiv und negativ beeinflussen kann*
- *an Beispielen zeigen, wie Barzahlungen und Ratenzahlungen den Preis einer Ware beeinflussen.*

Unterrichtseinheit 2.3.: **Wieviel bekommst Du für Dein Geld ?** (Verbraucherpreisindex)

- *Längerfristige Preisveränderungen an ausgewählten Konsumgütern und Dienstleistungen feststellen*
- *Gründe nennen, warum Preisveränderungen beobachtet werden*
- *an einem Beispiel eine Indexberechnung durchführen*
- *den österreichischen Verbraucherpreisindex an Hand einer Graphik erklären.*

Unterrichtseinheit 2.4.: **Kleinhändler oder Einkaufszentrum**

- *Verschiedene Umstände zusammenstellen, von denen es abhängt, ob man Konsumgüter beim Kleinhändler oder im Einkaufszentrum besorgt*
- *alte Handelsformen mit neuen vergleichen*
- *zeigen, welche Folgen die Errichtung neuer Einkaufszentren auslösen kann.*

Unterrichtseinheit 2.5.: **Die Versorgung einer Region soll verbessert werden**

- *Den Versorgungszustand einer österreichischen Region aus thematischen Karten und statistischen Tabellen ablesen und einzelne Ursachen dafür angeben*
- *Folgen der Unterversorgung für die dort lebende Bevölkerung aufzeigen*
- *Maßnahmen vorschlagen, die zu einer Verbesserung der Versorgungsbedingungen führen*
- *gut und schlecht versorgte Gebiete Österreichs an Hand thematischer Karten feststellen.*

GW 7: 5. Unterrichtsabschnitt; Leitthema: SICH ERHOLEN

Unterrichtseinheit 5.1.: **Vom Bauerndorf zum Fremdenverkehrszentrum** (Pörtschach)

- *Aus Karten- und Bildmaterial die Veränderungen des Landschafts- und Siedlungsbildes erläutern*
- *die für einen Sommerferienort typischen Fremdenverkehrseinrichtungen feststellen*
- *den jahreszeitlichen Wandel der Bevölkerungs- und Berufsstruktur erläutern*
- *an Hand statistischen Materials die Entwicklung des Fremdenverkehrs mit der Entwicklung des Gemeindebudgets vergleichen und Folgerungen ableiten*
- *Konfliktsituationen, die sich bei der Entwicklung zum Fremdenverkehrszentrum ergeben, und Lösungsmöglichkeiten diskutieren.*

Unterrichtseinheit 5.2.: **Ein Schidorf aus der Retorte** (Sportgastein)

- *Aufzeigen, warum bisher unerschlossene Gebiete der Alpen vom Fremdenverkehr erschlossen werden*
- *die Errichtung eines Retortendorfes an Hand der Planungsunterlagen analysieren*
- *Meinungen zur Errichtung solcher Zentren vergleichen und bewerten.*

I.2. Schulversuch in der Oberstufe der Allgemeinbildenden Höheren Schule[1]

1.2.1. Pflichtfach "Geographie und Wirtschaftskunde": Lehrplanentwürfe für die 3 Modelle des Schulversuchs[2]

erarbeitet im Rahmen des Zentrums für Schulversuche und Schulentwicklung (Leitung: Min.-Rat. Leo LEITNER) des Bundesministeriums für Unterricht und Kunst, Zentrale Arbeitsgruppe III, Klagenfurt - Graz - Wien. Stand: 1973/1974.

DIDAKTISCH - METHODISCHE ANWEISUNGEN:

Die einzelnen im folgenden angeführten Stoff= gebiete haben n i c h t dasselbe Gewicht. Sie sollen daher im Unterricht ihrer Bedeutung entsprechend dargeboten werden. Es ist zu be= achten, daß die einzelnen Stoffgebiete immer ein Teil einer integrierten geographisch - wirtschaftskundlichen Betrachtungsweise sein müssen. Außerdem ist die historische Entwick= lung der Kulturlandschaft, der Staaten und ihrer Wirtschaft einzubauen.

Die selbständige schriftliche Erarbeitung ei= nes begrenzten geographischen und wirtschafts= kundlichen Themas an Hand von Karten, Stati= stiken, Fachliteratur und anderen Arbeitsunter= lagen ist zu empfehlen.

Um eine möglichst lebensnahe Beziehung zum be= triebswirtschaftlichen Stoff herzustellen, sind nach Möglichkeit Lehrausgänge in landwirtschaft= liche und verarbeitende Betriebe sowie Dienst= leistungsbetriebe durchzuführen.

Bei der Erarbeitung des Lehrstoffes sind Atlas, Lehrbuch, Statistiken, Informationen der Mas= senmedien, audio-visuelle Hilfsmittel und Aus= züge aus der Fachliteratur einzusetzen.

In der gesamten Unterrichtsführung ist das Ak= tualitätsprinzip zu berücksichtigen.

BILDUNGSZIEL:

Geographie und Wirtschaftskunde soll als W e l t - u n d G e g e n w a r t s k u n = d e[3] die künftigen Staatsbürger befähigen, die politischen, wirtschaftlichen und gesell= schaftlichen Probleme des eigenen Staates und anderer Staaten in ihren Zusammenhängen und Wechselwirkungen zu erkennen und kritisch zu beurteilen. A u f b a u e n d a u f l ä n = d e r k u n d l i c h e n und wirtschaftskund= lichen Grundkenntnissen der 5. bis 8. Schul= stufe soll der Schüler in die Lage versetzt werden, die eigene Heimat und die wichtigsten Staaten und Räume der Erde in ihrer natürli= chen Ausstattung und nach den Möglichkeiten der Nutzung und Umgestaltung durch den Men= schen zu erfassen. Er soll fähig sein, Infor= mationen zu g e w i n n e n und sie selb= ständig b e w e r t e n können.

In diesem Sinne ist der Geographie- und Wirt= schaftskundeunterricht das z e n t r a l e F a c h d e r p o l i t i s c h e n B i l = d u n g, das den jungen Menschen für die Be= wältigung seiner künftigen Lebenssituationen und für die Mitverantwortung in der Gesell= schaft vorbereiten soll.

---

1) ausführliche Erläuterungen dazu im Beitrag von W.SITTE in diesem Buch, S. 31 - 34.
2) Quelle: Arbeitsberichte III/4/HSK,GWK, hrsg. vom Bundesministerium für Unterricht und Kunst, Zentrum für Schulversuche und Schul=

entwicklung, Zentrale Arbeitsgruppe III. Herausgeber: Min.-Rat Leo LEITNER und Sekt. Rat Dr. Erich BENEDIKT. Klagenfurt - Graz - Wien 1974, 2.Teil des Heftes, S. 1 - 17.

3) Sperrungen nicht im Original.

Pflichtfach "Geographie und Wirtschaftskunde" - Lehrplanentwürfe

M O D E L L I[4)]

Lernstufe 1 (5. Klasse): 3 Wochenstunden[5)]

Lernziele:

1) *Festigung und Erweiterung geographischer Grundbegriffe als Voraussetzung für das Erfassen naturräumlicher Eigenarten der Kulturerdteile.*
2) *Fähigkeit, Probleme der Entwicklungsländer in ihren Zusammenhängen und Wirkungen zu erfassen.*
3) *Aneignung jener wirtschaftskundlichen Begriffe, die zum Verständnis für einfache wirtschaftliche Abläufe notwendig sind.*
4) *Fähigkeit, die aktuellen, politischen, wirtschaftlichen und sozialen Vorgänge in dominanten Staaten zu erfassen und zu beurteilen.*

Lehrstoff:

Physiogeographische Grundlagen der Kulturerdteile (Kulturräume): Großformen des Reliefs, Zonen des Klimas, der Böden und der Vegetation als natürliche Lebensräume.

Merkmale und Probleme der Entwicklungsländer (die "Dritte Welt"): Bevölkerungsexplosion. Sozialstrukturen (Stammesgesellschaft und feudale Agrargesellschaft im sozialen Wandel). Zusammenhang von Einkommen, Konsumieren und Sparen (Keynes'sche Formel). Ausstattung mit Produktionsfaktoren und deren Nutzung (Mangel an Investitions- und Bildungskapital, fehlende Infrastruktur). Private und genossenschaftliche Agrarformen. Bodenreform. Passive Zahlungsbilanz und Entwicklungshilfe. Die Entwicklungsländer im Kräftefeld der Weltpolitik.

Erarbeitung der Kulturerdteile Vorderer Orient, Schwarzafrika mit Republik Südafrika, Süd- und Südostasien und Iberoamerika durch exemplarische Behandlung einiger typischer und dominanter bzw. aktueller Staaten. Großraumspezifische Zusammenfassung der wirtschaftlichen, gesellschaftlichen und politischen Strukturen und Prozesse.

Industrielle Neuländer: China, Japan, Australien. Typen der Industrialisierung. Kombination der Produktionsfaktoren. Extensive, arbeitsintensive und kapitalintensive Wirtschaft. Bedeutung der Außenwirtschaft (Internationale Arbeitsteilung, Verflechtung der Volkswirtschaften).

Lernstufe 2 (6. Klasse): 3 Wochenstunden

Lernziele:

1) *Festigung und Erweiterung geographischer Grundbegriffe als Voraussetzung für das Erfassen der Naturräume Angloamerikas, der Sowjetunion und Europas.*
2) *Erwerb schwierigerer wirtschaftskundlicher Grundbegriffe als Voraussetzung für das Verständnis der Modelle der*
   - *Marktwirtschaft,*
   - *Zentralverwaltungswirtschaft,*
   - *sowie der differenzierten Realitäten einiger europäischer Volkswirtschaften.*
3) *Fähigkeit, Probleme der hochindustrialisierten Staaten in ihren inneren Zusammenhängen und der Wirkung nach außen zu erfassen.*
4) *Fähigkeit, die politische, wirtschaftliche und soziale Bedeutung der beiden Supermächte zu erfassen und zu beurteilen.*

Lehrstoff:

Angloamerika: Physiogeographische, gesellschaftliche und wirtschaftliche Grundlagen. Die Großlandschaften und ihre charakteristischen Merkmale. Urbanisierung, Rassenprobleme. Die Wirtschaft Kanadas. Die Wirtschaft der USA (Die Landwirtschaft und ihre Probleme, Industrie und Umweltgefährdung).

---

4) Eine Übersicht über die Struktur der Schulversuchsmodelle und Erläuterungen dazu finden sich im Beitrag von W.SITTE, S. 33.

5) Schulversuch AHS-Oberstufe entspricht der 9. bis 12. Schulstufe. 5.Klasse = 9.Schulstufe, 6.Klasse = 10.Schulstufe, usw.

Die USA als Modell einer kapitalistischen Marktwirtschaft. Angebot und Nachfrage. Markt und Preismechanismus. Gewinnstreben und Wettbewerbsprinzip in verschiedenen Marktformen (vollkommene Konkurrenz, Monopol und Oligopol). Moderne Managementmethoden. Formen der amerikanischen Gewerkschaftspolitik (Union shop). Konzentrationsformen (Aktiengesellschaft, Konzern, Trust, Holdinggesellschaft). Börse und Wertpapiere. Zahlungsbilanz und Leitwährung.

Die Stellung der USA als wirtschaftliche und politische Weltmacht.

Sowjetunion: Physiogeographische, gesellschaftliche und wirtschaftliche Grundlagen. Die Großlandschaften und ihre charakteristischen Merkmale.

Die Sowjetunion als Modell einer kommunistischen Planwirtschaft (Zentralverwaltungswirtschaft): Der Gosplan. Die Funktion des dekretierten Preises. Landwirtschaft (Agrarverfassung und ihre Probleme). Industrie und Industriepolitik (NEP, die stalinistische Industrialisierungspolitik, Kombinat, die Kossyginreform). Staatlicher Binnen- und Außenhandel.

Die Stellung der Sowjetunion als wirtschaftliche und politische Weltmacht.

Der Kulturerdteil Europa (ohne Österreich): Einblick in die naturräumliche Ausstattung als Grundlage des Verständnisses für Wirtschaft und Gesellschaft. Charakterisierung ausgewählter Großräume. Der ländliche Lebensraum. Der städtische Lebensraum.

Die Nachbarstaaten Österreichs sowie Großbritannien und Frankreich. Vergleich der wirtschaftlichen Entwicklung einiger ausgewählter Staaten Europas (Sozialprodukt, Investitionsrate, Wachstumsrate, Zahlungsbilanz). Mobilität und Arbeitspotential; Gastarbeiterproblem.

Die Wirtschaftssysteme europäischer Staaten (soziale Marktwirtschaft, Planifikation, Wohlfahrtsstaat, marktwirtschaftlicher Sozialismus, Zentralverwaltungswirtschaft eines Ostblockstaates. Der Außenhandel der europäischen Staaten. GATT. Ergebnisse und Probleme der wirtschaftlichen und politischen Integration Europas. OECD, EWG, EFTA; COMECON. Europas wirtschaftliche, politische und kulturelle Stellung in der Welt.

Lernstufe 3 (7. Klasse): 2 Wochenstunden

Lernziele:

1) Erfassen der Merkmale der Großlandschaften und Lebensräume Österreichs.
2) Erwerb einfacher betriebswirtschaftlicher Kenntnisse.
3) Umfassende Kenntnisse der österreichischen Wirtschaft und der Fähigkeit, die Probleme zu verstehen, zu analysieren und zu beurteilen.
4) Verständnis für die österreichische Wirtschaftspolitik, die Außenwirtschaft und ihre internationale Verflechtung.

Lehrstoff (siehe auch Nachtrag, Seite 298):

Der betriebliche Kreislauf: Standort, Rechtsformen und Zusammenschlüsse. Der Mensch im Betrieb (Organisation, Führungsstil, soziale Bedingungen). Finanzierungsformen und Bilanz, Investition, Kosten und Preise, Marketing, Absatzformen.

Grundlagen, Struktur und Probleme der österreichischen Volkswirtschaft: Volkswirtschaftliche Gesamtrechnung. Wirtschaftssektoren (Produktionsfaktoren, Probleme und Entwicklungstendenzen): Land- und Forstwirtschaft; Bergbau, Industrie und Gewerbe; Dienstleistungen.

Raumordnung und Umweltschutz.

Österreichische Wirtschaftspolitik: Interessenvertretungen, Ziele, Zielkonflikte, Sozialpartnerschaft. Ordnungs-, Wachstums-, Struktur- und Konjunkturpolitik. Budget und Budgetpolitik. Außenwirtschaft (Struktur und Strukturwandel). Zahlungsbilanz und Währung. Teilnahme an internationalen Wirtschaftsorganisationen (Notwendigkeit und Probleme).

Pflichtfach "Geographie und Wirtschaftskunde" - Lehrplanentwürfe

Die Stellung Österreichs in der Staatenwelt und Verpflichtungen aus der Neutralität.

MODELL II

Lernstufe 1 (5. Klasse): 3 Wochenstunden. Gymnasium und Realgymnasium.

Lernziele:

1) Festigung und Erweiterung geographischer Grundbegriffe als Voraussetzung für das Erfassen naturräumlicher Eigenarten der Kulturerdteile.

2) Fähigkeit, Probleme der Entwicklungsländer in ihren Zusammenhängen und Wirkungen zu erfassen.

3) Aneignung jener wirtschaftskundlichen Grundbegriffe, die zum Verständnis für einfache wirtschaftliche Abläufe notwendig sind.

4) Fähigkeit, die aktuellen, politischen, wirtschaftlichen und sozialen Vorgänge in dominaten Staaten zu erfassen und zu beurteilen.

Lehrstoff:

Physiogeographische Grundlagen der Kulturerdteile (Kulturräume): Großformen des Reliefs, Zonen des Klimas, der Böden und der Vegetation als natürliche Lebensräume.

Merkmale und Probleme der Entwicklungsländer (die "Dritte Welt"): Bevölkerungsexplosion. Sozialstrukturen (Stammesgesellschaft und feudale Agrargesellschaft im sozialen Wandel). Zusammenhang von Einkommen, Konsumieren und Sparen (Keynes'sche Formel). Ausstattung mit Produktionsfaktoren und deren Nutzung (Mangel an Investitions- und Bildungskapital, fehlende Infrastruktur). Private und genossenschaftliche Agrarformen. Bodenreform. Passive Zahlungsbilanz und Entwicklungshilfe. Die Entwicklungsländer im Kräftefeld der Weltpolitik.

Erarbeitung der Kulturerdteile Vorderer Orient, Afrika südlich der Sahara, Süd- und Südostasien und Iberoamerika durch exemplarische Behandlung einiger typischer und dominanter bzw. aktueller Staaten. Großraumspezifische Zusammenfassung der wirtschaftlichen, gesellschaftlichen und politischen Strukturen und Prozesse.

Industrielle Neuländer: China, Japan, Australien. Typen der Industrialisierung. Kombination der Produktionsfaktoren. Extensive, arbeitsintensive und kapitalintensive Wirtschaft. Bedeutung der Außenwirtschaft (Internationale Arbeitsteilung, Verflechtung der Volkswirtschaften).

Sowjetunion: Physiogeographische, gesellschaftliche und wirtschaftliche Grundlagen. Die Großlandschaften und ihre charakteristischen Merkmale. Die Sowjetunion als Modell einer kommunistischen Planwirtschaft (Zentralverwaltungswirtschaft): Der Gosplan. Die Funktion des dekretierten Preises. Landwirtschaft (Agrarverfassung und ihre Probleme). Industrie und Industriepolitik (NEP, die stalinistische Industrialisierungspolitik, Kombinat, die Kossyginreform). Staatlicher Binnen- und Außenhandel. Die Stellung der Sowjetunion als wirtschaftliche und politische Weltmacht.

Lernstufe 2 (6. Klasse): 2 Wochenstunden. Gymnasium und Realgymnasium.

Lernziele:

1) Festigung und Erweiterung geographischer Grundbegriffe als Voraussetzung für das Erfassen der Naturräume Angloamerikas und Europas.

2) Erwerb schwierigerer wirtschaftskundlicher Grundbegriffe als Voraussetzung für das Verständnis der Modelle der Marktwirtschaft und der Zentralverwaltungswirtschaft, sowie der differenzierten Realitäten einiger europäischer Volkswirtschaften.

Schulversuch in der Oberstufe der AHS

3) *Fähigkeit, Probleme der hochindustriali= sierten Staaten in ihren inneren Zusam= menhängen und der Wirkung nach außen zu erfassen.*
4) *Fähigkeit, die politische, wirtschaftli= che und soziale Bedeutung der beiden Su= permächte zu erfassen und zu beurteilen.*

Lehrstoff:

Angloamerika: Physiogeographische, gesell= schaftliche und wirtschaftliche Grundlagen. Die Großlandschaften und ihre charakteristi= schen Merkmale. Urbanisierung, Rassenproble= me. Die Wirtschaft Kanadas. Die Wirtschaft der USA (Die Landwirtschaft und ihre Proble= me, Industrie und Umweltgefährdung).

Die USA als Modell einer kapitalistischen Marktwirtschaft. Angebot und Nachfrage. Markt und Preismechanismus. Gewinnstreben und Wett= bewerbsprinzip in verschiedenen Marktformen (vollkommene Konkurrenz, Monopol, Oligopol). Moderne Managementmethoden. Formen der ameri= kanischen Gewerkschaftspolitik (Union shop). Konzentrationsformen (Aktiengesellschaft, Konzern, Trust, Holdinggesellschaft). Börse und Wertpapiere. Zahlungsbilanz und Leitwähr= ung.

Die Stellung der USA als wirtschaftliche und politische Weltmacht.

Der Kulturerdteil Europa (ohne Österreich): Einblick in die naturräumliche Ausstattung als Grundlage des Verständnisses für Wirt= schaft und Gesellschaft. Charakterisierung ausgewählter Großräume. Der ländliche Lebens= raum. Der städtische Lebensraum.

Die Nachbarstaaten Österreichs sowie Groß= britannien und Frankreich. Vergleich der wirtschaftlichen Entwicklung einiger ausge= wählter Staaten Europas (Sozialprodukt, Inve= stitionsrate, Wachstumsrate, Zahlungsbilanz). Mobilität und Arbeitspotential; Gastarbeiter= probleme. Die Wirtschaftssysteme europäischer Staaten (soziale Marktwirtschaft, Planifika= tion, Wohlfahrtsstaat, marktwirtschaftlicher Sozialismus, Zentralverwaltungswirtschaft eines Ostblockstaates). Der Außenhandel der europäischen Staaten. GATT. Ergebnisse und Probleme der wirtschaftlichen und politischen Integration Europas. OECD, EWG, EFTA; COMECON. Europas wirtschaftliche, politische und kultu= relle Stellung in der Welt.

L e r n s t u f e   1   (5. K l a s s e): 3 Wo= chenstunden. M ä d c h e n - R e a l g y m = n a s i u m.

Lernziele:

1) *Festigung und Erweiterung geographischer Grundbegriffe als Voraussetzung für das Erfassen naturräumlicher Eigenarten der Kulturerdteile.*
2) *Fähigkeit, Probleme der Entwicklungsländer in ihren Zusammenhängen und Wirkungen zu erfassen.*
3) *Aneignung jener wirtschaftskundlichen Grundbegriffe, die zum Verständnis für einfache wirtschaftliche Abläufe und die Zentralverwaltungswirtschaft notwendig sind.*
4) *Fähigkeit, die aktuellen, politischen, wirtschaftlichen und sozialen Vorgänge in dominanten Staaten zu erfassen und zu be= urteilen.*

Lehrstoff:

Physiogeographische Grundlagen der Tropen und Subtropen.

Merkmale und Probleme der Entwicklungsländer (die "Dritte Welt") an ausgewählten Beispie= len der Kulturerdteile Vorderer Orient, Afri= ka südlich der Sahara, Süd- und Südostasien und Iberoamerika durch exemplarische Behand= lung einiger typischer und dominanter bzw. aktueller Staaten. Großraumspezifische Zu= sammenfassung der wirtschaftlichen, gesell= schaftlichen und politischen Strukturen und Prozesse.

Industrielle Neuländer: China, Japan, Austra= lien. Typen der Industrialisierung. Kombina= tion der Produktionsfaktoren. Extensive, ar= beitsintensive und kapitalintensive Wirt= schaft. Bedeutung der Außenwirtschaft (Inter= nationale Arbeitsteilung, Verflechtung der Volkswirtschaften).

Pflichtfach "Geographie und Wirtschaftskunde" - Lehrplanentwürfe

Sowjetunion: Physiogeographische, gesellschaftliche und wirtschaftliche Grundlagen. Die Großlandschaften und ihre charakteristischen Merkmale. Die Sowjetunion als Modell einer kommunistischen Planwirtschaft (Zentralverwaltungswirtschaft): Der Gosplan. Landwirtschaft (Agrarverfassung und ihre Probleme). Industrie und Industriepolitik. Staatlicher Binnen- und Außenhandel. Die Stellung der Sowjetunion als wirtschaftliche und politische Weltmacht.

Lernstufe 2 (6. Klasse): 2 Wochenstunden. Mädchen - Realgymnasium.

Lernziele:

1) Festigung und Erweiterung geographischer Grundbegriffe als Voraussetzung für das Erfassen der Naturräume Angloamerikas, der Sowjetunion und Europas.

2) Erwerb schwieriger wirtschaftskundlicher Grundbegriffe als Voraussetzung für das Verständnis des Modells der Marktwirtschaft, sowie der differenzierten Realitäten einiger Volkswirtschaften.

3) Fähigkeit, Probleme der hochindustrialisierten Staaten in ihren inneren Zusammenhängen und der Wirkung nach außen zu erfassen.

4) Fähigkeit, die politische, wirtschaftliche und soziale Bedeutung der USA zu erfassen und zu beurteilen.

Lehrstoff:

Angloamerika: Physiogeographische, gesellschaftliche und wirtschaftliche Grundlagen. Die Großlandschaften und ihre charakteristischen Merkmale. Urbanisierung, Rassenprobleme. Die Wirtschaft Kanadas. Die Wirtschaft der USA (Die Landwirtschaft und ihre Probleme, Industrie und Umweltgefährdung).

Die USA als Modell einer kapitalistischen Marktwirtschaft. Angebot und Nachfrage. Markt und Preismechanismus. Gewinnstreben und Wettbewerbsprinzip in verschiedenen Marktformen (vollkommene Konkurrenz, Monopol und Oligopol). Moderne Managementmethoden. Formen der amerikanischen Gewerkschaftspolitik (Union shop). Konzentrationsformen (Aktiengesellschaft, Konzern, Trust, Holdinggesellschaft). Börse und Wertpapiere. Zahlungsbilanz und Leitwährung. Die Stellung der USA als wirtschaftliche und politische Weltmacht.

Der Kulturerdteil Europa (ohne Österreich): Einblick in die naturräumliche Ausstattung als Grundlage des Verständnisses für Wirtschaft und Gesellschaft. Charakterisierung ausgewählter Großräume. Der ländliche Lebensraum. Der städtische Lebensraum. Die Nachbarstaaten Österreichs, sowie Großbritannien und Frankreich. Vergleich der wirtschaftlichen Entwicklung einiger ausgewählter Staaten Europas (Sozialprodukt, Investitionsrate, Wachstumsrate, Zahlungsbilanz). Mobilität und Arbeitspotential; Gastarbeiterproblem. Die Wirtschaftssysteme europäischer Staaten (soziale Marktwirtschaft, Planifikation, Wohlfahrtsstaat, marktwirtschaftlicher Sozialismus, Zentralverwaltungswirtschaft eines Ostblockstaates). Der Außenhandel der europäischen Staaten. GATT. Ergebnisse und Probleme der wirtschaftlichen und politischen Integration Europas. OECD, EWG, EFTA; COMECON. Europas wirtschaftliche, politische und kulturelle Stellung in der Welt.

Lernstufe 3 (7. Klasse): 2 Wochenstunden. Gymnasium, Realgymnasium und Mädchen - Realgymnasium.

Lernziele und Lehrstoff:

Identisch zu MODELL I, Lernstufe 3 - siehe Seite 284.

Schulversuch in der Oberstufe der AHS

MODELL III

Lernstufe 1 (5. Klasse): 4 Wochenstunden.

Lernziele:

1) *Festigung und Erweiterung geographischer Grundbegriffe als Voraussetzung für das Erfassen naturräumlicher Eigenarten der Kulturerdteile.*
2) *Fähigkeit, Probleme der Entwicklungsländer in ihren Zusammenhängen und Wirkungen zu erfassen.*
3) *Aneignung jener wirtschaftskundlichen Grundbegriffe, die zum Verständnis für einfache wirtschaftliche Abläufe sowie der Zentralverwaltungs- und Marktwirtschaft notwendig sind.*
4) *Fähigkeit, die politische, wirtschaftliche und soziale Bedeutung der beiden Supermächte zu erfassen und zu beurteilen.*

Lehrstoff:

Physiogeographische Grundlagen der Kulturerdteile (Kulturräume): Großformen des Reliefs, Zonen des Klimas, der Böden und der Vegetation als natürliche Lebensräume.

Merkmale und Probleme der Entwicklungsländer (die "Dritte Welt"): Bevölkerungsexplosion. Sozialstrukturen (Stammesgesellschaft und feudale Agrargesellschaft im sozialen Wandel). Zusammenhang von Einkommen, Konsumieren und Sparen (Keynes'sche Formel). Ausstattung mit Produktionsfaktoren und deren Nutzung (Mangel an Investitions- und Bildungskapital, fehlende Infrastruktur). Private und genossenschaftliche Agrarformen. Bodenreform. Passive Zahlungsbilanz und Entwicklungshilfe. Die Entwicklungsländer im Kräftefeld der Weltpolitik.

Erarbeitung der Kulturerdteile Orient, Afrika südlich der Sahara, Süd- und Südostasien und Iberoamerika durch exemplarische Behandlung einiger typischer und dominater bzw. aktueller Staaten. Großraumspezifische Zusammenfassung der wirtschaftlichen, gesellschaftlichen und politischen Strukturen und Prozesse.

Industrielle Neuländer: China, Japan, Australien. Typen der Industrialisierung. Kombination der Produktionsfaktoren. Extensive, arbeitsintensive und kapitalintensive Wirtschaft. Bedeutung der Außenwirtschaft (Internationale Arbeitsteilung, Verflechtung der Volkswirtschaften).

Sowjetunion: Physiogeographische, gesellschaftliche und wirtschaftliche Grundlagen. Die Großlandschaften und ihre charakteristischen Merkmale. Die Sowjetunion als Modell einer kommunistischen Planwirtschaft (Zentralverwaltungswirtschaft): Der Gosplan. Die Funktion des dekretierten Preises. Landwirtschaft (Agrarverfassung und ihre Probleme). Industrie und Industriepolitik (NEP, die stalinistische Industrialisierungspolitik, Kombinat, die Kossyginreform). Staatlicher Binnen- und Außenhandel. Die Stellung der Sowjetunion als wirtschaftliche und politische Weltmacht.

Angloamerika: Physiogeographische, gesellschaftliche und wirtschaftliche Grundlagen. Die Großlandschaften und ihre charakteristischen Merkmale. Urbanisierung, Rassenprobleme. Die Wirtschaft Kanadas. Die Wirtschaft der USA (Die Landwirtschaft und ihre Probleme, Industrie und Umweltgefährdung).

Die USA als Modell einer kapitalistischen Marktwirtschaft. Angebot und Nachfrage. Markt und Preismechanismus. Gewinnstreben und Wettbewerbsprinzip in verschiedenen Marktformen (vollkommene Konkurrenz, Monopol und Oligopol). Moderne Managementmethoden. Formen der amerikanischen Gewerkschaftspolitik (Union shop). Konzentrationsformen (Aktiengesellschaft, Konzern, Trust, Holdinggesellschaft). Börse und Wertpapiere. Zahlungsbilanz und Leitwährung. Die Stellung der USA als wirtschaftliche und politische Weltmacht.

Pflichtfach "Geographie und Wirtschaftskunde" - Lehrplanentwürfe

Lernstufe 2 (6. Klasse): 2 Wochenstunden

Lernziele:

1) Festigung und Erweiterung geographischer Grundbegriffe als Voraussetzung für das Erfassen der Naturräume Europas und der Großlandschaften und Lebensräume Österreichs.

2) Erwerb schwieriger wirtschaftskundlicher Grundbegriffe als Voraussetzung für das Verständnis der differenzierten Realitäten einiger europäischer Volkswirtschaften.

3) Fähigkeit, Probleme der europäischen Staaten in ihren inneren Zusammenhängen und der Wirkung nach außen zu erfassen.

Lehrstoff *(siehe auch Nachtrag, Seite 298)*:

Der Kulturerdteil Europa (ohne Österreich): Einblick in die naturräumliche Ausstattung als Grundlage des Verständnisses für Wirtschaft und Gesellschaft. Charakterisierung ausgewählter Großräume. Der ländliche Lebensraum. Der städtische Lebensraum.

Die Nachbarstaaten Österreichs sowie Großbritannien und Frankreich. Vergleich der wirtschaftlichen Entwicklung einiger ausgewählter Staaten Europas (Sozialprodukt, Investitionsrate, Wachstumsrate, Zahlungsbilanz). Mobilität und Arbeitspotential; Gastarbeiterproblem. Die Wirtschaftssysteme europäischer Staaten (soziale Marktwirtschaft, Planifikation, Wohlfahrtsstaat, marktwirtschaftlicher Sozialismus, Zentralverwaltungswirtschaft eines Ostblockstaates). Der Außenhandel der europäischen Staaten. GATT. Ergebnisse und Probleme der wirtschaftlichen und politischen Integration Europas. OECD, EWG, EFTA; COMECON. Europas wirtschaftliche, politische und kulturelle Stellung in der Welt.

Lernstufe 3 (7. Klasse): 1 Wochenstunde

Österreich nach 1945. Die angeführten Stoffgebiete sollen in enger Zusammenarbeit zwischen dem Historiker und dem Geographen vermittelt werden. Die von der Seite des Unterrichtsfaches "Geographie und Wirtschaftskunde" abzudeckenden Lernziele und Lernstoffe wären:[6]

1. Lernziel (GWK):

a) Erwerb einfacher betriebswirtschaftlicher Kenntnisse.

b) Umfassende Kenntnis der österreichischen Wirtschaft und die Fähigkeit, die Probleme zu verstehen, zu analysieren und zu beurteilen.

Lehrstoff (GWK):

Der betriebliche Kreislauf. Standort, Rechtsformen und Zusammenschlüsse. Der Mensch im Betrieb (Organisation, Führungsstil, soziale Bedingungen). Finanzierungsformen und Bilanz, Investition, Kosten und Preise, Marketing, Absatzformen.

Grundlagen, Struktur und Proebleme der österreichischen Wirtschaft. Volkswirtschaftliche Gesamtrechnung. Wirtschaftssektoren (Produktionsfaktoren, Probleme und Entwicklungstendenzen): Land- und Forstwirtschaft; Bergbau, Industrie und Gewerbe; Dienstleistungen.

2. Lernziel (GWK):

Erlangung des Verständnisses für die wirtschaftspolitischen und die internationalen Beziehungen Österreichs und ihre Verflechtungen.

Lehrstoff (GWK):

Raumordnung und Umweltschutz.

Österreichische Wirtschaftspolitik: Interessenvertretungen, Ziele, Zielkonflikte, Sozialpartnerschaft. Ordnungs-, Wachstums-, Struktur- und Konjunkturpolitik, Budget und Budgetpolitik. Außenwirtschaft (Struktur und Strukturwandel). Zahlungsbilanz und Währung. Teilnahme an internationalen Wirtschaftsorganisationen (Notwendigkeit und Probleme). Die Stellung Österreichs in der Staatenwelt und Verpflichtungen aus der Neutralität.

---

[6] Dieser Satz wurde von den Herausgebern zum besseren Verständnis eingefügt.

Lernstufe 4 (8. Klasse): 1 Wochenstunde[7]

Die moderne Welt. Die angeführten Stoffgebiete sollen in enger Zusammenarbeit zwischen dem Historiker und dem Geographen vermittelt werden. Die von der Seite des Unterrichtsfaches "Geographie und Wirtschaftskunde" abzudeckenden Lernziele und Lernstoffe wären:[8]

1. Lernziel (GWK):

Erlangung der Fähigkeit, die politische, wirtschaftliche und soziale Bedeutung der beiden Supermächte zu erfassen und zu beurteilen.

Lehrstoff (GWK):

Die Sowjetunion und die Vereinigten Staaten als wirtschaftliche und politische Weltmächte; Gegenüberstellung der Wirtschaftssysteme, des Wirtschafts- und Machtpotentials. Probleme der Gesellschaftsordnung (z.B. Nationalitätenproblem, Rassenkonflikte u.a.).

2. Lernziel (GWK):

a) *Erlangung der Fähigkeit, Probleme der hochindustrialisierten Staaten in ihren inneren Zusammenhängen und deren Wirkungen nach außen zu erfassen.*

b) *Erlangung der Fähigkeit, Probleme der Entwicklungsländer in ihren inneren Zusammenhängen und Wirkungen nach außen zu erfassen.*

Lehrstoff (GWK):

Ergebnisse und Probleme der wirtschaftlichen und politischen Integration Europas (EWG, EFTA, COMECON, Europarat); Europas wirtschaftliche, politische und kulturelle Stellung in der Welt.

Merkmale und Probleme der Entwicklungsländer (die "Dritte Welt"). Bevölkerungsexplosion; Sozialstrukturen (Stammesgesellschaft und feudale Agrargesellschaft im sozialen Wandel); Ausstattung mit Produktionsfaktoren und deren Nutzung (Mangel an Investitions- und Bildungskapital, fehlende Infrastruktur). Private und genossenschaftliche Agrarformen, Bodenreform. Die Entwicklungsländer im Kräftefeld der Weltpolitik. Entwicklungshilfe.

1.2.2. Unverbindlicher Vorschlag einer Lehrstoffverteilung für das Wahlpflichtfach "Geographie"[9]

Der Lehrstoff wurde n i c h t nach Jahrgängen gegliedert. Der Lehrer hat aus den angegebenen Themen m i n d e s t e n s a c h t pro Jahr zu besprechen.

Die folgende Themenzusammenstellung ist kein geschlossener Lehrgang, sondern ein Auswahlangebot, aus dem Lehrer und Schüler die ihnen entscheidend erscheinenden Themen auswählen sollen.

Lernziele:

- *Vertiefung und Erweiterung physio- und humangeographischer Grundbegriffe.*
- *Erkennen wichtiger wirtschaftlicher, gesellschaftlicher und politischer Probleme mit Betonung geographischer Aspekte.*
- *Aneignung moderner sozial- und raumwissenschaftlicher Arbeits- und Darstellungsmethoden.*
- *Fähigkeit, diese Probleme kritisch zu beurteilen.*

---

[7] Das Modell III des Schulversuchs ist das einzige Modell, in dem "Geographie und Wirtschaftskunde" als Pflichtfach (!) auch in der 8. Klasse aufscheint. Vgl. dazu Übersicht und Erläuterungen im Beitrag von W. SITTE in diesem Buch, S. 31 - 34.

[8] siehe Anm. 6.

[9] zusammengestellt von einer Arbeitsgruppe von AHS-Lehrern im Jahr 1974.

Lehrstoffverteilung für das Wahlpflichtfach "Geographie"

Sachbereich: AKTUELLE RÄUME

Darstellung politisch und wirtschaftlich besonders aktueller Räume und Analyse ihrer Probleme.

Sachbereich: ARBEITSHILFE

Diagramm und thematische Karte als Forschungshilfe, Speicher und Vermittler von Erkenntnissen von Wissenschaft und Planung. Herstellung und Interpretation. Gebrauch - Mißbrauch.

Sachbereich: RAUMFORSCHUNG UND RAUMORDNUNG

Die städtische Siedlung

Stadtsanierung (Baulinie, Denkmalpflege, Grüngürtel). Siedlungswachstum, Ortszusammenlegung (Vor- und Nachteile), Eingemeindung in die Großstadt.

Der ländliche Raum

Begriff, Strukturwandel, Unterversorgung mit Diensten und Gütern, Verstädterung, Industrieneuansiedlungen.

Raumordnungsprobleme Österreichs

Räumliche, wirtschaftliche, gesellschaftliche, politische und rechtliche Voraussetzungen und Auswirkungen. Für den schulnahen Raum sollen diese Probleme in eigener Anschauung und durch eigene Studien (Feldstudien) erarbeitet werden, für andere Raumordnungsgebiete nach Unterlagen.
Themen: Verkehrsprobleme (Fußgängerzone, Stadtautobahnen, Umfahrungen); Wohnqualität (Altstadtsanierung, neue Wohngebiete); Erholungsräume; Hochwasserschutz usw.

Freizeitverhalten und Raumbedarf

Wechselbeziehung zwischen Landschaft und Fremdenverkehr; die Wandlung und die Inwertsetzung von Räumen; Tragfähigkeit einer Fremdenverkehrsregion.

Sachbereich: PROBLEME DER ENTWICKLUNG DER MENSCHHEIT

Die folgenden vier angeführten Themenkreise sollen in Zielrichtung auf die Unterrichtseinheit "Weltmodelle" behandelt werden.

Entwicklung der Weltbevölkerung

Volkszählung und ihre Methoden; Kritik am Quellenmaterial; Bevölkerungsbewegung (Geburtenrate, Sterberate, Geburtenbilanz, Wanderbilanz); Entwicklungstendenzen im Rückblick und im Vorausblick; Gesetzmäßigkeiten (Zyklentheorie).

Probleme der Welternährung

Gegenwärtige Situation. Voraussetzungen an Hand der Statistik und von thematischen Karten. Pessimistische und optimistische Ansichten (Malthus - Baade). Möglichkeiten der Vergrößerung und Verbesserung der Nahrungsmittelerzeugung. Erweiterung der Anbaufläche (Polar- und Trockengrenzen). Steigerung der Erträge (Pflanzenernährung, Saatgutverbesserung, Züchtung, Schädlingsbekämpfung, ...). Nahrungsreserven der Weltmeere. Nahrungs- und Genußmittel als Welthandelsgüter.

Die Rohstoff- und Energieprobleme

Rohstoff- und Energiereserven. Produktion - Verteilung - Verbrauch - Substitution - Preispolitik.

Die Bedrohung der Umwelt

Störung des ökologischen Gleichgewichtes durch den wirtschaftenden Menschen durch großflächige Verbauung und Zersiedelung. Industriekonzentrationen und ihre Folgen. Monokultur und Erosion. Technische Großbauten ... .

Weltmodelle

Weltmodelle als mögliche Entwicklungen bzw. Entscheidungshilfen, z.B. nach MEADOWS und MESAROVIC/PESTEL (Club of Rome - Berichte..).

Sachbereich: INDUSTRIE

Standortprobleme der Industrie

Beispiele aus Österreich und der Welt. Einführung in die Standorttheorien.

Übersicht und Vergleich der Industriepotentiale einzelner Räume

Probleme der Industrialisierung

Beispiele aus Ländern mit marktwirtschaftlichem System, mit Zentralverwaltungswirtschaft und aus Entwicklungsländern. Strukturpolitik und Regionalpolitik.

Das Industriepotential der Weltmächte

Sachbereich: WELTHANDELSGÜTER UND WELTHANDEL

Probleme des Welthandels und der Welthandels=
güter an einigen ausgewählten Beispielen.
Produktion - Verteilung - Preisgestaltung -
Handelsabkommen - politische Bedeutung.

Sachbereich: POLITISCHE GEOGRAPHIE

Wirtschafts- und Gesellschaftsstufen

Probleme, die sich aus dem räumlichen Neben=
einander von verschiedenen Wirtschafts- und
Gesellschaftsstufen ergeben.

Nationale, soziale und rassische Spannungsräu=
me

Nationalitäten- und Sprachenprobleme an ak=
tuellen Beispielen.

Die Weltreligionen

Wechselwirkungen von Lebensraum, Religion,
Wirtschaft und Politik.

Die Kraftfelder der Weltpolitik

Potential der Großmächte und Machtblöcke.
Internationale Beziehungen unter wirtschaft=
lichen, gesellschaftlichen und politischen
Aspekten der Gegenwart und Zukunft.

Das Problem der Grenzen und der Grenzziehung

Natürliche, künstliche, offene, geschlossene,
stabile, instabile, strategische, wirtschaft=
liche usw. Grenzen. Grenzen als Konfliktzo=
nen.

Sachbereich: DIE UMWELTWAHRNEHMUNG DER MEN=
SCHEN

Menschliche Aktivität und wahrgenommene Um=
welt. Gruppenspezifische Umweltansicht (z.B.
das Image einer Stadt und ihrer Teile in den
Augen der Einheimischen, der Zugezogenen und
der Touristen). Das Bild einer Region in der
Fremdenverkehrswerbung, der Heimatliteratur
und dem Schulbuch.

Sachbereich: VORBEREITEN EINER AUSLANDSREISE

Nach Anleitung schriftliche Ausarbeitung etwa
nach folgenden Gesichtspunkten: Ziele, Wün=
sche, Möglichkeiten, amtliche Voraussetzungen
(Paß, Visum, Impfung), Grenzformalitäten,
Verkehrsmittel, Reiseroute, Informationen über
das Land (Klima, Krankheiten, Lebensgewohn=
heiten, Sprache, politische Verhältnisse, Wäh=
rung, kulturelle und andere Sehenswürdigkei=
ten), Ausrüstung und voraussichtliche Kosten.

1.2.3. Unverbindlicher Vorschlag einer Lehrstoffverteilung für das Wahlpflichtfach "Wirt= schaftskunde" [10)]

Der Lehrstoff wurde n i c h t nach Jahrgängen
gegliedert. Der Lehrer hat aus den angebotenen
Themen m i n d e s t e n s a c h t pro
Schuljahr zu besprechen.

Lernziele:

- *Wiederholende Zusammenfassung und Ergänzung
  wesentlicher wirtschaftskundlicher Grund=
  begriffe aufbauend auf den im Unterricht
  erworbenen Kenntnissen.*
- *Vertieftes Verständnis für das Betriebs=
  leben und die Probleme der österreichischen
  Volkswirtschaft und der Weltwirtschaft.*

Sachbereich: AKTUELLE PROBLEME

Erörterung anfallender wirtschaftlicher Prob=
leme von Bedeutung.

Sachbereich: VOLKSWIRTSCHAFTSLEHRE

Grundbegriffe der Wirtschaft

Wiederholung und Ergänzung: Bedürfnisse -
Produktionsfaktoren - Investieren.

Wirtschaftskreislauf (Güter und Leistungen)

---

10) zusammengestellt von einer Arbeitsgruppe
von AHS-Lehrern im Jahr 1974.

Lehrstoffverteilung für das Wahlpflichtfach "Wirtschaftskunde"

Funktionen und Formen des Marktes

    Angebot und Nachfrage, Lohn und Preis, Güter-, Kapital- und Arbeitsmarkt.

Preis und Preisbildung

    Kosten, Elastizität, Marktpreis, Monopolpreis, dekretierte Preise.

Geld

    Formen des Geldes, Geldschöpfung, Geldwert, Inflation, Deflation, Währung, Kreditinstitute und ihre Funktion, Formen der Zahlung.

Volkswirtschaftliche Gesamtrechnung

    Bruttonationalprodukt, Nettonationalprodukt, Volkseinkommen, Güter- und Leistungsvolumen.

Außenwirtschaft

    Internationale Arbeitsteilung, Kostenvorteile, Formen des Außenhandels, Handels- und Zahlungsbilanz.

Wirtschaftsordnungen

    Zentralistische Planwirtschaft, Rahmenplanung, Marktwirtschaft und Mischformen.

Sachbereich: BETRIEBSWIRTSCHAFT

Die folgenden Themen sollen in Verbindung mit Betriebsexkursionen erarbeitet werden.

Betriebsgründung

    Bedarfsdeckung als Betriebsziel, Marktforschung und Marktanalyse, Standortwahl.

Rechtsform und Finanzierung

    Unternehmen - Betrieb - Firma, Unternehmensformen (Einzelunternehmen, Personen- und Kapitalgesellschaft), Unternehmenszusammenschlüsse; Formen der Finanzierung (Eigenkapital, Fremdkapital, Kredit, Anleihe, usw.).

Produktion und Leistungserstellung

    Betriebsorganisation (Gliederung eines Betriebes), Arbeitsvorbereitung, arbeitsintensive und kapitalintensive Produktion, Automation.

Betriebliches Rechnungswesen

    Kalkulation, Kostenrechnung, Erkennen der Liquidität, Rentabilität, Kapitalintensität, Arbeitsintensität an Hand eines Jahresabschlusses.

Steuerwesen

    Arten der Steuern, Steuerprogression, Abschätzungen und Abgaben, Steuerausgleich.

Zahlungsverkehr und Bankverbindungen

    Forderungen und Verbindlichkeiten, Arten der Zahlungen.

Arbeitnehmer im Betrieb

    Lohn - Lohnarten - Lohnnebenleistungen, Sozialleistungen und Sozialpolitik im Betrieb, Mitbestimmung im Betrieb (Vergleich Groß- und Kleinbetrieb), Arbeitsrecht.

Marktbeziehungen

    Einkauf, Absatz, Vertriebsformen, Marketing, Werbung, Auslandsbeziehungen eines Betriebes (Kapital, Lizenzgebung, Import, Export).

Betrieb in der Krisensituation

    Ursachen (betriebs-, volks-, weltwirtschaftlich), Auswirkungen (Absatz, Produktion, Zahlungsfähigkeit, Personal), mögliche Rechtsfolgen (Konkurs, Ausgleich).

Sachbereich: WIRTSCHAFTSPOLITIK

Statistik als Grundlage

    Formen der Statistik (absolute und relative Darstellung, Tabelle, Diagramm, Index) an Hand aktueller Beispiele, Interpretationen (Objektivität und Verfälschung), Planung in der Wirtschaft.

Vergleich der Wirtschaftsordnungen der Gegenwart

    Ziele, Maßnahmen, Probleme, soziale Grundlagen und Auswirkungen.

Strukturwandel der Wirtschaft

    Der Wandel der Gesamtwirtschaft und in den einzelnen Sektoren an Beispielen (Österreich, ein Industriestaat und ein Entwicklungsland).

Allgemeine Ziele und Träger der Wirtschaftspolitik

    Vollbeschäftigung, Geldstabilität, Wirtschaftswachstum, Staat und Sozialpartner.

Währungspolitik

    Innere Währungspolitik, Geldwertstabilität, Inflation, Deflation, Folgen und Lösungsversuche.

Äußere Währungspolitik

Währungssysteme in Ost und West, Geschichte und Probleme, Außenwert der Währung (Auf- und Abwertung und ihre Folgen), Zahlungsbilanz.

Vollbeschäftigung

Konjunktur, Arbeitsmarkt, Konjunkturpolitik (Möglichkeit und Grenzen), Arbeitsmarktprobleme (Bildungswege, Umschulung, Arbeitszeit, Gastarbeiter).

Wirtschaftswachstum

Wachstumspolitik, Strukturpolitik (Raumordnung, Landesplanung, Subventionen), Grenzen der Wachstumspolitik (Zielkonflikte).

Einkommenspolitik

Das Problem des "gerechten" Einkommens, Formen der Einkommensumverteilung, öffentliche Sozialleistungen.

Budget und Budgetpolitik

Bundes-, Landes und Gemeindebudget, Einnahmen - Ausgaben, Ziele und Maßnahmen der Budgetpolitik.

Internationale Wirtschaftspolitik

Bilaterale und multilaterale Wirtschaftsbeziehungen (Handel, Währung, Arbeitskraft, multinationale Gesellschaften), internationale Organisationen.

2. Grundkonzept für einen neuen Oberstufenlehrplan (AHS)

Grundkonzept eines neuen Oberstufenlehrplans für die Allgemeinbildenden Höheren Schulen (AHS) in Österreich. Ein Diskussionsbeitrag zur Reform der Geographielehrpläne in Österreich. -

Erarbeitet am Geographischen Institut der Universität Wien im Rahmen eines fachwissenschaftlich - fachdidaktischen Seminars an der Lehrkanzel Prof. Troger im Wintersemester 1974/75.

Entwurf: Wolfgang SITTE, Helmut WOHLSCHLÄGL und Wolfgang RERYCH.

Die Erstellung von Lernzielkatalogen und Unterrichtshinweisen zu den einzelnen Kursen ist zur Zeit gerade im Gange.

5.KLASSE (9.SCHULSTUFE)	*1. Kurs:* LANDSCHAFTSÖKOLOGIE UND UMWELTSCHUTZ *(5.Klasse, 25 %)* Globale Überblicke in Form von Profilen, Wirkungsanalyse des Naturhaushalts mit Schwerpunkt der Auswirkungen menschlicher Eingriffe. *2. Kurs:* ANALYSE VON PROBLEMEN DER RAUMORDNUNG UND RAUMPLANUNG AM BEISPIEL ÖSTERREICH *(5. Klasse, 75 %)* unter besonderer Betonung sozialgeographischer und regionalökonomischer, sowie politischer Aspekte und der durch die raumwirksame Tätigkeit von Gruppen ausgelösten Interessenkonflikte in der Raumnutzung.

6.KLASSE (10.SCHULSTUFE)	3. *Kurs:* DER URBANISIERUNGSPROZESS *(6. Klasse, 75 %)* Historische Stadtentwicklung und weltweite Verstädterung, bauliche, soziale und wirtschaftliche Stadtstruktur, Stadt-Umland-Beziehungen, städtische Hierarchien, Aktionsfelder in der Stadt, Land-Stadt-Wanderung, Stadtplanungsprobleme. Theorien, Modelle, Diskussionen und Konfrontationen. Städtische Lebensform, Umweltprobleme. Stadt und Land und ihr Verhältnis zueinander. 4. *Kurs:* BEVÖLKERUNGSWACHSTUM UND VERSORGUNGSPROBLEME *(6. Klasse, 25 %)* Das Weltbevölkerungswachstum und seine Theorien, Methoden der Bevölkerungsermittlung, Welternährungsprobleme, existentielle Versorgungsprobleme (Rohstoffe, Energie), Prognosen und Zukunftsmodelle.
7.KLASSE (11.SCHULSTUFE)	5. *Kurs:* ZUM PROBLEM DER ENTWICKLUNGSLÄNDER *(7. Klasse, 40 %)* Strukturen der Unterentwicklung, Phasen der Wirtschafts- und Gesellschaftsentwicklung, aktuelle Reform- und Entwicklungsprobleme, Entwicklungshilfe. Fallbeispiele: Kulturerdteil Orient oder Lateinamerika.[11)] 6. *Kurs:* WELTMÄCHTE UND MACHTBLÖCKE - HEUTE UND MORGEN *(7. Klasse, 60 %)* wirtschaftliche, gesellschaftliche und politische vergleichende Analyse der USA, der UdSSR und Chinas, sowie bedeutender Machtblöcke (EG, OPEC-Staaten, Japan ..).
WAHLPFLICHTFACH GEOGRAPHIE 7. ODER / UND 8. KLASSE (11. BIS 12. SCHULSTUFE)	*VORSCHLAG FÜR EINIGE KURSTHEMEN:* *Kurs:* RAUM- UND WIRTSCHAFTSKONFLIKTE DER GEGENWART Dieser Kurs kann auch auf die Klassen 5 - 8 aufgeteilt und den aktuellen Erfordernissen angepaßt werden. Jeweils aktuelle Fallstudien. Themenbeispiele: Minderheitenprobleme, Probleme der Grenzen, Beharrungsräume im Umbruch, Kommunalstrukturreform etc. *Kurs:* EINFÜHRUNG IN ELEMENTARWISSENSCHAFTLICHE ARBEITSMETHODEN DER GEOGRAPHIE mit eigener Feld-, Quellen- oder Literaturarbeit. Schülerprojekte im Schulort. *Kurs:* EINFÜHRUNG IN AKTUELLE FORSCHUNGSBEREICHE DER WISSENSCHAFTLICHEN GEOGRAPHIE z.B. Einführung in einfache quantitative Methoden, Umweltwahrnehmung (Perzeption), Diffusionsforschung, räumliche Aktionsfelder, Wanderungsforschung, Stadtforschung, Landschaftsökologie etc.

---

11) vgl. dazu den Beitrag von H.WOHLSCHLÄGL und H.LEITNER in diesem Buch: "Der Kulturerdteil Orient als Lebensraum. Ein lernzielorientiertes thematisches Unterrichtsmodell für die 5. Klasse der AHS (9.Schulstufe). S. 187 - 242.

NACHTRAG ZUM ANHANG:

Die folgenden Ergänzungen zu den Schulversuchs-Lehrstoffverteilungen langten erst nach Abschluß des Gesamtmanuskripts ein und können daher nur mehr in einem Nachtrag gebracht werden:

Zu Kapitel 1.1.2 (LERNZIELBEISPIELE ZU UNTERRICHTSEINHEITEN AUS GW 5, GW 6 UND GW 7, Seite 279 - 281) gehört die Ergänzung:

LERNZIELBEISPIELE ZU UNTERRICHTSEINHEITEN AUS GW 8

GW 8: 2. Unterrichtsabschnitt; Leitthema:
WIR VERGLEICHEN DIE USA MIT DER UdSSR

Unterrichtseinheit 2.2.2.: Organisationsformen der Industrie und des Handels

- *Am Beispiel eines Großunternehmens Organisation, Produktionsweise und Besitzverhältnisse der Industrie in den USA erläutern*
- *am Beispiel eines Kombinats Organisation, Produktionsweise und Besitzverhältnisse der sowjetischen Industrie erläutern*
- *Gemeinsamkeiten und Unterschiede in der Verteilung von Gütern und Dienstleistungen in den USA und in der UdSSR feststellen.*

Unterrichtseinheit 2.2.3: Kapitalistische Marktwirtschaft - kommunistische Zentralverwaltungswirtschaft

- *Anhand von Texten und Graphiken die Grundzüge der kapitalistischen Markwirtschaft und der kommunistischen Zentralverwaltungswirtschaft beschreiben und ihre Funktionen ableiten*
- *Gemeinsamkeiten und Unterschiede der beiden Systeme herausarbeiten*
- *Pro- und Kontra-Aussagen zu den beiden Systemen vergleichen und mit sachlichen Argumenten dazu Stellung nehmen.*

Unterrichtseinheit 2.2.4.: Wer lenkt die Wirtschaft und den Staat ?

- *An ausgewählten Beispielen den Einfluß von Interessengruppen auf Staat und Wirtschaft in den USA zeigen*
- *An ausgewählten Beispielen den Einfluß der KPdSU auf Staat und Wirtschaft zeigen*
- *Unterschiede zwischen den programmatischen Zielvorstellungen und der Realität in beiden Staaten herausarbeiten.*

Nachtrag zum Anhang

GW 8: 3. Unterrichtsabschnitt; Leitthema:
DIE "DRITTE WELT"

Unterrichtseinheit 3.1.: B e v ö l k e =
r u n g s w a c h s t u m

- *Anhand von Graphiken die Bevölkerungsent=
wicklung in Ländern der Dritten Welt be=
schreiben*
- *Ursachen und Folgen des starken Bevölke=
rungswachstums aus Texten und Bildern he=
rausfinden und erklären*
- *Maßnahmen der Geburtenkontrolle und ihre
Auswirkungen erläutern.*

Unterrichtseinheit 3.2.: H u n g e r - U n =
t e r e r n ä h r u n g

- *Den Nahrungsmittelverbrauch in Entwicklungs-
und Industrieländern vergleichen sowie den
"Hungergürtel" der Welt feststellen*

- *Bevölkerungswachstum, landwirtschaftliche
Erzeugung, Entwicklungsstand der Produkti=
onsmethoden und Ernährungssituation in Be=
ziehung setzen und daraus Schlüsse ziehen*
- *Schwierigkeiten bei der Verbesserung land=
wirtschaftlicher Produktionsweisen beispiel=
haft aufzeigen und begründen.*

Unterrichtseinheit 3.3.: B.e s i t z v e r =
t e i l u n g - G e s e l l s c h a f t s =
s t r u k t u r

- *An einem ausgewählten lateinamerikanischen
Staat die Verteilung von Armut und Reichtum
auf die Bevölkerungsschichten darstellen*
- *die wichtigsten Ursachen dieser ungleichen
Verteilung angeben*
- *Möglichkeiten zur Änderung der Besitzver=
teilungsstruktur nennen und deren Auswirkun=
gen auf die Wirtschafts- und Gesellschafts=
struktur erörtern und beurteilen.*

Ergänzung zu Kapitel 1.2.1 (PFLICHTFACH "GEOGRAPHIE UND WIRTSCHAFTSKUNDE": LEHRPLANENTWÜRFE FÜR DIE 3 MODELLE DES SCHULVERSUCHS, Seite 282 - 290).

Diese Ergänzung wurde durch eine fehlerhafte Quellengrundlage (Quelle: siehe Anm. 2, S. 282), aus der diese Lehr=
planentwürfe übernommen worden sind, notwendig.

zu ergänzen ist folgender Text:

Österreich: Einblick in die physiogeographischen Grundlagen des östereichischen Raumes: Die
Großlandschaften und ihre charakteristischen Merkmale.
Dynamik der östereichischen Bevölekrungs- und Sozialstruktur und ihre Ursachen.
Der ländliche und der städtische Lebensraum in Österreich.

Dieser Text ist einzufügen:

a) auf Seite 284, *Lernstufe 3 (7. Klasse)*, nach dem Wort "*Lehrstoff*" und vor "*Der betriebliche Kreislauf*".
b) auf Seite 289, *Lernstufe 2 (6. Klasse)*, am Ende der Angaben zu dieser Lernstufe und vor dem Wort "*Lernstufe 3*".

SACHREGISTER:

Abstraktionsgrad, -niveau (von Lernzielen) 19, 74, 127, 204-205

"activity" (Aktivität, im HSGP) 128, 129, 130, 131, 132, 134, 135, 136, 138, 139, 141

affektive Lernziele, *siehe* Lernziele, affektive

affirmative Lernziele, *siehe* Lernziele, affirmative

AHS, *siehe* allgemeinbildende höhere Schule

Aktivitätsanalyse 138-139

Aktivitätsphase (des Schulpraktikums) 75, 81-82

A-level-Prüfung (Großbritannien) 156, 157, 160

"Allgemeine Unterrichtslehre" (Vorlesung) 55

allgemeinbildende höhere Schule:
- *allg.* 31, 57, 58, 59, 74, 112, 196-197
- *Oberstufe* 13, 31-34, 68, 95, 164, 170, 177, 179, 187, 188, 190, 192, 194, 195, 196, 197, 198, 208, 243, 246, 247, 272-274, 282-294
- *Unterstufe* 35-43, 102, 107, 164, 196, 208, 269-272, 275-281

Allgemeine Geographie, *siehe auch* Geographie, 101, 103-105, 126, 163, 166-167, 171, 172, 173, 174, 176, 180, 181, 272, 273

allgemein-geographische Sachkategorien, *siehe* Kategorien

allgemien-pädagogische Ausbildung, *siehe* Ausbildung, allgemein-pädagogische

Arbeit "vor Ort" 102, 103, 195

Arbeitsblätter 21, 38, 39, 40, 68, 216, 247

Arbeitsbuch, *siehe auch* Lehrbuch, 109, 201

Arbeitsgemeinschaft "Geschichte und Sozialkunde, Geographie und Wirtschaftskunde" 93-94, 273-274

Arbeitsgruppen-Projekt Phase (des Seminarversuchs) 64, 65

Arbeitsheft, *siehe auch* Medienverbund, 110

"Arbeitslehre" (Unterrichtsfach) 17

Arbeitsmaterialien, *siehe* Unterrichtsmittel

Arbeitsmethoden,
- *der Fachdidaktik* 50
- *der Geographie* 14, 23, 24, 125, 133, 134, 147, 157, 181, 195, 197

Arbeitsmittel, *siehe* Unterrichtsmittel, Medien

Arbeitsschwerpunkt "Geographie" 94

Arbeitsunterricht 19, 20, 109, 191, 271

Arbeitsweisen der Geographie, *siehe* Arbeitsmethoden

Atlas, *siehe* Schulatlas

audio-visuelle Hilfsmittel, *siehe* Medien, Film, Tageslichtprojektor

Aufbautransparent 109

Ausbildung:
- *künftiger AHS-Lehrer (Lehramtsausbildung)* 14, 45-82, 96, 97-98
- *allgemein-pädagogische A.* 46, 55-56, 58, 59, 61, 69, 73
- *fachdidaktische A.* 45-82
- *schulpraktische A.* 57, 58, 61, 72
- *siehe auch* Schulpraktikum

Ausbildungskonzept, fachdidaktisches (neues, reformiertes) 45, 55, 59, 60, 61, 63, 73-82

Ausbildungsplan, fachdidaktischer, *siehe auch* Ausbildungskonzept, 75

Ausbildungsversuche, hochschuldidaktische (Beispiele) 63-69, 69-72

Ausbildungsziel 16, 54, 138, 148, 206, *siehe auch* Bildungsziel

Begleitseminar (zum Schulpraktikum) 60, 75, 76, 78-79, 81, 82

Behaviorismus 202, 203

Belgien 145

Beobachtungsphase (des Schulpraktikums) 75, 78, 81

Berliner Lehrplanentwurf für "Politische Weltkunde" 91-94

"Besondere Unterrichtslehre" (Vorlesung) 57

Bewältigung von Lebenssituationen, *siehe* Lebenssituationen

Bezugsfach (für das Schulfach "Geographie"), *siehe* Bezugswissenschaften

Bezugsraster (länderkundlicher), Bezugssystem, Ordnungssystem, Orientierungsraster 37, 192

Bezugswissenschaften, - *allg.* 52
- *des Schulfaches "Geographie"* 14, 52, 79, *siehe auch* Fachwissenschaft

Bildungsauftrag 11, 89, 91

Bildungshochschule Klagenfurt 55, 97

Bildungsideal 87, 170

Bildungsinhalt 189, *siehe auch* Unterrichtsinhalt

Bildungsreform 16

Bildungswert 190

Sachregister

Bildungsziel(e), *siehe auch* Ausbildungsziel, Unterrichtsziel, 38, 54, 87, 89, 90, 122, 123, 124, 126-127, 190, 191, 198, 204, 269, 272, 282

Bundesrepublik Deutschland (BRD), *siehe auch* Schulgeographie in der BRD (Überblicke), 23, 24, 26, 46, 48, 54, 56, 68, 79, 80, 89, 92, 96, 101, 107, 108, 109, 110, 112, 141, 142, 143, 145, 148, 164, 172, 174, 181, 189, 192, 194, 200, 203, 243, 244

Certificate of Secondary Education (CSE) 155-156, 157

conceptual geography, *siehe auch* thematisches Unterrichtskonzept, 23, 121, 124, 125-126, 139, 143

Curriculum 15-17, 36, 48, 53, 69, 75, 77, 121, 126, 150, 151, 170, 171, 179, 181, 199, 203, 204f., 206

Curriculumbewegung 15-17, 108, 126

Curriculumentwicklung, *siehe* Curriculumkonstruktion

Curriculumforschung 46, 51, 54, 65, 76, 89, 122, 170, 202, 203

Curriculum-Forschungs-Projekt 24, 68, 69, 140, 142, *siehe auch* HSGP, RCFP

Curriculumkonstruktion 16, 68, 204

Curriculumplanung 170, 177, 181

Curriculumreform, -revision 17, 189

Curriculumsarbeit 16, 151

Curriculumspirale 26

Curriculumstrategie 204

Curriculumtheorie 17, 56, 79

Deduktionsproblem (der Lernzielfindung) 204

Deutsche Demokratische Republik (DDR) 30

Didaktik, - *allg.* 50, 51, 54, 63, 65, 79, 80, 108, 112, 170, 204
 - *Didaktik der Geographie*, *siehe* Fachdidaktik

didaktische Analyse (KLAFKI) 189, 205

didaktisches Strukturgitter (BLANKERTZ) 16, 17, 24

didaktisches Strukturmodell (HEIMANN) 205

discovery learning, *siehe auch* Lernen, entdeckendes, forschendes, 121, 127, 133, 136-138, 139

"Dreimal um die Erde" (Lehrbuch) 103, 178

Earth Science Curriculum Project 123

"Economics" (Unterrichtsfach) 31, 155

Eingangsvoraussetzungen 70, 206, 208-209

Einheit der Geographie 15, 54, 164

Einsichten, *siehe* Grundeinsicht

Einstieg (in den Unterricht, Problematik) 211

Einzelbilder (der Landschaft, der Umwelt), *siehe* erdkundliche Einzelbilder

Elementargeographie, *siehe auch* Geographie, wissenschaftliche; Allgemeine Geographie, 166, 167

empirische Unterrichtsforschung 48, 49, 51, 75, 79, 143

England, *siehe* Großbritannien

englisches Schulsystem 145-146, 156-160

entdeckendes Lernen, *siehe* Lernen, entdeckendes

Entscheidungslernen, *siehe* Lernen, Entscheidungslernen

Entscheidungsspiel 20, *siehe auch* Spiele (im Unterricht)

Entwicklungspsychologie 50, 56, 79

Erdkunde, *siehe auch* "Geographie" (Unterrichtsfach); Schulgeographie, 11, 52, 90-91, 103, 176, 192

erdkundliche Einzelbilder 37, 103, 177, 178, 179

"Erwähnungsgeographie" (SCHULTZE) 36, 189, 190

Erziehungswissenschaft 15-22, 46, 49-53, 54, 55, 59, 63, 66, 70, 72, 74, 75, 76, 77, 78, 79, 81, 170, 189, 190, 203

essay-type question 158, 159, 160

Evaluierung (Evaluation) 48, 67, 70, 78, 206

exemplarisches Prinzip, *siehe auch* Fallbeispiel, 171, 177, 178-179, 188

exemplarische Stoffauswahl 12, 172, 192, 198, 199, 272, 274

fachbestimmtes Hauptlernziel, - *allg.* 18, 108, 188, 204, 205, 207, 244-247
 - *Beispiele:* 188-189, 214, 248-251, 252, 254, 256, 257, 259, 262, 264

Fachdidaktik, - *allg. und der Geographie* 34, 35, 47, 48, 49-53, 58, 60, 61, 62, 63, 65, 66, 67, 68, 69, 72, 74, 77, 78, 79, 80, 81, 82, 98, 101, 110, 121, 142, 143, 145, 170, 187, 194, 197, 202, 204, 209, 211
 - *der Geschichte* 50, 69-72
 - *empirisch-analytische Fachdidaktik* 47-48, 49
 - *normative Fachdidaktik* 48

fachdidaktisch-fachwissenschaftliche Projektarbeit 63, 65-67, 68, 75, 76, 77-78, 80, 81

fachdidaktische Ausbildung 45-82

"Fachdidaktische Übungen" (Lehrveranstaltung) 75, 76-77, 78, 80, 81, 82

fachdidaktischer Lehrversuch, Beispiele: 63-69, 69-72

"Fachdidaktisches Seminar" (Lehrveranstaltung) 58, 61, 63, 75, 76, 79

Fachwissenschaft, *siehe auch* Geographie, wissenschaftliche; Bezugswissenschaft, 34, 35, 47, 49-53, 57, 60, 61, 62, 66, 72, 73, 74, 75, 76, 77, 78, 79, 124, 126, 143, 157, 170, 189

fachwissenschaftlich-fachdidaktischer Seminarversuch (am Geographischen Institut der Universität Wien) 63-69, 73, 198, 294

fächerübergreifendes Prinzip 90

Fakten, Faktenlernen, -aufzählung, -akkumulation, Faktenwissen (rezeptives) 24, 28, 32, 36, 38, 54, 94, 121, 125, 133, 140, 147, 149, 150, 151, 154, 156, 158, 159, 171, 176, 181, 188, 189, 190, 191, 199, 200, 205, 244

Fallbeispiel, *siehe auch* exemplarisches Prinzip, 78, 102, 108, 132, 147, 157, 160, 175, 208, 211, 244, 245, 246

Sachregister

Feinlernziel, Feinziel, – *allg.* 18, 66, 69, 108, 127, 188, 205, 207, 211, 244
 – *Beispiele:* 215-235

Feinstlernziel 108, 171, 244

Feldarbeit 103, 139, 150, 153-155, 157, 160

Film (im Unterricht) 20, 110, 132, 216, 217, 224, 226, 231, 271

forschendes Lernen, *siehe* Lernen, forschendes

Forschungsansätze, -trends, – *der Geographie* 15, 23, 67, 68, 126, 164, 167, 191, 195, 197
 – *der Erziehungswissenschaft* 15, 50

Forschungs- und Entscheidungsmethode (HSGP) 133, 136-137

Forschungstechniken der Fachdidaktik 50

frame 21

Freiheit der Lehre 55

Frontalunterricht, *siehe auch* Unterrichtsmethoden, 19, 33, 54, 55, 63, 201

Ganzheit, Ganzheitsanspruch, Totalität 14, 90, 158, 163, 167, 199

"Gegenwartskunde" (Unterrichtsfach) 65, 74, 87, 272, 282

Geländearbeit (im Rahmen des Unterrichts), *siehe* Feldarbeit

"Gemeinschaftskunde" (Unterrichtsfach) 65, 87, 89-94

General Certificate of Education (GCE) 156-157, 159, 160

Geographie
 – Geographie, geographisch, *allg.: siehe Anmer= kung 1)*
 – Allgemeine G., *siehe* Allgemeine Geographie
 – Angewandte G. 95, 168
 – *siehe auch* conceptual geography
 – Einheit der Geographie 15, 54, 164
 – wissenschaftliche Geographie, *siehe auch* Fach= wissenschaft; Länderkunde; Landschaftskun= de; Quantifizierung etc., 14-15, 22, 23, 28, 30, 34, 50, 51, 52, 67, 94, 101, 122, 123, 125, 126, 164-169, 170, 180, 181, 191, 197

"Geographie" (Lehrbuch) 101-112, 115-116, 126, 171, 192, 196

"Geographie" (Unterrichtsfach, Schulfach), *siehe auch* Schulgeographie; Erdkunde, 11, 22-31, 37, 49f., 51-53, 69, 78, 82, 88, 94, 95, 97, 136, 143, 146, 155, 156, 158

"Geographie" (Wahlpflichtfach im Schulversuch) 31, 32, 34, 290-292

"Geographie und Wirtschaftskunde"
 – *Unterrichtsfach, allg.* 11-14, 34, 45ff., 49ff., 53, 65, 69, 72, 74, 76, 77, 79, 80, 95, 198, 247, 269-274, 275, 282
 – *Lehrplan (allg.-bildende höhere Schule)* 269-274
 – *Schulversuch* 31-43
 – *Lehrpläne bzw. Lehrstoffverteilungen im Schulver= such* 275-294, 297-298
 – *Studienordnung, Studienzweig, Studienplan* 57, 62, 73, 75

Geographiedidaktik, *siehe* Fachdidaktik

Geographielehrer-Ausbildung, *siehe* Ausbildung

Geographielehrer-Fortbildung, *siehe* Lehrerfortbildung

Geographieunterricht 9, 13, 22, 24, 26, 35, 36, 38, 39, 67, 76, 77, 82, 110, 121, 122, 123, 124, 125, 133, 138, 139, 140, 141, 142, 143, 145, 146, 148, 149, 151, 152, 164, 170, 171, 174, 176, 177, 178, 179, 181, 187, 189, 190, 191, 192, 193, 194, 197, 198-201, 204, 243, 247, 271, 282

Geographisches Institut der Universität Wien 46, 61, 63-69, 73, 74, 294

"Geography in an Urban Age" (HSGP) 124, 128-132, 140

Geoökosystem 15

Geosphäre(nkomplex) 163, 165, 166, 167, 172, 179, 182

Gesamtcurriculum, *siehe auch* Curriculum, 204

Gesamtschule, *siehe auch* Schule der 10-14-Jährigen, 35, 56, 94-95

"Geschichte" (Unterrichtsfach) 50, 69-72, 90, 91, 94, 95, 96, 97, 98, 122, 155, 156, 289

"Gesellschaftskunde" (Unterrichtsfach) 65, 87, 123

"Gesellschaftslehre" (Lernbereich) 94, 96

gesellschaftliche Anforderungen (an das Schulfach, an die Schule) 189, 190, 191, 206

Gesellschaftsrelevanz 14, 54, 174, 191, 195

gesellschaftswissenschaftliches Aufgabenfeld 91

Gesetze:
 – Bundesgesetz für geisteswissenschaftliche und na= turwissenschaftliche Studienrichtungen 1971 58-61, 71, 73, 74
 – Schulgesetz 1962 11
 – 4. Schulorganisationsgesetz-Novelle 31, 34

Groblernziel, Grobziel, – *allg.* 18, 69, 107, 108, 204, 205, 244
 – *Beispiele:* 248-251, 251-265

Großbritannien 15, 28, 49, 68, 96, 139, 141, 145, 147, 148, 149, 150, 151, 153, 155, 156, 158, 160, 163, 164, 189, *siehe auch* Schulgeographie in Großbritannien

großraumspezifische Betrachtungsweise 34, 188, 194-197, 198, 208

Grunddaseinsfunktionen (Daseinsgrundfunktionen) 37, 105, 106, 126, 171, 174-176, 177, 191, 243, 244, 245, 247

Grundeinsicht (übertragbare, fundamentale) 25, 29, 34, 37, 39, 65, 102-104, 126, 128f.,131, 134, 172, 176, 177, 178, 179, 181, 188, 190, 191, 192, 194, 195, 196, 200, 201, 205, 206, 208, 211, 244

Grundkurs, *siehe auch* Kurse; Kurssystem, 24, 91, 93

Gruppenarbeit 19, 25, 68, 135, 155

"Gruppen-Projekt" (fachdidaktisch-fachwissenschaftliche Projektarbeit) 75, 76, 77-78

Gruppenunterricht 70

Handlungsziel 16

Hauptlernziel, – *allg.* 23, 69, 110, 171, 187, 205, 207
 – *Beispiele:* 212-236

Hierarchisierung von Lernzielen, *siehe* Lernzielhierar= chisierung

"High School Geography Project" (HSGP) 22-23, 24, 30, 65, 77, 121-143, 145, 160, 171, 194

---

1) dieses Stichwort wurde wegen seines häufigen Vorkom= mens im Buch in das Sachregister nicht mit Seitenan= gaben aufgenommen.

Sachregister

High Schools (USA) 121, 122, 123, 124, 140

Hospitationen (in Schulen) 57

HSGP, *siehe* High School Geography Project

Hypothesenbildung, -formulierung (im Unterricht) 127, 134, 135, 139, 151, 153, 154, 195

Identifikations- und Simulationsmethode (HSGP) 133, 137-138

idiographisch 14, 125, 163, 166, 167, 168, 169, 175, 178, 179, 180, 181

Image (der Geographie) 82, 122, 123

Impulsfilm 20

Informationsphase (des Seminarversuchs) 63, 64, 65, 67, 68, 109

Informationswissen, *siehe* Faktenwissen

Inhalte, neue; inhaltliche Neugestaltung (der Schulgeo= graphie, der Geographielehrpläne), *siehe auch* Schulgeographie "neue"; thematisches Konzept; Unter= richtsinhalte, 27, 121, 174, 191, 195-197, 211, 243, 275-296

Innovationen, - *innerhalb der Schulgeographie* 14, 19, 30, 145
- *erziehungswissenschaftliche I.* 15-22

Inquiry and decision making method (HSGP) 133, 136-137

instrumentale Lernziele, *siehe* Lernziele, instrumentale

instrumentelle Fertigkeiten 95

Integrationsfächer, *siehe auch bei den einzelnen Fä= chern,* 48, 89-95, 155-156, 191

Integrierte Gesamtschule 35

Interessengruppen, außerschulische 12, 170

Joint Committee on Education 123

Katalog(e), *siehe* Lernzielkatalog; Unterrichtsthemen (Themenkatalog); Sachkatalog; topographischer Kata= log

kategoriale Erdkunde 126

Kategorien, allgemein-geographische Sachkategorien 147, 160, 171-174, 191, 208

Kategoriengruppen (SCHULTZE) 105, 126, 173, 196, 243

Kategorienraster (BIRKENHAUER) 24

Kognitation 109

kognitive Lernziele, *siehe* Lernziele, kognitive

Kollegstufe 24, 52, 189

Kommunikationsprozesse (Erforschung, Konstruktion) 47, 48

Kommunikationswissenschaft 50

Konferenzspiel, *siehe* Spiele (im Unterricht)

Konflikte, Konfliktcharakter, Bewußtmachung von Konflikt= situationen im Raum 14, 24, 36, 37, 88, 131, 151, 176, 179, 191, 194, 195, 196, 200, 247

konzentrisches Konzept, Prinzip der konzentrischen Krei= se 12, 26, 102, 147, 149

Konzepte, neue:
- Konzept einer reformierten fachdidaktischen Ausbil= dung 47, 55, 59, 60, 61, 63, 73-82
- Konzept eines reformierten Oberstufenlehrplans (AHS) 68, 195-197, 294-295

Kreativität 20, 60, 195

Kulturerdteil 34, 66, 176, 177, 180, 187, 188, 189, 192, 193, 194, 195, 197, 198, 199, 208, 209, 212, 214, 235, 236

Kulturerdteilbetrachtung, problemorientierte 34, 188-189, 194, 195

Kulturerdteilkonzept 132, 171, 176-177, 193-194

Kurse (in der Schulgeographie) 28, 122, 124, 139, 140, 156, 157

Kurssystem 68, 91f., 196

Kurzprogramm, *siehe auch* Unterricht, programmierter 22, 25, 66, 69, 103, 208, 220, 222, 223, 224, 232

Länderkunde (v.a. in der Schulgeographie)
- *Problematik:* 11, 14, 15, 22, 23, 26, 31, 34, 36, 52, 65, 101, 103-105, 121, 122, 125, 126, 132, 143, 147, 163-181, 189, 190, 191, 192-193, 194-197, 198, 199, 208, 211, 269, 272, 274, 282
- *Problemländerkunde, problemorientierte L.* 163, 171, 174, 194-197
- *Länderkunde nach dominanten Faktoren* 36, 172, 190
- *siehe auch* Geographie, wissenschaftliche; Staaten= kunde; Allgemeine Geographie

länderkundlicher Durchgang, länderkundliches Konzept 102, 104, 105, 107, 109, 146, 149, 160, 170, 177, 178, 181, 188, 189, 199

länderkundliches Schema 104, 163, 172, 243

Landschaft (Begriff) 165, 166, 178

Landschaftskunde 14, 23, 166-167, 191, 199

Landschaftsökologie 15, 30, 34, 167

"Das Leben" (Lehrbuch) 26, 28

Lebenssituationen, Bewältigung künftiger 16, 17, 23, 36, 37, 48, 52, 77, 136, 190, 192, 198, 204, 206, 282

Legobausteine (im Geographieunterricht) 128, 136

Lehramtsausbildung, *siehe* Ausbildung

Lehrbuch:
- Dreimal um die Erde 103, 178
- Geographie (Klett) 101-112, 115-116, 126, 171, 192, 196
- Materialien zur politischen Weltkunde 95, 96
- Das Leben 26, 28
- Seydlitz 64, 101-112, 117-118, 174, 194, 199, 200, 202, 244
- Welt und Umwelt 22, 101-110, 111-113, 171, 178, 192, 196, 244
- Oxford Geography Project 28-30, 77, 160
- *siehe auch* High School Geography Project

Lehrbuchanalyse 51, 65, 70, 101-118

Lehrerausbildung, *siehe* Ausbildung

Sachregister

Lehrerband (zum Lehrbuch) 110, 134

Lehrerfortbildung 28, 34, 59, 97-98, 125, 143

Lehr(er)verhalten 48, 72, 78, 80

Lehrinhalte, *siehe auch* Unterrichtsinhalte, 12, 243

Lehrmethoden, *siehe auch* Unterrichtsmethoden, 16

Lehrplan, Lehrpläne:
- *allg. (Inhalt, Konzepte, Reform, Probleme etc.)* 11, 12, 16, 26, 31, 32, 34, 36, 39, 52, 56, 57, 64, 65, 67, 68, 76, 95, 96, 121, 122, 125, 146, 148, 151, 152, 154, 155, 156, 163, 170, 173, 174, 176, 177, 178, 180, 181, 188, 189, 190, 193, 194, 198, 199, 206, 208, 209, 211, 243, 244
- *Oberstufe der AHS* 198f., 208, 272-274
- *Unterstufe der AHS* 102, 107, 208, 269-272
- *siehe auch* Schulversuchs-Lehrpläne

Lehrplanentwurf, neuer, *siehe auch* Schulversuchs-Lehrpläne, 23, 31-43, 91, 196-197, 275-298

Lehrplankonzept für Geographie, neues 36, 68, 195-197, 294-295

Lehrprogramm, *siehe* Unterrichtsprogramm

Lehrstoff, - *allg.* 12, 102, 118, 146, 147, 170, 202, 208, 243, 282
- *Beispiele:* 269-274, 275-282, 282-294, 294-295

Lehrstoffverteilung 12, 13, 32, 34, 35, 38, 39, 63, 68, 194, 196, 198, 201, 208, 247, 275ff., 290-294, 297

Lehrziel(e), *siehe auch* Lernziel, 12, 189, 271

Leistungsbeurteilung 79, 158-160, 179

Leistungsgruppe 31, 32, 35

Leistungskurs 24, 91, 93

Leitthema 29, 36, 37, 207, 276f., 297

Lernbereich 50, 54, 65, 87-98

Lerneinheit, *siehe* Unterrichtseinheit

Lernen:
- *allg.* 18, 170, 177, 179, 188-189, 203f.
- entdeckendes Lernen 19-20, 21, 60, 136-138, 142, 191
- Entscheidungslernen 63, 136, 142, 143, 151, 190, 191
- forschendes Lernen 60, 63, 72, 74, 82, 133, 136-138
- Problemlösungslernen 127, 136, 191
- programmiertes Lernen, *siehe* Unterricht, programmierter
- spielendes Lernen 20, *siehe auch* Spiele im Unterricht

Lernfeld 50, 51, 94

Lernforschung 50, 143

Lerngegenstand, signifikanter 102, 108

Lerninhalte, *siehe* Unterrichtsinhalte; Inhalte, neue

Lernkurve 133

Lernmaterial, *siehe* Unterrichtsmaterialien

Lernmethoden, 16, *siehe* Unterrichtsmethoden

Lernmotivation, *siehe* Motivation

Lernplanung, *siehe auch* Unterrichtsplanung, 54, 202, 204

Lernplateau 133

Lernprozeß 18, 21, 49, 78, 81, 136, 203f.

Lernpsychologie 23, 79, 160, 179, 181

Lernschritt(e) 21, 108, 110, 121, 141, 170, 177, 179

Lernsequenz 16, 17, 202

Lernspiel, *siehe* Spiele (im Unterricht)

Lernsteuerung 18

Lernstufe 31, 33, 283-290

Lernsystem 49

Lernverhalten 19, 78, 91

Lernwegübersicht 25-26

Lernziel(e):
- *allg.* 16, 17-19, 24, 39, 48, 55, 65, 68, 70, 77, 78, 82, 93, 94, 101, 105, 108, 110, 111, 124, 126, 134, 141, 142, 148, 150, 153, 154, 170, 176, 178, 179, 181, 191, 192, 194, 201-207, 208, 209, 211, 244
- *Beispiele:* 76-79, 175-176, 188-189, 191, 194, 203, 212-236, 248-265, 279-281, 283-294 nicht korrekt, 297-298
- affektive Lernziele 19, 108, 134, 188, 204, 207
- affirmative Lernziele 108
- instrumentale Lernziele 19, 108, 110, 171, 207, 244
- kognitive Lernziele 19, 108, 110, 134, 188, 204, 207, 244
- psychomotorische Lernziele 19
- *siehe auch:* fachbestimmtes Hauptlernziel, Feinlernziel, Feinstlernziel, Groblernziel, Hauptlernziel, Richtziel, Teillernziel
- *siehe auch:* Operationalisierung von Lernzielen, lernzielorientierter Unterricht

Lernzielableitung, -deduktion 16, 24, 39, 204

Lernzielfindung 204

Lernzielformulierung 18, 21, 50, 51, 78, 170, 198, 201-207

Lernzielhierarchie 18, 68, 126, 201, 204-205

Lernzielhierarchisierung 18, 48, 77, 108, 141, 170, 204-205, 244

Lernzielkatalog, - *allg.* 108, 170, 171, 181, 191, 194, 201-207
- *Beispiele:* 76-79, 175-176, 212-236, 248-265, 279-281

Lernzielkontrolle 21

Lernzieloperationalisierung, *siehe* Operationalisierung von Lernzielen

lernzielorientierter Unterricht, *siehe* Unterricht, lernzielorientierter

Lernzielorientierung 38, 104, 108, 187, 191, 201, 202, 208, 243, 244

Lernzielsequenz 201, 205, 206

Lernzielstufe 204, 205

Lernzieltaxonomie, *siehe* Taxonomie

Lernzieltransformation 205

Lernzuwachs, systematischer 38

"Materialien zur politischen Weltkunde" (Lehrbuch) 95, 96

"Materialisierung" (von Unterrichtskonzepten) 69, 70, 208

Medien 15, 20-22, 23, 48, 75, 77, 78, 81, 110, 134

Medienforschung 50

Medienverbund 109-110, 133, 135-136, 143

"Memorierschule" 122

Sachregister

Methodenvielfalt (im Unterricht) 77, 208
Methodik 48-49, 98, 109
Micro-Teaching 70, 75, 76, 78, 81, 82
Modelle (im Geographieunterricht) 28, 30, 126, 134, 139, 151, 152, 153, 169, 174, 177, 179, 191, 195, 196
Modelle des Schulversuchs (AHS-Oberstufe), *siehe* Schulversuchsmodelle
Motivation, Lernmotivation 20, 25, 26, 31, 36, 38, 40, 64, 78, 82, 109, 122, 136, 143, 157, 160, 188, 190, 206, 211
Motivationsphase (im Seminarversuch) 54
Multi-Media-Verbund (Paket), *siehe* Medienverbund

Nah-Fern-Prinzip 12, 102-103
"Neue" Schulgeographie, *siehe* Schulgeographie, "neue"
Neues Ausbildungskonzept, *siehe* Ausbildungskonzept, neues
Niederlande 30, 145
nomothetisch 163, 166, 167, 168, 169, 174, 178, 180, 181

Oberstufe der AHS, *siehe* allgemeinbildende höhere Schu= le, Oberstufe
Oberstufenlehrplan, - *derzeitiger* 272-274
 - *Schulversuchslehrplan* 32-34, 282-294
 - *neues Konzept* 195-197, 294-295
objektive Frage 159, 160
Ökosystem 15, 167
Österreich, - *allg.: siehe Anmerkung 1)*
 - *siehe auch:* Schulgeographie in Österreich (Über= blicke)
O-level-Prüfung (Großbritannien) 154, 156, 157, 160
Operation 40
Operational Games, *siehe* Spiele (im Unterricht)
operationalisierte Lernziele, - *allg.* 39, 102, 108, 203, 205, 207, 244
 - *Beispiel:* 203
Operationalisierung, Operationalisierbarkeit (von Lern= zielen 16, 18, 21, 48, 65, 77, 108, 141, 170, 171, 177, 179, 181, 188, 191, 203-204
Operationalisierung des Geographieunterrichts 40
Operationalisierungsproblem 204
Ordnungsstrukturen, -systeme (im Geographieunterricht) 37, 39
Organisationsformen des Unterrichts, 48, *siehe* Unter= richtsformen
Organisationsplan der Geographie (UHLIG) 168
Organisationsschema des Unterrichtsmodells "Orient" 207
Orientierungsphase (des Schulpraktikums) 60, 61
Orientierungswissen 11, 122
Oxford Geography Project 28-30, 77, 160

Pädagogik 50, 56, 58, 63, 124, 190
Pädagogische Akademie 46, 72-73
pädagogische Ausbildung, *siehe* Ausbildung, allgemein- pädagogische
Pädagogische Hochschule 55
pädagogisches Begleitstudium 53, 55-56, 59, 61, 63
Physiogeographie (Problematik in der Schule) 65, 106, 107, 123, 148, 149, 157, 202
Planspiel, *siehe* Spiele (im Unterricht)
Planungsphase (des Seminarversuchs) 70
Planungswissenschaften 52
Polen 30, 145
"Politik" (Unterrichtsfach) 89, 94
politische Bildung 20, 36, 37, 50, 87-88, 96, 98, 198, 247, 282
"Politische Bildung", - *Studienrichtung* 97
 - *Unterrichtsfach* 17, 65, 87, 89, 96-97, 98
politische Erziehung 87
politische Weltkunde 24, 38, 89-94, 96, 193, 197
politischer Unterricht 88-89, 96, 98, 191
Politologie 96
Präsentationsphase (des Seminarversuchs) 64, 66
Praktikumsbetreuer, -lehrer (im Schulpraktikum) 60, 76, 78, 79, 81
Probejahr 57, 59, 76
Problemländerkunde, *siehe* Länderkunde, problemorien= tierte
Problemlösungslernen, *siehe* Lernen
problemorientierte Kulturerdteilbetrachtung, *siehe* Kulturerdteilbetrachtung, problemorientierte
programmierter Unterricht 21, 22, 56, 65
Projektarbeit, *siehe auch* Schülerprojekt, 24, 37, 63, 65-67, 68, 75, 76, 77-78, 80, 81
Projektmethode 95
Projektunterricht 19
Prüfungen, *siehe* Leistungsbeurteilung
Prüfungssystem (englisches) 145, 146, 149, 150, 156-160
Pseudo-Didaktik (HARD) 47, 50, 57, 74
psychomotorische Lernziele, *siehe* Lernziele, psychomo= torische

Qualifikationen 16, 17, 94, 96, 98, 104, 192, 193, 204
Quantifizierung (in der Geographie) 14, 28, 122, 126, 151, 164, 169, 174, 180

"Raumwissenschaftliches Curriculum-Forschungsprojekt" (RCFP) 24-27, 48, 52, 68, 77, 140, 141
'Realien' (Fächergruppe) 35
Referendariat, Referendarausbildung 54, 57, 76, 80
Regionale Geographie, *siehe* Länderkunde

Sachregister

Revisionsphase (des Seminarversuchs) 70
Richtziele (im Lernzielbereich) 18, 23, 204
Rollenspiel, *siehe* Spiele (im Unterricht)

Saarbrückner Rahmenvereinbarung 89
Sachkatalog, Katalog von Sachbegriffen in Unterrichts=
    einheiten, - *allg.* 188, 207, 209
    - *Beispiele:* 215-236, 269f., 272, 273, 274, 283f.,
        291-293, 293- 295
Schriften der Arbeitsgemeinschaft für Wirtschaft und
    Schule 95-96
Schülerarbeitsblätter, *siehe* Arbeitsblätter
Schülerprojekt, *siehe auch* Projektarbeit, 24, 37, 63,
    66, 191, 195, 208
Schülerverhalten 48
Schulatlas 22, 39, 109, 271
'Schule der 10-14-Jährigen', *siehe auch* Gesamtschule,
    34-43, 275-281
Schulgeographie:
    - *allg.*: *siehe* Anmerkung 1), *siehe auch* "Geogra=
        phie" (Schulfach); Geographieunterricht
    - *"neue" Schulgeographie*: 22-43, 126, 143, 171,
        189-191, *siehe auch* Inhalte, neue; the=
        matisches Konzept
    - in Österreich 11-14, 31-43, 95-96, 101-112, 142,
        195-201, 243-265, 269-274, 275-297
    - im Ausland, allg. 22-31, 68
    - in der Bundesrepublik Deutschland 23-27, 89-94,
        101-112, 141-142
    - in Großbritannien 28-30, 145-160
    - in der Schweiz 26, 28
    - in der Sowjetunion 30, 31
    - in den USA 22, 23, 89, 121-140
Schulgesetze, *siehe* Gesetze
Schulpraktikum (Unterrichtspraktikum), *siehe auch*
    Ausbildung, schulpraktische, 58-61, 62, 63, 67, 70,
    73, 74, 75, 76, 78-79, 79-82
schulpraktische Ausbildung, *siehe* Ausbildung, schul=
    praktische
schulpraktische Versuche 55
Schulpraxis, reale 46, 58, 59, 64, 67, 70, 125, 143,
    164
"Schultouristik" 57
Schulversuch(e), Schulversuchslehrpläne bzw. -lehrstoff=
    verteilungen
    - *allg.* 31-43, 66, 67, 68, 72, 76, 140, 188, 194,
        195, 197, 198, 208
    - *Oberstufe der AHS* 31-34, 35, 97, 197, 282-294
    - *Unterstufe (Schule der 10-14-Jährigen)* 34-43,
        275-281
Schulversuchsmodelle (AHS-Oberstufe) 31, 32, 33, 34,
    282-294
Schweden 15, 145
Schweiz 26, 28
Sekundarstufe I, II 24, 25, 26, 28, 52, 68
Seminar aus Fachdidaktik 58, 61, 63, 75, 76, 79
Seminarversuch, fachwissenschaftlich.fachdidaktischer
    63-69, 69-72
"Seydlitz" (Lehrbuch) 64, 101-112, 117-118, 174, 194,
    199, 200, 202, 244
Simulationsspiel, *siehe* Spiele (im Unterricht)

Situationsfeld 105, 106, 108, 196
Sowjetunion 30
sozialer Systembereich 15
"Sozialkunde" (Unterrichtsfach) 90, 91, 94, 95, 96, 98,
    122, 155, 195, 273, 274
"Sozial- und Wirtschaftskunde" 51, 197
Sozialgeographie 23, 34
Sozialpsychologie 50, 79
Soziologie 50, 91, 96, 122, 167
"Social Studies" (Unterrichtsfach) 89, 122, 155, 156
Soziologie 50, 91, 96, 122, 167
Spiele (im Unterricht):
    - *allg.* 20. 29. 65
    - Entscheidungsspiel 20
    - Konferenzspiel 25
    - Lernspiel 20, 152f.
    - operational game 152
    - Planspiel 20f., 68, 129, 130, 137-138, 141, 160
    - Rollenspiel 20, 103, 129, 131, 132, 137-138, 141,
        142, 143, 152, 208, 227, 234, 235, 246
    - Simulationsspiel 20, 25, 132, 141, 152
spielendes Lernen, *siehe* Lernen
Staatenkunde, *siehe auch* Länderkunde, 11, 67, 164,
    180, 191, 197, 199, 211
Staatsbürgerkunde 155, 272, 274
strukturierte Frage 158, 159
Studienordnung,
    - *für "Geographie und Wirtschaftskunde"* 58, 61-63,
        73
    - *für die pädagogische Ausbildung der Lehramtskandi=
        daten* 59-61
Studienplan (für "Geographie und Wirtschaftskunde"-Lehr=
    amt) 57, 62
Stufensystem (statt Jahrgangsklassen), *siehe auch* Lern=
    stufe, 31-34

Tageslichtprojektor 20, 68
Taxonomie, taxonomisch 48, 77, 200
Taxonomie von Lernzielen (BLOOM) 199-200
Teillernziel, - *allg.* 66, 69, 108, 110, 111, 187, 205,
    207, 242
    - *Beispiele:* 212-236, 251-265
Test 50, 77, 110, 126, 141, 142, 154, 208
thematisches Konzept (der Schulgeographie), thematische
    Betrachtungsweise, thematisch orientierter Unterricht
    24, 26, 34, 36, 39, 149, 151, 162, 178, 179, 187ff.,
    189, 191, 194ff., 196, 202, 209, 211
Thematisierung (von Unterricht) 36, 207
Themen, *siehe* Unterrichtsthemen; thematisches Konzept;
    Inhalte, neue; Lehrstoff
Themenkatalog, *siehe* Unterrichtsthemen
Themenkette 103
Totalität, *siehe* Ganzheit
Topographie (Problematik) 24, 39, 103, 122, 188, 199,
    211, 244
topographische Begriffe, topographisches Inventar 39,
    188, 210, 211, 271
topographischer Katalog, - *allg.* 207, 211
    - *Beispiel:* 215-236

Sachregister

Transfer(wissen) 25, 65, 96, 121, 126, 128, 129, 130, 134, 171, 172, 174, 175, 176, 179, 190, 191, 193, 205, 206, 208, 211, 244

Transformation von Lernzielen 205

Translation 109

"Tupfengeographie" 178, 193

Tutzinger Tagung 52

Übungsphase (des Schulpraktikums) 60, 61

'unit' (HSGP) 124, 125, 126, 128, 129, 130, 131, 134, 136, 141

Universität, *siehe* Ausbildung

Unterricht, *siehe auch* Geographieunterricht,
- *allg.: siehe Anmerkung 1)*
- lernzielorientierter Unterricht 19, 23, 104, 109, 185, 187, 189, 191, 192, 197, 207, 211
- programmierter Unterricht 21, 22, 56, 65
- programmartiges Gefüge (HSGP) 133-135, 136, 143

Unterrichtsabschnitt, - *allg.* 69, 133, 201, 207, 208, 211
- *Beispiele:* 212-236, 276-281, 297-298

Unterrichtsanalyse 71, 81

Unterrichtsaufbau 171, 191, 211

Unterrichtseinheit, - *allg.* 16, 21, 24, 25, 26, 36, 38, 39, 40, 63, 66, 67, 68, 69, 76, 77, 78, 82, 103, 104, 106, 107, 108, 110, 124, 125, 128-132, 134, 135, 140, 187, 188, 192, 193, 201, 207-211, 244, 247
- *Beispiele:* 25-26, 110-112, 135, 212-236, 252-265, 276-281

Unterrichtsforschung, empirische 48, 49, 51, 75, 79, 143

Unterrichtshinweise 207-208, 215ff.

Unterrichtsinhalte, Lerninhalte, *siehe auch* Inhalte, neue; thematisches Konzept, 16, 27, 35, 36, 48, 54, 65, 66, 121, 122, 160, 173, 177, 179, 185, 189, 198, 203-204, 209, 211

Unterrichtskonstruktion 202

Unterrichtskonzept, -modell, - *allg.* 25, 51, 69, 76, 125, 187, 197, 201, 202, 204f., 206, 207, 211
Beispiele: 187-236, 243-265

Unterrichtsmaterial(ien), *siehe* Unterrichtsmittel

Unterrichtsmethoden, -verfahren, -wege 19, 20, 39, 57, 60, 65, 66, 68, 75, 76, 77, 82, 124, 140, 146, 151-153, 160, 181, 188, 189, 191, 208, 209

Unterrichtsmitschau 78, 82

Unterrichtsmittel, -material(ien), Arbeitsmittel, -material(ien), *siehe auch* Medien, 19-22, 26, 39, 63, 68, 77, 95, 109, 121, 124, 128, 135, 140, 141, 142, 143, 146, 158, 178, 179, 182, 195, 207-208, 247

Unterrichtsmodell, *siehe* Unterrichtskonzept

Unterrichtsplanung (Schema) 205-207

Unterrichtspläne 70, 71

Unterrichtspraktikum, *siehe* Schulpraktikum

Unterrichtspraxis, *siehe* Schulpraxis

Unterrichtsprogramm 21, 22, 68, 110, 123, 124, 132

Unterrichtssequenz 78, 209

Unterrichtsstrategien 19-22, 23, 24, 63, 72, 77, 78, 121, 133-138

Unterrichtsthemen (konkrete Beispiele), *siehe auch* Lehrstoff; Inhalte, neue; thematisches Konzept, 27, 28, 92, 93, 95, 97, 103, 107, 113-118, 128-132, 147, 148, 172, 191, 194, 196-197, 212-236, 276-279, 297

Unterrichtsverfahren, -wege, *siehe* Unterrichtsmethoden

Unterrichtsziel(e), *siehe auch* Bildungsziel, Ausbildungsziel, Lernziel, 16, 39, 48, 77, 78, 87, 146, 188, 190

Unterstufe der AHS, *siehe* allgemeinbildende höhere Schule, Unterstufe; Schule der 10-14-Jährigen

Unterstufenlehrplan, - *derzeitiger:* 269-272
- *Schulversuch:* 275-281

USA 15, 22, 23, 26, 49, 65, 68, 89, 96, 104, 121, 122, 123, 124, 129, 139, 140, 141, 145, 149, 153, 155, 159, 160, 163, 164, 171, 189, 194, 203, *siehe auch* Schulgeographie in den USA

Venn-Diagramm zur Geographie des Menschen (BARTELS) 171

Verband Deutscher Schulgeographen 23, 48, 51, 52, 194

Verbreitungslehre 12

Verhaltensbeobachtung, -beschreibung 18, 50

Verhaltensdisposition, -änderung 16, 18, 108, 170, 191, 192, 194, 203, 207

Versuchslehrpläne, *siehe* Schulversuchslehrpläne

Vier-Stufen-Modell zur Bestimmung von Feinzielen (PETERSSEN) 205

Wahlpflichtfach, - *allg.* 31
- "Geographie" 31, 32, 34, 66, 122, 197, 290-292
- "Politische Bildung" 97
- "Wirtschaftskunde" 31, 32, 34, 292-294

"Welt und Umwelt" (Lehrbuch) 22, 101-110, 111-113, 171, 178, 192, 196, 244

Wirtschaftskunde, *siehe auch* "Geographie und Wirtschaftskunde", 14, 22, 26, 31, 32, 34, 37, 51, 52, 62, 65, 66, 67, 72, 95, 164, 170, 197, 202, 243, 247, 271, 272-274, 282, 292-294

wirtschaftskundliche Staaten- und Ländergeographie 11-14, 32

wirtschaftskundliche Staaten- und Länderkunde 12

wirtschaftskundlicher Sachverhalt, Begriff, Einsicht 12, 272, 273, 274

Wirtschaftswissenschaften 68, 91, 96

Wissenschaftsdidaktik 50

Wissenschaftstheorie 14, 79, 164, 166

"world patterns geography" 22, 121

Zentralverband der Deutschen Geographen 24, 52, 175

Zentrierungsfach, *siehe auch* Integrationsfächer, 51, 52

Zentrum für Schulversuche und Schulentwicklung (BMfUK) 35, 36, 38, 39, 275, 282